畅游美丽浙江
导游词

汪亚明等 ◎编著

北京 · 旅游教育出版社

策　　划：丁海秀　李荣强
责任编辑：于胭梅

图书在版编目（CIP）数据

畅游美丽浙江导游词 / 汪亚明等编著. -- 北京 : 旅游教育出版社, 2019.11
ISBN 978-7-5637-3888-5

Ⅰ. ①畅… Ⅱ. ①汪… Ⅲ. ①导游—解说词—浙江 Ⅳ. ①K928.955

中国版本图书馆CIP数据核字(2019)第025564号

畅游美丽浙江导游词

汪亚明等　编著

出版单位	旅游教育出版社
地　　址	北京市朝阳区定福庄南里 1 号
邮　　编	100024
发行电话	（010）65778403　65728372　65767462（传真）
本社网址	www.tepcb.com
E - mail	tepfx@163.com
排版单位	北京旅教文化传播有限公司
印刷单位	北京柏力行彩印有限公司
经销单位	新华书店
开　　本	710 毫米 ×1000 毫米　1/16
印　　张	27.25
字　　数	399 千字
版　　次	2019 年 11 月第 1 版
印　　次	2019 年 11 月第 1 次印刷
定　　价	68.00 元

（图书如有装订差错请与发行部联系）

诗画浙江——一幅幅徐徐展开的美丽画卷

各位游客朋友，现在我们来到了东海之滨的诗画浙江。浙江山川秀丽，人文荟萃。山陵绵延起伏，平原阡陌纵横，江河水网交错，海岛星罗棋布。奇山异水，物宝天华，哺育出一代代旷世英才，留下一处处底蕴深厚而又熠熠生辉的人文景观。浙江的山、河、湖、海、林、滩、洞、泉，构成了一幅幅或秀丽，或雄奇，或险峻，或幽深，或静若处子，或动若蛟龙，或如泼墨山水，或似万马奔腾的美丽画卷。

各位朋友，接下来就随我一起去畅游那一幅幅徐徐展开的诗意画卷吧！

诗画浙江的第一卷，便是被意大利旅行家马可·波罗誉为“世界上最美丽华贵的天城”——杭州！在这里，你可以饱览世界文化景观遗产——西湖、世界文化遗产——京杭大运河（杭州段）以及西溪国家湿地公园和湘湖国家级旅游度假区的湖光山色。

诗画浙江的第二卷便是浙东海岛风情。在这里，你可以游水乡、谒佛国、寻觅唐诗之路；东湖、东钱湖、溪口、普陀，一路行来，水网交织，阡陌纵横，山水绵延，直通大海，沿途有中国最为典型的水乡风光；宁波天童寺、阿育王寺、保国寺、雪窦寺，普陀普济寺、慧济寺、法雨寺等佛界高僧会助你慈航普渡；还有李白、杜甫、刘长卿、宋之问、元稹、王勃、贺知章、温庭筠、杜牧等400多位唐代诗人留下的一处处行踪和上千首佳作会成为你难以忘怀的心灵鸡汤。

诗画浙江的第三卷便是浙南奇山异水。浙南北接括苍，东临大海，以奇山异水、飞瀑流泉著称海内外。在这里，你可以游览温州的雁荡山、楠溪江、洞头岛，台州的临海古长城、天台山、神仙居，丽水的仙都峰、南明山、龙泉山，山水雄奇，名胜众多，令人目不暇接。

诗画浙江的第四卷便是浙西的名山名水。浙西集天地之灵气，聚山川之精华。从杭州出发，一路上行，钱塘江、富春江、新安江与安徽黄山连成一线，成为中国著名黄金旅游线上的重要一段。在这里，你可以游览富阳的龙门古镇、桐庐的严子陵钓鱼台、建德的“江南悬空寺”大慈岩和淳安的千岛湖以及金华的双龙洞和永康方岩、衢州的江郎山和开化根宫佛国文化旅游区，名山名水，如诗如画，美不胜收。

诗画浙江的第五卷便是浙北古运河风光。贯通我国五大水系的京杭大运河纵贯富饶的杭嘉湖平原。在这里，你可以寻访古运河的历史踪迹及丝绸文明和丝绸之路的源流，亦可游历保存完好、风物犹存的江南古镇——南浔、西塘、乌镇等，还可以到环境独特、景色宜人的莫干山、天目山、南北湖去避暑休闲；另外气象万千、蔚为大观的海宁钱江潮、安吉竹种园、安吉白茶等，更值得你驻足观光、细细品尝。

各位尊贵的朋友，唐代大诗人白居易的诗句：“江南好，风景旧曾谙。日出江花红胜火，春来江水绿如蓝。能不忆江南？”形象地再现了江南浙江令人流连忘返的迷人风光！

目　录

CONTENTS

第一卷

华美天城之旅——杭州

第二卷

浙东海岛风情之旅——绍兴·宁波·舟山

第三卷

浙南奇山奇水之旅——台州 · 温州 · 丽水

第四卷

浙西名山名水之旅——杭州西郊·金华·衢州

第五卷

浙北运河古踪之旅——嘉兴·湖州

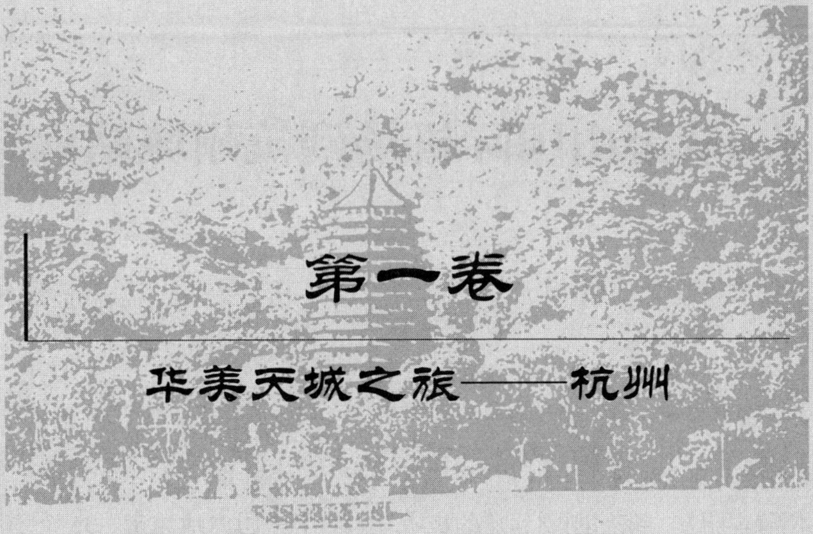

第一卷

华美天城之旅——杭州

第一篇

沿途景观：从萧山国际机场到杭州城站火车站

杭州萧山国际机场→杭州概况→杭州奥体博览中心→钱塘江→西兴大桥→钱江新城→城站火车站

[**杭州萧山国际机场**]

各位游客朋友，我们刚刚到达的机场是杭州萧山国际机场。该机场位于杭州市东郊，距市中心27公里，是一个大型现代化国际机场，它是国家民航局和浙江省政府共同投资、共同建设、共同经营管理的重点工程，也是目前华东地区第二大国际机场，是浙江省的第一空中门户。萧山国际机场最明显的特征是那波浪形的屋顶，它象征连绵起伏的群山、碧波荡漾的西湖和缓缓漂浮的白云，它是现代高科技和地域文化特色的完美结晶。

杭州萧山国际机场建成通航以来，航运生产迅猛发展，航线网络日趋完善。2007年机场旅客吞吐量首次突破千万人次大关，开始跻身世界繁忙机场行列。2013年，机场年旅客吞吐量突破2000万人次，成为继北京、广州、上海、深圳、成都、昆明、西安、重庆后，中国内地第十个迈入“2000万级俱乐部”的机场。2014年，机场航线通达86个中国内地城市、35个国际及地区城市，建立起了以杭州为中心，覆盖国内，连接东亚、东南亚以及欧美、非洲的客货航线网络。每天有600架次航班在这里起降，参与运营的航空公司55家，年运送旅客超过2500万人次、货物40万吨。杭州机场是目前中国内地五大航空口岸、十大机场和世界百强机场之一。

各位游客朋友，从2014年7月开始，杭州萧山国际机场在杭州火车东站开设了第一个城市航站楼，可为旅客提供航班咨询、航空售票、乘机手续办理、行李托运和机场巴士等服务，是机场航空运输服务的延伸。位于市区的城市航站楼依托火车东站枢纽、汇集多种

萧山国际机场

交通方式及配套服务设施于一体的优势，实现铁路、航空的无缝衔接，更好地为社会公众出行提供便利。乘坐火车抵达杭州后需要转乘飞机的旅客，可在火车东站航站楼直接办理相关手续。特别是携带大量行李物品，且抵达时间距离自己所乘坐航班的起飞时间又较长，想利用这个空隙去市区转转的旅客，就可以先在城市航站楼办理乘机手续和行李托运手续，避免了拎着大包小包逛市区的烦恼。航站楼周边铁路、公交、地铁、出租车等交通十分便利，距萧山国际机场仅需 40 分钟车程。

各位游客朋友，杭州是一个智慧的城市。杭州大咖马云的淘宝、支付宝想必已经改变了您的生活。在杭州，“互联网 +”无处不在。近年来，杭州萧山国际机场也一直致力于探索“互联网 +”在机场商业、旅客服务等领域的应用，使机场服务不断智能化。继自助值机、网上自助办理打印登机牌服务后，2015 年，萧山国际机场与中国国际航空公司合作，针对国内出港的旅客，推出了二维码手机值机服务，手机轻轻一刷就可以登机。不久又启动了支付宝上线推广，成为国内第一批 4 家支付宝上线机场中率先开通机场支付宝支付通道及“城市服务——杭州机场”平台的机场。2015 年 9 月，杭州机场 APP 正式发布上线。它是机场统一对外提供服务的手机端服务平台。APP 除了为旅客提供航班、地面交通、餐饮等查询服务外，还推出了航站楼地图以及航班导乘服务。您只要输入起点和终点就可以规划出行走路线；当您输入航班号后，系统就会在地图上标示出该航班的值机柜台、安检通道、登机口等信息，并且规划出一条路线，为乘机提供便利。大家有兴趣都可以下载安装这款APP，一起使您的旅程更加智能化。

［杭州概况］

各位游客朋友，大家听了萧山的基本情况，一定更想了解杭州的情况吧？下面我为大家简单介绍一下杭州的发展历史。

杭州处于我国东南沿海，位于浙江省的北部，是浙江省政治、经济、文化、教育、交通、科研、商贸的中心，是举世闻名的历史文化名城，又是世界著名的风景旅游城市，东方休闲之都，我国著名的七大古都之一。春秋时，这里是吴、越两国的边陲，先后为吴国和越国所统治。秦始皇统一六国后，在此设立钱塘县，所以杭州城的历史就从那时开始算起，至今已有2200多年。“杭州”这个地名据说与大禹有关。大禹治水时，在前往会稽，也就是今天的绍兴途中，曾在此舍航登陆。航就是方舟的意思，与杭州的“杭”通借，于是便有了“禹杭”的地名。而“杭州”之名始于隋朝。610年，隋炀帝开通南北大运河，促进了杭州的发展和繁荣。五代十国时，吴越国建都杭州，杭州一跃成为中国东南政治、经济和文化的中心。吴越国国王钱镠建立的吴越国，是杭州作为帝王之都的开始，历时72年。到了北宋，杭州已经是“东南名郡”，成为闻名全国的经济和文化中心城市之一。历时153年的南宋，于1138年建都杭州，杭州从此跃升为一个朝代的首都，是全国的政治、经济、文化中心，繁华无比。元代初年，意大利旅行家马可·波罗来到杭州，赞美她是“世界上最美丽华贵的天城”。从明代开始，杭州就一直是浙江省的省会。

［奥体博览中心］

各位游客朋友，相信您一定对2016年的G 20杭州国际峰会记忆犹新，通过电视屏幕，您也一定已经目睹了令人难忘的演出——“最忆是杭州”以及作为峰会主会场的杭州国际博览中心。2016年9月4—5日，杭州国际博览中心作为G 20峰会主会场接待了多国首脑、来宾，同时也是G 20峰会新闻中心、安保中心所在地。从杭州萧山国际机场、杭州东站火车站及城站火车站至博览中心均在20分钟车程之内，地铁2号线、6号线直达，杭州国际博览中心以其得天独厚的地理位置、方便快捷的交通网络、规格多样的活动场地、江南意蕴与现代简约相融的场馆设计，成为各类展览、会议、活动的首选场地。

杭州国际博览中心总占地面积19.70平方米，建筑面积85万平方米，主体建筑由地上5层和地下2层组成，是集会议、展览、餐饮、旅游、酒店、商业、写字楼等多元业态的综合体。其中会议中心面积1.8万平方米，最大会议室10 000平方米，最多可同时容纳8300人，大会议厅3000平方米，配备

16 路同声传译，满足国际会议需求；展览中心面积 9 万平方米，可容纳国际标准展位 4500 个，拥有全国首个最大万米无柱多功能厅；杭州国际博览中心北辰大酒店是配套的四星级标准酒店，为会议展览提供周到的相应服务。

杭州国际博览中心

杭州国际博览中心坐落在钱塘江南岸、钱江三桥以东的萧山区钱江世纪城，与奥体中心共同组成杭州奥体博览中心。我们的车子从机场高速前往钱江三桥经过的这座莲花造型的建筑，就是奥体中心。2017 年全国第十届大学生运动会、2018 年世界短池游泳锦标赛及世界游泳大会和 2022 年亚运会都将在这里举行。杭州奥体中心包括一个 8 万人主体育场、一座 1.8 万人的主体育馆，还有游泳馆、网球中心、棒垒球中心、曲棍球场、小球中心、室内田径中心和重竞技中心等，可举办世界性、洲际性、全国性综合运动会及国际田径、足球比赛，拥有观众固定座席 80 000 个，是全国最大的体育中心之一。主体育场的外形似莲花，造型动感飘逸，由 28 片大花瓣和 27 片小花瓣组成。据介绍，该造型取意于杭州丝绸纹理与纺织体系，建筑体态源于钱塘江水的动态，拥有简洁的花瓣单元，犹如一朵美丽的莲花绽放于钱塘江畔。

2007 年初，杭州市委、市政府明确提出在钱塘江南岸、西兴大桥以东建设杭州奥体博览城，借此推动杭州城市化发展的进程。项目规划总面积为 583 万平方米，规划总建筑面积 1302 万平方米，分为核心区和辐射区两部分。其中核心区建筑面积 270 万平方米，辐射区建筑面积 1032 万平方米。按功能划分，奥体博览城核心区划分为体育竞技场馆功能的杭州奥体中心、会展服务场馆功能的杭州国际博览中心、酒店商务办公功能的超高层双塔和地铁上盖物业。

建设杭州奥体博览城，对于提高杭州市民的体育生活品质、文化生活品质、经济生活品质、环境生活品质都具有重大意义。杭州奥体博览城建成后，国际博览中心与奥体中心联合布局，可以更好地实现通盘考虑、功能互补、优势叠加，更好地承办洲际性、全国性的大型体育赛事和会展活动，提高场馆的利用率。同时，“杭州市群众文化活动中心”“杭州非物质遗产保护中心”“中国印学博物馆新馆”落户在奥体博览城核心区内，也将进一步丰富“奥博综合体”内涵，真正将奥体博览城最终打造成为集文化、商贸、旅游、居住、演艺、美食、休闲、度假、购物等功能于一体的“世纪精品、传世之作”、钱塘江南岸的“新地标”。

[钱塘江]

各位游客朋友，大家透过车窗看到的这条江，就是浙江人民的母亲河钱塘江，钱塘江是浙江省最大的河流，它发源于安徽省休宁县的六股尖，流经浙江省的淳安、建德、桐庐、富阳、杭州、海宁等，由西往东注入杭州湾，流入东海，全长589公里，是浙江省最长的一条江。“八月十八潮，壮观天下无”，说的就是钱塘江的潮。钱江涌潮为世界一大自然奇观，它是天体引力和地球自转的离心作用，加上杭州湾喇叭口的特殊地形所造成的特大涌潮。海潮来时，声如雷鸣，排山倒海，犹如万马奔腾，蔚为壮观。钱江观潮，早在汉、魏时代就已蔚然成风，至唐、宋时，此风更甚。相传农历八月十六至十八是潮神的生日，所以钱塘江的潮峰最高。其实，农历八月十六至十八，太阳、月亮、地球几乎在一条直线上，所以这天海水受到的潮引力最大。钱江潮最高时可以达到3米以上。观潮的地方很多，其中海宁市的盐官镇是观钱江潮的最佳地点。希望各位游客今后有机会来杭州观赏“壮观天下无”的钱塘江潮。

[西兴大桥]

各位游客朋友，我们现在行驶在钱江三桥上，这座大桥又叫西兴大桥，1993年奠基，1997年1月28日通车，总长5700米，主桥1280米，南北高架引桥4420米，双向6车道。这是浙江省首座具有世界先进水平的现代斜拉索桥梁。钱江三桥的设计与施工中创造了中国桥梁建筑史上多项之最，日流量6万辆。大桥建成后成为连接杭州老城区和滨江、萧山两个新区以及萧山机场的重要通道之一。

说到钱江三桥，大家可能会想是不是还有钱江一桥和二桥。确实是这样的，但钱塘江上的桥不止三座，目前为止，钱塘江上的桥已经有十座，而除了这十座桥，在钱塘江下面，还有两座沟通南北的隧道。在钱塘江十座大桥中，最广为人知的是钱江一桥，它就是著名的钱塘江大桥。

[钱江新城]

各位游客朋友，请大家往我们车辆行驶的右前方江对岸看，是不是看到一个金色的球体建筑？这一带叫钱江新城，是我们杭州的新C B D。这个巨大的金色球体，就是杭州国际会议中心，对面的银色弯月形建筑，是杭州大剧院。从远处看，杭州大剧院就像一座城市的雕塑。它的设计者是加拿大著名剧院设计师卡洛斯·奥特先生，在他的带领下，来自世界各地优秀的剧院结构、声学、舞台技术专家与杭州市建筑设计院一起合作完成了工程设计。杭州大剧院以其独特的造型、完善的演出功能、先进的舞台技术，成为目前中国最具现代化的标志性文化设施。在它的西北面，是杭州市行政中心，包括了杭州

杭州国际会议中心

图书馆新馆、杭州市城市规划馆、杭州市青少年发展中心等。

2001 年 7 月 1 日，杭州大剧院破土兴建，标志着钱江新城建设正式启动。钱江新城核心区于 2008 年 10 月向市民全面开放。钱江新城的建设，标志着杭州从"精致和谐"走向"大气开放"，使杭州城市格局由"三面云山一面城"演变为"一江春水穿城过"，引领杭州从"西湖时代"走向了"钱塘江时代"，是杭州实施"城市东扩、旅游西进、沿江开发、跨江发展"重大战略的一个重要成果。杭州作为七大古都之一，一向以湖光山色、风景秀丽而著称。整个杭州城曾是以西湖为核心的城市格局。但依据历史发展条件和自然环境特征，杭州主城呈南北向狭长发展的形态，而由于北部工业区的发展，更加剧了杭州城市南北方向和东西方向的不平衡。杭州原有的城市中心，依托西湖而成。由于杭州沉淀着太多的历史文化，为了保护历史名城，不可能再进行大规模城市改建。最终选择开辟一个新的城市中心，使城市的发展由原来围绕西湖建设到以钱塘江为依托，跨江、沿江发展。钱江新城主要承担区域性行政办公、金融、贸易、信息、商业、会展、旅游、居住等功能于一体，发挥着中央商务区所具有的综合服务、生产创新和要素集散等作用。

［城站火车站］

各位游客朋友，我们现在经过的地方就是杭州的城站火车站。因为铁路穿城而过，车站又设在城内，所以得名

“城站”。火车票上的“杭州站”，指的就是这里。车站始建于1906年（清光绪三十二年），时称清泰站，是杭州建成最早的火车站之一。现在的城站火车站新客站，于1999年12月28日建成投入使用。杭州城站多为起点车，有快车，直达车以及部分高铁动车。目前在杭州除了城站火车站外，还有几个以客运为主的火车站：杭州东站和杭州南站。杭州东站位于杭州城东新城，是杭州市的“东大门”，也是杭州目前接驳功能最为齐全的交通枢纽。

杭州东站还是全国大型铁路枢纽站之一、亚洲最大动车交通枢纽之一。杭州东站建于2009年12月27日，于2013年7月1日正式启用。目前各类高铁动车主要停靠杭州东站。杭州东站还有直达机场的大巴，有地铁一号线与杭州城站相连。

第二篇

景区导览：杭州城区美景

01 西湖景

西湖概况→涌金广场→钱王祠→柳浪闻莺→南山路→长桥公园→雷峰塔→净慈寺→花港观鱼→太子湾→杨公堤→西湖国宾馆→于谦墓祠→郭庄→曲院风荷→北山街→苏堤→孤山→西泠桥→秋瑾墓→俞楼→西泠印社→楼外楼→中山公园→浙江省博物馆→平湖秋月→放鹤亭→白堤→断桥→宝石山→湖中三岛。

[西湖概况]

各位游客朋友，欢迎大家到杭州西湖来游览观光。西湖是杭州城的灵魂，杭州有了西湖就如人有了眉目。千百年来，人们用了多少美丽的词句来倾诉对她的爱，北宋文学家苏东坡说“欲把西湖比西子，淡妆浓抹总相宜”；郭沫若把西湖誉为“我心中的女神”。2011 年，西湖文化景观正式列入世界遗产名录，更使西湖因此而名满天下。为什么一个湖泊能引无数英雄凡人竞折腰呢？其实爱上西湖有很多理由。西湖十景，两堤三岛，桃红柳绿，天人合一，三面云山一面城，古今难画亦难诗……“处处回头尽堪恋，就中难别是湖边”。更有那无数动人的传说，唯美的诗篇，一串串或豪情或浪漫的名字，岳飞、于谦、白居易、苏东坡、林和靖、苏小小……当您静坐湖边，望湖洗心，恍惚间竟不知今夕是何年。

各位游客朋友，来杭州之前，您一定听说过“上有天堂，下有苏杭”这句名言吧！其实，把杭州比喻成人间天堂，很大程度上是因为有了西湖。千百年来，西湖风景有着经久不衰的魅力，她的丰姿倩影，令人一见钟情。就连唐朝大诗人白居易离开杭州时还念念不忘西湖，“未能抛得杭州去，一半勾留是此湖。”诗人说他之所以舍不得离开杭州，其主要原因就是因为杭州有一个美丽迷人的西湖。因此又有民谚称“天下西湖三十六，就中最好是杭州”！

各位游客朋友，历史上西湖有很多名称。汉朝（公元前 206—公元 220）

时称为武林水、金牛湖、明圣湖；唐朝（618—907）时称石函湖、钱塘湖。此外还有高士湖、贤者湖、上湖、龙川、钱源等称呼。到了北宋（960—1127），苏东坡在杭州做地方官时，写了一首赞美西湖的诗："水光潋滟晴方好，山色空蒙雨亦奇，欲把西湖比西子，淡妆浓抹总相宜。"别出心裁地把西湖比作我国古代美女西施，于是，西湖又多了个"西子湖"的雅称。

西湖位于杭州城西，三面环山，东面濒临市区，西湖之名也由此而来。西湖南北长约3.2公里，东西宽约2.8公里，绕湖一周近15公里。湖面面积约6.39平方公里，平均水深2.27米，最深处在5米左右，最浅处不足1米。苏堤和白堤将湖面分成外湖、北里湖、西里湖、岳湖和小南湖5个部分。西湖处处有胜景，历史上除有"钱塘十景""西湖十八景"之外，最著名的是南宋定名的"西湖十景"——苏堤春晓、曲院风荷、平湖秋月、断桥残雪、花港观鱼、南屏晚钟、双峰插云、雷峰夕照、三潭印月、柳浪闻莺。如果用一个字来指代一个景点的话，可概括为：春夏秋冬花，晚云夕月柳。无论春夏秋冬，无论明晦晨昏，西湖胜景时时皆有，处处绝佳。在以西湖为中心的60平方公里的园林风景区内，分布着主要风景名胜有40多处，重点文物古迹有30多处。概括起来西湖风景主要以一湖、二塔、三岛三堤、四寺、五山、六园、七洞、八墓、九溪、十景为胜。1982年，国务院将西湖列为首批国家级风景名胜。2007年被评为首批国家5A级旅游景区。2011年6月24日，"杭州西湖文化景观"正式列入世界文化遗产名录。被列入目录的文化景观包括"西湖十景"以及保俶塔、雷峰塔遗址、六和塔、净慈寺、灵隐寺、飞来峰造像、岳飞墓（庙）、文澜阁、抱朴道院、钱塘门遗址、清行宫遗址、舞鹤赋刻石及林逋墓、西泠印社、龙井等其他文化史迹均在这个景观范围之内。杭州西湖文化景观遗产是继江山江郎山之后，省内的第二处世界遗产。

西湖之美首先归功于大自然的赐予，但如果没有历代劳动人民的辛勤整治、苦心经营，那西子美人早就香消玉殒了。西湖的历史其实就是一部疏浚史，从唐代到近代有关西湖疏浚的记载就有23次之多，比较大规模的整治有：第一次，在唐长庆二年（公元822年），时任杭州刺史的白居易为解决灌溉问题，在钱塘门外石函桥附近修筑至余杭门（即今武林门）的长堤。第二次是在五代，吴越国王钱镠组织千人撩湖军对西湖进行大规模疏浚。第三次是在宋代苏东坡来杭任知州时，组织20万民工疏浚西湖。第四次是在明代（公元1508年），杭州知府杨孟瑛组织浚湖并修筑了一条与苏堤并行的杨公堤。第五次是在清朝，浙江巡抚阮元于1800年疏浚西湖并将淤泥堆筑了阮公墩。所以西湖的三堤（白堤、苏堤、杨公堤）三岛（湖心亭、三潭印月、阮公墩）就是西湖疏浚的产物，同时也是历史的见证。

中华人民共和国成立后，杭州市对西湖也进行了多次综合整治，特别是2000年启动的西湖综合保护工程，成为西湖历史上环境整治、疏浚规模最大的一次。首先是西湖南线工程整合范围北起湖滨公园，南达长桥公园，涉及西湖岸线3.5公里，整治面积50万平方米，恢复和重建历史文化景观18处，将老年公园、柳浪闻莺公园、少儿公园、长桥公园等独立成景的景点全线打通，形成一个环境幽雅的十里绿色长廊、文化景观长廊，有效改善了西湖"北热南冷"的旅游格局，使南线成为西湖美景中的一个新的热点。其次是经过精心治理于2003年国庆向外开放的杨公堤、新湖滨和梅家坞茶文化村等三大景区。新湖滨景区作为城市与西湖过渡地带，保留了中西合璧的建筑风格，增添了"惜别白公""马可·波罗""风波亭"等历史文化景观，并改湖滨为步行街，扩大绿化面积，通过亭楼、连廊水面的组合，体现了城湖合璧的风貌，营造了人在绿中、绿在水中、水在城中的新意境。最具有开创性、工程量最大的湖西综合保护工程，恢复了杨公堤和堤上六桥，扩展湖西水域面积约67万平方米，使西湖由五个相对独立的水域增加到九个相对独立水域，整个湖面面积由原来的5.6平方公里扩大到约6.5平方公里，平均水深2.27米。一条杨堤串起了西线七大景区：曲院风荷、金沙港、花圃、茅家埠、乌龟潭、浴鹄湾、花港观鱼；形成了杨堤凌碧波、金沙现醇浓、花圃变小岛、摇船到灵隐、眺望雷峰塔、三台思英烈、湿地鸟天堂、双峰见插云八大看点；杨公堤的重现圆了"一湖映双塔""湖中嵌三岛""三堤凌碧波"的西湖全景之梦。

西湖面貌不仅焕然一新，而且环湖八大公园全部取消收费，成为长三角唯一的一个打破门票的著名风景，尽显杭州大气之度，将这颗明珠还于人民，献给世界。新西湖不仅传承了历史，延续了历史，而且这种利国利民、功在千秋的盛世之举同样会被载入史册。所以西湖是因为有了人民才得以永葆青春。

[涌金广场]

各位游客朋友，现在我们来到了本次西湖之旅的起点——涌金广场，从这里开始，我们将沿顺时针方向进行环湖游览观光。各位请看，这是涌金广场的主要景点——涌金池。据说五代时，吴越王筑杭州城墙，在此开建城门，命名为涌金门。后来有人在此开凿大池，引入西湖水，仍以"涌金"为池名。到了清末，池已湮没。2002年，在西湖南线景区整治工程中，涌金池被恢复，并设计成湖埠的形式，便于游人亲近西湖水。

据传在汉代时，西湖中曾有金牛涌现，人们认为是“明圣之瑞”，因此西湖又有“金牛湖”之称。因此便在池里设置了《金牛出水》的塑像。另一个塑像是张顺，就是《水浒传》中的“梁山一百零八将”之一的天损星浪里白条。古代的杭州与水浒文化有丰富的渊源。梁山上的许多英雄都在杭州留下了足迹，如花和尚鲁智深、行者武松等。因此在这里挺立张顺的像，也是为了表达这样一种关系。在涌金池旁立着一块“古涌金门”碑。涌金门是古代杭州的西城门之一，因为西湖游船多在这里集结，又有“涌金门外划船儿”的杭谚。

各位请看，前面这幢临湖的建筑就是“涌金楼”。相传建于北宋，建成后名为“涌金楼”。南宋时，这里是为当时考取进士、状元而举行状元宴的酒楼，曾盛极一时。因年代久远，原来的楼早已毁了，现在的楼是2002年重建的。涌金楼具有得天独厚的地理优势，登楼远眺，远山近水，古塔新姿，尽收眼底。

［钱王祠］

各位游客朋友，请看我们右手边就是钱王祠。杭州有两处钱王祠，一处在临安太庙山前，是钱王墓附属建筑之一。据《钱氏家乘》记载，钱王墓道建筑，历史上屡建屡毁，民国八年重建后保存到现在。另一处就是这里，旧名表忠观，北宋杭州知州赵抃有感于吴越王钱镠有功于后世，报请朝廷批准以玉皇山一佛寺废址改建表忠观，由苏东坡撰《表忠观碑记》。原在玉皇山南妙因山上，元时被毁。明嘉靖年间，浙江督抚胡宗宪，将在柳浪闻莺的钱王故苑旧址建造的灵芝寺改建为表忠观，就是现在的钱王祠。

复建后的钱王祠工程雄伟壮观，占地11 300平方米，建筑面积4600平方米，高大轩敞的建筑处处透露出王者之气。山门前有块功德坊，是为了纪念吴越国王钱镠，在旁侧还有5座牌坊，寓意着吴越国三代五王对吴越地区做出的贡献，在甬道的尽头还有一座钱镠塑像，如果有机会漫步其中，会觉得仿佛回到了前年前的吴越王朝。吴越国太祖武肃王钱镠，浙江临安人，原以贩盐为业，因为立有战功，升为节度使。后来利用武力扩展其地盘，于907年建立了吴越国，以杭州为都城，管辖“十三州一军”，在922年被册封为吴越王。

［柳浪闻莺］

各位游客朋友，请看右边这个公园就是“西湖十景”之一——柳浪闻莺。柳浪闻莺公园虽然紧靠市区，但却无市区那种令人烦恼的尘嚣。整个公园在远山近水的衬托下，显得开朗豁达，清新明净。这里历来是人们欣赏西子湖淡妆浓抹的观景胜地。柳浪闻莺公园原为南宋时期的皇家园林——聚景园，曾经有不少的名胜古迹。现在的柳浪闻莺公园由当年帝王享受的御花园，演变为普通老百姓的大乐园。公园占地20万平方米。公园内部划分为闻莺园、聚景园、友谊园和南园等四个各具特色的园区。在友谊园绿草如茵的草坪上，矗立着一座1963年12月落成的“日中不再战”纪念碑。碑高3.1米，由米黄色的花岗石砌成。正面镏金碑文，是日本国岐阜市市长松尾吾策所书写的。

［**南山路**］

各位游客朋友，我们车子现在经过的这条路是南山路。南山路在杭州市民心中一直是一条特色街，它位于西湖风景区与城区的连接处，北起湖滨路口，南至玉皇山路口，全长近两公里。南山路在杭州历史上一直拥有显赫的地位。今天的南山路是游览观光和文化休闲相结合、城市与山水风景相融汇的高品位特色街，引进世界知名连锁餐饮店、酒吧、商务会所、菜馆等，人们可在南山路品茶、饮酒、泡吧、赏画、观景……南山路以舒适的环境、和谐的景观、合理的业态、文雅的文化来体现“悠然南山，浪漫人生”的主题，形成独具特色的“南山路文化旅游休闲街”。2016年，“南山路灯光秀”曾刷爆各大杭州人的社交媒体，借着G 20峰会的东风，杭州因地制宜、大胆创新，打造南山路艺术休闲街区提升改造项目，由美国波士顿国际设计集团总裁朱儁夫担任总设计师。南山路再次成为杭城百姓和各地游客纷至沓来的重要旅游区，每天都有许多人慕名而来，为一睹风采，甚至不惜排上几个小时的队伍。

［**长桥公园**］

各位游客朋友，长桥位于西湖东南角，邻近净慈寺，桥名“长”而桥梁短，令人费解。其实，长桥由长变短，是这一带湖面的变迁所造成的。西湖的湖面在宋代之前较高，当时流入湖中的山水主要有八处，其中一处就称为“长桥水”，此水是由西湖南山一带山脉的三股山水汇集而成并由此入湖。大约到了宋代，在现长桥公园的南端，南屏山的北麓，地濒西湖的地方，就已筑有三个桥门的长桥，长约500米。整座桥横截西湖湖面，主要使长桥水的三股山水能有规则地流入西湖。这座像堤的长桥筑有桥亭，外观十分壮丽，桥旁还种植了许多桃李，景色非常娇艳，不亚于白堤和苏堤。长桥的完全废毁，则是明正统年间。之后这里虽有湖桥，也只是三四米左右的短桥了，难怪杭城谚语说：“断桥不断，长桥不长。”长桥的出名是因为梁山伯与祝英台的故事。话说当年祝英台回家省亲，她同窗三年的好友梁山伯就来此长桥与她饯别。祝英台想以身相许，就灵机一动，用了18个暗喻，可是梁山伯那书呆子却听不懂，所以他俩就在长桥上来来回回走了18回，这就是所谓的“长桥不长情谊长”。传说已成为过去，佳话却留了下来。长桥公园现在是整个南线工程的一大看点，因为园内种植了许多桂花树，桂花是杭州的市花，所以长桥公园又称为市花公园。杭州目前赏桂花的地方有多处，最主要的赏桂地点是长桥公园、杭州植物园和满陇桂雨公园。桂花是杭州西湖的秋季名花，西湖桂花有黄、白、淡黄、橙黄等色。其主要品种有金桂、银桂、丹桂、四季桂四种。园内水面上还建了一座曲折有致的双投桥，方便游客有更宽广的视线来观察四周的景物。双投桥的来历也有一段凄美的故事。相传南宋时，钱塘布衣王宣教与陶师儿自由恋爱，因为陶后母阻挠，这对不愿遵从父母之命的青年男女迫于封建礼教，无奈之下双双投湖殉情而死，"双投桥"便由此得名。

［雷峰塔］

各位游客朋友，在我们前方的就是重建后的雷峰新塔。雷峰塔不仅因为是著名的"西湖十景"之一的"雷峰夕照"所在地，而且还因与《白蛇传》故事相关而声名远扬。

雷峰塔始建于北宋977年，初名皇妃塔、西关砖塔，后人因为他建在一座叫雷峰的小山上，又改称为"雷峰塔"。每当夕阳夕照时，塔影横空，金碧辉煌。从南宋开始，"雷峰夕照"名列西湖十景，誉满天下。雷峰塔与保俶塔隔湖相对，所以有"南北相对峙，一湖映双塔"，又有"雷峰似老衲，保俶如少女"之说。湖上双塔，水中双影，与湖中三岛、苏白二堤相辉映，曾给游人增添了无限美感，同时又演绎出丰富的神话与传说，使历代多少文人、画家为之倾倒。明朝年间，倭寇怀疑雷峰塔内有伏兵，就放火焚毁了雷峰塔，仅剩砖结构的塔身。后来由于有人认为雷峰塔砖放在家里可以驱鬼神避邪气，所以争相来此取砖，底层砖块被挖掘一空。本来就摇摇欲坠的雷峰塔终于在1924年9月25日下午轰然倒塌，从此"雷峰夕照"徒有虚名。鲁迅先生曾写过两篇文章:《论雷峰塔倒掉》和《再论雷峰塔倒掉》。在他的笔下就把此塔比做封建势力的象征。所以，关于是否重建雷峰塔一直是一个有争议的话题，最后杭州市政府以投票的方式决定重建雷峰塔。

2001年3月11日，雷峰塔地宫被开启，出土了五代吴越国时期的精美佛教文化珍宝，其中藏于鎏金纯银阿育王（阿育王的故事）塔内的佛螺髻发舍利尤为珍贵。在中国大陆被出土并隆重庄严供奉的只有三处：北京八大寺佛牙舍利、陕西扶风法门寺佛指舍利、杭州雷峰塔地宫佛发舍利。佛发舍利赋予雷峰塔无穷魅力。2002年，重建后的雷峰新塔为八面五层带飞檐的楼阁式铜塔，是一座完整仿中国宋代风格和形体的平面八角形楼阁式制型，同时也成为雷峰塔遗址的保护性建筑。采用中国铜雕大师朱炳仁的设计，各层盖铜瓦，转角处设铜斗拱，飞檐翘角下挂铜风铃，风姿优美，古色古韵。首层匾额“雷峰塔”三字由西泠印社时任社长启功所写。二至五层还有外挑平座可供观景，用于装饰的塔刹高 16.1 米，塔顶采用贴金工艺，远处望去，金碧辉煌。在这里我们可以登上塔顶看杭州西湖全景，满湖景色将尽收眼底，美妙无比。雷峰夕照也是西湖十景中唯一能同时观望其他九景的景观。

［**净慈寺**］

各位游客朋友，我们现在看到的就是著名的净慈寺。它始建于五代，相传吴越王钱弘俶为迎供当时著名高僧永明禅师而建，原名永明禅院，南宋时改称净慈寺，并建造了当时中国寺庙中最早的 500 罗汉堂，南宋传奇活佛济公在此也留下踪迹。现在的寺宇、山门、钟楼、后殿、运木古井和济公殿，都是 20 世纪 80 年代重建的。讲到净慈寺大家不免要想到“西湖十景”之一的“南屏晚钟”。“南屏晚钟”就是指净慈寺的钟声。净慈寺钟声悠扬洪亮，自宋代以来就为人们所称道。今天的净慈寺内的大铜钟高 3 米，口径超过 2 米，重一百多公斤。铸有赵朴初等书写的《妙法莲花经》，计 6.8 万字。“南屏晚钟”的钟声象征吉祥如意，平安幸福。每日黄昏，悠扬的钟声在暮色苍茫的西湖上空回荡，激起人们的无限遐思。

［**花港观鱼**］

各位游客朋友，请看右边，这就是杭州的花港观鱼公园。“花港观鱼”是西湖十景之一，这是一处以花、港、鱼为主要特色的大型自然山水式园林，是观鱼赏花的好地方。据记载，从前在西山大麦岭后的花家山有一条清澈的小溪流经此处注入西湖，因名“花港”。水因山名，地以水名，后来人们就把这一带称为“花港”。南宋时，内侍卢允升在花家山下建造别墅，称“卢园”，园内栽花养鱼，池水清冽、景物奇秀。卢园荒废后景观也随之消失。清康熙南巡时，在苏堤映波桥和锁澜桥之间的定香寺故址上，重新砌池养鱼，筑亭建园，勒石立碑，题有“花港观鱼”四字。今天的花港观鱼公园占地 20 多万平方米，分为红鱼池、牡丹园、大草坪、花港等景区，它以不规则的小区进行空间组合，但花、港、鱼三者又达到有机的统一，虚实相间，互为衬托，与西湖自然风景十分协调。

［**太子湾**］

各位游客朋友，我们现在看到的就是杭州的太子湾公园。太子湾之名起源于南宋。那时这里是西湖南面的一片浅水湾，因与南宋庄文、景献两位太子有关，湖湾因此而得名。现在的太子湾占地 80 万平方米，是杭州著名的婚庆公园。公园在传统的山水园林建筑上，吸收了西方造园的方法，富有潇洒自然地艺术情趣。太子湾公园的精彩之处是利用 1986 年西湖从钱塘引水工程明渠改建的平面形状多样化的水体，以西湖引水工程的一条明渠作为主线，以园路、水道为间隔，积水成潭，截流成瀑，环水成洲，跨水筑桥，形成了诸如琵琶洲、翡翠园、逍遥坡、玉鹭池、颐乐苑、太极坪等空间开合收放相宜、清新可人的景点。1997年完成的第二期工程，增添了大型人工瀑布、森林公园等景点，建造了爱情柱、爱情邮局、教堂、马车、五彩鸳鸯木舟等景观。近年来，太子湾已成为杭州新婚夫妇拍摄婚纱照、摄制婚礼录像的场所，以野趣与新潮，构成了一幅动人的西湖风情新图。还值得一提的是，每年举办一次的太子湾郁金花展在杭州也颇具盛名。太子湾公园曾获得国家优秀公园设计一等奖。

［**杨公堤**］

各位游客朋友，现在我们的车行驶在杨公堤上。杨公堤始建于明朝正德三年，由当时担任杭州知府的杨孟瑛在疏浚西湖时，用湖中的淤泥堆筑而成。后人为纪念杨孟瑛的功绩，称为“杨公堤”。杨孟瑛于1503年来到杭州任太守。由于当时西湖一片荒芜，苏堤以西的湖面“高者为田，低者为荡、阡陌纵横，尽为桑田。”苏堤以东，萦流若带，六桥之下，水流如线；苏堤之上，亦是柳败花残。杨孟瑛见到这种景象，非常地心痛，在他的再三要求下，皇帝终于答应了他疏浚西湖的请求。杨孟瑛亲自指挥疏浚工程，他让民工把所挖的淤泥一部分填在苏堤上，沿堤种植桃柳，恢复了苏堤的迷人景色，其余大部分则被堆在湖西的山麓边，筑成了一条长堤。明代学者田汝成曾经在他的书作《西湖湖览志》中写道：“西湖开浚之绩，古今尤著者，唯白乐天、苏子瞻、杨温甫三公而已。”这其中的杨温甫就是被后人称赞为“白苏以后贤郡首”的杨孟瑛。

清朝以后，由于里西湖的逐渐淤塞和田桑农用地的扩大。杨公堤被逐渐淹没。1947年，在杨公堤的旧址上修筑西山路。2002年12月，西湖综合保护工程启动，杨公堤开始重现它原来的面貌。恢复历史上的“环碧”“流金”“卧龙”“隐秀”“景行”“浚源”六座拱桥，即俗称的“里六桥”，与苏堤上的六桥遥相呼应。将西湖水通过杨公堤上的这六座桥，引入了丁家山，茅家埠和金沙港等景区，扩大了西湖的水域面积，也使得整修后的杨公堤成为一个古朴雅致的生态自然区。杨公堤是西湖综合保护工程的一个亮点，其景观特色已形成外观古朴典雅，内涵深刻丰富，自然生态良好，与西湖浑然天成、相映成趣的传世之作。我们现在看到的杨公堤是由原来的西山路改建而来，全长3.3公里，宽22米，环抱整个丁家山。西湖西进将此处景观建成了人们寻幽探胜的好去处，处处洋溢着纯正的自然气息。站在杨公堤上观望，一个体现生态、充满野趣的西湖新景区已生动地呈现在游人的眼前。

［西湖国宾馆］

各位游客朋友，我们现在看到的就是西湖国宾馆，以前叫“刘庄”。刘庄是晚清举人、广东香山人刘学询于1905年建造的，所以叫它刘庄。它坐落在西湖的西面，三面临湖、一面靠山，庭院面积36万平方米，因环境优美，建筑精巧，陈设典雅而冠居西湖第一名园。百年来，刘庄有过辉煌，见证过历史，历经了沧桑，也获得了新生。新中国成立以后，毛泽东主席常来刘庄居住。这里曾发生过两件震惊中外的大事：第一件，第一部《中华人民共和国宪法》在此起草；第二件，《中美联合公报》在此拟定。现庄内还保留着毛泽东读书处。2016年的G 20峰会期间，习近平夫妇在西湖国宾馆举行具有杭帮菜特色的国宴，招待来自世界五大洲的G 20各国首脑及其夫人等，使西湖国宾馆享誉全世界。

［于谦墓祠］

各位游客朋友，在西湖三台山麓坐落着“湖上三杰”之一于谦的墓祠，墓祠分为墓区与祠庙区两部分。苍松翠柏环绕，十分庄严肃穆。于谦是杭州人，为官正直清廉，敢于为民请命，兴利除弊。明正统十四年（1449），明英宗朱祁镇因“土木堡之变”当了战俘，京师动摇。兵部尚书于谦以“社稷为重君为轻”，拥立英宗之弟朱祁钰为帝，总领军民抗敌，取得北京保卫战全胜。天顺元年（1475），英宗复辟，于谦被诬遭害，明宪宗时始得昭雪，遗体归葬故乡，墓侧建旌功祠。明清屡毁屡建。现已四次修整。祠墓已成为既有文化内涵，又具优美环境的纪念类景区。

［郭庄］

各位游客朋友，现在我们看到的这座庭院就是著名的郭庄。郭庄又称端友别墅，位于杨公堤卧龙桥畔。始建于清代，原为杭州绸商巨富宋端甫私宅，称为宋庄。后宋家败落，转为绸商郭氏所有，改称为郭庄，雅号“汾阳别墅”。1989年重修，保持了原来的园林格局和风貌。全庄占地近万平方米，南北分静必居和一镜天开两个景区。郭庄内花木簇拥，湖石假山林立，曲廊回环，粉墙黛瓦，翠峰镜湖，古朴典雅，被誉为“西湖古典园林之冠”。著名古建筑园林专家、同济大学教授陈从周先生说，此园不仅汲取了苏州园林的建园手法，而且有许多景致具有绍兴特色。例如园中两个池塘，一个是自然形态，湖石堆砌，池畔曲廊，宛若苏州园林；还有一个是石板砌成的方池，显然是绍兴风格，并被称可当“西湖的背影”。中国园林以借景见长，而郭庄的借景西湖可以说尽得中国造园艺术之妙。郭庄现为省级文物保护单位。

［曲院风荷］

各位游客朋友，现在我们看到的就是“西湖十景”之一的“曲院风荷”。

这里的“荷”就是指荷花。荷花又叫莲花、芙蓉。西湖栽种荷花的历史悠久，赏荷花的去处也不少，但最出名的就是这“曲院风荷”了。在著名的西湖十景中，以花卉入景的，也只有这里的荷花。“曲院风荷”在南宋时称“麯院荷风”。“麯院”原是一家酿官酒的作坊，在今天的九里松东、洪春桥一带。以种植荷花著称，为西湖赏荷之处。夏天清风徐来，花香酒香，随风荡漾，令人陶醉，所以叫“麯院荷风”。到清康熙年间，为迎皇帝巡游，特地在此引种荷花。康熙修改“麯院”为“曲院”，正“荷风”为“风荷”。所以称“曲院风荷”。各位朋友，值得一提的是，园中竹素园如今被人们称为“奇石园”。最令人叹为观止的是“江南三大奇石”之一的“绉云峰”，如今也从杭州花圃移来此地“落户”，使“奇石园”更加名副其实。

［北山街］

各位游客朋友，在曲院风荷的右边，也就是与杨公堤相连的这条路就是2004年10月1日刚刚整修完工的北山街。东起断桥口，西至曙光路，全长2600米，是一座没有围墙的博物馆。在这条路上，你随时随地都有可能撞上历史，撞上文物，期间的一草一木、一楼一舍、一砖一瓦都透露着浓郁的民国文化。而蒋经国故居、1929年西湖博览会工业馆、日本领事馆、秋水山庄、静逸别墅、菩提精舍等这些富有二三十年代特色的老房子，也使得北山路成了“名人别墅一条街”，向世人展示着那一段段厚实而又鲜为人知的历史和传说。

［苏堤］

各位游客朋友，请看这条自南而北横贯西湖的绿色长堤就是著名的苏堤，全长2.8公里，平均宽36米，堤上共有映波、锁澜、望山、压堤、东浦、跨虹6座石拱桥，堤上遍种桃柳、芙蓉，形成“西湖景致六条桥，间株杨柳间株桃”的美景。说到苏堤，人们自然会想起北宋诗人苏东坡。苏东坡于1071年、1089年先后到杭州做了三年通判和两年知州。在他第二次任杭州地方官时，见西湖草长水涸，葑草已占西湖之半，于是上书朝廷，要求疏浚西湖。苏东坡凭着朝廷给他的100道僧人的“度牒”，采用以工代赈的办法募民开湖，花了二十多万人工，终于把湖中葑草打捞干净，疏浚了西湖。但多余出来的淤泥葑草怎么办呢？这时诗人奇思妙想，天马行空地构筑了这条流芳千古的长堤。这位“老市长”不仅为我们留下了一湖清水，一条芳堤，还给我们留下了一道名菜（东坡肉）和一首赞叹、宣传西湖的传世佳作《饮湖上初晴后雨》。

南宋时，苏堤春晓被列为西湖十景之首，元代又称之为“六桥烟柳”而列入钱塘十景，足见她自古就深受人们喜爱。寒冬一过，苏堤犹如一位翩翩而来

春到苏堤

的报春使者，杨柳夹岸，艳桃灼灼，更有湖波如镜，映照倩影，无限柔情。早春四月，迎着熹微晨光，沿修长的湖堤漫步，但觉清风徐来，十里垂柳飘忽。在轻烟薄雾中，灼灼红桃含露开放，宛若喷霞，景色着实娇媚迷人，而当春雨霏霏，透过袅娜柳丝眺望西湖，但见薄霭弥漫，渐远渐淡，景色更是奇幻诱人，苏堤连接了南山和北山，给西湖增添了一道妩媚的风景线。且花木一年四季姹紫嫣红，五彩缤纷。如诗若画的迷人风光，成了人们长年游玩的好地方。

苏堤还因景色迷人，环境幽静而被人们俗称为“情人堤”，它是情人们悠闲漫步、谈情说爱的好去处。堤上自南而北分别建有六座石拱桥。由于堤旁遍植各种花木，其中尤以柳树和桃树为主，故有“西湖景致六吊桥，间株杨柳间株桃”的民谚。清康熙皇帝南巡杭州，品题西湖十景时，以“苏堤春晓”为十景之首。

现在我们闲庭信步于苏堤上，感受到春天的来临，品味西湖之性情；近看花红柳绿，远看湖光山色，移步换景，寸寸是画，此时融身于烟柳画桥中，云色，水色、柳色使人达到物我两忘的境界。

［孤山］

各位游客朋友，我们现在来到了孤山景区。孤山既是一座风景名山，又是一座古迹荟萃的文化名山。孤山东连白堤，西接西泠桥，山高38米，占地面积20万平方米。孤山形成于白垩纪地质年代（距今0.67亿年到1.3亿年前），由火山喷出的流纹岩组成。孤山景色在唐代就已闻名，白居易称之为“蓬莱宫在水中央”，南宋理宗曾在此兴建规模宏大的西太乙宫，清康熙皇帝南巡又辟为行宫，雍正皇帝改行宫为圣因寺，与当时的灵隐寺、净慈寺、昭庆寺并称为“西湖四大丛林”。1927年为纪念孙中山先生，就将行宫剩下的御花园部分改建后称为“中山公园”。

有朋友问“孤山”既是西湖中最大的岛屿，为什么要取名“孤山”呢？因为它是目前西湖上唯一天然形成的湖岛，四周碧波萦绕，一山孤峙湖中，又长期被自称为孤家寡人的皇帝所占有，所以被称为孤山。但从地质学上讲，孤山整个岛屿是和陆地连在一起的，而且它背倚葛岭、宝石山，南北临湖，东连白堤，与群山湖水相呼应，给人一种“面面有情，环水抱山山抱水”的境界。所以孤山不孤，与断桥不断、长桥不长被称为西湖三绝。

［西泠桥］

各位游客朋友，孤山西面这座古色古香的环洞石拱桥，名叫西泠桥。它和断桥、长桥并称为西湖古代的三大情桥。西泠桥未建时，这里原是一处风景如画的渡口，从北山一带到孤山都要从此摆渡。古人诗画中的所谓“西村唤渡处”“船向西泠佳处寻”指的就是这里。南宋建都后，这儿又是游人的汇聚之处，一派繁盛景象。西泠桥在历史上不仅以其优美的景色备受人们赞赏，更因苏小小的故事而称誉天下。

●小模块·慕才亭与苏小小

桥边上这座六角形的亭子叫“慕才亭”，亭内是六朝时的南朝齐国著名的歌伎苏小小的墓。苏小小是南齐时的钱塘（杭州）人，生得聪明美丽，自幼父母双亡，寄居西泠桥畔的姨母家，因生活所迫沦为歌伎。但她极知自爱，对爱情十分忠贞。有一次她乘车出游，在白堤上碰到骑马而来的青年才子阮郁，两人一见倾心，苏小小吟出一首诗：“妾乘油壁车，郎骑青骢马。何处结同心？西陵松柏下。”后来两人结为百年之好，过着幸福生活。然而好景不长，阮郁被在京做官的父亲派人催归，从此再也没有返杭与苏小小团聚。此事对苏小小打击至深，再加受到官绅欺凌，不久便积郁成病，24岁就匆匆离开人世。有个在落魄时曾受苏小小资助得中功名的滑州（镇江）刺史鲍仁把她葬在西泠桥畔，并在上面造了一座慕才亭。

现在的亭和墓是2004年西泠桥重修后完工的。修复后的苏小小墓亭有十二副楹联。其中“湖山此地曾埋玉，花月其人可铸金”一联出自《皮淋集句》，由中国书协理事马世晓先生书写，赞美了苏小小虽身处风月烟花之地，但洁身自好，其出淤泥而不染的品格可以用黄金铸一座塑像让后世瞻仰。苏小小的芳名与西湖美景并传，她那追求幸福爱情，追求完美的形象长立于西子湖畔。天下游人每到西泠桥畔，都会发出无数感慨！与苏小小墓为邻的，还有重建的宋义士武松的墓。

［秋瑾墓］

各位游客朋友，过了西泠桥，在绿树丛中有一尊汉白玉雕像，大家看她身披大襟，左手叉腰，右手按剑，目光炯炯凝视前方。她是谁？她就是我国妇女解放运动的先驱，为推翻清王朝，争取民族独立而壮烈牺牲的巾帼英雄秋瑾。秋瑾，字璇卿，号竞雄，浙江绍兴人。生于清光绪元年（1875），她文武双全，为振兴中华，积极投身于救国救民的革命活动，辛亥革命时期担任同盟会浙江分会的会长。她在绍兴主持大通学堂准备武装起义时，被清政府察觉被捕，于1907年慷慨就义于绍兴轩亭口，年仅33岁。秋瑾遇害后，好友徐自华，吴芝瑛费尽周折将其遗骸安葬于西湖畔，后虽多次迁移，但最终实现了烈士生前“如不幸牺牲，愿埋骨西泠”之愿。眼前这座墓和雕像是1981年第10次迁葬重建的。它的基座高2米，立像高2.7米，雕像的容貌是根据秋瑾生前的照片创作的。基座正面石碑上“巾帼英雄”四个大字是孙中山先生书写的。基座后有《鉴湖女侠秋君墓表》，详细地记录了这位女中豪杰碧血报中华的一生。现在秋瑾的墓是省级文物保护单位。喜青山有幸，长埋忠骨英灵。这位鉴湖女侠的英名与浩然正气与湖山共增辉。

［俞楼］

各位游客朋友，“行到白沙堤尽处，居然人尽识俞楼”，前面的这座楼房便是有“西湖第一楼”之美誉的俞楼了。俞楼是晚清成就卓著的朴学大师、教育家俞樾的住所。俞樾（1821—1907），字荫甫，号曲园，浙江德清人。他曾以“花落春仍在，天时尚艳阳”的佳句被当时主考官曾国藩取为进士第一名。走上仕途以后，曾任翰林院编修，河南学政。37岁时因遭上司（御史曹澄庸）报复而罢官。他遂将精力专注于传统经、史学术研究和诗文书法创作，著书之学修成一代大师。世人将他与同为清代道光进士的李鸿章相提并论，有“李鸿章拼命做官，俞曲园拼命著书”的说法。1868年，俞樾受聘出任杭州诂经精舍山长，在杭执教达31年之久，授业学生众多，培养了如章太炎、徐花农、吴昌硕等许多杰出的人才，为杭州的文化教育事业和人才培养做出很大贡献。1907年，86岁的俞樾长眠于杭州三台山，与他眷恋的西湖永远相伴。

俞楼是俞樾任诂经精舍山长十周年之际，他的众弟子集资为其建造的。1879年，俞楼建成，不仅成为尊师重学、师生情深的见证，也出现高士雅集、车来人往、“行到白沙堤尽处，居然人尽识俞楼”的盛况。1924年，俞樾的玄孙、著名文学家俞平伯也曾在此小住。现在我们看到的飞檐翘角仿古三层的俞楼是在1998年改建的，现已开辟为俞曲园纪念馆。

［西泠印社］

各位游客朋友，若说吴山展示的

是民俗，凤凰山残留着王气，那么孤山则是典雅矜持的艺术品，而对这件艺术品最精辟的诠释，就是素有“湖山最佳处”之称的西泠印社了。它是我国研究金石篆刻最著名的学术团体，初创于1904年，由杭州金石家丁仁、王禔、叶为铭、吴隐等组建。1913年正式召开成立大会，因“人以印集，社以地名”定名“西泠印社”，确立了“保存金石，研究印学”的宗旨，公推吴昌硕为首任社长。历任社长有马衡、张宗祥、沙孟海、赵朴初、启功，现任社长是饶宗颐先生。社员在每年的清明节和重阳节，会定期举行“雅集”相互交流。2003年还隆重举行了西泠印社成立100周年的庆典。

西泠印社不仅以金石篆刻闻名于世，园林建筑也堪称一绝。大家请看，白墙青瓦将印社围成院落，从而使这个封闭式的园林显得结构精巧，淡雅恬静。在占地面积仅2万平方米的方寸间，园内所有建筑都依山而建，巧妙布置；叠石理水，精心构思，形成一个古朴苍深、疏密有致的整体。进入圆洞门，在左侧墙上布置着一组名家真迹拓碑，“涛声听东浙，印学话西泠”介绍了印社的发展史。正面的建筑叫“柏堂”，是北宋时一个名叫志铨的和尚所建，据说早在南北朝的陈代，有人在此种植柏树两棵，北宋时一棵枯萎，质如金石，叩之有声，于是志铨在此建堂取名柏堂。柏堂西边有一座结构简朴的小屋称“竹阁”，初建于唐代，这算是唯一保存至今的白居易古迹了。当年白居易在杭任刺史时，每次出游湖山，就喜欢在此偃卧歇息。白居易有首《寄竹阁》诗写道：“晚坐松檐下，宵眠竹阁间。清虚当服药，幽独抵归山”，赞叹竹阁为他带来心灵的净化。唐代竹阁用毛竹搭建，现已改为木结构，但其中的意境仍然留存。

我们拾级而上，走过鸿雪径就来到山顶景区，大家是否顿时感到豁然开朗？在这1000多平方米不规则的山顶平地，集中了一塔一碑，二泉、三像、三房，构成印社庭园艺术的精华，形成了“占湖山之胜，撷金石之笔”的境界。

这一塔，指的就是华严经塔，建于1924年。它高20余米，八面十一级，上刻有《华严经》和《金刚经》，成为西泠印社的标志。

一碑是指汉三老讳字忌日碑，“三老”是汉代官职名，“讳”指死去的尊长的名字，“忌日”即亲丧之日。这块石碑记载的就是一位汉代掌管文化教育的乡级官吏去世的碑。碑高88厘米，宽45厘米，碑文一共217字，字体介于秦篆与汉隶之间，由篆入隶，是研究隶书发展的重要石碑，据考证是东汉建武二十八年（公元52年）的碑刻，距今有2000多年的历史，是浙江省迄今发现的最早石碑，被海内外视为瑰宝。这块碑1852年出土于余姚客星山，曾一度被盗卖，幸亏印社同仁奔走呼吁，义卖捐献，筹集 8000 块银圆从日本人手中赎回，并特地筑了这座石室将其保藏。

二泉中的文泉由俞曲园命名，意为“文思泉涌”，闲泉因位于隐闲楼（即题襟馆）下而得名，与山前的印泉，山后的潜泉（吴隐字石潜）合称西泠四泉。

三房即四照阁、题襟馆、观乐楼。四照阁始建于北宋，1924 年因建华严经塔移到这里，因为在阁中可环顾四面湖山而得名。题襟馆建于 1914 年，馆名寓意此地为知心好友吟诗作画唱和之场所。观乐楼由印社创始人之一吴隐的后代在 1920 年建造，现已辟为吴昌硕纪念室。

各位朋友请看，在汉三老石室前面的这尊石雕坐像是丁敬（1695—1765 年），他生于杭州，毕生从事金石研究，他的印风博采众长，独树一帜，成为“浙派”篆刻的鼻祖，被列为“西泠八家“之首。那手持雨伞，身背笠帽的塑像是皖派篆刻创始人邓石如，其印章特色是“疏处可以跑马，密处不使透风”。坐在小龙泓洞壁内的是吴昌硕的造像，吴昌硕（1884—1927 年）是浙江安吉人，西泠印社首任社长，他的诗、书、画、印被称为“四绝”，他不仅使篆刻发扬光大，而且也把中国印学艺术推上了一个新的台阶。

朋友们，立于西泠印社，饱览西湖秀色，感怀印人精神，我们不由发出“钱塘之奇在孤山，孤山之胜在西泠”的感叹，由衷地赞叹西泠印社这一枚西湖锦绣图画上最精美无比的印章。

［**楼外楼**］

“西湖醋鱼何处美，独数杭州楼外楼。”各位游客朋友，前面就是中外驰名的百年老店楼外楼。楼外楼创建于清道光 28 年（1848 年），距今已有 170 年的历史。杭州向有“不到楼外楼，不算西湖游”，“城里天香楼，城外楼外楼”的名谚。关于楼外楼店名的来历，有两种说法：一种是说取自南宋诗人林升的名诗“山外青山楼外楼，西湖歌舞几时休；暖风熏得游人醉，直把杭州作汴州”；还有一种说法是在菜馆建成后，店主曾请俞樾帮助取名，俞樾说：“既然你的菜馆建造在我‘俞楼’的外侧，就称它为‘楼外楼’吧！”其实不管是哪一种来历，都为楼外楼增添了一种文雅之气。楼外楼不仅文化氛围浓郁，而且名厨云集，名菜迭出。当家名菜首推西湖醋鱼。它是选用一斤多的草鱼，先在清水中饿养两三天，除去泥土味后精心烹制而成。成菜后的西湖醋鱼，色泽红亮，肉味鲜嫩可口，略带蟹味，色香味俱全。登上楼外楼，眺望湖山、把酒临风、品尝风味，让你尽情体会佳肴与美景共餐之境。

●小模块・周恩来与楼外楼

据说，重建的楼外楼是在 1978 年按照周恩来总理 1973 年提出的“要反映整个西湖风景和孤山的环境，房子不要修得太高太洋，要有民族特色”的要求设计建造的。整座建筑飞檐翘角，古色古香，呈“品”字形，与湖山融为一体。“楼以人名，文以楼兴”，楼外楼集天时、地利、人和，接待过许多中外名人，孙中山、宋庆龄、鲁迅、郁达夫、竺可桢、潘天寿都品尝过楼外楼的佳肴，连柬埔寨西哈努克亲王及许多尊贵外宾也曾亲自光临，特别是周恩来总理曾多次光临楼外楼，还数次追补餐费，一直被人们传为佳话。

[中山公园]

各位游客朋友，现在我们看到的就是中山公园。大家请看，门口这对汉白玉石狮为明代遗物。不远处正面石壁上有“孤山”两个鲜红的大字，出于宋人手笔。石壁两旁有两座石亭，俗称文亭和武亭，是20世纪30年代为纪念南洋华侨捐款救济浙江灾民而建，其中一座石亭写着“善与人同”四个字，表达了浙江人民对南洋华侨的感激之情。据史书记载，孤山是南宋皇帝的宫殿和清代行宫所在地。1927年，为了纪念伟大的孙中山先生，改称中山公园。公园内有一座精妙绝伦的小庭院，被人们誉为“天下第一景”，它原是清行宫御花园的一部分。园内有一亭，名叫“西湖天下景”，取自苏东坡的诗句“西湖天下景，游者无贤愚。深浅随所得，谁能识其全”。最引人注目的是亭柱上的一副对联“水水山山处处明明秀秀，晴晴雨雨时时好好奇奇”。这副对联字字珠玑，耐人寻味，既可以顺读，也可以倒读，还可以跳着读，淋漓尽致地道出了西湖山水的绚丽景色，诠释了西湖“浓妆淡抹总相宜”的无穷魅力。各位有兴趣，可以自己试试读一下这副对联。

[浙江省博物馆]

有人说，要读懂一座城市，亲近它的历史与文化最好的途径是去博物馆。现在我们看到的就是我省最大的综合博物馆——浙江省博物馆。它的前身是西湖博物馆，创建于1929年首届西湖博览会之后，迄今已有近90年的历史，是全国最早的省级博物馆之一。浙江省博物馆经过精心设计与打造后，现由新馆区、西湖美术馆、文澜阁三部分组成，形成一座“园中有馆，馆中有园”具有江南园林特色的人文科学博物馆。

新馆区于1994年竣工并正式对外开放，占地20 400平方米，分设历史文物馆、书画馆、青瓷馆、工艺馆、钱币馆等七个专题展厅，一大批具有很高历史价值与艺术价值的文物在此展现。1999年，在国立艺术院的旧址上兴建的浙江西湖美术馆落成开放，为浙江省博物馆的陈列展览开拓了新的天地，成为研究艺术珍品、进行学术交流、介绍最新美术动向的理想场所。

各位朋友请看，博物馆门墩是仿良渚文化的“冠形器”，三根立柱是仿良渚文化的玉器——玉琮。围墙上的“双鸟异日图”是仿河姆渡文化图腾的图案，具有鲜明的浙江历史特色。博物馆馆藏之物有十万余件，其中以河姆渡文化、良渚文化、吴越文化和南宋文化为代表。2001 年雷峰塔地宫出土的文物也大部分存放在馆内。

在新馆的西侧，有清代皇家藏书楼文澜阁。文澜阁初建于清朝乾隆四十七年（1782 年），是为珍藏《四库全书》而建。当时乾隆皇帝组织编纂了我国历史上最大最完备的综合性丛书——《四库全书》，并在全国专门建造了七大书阁来保存，它们是北京故宫的文渊阁、圆明园的文源阁，沈阳故宫的文溯阁，承德避暑山庄的文津阁，合称“内廷四阁“。另外三个在南方，俗称“南三阁”，即杭州西湖的文澜阁，扬州大观堂的文汇阁，镇江金山寺的文宗阁。几经沧桑，现在南三阁就唯剩文澜阁了。迄今，文澜阁作为浙江省博物馆的一部分，已成为亭园清幽、古迹犹存的园林景点向外开放。

［**平湖秋月**］

各位游客朋友，现在我们来到的是西湖十景之一的平湖秋月，亭柱上有一副楹联“万顷湖平长似镜，四时月好最宜秋”，生动描绘了这里的天然景色，也道出了此处是一赏月胜地。古时杭州的三大赏月胜地之一就在这里，另两处是三潭印月及凤凰山上的月岩景点。据记载，唐代这里建有望湖亭，明代改建为龙王祠。清代康熙三十八年（1699 年），又在望湖亭的旧址上建“御书楼”，同时在楼前的水面铺筑平台，楼侧建碑亭，立康熙御题“平湖秋月”碑。1959 年，平湖秋月又经过扩建改造后形成一片新颖别致的沿湖园林。那“湖天一碧楼”就是原清末民初犹太富商哈同的私人别墅罗苑的遗物，后来成为中国现代新兴木刻运动的摇篮——“一八艺社”的所在地。如今这里已辟为西泠书画院，为湖山胜景更添一分诗情画意。平湖秋月三面临水，在这里眺望湖光山色，无论晴雨都奇趣盎然，尤其是皓月当空的中秋之夜，“一色湖光万顷秋”，让你尽情享受西湖秋月之美。

［**放鹤亭**］

各位游客朋友，在孤山这座作为杭州文化典型代表的山林中，一个既没有做官，更没有政绩的隐士却有一席之地，而且还对杭州产生了很大的影响，他就是北宋隐逸诗人林和靖。林和靖（967—1028），名逋，字君复，杭州人。他终身不娶不仕，性情淡薄，不慕荣利，擅长诗词书画。年轻的时候，曾周游江淮之间，到 40 多岁，觉得各地山水都不及故乡西湖，便收拾行囊，来此隐居，并 20 年不入繁华的杭州城。

林和靖非常爱梅，隐居孤山后，遍植梅树 360 株。不仅作为生活之来源，更作为生命之依托，每逢梅花绽放的时候，林逋就足不出户整日赏梅，怡然自乐。他写了许多咏梅诗，其中《山园小梅》诗中的“疏影横斜水清浅，暗香浮动月黄昏”成为千古名句。“孤山访梅”历来被誉为西湖盛事，它和“超山赏梅”“灵峰探梅”是旧时杭州的三大赏梅胜地，故孤山还有一个美称叫作“梅屿”。

林逋还养了两只白鹤，伴随他下棋，散步，形影相随。有时林逋游湖，有客人来访，家童就放出白鹤，招主人返回。他与客人喝酒吟诗时，鹤鸣声起舞，为他们助兴。因此留下了“梅妻鹤子”的千古佳话，也留下了让人遐想隐士生活的“放鹤亭”。现在的放鹤亭重建于1915年，平台宽阔，栏杆精巧。亭壁的《舞鹤赋》，为南北朝鲍明远的作品。碑文是清代康熙皇帝临摹董其昌书法的手迹。亭上方的林和靖墓已修复。虽然舞鹤不归，但梅林依旧，每当严冬，这里便寒梅绽放，清香四溢，成为一片“香雪海”。人格化的梅花与处士高风两两相印，在此留得千秋清名。林和靖的一生是隐居的一生，也是刻意学术的一生。林和靖死后葬于孤山。他的节操和学识也很得宋真宗的赏识，特赐谥号“和靖处士”。元代杭州人陈子安在林和靖隐居地“巢居阁”旧址建造了梅亭和鹤亭。

［白堤］

各位游客朋友，大家看到前面这条“间株杨柳间株桃”的长堤就是著名的白堤，是市区连接西湖的一条湖上纽带。白堤原名“白沙堤”，是西湖水面上最早的人工建筑，也是西湖风情的标志性胜迹，它东起断桥，西至平湖秋月，全长1公里。早在1000多年前的唐朝，白堤就以风光旖旎而著称。白堤顾名思义似乎应该是白居易所筑的堤了，有趣的是，事实并非如此。这条堤究竟由何人所筑，现在已无从考证。而白居易在杭州任刺史时，曾在钱塘门外，自东向西经昭庆寺（今少年宫）到宝石山麓筑过一条堤，人称“白公堤”，因年代久远早已无处可寻，杭城人民为了感怀这位造福杭州的大诗人，就将“白沙堤”改称“白堤”了。1000年后我们走在今天的白堤上，看柳丝泛绿，桃树嫣红，大家就尽情感受当年白居易的“乱花渐欲迷人眼，浅草才能没马蹄。最爱湖东行不足，绿杨荫里白沙堤”的意境吧！

白堤中间的那座桥叫锦带桥，旧称“涵碧桥”，唐时就已存在。到南宋时，由宋转运使陈尧佐重建。后来，由于西湖湖水冲蚀，年久失修，白堤下榻，此桥也不复存在。到了明代万历十七年又重建白堤，改称白堤为“十锦塘”，并在涵碧桥旧址，架木为梁，重建此桥，修复后称之为“锦带桥”。

［断桥］

各位游客朋友，在白堤的尽头，那座独孔环形长桥，就是著名的断桥了。从目前的文献来看，断桥的名字最早见于唐代，宋代称宝祐桥，元代又叫段家桥。现在的断桥是1921年重建的，长8.8米，宽8.6米，两边有青石栏杆。这座石拱桥虽然看起来普通却家喻户晓，主要得益于我国四大民间传说之一的《白蛇传》的广泛流传。白娘子与许仙相识在此，风雨同舟，借伞定情。水漫金山后，夫妻重逢，断桥相会。这美丽的故事为断桥添了浓郁的浪漫色彩，这正是“断桥千年等一回，有缘千里来相会”啊。

有朋友问：“这座桥没断，为何叫断桥呢？”一是取自谐音，以前桥边住着一户姓段的人家，因而元代称它为“段家桥”，段、断二字谐音；二是断桥是白堤的终点，从平湖秋月而来的白堤到此而断；三是每当冬天雪飘，瑞雪初晴，桥的阳面已经冰消雪化，而桥墩的阴面却还是白雪皑皑，远远望去，桥身似断非断，再加上清代康熙皇帝御题“断桥残雪”碑，于是逐渐统一口径，称断桥。

作为西湖十景之一的断桥残雪，起源于南宋画家的山水画提名。当时有一批有骨气的文人对南宋小朝廷不图恢复中原深怀不满，于是常借笔端来发泄。画家马远、夏圭等，作画多取西湖“一角”“半边”之景，意在讽刺赵宋王朝偏安一隅。每当大雪初晴，古桥上，雪已残而未消，在这些多情的画家看来，就油然而生残山剩水之感，于是就有“断桥残雪”这一景观。

[宝石山]

各位游客朋友，大家请抬头看，前方矗立着一座纤细宝塔的山叫宝石山，海拔 78 米。为什么称“宝石山”呢？这是因为宝石山的岩石属火成岩中的流纹岩和凝灰岩，含有较多的氧化铁，在阳光照耀下，晶莹闪亮，形如宝石，故名宝石山。山上那座高高耸立的宝塔，叫“保俶塔”。初建于北宋开宝年间，当初为九级，是吴越国王钱弘俶的母舅吴延爽因钱弘俶奉诏进京，为保佑他平安归来而建。现在的塔为 1933 年重建，是一座六面七级的楼阁式实心砖塔，高 45.3 米，线条柔和优美，宛如亭亭玉立的美女。它和湖对面的雷峰塔正好形成一组对景。雷峰塔敦厚典雅，保俶塔纤细俊俏，故民间有“雷峰如老衲，保俶如美女”的说法。

[湖中三岛]

各位游客朋友，古时候，人们常把想象中的海上仙山琼岛统称为“蓬莱三岛”，分别称作瀛洲、蓬莱、方丈。在中国古典园林营建中也恪守“一池三山”的模式，隐喻“蓬莱三岛”。西湖也不例外，人们把湖中的三岛湖心亭、阮公墩、三潭印月分别比作蓬莱、方丈和小瀛洲。

小瀛洲又叫“三潭印月”，面积约 7 万平方米，是西湖三岛中最大的岛。其中水面占 60%，从空中俯瞰呈“田”字形，是一个“湖中有岛，岛中有湖”的湖上花园。它东西连柳堤，南北建曲桥。曲桥两侧，种植着大片睡莲，其中最惹人喜爱的要数开着黄花的“三寸金莲”。此外，历史上三潭印月还以种植西湖莼菜而闻名，它含有丰富的蛋白质、维生素 C 和微量铁质，营养丰富。

三潭印月

“西湖莼菜汤”是杭州传统名菜之一。

作为西湖十景之一的“三潭印月”，早在吴越时期就已是个人工堆叠的岛屿，上面建有水心保宁寺。明朝万历三十五年（1607 年），当时钱塘县令聂心汤用西湖葑泥堆筑环形堤埂形成了初步格局。清朝雍正五年（1727 年），当时的浙江总督李卫苦心经营，建亭桥楼阁，植奇花异草。新中国成立后，政府对三潭印月进行了 7 次大规模的改造建设，使其成为匠心独运、巧夺天工的湖中“大盆景”。三潭印月的精华就是岛南面的三座石塔。石塔始建于北宋，1089 年，苏东坡疏浚西湖后为防西湖淤塞，在湖中最深处立了三塔作为标志，规定三塔之内不准种植菱藕，元代时期三塔被毁，明天启元年（1621 年）在现在位置上重建。这三座亭亭玉立的石塔呈等边三角形，每边相距 62 米，高出水面 2 米，塔身呈球状，有五个小圆孔，饰着浮雕图案，塔顶呈葫芦形。每逢月夜，特别是中秋佳节，皓月当空，人们在塔中点蜡烛，洞口蒙上白色薄纸，烛光从纸中透出，倒映在湖面，随着微波荡漾，似有无数个月亮在水中。这时，月光、烛光、湖光，波光粼粼；月影、塔影、云影，交相辉映。真是一湖金水欲溶秋，呈现出“此景只应天上有，人间能得几回见”的壮丽景观。

居于湖中央那座飞檐翘角的亭，名叫湖心亭。它不仅是西湖中最大的一座亭，而且也是三岛中最早营建的建筑物。初建于明嘉靖三十一年（1552年），由当时的杭州知府孙孟所建，称“振鹭”，后又改为清喜阁。现在的湖心亭是1953年重建的，它外观两层，重檐歇山式的屋顶全用金黄色琉璃瓦铺盖，四面落地长窗，富丽堂皇，古朴庄重。人立于湖心亭放眼望去，湖光山色尽收眼底。“湖心平眺”在清代被列为“钱塘十八景”，连乾隆皇帝对此风光都流连忘返，留下了手迹“虫二”字碑，取“風月无边”的意思。

所谓“大珠小珠落玉盘”，如果说西湖是玉盘，大珠是小瀛洲，那小珠就是湖心亭和阮公墩了。阮公墩是西湖三岛中面积最小，也最年轻的一个，面积仅5561平方米。它是在清嘉庆五年（1800年），由浙江巡抚阮元用疏浚西湖的淤泥堆积而成，后人为纪念他的功绩，取名为“阮公墩”。100多年来由于岛上湖泥松软一直没有营建，成为西湖鸟群栖息的一座荒岛。1982年秋，从陆地运来1000多吨泥土添加于岛上。新建了芸亭，环碧山庄，云水居等景点，组成一幅“绿树花丛藏竹舍”的庭院画。新西湖十景之一的阮墩环碧，指的就是这里。

02 灵隐寺

景区概况→飞来峰→理公塔→大肚弥勒→多闻天王→壑雷亭→灵隐寺天王殿→大雄宝殿→药师殿→藏经楼与华严殿→五百罗汉堂

［景区概况］

各位游客朋友，杭州不仅有名湖西湖，还有名刹灵隐寺。杭州在历史上就有“东南佛国”之称。那“南朝四百八十寺，多少楼台烟雨中”的意境在今天仍能感受到。灵隐飞来峰景区不仅有杭城创建最早的千年古刹灵隐寺，也有古代石窟艺术瑰宝飞来峰石刻造像。这里名山胜水、名人逸事、名泉名亭、名寺名佛融为一体，形成一个幽雅、秀丽、文化浓厚的仙山佛国。白居易在杭州时常到此游览办公，他在著名的《冷泉亭记》中写道:“东南山水，余杭郡为最；就郡言，灵隐寺为尤；由寺观亭，冷泉亭为甲。”给予灵隐景观极高的评价。

各位游客朋友，现在我们已经来到灵隐景区，大家请看这面写有“咫尺西天”的照壁。咫，是我国周代计算长度的单位，“咫尺”是距离很近的意思。

灵隐寺大门

就是说，从这里只要再往前迈一步就是佛国世界了。

［飞来峰］

“溪山处处皆可庐，最爱灵隐飞来孤”。各位游客朋友，我们眼前的这座奇秀的小山峰，就是苏东坡最爱的飞来峰。它高仅168米，却有“灵鹫峰”“东南第一山”的美誉。相传在1600多年前，印度高僧慧理来到杭州，看到这里奇峰怪石，风景特异，惊奇地说：“此乃中天竺国灵鹫山之小岭，不知何以飞来？”因此后人取名此山为飞来峰。还有人说，飞来峰是从峨眉山飞来，并流传着济公活佛抢新娘救生灵的故事。真是“山不在高，有仙则名”。其实飞来峰形成于地质史上的二叠纪时期，距今已有2亿年历史，是一座石灰岩山峰。它的主要成分是碳酸钙，质地松脆，易受水蚀和风化，长年累月就形成许多形状各异的岩洞，大自然造就了“无石不奇、无水不清、无洞不幽、无树不古”的飞来峰。特别珍贵的是，在天然岩洞里和山崖上，布满了五代至宋元时期的大批石刻造像共有153龛470余尊造像，保存较为完整的就有345尊。其中有雕造于后周951年的“西方三圣”，这是飞来峰最早的石刻造像，有雕刻最为精致的“卢舍那佛会”浮雕（公元1022年）。这些精湛的雕刻艺术品不仅给奇峰秀石增添了神秘色彩。而且使飞来峰成为我国石窟造像中的艺术宝库。

［理公塔］

各位游客朋友，现在我们看到的是理公塔。这座塔是为了灵隐寺开山祖师印度人慧理和尚而建立的。据说慧理圆寂后，他的遗骨就存放在塔下。现在的塔是明代万历十八年（1590）重建，塔为实心，七层八面，一层为塔基，二层刻塔铭，三层刻《金刚经》，四层以上是佛像。古朴沧桑的理公塔不仅见证了一个印度和尚不远千山万水来到中国弘扬佛法的艰辛，也告诉了我们什么是“执着”的精神。塔旁这两尊石刻，都为元代作品。左边这尊大腹便便、面带微笑的就是西藏喇嘛教中的财神，全称“宝藏神大夜叉王”。它身上披挂着用鲜花串成的璎珞，戴着金银珠宝串成的项圈、臂钏、脚镯，全身珠光宝气，右手执一颗大宝珠，左手握着口吐串串珠宝的银鼠，右脚还踩着一只大海螺。据说他掌管天下无尽财宝。据佛经上讲，只要按照上面这种式样绘制或雕刻“宝藏神大夜叉王”，那就想什么有什么。右下方这尊为金刚手菩萨像，金刚手就是夜叉神，按喇嘛教密宗的形象应该是十分凶恶的，可这里我们看到的金刚手却头戴宝冠，手拿金刚杵，身围飞舞飘带，一脸孩童的天真稚气，完全打破了密宗仪式。它是唐宋传统风格同藏、蒙风格结合的一件艺术品。

［大肚弥勒］

各位游客朋友，整个飞来峰最引人注目的要数对面崖壁间那袒腹露胸、笑

大肚弥勒石窟造像

脸相迎的大肚弥勒佛了。它是整个飞来峰造像中最大的一龛，长 9 米，高 3.6 米。他慈眉大耳安然袒坐，一手按布袋，一手执念珠，在两旁十八罗汉的簇拥下，他“开口常笑笑世间可笑之人，大肚能容容天下难容之事”，这尊雕刻于公元 1000 年的宋代杰作已成为飞来峰造像的标志性作品。按佛经的说法，弥勒佛是释迦牟尼佛的接班人，在释迦牟尼圆寂后，再过 56 亿 7000 万年，弥勒才能接班，被称为“未来世佛”。那么，前面这尊“大肚弥勒佛”是不是佛主的接班人呢？不是的。据佛经记述，弥勒佛和释迦牟尼一样是位印度僧人，身披袈裟，立身合十，面容端正。如今我们看到的弥勒佛是根据五代后梁时期浙江奉化契此和尚的形象雕塑的。因为他肚皮极大，又整天乐呵呵地背着大布袋游街串巷，乐善好施，总是“行也布袋，坐也布袋，放下布袋，多少自在”，人们都喜欢叫他布袋和尚。他在奉化岳林寺圆寂时口念：“弥勒真弥勒，分身千百亿，时时示世人，世人自不识。”后来人们都认为布袋和尚是弥勒佛的化身，重降人间救助众生，就有了中国式的大肚弥勒佛。大家知道大肚弥勒佛为什么会如此开心吗？因为“眼前都是有缘人，相亲相近，怎不满腔欢喜”，所以，大家有缘相聚一游，人生烦事当一笑了之。

[多闻天王]

各位游客朋友，大家请看那骑坐青狮的雕像就是四大天王之一的北方多闻天王。他既有护国护法之任也兼有财神之责，故又称多宝天王。天王像高 2 米，身披盔甲，脚蹬武靴，手持宝幢，形象威武生动。这尊石雕造像，是飞来峰元代时期的代表作品，体现了元代密宗造像的特点：一是刻画生动，接近现实；二是带有密宗的风格，但被唐宋风格所同化；三是服饰不同。根据龛内题记推断，极有可能是忽必烈的宠臣杨琏真伽雇工所刻。元代僧官杨琏真伽在任江南释教总统十余年间，欺压百姓，强取民财，盗挖南宋皇陵，后被朝廷追究查办，但元世祖忽必烈将其赦免。他为了感谢元朝庭的恩典、祈求自己世寿延长而组织人员在飞来峰刻下大批石雕造像。请看，在多闻天王像的左侧有三尊僧像，居中的和尚头披葛巾，圆脸宽鼻，浓眉细眼的可能就是杨琏真伽像。

飞来峰石窟造像在 1962 年被国务院列为首批全国重点文物保护单位，其历史价值不仅在于造像数量众多，雕刻精美，而且还体现在以下三个方面：首先飞来峰石窟造像是南方石窟艺术的代表，在中国造像艺术史上起到了承上启下的作用。我国的石窟造像大多集中于北方，以敦煌莫高窟、山西大同云冈石窟、河南洛阳龙门石窟、甘肃天水麦积山为代表的北方石窟，在数量上和艺术上都达到了巅峰，但从晚唐以后北方石窟艺术日渐衰落，而飞来峰的五代、宋、元造像，正好填补了这一历史时期的空白。其次，飞来峰石刻造像大都为摩崖石刻，而北方石窟大都为石窟造像。再次，北方石窟的石质大都为花岗岩，而飞来峰的摩崖造像却雕琢在石灰岩上。这种地质学家所称的“飞来峰石灰岩”，色调较好、厚度很大、石刻能长期保存，如不断抚摸还会使石面越来越光洁如玉。这是我国南方石刻艺人在长期艺术实践中的珍贵发现和创造。

[壑雷亭]

各位游客朋友，沿溪而上，有两座亭子立于溪旁，我们首先看到的是壑雷亭，这座黛瓦丹柱的亭子始建于宋朝，取名源于苏轼诗句“不知水从何处来，跳波赴壑如奔雷”。与壑雷亭相邻的便是有名的“冷泉亭”，白居易曾说，东南山水唯杭州为最，杭州尤以灵隐为佳，而灵隐又以冷泉亭为首。亭原为唐代杭州刺史元藇所建，亭最初建于冷泉溪流中，后被山洪冲毁，明万历年间又在岸上重建。1000多年来冷泉亭以山树为盖，岩石为屏，一直是人们流连聚会，休憩赏景的地方。白居易，苏东坡都常在亭上饮宴赋诗处理公务。亭内原有一块“冷泉亭”匾额，唐代白居易先书“冷泉”二字，二百多年后，苏轼又补书了一个“亭”字，二公书法风格不同，朝代不同，而其墨能同处一匾，堪称古今一绝，可惜，此匾今已不存。明代大书法家董其昌在亭里题联：“泉自几时冷起？峰从何处飞来？”引得晚清著名朴学大师俞樾一家有趣对联，俞樾的答联是“泉自有时冷起，峰从无处飞来”；其老伴的答联“泉自冷时冷起，峰从飞处飞来”；最巧妙的还是俞樾女儿所作的“泉自禹时冷起，峰从项处飞来”，暗用了项羽“力拔山兮气盖世”的典故。这副问联，就字面来看言辞平淡，但妙含哲理，内藏机锋，有兴趣的客人不妨也来试对一下。

[灵隐寺]

各位游客朋友，湖山重名胜，名寺藏深山，作为杭州历史最为悠久、规模最大的千年古刹灵隐寺，确实“隐“得极具意趣。一般寺庙，讲究山门开阔，以炫耀法门的气势。而气势宏伟的灵隐寺却深隐在西湖群峰密林之中，就是到了寺庙前，也寻不出“灵隐寺”这个寺名。各位要了解其中缘由，我得先简要介绍灵隐寺的历史。

灵隐寺创建于东晋咸和元年（326年），距今有1600多年的历史，比少林寺的创建还要早170年（少林寺建于495年），现在是杭州最大的佛教寺院，也是全国十大古刹之一。佛教信徒素有朝普陀必先经灵隐的说法。据《灵隐寺志》记载，公元326年，印度僧人慧理来到杭州看到这里山水奇秀，怪石嶙峋，很像印度的灵鹫山，因为佛祖如来在世时，灵鹫山多为仙灵所隐之地，所以他认为这地方也将成为佛国佳境。于是便在此建寺，取名“灵隐”。

灵隐寺自创建至今，重要的毁建有14次。历史上灵隐寺规模最大要数五代吴越时，因国王钱弘俶信奉佛教，就大规模地修建灵隐寺。当时全寺有9楼、18阁、72殿，僧房1300余间，僧徒3000余人，足可想象当时盛况。南宋时，灵隐寺已蜚声中外，异国高僧纷纷前来取经。清代康熙皇帝六下江南，四次巡游灵隐寺，且赐物题名题诗。乾隆皇帝也六次南巡到灵隐寺，足见灵隐寺在当时的地位。可惜近三百年来，灵隐寺，屡遭天灾人祸，破坏严重。特别是抗日战争时期，灵隐寺设难民收容所，由于半夜失火，大部分建筑化为灰烬，仅存大雄宝殿和天王殿。新中国成立后，政府对灵隐寺进行三次大规模修复（1952、1975、1988年）。现已建成修复了中轴线上的天王殿、大雄宝殿、药师殿；依山而建的藏经楼、华严殿以及东西禅室、碑室、方丈院和五百罗汉堂等建筑。实现灵隐“还灵鹫之壮观，复名山之胜景”的梦想。

[天王殿]

各位游客朋友，现在我们来到了灵隐第一殿——天王殿。大家请看大殿重檐下悬挂的两块横匾，一块“灵鹫飞来”是由近代著名佛教居士书法家黄元秀所题。而另一块“云林禅寺”的匾是清康熙皇帝的亲笔手书。那么康熙皇帝为何将灵隐寺改名为“云林禅寺”呢？

据《灵隐寺志》记载，清康熙二十八年（1689年），康熙皇帝在灵隐寺住持帝晖法师的陪同下，一早登上寺后的北高峰，只见寺院笼罩在晨雾之中，眼前云林漠漠，分外幽静。下山回寺后，康熙想景生情，引用杜甫“江汉终吾老，云林得尔曹”的诗句，挥笔题写“云林禅寺”四个大字，赐为寺额。但300多年来，杭州人民从未承认康熙的改名，大家还是叫“灵隐寺”。

各位请看，殿门两边柱上有一副楹联：“峰峦或再有飞来，坐山门老等；泉水已渐生暖意，放笑脸相迎。”把天王殿中的弥勒佛与眼前的景色融合在一起，情趣盎然。天王殿正中佛龛内供奉的是“皆大欢喜”的弥勒佛木雕像，他袒胸露腹，笑容可掬地迎接各位游客，接受香客的第一炷香，他正向我们传授一种人生智慧：心胸宽广，万事能容，知足常乐，健康长寿。殿两侧分列着四大天王，俗称“四大金刚”。据佛教讲，四大天王在此各护一方，故称“护世四天王”。

手持青锋宝剑的是守护南方的增长天王，“锋”和“风”同音，增长的意思是能令众生增长善根，持剑是保护佛法不受侵犯。手弹琵琶的是东方持国天王，琵琶没弦需要“调”音，他要用音乐感化众生，使他们皈依佛门。守护北方的多闻天王手持雨伞样的宝幢显示“雨”，他即是护法神也是佛国的财神，他用宝幡制服魔众，保护众生财产。手缠龙蛇的西方广目天王能用净天眼随时观察世界，护持众生，他是群龙首领，众龙顺从于他。这四位威武凛然、造型精绝的天王不仅是佛法的守护神，也充当了凡间百姓美好愿望的代言人：风调雨顺，国泰民安。

弥勒佛背面是手执降魔杵的韦驮，他是南方增长天王的八大神将之一，居三十二将之首。据说释迦牟尼佛的舍利曾被魔王抢走，是韦驮不畏艰险，奋力追回。因此，在佛寺中，韦驮塑像都面朝大雄宝殿的释迦牟尼佛像，意为保护佛祖，驱除邪魔，威镇三洲。这尊韦驮像高 2.5 米，是南宋初期用整段香樟木雕刻而成，距今已有 800 年的历史，是灵隐寺中现存最古老的一尊佛像。

[大雄宝殿]

各位游客朋友，在我们面前的这座雄伟建筑就是大雄宝殿。“大雄”意思是一切无畏的大勇士，是古印度佛教徒对释迦牟尼的尊称。所以信徒们就把供奉佛祖像的大殿称为大雄宝殿。现在的大雄宝殿在清宣统二年（1910 年）重建，是一座单层重檐三叠式的歇山顶建筑，高 33.6 米，仅比天安门城楼低 0.1 米，其规模之大，在国内佛教寺院中并不多见。在屋顶中央，饰有一颗闪耀的银珠，两侧写有“佛日增辉”四个大字。屋檐下悬挂两块横匾，“妙庄严域”是著名书法家张宗祥所题，“大雄宝殿”是书法家原西泠印社社长沙孟海于 1987 年重书。大殿两旁有两座建于北宋（960 年）的经塔，它外观八面九层，上面雕刻有菩萨像和佛经的故事，经塔造型优美，雕刻精湛，与天王殿门前的两座经幢（建于北宋 969 年）称得上灵隐寺保存最为长久的古迹。

各位请随我入殿参观，请看在正中莲花石座上趺坐的就是佛祖释迦牟尼。相传他是古印度北部迦毗罗卫国（现为尼泊尔境内）净饭王的儿子，原名乔达摩・悉达多，他出生于公元前 6—公元前 5 世纪，约与中国孔子同一时代，29 岁时痛感人世生老病死的各种痛苦，舍弃王族生活，出家修道，经过六年茹苦修行，35 岁时在菩提迦耶成道，创立了据说能使众生脱离苦海的佛教，被佛门弟子尊称为释迦牟尼，意思为“释迦族的圣人”“释迦族的智者”。目前佛教已成为世界三大宗教之一，拥有教徒 3 亿以上，形成许多教派，以禅宗教为首，灵隐寺就是一座禅宗寺庙。

这尊佛像是 1953 年重修灵隐寺时由中央美术学院华东分院（今中国美术学院）邓白教授以唐代禅宗著名雕塑为蓝本构思设计，周恩来总理亲自审定，华东分院雕塑系教师和东阳木雕厂民间艺人合作创造的，用 24 块香樟木雕成。佛像高 19.6 米，加上须弥座石基总高

24.8 米，佛像全身两次贴金，共花去黄金 86 两之多。它是我国目前最大的香樟木雕坐像。整座佛像头部微微前倾，两眼凝视，右手微抬，仿佛正在向朝拜者讲经说法。佛祖坐在莲台上，表示圣洁清芳，出淤泥而不染；佛螺钉状的头发为天蓝色，象征与天齐平；额眉间有个“白点”是佛祖 33 相之一表示吉祥如意；头部后面的镜称为“摩尼镜”，象征智慧和光明；佛顶上有一把撑开雨伞似的盖，叫天盖，全用珠宝装饰而成，又称“宝盖”。

大家再看殿内东西两边的二十尊立像，名叫二十诸天。他们本是古印度神话中罚恶护善的二十位天神，佛教采用其说，作为护持佛法的神。东侧十尊是：娑竭罗龙王、增长天王、坚牢地神、鬼子母神、韦驮尊天、摩梳首罗天、多闻天王、大功德天、日宫天子、大梵天王；第一尊娑竭罗龙王是龙女的父亲，掌管海洋水利。身旁有一小孩的女神是鬼子母神，听名称好像不是善类，确实，这个鬼子母原是个专吃小孩的恶神，后得释迦牟尼感召而皈依佛教，“放下屠刀，立地成佛”，由恶神转化为专门保护儿童的善神。西侧十尊是：阎罗天子、摩利支天、广目天王、菩提树神、散脂天将、金刚密迹、持国天王、大辩才天、月宫天子和帝释尊天。第一尊阎罗天子就是统治十八层地狱的阎罗王。二十诸天进入中国后已被汉化，他们穿戴的服饰很多都是模仿我国封建王朝的文武百官。殿后排列有十二尊趺坐的像，是佛祖的十二个大弟子，民间称为“十二圆觉”，意为像佛那样圆满的觉悟者。他们是文殊、普贤、善眼、金刚藏、弥勒、清净慧、威德自在、辨音、净诸业障、普觉、贤善首菩萨。据说现在的佛经就是他们根据释迦牟尼在世时讲经说法和自己的见解整理而成。大雄宝殿有十二圆觉这样的布局，在全国寺院中是非常罕见的。

释迦牟尼像的后壁，是一组气势恢宏的彩色“五十三参”海岛立体群塑。高 20 余米，全部用黏土，不掺一点水泥，塑造了以童子拜观音为主体的一百五十尊佛像。据佛经讲，善财童子是福城长者五百童子之一，善财出生时，有种种珍宝涌现，故名善财。文殊菩萨路过福城，看出善财有佛缘，就指点他去南游 100 城，参访 53 位“善知识”（名师），最后遇到普贤菩萨“即身成佛”。所以佛教建筑中的阶梯常铺为五十三级，比喻“五十三参，参参见佛”。看，那个双手合十，身穿红肚兜的就是善财。整座群塑分上、中、下三层，最下层为“海”，正中脚踏鳌鱼，手持净瓶的就是大慈大悲的观世音菩萨。据说她有 32 种化身，世上众生遇到灾难，只要念诵她的名字，她就会寻声来救。所以称观世音。唐代为避唐太宗李世民讳，改称“观音”。观世音菩萨原为男性，因佛教传入中国，逐步融合进中国民族文化而渐渐演变，佛教徒和艺术家们根据观音大士慈悲心切三十二化身，在南北朝时就开始塑成女性像，迎合了善男信女的心理需求，使观音成了中国最受欢迎的女菩萨。观音右侧即为成佛的善财，左侧为龙女，也就是民间所称的“金童玉女”。中间坐在麒麟上的金身像是地藏王菩萨，他曾是新罗国（今朝鲜）的王子金乔觉，削发为僧后到中国的九华山修行得道。他曾发下大愿，要度尽六道众生，拯救诸方苦难，直到地狱成空才愿升级成佛。最上层是“三十三天”，那尊瘦骨嶙峋的塑像，是释迦牟尼成佛前在雪山茹苦修行的形象，又称“饿佛像”。

在这里还要特别介绍两位大家非常熟悉的人物。左上方，那位侧着身手拿破扇子挡住脸的就是济公和尚。济公确有其人，他是浙江台州人，原名李修缘，南宋初年在灵隐寺出家，是高僧瞎堂法师的徒弟。他不守清规戒律，平时是一幅“鞋儿破、帽儿破、身上袈裟破”的形象，但他酒肉穿肠过，佛祖心中留，为人正直善良，见义勇为，又神通广大，深受老百姓的喜爱。至今仍流传着“济公斗蟋蟀”“运木古井”等许多有关他的传奇。被人们称为“济公活佛”。

再瞧右壁中间手执扫帚，身黑如墨的就是“疯僧”。相传他本是南宋时灵隐寺一名僧人，长得非常丑陋，全身有癞痢头、倒眉毛、斗鸡眼、招风耳、歪嘴巴等十处缺陷，但他心灵美好，一身正气。据说当年秦桧陷害岳飞时，到灵隐寺求签，这位疯僧就用破扫帚朝着秦桧没头没脑地扫去，扫得秦桧失魂落魄，狼狈而逃，这就是历史上“疯僧扫秦”的故事。人们对这位伸张正义的疯僧非常敬佩，就在群塑中立一个席位，让他享受人间香火。灵隐寺的群塑中，将人间曾出现过的两名血肉之躯与佛国菩萨供奉一起，可见灵隐寺的立场，佛家不可能无视人间的是非，他们虽把自己隔在围墙内，沉浸在晨钟暮鼓声中，但还是正视着人世间的善恶，有着人们共有的爱憎。

［药师殿］

在大雄宝殿后面是一座单层重檐歇山顶的大殿，这就是1993年正式开光的药师殿。“药师殿”匾额是佛教协会主席赵朴初先生所书。殿内正中手持宝塔的是东方净琉璃世界的药师佛，左右分别是手托太阳象征光明的日光菩萨和手托月亮象征清凉的月光菩萨，合称为“东方三圣”。药师佛曾发下十二大愿，“要解救众生一切苦难，除去一切病痛，所以人们也称他为消灾延寿药师琉璃光佛。大殿两侧是药师佛的十二位弟子“药叉神将”。他们不仅顶盔黄甲，神态威武，而且会按十二个时辰轮流值班，及时去拯救那些生病的信徒，保护众生。按中国的习俗，还给他们配上了十二属相的图案。

［藏经楼、华严殿］

灵隐寺的第四进是藏经楼，第五进

是华严殿。两大建筑都依山而建，密林相掩。似有红尘飞不到之势。藏经楼分为云林藏宝、法堂与藏经楼三部分。这儿陈列历代佛教文物珍品和收藏了各种佛经书籍，重放“灵隐书藏”之光彩。华严殿是灵隐寺的最高处。殿内供奉华严三圣，中间是毗卢遮那（大日如来）佛，以释迦牟尼法身经过修习大彻大悟的报身佛形象来塑造，体现佛祖从法身、报身、应身的“三身”变化。左右为文殊菩萨、普贤菩萨。三尊佛像都用楠木雕塑，工艺精湛，成为佛教艺术的精品。

［五百罗汉堂］

各位游客朋友，在灵隐寺西面有新建的五百罗汉堂。罗汉，是古印度梵文的音译“阿罗汉”的简称。小乘佛教以罗汉为最高的修行追求，认为罗汉不再“生死轮回”，已圆满一切功德。而大乘佛却认为小乘传教只追求个人自身的解脱，局限性太大，主张弘扬佛法，普度众生，于是塑造了佛祖、菩萨与罗汉等，担任普度众生的任务。佛祖是至高无上品位，罗汉为第三品位。关于五百罗汉的来历，有多种说法。有说是跟随释迦牟尼听法传道的五百弟子，有说是参加第一次与第四次结集的五百比丘，还有的说是五百强盗“放下屠刀，立地成佛”等。灵隐寺的罗汉堂原来就有，且声名远播。对苏州西园寺，北京万寿寺、香山碧云寺的罗汉殿建造有重要的影响。可惜罗汉堂在1936年毁于火灾。1999年共耗资5000余万元的五百罗汉堂重现灵隐，共占地3616平方米。殿内供奉五百罗汉呈卐字形布局。均用青铜铸成，像高1.7米，重1吨，造型形象生动。殿中间建有高12.62米的铜殿，四面透空，供奉我国四大佛教名山（五台、峨眉、普陀、九华）的主佛像。其造型之别致，气势之雄伟，已列入吉尼斯纪录。灵隐寺的罗汉堂为佛教世界又增添了一处文化珍品。

03 岳王庙

景区概况→岳庙门楼→岳庙庭院→忠烈祠→岳飞墓→四奸像→碑廊→精忠柏

［景区概况］

各位游客朋友，杭州西湖不仅山水秀美，还有众多的人文景观。清代诗人袁枚曾有“赖有岳于双少保，人间始觉重西湖”的诗句，说的是杭州历史上正因为有了岳飞和于谦这样的民族英雄，才使西湖在柔美之外，增添了阳刚之气。杭州岳王庙是全国各处岳王庙中最有名的，因为岳飞的后半生在杭州度过，这里更是他遗骨的长眠之地。历代上至达官贵人，下至普通百姓，都纷纷前来拜谒岳飞墓，并留下了众多诗词楹联。在这里，人们把最美好的感情给了精忠报国的英雄，也把最愤怒的情绪给了陷害英雄的帮凶。这不仅仅是一处景点，更是对一代爱国英雄的追思之地。

[岳庙门楼]

各位游客朋友，现在我们看到的就是岳王庙，它面对西湖、背靠青山的栖霞岭南麓。庙门按清代建筑格式，扇面状的赭黄墙正中是巍峨庄严的门楼，为重檐歇山顶建筑，上悬一块龙凤盘绕、黑底镏金的“岳王庙”三字竖匾额，两边围墙高耸，前列石阶，气势巍峨庄严。岳王庙始建于南宋嘉定十四年（1221 年），原为“智果观音院”旧址，后改为“褒忠衍福禅寺”，明代改称“忠烈庙”，现存建筑在清朝康熙五十四年（1715 年）重建。由于“十年动乱”的拆毁，1979 年进行了全面整修，历时一年，花费人力 5.6 万工，耗资 40 万人民币，门楼右侧的碑记载了当时的修建情况。石柱上有楹联“三十功名尘与土，八千里路云和月”，是国防部原部长张爱萍题写的，出自岳飞的《满江红》。岳飞在 32 岁时就已经获得了节度使的荣誉和少保的官位，但他却把它视为尘与土，因为这些与他平素坚定地要收复失地、报仇雪恨的壮志宏图相比，根本就像尘土一样不足为道。后一句描写的是他风尘仆仆、征战疆场的情景，抒发了他要收复失地的壮志情怀。作为一种民族气节和民族精神的象征，800 多年来，不知影响了多少爱国志士，今天就让我们共同去缅怀这位可歌可泣、气壮山河的民族英雄吧！

[岳庙庭院]

各位游客朋友，我们现在来到的便是岳王庙的庭院，眼前这条石铺甬道长 22.88 米，直通忠烈祠大殿。大殿两侧分别是祭祀烈文侯张宪的东庑和祭祀辅文侯牛皋的西庑。张宪和牛皋都是岳飞的部将，跟随岳飞转战南北，战功卓著，但他俩也先后被秦桧所害。

忠烈祠是岳王庙的主体建筑。大殿重檐间悬挂着一块“心昭天日”横匾，说的是当年岳飞临刑前，大理寺官员逼他在他们炮制的一张伪供状上画押，岳飞知道这是他最后的时刻了，悲愤至极，无限痛心地仰天长叹，连书“天日昭昭，天日昭昭”八个大字。意思是说天上的太阳是明亮的，我的心迹就像天上的太阳一样光明磊落，我是忠于皇上的，我的冤案总有一天会得到昭雪的。也就是说“这位伟大的民族英雄的精忠报国之心，可昭天日，万古不朽。”叶剑英元帅为此亲自改写成这块匾，细心的游客一定会发现这块横匾下面没有落款，那是叶帅为了表示对岳飞的敬仰之情，自谦自己不能和岳飞相提并论而没有署名。

[忠烈祠]

现在请大家跟我进入大殿内参观。整个忠烈祠正殿占地约 400 平方米。我们正前方看到的就是岳飞大将军的坐像，高为 4.54 米。只见岳飞头戴红樱帅盔，身披紫色蟒袍，臂露金甲，足蹬武靴，右手握拳，左手按剑，双目正

岳飞坐像

视，英气勃勃，令人肃然起敬。岳大将军里面是武将的打扮，外面则为文官的装束，说明他既有元帅的英勇气概，又有儒将的潇洒风度，是一个文武双全的大将。请大家往坐像上端看，上悬一块“还我河山”四字横匾，这是岳飞的手书，也是这位民族英雄毕生为之奋斗的目标。此时此刻，不禁令人想起当年岳飞和他的岳家军高吟《满江红》的英雄气概。殿两壁前有明代书法家洪珠写的“精忠报国”四个大字和“岳飞事迹简介”“岳家军抗金线路图”的文字图表。

岳飞出生于1103年（崇宁二年），河南汤阴县人，出身农家。相传诞生时，恰有大鸟从房上飞过，因而取名为飞，字鹏举。岳飞从小在母亲的训导下，时时不忘“精忠报国”。并在名师周侗的教导下，武艺日渐精通。宣和四年（1122）从军，因作战勇敢，常常出奇制胜，深得名将宗泽赞赏。靖康二年（1127年）金人虏徽、钦二宗北去，岳飞为了报国仇、雪国耻，坚持抗战，并建立了一支纪律严明精悍善战的抗金队伍——岳家军，取得过多次重大胜利。金兵见岳飞率领的军队所向披靡，于是惊呼：“撼山易，撼岳家军难！”然而岳飞坚持抗战，力图收复失地的主张，却遭到了以宋高宗赵构、丞相秦桧为代表的“主和派”的反对，最后岳飞被秦桧等以“莫须有”的罪名杀害，年仅39岁。他的长子岳云、部将张宪等被害于众安桥，家属全部流放到岭南，酿成了千古奇冤。

各位请看，在大殿后面及两侧粉墙上，有1981年创作的八幅大型彩色壁画，它忠实地记录了这位民族英雄气壮山河的一生。先看第一幅：勤学苦练。画中坐在大树下的白胡子老人，就是岳飞的师傅周侗，他是一个射手，曾是梁山好汉八十万禁军总教头林冲的师傅。而画中弯弓射箭的少年就是岳飞。岳飞在周侗的教导下，进步神速，很快就学会了他的全套技艺，并能拉开300多斤的强弓。岳飞的外公很赏识外孙的习武天赋，于是又让他和一个有名的枪手陈广学习技击，这使得岳飞在使枪的技术上成了一个“一县无敌”的人。“自古英雄出少年”。岳飞从小就练就了一身杀敌的本领，正是凭借着他过人的武艺，加上他独特的军事天赋，在以后的战役中才取得了一系列的胜利。

我们再看下一幅图：岳母刺字。岳飞背后的是他的母亲姚氏，是这幅壁画中着重描写的一位伟大女性。画中半跪于地的少年就是正准备参军的岳飞。大家可以从他的背上看到“精忠报国”四个大字。岳飞早年丧父，全仗母亲抚育。靖康之变，金兵入侵，徽、钦二帝被俘，北宋灭亡，岳母送子参军。临行前，为了让儿子牢记报国仇、雪国耻，她在岳飞背上一针一针刺下了“精忠报国”四字。岳飞也一直以此勉励自己，征战疆场，报效祖国。

我们来看旁边的另一幅“收复建康”。画中身穿盔甲，骑在马背上冲锋杀敌的就是岳飞将军。在他身旁一起杀敌的是同样勇敢无比的岳家军将士。而在他们前方溃逃的就是被打得落花流水的金国士兵。这是在南宋建炎三年冬（1129），金兵大举南侵，一直到达浙江东部。其初的目的是想活捉赵构并把赵姓政权消灭掉，但又觉得不易取胜，于是放弃了追袭赵构的计划，逐步北移，从镇江返回建康。岳飞得知情况后，没有等待他当时的上级张俊的命令，率部直趋宜兴，追上敌人，拦腰予以猛击，一举收复了建康这个军事重镇，活捉敌人三百多人。这也是岳飞独自率军抗金取得的第一次重大胜利。

我们继续看下一幅壁画“联结河朔”。位于画正中的将军就是岳飞，和他面对面的便是河朔忠义兵的首领。岳飞取得一系列的辉煌战果，与他联结河朔的战略方针是分不开的。河朔是岳飞故乡所在地，当地人民深受金人的奴役之苦和亡国之耻，纷纷起来反抗。岳飞团结抗金力量，在南宋绍兴二年（1132年）制定了联结河朔忠义兵共同抗金的方针，各路民兵先后投归，使得河朔民兵成了岳家军的骨干和主力，在抗金战场上发挥了重要作用。

下面一幅就是“还我河山”，画中左手按剑的人物就是岳大将军，而他面前的是滚滚长江。南宋绍兴三年（1133年），岳飞任江南西路舒蕲州制置使，从临安返回江州途中，登高远眺，北望故土，激情满怀，无限感慨，写下了“还我河山”四字，抒发了他驱逐金兵、收复失地的豪情壮志。也正是在这种爱国主义精神的鼓励下，岳飞越战越勇，屡建战功。

接下来这幅壁画是郾城大捷。大家可以看到这幅壁画中到处洋溢着欢庆的气氛。画中的岳大将军在欢笑，岳飞的长子岳云在欢笑，部将张宪在欢笑，当地的老百姓在欢笑，连将士骑的马也在欢笑。为什么呢？南宋绍兴十年（1140）七月，金兀术调集精兵，向郾城作殊死进攻。岳飞带兵出城迎战，全军将士手持刀斧，冲入敌阵，上斩敌首，下砍马足，大破金兵的“拐子马”、“铁浮屠”，击败敌军10万多人的进攻，取得了空前的重大胜利。凯旋归来，百姓敲锣打鼓欢庆祝捷。加上北方忠义军纷纷来归，将士们的士气空前高涨，“岳”字旗所到之处，地方父老挽车牵牛载运粮草争相迎接。画面中描写的就是军队的将士和老百姓共同欢庆的喜悦场景。当时岳家军的先锋部队已经直达朱仙镇，距北宋故都汴京仅45里，收复汴京指日可待。

眼看岳飞即将收复故土，雪耻国仇家恨，然而不幸正在等着他。我们来看下一幅壁画：被迫班师。和前一幅不同，这幅壁画到处充满着悲哀的气氛。只见画中的乡亲父老无一不痛哭流涕，岳飞和其将士也扼腕而泣，悲痛万分。南宋绍兴十年（1140年），正当岳飞北伐取得重大胜利时，高宗赵构却苟安乞和，与秦桧共同谋划，在岳飞大败金兵并想乘胜前进的时候，他们釜底抽薪，一面命令岳飞不许深入腹地，一面又撤走他的友军，使他陷入孤军作战的境地。接着又一日连下十二道金牌，逼令岳飞立即撤兵，回京面圣，使他处于“前不能进，后不能退”的境地。有人可能会说：“将在外，君命有所不受”。但此时岳飞不班师，就是违抗朝命。无可奈何之下，岳飞只好忍痛班师。此时的岳飞悲愤不已，仰天长叹，“十年之功，毁于一旦”。于是，已经收复的失地，又重新落入金人手中。归途中，中原父老遮道恸哭，哭声震野。

那么宋高宗为什么要逼岳飞班师呢？原因是他有三怕：一怕失去与金和谈的机会，保不住偏安的半壁江山；二怕岳飞威望高，拥兵自重，重蹈藩镇割据的覆辙；三怕岳飞一旦取胜迎回徽、钦二帝，自己皇帝的地位不保。所以岳飞虽然已经班师回朝，但怕他在宋金议和的问题上进行阻梗。而另一杀害岳飞元凶之一的秦桧看出了宋高宗的意图，就迎合他密造罪证，收买叛徒，制造“谋反”证据，以“莫须有”之罪，诬陷岳飞下狱。

这就是接下来的这幅壁画——风波冤狱。画中戴着手铐脚链，大义凛然的就是岳飞大将军，他身旁那个贼眉鼠眼的白胡子老头就是大理寺主审，诬害岳飞的主谋之一万俟卨。南宋绍兴十一年（1141年）一月二十七日，岳飞被害于临安大理寺狱中的风波亭，从而酿成了千古奇冤。

中原山河图表现了岳飞为之奋斗的是收复祖国失地的伟大抱负。中原是兵家必争之地，也是岳飞故乡所在地。最后请大家举头仰视大殿天花板的“百鹤图”。这300余只姿态不同的白鹤，飞翔于苍松翠柏之中，象征着岳飞的浩然正气和坚贞品质永远长存。

［岳飞墓］

各位游客朋友，下面请跟我一起前往岳飞墓阙参观。岳飞被害后，大理寺有个叫隗顺的狱卒，出于义愤，冒死偷出岳飞的遗体，埋葬于钱塘门外九曲丛祠旁。隗顺怕日久迷失葬所，就把岳在大理寺狱中所戴枷锁上的封皮揭下，装入铅桶内，埋葬在遗骸旁，又用一只玉环作为陪殉品，并在墓前种了两株橘树，立了一块“贾宜人墓”碑，既作为标志，又能遮人耳目。南宋绍兴三十二年（1162年）六月，宋孝宗下诏恢复岳飞官职，并礼葬岳飞遗骸于现址，时距岳飞被害之日已有21年了。那时，隗顺早已不在人世，但他在临死前把埋葬岳飞的经过和葬地详细地告诉了他的家人。因此，人们才能准确无误地找到这位含冤屈死的英雄的遗骸。

我们现在看到的这座古朴的墓阙是1979年整修时按南宋风格设计的。岳王墓直径7米，高2.7米，坐西朝东，墓上封土圆形，条石砌圈，顶上青草离离，体现出“鄂王墓上草离离”的意境。墓前有石栏维护，墓碑上书“宋岳鄂王墓”五字。鄂王是岳飞的封号，是宋宁宗于南宋嘉泰四年（1204），岳飞被害63年后追封的。之所以封为鄂王，是因为岳飞生前曾驻军湖北一带，湖北的简称就是鄂。岳飞墓左侧为其长子岳云的墓，墓碑上书“宋继忠侯岳云墓”七字。“继忠侯”是宋宁宗于南宋嘉定四年追封的。时为岳云被害70周年。各位游客，你们一定会问我岳飞和岳云的墓里到底是不是他们的遗骸？岳飞的墓中葬着的是岳飞的遗骸，而岳云的遗骸在那时就已经找不到了，现在我们看见的岳云墓里葬的是他生前用过的兵器、兵书等，所以称为衣冠冢。

各位请看，墓道两旁陈列着三对明代石刻翁仲和三组牺牲。墓前陈列翁仲、牺牲源于《周礼》一书。古人为驱赶一种名叫“方良”的不祥的动物，以种柏树和塑老虎来吓唬它。到了秦代，有一位名叫翁仲的将军，打仗所向无敌，人们就借助他的勇猛用以守卫

岳飞墓

墓地，所以墓前才有石翁仲和牺牲。从封建等级制度来看，宋代有规定，三品以上的官员坟前只能有石人、石虎、石羊、石望柱各一对。岳飞的冤案昭雪后，下诏恢复了原来的官职以礼改葬，是一品官的规格。石望柱象征着他生前的威仪，上有楹联“正邪自古同冰炭，毁誉于今辨伪真”，是由著名的书法家沙孟海先生书写的。意思是，正义和邪恶自古以来就像冰炭一样互不相容，是伪是真是毁是誉，后人自有定论。整个墓园古柏森森，气象肃穆，令人肃然起敬。

［四奸像］

各位游客朋友，下面请和我一起回头看墓阙门洞两侧铁栅栏内，面对岳墓，反剪双手跪着的便是遭万代唾骂的秦桧、王氏、万俟卨、张俊四个奸贼的铁铸像，人称“四奸像”。秦桧是谋害岳飞的元凶，他虽然是宋高宗的宰相，但却是个不折不扣的“身在南宋心在金”的汉奸。他一直主张乞和投降政策。王氏是秦桧的妻子，传说是她怂

恿促使秦桧最终下决心杀害了岳飞。万俟卨是南宋大理寺的主持，他秉承秦桧的意图，用严刑逼供、编造假供词等手段，制造了千古奇冤。而张俊虽是南宋的将领，却出于个人利益，为了诬陷岳飞，故意诱使岳飞部将作伪证，逼令他们诬陷岳飞与张宪等谋反，终于使岳飞身陷囹圄。明弘治年间，墓前就曾铸秦桧夫妇跪像，但不久就被游人击碎。明正德八年（1513 年）都指挥李隆用铜重铸二像，还增加了万俟卨。明万历二十二年（1594 年）按察副使范涞再次重铸，又增加了张俊，最终成了四奸像。1966 年秋，岳墓被毁，四奸像也不知去向。现在各位所看见的四奸像是 1979 年重修时根据河南省汤阴县岳飞纪念馆的铁像重铸的。这四个奸臣的滔天罪行，激起了老百姓的切齿痛恨，遭到了历代人民的唾弃，他们被钉在历史的耻辱柱上，常跪在民族英雄岳飞的墓前，真是遗臭万年了。就像墓阙门框上写的那样“青山有幸埋忠骨，白铁无辜铸佞臣。”意思是青山非常荣幸地埋葬了忠臣的遗骨，白铁没有罪孽却浇铸了四个奸臣。这幅非隶非篆，出自陆维钊先生手笔的楹联，道出了老百姓们爱憎分明的心声。

［碑廊］

各位游客朋友，下面请大家随我前往碑廊参观。在岳飞墓甬道的南北两廊，共陈列了碑石 125 方。北廊是岳飞书的墨迹石刻、奏折、表章等，最著名的就是《满江红》词和岳飞录写的前后《出师表》等。那么为什么岳飞要录写《出师表》呢？因为诸葛亮是一个鞠躬尽瘁死而后已的人，为了辅佐刘备花费了一生的精力。岳飞觉得这和他极为相似，且他非常敬仰诸葛亮，所以写下了《出师表》。现在我们看见的就是岳飞的作品《满江红》，“怒发冲冠，凭栏处，潇潇雨歇。抬望眼，仰天长啸，壮怀激烈。三十功名尘与土，八千里路云和月。莫等闲，白了少年头，空悲切！靖康耻，犹未雪。臣子恨，何时灭？驾长车，踏破贺兰山缺。壮志饥餐胡虏肉，笑谈渴饮匈奴血。待从头，收拾旧山河，朝天阙。”这首词上片抒情，写立功报国的宏愿，开篇“怒发冲冠”四字，如雷贯耳，极言其愤怒不可遏止，一个“怒”字实际上也始终贯穿着全篇。下篇言志，表现作者收复失地，洗雪国耻的壮志和信念。情词慷慨，悲壮激昂。千百年来，这首词激励过无数的爱国志士为保家卫国而赴汤蹈火，是爱国主义诗词中的千古绝唱。

南廊为历代名人凭吊岳飞的诗词和岳庙历次重修的历史文献。其中明代书画家文徵明的《满江红》词最为有名。“拂拭残碑，敕飞字，依稀堪读，慨当初，倚飞何重，后来何酷。果是功成身合死，可怜事去言难赎。最无辜，堪怜更堪恨，风波狱。岂不惜，中原蹙，更不念，徽钦辱？但徽钦既返，此身谁属。千载休言南渡错，当时自怕中原复。笑区区，一桧亦何能，逢其欲。”最后一句尖锐地指出了高宗才是谋杀岳飞的主谋。

院落东面的照壁上，有“精忠报国”四个朱红大字，是明人洪珠所书。那各位团友请你们仔细看看国字，它是不是少了一点呢？民间认为那是因为当时的南宋国土尚不完整，所以洪珠才故意漏写了这一点。其实这是书法上的为顾全字体结构而采用的一种缺笔美。

［**精忠柏**］

各位游客朋友，现在我们看到的是“精忠柏亭”。这看上去仅剩半个的亭子暗寓南宋只有半壁江山。亭内陈列着八段柏树的化石，据传原是生长在风波亭畔的一棵大柏树。岳飞在风波亭被害后，这株柏树也跟着枯萎，但僵而不倒达600余年。后人于1922年在众安桥河下发现了一些柏树化石，并把他们收集起来。建亭陈列，让它永远伴着岳飞的忠魂。其实这几段化石并不是原风波亭前的古柏，是松柏科植物的化石，其年龄要比南宋古柏大得多，大概有1.2亿年以上，古生物学上称为“硅化石”。人们因仰慕岳飞，采柏化石以寓其坚贞不屈，反映了人们对这位民族英雄的崇敬之情。

各位游客朋友，参观了岳王庙后，或许会给大家留下几许惆怅，几许思索。或许你还沉浸在满腔悲愤之中……随着时间的推移，这个历史的悲剧已离我们远去。但是，岳飞抗金救国的功绩是永存的，尤其是岳飞的爱国主义精神将千秋万代地流传下去，将永远激励我们奋勇前进。

04 六和塔

景区概况→六和塑像→六和塔→御碑亭和智昙大师像

［**景区概况**］

各位游客朋友，钱塘江、六和塔和钱塘江大桥，曾是杭州旅游的标志性景观。始建于北宋开宝三年（公元970年）的六和塔，是中国现存最完好的砖木结构古塔之一。由僧人智元禅师为镇江潮而建塔，并取佛教“六和敬”之义命名为六和塔。历经沧桑的六和塔，不仅是我国塔类建筑的代表，也见证着钱王射潮的勇武和钱塘江畔的人民勇斗大潮的精神，记录着水浒相关的许多民间传说及佛教故事。20世纪90年代在六和塔近旁新建的“中华古塔博览苑”，将中国各地著名的塔缩微雕刻而成，更进一步集中展示了古代中国建筑文化的成就，是了解中国古塔建筑的重要场所。

［**六和塑像**］

各位游客朋友，杭州有“东南佛国”之称，其实这个称呼最早是从吴越国开始的。安史之乱后，唐朝国势由盛转衰，统治也日趋腐朽。至唐朝末年，各地军阀拥兵自重，形成了藩镇割据的分裂局面。唐天佑四年，朱温废黜唐朝皇帝，自立国号为“梁”，统治了黄河流域，史称“后梁”。此后，北方军阀混战，短短五十多年间先后出现过后唐、后晋、后汉、后周五个短命的小王朝。而在南方及山西等地的军阀也乘机而起，相继建立了十个割据小国。历史上称这段乱世为“五代十国”时期。由钱镠建立的吴越国就是十国之一，其首府为杭州。这是杭州历史上第一次跻身于都城的行列。在钱氏大力倡导下，吴越国时期杭州佛教兴盛。在钱氏当权的八十年间，西湖四周兴建了两百多座大小寺院及一百多座佛塔。六和塔就是建于这一时期。

公元911年，当时吴越国第一个皇帝钱镠认为这座山为吉祥之地，便建了大钱寺，这就是六和塔的前身。公元970年即北宋开宝三年，当时钱塘江经常泛滥，住在钱塘江两岸的百姓深受其苦。吴越国第五个皇帝钱弘俶非常信奉佛教，他听从延寿、赞宁两位和尚的建议，建造了六和塔，希望借助他的威力来镇压大潮，同时也可以进一步弘扬佛法，于是一座九级浮屠便这样建起来了。然而一座木塔怎么能挡得住江潮的侵袭及世间的变迁呢！两宋期间，光钱塘江发生的严重破坏性大潮就有十六七次，在北宋宣和元年即1121年，杭州爆发农民起义，方腊率领士兵一路从富阳打到杭州，此塔也难以逃脱厄运。到南宋绍兴二十六年即1156年重建，此时改为砖木结构的七层宝塔，如今保存下来的塔的内心便是当时的原物。后也经过几次的毁建，现在塔的外延是清光绪二十六年即1900年的原物，大家如今能看到如此完整的六和塔，还应归功于新中国成立后政府对该塔的三次大修。

●小模块·六和塔名称的由来

可能有的游客会问：“为什么此塔会命名为‘六和塔’呢？”

大家眼前看到的这座汉白玉雕塑便和此塔之名密切相关。这位手持石块怒目而视的小孩叫“六和”，他是古代住在钱塘江边的一个渔童，传说当时钱塘江里住着一个性情暴躁的龙王，总是把潮水弄的涨落不定，沿江两岸的百姓整天过着提心吊胆的生活。小六和的父母也都在水灾中丧生，于是他发誓要和龙王斗争到底。于是六和带领当地的百姓一起用石块填江，石块把龙王水晶宫的一角给砸坏了，龙王吓得忙跑出来和“六和”议和。从此龙王再也不敢让潮水横冲直撞。两岸的百姓过上了安居乐业的生活。人们为纪念他，便在此处建塔，命名为“六和塔”。六和镇江的故事也一直流传至今。虽然这只是民间故事，但也反映了当地百姓战胜邪恶和改造自然的勇气。

当然六和塔真正得名并非如此，它取自佛教“六和敬”之说，“六和敬”是僧侣团结共处的六个方面，分别为：戒和同修，见和同解，身和同住，利和同均，口和无争，意和同悦。其含义即要大家团结相处，所谓家和万事兴！六和塔名字的得名还有好几种其他说法，有人说是东西南北天地六方之合，也有人说是战国时六国联合抗秦，当时苏秦采取连横合纵的策略，六国在此结盟，为纪念此事而取名六和塔。

［六和塔］

各位游客朋友，现在我们已经站在古塔前面。六和塔占地8000平方米，塔高59.89米。大家现在可以数一数该塔有几层？对了，十三层。然而它内部只有七层，六层为封闭，取自佛教中的“七明六暗”。这塔共有八面为八面玲珑之塔，也有八面临风的意思。每个塔檐上还挂着一个大铁马，每层八个，十三层共104个。每当微风吹过，便能听到悦耳的铃声，更微妙的是，它能赶走前来栖息的鸟儿，使得该塔免遭鸟屎的侵袭，起防腐蚀的作用。

六和塔从外到里分外墙、回廊、内墙、中心小室四部分，沿塔四周设有环型楼梯，共226级可达塔顶。塔内四壁上饰有200方砖雕，雕刻着各种花卉人物、鸟兽虫鱼，体现出南宋风格。1751年，乾隆南巡杭州时曾登临六和塔，并在塔的每层题了一块匾额。第一层为，初地坚固，后依次为二谛俱融，三明净域，四天宝网，五云扶盖，六鳌负载，七宝庄严。乾隆是根据佛教中的七个典故一一命名的，足见其对佛理的精通。

六和塔

当时乾隆还题了一块御碑，下面大家请随我一起去欣赏那块乾隆亲笔所题的御碑。

［御碑亭和智昙大师像］

大家眼前看到的这块碑，即乾隆御碑，此碑记载了六和塔的兴衰史以及当年乾隆游历钱塘美景的切身感受。碑高4.35米，宽1.5米，字迹清晰，具有较高的历史价值和文化价值。但可惜的是原碑亭早已毁灭，无从寻找，现在的碑亭是在原址的基础上于1997年重建的。

大家眼前看到的这座古铜色的大师铸像，是南宋开化寺住持——智昙大师。六和塔建于970年，后由于战乱毁于一旦，当时任六和塔院开化寺住持智昙大师决定重修此塔。他不辞辛劳，到处化缘求财，整整经过12年，终于筹得款项，使六和塔在绍兴23年，即公元1153年重新开工再建，因而后人为纪念他，在此塑了铜像。

●小模块·六和典故

大家请看，这里有三尊塑像，每尊塑像都述说着与六和塔有关的一个故事。

大家请看这第一尊为“钱王射潮”，钱王就是吴越国的第一位国君钱镠，他是浙江临安人。传说他出生的时候“红光满室，后庭一片兵甲声”，中国古代人都是相信贵人降临是有征兆的。可惜钱镠的父亲钱宽乃乡野村夫，不知道吉人天相，要将他抛弃在井中，全仗阿婆收留，所以他小名叫“婆留”。现在临安还有“婆留井”遗迹。因为家境贫寒，钱镠曾以贩卖私盐为生。后来他投入董昌部下，屡建军功，逐渐升迁。戎马起家的钱镠逐步统一了吴越一带十三州，雄踞一方。后被提拔为节度使。他先后被封为越王、吴王、吴越王。907年建立了吴越国，相传三代五主。

钱镠是在马背上打下了江山，但马背上打下的江山不能再在马背上管理。钱镠的角色转换是非常成功的。当时两浙共有十四州，他奉行一条保境安民的基本国策，发展经济，修理海塘，网罗人才。在混战割据的局势下，吴越富庶甲东南。特别是他修筑旱海石塘、治理太湖，开凿灌溉渠道，疏浚西湖，建设苏州、杭州城，开拓了“上有天堂、下有苏杭”的美景，奠定了浙江粮仓——杭嘉湖平原的坚实基础。

这尊塑像所描绘的是钱镠在修筑海塘时发生的故事。当年，钱王开国才三年，江潮为患，钱王发动了民工二十万人修筑海塘，但在修筑海塘时边修边塌，当时的人都是相信神灵的，钱王也不例外。当时钱王向天祈祷，又向潮神胥公祠祈求，还写了一首诗投到海里，希望能寄到海神那里。钱王可以说是相当虔诚了，天神、海神和潮神都求了个遍，但是潮水却照样潮涨潮落。于是钱王也发怒了，便有了钱王射潮这个故事。

那是在农历八月十八潮神生日那一天，钱王率领一万名弓箭手埋伏起来，等潮水来的时候万箭齐发，射死了潮神，也修好了海塘。人们为了纪念钱王的这一壮举，便造了一尊塑像，还把所修的海塘称为钱塘，称这条江为钱塘江。

钱王修海塘是造福人民的一大历史功绩，南宋爱国诗人文天祥也曾赞叹：筑塘射潮，非止一时之保安，实有千年之公德，洵堪百世之楷模。

接下来这尊是“鲁智深圆寂”。这位壮实的和尚就是水浒英雄花和尚鲁智深。他随宋江进军杭州，驻军六和塔。一天夜里，他突然听到战鼓阵阵，以为是敌军入侵，他一下跳起来，摸了禅杖，大喝着，冲出禅房。众僧吃了一惊，都来问道：“师父要到哪里去？”鲁智深回答道：“我听见战鼓响，要出去厮杀。”众僧都笑了起来，说道：“师父错听了，这不是战鼓响，而是钱塘江潮信响。”鲁智深问道：“什么叫‘潮信’响？”僧人推开窗，指着那潮头，叫鲁智深看，说道：“这潮信日夜两次来，非常准时。今天是八月十五，三更子时潮便来。因为从不失信，所以叫作‘潮信’。”鲁智深听了忽然大悟，说道：“我师父智真长老曾嘱咐我四句偈言，说是‘逢夏而擒’，我在万松林里厮杀，活捉了个夏侯成；‘遇腊而执’，我生擒了方腊；今天正应了‘听潮而圆，见信而寂’。于是他焚香沐浴，换了一身御赐的僧衣，坐上禅椅，闭目圆寂了。他在圆寂前还写了一篇颂子：平生不修善果，只爱杀人放火。忽地顿开金绳，这里扯断玉锁。钱塘江上潮信来，今日方知我是我。

这第三尊是“武松出家”。镇压方腊起义时武松立下了汗马功劳，于是宋江请他一同去朝廷招安，当时武松已经断了手臂成了废人。于是武松对宋江说道：“小弟今已残疾，不愿赴京朝觐。尽将身边金银赏赐，都纳此六和寺中，陪堂公用，已作清闲道人，十分好了。”即使宋江再三劝阻，他都没有动摇，后来在六和塔出家，并老死于六和塔。其实在六和塔去世的还有一位水浒英雄就是林冲，当时林冲患了风瘫，不能治愈，就留在六和寺中，让武松照顾他，后来也是在这里去世的。

各位游客朋友，进入六和塔景区后不时能听到当当的钟声，这些钟声就是这口六和铜钟发出的，钟高 0.95 米，重 2.3 吨，由杭州制氧机厂铸造，于 1996 年放置于此。钟因塔而命名，希望这六和钟声能给大家带来吉祥如意。

各位游客朋友，接下来我们看一下六和塔的结构，自下而上依次是地宫、塔基、塔身和塔刹。现在我给大家一一介绍一下：

地宫是中国古塔特有的建筑，一般用砖石砌成，大小与塔形一致。它是中国的丧葬传统与印度埋葬舍利功能相结合的产物，是用来埋葬佛骨、佛经、舍利以及其他佛教相关物品的场所。

地宫之上的部分为地基。唐以前较低矮，唐以后分两大部分：基台与基座。基台较小，没有任何雕饰。基座则起到托住塔身的作用，一般较华丽。

塔身为塔的主体部分，建筑形象多种多样，如楼阁式、亭阁式、喇嘛式等，从塔的内部结构来看，又分中空与实心两种。

最上面部分是塔刹，一般呈尖形或圆形，用砖石或铁铸成，形式多种多样。它是塔的最崇高部分，梵语叫“刹多罗”，象征着佛土、佛国。因塔刹最高，也意味着佛国的高不可攀，遥不可及，在建筑上起到收顶结盖的作用，一方面固定塔顶，同时也可防止雨水下漏。

各位游客朋友，杭州除了这千年古塔——六和塔外，还有许多名塔。如位于江边闸口的白塔，宝石山上的保俶塔，夕照山上的雷峰塔，灵隐寺的双塔等。这些塔都建于五代北宋时期，时间相仿，主要是由于当时都非常信奉佛法，想借建塔来宣传佛教，但各塔的类型都各不相同，像六和塔是楼阁式砖石仿木塔，是用来镇压江潮，领航引渡。

白塔是石雕形塔；雷峰塔以前是砖体形塔，但重建的是铜塔。保俶塔则是一座纯粹砖体实心塔，当时是钱弘俶舅舅吴延爽为保佑他平安归来而建的。

各位游客朋友，我们在此不仅了解了中国古塔的博大精深，同时还亲眼看见了这一千年古塔，可谓是收获甚丰。六和塔的游览到此告一段落，我祝愿大家一路的旅程精彩纷呈。

05 西溪国家湿地公园

景区概况→悠悠野道→烟水渔庄→秋雪庵→西溪水阁→梅竹山庄→深潭口→西溪梅墅→西溪草堂→泊庵

［景区概况］

各位游客朋友，西溪湿地公园是一个集城市湿地、农耕湿地、文化湿地于一体的国家级湿地公园。公园主要景点为“三堤十景”，分别是福堤、绿堤、寿堤三堤，秋芦飞雪、火柿映波、龙舟盛会、莲滩鹭影、洪园余韵、蒹葭泛月、渔村烟雨、曲水寻梅、高庄晨迹、河渚听曲等十景。西溪之重，重在生态，作为城市湿地的主要代表，被誉为杭州的城市之肺。西溪之胜，胜在人文，文人雅士曾在这里流连聚居，创作了大量诗文书画；庵堂文化，为西溪注入了一股清幽与淡雅；以龙舟胜会为代表的西溪民俗，则流传至今，影响深远。因此，西溪的美可以概括为四

西溪湿地

个字：冷、野、淡、雅。冷，就是静僻，是都市中一剂宁静剂；野，就是天然，野趣，是红尘中的净土；淡，就是淡雅、平淡，使人领悟回归自然的哲理；雅，就是词人雅集、渔翁垂钓、冷梅馨香。

西溪的地理特色是湿地景观，主要的地貌为低洼的水网平原，有较为显著的桑基鱼塘和柿基鱼塘，有以鱼塘、河港、湖漾及狭窄的塘基和面积较大的渚相间组成的次生湿地地貌景观。在首期湿地公园3.46平方公里中，约有94%的面积充分体现了生态优先的可持续发展原则，使西溪湿地水域景观中最精华的部分、最具有湿地特色的部分、最慑人心魄的部分完整地保护了下来。在西溪，或泛舟湖漾，或独钓塘边，春日踏青，夏日采菱，秋日观芦，冬日探梅，各式各样令人愉悦的游憩活动全凭游人兴致。目前可供游人参观的共有8个景点，分别是：烟水渔庄、秋雪庵、西溪水阁、梅竹山庄、深潭口、西溪梅墅、西溪草堂、泊庵。2012年，西溪湿地被国家旅游局评为国家5A级旅游景区。

［悠悠野道］

各位游客朋友，钱塘之胜，名于“三西”（西湖、西溪、西泠），而西溪之胜又独在于水。清雍正《西湖志》载：“水道由松木场进古荡，溪流浅狭，不容巨舟。自古荡以后，并称西溪。曲水弯环、群山四绕，名园古刹，前后踵接，又多芦汀沙溆”。一千多年前，南宋皇帝赵构刚逃到杭州时，就被这“一曲溪流一曲烟”的西溪美景迷住了，曾想在这里建皇城，后来他找到了凤凰山，于是说了一句“西溪且留下”。宋皇金口玉言，西溪就这样被“留下”了。

西溪自古就是文人墨客游历和隐居之地，有着极其深厚的文化积淀。相传战国时荀子曾耕读于西溪，后世文人墨客或游览或赏景或雅集或隐居不计其数，如苏轼、米芾、秦观、施耐庵、唐寅、洪升、张岱、康有为、黄宾虹、马一浮、于右任、徐志摩、郁达夫等，都在此地吟诗作赋流连忘返，为西溪留下了脍炙人口的千古诗文书画。

南宋以后，西溪的庵堂文化独具一格，最盛时曾有庵堂上百间。那些庵堂因山就水、架岩跨涧，布局上讲究曲折幽致、高低错落，多为高人隐士为寻求心灵解脱、回归自然的隐居之所。但这些庵堂因为战乱和“文革”早已不复存在。目前仅存千斤漾、龙舟渡、秋水庵、神道寺、梅竹山庄等历史遗迹。

据史料记载，清朝康熙和乾隆都曾到过西溪，并留下了大量笔墨。清康熙二十八年（1689）康熙帝南巡至此，写诗曰：“十里清溪曲，修篁入望森。暖催梅竹早，水落草痕深”。传说乾隆帝还让人在西溪栽种了3000余株柿子树。游历西溪，时时能看到高大的柿树，或巍然屹立在陇上，或安然倒垂在岸边，或枝叶繁茂或老态龙钟或虬髯苍劲。西溪因为溪、芦、柳而成为南宋皇家的后花园，又因为鱼、柿、笋、菱而成为名副其实的皇家贡品基地。西溪人祖祖辈辈在这儿耕田捕鱼，衣食丰足，生活平静，节日或闲暇赛龙舟是他们传统的娱乐项目。

漫步其间，河港沟汊，茂林修竹，阡陌交通，屋舍俨然。民居草堂，罗列洲渚之上；别墅亭台，掩映草木之中。但见园池平衍、果蔬青葱、折藕浮瓜、春鸟呢喃。可想春风沉醉之时，绿萼红嫣，粉白鹅黄，芬芳馥郁，落英缤纷。湿地内，石磴礁峣，朱荷出池，绿萍浮水，飞梁跨阁，高树出云，一切朴素雅致，浑然天成。

新修的水榭庵舍，清流环阶，白云满室，嘉树夹牖，云绕烟凝，石径苔生，园隐芳杜，庭列修竹，檐拂高松，疏朗简远，幽邃静谧。洲、岛、桥、堤将浩大水面划分为若干形状各异、有聚有散的水域，尽现江南水乡烟水迷离的气氛，迎合“一曲溪流一曲烟”的意境。

［**烟水渔庄**］

各位游客朋友，烟水渔庄位于烟水庵的南部，可以与西溪曾享有盛名的秋雪渔庄相媲美。现在的烟水渔庄，就是借鉴前人《秋雪渔庄》的诗歌意境。以水乡民居风格为特色，将此处原有若干农家民居加以间疏、削层、改造、扩充而成。烟水渔庄的“烟水”，有三烟之妙：柳烟、云烟、炊烟，人与烟水共处，犹如身临仙境。垂钓于湖边，散步于塘堤，喝上一口本地的米酒，感受一番西溪本土的风情。各位朋友请看，一个三亩大小的鱼塘被烟水渔庄款款而拥。沿路上岸，几株不知名的植物散发出阵阵清香。庄内坐落着数家茶室，都由原来的农家两层木结构民居改造而成，幢幢小楼临水而建，品茶、赏湖妙处自知。

［**秋雪庵**］

各位游客朋友，秋雪庵位于西溪河渚湿地最中心的水域，四面环水，只有靠小船划桨才能进入。穿过密布的水网，茂盛的芦苇，不时惊飞数只水鸟，船在芦苇荡间穿行，边上出现一个孤岛，那便是秋雪庵的所在。秋雪庵始建于宋淳熙初年，因在孤岛之上，向东向南是一望无际的芦苇滩地，一片白茫茫的景象。明代大书画家陈继儒便取唐人诗名“秋雪蒙钓船”的意境，题名“秋雪庵”。现在的秋雪庵，以民国时期老照片为依据，结合周围的自然风貌和前人的文字记载及诗文意境，重新设计还原。秋雪庵是“秋雪八景”的核心景区，也是河渚胜地的静幽之所。

［**西溪水阁**］

沿着曲曲折折的水岸，穿过两座小桥方至水阁，沿途景域开合，变化有致，竹林柳烟，屏障掩遮。西溪水阁是一组文人别业式建筑，为文人隐居深泽、藏书读书之地。水阁由两组建筑组成，东为“拥书楼”，西为“蓝溪书屋”。水阁的墙面，下部山墙为夯土墙，上部为露出梁架的编竹泥墙，乡土气息浓郁。东西各有一处埠头，岸边各设一座小亭（东为鹭亭），以方便游人上下与休歇。一座石板桥将东西岸接通。登临西溪水阁，层波叠影，翠嶂连绵。桃红柳绿，轻波拍岸。西溪水阁就水而叠，因水而活，尽显阁、水交融之“真阁真水”的无限情趣。

［**梅竹山庄**］

各位游客朋友，西溪自古就是隐逸之地。施耐庵以西溪作素材，写了《水浒传》。苏东坡、米芾、唐伯虎，冯梦桢、洪升等名人逸士为它留下了诗文。“梅竹山庄”的主人章次白生于乾隆时，卒于道光间，仕途不畅，便无意功名，在西溪建别墅。与傲梅清竹为伴，同鸿儒雅士笑谈。于是有《西溪梅竹山庄画册》传世，集书法、绘画、诗歌于一体，56年间，竟有56位杭州文人留下墨宝。

登岸后踏上一条小径，向左跨过一座木桥，邻水架起一艘棕榈覆盖的仿制渔船，船上的一条粗绳牵着水中的渔网，极具野趣。往右沿着小路向前，更是梅竹山庄的门坊，探头望去，庄内绿意盎然。

梅竹山庄是清代文人章次白所建。如今的梅竹山庄，主要有“梅竹吾庐”“萱晖堂”“虚阁”三个主体建筑。进院门先到梅竹堂，再向堂后经小桥，至四序斋和虚阁。由南而入，沿百米羊肠小道至浮亭，亭西侧有一柿树，亭东又有一松树，浓荫似伞，亭亭如盖。游人站立亭下，举目抬望山庄，但见渡头塘堤横亘前方，“梅竹吾庐”隐约在绿荫之后，“萱晖堂”依稀露檐于梅竹深处。

［**深潭口**］

各位朋友，船过了长春桥，便看到一片宽阔的水面，四棵上百年的大樟树分布在河岸两侧，枝繁叶茂。这便是深潭口了。深潭口的四周河港相连，呈十字交叉，水面宽广，加上独特的地理优势和环境氛围，最适宜龙舟竞划。据《南漳子》一书记载：“深潭口，非舟不能渡；闻有龙潭，深不可测。”因此，蒋村每年端午节的龙舟盛会，都设在此处，人来舟往，热闹非凡。竞划龙舟是西溪的传统民俗活动，始于唐，兴于南宋，盛于明清；而“龙舟胜会”一词相传是乾隆皇帝下江南之际御赐。这项盛会为西溪人民的生活增添了无限的乐趣，也使西溪的乡俗风情增色不少。如今的深潭口河两岸隔着两三米就有一个青石板埠头，岸上有数十户人家，座座石桥相拥，数个葡萄藤架点缀，更显江南水乡旧日柔情。

［**西溪梅墅**］

各位朋友，西溪梅墅位于西溪湿地公园的东南片，与附近的梅竹山庄、西溪草堂、西溪水阁等，共同构成西溪梅竹休闲区的主要景观。西溪梅墅位于小村郎，原是梅农居住的小村落，而不是名人别墅。早在明代，西溪梅墅就成为西溪著名的“曲水八景”之一。沿梅墅西边的水路由南向北走向梅墅，过春信桥，漫山遍野的梅花扑入眼帘。登岸拾级而上，迎来一虚一实两个草顶建筑。沿着房前屋后的菜地再前行，就可见两组田园农舍：杏梅园和红梅坞。不妨自带少许小菜、干粮、饮料，在梅墅内摆上一桌，闲谈中打发一天时光，体验一番农家生活。

［**西溪草堂**］

穿过一条长长的竹径，来到一小庭院前，门坊悬挂着“西溪草堂”匾额。叩响铁环，门应声而开，一个精致的小院呈现眼前。地上长满了细细的青草，四周由篱笆筑成，青翠的竹子掩盖着白色的泥墙，古井、葡萄藤架、石椅……一幅淳朴幽静的农家图。突然，两只燕子从边上的“快雪堂”飞出，看来燕子也喜欢上了这幅农家美景，在内堂筑起了巢穴。草堂的主人正是大名鼎鼎的明代文人冯梦桢。整组建筑依鱼塘分作南北两部分，南面为二层建筑的正房。前后各一个院子。北面设草亭“绮云亭”，为赏梅玩竹、对酒当歌之处。草堂以环境幽雅、景域深远为特色：东侧堤岸葱茏，视廊幽深，北侧野草浅滩，更显湿地淳朴野生之美。西侧植被层叠，与堤塘相连，将游人的视线引向疏朗的柿丛和带状的白茅，另有一番平远的意趣。

［**泊庵**］

穿过普济桥，水系豁然开朗，一座孤岛长着几棵参天的大树，右边的岛屿前有一个由木船改建成的小码头。登上码头，走过一条约二十米的竹径，“戴”着浓密茅草的泊庵显现在眼前。“庵”是草堂的意思。这里最早是明末邹孝直的庄园，周边芦苇丛生，野趣盎然，整个庄园犹如仙岛泊于水上，故名泊庵。这是一组文人别业式建筑。堂屋为草顶，自然质朴，与周边林木融为一体；建筑外部朴实、天然，内部梁架略显精致，门窗设计带有魏晋建筑构件元素，含蓄地映射出隐士门的清高与雅致。泊庵内最中间摆放着一个古屏风，四周陈列着文房四宝及老式家具，左边则是一间临水茶室，是读书、喝茶、赏景的好去处。

●小模块·西溪的“四大文化”

游客朋友，游罢西溪，最后来介绍一下西溪文化。西溪文化积淀深厚，从东晋至民国，这里建起了众多的寺庙庵堂、别业和藏书楼，成为赏景、修行、栖居、耕读、唱和、祭祀最佳处所。历朝文人雅士歌咏西溪的诗文辞赋，不胜枚举。还有传说故事、典故和逸闻，构成了宝贵的历史文化。整体而言，西溪的文化涵盖了梵、隐、俗、闲等内容。

梵文化的建筑类型有佛教庙庵，代表景点有曲水庵和交芦庵。曲水庵建筑呈现出明代民居寺庵的风格，构造装饰含蓄简朴，建筑体量控制有度。交芦庵历来有收藏名人书画的传统，更体现了僧人与文人交流的梵隐文化。

隐文化的建筑类型采用湿地民居的建筑形式，依附于西溪的渔耕文化，能够体现西溪郊野景观的田园式农庄，是文人别业、士人园林和田园农舍的综合。其代表景点是洪园和交芦田庄。

俗文化以水乡民居和水乡集市为代表，作为这一文化的代表景点河渚街，展现了水乡渔市独特的风光。

闲文化以湿地度假营地为主要内容，是整个西溪湿地重要的生态体验和休闲度假区，建筑类型以科普科研建筑和湿地会所为主体，使江南水乡的传统渔文化和异域的风情在这里得到重新演绎。

各位游客朋友，我们在西溪的游程就要结束了，或许大家依旧沉浸在那迷离的江南田园风光之中。不知道大家是否觉得在这样一个充满着山水清音的地方，即便什么都不做，在一叶小舟中静静躺着，偶尔惊起些胆小的鸟儿，不知不觉竟也会低吟出一些诗句来：“蒹葭苍苍，白露为霜，所谓伊人，在水一方。溯洄从之，道阻且长；溯游从之，宛在水中央……”

06 中国大运河（杭州段）景区

景区概况→武林门→德胜桥→左侯桥→御码头→富义仓→乾隆舫→十里银湖墅→香积寺、大兜路→大关桥→青莎公园、小河直街→桥西直街、三大国家级博物馆→拱宸桥

[景区概况]

各位游客朋友，现在我们看到的是中国大运河杭州段的景观。这是运河历史古迹最丰富、文化底蕴最深厚的一段，是杭州旅游的一张金名片，江南水乡文化体验的经典目的地。它和西湖一起，成为目前杭州仅有的两处世界遗产。大运河流经富庶儒雅的钱塘佳丽地，记录了杭州繁华古都的沧桑沉浮和白墙粉黛的市井百态，融汇了中国南北各地的特色物产、饮食服饰、风情民俗、官民礼仪等，形成了绚丽多彩的杭州运河文化，留下了诸多历史人文景观。不管是徒步、舟游，还是骑行、小憩，都可以触摸到杭州运河华而不躁的厚重之感，欣赏到运河沿岸无处不在的风雅之美。

[武林门]

各位游客朋友，现在我们看到的码头叫武林门码头，对面为杭州新地标建筑——西湖文化广场环球中心。另有浙江自然博物馆、浙江省科技馆和浙江省博物馆武林分馆等文化设施。旁边这座

极具现代感的桥是运河杭州段上最新的一座桥，即西湖文化广场桥，桥面中间的巨型铸铜浮雕上，雕刻有大运河从北京到杭州的一路风情，桥栏杆的玻璃雕刻还描绘了世界上的著名运河，让人仿佛身处一座具有现代感的世界运河博物馆。说起运河就离不开桥，运河的桥也是运河的一种文化，它是绵绵运河上的视觉节点，向人们展示着运河及沿岸的发展和变迁，印记着它们各自的历史故事，像一幅幅展开的历史画卷，成为人们探索历史的载体，更是运河上一道道迷人的风景线。

［德胜桥］

各位游客请看，我们眼前这座双曲拱桥叫德胜桥，是为纪念南宋名将韩世忠而建。南宋南逃定都临安（就是现在的杭州）之后，起用韩世忠、张浚、岳飞等著名将领，至今杭州很多景点留有遗迹，像清河坊和张浚有关，又有岳庙供世人凭吊。而韩世忠就在这大运河上留下了很多传说和遗迹。

话说南宋初建，一些未被重用的将领趁皇室立足未稳之机，发动兵变，即历史上著名的“苗刘之乱”，他们囚废宋高宗赵构，拥立他年仅三岁的儿子赵旉为帝，并请出徽宗皇后孟太后出朝听政，本应一致对外的南宋朝廷发生了同室相煎的不幸。为维护抗金大计，爱国将领韩世忠自南京起兵，奔袭数百里，到杭城护驾以安宋室。四月初，追叛军至此一战全胜，并抓获了叛军头领苗傅、刘正彦，高宗传旨就地正法，故初建桥时叫“得胜桥”，后延习为“德胜桥”。

提起韩世忠，世人马上会联想到他的夫人梁红玉擂鼓战金兵的飒爽英姿，她曾辅助丈夫韩世忠以八千疲兵大败金兀术的十万精兵。为纪念这对抗金伉俪的功绩，运河两岸人民在德胜桥一侧为他们塑了金身，一个立枪策马，一个奋力击鼓，英雄气概无限。铜像前方是“忠亭”，碑志中为后人铭记的这段波澜壮阔的历史。

同时，德胜桥又是“旧湖墅八景”之首——“夹城夜月”的地方，相传德胜桥古桥上面盖有亭子，每逢十五的时候，月亮慢慢升起，恰巧落在亭子上，如果人从桥上走过，仿佛人在月中，故有“德胜伴月”之说，又称“夹城夜月”。旧湖墅八景分别为夹城夜月、陡门春涨、半道春红、西山晚翠、花圃啼莺、皋亭积雪、江桥暮雨和白荡烟村。因年代久远，“湖墅八景”大部分已经难觅旧迹。

［左侯桥］

各位游客朋友，运河上的老桥、新桥都会有很多趣闻传说，这就更显得杭州桥文化的鲜活，桥为故事做着见证，故事又为桥传承了生命。譬如，我们现在要经过的左侯桥及桥旁的左侯亭，它就为我们记录了这样一个传说。左侯亭里的塑像就是宋徽宗封的“庇民侯”——左光裕。他原本是外乡来的贩米商人，初到杭州运河边开了一家“诚济米店”。他为人忠厚，经营有方，生意十分红火，左光裕生就一幅菩萨心肠，乐善好施，经常为十里八乡的穷苦百姓、逃荒的难民慷慨解囊，修桥补路更是他一生所好，乡里乡亲都称他为“左善人”，被他救济的百姓更叫他“左神仙”。左侯桥就是这位大善人所建，乡亲们十分感念他的恩德，一致为桥取名叫左家桥。左光裕死后，方圆数十里的百姓都争相来到这里凭吊仙逝的左善人，朝廷为表彰其功绩，皇帝封他为“庇民侯”，百姓们又自动集体募捐，为他建了“左侯亭”。

[御码头]

大家请看这个码头就是著名的御码头了。从名字上，我们就能看出，这个码头一定和皇帝有关，没错。这个御码头的由来正是与我们熟知的康熙、乾隆两位皇帝有关，他们爷孙俩曾先后共 12 次御临杭州，有 11 次在此停泊上岸换乘车马。其中，乾隆下江南跟运河有关的传说，莫过于民间盛传的“乾隆程怀秀一抱定终身”了，当时的程怀秀就是运河漕帮帮主，郑少秋赵雅芝的《戏说乾隆》版本可是深入人心啊。当然，这只是戏说。现在的御码头由临河码头、御碑亭、南薰轩三部分组成，还有一组以民间传说和乾隆下江南为素材的四幅长卷浮雕，大家有机会可以实地去感受一下。

[富义仓]

大家请看，御码头边上的支流叫胜利河，边上的古建筑就是有着“天下粮仓”美誉的富义仓遗址了，沿富义仓往里走就是现在杭州城北最热闹的胜利河美食街，汇集众多杭州特色美食餐馆，美食一族可不能错过。

说到富义仓就要先向大家介绍运河漕运，京杭大运河贯通南北，是古时物资来往的大动脉，说北京是“从水上漂来的城市”就是讲漕运对于北京城的建设起到了重要作用，以江南之财富维系中央政权的统治。漕运是中国古代最重要的官办经济活动，是将富庶的南方田赋主要是粮食集中由水路输送到首都的一种重要物流方式。

漕运起源于秦汉，兴盛于唐宋，没落于明清。杭州作为京杭大运河南端终点，拱墅区就是京杭大运河南端的货物集散地，是江南供物漕运的起点，江南之财富均集中在此地转运京城，所以为了屯放这些物资，这一带运河沿岸建造了大量的仓储仓库，有永济仓、盐义仓、富义仓、仁和仓等，至今就富义仓保留了下来，富义仓在漕运文化中具有重要的历史地位，素有“北有南新仓，南有富义仓”之说。

[乾隆舫]

大家再看我们船体的左侧这古色古香、华贵绚丽的龙舟画舫叫乾隆舫，是参照了历史图片资料，按当时乾隆下江南所乘“宝莲航御舟”的外形式样精心建造而成的，分上下四层，外观极像泊在水上的一只豪华古龙舟，它现在实际上是一座多功能餐厅，满汉风味是其特色。建议大家品尝一下，也尝尝当皇帝的滋味。在乾隆舫后面就是城北著名的步行街信义坊了。信义坊又称信义巷，相传清朝杭州著名的"北门四子"之一的学者王丹麓曾经在此居住，其后旧居主人为陆水，是乾隆年间的举人，为官清廉，人称"清白吏""讲信义"，巷名由此而来。现在信义巷已经被改建为商业步行街，它借鉴古代江南仿古街的模式，运用现代建筑和仿古街相结合的方法设计，里面有仿古的茶楼和酒楼，它是一条集购物、餐饮、休闲和赏景于一体的现代仿古街市，有机会大家可以上去走一走。

［十里银湖墅］

各位游客朋友，运河这一段可以说自古繁华，十里银湖墅的重要节点就在这里，从南宋起这里便是热闹街市，北宋苏东坡诗中有"还将梦魂去，一夜到江涨"之句，把这儿和西湖相提并论。南宋时，这里有著名的"江涨东市"和"江涨西市"分布在大运河左右，街市繁盛，人烟广聚。古时这里还有"江桥渔火"之美名。入夜，运河上渔火点点，可以说是入夜运河上最美的地方。

［香积寺、大兜路］

各位游客朋友，杭州素称"东南佛国"，鼎盛时期寺庙曾达到300多座，香积寺则是明清杭州城外三大寺之首，有"运河第一香"之美誉。2010年2月7日，杭州新香积寺重新落成开放，以"伽蓝七堂制"为中轴线布局，依次排列山门、放生池、寺庙广场、东西双塔、钟楼（地藏殿）、鼓楼（伽蓝殿）、天王殿、大圣紧那罗王殿、大雄宝殿和藏经楼以及文殊殿、普贤殿、观音殿和五观堂。值得一提的是，香积寺和我国众多寺庙有一个很大的区别，独树一帜，那就是香积寺将大圣紧那罗王菩萨作为主佛来供奉，劝"戒杀放生，提倡素食"弘扬佛教素食文化，这在国内是独一无二的。

●小模块·大圣紧那罗王菩萨传奇

大家知道这位菩萨是干吗的吗？大圣紧那罗王菩萨在中国佛教是监斋菩萨，专门管理寺庙厨房——香积厨。关于这位菩萨，还有一段富有传奇性的故事。

据《河南府志》说，元代至正初年，少林寺有位行者，蓬头裸背跣足，手中常提着一根烧火棍，在香积厨做杂务，尽职尽责，十分勤劳。由于地位平平，寺中竟然没有人知道他的姓名和法号。至正十年（1350年），刘福通等领导的红巾军突然围攻少林寺，由于事发突然，寺中僧众皆不知所措，在这危急关头，这位干烧火杂务的行者手提烧火棍，冲出山门，身体忽然长高数十丈，站立山峰之上，大叫"吾乃紧那罗王也”，红巾军见此情状惊恐万分，四处逃窜，少林寺因此免遭大难，但这位行者也在随后圆寂。至此，少林寺僧众才知道这位行者就是紧那罗王的化身。为了纪念这位行者的护寺之功，少林寺僧众在寺院中为他塑了像，建立了紧那罗殿，请他担任寺院的护法伽蓝菩萨，并有像供于厨上，供奉为“监斋使者”，以圆满寺院饮食之事。

香积寺还有一奇，那就是整个香积寺的主要殿宇都是用铜所筑，在大圣紧那罗菩萨殿你看不到一块木头，所有门窗、柱子、楼梯全部用铜包裹着，连屋顶的瓦片都是铜做的。

大兜路就是我们所见到沿运河边的古街了，这里修旧如旧，将结合香积寺禅宗文化和素食文化打造成古色古香的历史文化街区，真实、全面地保存并延续历史实物遗存和历史信息，保护运河遗产。

[大关桥]

各位游客朋友，我们眼前这座桥叫大关桥，历史上这座桥对杭州可是做了很大贡献的！传说南宋时金兵铁骑南下，每攻到此处都会遇到当地军民的顽强抵抗，最后落个死伤惨重，无功而返，狼狈北逃。这块土地，成了侵略者永远不可逾越的钢铁关卡，人人都称这里为铁关或大关，大家请看，在大关桥头，有一个大大的大写的“关”字，十分耀眼，字体雄伟苍劲，为大关桥注入了灵魂，桥上暗灰色的祥龙、印章、宋代兵器标记了古桥的年轮和历史。

大关桥之名由来还有一说，大关源于明代在此处设立的北新钞关。钞关，即当时税务机关的一种，征商税。明朝全国有八大钞关，七个设在运河沿线，北新钞关便是其一，北新关地位之重，由此可见一斑。至清朝，北新关规模位居全国第五，所以北新关又称大关。由于钞关的设立，运河船只来往都在关前停留等待纳税，导致此处舟楫林立，商贾云集，街市热闹，市场繁荣，形成了著名的北关夜市和康桥晓市，可见早晚都很热闹。历史沧桑，时过境迁，这一带现在又恢复了宁静。

[青莎公园、小河直街]

各位游客朋友，这就是青莎公园。著名作家陈从周先生在散文《故居》中描述到的青莎镇就是这里了，这里还原了古镇的一部分，是当时运河古镇的缩影，风光无限，移步换景、柳暗花明，江南古民居点缀其中，亲水平台上漕船旗幡飘扬，依稀可以感受当年“日午画舟桥下过，夜香人影太匆匆”之意境。

在我们的前方就是著名的小河直街，这里也是我前面提到的康桥晓市的地方。早在南宋时期，大运河与余杭塘河以及小河的交汇处就成为物资集散地、水陆转运地和物资储备地，是航运十分繁忙的水上交通要塞，是杭州城外的最重要的一个交通枢纽。

沿余杭塘河往西可到西溪湿地，我们专门开设旅游线路，有兴趣的朋友可以前往。

小河直街是旧时市井文化集中地，平民文化是主角。由于运河的带动，这里的各行各业、三教九流、五行八作齐全，水运先拉动的是造船业、运输业、商贸业，而后服务业、百货业等齐头并进，因此茶馆、木行、南货店、孵坊、纸马店、面馆、米行、酱园、饭馆、柴店、竹帘店、石灰行、盐摊、箍桶店、中药店、棺材店、豆腐摊、糖行、布店、理发店、钟表店、铁器行、煤炭行、烟酒店、灯行、鞋帽店、瓷器行、金店等百业百态齐聚，促成了小河直街的空前兴旺。其实小河直街总长不过百丈，宽也只有丈许，可两旁店铺林立，绝无插针之地。

小河直街以市井人文为主要特色，成为杭州城北地区人气古街，大家有机会可以去看看运河旧时古街风情，吃一碗小河“板凳面”。大运河有大运河的活力，小河有小河的生命。这种生命还要延续下去，因为它承载的是大运河的灵魂。

[桥西直街、三大国家级博物馆]

各位游客朋友，我们现在就要到达京杭大运河南端杭州段最精华部分了，这里是运河文化最为集中的地方。为响应中国大运河申遗工作，杭州重点整治和保护了运河拱宸桥板块，努力打造运河申遗样板工程，集中保护了拱宸桥、桥西直街、京杭大运河博物馆以及大河造船厂等历史遗存，开发建设中国刀剪剑博物馆、中国扇博物馆、中国伞博物馆等运河工业三馆，建设运河文化集中地。

现在我们左手边看到的运河古街就是桥西直街了，它因地处拱宸桥以西而得名，这里原来是傍运河而生的千年埠头。这条直街，南宋时期就有记载，现在的苍老也只是清末民初时留下的面孔，也有近百年的历史了。拱宸桥这一带可以说得上历史沧桑。日寇侵华时期，这里是日本的租界，惨遭日本侵略者的蹂躏，同时这一带又是我们民族工业发展奋斗的地方。

当年杭州第一棉纺厂遗址就在这一带，该厂前身为“通益纺纱厂”是清末杭州开明士绅丁丙、富豪庞元济等共同出资40万两白银创建的，虽算是个不小的家底，可无论从资金、设备、雇员及生产规模来讲与洋人的雄厚实力与政治靠山比较，还是稍逊一筹。这些有骨气的民族企业家本着实业救国的精神，勤奋、努力、苦心经营，在崇洋媚外的腐朽政局面前一心抵制洋货，艰苦经营难度是可想而知的。我们后人将永远不会忘记，当年民族工业的开拓者，为中华民族的复兴，为我们树立的永不磨灭的丰碑，这些仁人志士的英名，将与运河共存共荣。

现在，这里的老厂房均作为工业遗存进行保护和开发，在老厂房的基础上改建了中国刀剪剑博物馆、中国扇博物馆和中国伞博物馆等三个国家级博物馆，集中展示中国伞文化、杭州张小泉剪刀以及以杭州王星记扇子为主的中国扇发展史等近代民族工业发展进程。同时，桥西直街现已打造成为城北运河畔国医国药、养生保健特色街区，集中了方回春堂、大运河国医馆、天禄堂等国医国药老字号以及新庭记、北欧咖啡、秀姿美丝绸、同源里壹号酒店等特色商家入驻。

［拱宸桥］

各位游客朋友，现在我们看到的就是京杭大运河南端的标志性景观——拱宸桥。拱即拱首施礼之意，宸即帝王的宫殿，是皇帝的代称。拱宸就是向北恭迎皇帝之意。拱宸桥是运河上仅存的几座古桥之一，拱宸桥始建于明末，是否是因哪位帝王曾御驾亲临此地才有此名，至今仍是一个谜。

拱宸桥素有“运河第一桥”之美誉，它是世人公认至今横跨在运河之上、为两岸沟通仍兢兢业业做着贡献的最老的古桥。它是运河最南端的标志，就像北京通州的燃灯塔是大运河的起点一样，人们对它充满了眷恋与关注，就连阴阳家对它能雄踞运河数百年，至今风貌犹存也进行了研究，结论是“拱宸桥地理位置有紫气东来龙脉迎风之豪气”。又说“河有通江达海的潜龙之量，桥有玉树临风的帝王之貌相”。朋友们，在我们今天的游程中，能亲眼看到这座不平凡的拱宸桥，也应该算是眼福不浅了。

拱宸桥数百年来风风雨雨、坎坎坷坷、饱经风霜、几经翻修，损坏最严重的有两次，一次是在清咸丰十年（1860年）太平军造乱，攻占了杭州，在拱宸桥上屯兵构筑堡垒工事，驻军数百人达两年之久，后闽浙总督左宗棠，奉两江总督钦差大臣曾国藩之令率湘军于1862年初，由皖赣边境杀入浙江，他联合了当地政府军，攻打由李世贤率领的太平天国军队，战斗十分残酷，猛烈的炮火、拉锯式的攻守使大桥遭受到了毁灭性的损坏，摇摇欲坠到光绪十年便彻底崩塌了。二十年后杭州开明士绅丁丙出面四处奔走游说，集资募捐，又在其主持下重建拱宸桥。

第二次是中日甲午战争后，清政府已遭重创，光绪二十年（1894）旅顺又告失守，慈禧见渤海门户洞开，京畿之地受到威胁，便找多种渠道与日沟通无果，转年正月被迫授予李鸿章有“商让土地之权”，任以“头等全权大臣”。李鸿章携子李经方赴日议和，三月在马关（今下关）被迫签订了《马关条约》，条约中有一条就是开放杭州为通商口岸。1896年，拱宸桥地区沦为日租界，拱宸桥从此进入了耻辱的年代，日本东洋鬼子为军用卡车通行方便，在桥面中间铺设了水泥路，让这座珍贵的古桥承受了超载的负荷，不仅如此，日军还在桥的顶端不伦不类地搭建了一个“洋关”搞得拱宸桥像一个长了癌症肿瘤的患者，民国时期，虽然这个不和谐的洋关被拆除了，但桥面上作为侵略者罪证的水泥路却像人体的伤疤一样留下了。2005年，杭州市政府遵循“修旧如旧，不改变古桥原貌”的原则，对拱宸桥再度进行整修，根除桥面水泥，采用与老桥同质石料更换石板，至此拱宸桥当年蒙受的亡国之耻被彻底洗刷。老桥旧貌变新颜，如今古桥又热闹了起来，上下班的、晨练的、跳广场舞的、旅游的、访古的、遛鸟的、侃大山的、卖小吃的，游人如织，形成了新的街景，小商小贩几乎把桥头变成了一个古玩市场，这才是古桥文化的真实所在，顺乎自然。

各位游客朋友，北宋时杭州就富甲天下，是因为“天下转漕，仰此一渠”，大运河保证了杭州的粮食、茶叶、香药、金银、丝绸、布帛等源源不断地运往天下，从而使杭州成为一座世界性城市，一座以江河湖海连接世界的繁华大都会，一个市井与风雅并存的人间天堂。大运河是一首厚重史诗、一幅长长画卷——早晨，满河朝霞，灿烂如锦；夜晚，华灯齐放，流光溢彩。

07 萧山湘湖

景区概况→越王城山→跨湖桥→跨湖桥遗址博物馆→杨堤→湖山岛→老虎洞景区

[景区概况]

各位游客朋友，欢迎大家来萧山历史文化名湖——湘湖观光游览。作为西湖的“姊妹湖”，湘湖不仅风景秀丽，而且历史悠久，底蕴深厚。她是华夏文明的发源地之一，把浙江文明史前推了8000年。湘湖城山之巅的越王城遗址，距今已有2500多年的历史，是当年勾践屯兵抗吴的重要军事城堡，见证了“卧薪尝胆”的历史风云。湘湖还是唐代大诗人贺知章的故里，李白、陆游、文天祥、刘基等历代名人在此留有不朽诗文。湘湖的命运，更与一个名为杨时的北宋萧山县令密切相连，并有杨堤作为纪念。如今，湘湖又是休闲的乐园和文化创意的福地，吸引着众多年轻人游览、驻足，在历史中焕发新生。

湘湖旅游度假区于1995年经浙江省人民政府批准设立。它西临钱塘江，东距萧山城区仅2.5公里。沪杭、杭宁、杭甬、杭温等多条高铁从度假区经过，南面是杭州绕城高速公路。东面有杭州萧山国际机场。03省道横贯东西，交通十分便捷。度假区三面环山，一面

萧山湘湖全景图

临江，中间为7.4平方公里的湖面，是一块集山水为一体的天然景区，度假区规划面积51.7平方公里。目前开放的一期和二期景区，面积为10.6平方公里，形成一湖、二带、三园、四中心、五大酒店、十大景区和五十个景点，即一个3.2平方公里的湖面，两个105万平方米沿湖岸景观带；三个主题公园；湘湖养生休闲中心、罗家坞野外体验中心、陈家埠休闲度假中心、眉山岛科普休闲中心四个休闲中心；水漾湖超五星级度假酒店，大樟树宾馆、湘庄、湘湖国宾馆、眉山宾馆五大酒店；老虎洞、石岩山等10大景区和50个景点。

湘湖是与西湖是隔江相望的姊妹湖，但有着和西湖不同的气质风韵。她形似葫芦，烟波浩渺的湖水随着周围的山势进退，形成山抱水，水环山，山绕湖转，湖傍山走，山中藏湖，湖中有山，山水交融，湖山争辉的独特风貌。古代萧山人民觉得这种胜景很像潇湘山水，所以将湖取名为湘湖。

大约在四千年前，湘湖还是一片浅海湾。由于海湾口淤沙逐渐堆积，海湾和外海的通道被阻塞，成为一个潟湖。它最初名为“西城湖”。西城湖湖盆浅平，自然淤积速度较快，加上人工开垦，到北宋时已经湮废殆尽。四周农田排灌困难，洪涝灾害频繁。北宋政和二年，名臣杨时出任萧山县令。他“以山为界，筑土为塘”，带领老百姓在西城湖的原址建起了一个巨大的人工湖。它可调节旱涝，灌溉农田14.6万亩，实现了人民的夙愿。大约在北宋末，南宋初年，人们开始称它为湘湖。

［**越王城山**］

各位游客朋友，前面这座中间凹下去的山脉就是越王城山。2500年前的春秋战国时期，吴越两国是世仇，两国间经常战争不断。公元前494年，两国水师又在太湖上交战，结果越军大败，于是越王勾践就带着剩下的5000甲士结集在一起保卫会稽。当时湘湖一带地处钱塘江的要津，是越国的重要防线和军事要塞。这座山四周高，中间低，有一块将近2万平方米左右的平地在山顶上，以前沿四周山脊处又建有城墙，可以说是易守难攻，所以成了当年越军拼死抵抗的最后堡垒。越王城山是目前国内保存最为完整的一个春秋末期的古城堡遗址，山上存有纪念越王勾践的勾践祠、洗马池、佛眼泉、城山古道等遗迹。1989年，越王城遗址被浙江省列为省级重点文物保护单位。

各位游客朋友，现在我们看到的这条气势不凡的长堤，名叫越堤。它是和湘堤遥遥相对的另一条围湖长堤。取名越堤，不光是因为这条堤面对越王城山，是观赏这一名胜古迹的好地方，它还寄寓了萧山人民缅怀越王勾践功绩、传承奋发图强精神的心愿。这是一条将自然和历史、现代和远古融为一体的人文长堤。

各位游客朋友，现在我们来到了越王桥。这座桥取名为越王桥，是为了纪念2500年前越国君主勾践曾在这里抗击强敌、卧薪尝胆、励志图强的历史功绩。越王桥是一座仿古石拱桥，桥拱近似圆形，显得特别高峻。它俯视一派波光潋滟的湖水，古朴典雅，气势不凡。现在船正驶近桥洞，各位游客请注意安全。

各位游客朋友，我们现在望见的这座带着桥廊的桥是采莲桥。此桥内侧为荷塘，广植湘湖的著名特产莲藕。此桥是一座仿古石拱廊桥，桥洞是三曲半圆拱，桥栏曲折，散发着浓浓的怀古情调。

●小模块·西施藕

藕和莲是湘湖的著名特产。湘湖藕又名“西施藕”。相传西施离开故土前往吴国时，正是鲜藕收获的季节。湘湖百姓得知西施赴吴肩负着复国雪耻的重任，都前往送行，并挖了一筐鲜藕送给她，希望她不要忘了故乡。当同行的范蠡将藕交给西施时，西施将藕节、藕苗切下说：“将此带回越国，交给湘湖百姓。”言下之意，西施虽然身离故乡，但心却像藕丝一样与家乡山水相连，就让这些藕节、藕苗重新回到故乡生长吧。湘湖百姓将这些藕节、藕苗栽入湘湖，来年都发了芽，长了藕。湘湖藕仿佛沾了西施的灵气一样变得更白、更嫩、更脆。从此，老百姓都把湘湖藕叫作“西施藕”。

[跨湖桥]

各位游客朋友，我们现在来到了跨湖桥，大家一定很奇怪，这么近的地方，怎么会有两座桥梁呢？其实这两座桥都是跨湖桥，只是一古一今，反映了湘湖的历史变迁。那座单孔马蹄形石拱桥是老跨湖桥，是根据民国时期旧照片的模样精心恢复的。亭子中有块石碑，记述了跨湖桥的发展历史。这座桥是湘湖上最著名的桥。湘湖自宋代建成后，南北之间没有陆路可通，但是当时的湘湖面积又特别大，所以住在湖两岸的人们如果要去对岸的话，就得绕大半个湘湖才能到对岸。到了明代的嘉靖年间，家住湘湖北岸的中书舍人孙学思，在湘湖形似葫芦的葫芦腰处，建了一座单孔石拱桥，取名“跨湖桥”。老跨湖桥已不能适应新湘湖的发展需要，因此在它的旁边建造了新跨湖桥，身长 89 米，高 6.5 米，这种结构和尺度既可满足交通的需要，又可保证上游的来水自然通畅。各位请看，前方这座造型别致的亭叫跨湖夜月亭。在这里背山面湖，是欣赏湘湖新老八景“跨湖夜月”“跨湖春涨”的最佳位置。

[跨湖桥遗址博物馆]

各位游客朋友，现在我们看到的就是地处湘湖旅游度假区的萧山跨湖桥遗址博物馆。跨湖桥遗址博物馆是一座综合反映跨湖桥遗址考古发掘和研究成果的专题类博物馆。博物馆占地 5500 多平方米，建筑面积 6800 平方米，展区由“八千年回首”主题陈列和遗址保护厅组成，2009 年 9 月 28 日正式对外开放。博物馆建筑整体以船为造型，造型形态从发掘的世界上最早的独木舟中获得灵感，从平面形态到立体面造型都采用“舟”形造型。仿佛缅怀历史的一叶小舟正欲划向远方，体现了跨湖桥文化的精髓——人与自然的互动关系。外墙面采用充满历史感的锈蚀质感的材料，充分展现 8000 年文化的厚重和沧桑。展厅由四部分组成，依次是第一部分——跨湖桥文化的诞生，第二部分——跨湖桥人的活动，第三部分——农业起源的探索，第四部分——聚焦跨湖桥遗址。跨湖桥遗址自 1990 年 6 月首次发掘以来，经过三次考古发掘，其中 2002 年发掘出土的独木舟及相关遗迹，中华第一舟经碳十四测定，距今 8000—7000 年，是迄今发现的世界上年代最早的独木舟。独木舟采用火焦法制作，出土时在其周围发现桩架结构、木桨、石锛、编织物等大量相关遗迹和遗物，对研究我国造船史、交通史以及世界造船史，都将产生重大而深远的影响。被誉为“世界第一舟”的跨湖桥独木舟，采取原址保护的方式，安卧在湘湖水底下 6.5 米的遗址厅内。

［杨堤］

各位游客朋友，现在我们来到了绿荫掩映的杨堤。此杨堤而非西湖杨公堤，西湖的杨公堤是为了纪念明代的杭州知府杨孟瑛。湘湖历史上的这位杨公比杨孟瑛足足早生了460年，他就是湘湖的建设者——北宋政和年间萧山县令杨时，湘湖上的杨堤就是为了纪念他而命名的。杨堤位于湘湖一期与二期范围交界处，有两座桥，三个岛组成。湘湖湖面3.2平方公里，两岸景点林立，大家看到的这条杨堤，西接越王路，东连湘湖路，全长729米，全线有两个转点，呈L形横跨在湖面上。它是景区道，中间设置6.5米车行道，车速限速每小时25公里，两侧景观绿化带内有专门的游步道。接下来我先向大家介绍一下筑堤的杨时。

●小模块·萧山县令杨时

大家请看，眼前这座石雕人物就是杨时。杨时（1053—1135年）北宋福建人。据说他从小就很聪明，24岁年纪轻轻就考中进士，朝廷派他去做官，他却不肯去，一心只想继续求学于大师，于是他慕名找到了当时的理学大师程颢、程颐兄弟，拜师学习孔孟之学，为此十年没有做官。一直到34岁，才接受朝廷委派，到浏阳、余杭、萧山等县做县令。他一生最大的官是在高宗时的图龙阁直学士。在北宋时期，龙图阁直学士可说是代表当时最有学问的职位。

北宋政和二年（1112年），杨时任萧山县令，在他上任后的第一纸县民诉求，就是湘湖的筑湖问题。这一带的地形，山不高，但层层环绕，隔山之后，就是钱塘江、富春江、浦阳江交汇的三江口，到了春夏季时，雨水很多，雨水、江水、山水混在一起，积留在山区地带很难退去，容易形成涝灾；一到秋季雨水少，无水可蓄，四处都是蒿芦，种植不起庄稼。就这样，在萧山县城周围地带，因为没有水利设施，饱受时旱时涝的侵扰。在那个时代，农事大于天，百姓们非常希望能从根本上解决这个问题。杨时是一个爱民如子、雷厉风行的好官，得到了乡民拥戴，也被载入史册，为了纪念这位百姓父母官，把这条堤命名为杨堤。

各位游客朋友，前面这座桥叫立雪桥，是一座单孔微马蹄形的拱桥，类似西湖断桥，显露出沧桑感。桥长60米，宽9.5~11米，高4米。在《宋史·杨时传》中记载，有一次杨时与游酢一起去洛阳看望老师程颢，赶巧正值程颢在小睡，他俩怕惊动老师，就站立在门外等候，等程颢醒来，门外的雪已经下得一尺深了。这就是著名的典故“程门立雪”。眼前立雪桥名由此而来。

我们眼前这座桥叫道南桥。在杨时离开洛阳后，把理学南传到了萧山，因此杨时又有了“道南先生”的雅号，杨时的理学思想被称为“道南正脉”。明代在德惠祠旁建道南书院以为纪念。眼前这座道南桥得名于此。这是一座三跨椭圆形拱桥，上部呈悬链线型，在国内较为罕见。桥长为77米，宽9.5~11米，桥栏杆柱头采用造型各异的狮子抛绣球。

[湖山岛]

各位游客朋友，湖山岛是个半岛，东倚石岩山，紧挨湘湖路，南接碧云洲。这里种植着大片墨西哥落羽杉，这类树种特别耐湿、耐盐碱，是江南地区海滩涂地的特宜树种，很适合湘湖的土壤。

现在我们来到了第二届世界休闲博览会的主会场——湖山广场。2006年，首届杭州世界休闲博览会就是在湘湖召开的。湖山广场总面积有30 000平方米，其中休闲大舞台950平方米，是专门为满足休博会开幕式和演出而设计建造的超大型舞台。50个国外团、70个国内团共同打造一台华美的开幕式文艺晚会。休博会期间，湖山广场每天都会进行两三场表演。除了休闲大舞台演艺外，还有小丑嘉年华、民间手工艺展示、国际狂欢节、闭幕式文艺晚会等多项活动。

各位朋友，请大家往广场前边看，这一组气势恢宏的石雕群雕，主题叫“对话湘湖”。它提炼了古代的、现代的、当代的与湘湖有关的众多人物，形成一组跨越时空的对话。

八千年古舟名世。各位朋友请看这“八千年古舟名世”是“对话湘湖”群雕中最古老的一座雕塑。在8000年前的新石器时代，世界上绝大多数地区还是荒凉不毛之地的时候，湘湖人已经创造出灿烂的文明，这具独木舟是古文明的代表作品。独木舟的原形就保存在距离此处不远的跨湖桥博物馆里，它是迄今为止发现的中国最古老的舟船，因此有“中华第一舟”之称。独木舟的真身是用整根马尾松挖凿而成，长度超过5.6米，宽约29厘米，船头留有宽约10厘米的挡水墙，船体很轻薄。它的形成过程已基本可考，智慧的湘湖先民们用火烤整根马尾松，然后用石刀将焦炭挖去，反复无数次后，最终凿成了独木舟。

城山卧薪尝胆。各位朋友请看，这组雕刻中记载了在那个先是受尽屈辱、后又励精图治的越国特殊时期的几位最重要的人物勾践、范蠡、文种、西施。

杨时筑湖、魏骥保湖。各位朋友请看，左边这位手臂前伸的老年人就是杨时了，杨时来到萧山当县令时已经有60岁了，他的为政之风与为学之风一样，严谨务实。为了修筑湘湖，他每天深入一线，跑田头走乡里，指挥开挖湘湖。在他的左手边这位，是当时的萧山县尉方从礼。方从礼比杨时小18岁，因为同样的爱民操劳，他在46岁，也就是修建湘湖4年后就过世了。大家看杨时身后的这位年纪相对较轻的人叫罗从彦，是杨时的学生，因为造湖人手不足，因此杨时把罗从彦招了来帮忙。

各位请看，这是魏骥，他是湘湖史上继杨时之后第二位重要人物。生于1373年，逝于1471年，少有的长寿。他是萧山人，是一位倍受朝廷重用的名臣。曾五次向朝廷申请退休，但都不仅未得允许，反而一次次给予提拔升迁。一直到他77岁高龄时才得以告老还乡。明代的湘湖，湖堤坍塌，湖滩淤积，当地的一些富豪刁民依仗权势乘机侵占湖地，开垦用来自家养鱼、种地、制陶、甚至建屋，四分之一的湘湖已经被私垦侵吞了，原本靠湘湖水灌溉田地的九乡湖民收成当然受到影响。要复湖就要把湖地从当地的富豪手中抢回来，阻力巨大，但80高龄的魏骥不畏强权，不仅带领乡民复湖成功，还安排了自己的门生何舜宾接任清湖大业。

周易藻写湘湖志。各位游客朋友，这一幅雕刻的主角是清末民初的学者周易藻，他是北宋哲学家周敦颐的后人，年轻时仅26岁就中举人，但却一生仕途坎坷，回到故乡萧山任县立高等小学校校长。1921年，年近花甲的周易藻在湘湖上孙村造了三间平屋，自题“辛庐”，就是在这辛庐中，他花费五年，天天驾着一叶扁舟外出考察，日落而返，完成了九卷《萧山湘湖志》。这九卷著作，因为考证详实、调查完备，是迄今为止所有湘湖著作中最厚重、最有价值的一部。

任伯年画湘湖。各位朋友请看，这一幅雕刻所雕的是我国近代杰出画家任伯年画湘湖的场景。任伯年是萧山人，自幼善画，十五六岁时在上海卖画，模仿其大伯父任熊作品沿街叫卖，恰逢任熊路过，非但不怒，反而赏识其才华，招为弟子。后来成为海上画派中的佼佼者。他笔下所绘的家乡湘湖，山水含情，草木生辉，充分体现了任伯年热爱故乡、留恋湘湖的情怀。

贺知章回乡偶书。各位朋友请看，这一位雕像被世人熟知，他就是“诗仙”李白的好友，常与李白、张旭等一起饮酒赋诗的“醉八仙”之一——萧山诗人贺知章。贺知章回乡时写了一系列回乡偶书。如果您还想继续了解湘湖的人物典故及其他材料，请在电脑触摸屏上查询。

［老虎洞景区］

各位游客朋友，我们现在正前方看见的就是被称为“江南悬空寺”的莲华寺。莲华寺坐落在老虎洞山南山腰的悬崖绝壁上，原名莲花庵，始建年代应不晚于明代。因为本地佛弟子韩根花的丈夫1986年夏往普陀山进香途中不慎跌落大海，他虽不通水性，但仍在水中自如地漂浮，近三刻钟后，被船员所救。韩根花以为此乃观世音菩萨显灵保佑，故发愿上山，要为菩萨重建道场。彼时，韩根花用家中仅有的740元钱、5000块砖、七块水泥板创基业，募捐建起了圆通宝殿。继而逐年恢复修建了三圣殿、天王殿、大雄宝殿、元帅殿、钟楼等，讲法师渐增，香火日盛。莲华寺建筑面积5800多平方米。寺宇层层叠叠，依山随势，不拘形式。整个布局分散中有联络，曲折回环；殿宇之间错落有致，风格独特。1998年被杭州市人民政府批准为开放寺院。

我们从莲花寺后小道拾级而上，就来到了老虎洞山的命名处——老虎洞。公元前496年，越王勾践兵败于吴王夫差。越国谋士范蠡出策，假装投降，留得青山在不愁没柴烧。夫差也不听老臣伍子胥的劝告，将勾践放回越国。越王勾践卧薪尝胆，终于击败夫差，一雪前耻。相传，越王勾践卧薪尝胆处便在这老虎洞中，而山下的湘湖就是原越军操练水军之地。

我们远处望见的是三江塔。三江塔位于莲华寺东南角，为楼阁式七层八面砖木宝塔，高40.4米，塔体橙黄，刹杆高耸。塔的上身共有六级出檐，从下往上逐层增大，形状若伞。每层出檐均有砖雕仿木斗拱来承托，斗拱形式不尽相同。屋角悬有铜钟，微风吹来，叮当作响，悦耳动听。

08 临安天目山

各位游客朋友，现在我们来到了临安天目山景区游览观光。天目山地处临安市西北部，海拔范围300—1556米，具有典型的中亚热带的森林生态系统和森林景观。天目山因东、西峰顶各有一池，宛若双眸仰望苍穹，故得天目山之名。天目山地质古老，植被完整，是我国著名的自然保护区，也是浙江省唯一加入国际生物圈保护区网络的自然保护区。保护区被中宣部、科技部授予“全国科普教育基地”和“全国青少年科技教育基地”。

天目山之所以受到广大游客的青睐，是因为它是生物种多样性和文化多样性的集中点，不仅生物资源保存较好，旅游文化资源和区位优势特别明显。在15 750亩范围内有高等植物2160余种，其中以“天目”命名的37种，国家保护植物35种；有高等动物2274种，昆虫2000余种，其中国家一、二级保护动物34种，以“天目”命名的动物48种，是名副其实的生物基因库。区内的森林具有高、大、古、稀、美五大特点。这里有全国最高的57米的金钱松；有古柳杉群，胸径1米以上的古木600余棵，仅柳杉就有400余棵，胸径2米以上的柳杉19棵；野生野杏、连香树、香果树、迎春木均为珍稀的古老种类，被称为“活化石”。丰富的森林生态形成了优美的森林景观，春天野花遍地、香气袭人，夏天绿树成荫、清新凉爽，秋季翠竹、红枫、银杏满山，冬天则是玉树银花的优美景象。独特的地形、地貌，丰富的森林植被形成了天

天目山柳杉群

目山独特的复杂多变多类型的森林生态气候。年平均气温仙人顶为8.8℃，山麓禅源寺为14.8℃，特别是受地势小环境影响，禅源寺景区形成了冬暖夏凉小气候，7月份常年的平均气温为26℃，是避暑的“清凉世界”。天目山距临安41公里，距杭州90公里，处在黄山至杭州的黄金旅游线上，为东南沿海的绿色明珠。在天目山拍摄的电影电视剧风光片纪录片已经有60余部。

天目山历史悠久，文化底蕴深厚。天目山自古就是宗教名山，北魏郦道元的《水经注》中就有记载。建于元代的开山老殿，距今已有700多年的历史。建于清代的禅源寺曾有斋堂500余间，僧侣1000余人，是全国最大的韦陀道场。古代文化名人李白、白居易、苏轼、李时珍及近代的郁达夫、徐悲鸿、胡适名人都到过天目山，为天目山留下了宝贵的文化遗产。近几年来，随着生态旅游的开发，保护区的旅游接待设施已初具规模，有接待床位1300余个，旅游车辆30余辆，成为东南沿海大中城市生态旅游的首选地。

第三篇

食在杭州：杭州城区美食

各位游客朋友，游杭州少不了要品尝杭州美食。杭州美食有许多名菜名点。名菜多为杭帮菜，在烹饪上以爆、炒、烩、炸居多，口味上浓淡适中，略带甜味，形成清鲜、爽脆、淡雅的特点。传统名菜有西湖醋鱼、龙井虾仁、东坡肉、宋嫂鱼羹、干炸响铃、蜜汁火方和西湖莼菜汤等。杭州名点也不少，有猫耳朵、定胜糕、知味小笼等。接下来我们就去品尝杭州美食吧！

［东坡肉］

东坡肉色泽红亮，味醇汁浓，酥而不碎，油而不腻。以酒加酱油、香葱、姜、糖作汤水，原汁未动，放在密封的砂锅中用文火焖制，烧出来的肉油润鲜红，酥烂如豆腐而不碎，味道香糯而不腻口。关于东坡肉有一则感人的传说。宋元年间，苏东坡出任杭州地方官，发动数万民工疏浚西湖，筑堤灌田，造福人民。这一年春节，百姓们知道苏东坡喜食肉，大家纷纷给他送来猪肉、绍酒。苏东坡便吩咐家人把酒和肉烧好，送给民工，结果家人误以为是把酒和肉烧在一起，烧出的肉特别香醇味美，一时传为佳话。从此以后，“东坡肉”也就成了杭州传统名菜。

东坡肉

［西湖醋鱼］

“西湖醋鱼”又叫“叔嫂传珍”。相传古时有宋姓兄弟两人隐居在西湖以打鱼为生。当地恶棍想霸占宋兄之妻，就谋害死宋兄。宋弟外逃时，嫂嫂烧了一碗鱼为他饯行。后来，宋弟取得功名，报了杀兄之仇，并找到嫂嫂，辞官后重新过起捕鱼为生的渔家生活。古代有人曾为此菜写了一首诗：“裙屐联翩买醉来，绿阳影里上楼台，门前多少游湖艇，半自三潭印月回。何必归寻张翰鲈（誉西湖醋鱼胜过味美适口的松江鲈鱼），鱼美风味说西湖，亏君有此调和手，识得当年宋嫂无。”诗的最后一句指的就是“西湖醋鱼”的创制传说。

［龙井虾仁］

龙井虾仁选用活大河虾，配以清明节前后的龙井新茶烹制，虾仁肉白、鲜嫩，茶叶碧绿、清香，色泽雅丽，滋味独特，是一道杭州传统风味名菜。有流传这一说法：苏东坡调到密州（今山东诸城）时曾作的《望江南》中有一句：“休对故人思故国，且将新火试新茶，诗酒趁年华。”人们从苏东坡的词联想到这个季节中的时鲜河虾，于是以新火烹制了“龙井虾仁”，经尝试味极鲜美，又突出表现了杭州的风味特色，于是就流传下来。

［干炸响铃］

据说，古时这个菜初出现时，既不是现在这个形状，又不叫现在这个名称。后来被人赏识，崭露头角，到菜馆酒家赏味的越来越多。一次，有个英雄豪杰进店专点这个菜下酒。不巧豆腐皮原料刚刚用光。这个人不甘自此罢休，听说原料在四乡定制，返身出店跃马挥鞭，自己去把豆腐皮取来了。厨师为他这样钟爱此菜所感，为他更加精心烹制，并特意把菜形做成马铃状，来纪念他爱菜心切、驰马取料这件事。于是，后人才称此菜为“炸响铃”。

［叫花童鸡］

“叫花童鸡”也称“杭州煨鸡”，是1956年浙江省认定的36种杭州名菜之一。相传，古时有一乞丐（俗称“叫花子”），饥寒交迫之中偷了一只母鸡，却无锅灶烹煮，他急中生智，就用烂泥将鸡连毛包起来，放入篝火中用草煨烤成熟，食时却异香四溢，滋味别致。后人仿效此法，并传入菜馆酒楼，经厨师们反复的研制改进而成现今的制法。它选用优良的“越鸡”，剖洗净后填放配料，用鲜荷叶包裹，再涂以用“酒脚”（绍酒的沉淀渣汁）拌过的泥巴，经数小时的煨烤而成，荷叶的清香和母鸡的鲜香融为一体，香气袭人，诱人食欲，流传至今。

［西湖莼菜汤］

西湖莼菜，又名马蹄草，水莲叶，很早以前就是我国的一种珍贵水生食品。莼菜不仅味道清香，营养也很丰富。它的嫩茎、嫩芽、卷叶周围都有白色透明的胶状物，含有较高的胶质和其他成分。据测定，每100克鲜莼菜含蛋白质900毫克，糖分230毫克以及较多的维生素C和少量铁质。西湖莼菜汤又称鸡火莼菜汤，是杭州的传统名菜。烹调时，用西湖莼菜、火腿丝、鸡脯丝烹制而成。此汤，莼菜翠绿，火腿绯红，鸡脯雪白，色泽鲜艳，滑嫩清香，营养丰富。

●小模块·36种杭州名菜

1956年浙江省认定的36种杭州名菜：油焖春笋、西湖醋鱼、蜜汁火方、火腿蚕豆、干炸响铃、火踵神仙鸭、龙井虾仁、叫花童子鸡、清汤鱼圆、西湖莼菜汤、生爆鳝片、栗子炒仔鸡、杭州酱鸭、鱼头豆腐、荷叶粉蒸肉、红烧卷鸡、一品南乳肉、南肉春笋、清蒸鲥鱼、八宝童鸡、糟鸡、杭州卤鸭、百鸟朝凤、春笋步鱼、蛤蜊汆鲫鱼、鱼头浓汤、咸件儿虾子冬笋、油爆虾、糟烩鞭笋、火蒙鞭笋、栗子冬菇、糟青鱼干、东坡肉、番茄虾仁锅巴、排南。

［虾爆鳝面］

虾爆鳝面是杭州市奎元馆的汉族传统名食。虾爆鳝面烹调时，选用粗壮的鲜活黄鳝，斩头截尾剔骨后切成鳝片，用素油爆，荤油炒，麻油浇，直至鳝片黄脆；取鲜活大河虾洗净加蛋清上浆清炒至白嫩；精制面条下锅烧后，不粘不糊；用原汁煮面，使面条吸入鳝鱼的香味，汁浓面鲜。虾爆鳝面为的宁式名面。

［葱包桧］

葱包桧儿是杭州特有的风味传统小吃。传说望仙桥畔王二油煎饼店的“油炸桧”出了名，一时众起仿效，油炸桧店林立杭城。王二有时炸多了，一下子卖不出去，冷了又软又韧，味道不佳，更无人买。他对秦桧夫妇的心头之恨，还愤愤难平，就将冷油炸桧在热锅一烤，把烤熟的油炸桧同葱段卷入拌着甜面酱的春饼里，再用铁板压烤，烤到表皮呈金黄色，油炸桧“吱吱”发叫，王二方才解恨，他拿起来一吃，觉葱香可口，便取名叫“葱包桧儿”，一直流传至今。

［酥油饼］

杭州著名风味特产。清代著名小说《儒林外史》一书中即已提及，并作赞誉。酥油饼用上等白面粉掺和白糖，用花生油煎制而成。因饼开蒙茸有如蓑衣，所以杭人又呼之为“蓑衣饼”。饼色金黄，入口松脆可口，颇具风味。数百年来凡登吴山者，均以一尝吴山酥油饼为快事。

［猫耳朵］

据传，清乾隆皇帝下江南，一次微服乘一叶小舟赏玩西湖。游得兴致勃勃时，天忽然下起了小雨，众人连忙避雨于小舟船舱内。大家等啊等，可是雨越下越大，下了许久都不见停。几个时辰过去了，乾隆皇帝又饥又饿，忍不住问老渔翁有否吃食。老渔翁告诉乾隆有面但没有擀面杖，做不成面条。正发愁之际，老渔翁的小孙女抱着一只小花猫走来说：“没有擀面杖，我来用手捻。”于是小姑娘动手将面捻成块，状似小花猫的耳朵，小巧可爱。她把这形状怪怪的面条下锅煮熟后，再浇上鱼虾卤汁端给乾隆吃。乾隆见面条不同寻常的模样，玲珑别致，吃后更觉回味无穷，赶忙问小姑娘这叫什么面，小姑娘回答说是猫耳朵。乾隆非常喜欢这道点心，回京后即召小姑娘为其做“猫耳朵”。自此“猫耳朵”成了一道名点。

［定胜糕］

南宋定胜糕外层是精制的香米和糯米粉，米粉细而均匀，里面是豆沙馅，中间混有少量白糖和桂花。定胜糕的颜色绯红，象征着战争的凯旋。传说是岳飞出征前一个老太太做给他们吃的。把细沙放在糯米粉里用竹筒蒸3分钟，取定胜之意。定胜糕的味道香糯可口，甜而不腻，是物美价廉的特色小吃。

［知味小笼］

知味小笼是杭州知味观的汉族名小吃。烹调时，选用发酵精白面粉作皮，用鲜肉，或鲜肉拌虾仁，或鸡肉拌火腿末作馅，在馅料中加入特肉皮冻，包好后放入特制小蒸笼用急火蒸制而成，分别称为鲜肉小笼、虾肉小笼、鸡火小笼。这些包子汁多香鲜，皮薄滑韧，但口味各异。

第四篇

购在杭州：杭州城区风物特产

各位游客朋友，杭州历来就有鱼米之乡、文物之邦和丝绸之府的美誉。杭州自古就是缫丝纺织重地，丝织名品如都锦生织、西湖绸伞等，历史悠久，名闻海内外；杭州的龙井茶位列中国十大名茶之首；还有张小泉剪刀、王星记扇子和临安山核桃等一大批特产名品，可供来杭州的中外游客品尝、赏玩并选购。

[杭州丝绸]

杭州有“丝绸之府”之称。4700 年前的良渚文化遗址中就出土了丝织物，足见杭州丝绸的历史之悠久。唐代大诗人白居易“丝袖织绫夸柿蒂，青旗沽酒趁梨花”的诗句，又道出了当时杭州丝绸的水准之高。旧时清河坊鳞次栉比的绸庄更见证了丝绸经济的繁荣。如今杭州常年生产绸、缎、绵、纺、绉、绫、罗等 15 个大类，200 多个品种，2000 余个花色，图景新颖，富丽华贵，花卉层次分明，人物栩栩如生，许多产品荣获国家部优或省优产品奖，远销世界上 100 多个国家和地区。杭州丝绸的主要品牌有都锦生、达利发、天堂故事、喜得宝、烟霞绸艺、丝绸人家、万事利、绮臣、永乐坊等。

[都锦生织锦]

被誉为“天上云霞、地上鲜花”的杭州织锦，以瑰丽的色彩和精湛的工艺成为中国工艺制品中的一朵奇葩。早在 1300 多年前的唐代，就出现了杭州织锦工艺品，明代就闻名全国。至清代，与南京“云锦”、苏州“宋锦”、四川“蜀锦”齐名。其中以杭州都锦生织锦厂生产的最为著名，其产品在 1926 年美国费城国际博览会上获金奖。都锦生丝绸厂创立于 1922 年，曾是我国最大的丝绸工艺品生产出口企业。都锦生织锦以装饰性的产品为主，主要分为两类：一类是欣赏性织锦工艺品，品种有风景织锦、丝织画轴、彩色锦绣、丝织人像等；另一类是实用织锦工艺品，色彩明艳，具有民族风格，品种有床罩、台毯、靠垫等。都锦生织锦产品富丽堂皇，雍容华贵，久负盛名，被国际友人誉为“东方艺术之花”。如今，都锦生织锦的产品已行销 100 多个国家和地区。

［西湖龙井］

西湖龙井茶名列我国十大名之首，产于杭州西湖的狮峰、龙井、五云山、虎跑一带，历史上曾分为“狮、龙、云、虎”四个品类，民国后“梅”也位列其中。业界普遍认为以产于狮峰山的茶叶为品质最佳。西湖龙井茶形扁平直，色翠略黄似糙米色，滋味甘鲜醇和，香气幽雅清高，汤色碧绿黄莹，叶底细嫩成朵，以“色绿、香郁、味醇、形美”四绝著称于世。龙井茶加工方法独特，运用“抓、抖、搭、拓、捺、推、扣、甩、磨、压”等十大手法。西湖龙井茶不仅汇“四绝”于一身，而且集名山、名寺、名湖、名泉和名茶于一体，构成了世所罕见的独特而骄人的龙井茶文化。

西湖龙井茶

［张小泉剪刀］

“快似风走润如油，钢铁分明品种稠；裁剪江山成锦绣，杭州何止如并州。”这是我国杰出的剧作家田汉 1966 年走访张小泉剪刀厂时写下的一首赞美诗。张小泉剪刀，向以嵌钢均匀、钢铁分明、磨工精细、刃口锋利、锁轴牢固、镀层光亮、开合和顺、刻花精巧、式样美观和经久耐用而闻名中外。在一次剪刀评比会上，人们曾把 40 层白布叠在一起，有各种剪刀试剪，唯独张小泉剪刀，张开利嘴，咔嚓一声，一次剪断，连剪数次，次次成功。检查刃口，锋利如故，为其他剪刀望尘莫及。香港一家广播电视公司还摄取了用一号民用剪，一次剪断 70 层白布不缺口，接着又剪单层薄绸不带丝的精彩镜头，足见其质量之高。张小泉剪刀的制作，已有 300 多年历史，明末清初就已出名。它的创始人叫张思家，是安徽人，世代从事剪刀行业。清兵入关时他逃到杭州，在城隍山下开设“张大隆”剪刀作坊。悉心研究铸造技艺，在打制剪刀中运用了“嵌钢”（又叫铺钢）工艺，，一改用生铁锻打剪刀的常规。他还采用镇江特产质地极细的泥精心磨制，使剪刀光亮照人。他的儿子张小泉，继承父业，苦心钻研，制剪技术又有提高，生意十分兴隆，有人冒“张大隆”牌号，他便把招牌改为“张小泉”。

［王星记扇子］

杭扇历史悠久，制作技艺精湛，扇面装饰优美，是我国著名的传统产品。作为制扇名城，杭州自古以来就有“杭州雅扇”的说法。特别是南宋建都临安（今杭州）后，不少制扇艺人会集杭州，店坊云集，“买卖昼夜不绝”。到了清朝中叶，“杭州经营纸扇者总计有50多家，工人之数达四五千人”。从那时起，杭州扇子与杭州丝绸，龙井名茶齐名，号称“杭州三绝”。如今杭州王星记扇厂的前身，就是当年的王星记扇庄，开创于清朝光绪元年（1875），创始人王星斋，祖辈从事制扇业，他自幼学艺，20多岁时已成为制扇名匠。他制作的黑纸扇，在意大利米兰、巴拿马和西湖万国博览会上屡次得奖，美名远扬，曾作为杭州特产进贡宫庭。从此，杭州黑纸扇又称“贡扇”。杭扇品种繁多，有黑纸扇、檀香扇、白纸扇、象牙扇、女绢扇、戏曲扇、旅行扇、儿童扇等十五大类，几千种花色，最大达3.3尺，最小的只有3寸。其中以“三星牌”黑纸扇最为有名。扇面书画，是中国独特的艺术形式。扇子，既是日用品，又是工艺品。一把普通的扇子，一经名人书画点染，便身价百倍，雅趣横生，使人爱不释手。杭州的扇面艺术非常发达，历代著名书画家都为扇面艺术挥洒翰墨，留下许多不朽之作。王星记扇的扇面装饰，内容丰富多彩，手法多样，他们经常请艺坛名家题诗作画，无论神话故事、人物形态、名胜风光、峰峦叠石、曲溪流水、村舍楼阁、名花异草、瑞鸟珍禽都能入画；从书法来说，正、草、隶、篆样样俱全。百年老店杭州王星记扇厂，已成为我国制扇业中产量最大，花色品种最多的一家综合性扇厂。被誉为“扇子王国”。

[西湖绸伞]

西湖绸伞以竹作骨，以绸张面，轻巧悦目，式样美观，携带方便，素有“西湖之花”的美称。众所周知，《白蛇传》中许仙借伞的故事，就发生在杭州西湖断桥边。西湖绸伞开创于20世纪30年代初，据说是由都锦生丝织厂工人竹振斐创作的，由于选料得当，制作精细，别出心裁，一上市就受到人们欢迎。到了1935年春天，杭州出现了第一家专门制造绸伞的作坊，这就是著名的“竹氏伞作”。西湖绸伞选料考究，制作精巧。它的圆形伞面是采用特制的伞面绸做的。这种伞面绸薄如蝉翼，织造细密，透风耐晒，易于折叠，色彩瑰丽，单是染色就有湖色、墨绿、果绿等，描绘山水、风光、花鸟、人物。图案有西湖十景、古代仕女、龙凤、奔马、梅雀、蝴蝶等数十种。这是其他伞所望尘莫及的。伞骨则采用江南独特的淡竹制成，这种竹篾质细洁，色泽玉润，烈日曝晒也不会弯曲。做一把外形美观的西湖绸伞，要经过选竹、制伞骨、上伞面三大工序。西湖绸伞的品种很多，有遮阳、遮雨的日用绸伞，有五彩缤纷的彩虹伞，有舞蹈演员台上撑打的舞蹈伞，有杂技团演员走钢丝用的杂技绸伞等10多个品种。

[天竺筷]

天竺筷用杭州西湖天竺山一带的细竹制成，以实用且价廉物美、富有地方特色而驰名国内外。早在春秋时，西湖天竺一带农民已就地取材制作竹筷，用来吃饭，精细合宜，且有竹香。至清代，灵隐、天竺一带农民将附近山上的小竹截成筷子，并镶上银头，作为商品出售，受到广大游览者的欢迎，就成了有名的天竺筷。现今，天竺筷制作工艺不断改进，用纤细的实心竹制作筷身，熨上字、画，有山水、花鸟和西湖风景等花版，颜色有红、白两种，并镶有银头、牙头、骨头、珠头等，以作装饰。

［西湖藕粉］

西湖藕粉是杭州的名产。但它不产于西湖，而主产于杭州艮山门外至余杭县塘栖一带，以余杭县沾桥乡三家村所产的藕粉最为出名，故西湖藕粉又称“三家村藕粉”。这里种植的藕具有孔小、肉厚、味甜、香醇的特点，加工制成的藕粉，呈薄片状，色泽白里透红，取一点放两指间捻之呈肉红色，而别处所产藕粉则为白色。这是识别三家村藕粉的最简单的方法。西湖藕粉经冲泡后，晶莹透明，香气四溢，清新可口，不仅能充饥，而且是滋补品。它除含淀粉、葡萄糖、蛋白质以外，还含有钙、铁、磷以及多种维生素，既易于消化，又有生津、清热、开胃、补肺、滋阴、养血的功效。目前，西湖藕粉已成为招待宾客，馈赠亲友的珍品，畅销全国，出口东南亚各国和港澳地区。

［西湖莼菜］

莼菜颜色碧绿，含有丰富的蛋白质和维生素，是一种珍贵的水生菜，其形看似小小圆圆、滑滑嫩嫩，是西湖著名的土特产之一。西湖栽培莼菜历史悠久。明代《西湖游览志》即有“西湖第三桥近出莼菜”的记载。现在三潭印月、花港观鱼等地都有种植。由莼菜做成的汤或羹格外鲜美，被列为杭州名菜，据说乾隆皇帝多次南巡杭州，每次都要以西湖莼菜做羹食用。“花满苏堤柳满烟，采药时值艳阳天。”春暖花开是采摘莼菜的最好季节。莼菜的收获期很长，从每年4月中旬至9月下旬，可每隔两三天采摘一次，7月产量最高。西湖莼菜在医学上还具有下气止呕、润肠、治热疽的效用。在历史上，以“三潭印月”莼菜最为著名。新鲜莼菜可用白糖拌食，鲜嫩清香的“西湖莼菜汤”是杭州名菜之一。莼菜在太湖、西湖和萧山都有生长，但以西湖的莼菜最为美味。

［临安山核桃］

山核桃又名“小胡桃”，生长在气候优越、土壤肥沃、植被茂盛的自然环境中，属纯野生果类，是无任何公害污染的天然绿色食品，也是众多中国干果中品味最高的品种之一。中国山核桃主产于浙、皖交界的天目山区，临安是中国山核桃之乡。山核桃的栽培已有500多年历史。临安山核桃素以粒圆壳薄、果仁饱满、香脆可口的优良品质享誉海内外。山核桃核仁松脆味甘，香气逼人，可榨油、炒食，也可作为制糖果及糕点的佐料。

第五篇

娱在杭州：杭州城区旅游演艺

各位游客朋友，你们来杭州之前可能读过这首诗："山外青山楼外楼，西湖歌舞几时休。暖风熏得游人醉，直把杭州作汴州。"林升这首题诗虽然是讥讽南宋朝廷因腐朽生活而导致亡国的，但从另一个侧面却反映了历史上的杭州本就是一座娱乐之城。如今的杭州被定义为休闲之都，除了茶馆多之外，现代旅游演艺也誉满海内外，如大型旅游演艺《宋城千古情》，不仅靠一台戏救活了一个景区，也靠这台戏把景区变成了上市公司。2016 年 9 月 G 20 杭州峰会的文艺演出《最忆是杭州》，以其轻歌曼舞、精彩绝伦的演出惊艳了整个世界。接下来我们就去欣赏这些久演不衰、魅力无穷的现代演艺节目吧！

［宋城千古情］

大型歌舞《宋城千古情》，是一场每个来杭州的人必看的精彩演出，是宋城景区的灵魂。它采用最先进的声、光、电等科技手段和舞台机械，以独到新颖的呈现方式表现了良渚古人的艰辛、宋皇宫的辉煌、岳家军的惨烈、梁祝和白蛇许仙的千古绝唱，最后，15 米直径的神伞从天而降，把丝绸、茶叶和烟雨江南表现得淋漓尽致，极具视觉体验和心灵震撼，被誉为"世界三大名秀"之一。宋城千古情还创造了世界演艺史上的奇迹：年演出 1300 余场，旺季经常每天演出 10 场，从 2013 年开始，宋城大剧院和千古情大剧院同时演出，一天可接待观众 50 000 余人，宋城千古情推出十余年来已累计演出 15 000 余场，接待观众 4500 余万人次，是目前世界上年演出场次和观众最多的剧场演出。

宋城千古情剧照

［印象·西湖］

“印象·西湖”是著名导演张艺谋、王潮歌、樊跃“铁三角”导演团队联手打造的“印象”系列实景演出中的又一力作，由杭州印象西湖文化发展有限公司主办，于2007年3月30日首期公演。“印象西湖”以西湖浓厚的历史人文和秀丽的自然风光为创作源泉，深入挖掘杭州的古老民间传说、神话，使西湖人文历史的代表性元素得以重现，同时借助高科技手法再造“西湖雨”，从一个侧面反映雨中西湖和西湖之雨的自然神韵。整场山水实景演出，通过动态演绎、实景再现，将杭州城市内涵和自然山水浓缩成以一场高水准的艺术盛宴，世界级的音乐巨匠喜多郎先生受邀出任音乐主创，其空灵悠远的乐章与西湖的神韵相得益彰。张靓颖友情演唱主题歌，她天籁般的声音也给整场演出增色不少。为了不破坏西湖景观，演出采用了可容纳1800人的升降式可收缩、可移动阶梯形看台；在湖面演出区域内配备特制的灯光和激光照射，在满足舞台及背景需要的同时又能不对西湖夜景产生影响，整个项目充分考虑了艺术效果及环保、绿化、安全各因素的需要。

［西湖之夜］

“西湖之夜”运用中华传统表演方式、结合国外最先进的舞台技术来展示杭州千年历史及西湖文化传说的艺术演出精品。演出在富有特色的东坡剧院内进行。有江南丝竹、少林功夫、杂技、民族舞蹈等艺术形式。2012年版的“西湖之夜”拥有国内的顶级制作班底，央视春晚导演邹友开先生率团队执掌改版升级，邀请孙楠担当音乐总监，并献曲《梦聚钱塘》作为片尾曲，杨丽萍女士也亲临现场指导，更邀请央视著名主持人朱军、周涛担任配音。演出力求以最传统的方式展示最唯美的杭州历史文化。

［最忆是杭州］

“最忆是杭州”是2016年9月4日，在杭州西湖岳湖景区内，为G 20领导人杭州峰会呈上的大型水上情景表演交响音乐会。这是国内首次在户外的水上舞台举办大型交响音乐会。音乐会共9个节目，总时长50分钟。此次演出由著名导演张艺谋亲自执导，舞台设置于水下3厘米处，演出节目包括交响乐、舞蹈、越剧、古琴大提琴合奏、钢琴独奏等，中西合璧、精彩纷呈、高潮迭起。“最忆是杭州”创排历经了一年的时间，秉承服务于“创新、活力、联动、包容”的G 20杭州峰会主题，同时体现“西湖元素、杭州特色、江南韵味、中国气派和世界大同”的要求，是在原有《印象西湖》的基础上打造的。此次文艺演出时间有50多分钟，仅保留了《印象西湖》最后的一个机械装置和一个撩水的动作，整场演出将在室外水上，运用全息投影技术，将科技手段和自然环境完美融合。中国自古尚水，水已经成为本次演出的最美“底色”，

水上天鹅湖

所有的表演都立足在水上。习近平夫妇陪同 G 20 国家领导人及夫人，同与会嘉宾一起观看了水上芭蕾表演，聆听了世界名曲，同时也感受了中国元素与世界文化的交融的艺术盛景，古老美丽的杭州在一夜之间惊艳了整个世界！

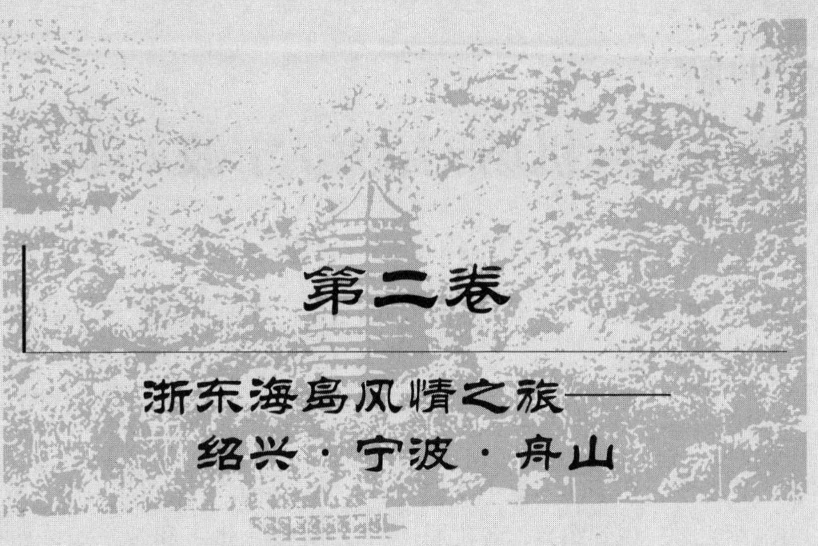

第二卷

浙东海岛风情之旅——绍兴·宁波·舟山

各位旅客朋友，现在我们所在的位置是杭州萧山国际机场，从这里出发就开启了我们本次旅游的重头戏——浙东风情之旅。这次旅游将途经绍兴、宁波、舟山三个地级市，是一条山河湖海俱佳、文物古迹众多、民俗风情独特、陆海交相辉映的黄金旅游线路。

第一篇

沿途讲解：萧山国际机场/绍兴/宁波/舟山概况

[杭州萧山国际机场]

（见第一卷第一篇）

（见第一卷第一篇）

[绍兴市]

各位游客朋友，在不知不觉中我们来到了古城绍兴。一说到绍兴，各位朋友的脑海中蹦出来的第一个人物肯定是鲁迅。从三味书屋到百草园，从孔乙己的茴香豆到故乡的社戏，随处可见鲁迅文化中的故乡情结。绍兴古城有着2500多年的深厚历史文化底蕴。浙东古运河是她的血脉，会稽山是她的脊梁，鲁迅的书屋、沈园的词和兰亭的书法都让绍兴有了浓浓的书卷气。再坐上乌篷船，在小桥流水间穿梭一回，才不枉来一趟绍兴。

绍兴老街

绍兴市位于杭州湾南岸，东连宁波市，南临台州市和金华市，西接杭州市，北隔钱塘江与嘉兴市相望。全境东西长130多公里，南北宽118公里，海岸线长40公里，陆域总面积为8000多平方公里。

绍兴的地形地貌可概括为“四山三盆两江一平原”，即会稽山、四明山、天台山、龙门山，诸暨盆地、新嵊盆地、三界/章镇盆地，浦阳江、曹娥江和绍虞平原。全市最高点是位于诸暨境内海拔1194.1米的会稽山脉主峰东白山，最低点为海拔仅3.1米的诸暨“湖田”地区，中部多为海拔500米以下的丘陵地和台地，绍虞平原平均海拔在5米至10米左右。地表江河纵横，湖泊密布。绍兴地处中北亚热带季风气候过渡地带，季风显著，四季分明，气候温和，湿润多雨。但由于地处中纬度，地形较复杂，小气候差异明显，洪涝、干旱和低温冷害等灾害性天气频繁。全市年平均气温 16.5℃，全市年均无霜日 234~246 天，常年降水量平均为 1438.9 毫米，且分布不均，年降水日数平均为 156.2 天。

绍兴旅游资源相当丰富，全市拥有旅游景区景点 200 多处，风景名胜区 28 个。其中有国家 5A 级旅游景区 1 家：绍兴市鲁迅故里、沈园景区，国家级风景名胜区 1 处：诸暨市浣江、五泄风景区；国家 4A 级旅游景区 4 家：会稽山、柯岩、新昌大佛寺和诸暨五泄；国家级水利风景区 2 处：环城河、新昌沃洲湖；国家地质公园 1 个：新昌硅化木地质公园。绍兴历史文化悠久，越乡风情浓郁，拥有水乡、桥乡、酒乡、书法之乡、名士之乡之美誉；李白、杜甫、白居易、孟浩然等 400 多位著名诗人都留下了赞美稽山鉴水的绚丽诗篇；中国水城风情节、兰亭国际书法节、国际纺织博览会等大型节庆活动，吸引着越来越多的海内外游客来此观光、休闲、度假与研学。

绍兴是一座水城，水是绍兴的命脉和灵魂，水上旅游也成为绍兴最具特色的旅游。绍兴是一座古朴的城市，每个台门里都隐藏着一个故事；鲁迅是一本厚重的书，每一页里都流淌着一段往事。拥有众多人文资源的绍兴，为开展修学旅游提供了良好的基础，现已成为全国首批 10 个“中国研学旅游目的地”城市之一。随着新时代的到来，休闲旅游成为各地方兴未艾的旅游方式，绍兴也不乏很多休闲元素，乌篷船、环城河、咸亨酒店、仓桥直街等，让游客能感受江南古城的别致风情。

［宁波市］

各位游客朋友，经过近 2 小时的行程，我们现在来到了素有“港通天下，书藏古今”的浙东名城——宁波市。

宁波位于东海之滨、长江三角洲南翼，是“河姆渡文化”的发祥地，唐宋以来一直是我国重要的对外贸易口岸。宁波之名取自“海定则波宁”，简称“甬”，是浙江省的一个副省级城市，也是国家计划单列市。宁波市面积 9816 平方千米，辖海曙、江北、镇海、北仑、鄞州、奉化 6 个区，慈溪、余姚 2 个县级市，宁海、象山 2 个县。截至 2017 年底，全市拥有户籍人口 596.9 万人，其中市区 289.6 万人。按常住人口计算，全市人均地区生产总值为 124 017 元（按年平均汇率折合 183 68 美元）。居民人均可支配收入 48 233 元。

宁波是浙东交通枢纽，陆、海、空、水立体交通发展迅速，尤以“东方大港”北仑港称誉国内外。栎社机场与香港和全国各地主要城市之间架设有空中桥梁。高铁、公路、水运以及市内交通四通八达。宁波属北亚热带季风气候区，温和湿润，冬夏季风交替明显，四

宁波市天一阁广场

季分明；全市平均气温 16.4℃，夏季最高气温 41.2℃，冬季最低气温 -10℃；主要雨季有 3~6 月的春雨连梅雨和 8~9 月的台风雨和秋雨；主要灾害性天气有干旱、台风、洪涝、冰雹、霜冻、寒潮等。

宁波是历史文化名城，同时也是著名的旅游城市。滕头 / 雪窦山风景区是国家 5A 级旅游景区，溪口 / 雪窦山风景名胜区是国家级风景名胜区，天童森林公园为国家森林公园，东钱湖是浙江省境内最大的天然湖泊。宁波还有天童寺、阿育王寺和雪窦寺等著名寺庙。中国古代建筑的杰作保国寺、古代水利建筑它山堰、宁海的南溪温泉、余姚的四明湖旅游度假区、象山的石浦渔港等，为众多中外旅游者所向往。以镇海招宝山为代表的明朝抗击外来侵略的海防历史遗迹和以四明山为中心的浙东革命斗争史迹给宁波增添了凝重的红色人文景观。宁波文人荟萃，历史上曾出现过学术水准较高的地方学派，如四明学派、阳明学派、浙东学派，出现了虞世南、高则诚、王守仁、朱舜水、黄宗羲、万斯同、全祖望、张煌言等一批文化名人。宁波的藏书文化深厚，涌现过一大批藏书名楼。天一阁是国内现存最古老的藏书楼，已有 400 多年的历史，它是中国藏书文化的代表之作。在深厚的文化积淀中孕育而成的宁波传统工艺，诸如骨木嵌镶、宁式家具、朱金木雕、金银彩绣等，用材讲究，手艺精绝，风格独特。

［舟山市］

各位旅游朋友，现在我们来到了素有“中国海鲜之都”美称的舟山市。舟山市位于我国东南沿海，长江口南侧，杭州湾外缘的东海洋面上。“舟山”之名来自民间，有人认为因舟山本岛“山形如舟”而得名；也有人认为因“渔舟云集于此”而得名。舟山群岛是中国第一大群岛，共由1393个大小岛屿组成，故有“千岛之城”的美称。舟山群岛总面积为2.22万平方公里，其中陆地面积1440平方公里，海岸线长2448公里。

舟山属典型的亚热带南缘海洋性季风气候，季风显著，四季分明，冬暖夏凉，年温适中，光照充足，雨量中等。全年多大风，春季多海雾，夏秋多热带气旋，年平均温度15.8~16.7℃，夏季平均温度为26~27℃，最高气温39.1℃，冬季无严寒，平均气温5℃以上，最低气温不低于-7℃。主要灾害性天气有低温连阴雨、台风、雷雨大风、霜冻、寒潮等。

舟山市辖2区2县，分别为定海区、普陀区、岱山县、嵊泗县。舟山市政府设在临城新区，定海区政府设在定海城区；普陀区政府设在本岛东端著名渔港沈家门街道；岱山县政府设在岱山岛高亭镇；嵊泗县政府设在泗礁岛菜园镇。据第六次全国人口普查，共有住人岛屿103个，其中万人以上岛屿11个，全市常住人口为112.13万人，全市户籍人口呈现减少趋势，第六次人口普查首次出现负增长。

舟山群岛开发历史悠久。据史书记载和出土文物考证，属河姆渡第二文化层年代，距今5000多年前的新石器时代，就有人类在岛上开荒辟野，捕捉海物，生息繁衍，开始从事渔盐生产。2011年6月30日，国务院正式批复同意设立浙江舟山群岛新区，成为继上海浦东、天津滨海、重庆两江之后的第四个国家级新区和第一个以海洋经济为主题的国家战略层面新区，新区范围与舟山市行政区域一致。

舟山群岛，宛如一串串翡翠般的明珠，散落在东海洋面上，拥有上千处佛教文化、山海风光、海岛民俗和历史文化景观。有迷人的气势磅礴的瀚海浪涛、千姿百态的奇崖岩穴、宏伟典雅的名刹寺院、洁净宽阔的金沙浴场、桅林万盏的渔港夜景和纯朴浓郁的渔家风情，构成了独特的海岛旅游资源，成为世人瞩目的游览、避暑、休养胜地。目前拥有1个国家5A级旅游景区——普陀山，2个国家级风景名胜区普陀山和嵊泗，2个省级风景名胜区岱山、桃花岛，还有定海古城、沈家门、朱家尖等都是到舟山的必游之处。

舟山市海岛

第二篇

景区导览：绍兴 / 宁波 / 舟山美景

01 绍兴古城景区

古城绍兴→鲁迅故里→百草园→三味书屋→沈园→青藤书屋→秋瑾故居→徐锡麟故居→周恩来祖居→黄酒城

[古城绍兴]

各位游客朋友，古城绍兴是首批中国历史文化名城、首批中国优秀旅游城市。古城绍兴历史悠久、文化灿烂。7000多年前，绍兴就有人类活动，是中华民族的发祥地之一。4000多年前，大禹治水东巡到苗山，会集诸侯，计功行赏，将苗山更名为会稽山。大禹三过家门而不入的故事广为流传，每年谷雨都要在绍兴大禹陵举行隆重的祭禹大典。春秋战国时，越王勾践卧薪尝胆，复国兴邦，范蠡督建都城，市内的府山就是原越国都城。秦汉时置会稽郡，隋朝称越州，直至晚唐。南宋时越州两次成为临时都城。公元1130年，宋高宗赵构取“绍祚中兴”之意，升越州为绍兴府，并于次年改元为绍兴元年，绍兴由此得名。市区古民居建筑群保存完整，有仓桥直街历史街区、八字桥直街历史街区、西小河沿历史街区、鲁迅故里历史街区、石门槛历史街区和书圣故里历史街区等，是体验绍兴古越风情的绝佳去处。

水乡之城

水是绍兴城的灵魂。“百舸千舟摇摇摇，一河两岸桥桥桥。”这是绍兴“漂”在水上的一个真实写照。绍兴是一座古老的水城，2500年前范蠡建城时，就有四座水城门（现有迎恩门、都泗门）。清代时，绍兴城有大小河道33条，总长60多公里，水域面积占城市面积的33%。现在，城区内仍有河道17条，河道总长度31公里，河道面积占市区面积的7.8 %。东汉会稽太守马臻修筑八百里鉴湖，现存水域面积294.8万平方米，蓄水量875.9万立方米，为绍兴黄酒制作的唯一水源，是中国东南地区最古老的著名水利工程和旅游胜地。水城、水街、水中乌篷、水上石桥、古纤道等，构成了今天绍兴独特的景观，言之为“三山万户巷盘曲，百桥千街水纵横”。为此，绍兴赢得了“东方威尼斯”的美誉。

名士之城

绍兴是中华名人文化朝圣之地，卓越的学术和艺术成就，名垂宇宙；歆动千古的逸闻韵事，踪迹历历可寻。明代文学家袁宏道曾说过：“绍兴士比鲫鱼多”。绍兴自唐代以来，共有文武进士2238名，文武状元27名；新中国成立后，科技人才辈出，有中国科学院和中国工程院院士60名。在绍兴的人才群体中，或为一代宗师，或为群伦表率。大禹、勾践、范蠡、王羲之、王充、谢安、王献之、谢灵运、贺知章、陆游、徐渭、王阳明、蔡元培、秋瑾、鲁迅、周恩来、马寅初、竺可桢、陶成章、范文澜、朱自清、陈建功、钱三强等杰出人才，名人故居、文物古迹星罗棋布，绍兴被誉为“没有围墙的博物馆”。难怪毛泽东主席盛赞绍兴为“鉴湖越台名士乡”！

黄酒之城

绍兴有酒乡之称，历经千年。袁枚曾写道：“绍兴酒如清官廉吏，不参一毫假，而其味方真，又如名士耆英，长留人间，阅尽世故而其质愈厚”。绍兴自古以来无处不酿酒，无处没酒家。绍兴人与酒结缘，世世代代形成了各种各样的酒俗与酒习。今天，绍兴的古风依然不改。在酒肆、在乡村、在居民家，绍兴人依然有贮藏陈酿的习俗。千百只酒坛整齐列阵，甚是壮观。

绍兴酒有文字记载的历史当在越王勾践之时。公元前492年，勾践为吴国所败，带着妻子和大夫文种、范蠡入吴为奴。据《吴越春秋》记载，当群臣们送勾践到浙江边上时，大夫文种“行酒二觞”。公元前473年，经过卧薪尝胆的勾践出师伐吴，出征之日，父老乡亲向他敬酒，勾践把酒倒在河的上游，与将士们一起迎流共饮，士卒感奋，斗志大增，终于灭吴复国，也留下了投醪劳师、壶酒兴邦的动人诗篇。勾践称霸中原后，还兵于吴，置酒文台，举杯庆功。

曲水流觞传佳话。魏晋之际，名士云集绍兴（时称会稽），饮酒之风极盛。东晋穆帝永和九年（353年）三月初三，王羲之与谢安、孙绰等在会稽山阴之兰亭举行“曲水流觞”的盛会，墨香兰香伴酒香，王羲之乘着酒兴即兴写下《兰亭集序》，其书法登峰造极，其文辞意境深远，书文辉映，天下瑰宝，留下了一段千古佳话。

绍兴的文人，大多与酒结缘。唐时，“酒中八仙”之首的贺知章邀李白共饮，留下了“金龟换酒”的典故。南宋时，“亘古男儿一放翁”陆游“醉墨淋漓”，“百岁光阴半归酒，一生事业略成诗”。明朝书画大家徐渭世称“酒侠”，明末怪杰陈洪绶“醉眼丹青”，近代教育家蔡元培“每饭必酒”，女侠秋瑾“貂裘换酒”文豪鲁迅“把酒论世”，都与绍兴酒结下不解之缘，酒以人传，人得酒助，他们取得的成就中都散发着绍兴老酒的芬芳。

酒乡风情惹人醉。来到鲁迅笔下的咸亨酒店，要一碗老酒，点一盘茴香豆或盐水花生，或细品、或豪饮，看门前车水马龙，“小店名气大，老酒醉人多”，在微醺中感受人生的一份惬意，依然是时下游人的雅兴。绍兴人以“坐乌篷、品黄酒、看社戏”为乐事，在其酒俗中，有婚嫁酒、散福酒、新岁酒、元宵酒、清明酒、端午酒、七月半酒、冬至酒、新居酒、和解酒、宴宾酒、洗尘酒、接风酒、饯行酒、送别酒、谢情酒等。其中以婚嫁酒最有代表性，婚嫁酒中最典型的又属“女儿红”。“女儿红”是女儿出生后就着手酿制的，贮藏在干燥的地窖中，或埋在泥土之下，也有打入夹墙之内的，直到女儿长大出嫁时，才挖出来请客或做陪嫁之用。后来又演化到生男孩时也酿酒，并在酒坛上涂以朱红，着意彩绘，并名之为“状元红”，意谓儿子具状元之才。我们在黄酒博物馆里看到，“女儿红”十分讲究酒坛，往往在土坯时就塑出基本图案，等烧制出窖后，再请画匠彩绘吉祥图案、戏曲脸谱等。“女儿红”因为装入花雕酒坛，因此又有了一个新的名称——花雕酒。在绍兴人的生活中，酒真是无处不在。在绍兴的文化中，酒简直不可或缺。

师爷之城

所谓“师爷”，是对古代官府衙门中幕僚的俗称。古代将帅出征，治无场所，以幕为府，故称幕府。在幕府中办事的那些类似今秘书、参谋等文职佐理人员，就叫幕僚或幕友。他们是一些受过专门训练，在法律、财会、文秘等方面具有专门知识和一技之长的读书人，被各级地方长官聘请为某一方面的私人顾问，不带官职而参与政务。官员称幕友为“西宾”“西席”“老夫子”“先生”，幕友称官员为“东翁”“东家”，平时幕友与官员可以平礼相见。所谓“绍兴师爷”里的“绍兴”，是指清代的绍兴府，包括山阴、会稽、萧山、诸暨、余姚、上虞、嵊州市、新昌八个县。

绍兴师爷是明清时期封建官制与绍兴人文背景相结合的产物。这个地域性、专业性极强的幕僚群体，肇始于明，盛行于清，没落于辛亥革命前后，自始至终，在我国封建统治机构中活跃了三四百年，声名远播，成为中国封建官衙幕僚阶层的重要组成部分。他们与各级地方行政官吏、绅士、商人等群体，共同操纵封建社会的政治、经济、军事、司法等诸多层面，成为封建专制统治不可或缺的工具，在封建官僚政治的实施过程中作用显著。

绍兴师爷在清朝初年，尤其是在顺治、康熙之时，才真正成为一个地域性、专业性极强的幕僚群体，所谓“无绍不成衙”即是这一状况的真实反映。沈文奎可谓当时绍兴师爷的代表。沈文奎，会稽人，23 岁时只身北上游学。天聪三年（1629 年）冬，被后金八旗兵俘于遵化城，旋即迁徙沈阳，入选文馆，开始为清军入关献谋设策，渐为皇太极看重。天聪六年（1632 年）八月，皇太极召见沈文奎等，赐以肉食，面询对明言和等朝政大计。沈提出一系列针对性策略，多被采纳且付诸实行，绍兴师爷由此崭露头角。

绍兴师爷擅长舞文弄墨，城府极深，能翻云覆雨，几个字可扭转乾坤，故有“刀笔吏”之称。1689 年，康熙皇帝亲临绍兴大禹陵祭禹，文武官员在禹庙台阶上列队行九叩大礼，康熙最前，官员们按官职大小前后排列。在行礼中，浙江藩台不慎将朝冠掉落，被前排的将军瞥见。将军与藩台素来不和，事后便向朝廷参奏。按清朝律法，朝冠落地乃对圣上的大不敬，罪责严重。吏部下令要浙江巡抚查复，浙江巡抚有心保这位掌全省财政大权的同僚，但又不敢得罪满籍的驻浙八旗最高长官的将军，于是秘密招来众多绍兴师爷，出高价求两全其美的复章。一师爷在听了巡抚叙说后，稍加沉吟，拟出八字妙文，曰：“臣列位在前，礼无后顾。”这复章对将军全无得罪之处，又推卸了自己的责任，且言外之意，若将军看到在后面的藩台掉冠，则必后顾，乃属不敬。朝廷接到这个复章，只好不了了之。事后，这位绍兴师爷获得一字一千两银子的高额报酬（实为九字，但第一字系自称不计酬）。

［鲁迅故里］

各位游客朋友，大家一定读过鲁迅先生的作品，现在我们来到了鲁迅故里。鲁迅故里是鲁迅先生青少年时期生活过的故土，是绍兴市区保存最完好、最具文化内涵和水城风貌的历史街区。原汁原味的三味书屋、百草园、鲁迅故居、鲁迅祖居得以完整保护，长庆寺、土谷祠、静修庵、恒济当铺、咸亨酒店等鲁迅笔下遗迹穿插其间，寿家台门、朱家台门、何家台门等一批老台门古韵犹存，成为一个解读鲁迅作品、品味鲁迅笔下风物、立体感受鲁迅当年生活情境的真实场所，是绍兴的“镇城之宝”。

鲁迅生平简介

各位游客朋友，在游览鲁迅故里前，我先给大家简单介绍一下鲁迅先生的生平事迹和主要贡献。鲁迅（1881—1936），浙江绍兴人。我国现代伟大的文学家、思想家和革命家。鲁迅原姓周，名树人，号豫才；鲁迅是其投身五四新文化运动后使用的一个笔名，

绍兴鲁迅故里

因为影响日甚，所以人们习惯称之为鲁迅。

鲁迅，1881年9月25日出生于绍兴都昌坊口一个封建士大夫家庭，7岁启蒙，12岁就读于三味书屋，勤学好问，博闻强记，课余喜读野史笔记及民间文学书籍，对绘画艺术产生浓厚兴趣，自此打下坚实的文化基础。

鲁迅少年时代，祖父因科场案下狱，父亲病故，家道从此中落。鲁迅由一个封建士大夫大家庭的长房长孙，变成了一个破落户子弟。家庭所遭受的一系列重大变故，使少年鲁迅饱受人间冷暖，世态炎凉，看到了“世人的真面目”，认识到封建社会的腐朽和没落。

1898年春，鲁迅离开故乡，满怀人生新的希望，考入了南京江南水师学堂，翌年，因不满学堂的“乌烟瘴气”，改入江南陆师学堂附设的矿务铁路学堂。他广泛接触西方自然科学和社会科学，阅《时务报》，看《天演论》，深受维新思潮和进化论学说的影响，初步形成“将来必胜于过去，青年必胜于老人”的社会发展观。

1902年，鲁迅以优异的成绩毕业，被官派赴日留学。他先入东京弘文学院学习日语，后入仙台医学专门学校学医。因深受资产阶级民主革命浪潮的影响，积极投身于反清革命的洪流之中，课余“赴会馆，跑书店，往集会，听讲演”，立下了“我以我血荐轩辕”的誓言。1906年，鲁迅在事实面前，有感于国内同胞的愚弱，认识到改变国民性的重要，便毅然弃医从文，迈出了人生道路上具有决定意义的一步，选择了文学艺术，以笔作为自己救国救民的战斗武器。他参与筹办文艺杂志《新生》，撰写了《人之历史》《科学史教篇》《文化偏至论》《摩罗诗力说》等早期重要论文。鲁迅认为，中国的严重问题在于人，不在于物；在于精神，不在于物质；在于个性，不在于“众人”。要“立国”，必先“立人”，而“立人”的关键，在于个性的觉醒与精神的振奋。

辛亥革命前夜，鲁迅回到祖国，先在杭州的浙江两级师范学堂执教，担任化学、生理学教员，后又回到故乡绍兴，担任绍兴府中学堂监学兼博物教员、山会初级师范学堂监督（校长）。他一方面教书育人，培养青年，一方面积极投身于辛亥革命。他领导故乡文学团体“越社”，支持创办《越铎日报》。1912年初，鲁迅应教育总长蔡元培之邀，赴南京临时政府教育部任职，不久，随教育部迁至北京，任社会教育司第一科科长，同时先后受聘于北京大学、北京高等师范学校、北京女子高等师范学校等一些高等院校，担任校外兼职讲师。

俄国十月革命胜利后，鲁迅深受鼓舞，与李大钊、陈独秀等当时许多先进知识分子一起，写文章，办杂志，揭开了中国新文化运动的序幕。他站在反帝反封建的前列，积极提倡新文化、新思想、新道德，猛烈抨击几千年来的旧文化、旧思想、旧道德。

1918年，他发表了我国现代文学史上第一篇白话小说《狂人日记》，小说通过象征的艺术手法，无情地揭露了中国几千年封建社会吃人的本质，强烈地控诉了封建礼教和封建宗法制度的罪恶。此后，鲁迅“一发而不可收”，以彻底的不妥协的姿态，创作了《孔乙己》《药》《阿Q正传》等许多小说和大量杂文、随笔、评论，从而成为五四新文化运动的先驱和中国现代文学的奠基人。

1926年夏，鲁迅离开北洋军阀盘踞的北京，南下厦门，担任厦门大学中国文学系教授，同时兼任国学院教授。1927年初，鲁迅又转赴当时的革命中心广州，担任了中山大学中文系主任，同时兼任教务主任，一边从事教育和文学创作，一边投入新的战斗。同年4月，反革命政变发生，鲁迅经受了腥风血雨的考验，因营救学生无果，愤而辞职。在血的教训面前，鲁迅早年形成的社会发展观发生了深刻的变化，他严厉解剖自己的思想，纠正了过去只信进化论的“偏颇”。从此，他的思想发展进入了一个崭新的起点。

1927年10月，鲁迅到了上海，从此定居下来，集中精力从事革命文艺运动。他参加和领导了中国左翼作家联盟、中国自由运动大同盟和中国民权保障同盟等许多革命社团。他主编《前哨》《奔流》《萌芽月刊》等许多刊物，团结和领导广大革命的、进步的文艺工作者，与帝国主义、封建主义和国民党政府及其御用文人进行针锋相对的斗争。他坚持韧性战斗，撰写了数百篇杂文。这些杂文，如匕首，似投枪，在反文化“围剿”中，做出了特殊的贡献。他与共产党人交往密切，坚决拥护中国共产党的抗日民族统一战线政策。他以“窃火者”自喻，致力于中外文化交流，倡导新兴木刻运动。他关心青年，培养青年，为青年作家的成长付出了大量的心血。1936年10月19日，鲁迅在上海大陆新村寓所与世长辞。

鲁迅写过一首《自嘲》诗，其中有两句为“横眉冷对千夫指，俯首甘为孺子牛”，这是他一生的真实写照。鲁迅一生有著作译文800多万字，他的《呐喊》《彷徨》《野草》《朝花夕拾》等许多作品一版再版，被翻译成英、俄、德、法、日、世界语等多种文字，饮誉全球。《鲁迅全集》是他留给中国人民和世界各国人民的一笔宝贵的精神财富。

鲁迅故居

各位游客朋友，现在我们来到了鲁迅故居中的新台门。周氏房族由于嗣续繁衍，生齿激增，老台门房屋已不敷使用，在清朝嘉庆年间，周家在老台门以南、以西各购建住宅一所，称之为过桥台门和新台门。

新台门　位于东昌坊口西侧，是一座大型的台门建筑，其规模和结构与老台门基本相同，坐北朝南，青瓦粉墙，砖木结构，共分六进，有大小房屋80余间，连同后面的百草园在内，共占地4000余平方米。当时，新台门内共居住着覆盆桥周氏中的六个房族，而鲁迅故居则位于新台门的西面。鲁迅在周家新台门内度过了他的童年和少年时代，给人们留下了许多耐人寻味的踪迹。

鲁迅故居临街两扇黑油油的石库台门，原是周家新台门的边门，是鲁迅家出入的地方。从黑色的台门进去，穿过小天井，是一间泥地的台门间，是鲁迅家当年用来安放交通工具的地方，那里陈列着轿和橹，其中的轿杠是鲁迅家的原物。

从台门斗侧门进去，有一口水井，它亦是当年的遗物。穿过长廊，就到了桂花明堂。明堂俗称天井，这里原种着两株茂盛的金桂，桂花明堂即由此而得名。鲁迅小时候，夏天经常躺在桂树下的小饭桌上乘凉，听他的继祖母蒋氏给他猜谜，讲故事。

过了桂花明堂，便来到了鲁迅卧室。1909年夏，鲁迅从日本留学归国后，在杭州浙江两级师范学堂教书。辛亥革命期间，他回到故乡，先后在绍兴府中学堂和山会初级师范学堂担任教职。这是当时他在绍任教期间的卧室兼书房。鲁迅常常在这里备课、写作到深夜。他的第一篇文言小说《怀旧》就是在此写成的。卧室里陈列着的一张铁梨木床，是鲁迅当年睡过的原物。

穿过天井，迎面就是保存完好的鲁迅故居两楼两底。东首前半间是客厅，俗称“小堂前”，是鲁迅家吃饭、会客的地方。鲁迅在绍任教期间，经常在这里接待来访的朋友和学生。小堂前里除了桌椅外，还陈列着一张皮躺椅，这是鲁迅父亲周伯宜在患病时用以休息的原物。

小堂前后面一板之隔为鲁迅母亲鲁瑞的卧室。鲁迅的母亲鲁瑞（1858—1943），绍兴乡下安桥头人。她性格和善而坚毅，原先不识字，但“她以自修得到能够看书的学力”。卧室南边放着一张大床，是鲁瑞睡过的原物。靠北窗的桌子上陈列着鲁瑞做针线活用的生活匾、剪刀、尺子、粉袋、熨斗、线板等物，其中的一只袜船是当年她给工友王鹤照亲手缝制的原物。

西首前半间为鲁迅的继祖母蒋氏的卧室。继祖母蒋氏（1842—1910年），绍兴偏门外鲁墟人。蒋氏性幽默，侄孙辈很喜欢到她那儿去聊天。蒋氏常给幼年的鲁迅讲“猫是老虎的师父”“水漫金山”等民间故事和传说，给鲁迅留下很深的印象。后来，鲁迅在《狗·猫·鼠》《论雷峰塔的倒掉》等文章中均有生动的回忆。蒋氏卧室后面是过道，有楼梯可上。

楼上东首一间是鲁迅的原配夫人朱安的卧室。朱安（1878—1947年），绍兴城内丁家弄人。她是个旧式妇女，缠足，思想比较封建，与鲁迅在思想、情趣、文化爱好等方面都相去甚远。1906年夏，正在日本留学的鲁迅，奉母亲之命回绍结婚。鲁迅对朱安无爱情可言，他说："这是一件母亲送给我的礼物，我只能好好地供养她。爱情是我所不知道的。"婚后没几天，他便又回到日本东京。从此，鲁迅和朱安做了一生的挂名夫妻，成为封建婚姻制度的受害者。朱安嫁到周家后，一直与鲁迅的母亲生活在一起，侍奉婆婆一辈子。

穿过故居西首的长弄堂，便来到了厨房。厨房里有一乘大户人家用的三眼大灶，还陈列着八仙桌和其他炊具。壁上挂着一只很大的竹编菜罩，那是当年的"忙月"（季节工）章福庆为周家所做的原物。章福庆，浙江上虞杜浦村人，他除了做农活外，还有一手竹匠手艺。他经常到周家来做忙月，如种地、晒谷、修制竹器家具等。他曾为少年鲁迅做过一些竹器玩具，鲁迅十分喜爱。活忙不过来时，章福庆便将儿子章运水带来帮忙。章运水（闰土）和小鲁迅年纪相仿，"紫色的圆脸，头戴一顶小毡帽，颈上套一个明晃晃的银项圈"。鲁迅就是在这厨房里和他初次见面，成为好朋友的。运水教鲁迅怎样捕鸟，讲述在海边沙地里看管西瓜、拿胡叉刺猹的故事，是运水让鲁迅认识了一个在书本上见不到的陌生世界。1921年，鲁迅在创作著名小说《故乡》时，以运水为原型，塑造了"闰土"这个活生生的艺术形象。

灶间北首，还有三间小房，这是在1981年纪念鲁迅百龄冥诞时，经过认真考证后修复的。当年"忙月"章福庆在这里劳作、生活，东边一间是他的住所。西边一间是堆积间，里面存放着稻谷及牵砻、风车、竹簟、锄头等农具杂物。中间一间是过道，有门通向百草园。

1918年底，经过新台门周家六房共议，决定将整座新台门连同后面的百草园，一起卖给东邻朱姓。朱姓在购得新台门后，大兴土木，将新台门连同他自己原有的住宅一起，改变原有结构，拆掉重新建造。因此，新台门大部分房屋面目全非。万幸的是，位于原台门西面的鲁迅故居的主要建筑未被改建，较为完好地保存了下来。2003年10月，新台门改建部分作复原陈列，周家新台门这座古色古香的深宅大院又展现在人们的眼前。

复原后的周家新台门共分三进，由台门斗、大厅、香火堂、侧厢及杂屋等组成。台门斗内隐门正上方悬鲁迅祖父周福清"翰林"匾一块。第二进"德寿堂"，为三开通间的大厅，是新台门整个房族公共活动的场所，以作喜庆、祝福、宴会宾客之用。厅堂正上方与周家各台门一样高悬一块“德寿堂”大匾，匾下挂“松鹤图”大堂画一幅，并配对联一副：“品节详明德性坚定，事理通达心气和平。”两旁柱子上有楹联二副：“虚能引和静能生悟，仰以察古俯以观今。”“持其志无暴其气，敏于事而慎于言。”东西两侧则挂有红木嵌大理石“挂屏”。第三进“香火堂”为辅助陈列，内容分为三部分。第一部分为“周氏房族兴衰”。展览通过大量的实物和照片，展示了周氏（鲁迅）家史，揭示绍兴周氏发展、壮大、衍变、式微的轨迹，重点介绍鲁迅祖父周福清、祖母蒋氏、父亲周伯宜、母亲鲁瑞、原配夫人朱安等直系亲属的生平事略及他们对鲁迅一生产生的深刻影响。第二部分“鲁迅与周作人”和第三部分“鲁迅与周建人”同样以图片为主，实物为辅的陈列方式，展示鲁迅与周作人、周建人的关系。周作人部分，突出其日本留学时期与鲁迅的关系及五四新文学运动中的功绩。周建人部分，则重点介绍鲁迅对其的关怀、培养及其成为一个民主革命家的历程。

[百草园]

各位游客朋友，想必大家都读过鲁迅的回忆性散文《从百草园到三味书屋》，鲁迅曾经回忆说：“我家的后面有一个很大的园，相传叫作百草园。……其中似乎确凿只有一些野草；但那时却是我的乐园。”百草园的名称虽雅，但其实只是一个普通的菜园，它为新台门周氏族人所共有，占地面积近 2000 平方米。平时种一些瓜菜，秋后用来晒稻谷。童年鲁迅经常和小伙伴们来到百草园玩耍嬉戏，捉蟋蟀，玩斑蝥，采桑椹，摘覆盆子，拔何首乌。夏天在树荫下乘凉，冬天在雪地里捕鸟。关于百草园的详细情状，鲁迅在《从百草园到三味书屋》一文中作了非常形象生动地描述：“不必说碧绿的菜畦，光滑的石井栏，高大的皂荚树，紫红的桑椹；也不必说鸣蝉在树叶里长吟，肥胖的黄蜂伏在菜花上，轻捷的叫天子（云雀）忽然从草间直窜向云霄里去了。单是周围的短短的泥墙根一带，就有无限趣味。油蛉在这里低唱，蟋蟀们在这里弹琴……”

鲁迅 12 岁时被家人送到三味书屋读书，他非常留恋这个属于自己的乐园。他说：“我不知道为什么家里的人要将我送进书塾里去了，而且还是全城中称为最严厉的书塾。也许是因为拔何首乌毁了泥墙罢，也许是因为将砖头抛到间壁的梁家去了罢，也许是因为站在石井栏上跳了下来罢，……都无从知道。总而言之：我将不能常到百草园了。Ade，我的蟋蟀们！Ade，我的覆盆子们和木莲们！……”

[三味书屋]

各位游客朋友，大家一定记得鲁迅《从百草园到三味书屋》一文中所写的话:“出门向东，不上半里，走过一道石桥，便是我的先生的家了。从一扇黑油的竹门进去，第三间是书房。中间挂着一块扁：三味书屋；……”三味书屋是当时绍兴城内一所颇负盛名的私塾。鲁迅 12 岁开始到这里读书，前后长达约五年的时间。三味书屋约有 35 平方米，正中上方悬挂着“三味书屋”匾额，是清朝著名书法家梁同书所题。“三味”的意思为：读经味如稻粱，读史味如肴馔，诸子百家味如醯醢（xīhǎi）。匾额下挂着一幅《松鹿图》，学生每天上学要先对着匾额和《松鹿图》行礼，然后才开始读书。两边的柱子上有一副抱对:“至乐无声唯孝弟，太羹有味是诗书”。书屋正中的木方桌和高背椅子是塾师的讲台，两旁的椅子供来客歇坐，边上则为学生的座位。鲁迅的座位最初在书屋的南墙下，由于别人常进出后园，走来走去影响他学习，就要求老师更换位置，把座位移到东北角。鲁迅使用的是一张两抽屉的硬木书桌，桌面右边有一个一寸见方的“早”字，是鲁迅当年刻下的。一次，鲁迅因故迟到，受到塾师的严厉批评，于是就刻下了这个“早”字，用以自勉。鲁迅的求知欲很强，他除了学习四书、五经、唐诗以及汉魏六朝辞文和其他一些古典文学作品之外，还找了许多课外书来读，如《尔雅音图》《癸巳类稿》《诗画舫》《红楼梦》《水浒传》《儒林外史》等等。三味书屋的学习生涯，使鲁迅受益匪浅。鲁迅在此积累了丰富的文化知识，为日后从事的文学创作打下了非常坚实的基础。

三味书屋

三味书屋后面有一小园，南北不过两丈，东西一丈多宽，后壁上挂有署名赵孟頫的“自怡”匾额一块，在亭外粉墙上还有寿镜吾之父寿云巢亲笔题写的一首四言诗:“栽花一年，看花十日。珠璧春光，岂容轻失？彼伯兴师，煞景太烈。愿上绿章，飙霖屏绝。”园内有桂花树、蜡梅树。鲁迅在三味书屋读书时，常和同学们来小园嬉戏玩耍，他们在这方小天地里抓蟋蟀，找蝉蜕，看蚂蚁背苍蝇等。鲁迅曾经说过:“孔孟的书我读得最早，最熟，然而倒似乎与我毫不相干。”

三味书屋距今已有一个多世纪的历史，但保存十分完好。房子、桌椅、匾额、对联等大多都是当年的原物。建国后，三味书屋主人的裔孙寿积明等将它慨赠给国家。三味书屋作为国家重点文物得到妥善的保护，并成为鲁迅纪念馆的一个重要开放场所。

[土谷祠]

各位游客朋友，现在我们来到了阿Q的居所——土谷祠。土谷祠即土地庙，“土”指土地神，“谷”指五谷神。塔子桥南边也有一座土谷祠，它位于长庆寺的斜对面，祠前有跨街台亭。在飞檐重彩的跨街台亭上原有许多匾额，其中一块有“恩沛东陶坊民寿怀鉴敬立”的字样。寿怀鉴就是鲁迅在三味书屋读书时的塾师寿镜吾先生。这台亭一年至少要演两台戏，正月一台灯头戏，五月一台平安戏。另外，坊里遭天灾人祸，也临时演戏，鲁迅幼时曾到这里看过戏。这里并排有三个祠庙，最北面是土谷祠，中间为穆神庙，靠南面是财神堂。土地庙的规模一般都比较小，这土谷祠也只有一间门面的宽，因为鲁迅笔下曾对这里作了较多的描绘，引起了人们的注意。土谷祠的门口，除了大门，还有一道木栅门，涂成赭红色。门口上面有宽宽的翻檐，下面是一支不高的石门槛。土谷祠的第一进为门屋，廊柱上有一副抱对：“风调雨顺五谷丰，国泰民安六畜兴”。中间是天井，两侧有围廊。第二进是大殿，明间朝上陈设着土地公公和土地婆婆两尊坐像，神态慈祥亲切，正如两边抱对上所写的“公公做事公平，婆婆苦口婆心”，深得百姓喜爱。坐像上方悬挂红底金字大匾一块，上书“地载五福”四字，出自绍兴乡贤陶浚宣的魏碑体书法。大殿前金柱上还有一副抱对：“福自天中凭正直，德由义集须公平”，为隋朝大书法家智永字体。平日的土谷祠不及长庆寺热闹，冷冷清清的。但每到土地菩萨生日，即农历四月十四日那天，便有人来拜佛、烧香。冬至日来点蜡烛，才显得比较热闹。光绪末年，土谷祠是一个叫阿秋的庙祝掌管着。因为土谷祠比较冷落，当时一些无家可归的乞丐、游民便住在庙堂内，掌管者也不去干涉他们，这里成了他们的栖身之地。

说起土谷祠，人们就会联想到鲁迅的名著《阿Q正传》，说阿Q住在土谷祠，其实这里并非确有阿Q，只不过是鲁迅取材于此罢了。当年有个叫谢阿桂的，孑然一身，曾住在土谷祠。他主要靠替别人舂米来维持生计，曾给周家打短工，但他沾有偷窃习气，名声不太好。鲁迅对他比较熟悉，并以他为原型塑造了“阿Q”这个不朽的艺术形象。

土谷祠废弃多年，现在的门面是在1981年时修复的。2003年，绍兴市实施鲁迅故里保护工程，有关部门又出资对土谷祠进行了原址重建并恢复旧观。中外来宾来此参观，常会回忆起鲁迅笔下的阿Q的生活情景，鲁迅夫人许广平说，在土谷祠能“更亲切地找到阿Q的所在，仿佛此中有熟人，呼之欲出”。

[鲁迅纪念馆]

各位游客朋友，现在我们看到的是绍兴鲁迅纪念馆。此馆始建于1973年。2003年初，为恢复鲁迅故里的传统风貌，与环境尺度不协调的陈列厅被拆除，恢复为周家新台门。新建的纪念馆位于鲁迅故里东侧，它东接鲁迅祖居，西邻周家新台门，北毗朱家台门，南临东昌坊口，与寿家台门隔河相望。鲁迅纪念馆总占地面积为6000平方米，总建筑面积约5000平方米。它以“老房子、新空间”的设计理念，使其与该地区传统街巷保持统一。纪念馆外部为绍兴台门建筑形式，主入口采用绍兴传统竹丝台门。

纪念馆环境幽雅，广场及各出入口室外地面均采用绍兴传统的青石板地面。其中展厅和鲁迅祖居毗连的绿化巷，栽竹叠石，花木扶疏，更是绍兴的典型传统天井庭园。还有一条水景系列，从序厅西侧开始逶迤北上，在馆址西北方形成开阔水面，加以填土移木，积石理水，配置绍兴特有的廊桥、乌篷船舫等建筑小品，营造出一派江南水乡意境。陈列厅庭园植物以文化含义深厚的樟、松、兰、梅为主，同时遵照鲁迅《朝花夕拾》中记载，选栽枣树、皂荚树、桑葚、木莲藤及覆盆子等物种，再现鲁迅当年的环境氛围。

绍兴鲁迅纪念馆“鲁迅生平事迹陈列厅”本身是一座富有绍兴特色的现代化展馆，造型简洁平和，朴素无华，充分体现了鲁迅精神的人文内涵。内部采用雕塑、不锈钢装饰墙面，以现代化展示手段加强了纪念馆建筑的文化内涵和艺术感染力。建筑与水景纵横交错，室内外空间相互渗透，镶嵌在陈列厅正面墙上的“绍兴鲁迅纪念馆”七个大字为郭沫若所题。

陈列厅由序厅、南北主展厅、辅助展厅、名人文库及休闲区等几部分有机组成。进入序厅，映入眼帘的是一尊大型青铜坐像，坐在鲜花丛中的鲁迅，表情自然，和蔼可亲，仪态从容，更多地表现了其在日常生活中的真实面貌。序厅两侧设有“水乡绍兴”“越中名贤”大型浮雕，反映绍兴悠久历史、灿烂文化。边上放置导游触摸屏等。序厅空间开敞亮堂，配置盆栽乔木，氛围庄重朴实，体现鲁迅先生的伟大和平和。

主展厅共两层，分为南、北展厅两个大空间形式，同时又与序厅紧密相连，空间贯通一体。南展厅底层为第一部分：鲁迅在绍兴（1881—1897年）。建筑空间布置成鲁迅当年的生活环境，使观众有一种身临其境的感觉。南展厅二层为中庭式回廊展场，主要展出生平事迹，即第二部分：鲁迅在南京、日本、绍兴；第三部分：鲁迅在北京、厦门、广州（1912—1927年）。第四部分：在上海（1927—1936年）。北展厅二楼为第五部分：民族魂。鲁迅逝世后，举国哀悼，人们喻之为“民族魂”。展览通过大量的实物、手稿、照片、书信、图表、模型等展品，采用现代化展示手段，如多媒体触摸屏、三维立体成像及鲁迅与闰土、鲁迅与藤野等仿真人物蜡像，生动地再现了鲁迅一生的光辉业绩，既有鲁迅青少年时期的绍兴地方特色，反映了绍兴乡土文化对鲁迅的熏陶和早期家庭变故对鲁迅的影响，同时又有鲁迅在上海十年韧性战斗的重点，真实形象地再现了鲁迅的光辉业绩及其思想发展的历程。

辅助展厅单独设在主展厅西侧，与主展厅隔水相望。通过一条明亮的玻璃廊桥，与主展厅有机结合。辅助展厅东侧临水设有玻璃通廊和弧形挑台。在参观中不仅将庭园水景尽收眼底，而且在主展厅与辅助展厅之间通过透亮的玻璃墙面，构成相互渗透相互烘托的活跃人文景观。名人文库采用藏书室形式，设在东侧，面对封闭式绿化庭院，环境幽静，是学者、公众进行资料收集、学术研究的好场所。北展厅底层为休闲区，设有休闲茶座、三味书店及休息观景平台。观众可在此休闲购物，欣赏美景。

[沈园]

各位游客朋友，现在我们来到了绍兴城中著名的爱情名园——沈园。沈园又名沈氏园，位于浙江省绍兴市区东南的洋河弄，原系沈氏私家花园。北宋时1151年，陆游与唐琬在此引发的《钗头凤》故事，更使沈园名传千古。沈园是绍兴著名的园林，现已与鲁迅故居一起成为国家5A级旅游景区。景区占地3.1万平方米，拥有古迹区、东苑和南苑三处相对独立、各具特色的园林。古迹区内葫芦池与小山仍是宋代原物遗存，其余大多为在考古挖掘的基础上修复的。东苑，位于古迹区东侧，又被称为情侣园，尽显江南造园特色。沈园南苑的古迹主要由连理园和陆游纪念馆组成。沈园错落有致，色调庄重典雅，景点互为映衬，是绍兴历代众多古典园林中，唯一保存至今的宋代名园。孤鹤亭、半壁亭、双桂堂、八咏楼、宋井、问梅槛、琴台和广耜斋等景观，依据历史面貌或沈园文化内涵所需要，被有序地分布在沈园三大园区内，形成了“断云悲歌”“诗境爱意”“春波惊鸿”“残壁遗恨”“孤鹤哀鸣”“碧荷映日”“宫墙怨柳”“踏雪问梅”“诗书飘香”和“鹊桥传情”等十景。

沈园

[青藤书屋]

各位游客朋友，现在我们来到了绍兴的名人故居——青藤书屋。青藤书屋位于绍兴市区前观巷大乘弄内，是我国明代著名的书法家、艺术家徐渭的出生地和读书地，也是国内公认的青藤画派的发源地。现为全国重点文物保护单位。

徐渭（1521—1593年），字文清，后改称文长，号天池山人，浙江山阴（绍兴）人。自称“吾书一、诗二、文三、画四”，但后人对他书画评价最高。其画吸取前人精华，一扫因袭旧习，泼墨勾染，水墨淋漓，注重写意，形神兼备，开一代画风。明代著名文学家袁宏道称其为“光芒夜半惊鬼神”的旷世奇才。青藤书屋连同庭院在内，面积不足两亩，南、北、西面与民居相邻，四周有高墙围起，与外界隔断，环境闹中取静。书屋历史悠久，具有古代文人园林的特色，又是一处不可多得的明代民居，分为庭园、前室、后室及天池四部分。以三间平屋为主体建筑，书屋坐北朝南。前室一排花格窗依于青石窗槛上，屋中悬挂徐渭画像、《青藤书屋图》、对联及陈洪绶手书“青藤书屋”匾，南窗上方悬挂徐渭手书“一尘不到”木匾及“未心玄关别名教，须知书户孕江山”对联，下方长桌椅列文房四宝，东西两壁分别嵌有《陈氏重修青藤书屋记》《天池山人自题五十岁小像》。后室现辟为《徐渭生平事迹陈列厅》，展出《驴背吟诗图》《白燕诗》等徐渭书画代表作。园内古树蔽日，修竹婆娑，小径相连，四周遍植兰花、葡萄、石榴、芭蕉等花木，清幽不俗。

［秋瑾故居］

秋瑾故居位于绍兴市区和畅堂35号，是一座木结构的江南民居，为全国重点文物保护单位，浙江省爱国主义教育基地。故居原是明代大学士朱赓故宅的一部分。清光绪年间，秋瑾祖父秋嘉禾从福建告老还乡后典入此屋。当年的秋瑾曾在此读书习文，练拳舞剑。1906年自日本回国直到牺牲前夕，这里又是她从事革命活动的场所，留下了许多珍贵的遗物和遗迹。故居坐北朝南，依山而筑，占地1920平方米，建筑面积870平方米。由五进正屋、东厢房及后花园三部分组成。故居正门口悬挂何香凝所题的“秋瑾故居”匾额。门斗西侧是秋瑾参加革命后招待革命党人的客房，现辟为序厅。第二进“和畅堂”，是家族举行重要仪式之所。它的西首是客厅，秋瑾任大通学堂督办时，在此接待过来访的革命同志和召开秘密会议。和畅堂的东首有两间，第一间为二层小楼，底层是秋瑾的卧室兼书房。室内用具及陈设都按秋瑾生前原状布置。室后板壁内有一小密室，曾用于存放枪支弹药和秘

秋瑾像

密文件，至今保存完好，弥足珍贵。第三、四进均为三间平屋，现按原貌恢复成秋瑾父母、兄嫂的住处和家塾陈列。第五进为厨房，是秋瑾被捕后其家人连夜焚烧革命文件之处，毗连塔山的花园是秋瑾少女时期练剑习武之所。东厢房原为家人住处，现辟为秋瑾生平事迹陈列室，通过丰富翔实的实物、手迹、照片、文献等，展现了秋瑾英勇壮烈的一生。

[徐锡麟故居]

徐锡麟（1873—1907 年），别号光汉子，绍兴东浦人，我国杰出的民主革命家。徐锡麟故居坐落在绍兴县东浦镇，距绍兴城约 7.5 公里，是一幢具有绍兴水乡民居特色的清代建筑，现为全国重点文物保护单位。故居坐北朝南，占地 1100 平方米，建筑面积 720 平方米。整座建筑用材粗大，四周除门户之外均由三拼石墙打底，十分坚固。总体布局三开间三进，前、后门呈一轴线，依次由门斗、大厅、座楼、藏书楼和桐映书屋等建筑组成封闭式院落，那个不拘泥于“四书”“五经”，不愿受封建社会束缚的少年就出生于此。故居大厅又名“一经堂”，堂名出自《神童诗》中的“遗子满嬴金，如何教一经”。厅内陈列着烈士生平事迹及有关手稿、实物等文物展品，再现烈士的光辉业绩。大厅西侧为藏书楼与桐映书屋。

[周恩来祖居]

周恩来祖居位于绍兴市区劳动路，是一处明清风格的台门建筑，集周恩来祖居、故居、纪念馆于一体。具有浓郁的生活气息的原状陈列，再现了百岁堂周氏的历史和周恩来少年时代在此生活的场景，影像厅播放的珍贵史料，使您深深感受到一代伟人的崇高道德风范。为更好地展现周恩来的崇高精神和光辉的一生，发挥周恩来纪念馆廉政教育基地的作用，绍兴市政府于 2006 年，对旧馆进行了陈列改版。新的陈列内容总的主题是：风范垂青史，清风满人间，旨在突出周总理爱国、爱民、勤政、廉政的一生。同时陈列方式也有所创新，在原有静态陈列的基础上，结合多媒体等现代演示技术，增强了游客的参与性与互动性，也明显提高了文物陈列、史料展示和解说的感染力和教育功能。

进入序厅，首先看到的是这座由人造大理石砌成的丰碑——“为人民服务”高度概概括了总理勤政为民的一生。丰碑周围是江泽民同志在总理百年诞辰纪念大会上对其精神做的概括：共产主义远大理想同脚踏实地的工作作风的结合；对上负责同对下负责的结合；高度的原则性与高度的灵活性的结合。序厅的周围，是周恩来各个历史时期的照片，深重的历史，曲折的道路，体现了一个共产党人的风范，和他在平时的生活和工作中说过的一些朴实的话语，这些话透露了总理的心声，也是他为之奋斗终生的誓言。陈列共分三大部分：分文韬武略，功勋卓著；分体恤百姓，勤政为民；清正廉洁，党风楷模。

［黄酒城］

各位游客朋友，现在我们来到了绍兴黄酒城。绍兴黄酒城是一个融黄酒博览、文化研究、收藏交流、休闲娱乐、旅游购物等功能于一体的综合性文化旅游体验圣地。内有黄酒博物馆，全面展示了黄酒的悠久历史和文化精髓。酒城推出美食游和体验游，主要以体验“品绍兴酒、吃绍兴菜”为主题的黄酒宴、黄酒体验吧为主。还有酒令投壶、花雕 DIY、三维投币品酒、个性化酒标制作等活动。绍兴黄酒以陶质酒坛做容器，泥封窖藏，酒在坛内继续起陈酿作用，而且越陈越香，故将其称之为“老酒”。中国黄酒博物馆有近万平方米的地下酒窖，为参观者提供黄酒原酒保存的服务。

［水上夜游］

各位游客朋友，绍兴古城还开发了水上夜游项目。水城、水街、水中乌篷、水上石桥、古纤道等构成了今天绍兴独特景观，言之为“三山万户巷盘曲，百桥千街水纵横”。为此，绍兴赢得了“东方威尼斯”的美誉。水上旅游活动包括坐水上乌篷、环城河水上旅游。您可以在以下乌篷船码头体验绍兴水巷乌篷的独特风情：八字桥乌篷船码头，城市广场乌篷船码头，鲁迅故里乌篷船码头，大禹陵乌篷船码头，东湖乌篷船码头。

02 会稽山

景区概况→大禹陵→大禹庙→香炉峰

［景区概况］

各位游客朋友，现在我们来到了绍兴会稽山景区。会稽山，原名茅山，亦称亩山，是中国历代帝王加封祭祀的著名镇山之一。上古治水英雄大禹，一生行迹中的四件大事：封禅、娶亲、计功、归葬都发生在会稽山。春秋战国时期，会稽山一直是越国军事上的腹地堡垒。秦始皇统一中国后不久，就不远千里，上会稽，祭大禹，对这座出一帝一霸从而兼有“天子之气”和“上霸之气”的会稽山表示敬意。汉以后这里成为佛道胜地，传说葛洪之祖葛玄在此炼丹成仙，山中的阳明洞成为道家第十一洞天，香炉峰为佛教圣地，至今香火旺盛。唐代这里成为浙东唐诗之路的门户，明代大儒王阳明（守仁）在此筑室隐居，研修心学，创“阳明学派”。会稽山景区以历史文化、地方风情为特色，融自然山水风光于一体。整个景区由大禹陵、大禹庙、香炉峰三个景点组成，总面积达到了 5 平方公里。

［大禹陵］

各位游客朋友，现在我们来到了大禹陵。此景区位于绍兴城东南会稽山麓，是华夏立国之祖大禹的安息处，为全国重点文物保护单位。大禹陵为我国东南久负盛名的胜迹之一，进口牌坊镌刻“大禹陵”。1996年被国务院公布为国家重点文物保护单位，全国百家爱国主义教育示范基地。1998年始，投资两亿多元人民币，相继建成了国内鸟类饲养品种和数量最多的百鸟乐园及会稽山景区入口、水中树景、九龙坛、无极水道、祭祀神道、祭禹广场等景点。

［**大禹庙**］

各位请看，这就是大禹庙，是祭祀大禹的庙堂，始建于1400多年前的梁代。自南而北依次为照壁、岣嵝碑、午门、拜厅、大殿，依山而建，气势宏伟。“岣嵝碑”因字形独特，历来为专家学者所关注，根据明代学者杨慎考译，碑文由77个字组成，记述了大禹治水的过程。午门为木结构建筑，距今已有200多年的历史了。拜厅，也称祭厅，是帝王及文武百官祭祀大禹的地方。大殿重建于1933年，仍保持了明清的格局，正中的大禹塑像庄严肃穆，后以九钺作为背景，蕴意深刻。

大禹陵

享殿始建于明嘉靖年间，与大禹陵碑同属绍兴知府南大吉所建，至清末被毁。2007年11月开工重建，2008年4月完工。享殿建筑风格布局与禹庙大殿相同，正殿五间，重檐歇山顶，南北配殿各三间。享殿的正殿是供奉大禹神位的地方，内设神龛，供奉“华夏圣祖大禹之神位”，神位前方按“太牢”之礼，陈设了43件祭器，每逢祭禹大典，祭器内就祭品充实，献享大禹。

［**香炉峰**］

各位游客朋友，现在我们来到了香炉峰，海拔354米。每逢云雨天气，山顶雨雾蒙蒙，烟霭缭绕，其“炉峰烟雨”为越中12胜景之一。炉峰禅寺为香炉峰主景。相传宋朝有一僧人，供奉观音玉像于此，时人称为南天竺。蔡元培曾为该寺题写过“慈云广被”的横额。1990年由华侨出资，利用峰顶的尺寸之地进行重建。1993年，禅寺扩建，现占地1.5万平方米。每年农历二月十九、六月十九、九月十九，俗称炉峰香市，上山朝拜、进香、游览者数不胜数，呈一时之盛。

03 兰亭

各位游客朋友，现在我们来到了中国书法圣地兰亭景区。兰亭位于绍兴城西南13公里的兰渚山麓，占地200多亩。春秋时越王勾践种兰于此，汉代建有驿亭，兰亭由此得名。东晋永和九年，大书法家王羲之邀集41位文人雅士在此举行了曲水流觞的盛会，并写下了“天下第一行书”——《兰亭集序》，王羲之被尊为书圣，兰亭也因此成为书法圣地。历史上，兰亭原址几经兴废变迁，现兰亭为康熙年间郡守沈启根据明嘉靖时的旧址重建。

兰亭素以“景幽、事雅、文妙、书绝”四大特色而享誉海内外，是著名的书法圣地，中国四大名亭之一。其景致和内涵可以用“一序”“三碑”“十二景”来概况：“一序”即《兰亭集序》；“三碑”即二王合书的鹅池碑、康熙御笔的兰亭碑、康熙乾隆祖孙两代皇帝手迹同碑的御碑。“十二景”即鹅池、小兰亭、曲水流觞、流觞亭、御碑亭、临池十八缸、王右军祠、驿亭、书法博物馆、乐池、兰亭文化休闲园、之镇等。现在，兰亭每年接待来自海内外游客30多万人次，朱镕基等党和国家领导人，启功、沙孟海等书坛大家都先后到过兰亭。每年农历三月初三，兰亭都要举行规模盛大、影响广泛的中国兰亭书法节，海内外书坛名家雅集兰亭，研讨书学，泼墨挥毫，流觞赋诗，盛况非凡，至今已成功举办了26届。

王羲之（321—379年）字逸少，琅琊临沂（今山东临沂）人，后徙居山阴（今浙江绍兴）。官至右军将军、会稽内史，故世称王右军、王会稽。王羲之楷书师法钟繇，

王羲之像

草书学张芝，亦学李斯、蔡邕等，博采众长。他的书法被誉为“龙跳天门，虎卧凤阙”，给人以静美之感，恰与钟繇书形成对比。他的书法圆转凝重，易翻为曲，用笔内厌，全然突破了隶书的笔意，创立了妍美流便的今体书风，被后代尊为“书圣”。王羲之作品的真迹已难得见，我们所看到的都是摹本。王羲之楷、行、草、飞白等体皆能，如楷书《乐毅论》《黄庭经》、草书《十七帖》、行书《姨母帖》《快雪时晴帖》《丧乱帖》等。他所书的行楷《兰亭序》最具有代表性。

曲水流觞源于中国古代一种叫作修禊的习俗。“修禊”也可称为“祓禊”。“祓”，是除掉的意思；“禊”，是清洁的意思。也就是指在农历三月三上巳节当天，大家都要到河边水滨去沐浴洗涤，举行消灾求吉仪式。对于上巳节，现代人一般都比较陌生，但是在古代，上巳

节是一个人们很重要的节日。这个节日与王羲之，与兰亭曲水流觞有着十分密切的关系。

东晋永和九年，就是公元353年，农历的三月初三，王羲之邀请了共41位名人雅士，如东山再起的谢安，一代文宗孙绰等，在曲水边行修禊之礼，大家就列坐在曲水两边，“觞”的意思是东晋时的一种酒杯，他们在酒杯里倒上一点酒让它从曲水上游缓缓漂下来，如果漂到谁面前停住了，谁就要饮酒作诗，做不出的则要罚酒三觥。这次活动总共作成了37首诗，大家汇集成册称之为《兰亭集》，推荐主人王羲之为这本《兰亭集》写一篇序，王羲之欣然答应下来，趁着酒兴，用鼠须笔和蚕茧纸一气呵成《兰亭集序》，后人称为“天下第一行书”，也称之为书文并茂的千古绝唱，所以兰亭成了书法圣地。

04 东湖

各位游客朋友，现在我们来到了位于绍兴城东的东湖景区。这个景区位于箬篑山麓，原是一座青石山，从汉代起，石工相继在此凿山采石，经过一代代的鬼斧神凿，逐渐形成险峻的悬崖峭壁和沉幽深潭。陶渊明的第45代孙，清末会稽名士陶浚渲看到这里风景绮丽，便筑堤围湖，使堤外为河，堤内为湖，湖中有山，山中藏洞，又经过数代百余年的装点，终使东湖宛如一个巧夺天工的山、水、洞、桥、堤、舟楫、花木、亭台楼阁俱全，融秀、险、雄、奇于一体的江南园林。

绍兴东湖

仙桃洞是洞中有湖、洞中有门。传说王母娘娘曾在此种下一棵仙桃树，为防仙桃被盗，故派天将来此把守，天将椅就在石门上方，呈镂空状，又因洞口外形如桃，故名“仙桃洞”，清代名士陶浚渲在洞门两侧题联一副，上联为“洞五百尺不见底”，下联为“桃三千年一开花”。

陶公洞为竖井式洞穴，洞离湖面高47米，水深18米，入口狭窄仅容一叶扁舟入洞。船越往前，漏光处就越窄，终于只剩洞顶的小块蓝天，有光线射入此为“一线天”。洞穴曲折而多变，湖水深黛而清冷。陶公洞内即使轻声细语，亦回声嗡嗡。游者仰视天空，岩高百丈，人在洞中，如坐井中。难怪郭沫若先生1962年秋游东湖时对陶公洞有感而发，以四言诗咏颂：“箬篑东湖，凿自人工。壁立千尺，路隘难通。大舟入洞，坐井观空。勿谓湖小，天在其中。”

05 诸暨五泄

各位游客朋友，现在我们去五泄风景区游览。五泄景区位于绍兴诸暨市西北23公里处。72峰、36坪、25崖、10石、5瀑、3谷、2溪、1湖，为五泄构成了天然的山水画卷，素有“小雁荡”之称。当地人称瀑布为泄，一水折为五级，所以叫“五泄”。五泄瀑布早在1400年前的北魏就闻名于世，郦道元的《水经注》里就有详细的记载。历代的文人墨客如宋杨万里、王十朋，元杨铁崖，明陈洪绶、徐渭、袁宏道、宋濂都曾来此游览，留下了画稿、诗文。明代吴中四才子唐寅、文徵明等赛诗于五泄，更是传为佳话。

各位游客朋友，游览五泄，一般从青口进入，古人云：“五泄名山青口锁，到此看山山便可”。沿公路前行，路旁曲溪清流，远处便是叠石岩。它壁立数十丈，层层叠叠如彩屏。再前便是“五泄湖”水库，弯弯曲曲，长2公里许，犹如一条绿色的绸带飘浮在群山之中。

在游船中还可以观赏许多奇特的山石景观，夹岩洞为其中一景。夹岩洞恰好位于湖面之上，洞高16米，深20

诸暨五泄瀑布

米，内曾供奉千手观音，外观幽暗莫测，颇具神秘色彩。沿湖还可以观赏元宝峰、鹫鹰峰、仙桃峰、老僧峰等。在天一碧码头登岩后，沿五泄溪北上，过遇龙桥，就是五泄禅寺。寺又称永安禅寺，相传为五台山灵默禅师在唐元和三年（808年）所建，至今还保存着明代画家陈洪绶书写的“三摩地”石刻门额，清大学士刘墉为官厅题写的“双龙湫室”匾额。寺左面的石壁上还刻有徐渭“七十二峰深处”的题词，均为珍贵文物。寺内香火颇旺。

出五泄禅寺，过东湫阁竹亭，就能听到飞瀑的轰鸣声。五泄以其神态奇特，变幻莫测的飞瀑闻名于世。五级瀑布总长334米，落差80.8米。首先见到的是第五泄，那雷鸣般的瀑布以磅礴之势，从30余米的高处飞奔直下。形如匹练，犹如蛟龙出海。继续沿石磴小道，向上攀登就可以看到烈马奔腾似的第四泄，瀑布的击石声及山谷内的回声，震天动地。第三泄瀑布宽阔平缓，浩浩荡荡而下，变幻无穷。登三泄顶，过龙门口，就是二泄，水高虽只有7.1米，下落时被一块兀石分成两半，流水如珠帘飘动，好像双龙出游。紧接着的一泄，瀑布小巧。五泄景色如月笼轻纱，隽永奇秀。瀑布中间的水潭颇为奇特，呈鹅蛋形，恰如仙女洗澡的浴盆。从一泄上行，即至刘龙坪，一片空旷之地，环境幽雅怡静，空气清新凉快，宛如桃源。

06 新昌大佛寺

各位游客朋友，现在我们来到了绍兴市新县新昌大佛寺风景区。大佛寺景区紧依县城，总面积25.5平方公里，由大佛寺、十里潜溪、南岩山三部分组成，为国家4A级旅游景区。景区内名胜古迹众多，文化内涵丰富，六朝时期就是佛教文化交流中心，也是天台宗祖庭之一。历代有大批文人墨客到此游览题刻，如王羲之、李白、孟浩然、米芾、颜真卿、弘一法师、赵朴初、日本松浦友久教授等吟诗题联百余处。整个寺院的建筑依山就势、迴异曲折、风格独特，是风景园林式寺院的典范，景区内山青谷翠，岩险石奇，池明如镜，修篁夹道，人工巧筑与天然野趣融为一体，是观光朝觐、休闲度假的最佳去处。

新昌大佛寺内最著名的是依山开凿的弥勒石窟造像，通高16米，两膝相距10.6米，距今已有1600多年历史，是我国早期石窟造像在南方仅存的

新昌弥勒佛

遗迹，被誉为“江南第一大佛”。而与之毗邻的千佛院，内有1075尊小石佛，人称“江南敦煌石窟”。近年来，景区内相继开发了般若谷、佛心广场、木化石恐龙园、露天弥勒、罗汉洞、射雕村等特色景观。

距县城西5公里的十里潜溪也属新昌大佛寺景区的一部分。潜溪以自然景观为主，环境优雅，涧流飞泻，怪石林立，有天烛湖、百丈岩、七盘仙谷等景点，玉兔岩、九龟上岸、狸猫听音、骆驼背猴等沿途景观，均是水石交战的矛盾统一体，让人叹为观止。另外，南岩寺离县城西7公里，南岩寺创建于东晋永和年间，唐宋时僧众曾达八百，寺院邻近有任公子钓台、化云洞、玉女矶、蝙蝠洞等众多洞穴景观。

新昌大佛寺景区还是中央电视台影视外景拍摄基地之一，央视版的《射雕英雄传》《天龙八部》《凤求凰》《白蛇传》《飞天舞》等电视连续剧都并在此拍摄取景。各位游客若看过这些电视剧，对眼前这些景点一定会很似曾相识，新昌大佛寺景区也因此名声大振。

07 宁波东钱湖

景区概况→小普陀→南宋石刻公园

各位游客朋友，现在我们来到了浙江三大名湖之一的宁波东钱湖。此湖位于宁波市东侧，现已与市区连成一片。东钱湖东南紧依青山，西北连接平原，是远古时期地质运动形成的天然潟湖。东钱湖作为海迹湖泊，是浙江省最大的内陆天然淡水湖。南北长8.5公里，东西宽6.5公里，环湖一周约45公里，全湖面积为20平方公里，比杭州西湖大4倍。

东钱湖全湖可分为三个部分：西湖以师姑山、笠大山为界，称“谷子湖”；其余湖面称为“外湖”。外湖自1976年建成湖塘边后，又分为南、北两部分；三者合起来统称为“东钱湖”。东钱湖周围群山并列、秀峰峥嵘、千姿百态；它的东南方雄峙着福泉山，西北方横亘着月波山，东北方则围以龙蜷山和梨花山；四周有72条溪汇流于湖，纵横贯注，汇成烟波浩渺的东钱湖，因而素有“西子风光，太湖气魄”之称。东钱湖四周也形成了著名“钱湖十景”，即陶公钓矶、余相书楼、霞屿锁岚、二灵夕照、芦汀宿雁、白石仙砰、百步耸翠、上林晓钟、双虹落彩和殷湾渔火等。现已开发的主要游览景点有：小普陀、南宋石刻遗址博物馆、芦汀景区、二灵夕照、王安石纪念馆（即忠应庙）、沙孟海书学院、梦幻钱湖等。

东钱湖古时候称“钱湖”，又称“万金湖”。唐代时称“西湖”；宋代时称“东湖”，因宋代时县治在三江口，湖居其东故名。唐天宝年间，陆南金出任县令，于天宝三年（744年）度地势开而广

宁波东钱湖

之，将湖西北部几个山间缺口筑堤连接，形成了人工湖泊。宋天禧元年（1017年）王安石任鄞县县令后，又组织民众，订建湖界，疏浚水道，把东钱湖治理得清波浩渺。宋嘉祐年间（1056—1063年），主簿吕献之重修六塘。后南宋、清光绪年间，当地官员都曾多次清除湖中葑草，疏浚河道，修理湖塘，清理湖界。新中国建立以后，1951—1976年，多次整治东钱湖，大大增加了东钱湖的蓄水量。东钱湖历经沧桑，屡起兴废，终于历2000年而风貌若新。以此，亦可告慰为这颗浙东明珠鱼米之乡费尽心力的历代仁人志士了。

[小普陀]

各位游客朋友，现在我们来到了小普陀，又名霞屿，位于烟波浩渺的东钱湖中心，是东钱湖旅游度假区的主要景区之一，具有深厚的文化底蕴。南宋时岛上已建有霞屿禅寺和观音洞（补陀洞天）等胜迹。据《浙江通志》和《鄞县通志》记载：史浩之母叶氏笃信佛教，信奉观音，久有去南海普陀山朝山进香的愿望，因年老失明，跨洋过海十分不便。史浩便召集地方上名匠在此凿洞，建立观音道场。洞成，迎其母亲上船，帆船在东钱湖中漂泊，听涛声风啸，恰似在海中航行。三日后登霞屿，又谎报到了“南海佛国”普陀山，了却了老母亲一大心愿。从此也就有了“小普陀”之说。

[南宋石刻公园]

各位游客朋友，现在我们来到了南宋石刻公园。此公园位于东钱湖东岸黄梅山麓，占地67 000平方米。公园以南宋石刻为主，涵盖部分明、清期间的作品，共200余尊石像生。南宋石刻以造型准确，形体动作多样、表情生动而著称。园中的文臣、武将、蹲虎、立马、跪羊分别代表了“忠、勇、节、义、孝”，相当鲜明地再现了当时的历史人文景观。东钱湖及周边地区是南

南宋石刻石马

宋最重要的四位宰相的墓园所在地，史浩、史弥远、郑清之、史嵩之等的政治生涯，几乎涵盖了南宋历史上最重要的高、孝、光、宁、理五个时代，他们的墓道石刻填补了南宋时期美术史、文物考古史、雕刻艺术史的研究空白。在我国石刻史上，南宋时期神道石刻资料较少，东钱湖南宋石刻规模之大、数量之多、雕刻之精、分布之集中、保存之完好在中国尚属唯一。

08 镇海招宝山

景区概况→鳌柱塔→威远城与威远炮→台镇海口海防历史纪念馆

各位游客朋友，现在我们来到了位于镇海城东北部的国家AAAA级旅游景区——招宝山景区。招宝山古称侯涛山，又名鳌柱山。侯涛即由“波涛汹涌，惊浪拍天”得名；鳌柱皆因山巅建有“插天鳌柱塔”；招宝则是“南舶所经，百轸交集”，寓有“招财进宝”之意。招宝山南北长0.6公里，东西宽0.32公里，占地226 000平方米，最高点海拔80.2米，由威远城、威远炮台、吴公纪功碑亭、巾子山、第一山碑、半山亭、览江台、棋子坪、明清碑碣、宝陀禅寺、观音阁、宝泉池、摩崖石刻、紫竹林、登云坊等15个景点和纪念地组成。

［鳌柱塔］

各位朋友请看，这就是建于招宝山山顶的鳌柱塔，最初是为宗教而建，其目的是用于镇压东海上的巨兽。传说古时招宝山下出海口，经常有巨兽出没，兴风作浪，百姓不得安宁。有一天，观音菩萨驾临招宝山，告诉寺庙住持，山上建塔可以确保海上安宁。第二天，住持就按照观音菩萨指点，建造了一座七层砖砌宝塔，取名为“鳌柱塔”。从此，在海上再也看不到有巨兽出没，“鳌柱插天”碑就是为这一传说而建。这座新塔是在1998年重修的，属于仿宋建筑，塔身净高57.6米，七层八角，青铜塔刹顶。鳌柱塔底层采用高科技声、光、电技术，展示“独占鳌头”之状元文化；3–4层展示的是“三十三尊塑像”观音文化；5—6层展示的是“镇海名人书迹”和院士文化。据说，每年高考前都有不少考生到这里来祭拜，祈求金榜题名！现已成了招宝山标志性建筑和海上航运的航标，远来的轮船看到山上的塔

招宝山鳌柱塔

时，就知道镇海到了。

［威远城与威远炮台］

各位朋友请看，这就是位于山顶的威远城，是明嘉靖三十九年（1560年）为抵御倭寇侵扰，都督卢镗与海道副使谭纶率军民用条石筑建的城堡，周长600余米，高7.4米，设雉堞73个，门前置精雕石狮一对，气势雄伟，十分壮观。城内曾建有报功祠，祭祀明代抗倭名将戚继光、俞大猷等神像。威远炮台在甬江口北岸，招宝山东南麓，始建于光绪十年（1884年）。炮台呈圆形，占地269平方米，高6米，直径16.5米，壁厚2米。其壁用糯米蒸熟，伴以黄土捣搅后叠砌而成，这种泥壁极其坚韧，“以柔克刚，能避炸弹”。它与南岸金鸡山下的“平远”炮台隔江相对，过往船只都在其射程之内，恰似两个忠实的哨兵，威武地扼守着浙东门户。

［镇海口海防历史纪念馆］

各位游客朋友，现在我们来到了位于招宝山东麓的镇海口海防历史纪念馆。此馆珍藏了从全国各地征集到的海防历史文物150余件，各类图片110余件。在抗倭厅里，戚继光等明代将领的塑像栩栩如生，与展厅里陈列的泥鳗船构成了一幅招宝山北麓后海塘外军民抗倭的壮丽画面，向人们展示了葛云飞、郑国鸿、王锡朋、林则徐等民族英雄抗英的事迹。抗日厅里，展示了当地人们在抗战前的安定生活，战时的逃难、颠沛流离和军民英勇抗日的过程。如今，镇海海防遗址和历史纪念馆已被列为全国文物重点保护单位，全国100个爱国主义教育基地之一。

09 九龙湖

各位游客朋友，我们现在来到了宁波镇海的九龙湖景区。由于九龙湖北侧有九个山头和九条山脊并列一起，犹如九条卧龙，绵亘数里，九龙湖由此得名。九龙湖是国家AAAA级旅游景区，地处杭州湾跨海大桥和舟山跨海大桥的关节点上，距宁波市中心18公里、镇海城区19公里，区位优越，交通便捷。九龙湖旅游度假区总面积44.35平方公里，内有九龙湖水库、郎家坪水库、小洞岙水库和三圣殿水库四个水库，形成九龙湖、凤凰湖、月亮湖和天鹅湖等四个相连的小湖，水域面积达3平方公里，水质优良，而且四个水库大小不一，景色各异，又联成一体，加上周围山体绿化植被茂盛，湖光山色，相互辉映，景色旖旎。九龙湖景区属亚热带季风气候区和典型的亚热带常绿阔叶林带，且依山傍海，植被良好，区内经济作物如毛笋、柑橘、杨梅等土特产品远近闻名，是农家旅游和生态旅游的良好基础。九龙湖山水秀丽、风光旖旎、空气清新、人文淳朴，非常适宜观光旅游、休闲度假。目前，度假区主要由环湖景区、九龙源景区和香山教寺三大景区组成，拥有九天银河、仰望达蓬、方腊神剑等十多个景点以及水上划船、滑草场、激情烧烤等游乐项目和横溪村农家乐乡村旅游项目。

10 天一阁

各位游客朋友，你们可能早就听说过宁波的宣传口号“书藏古今，港通天下”。这里的“书藏古今”就是指的江南著名藏书楼——天一阁。天一阁是全国重点文物保护单位，坐落于宁波市月湖之西的天一街。天一阁始建于明嘉靖四十年（1561 年），由当时退隐的兵部右侍郎范钦主持建造。范钦平生喜欢收集古代典籍，后又得到鄞县李氏万卷楼的残存藏书，存书达 7 万多卷，其中以地方志和登科录最为珍稀。乾隆三十七年（1772 年），乾隆下诏开始修撰《四库全书》，范钦的八世孙范懋柱进献所藏之书 638 种，于是乾隆敕命测绘天一阁的房屋和书橱款式，新建了著名的“南北七阁”，用来收藏所撰修的 7 套

天一阁

《四库全书》，天一阁也从此闻名全国。明清以来，文人学者都为能登此楼阅览而自豪。天一阁是中国现存年代最早的私家藏书楼，也是亚洲现有最古老的图书馆和世界最早的三大家族图书馆之一。

范钦的私人藏书历经 13 世，保存 400 余年，虽然也有过几次大的失窃，但事后范氏族人又会想方设法不惜重金赎回。历代藏书家很多，其藏书能保存百年以上的并不多见，而范氏藏书却保存至今，这与范钦对藏书的管理制度密不可分。天一阁藏书制度规定：如“女子不得上楼”“烟酒切忌登楼”“代不分书，书不出阁”，还规定藏书柜门钥匙由子孙多房掌管，非各房齐集不得开锁，外姓人不得入阁，不得私自领亲友入阁，不得无故入阁，不得借书与外房他姓，违反者将受到严厉的处罚，还制定了防火、防水、防虫、防鼠、防盗等各项措施。正因为如此，天一阁的藏书才得以保存至今日。但终因年代过于久远，藏书还是有很多的散失。嘉庆十三年（1808 年），阁内的藏书实有 4094 部，共 5.3 万多卷。鸦片战争时，英国侵略者掠去了《一统志》等数十种古籍。咸丰年间又有盗贼潜入阁内，偷去了许多藏书，转卖给法国的传教士和造纸厂。后来又经历了许多的变故，到 1940 年，阁内的藏书仅存 1591 部，共 13 038 万卷。新中国成立后，政府为了保护天一阁，专门设置了管理机构，探访得到了流失在外的 3000 多卷原藏书，

又增入当地收藏家捐赠的古籍，现藏珍版善本达到8万多卷。

天一阁之名，取义于汉郑玄《易经注》中“天一生水”之说，因为火是藏书楼最大的祸患，而“天一生水”，可以水克火，所以取名“天一阁”。天一阁是硬山顶重楼式，面阔、进深各有6间，前后有长廊相互沟通。楼前有“天一池”，引水入池，蓄水以防火。康熙四年（1665年），范钦的重孙范文光又绕池叠砌假山、修亭建桥、种花植草，使整个楼阁及其周围粗具江南私家园林的风貌。天一阁景区面积约2.6万平方米，分为藏书文化区、园林休闲区、陈列展览区。以宝书楼为中心的藏书文化区有东明草堂、范氏故居、尊经阁、明州碑林、千晋斋和新建藏书库。以东园为中心的园林休闲区有明池、假山、长廊、碑林、百鹅亭、凝晖堂等景点。

11 阿育王寺

各位游客朋友，我们现在要去游览的是阿育王寺。该寺位于宁波市鄞州区的阿育王山上，始建于西晋太康三年（282年），距今已有1700多年的历史，是全国重点文物保护单位。阿育王寺占地8万平方米，有殿、堂、楼阁、轩等舍利殿600多间，建筑面积14 000平方米。寺依山而筑，一进入山门，依次是天王殿、大雄宝殿、法堂、藏经楼等，建筑结构古朴庄重，集建筑、雕刻、园林、绘画艺术之大成。特别是璀璨辉煌的舍利殿，盖着黄色玻璃瓦，金碧辉煌。寺内的舍利塔，佛光闪熠，塔内供奉镇寺之宝舍利，寺后侧壁的石雕“四大金刚”及法堂两侧壁上的“十六王子”砖雕，神态逼真，气韵丰富多彩，吸引了众多的国内外游客及佛教徒。天王殿七间，通面宽3036米，通进深1820米。寺内另存有唐、宋碑刻，唐石雕造像等，并设有宗教文物陈列室，1980年重修。

阿育王寺之所以闻名中外，不仅因为山明水秀，殿宇巍峨，更由于它有一座举世瞩目的舍利宝塔。相传印度孔雀王朝国王阿育王统治时期（前2世纪），在波吒利费城举行了佛教史上规模最大的第三次结集，编纂、整理三藏经典，派遣僧侣四方传播佛教，使佛教成为世界性宗教。他还取出王舍城大宝塔阿阇世王分得的佛陀舍利，分成84万份，“令羽飞鬼，各随一光尽处，安立一塔”。在中国，共建造了19座舍利塔。这19座舍利塔中，保存下来的唯一一座就是我们现在看到的阿育王寺的舍利宝塔。

据史载，晋义熙元年（405年），为了保护佛国珍品，始建塔亭保护。后人也有把这一年作为阿育王寺的创始之年。南北朝宋元嘉二年（425年），又建三级木浮屠并创建殿宇，粗具寺庙规模。梁武帝普通三年（522年），又兴建殿堂楼阁并赐寺额为“阿育王寺”。阿育王寺由此得名。阿育王寺因为舍利宝塔的存在，得到历代统治者的赏赐和殊遇。如北宋仁宗赵祯，曾向阿育王寺大觉禅师怀琏询问佛法大意，并赐颂诗17篇。明太祖洪武十五年（1382年），赐名“阿育王禅寺”，称为天下禅宗五山之第五山。明清之际，佛殿数度倾圮。现存寺庙是清康熙十九年（1680年）住持法钟重修。

12 保国寺

各位游客朋友，现在我们来到了保国寺景区。此景区位于宁波江北区洪塘镇北的灵山腹地，距市区15公里，因唐僖宗赐“保国”匾额，遂名“保国寺”。保国寺是第一批国家重点文物保护单位，也是江南保存最完善的北宋木结构建筑。

保国寺占地面积1.3万余平方米，建筑面积0.6万余平方米。保国寺以其精湛绝伦的建筑工艺而令人叹为观止。现在的保国寺是一个拥有唐、宋、明、清、民国等各个时期的木结构建筑群。中轴线上依次排列有山门、天王殿、大雄宝殿、观音殿、藏经楼五幢建筑，东西轴线分别为钟楼、鼓楼、客堂等附属建筑。现存大雄宝殿（或称无梁殿）重建于北宋大中祥符六年（1013年），是长江以南最古老、保存最完善的北宋木结构建筑。清康熙二十三年（1684年）增建了四周重檐，成为重檐歇山顶形

保国寺大殿

式。大殿结构独特，气势恢宏。主要特点是进深大于面阔，呈纵长方形，这在同时代的佛殿建筑中极为罕见。整个大殿的全部结构皆用斗拱之间的巧妙衔接和精确的榫卯技术，不用一枚铁钉将建筑物的各个构件牢固地结合在一起，承托起整个殿堂屋顶50余吨的重量。在大殿前槽天花板上，还巧妙地安排了三个与整体结构有机衔接的镂空藻井，用天花板和藻井遮住了大殿的梁架，下面不容易看到，故被称为“无梁殿”。

保国寺大殿从建成到今天已近千年，是中国江南一带罕见的木结构建筑，它能够在江南多雨潮湿的气候条件

下保存至今，足以说明大殿建造的水平，同时对研究北宋早期的木结构建筑具有非常重要的意义。

13 天童禅寺

各位游客朋友，现在我们来到了天童禅寺景区。该寺位于宁波城东南27公里处鄞县东吴镇太白山麓。始建于西晋太康元年（280年），原址在今称之为“古天童”的东谷，开山祖师为义兴。唐重建时名“太白精舍”，唐至德三年（758年）因东谷地狭谷浅，徙建于太白山下即今址。乾元二年（759年），因传祖师义兴在修行诵经时，感动玉帝派童子下凡入侍，又因太白山有玲珑岩，唐肃宗赐名“天童玲珑寺”。宋景德四年（1007年）敕封为“天童景德禅寺”，南宋嘉定年间列为天下五山之第三山。明洪武十五年（1382年）赐名“天童禅寺”。

天童禅寺几经兴衰，现寺宇坐北朝南，依山而建，布局严谨，气势轩昂，中轴线上有伏虎亭、古山门、内外万工池、七浮屠、照壁、天王殿、大雄宝殿、法堂（藏经楼）、先贤堂、罗汉堂等，两侧为配殿、禅堂、钟鼓楼、僧房、客房等，总计999间，占地面积7.64万平方米，建筑面积2.88万平方米。天童禅寺在海内外负有盛名，为日本曹洞宗的祖庭。天童禅寺和太白山现辟为天童禅寺风景名胜区。

14 奉化溪口—滕头旅游区

景区概况→滕头村→溪口→雪窦山→露天弥勒大佛

［景区概况］

各位游客朋友，现在我们来到了奉化溪口—滕头旅游区。该旅游区位于宁波市奉化溪口镇，占地面积140平方公里，主要由滕头村、溪口和雪窦山三个区块组成，是目前宁波唯一一个国家AAAAA级旅游景区。该景区历史悠久、山川秀丽、文化底蕴深厚，在民国时期，因为出了蒋氏父子而声名鹊起，又因雪窦山深厚的佛教文化而享誉中外。

［滕头村］

滕头村是一个具有水乡特色的江南小村，又是闻名遐迩的“全球生态五百佳”名村。滕头村坚持走生产发展、生活富裕、生态良好的良性发展道路，经过调整优化，传统农业得到提升，建立了高科技蔬菜瓜果种子种苗基地、植物组织培育中心等，精品、高效、创汇、生态、观光于一体的现代化农业格局基本形成。以房地产、园林绿化、生态旅游为主要内容的第三产业也正在蓬勃发展。与此同时，全村上下非常注重保护环境，美化家园，实现了人与自然的和谐相处。

［溪口］

溪口位于宁波市西南20公里处，东靠武岭，南濒剡溪，北临雪窦山，水绕山环，景色秀丽，是一个集人文之精华、山水之灵秀、佛教之庄严于一体的旅游区，在国内外颇享盛名。

武岭门距武岭山脊，扼古镇门户，原址在武岭庵，设有茶亭。1929年拆建仿古城楼，两层3间，飞檐翘瓴。额书“武岭”两字，面东为于右任所书，面西系蒋介石所题。楼上原作民众阅览室，有走廊相通，雉堞围环；楼下中间门洞通道，供行人车辆出入，门墙砌粉红色块石。门右侧建有二层楼房3间，原为医院门诊所，现为奉化区旅游局。

文昌阁在武山南端潭墩山顶，俗称武岭头。1731年（清雍正九年）建成，原系小阁，内设文昌帝座，为溪口文昌会、文武会和锦溪书斋等祭祀和会文处。1924年春，蒋介石从广州回乡，见其将倾，乃托人重建文昌阁，为两层楼房，建筑面积500平方米，块石台垒，青砖砌墙，飞檐翘角，梁架雕人物花鸟，四周围廊饰花窗，阁顶悬挂宫灯。

丰镐房位于武岭路下街，东距武岭门200米，是蒋介石、蒋经国父子的故居。“丰镐房”之名出典西周时以“丰憩水桥邑、镐京为国都”。借“丰”“镐”两字作为蒋介石及其胞弟瑞青的房号，瑞清早亡，蒋介石兼祧承袭，故合称丰镐房。原有祖屋6间，1935年经改造扩建，有房49间，占地面积4800平方米，建筑面积1850平方米。

摩诃殿位于溪口中街财神殿弄北边，为蒋姓族人纪念第二代远祖蒋宗霸家祠。蒋宗霸，五代后梁贞明间人，笃信佛教，师事岳林寺布袋和尚，口中常念“摩诃般若波罗蜜多”，称摩诃居士。1931年，蒋经国母亲毛福梅出资建造，作为她与蒋家女眷拜佛诵经的佛殿，大殿坐东朝西，黄墙青瓦，粉壁赭廊，两厢置楼屋各11间，殿后天井，卵石铺面，1989年修复。旁古樟3株。毛氏墓即建于摩诃殿东草坪。1939年12月12日，日机轰炸溪口，毛氏罹难，灵柩暂厝摩诃殿旁，1946年12月安葬。墓坐西北，朝东南，四周块石围护，砌成四方形。墓前石碑系吴敬恒所题，上书“显妣毛太君之墓”“男经国泣立”。

［雪窦山］

各位游客朋友，现在我们来到了雪窦山。此山位于奉化市溪口镇西北，为四明山支脉的最高峰，海拔800米，有“四明第一山”之誉。山顶宽旷，四周群山，一峰居中名乳峰，乳峰有窦（洞），有飞泉从窦中喷激而出，色白如乳，溅喷如雪，故泉名乳泉，峰曰乳峰，窦谓雪窦，山称雪窦山。雪窦山有著名景点雪窦寺、千丈岩、妙高台、三隐潭等，是全国重点风景名胜区，也是奉化滕头国家5A级旅游景区的主景区。

雪窦寺始建于唐代，千百年来，香火旺盛，高僧辈出，在我国佛教界将它与杭州中天竺天宁万寿永祚寺、南京蒋山太平兴国寺等9寺并称“天下禅宗十刹”。雪窦寺屡兴屡废，最后一次毁于1968年，现存清顺治年间所建厢房7间。寺内建筑雄伟，引人入胜，寺外古木参天，别有一番古刹风光。两株汉代银杏，径约5人围，树叶旺盛，高耸入云。殿后两棵挺拔的楠木，为张学良将军被软禁于此时手植。历代文人学士在此留下不少诗词对联，如：“四面青山，山山朝古刹；环列翠峰，峰峰叩弥勒。”还有孟郊、梅尧臣、王安石、曾巩、杜牧、郭沫若等都慕名而来，题诗咏吟。

千丈岩瀑布是指雪窦寺前边有处瀑布，名雪窦飞瀑，又名千丈岩瀑布，乳泉之水流入锦镜池，穿过关山桥，在千丈岩倾泻而下，自岩顶至深潭，高达186米。半壁有巨石相隔，每逢春夏，大雨滂沱，飞流直下，至半壁为巨石所碰撞，击碎溪岩飞雪，经日光照耀，便会出现一道长虹，蔚为大观。

从飞雪亭旧址西北上山，就是妙高台，台下凭临深谷，从台北上山，有三隐潭，分上、中、下三处，妙高台上接云天，下临无地，虽处万峰之中，登临却只见平台不见峰，故有“妙高台上妙高峰”之说。妙高台下是亭下湖，亭下湖是剡溪上游的大型人工湖，面积6平方公里，湖山景观美不胜收。妙高台别墅，1930年所建，旧时为蒋介石专用，现楼房已修葺一新。

［**露天弥勒大佛**］

各位游客朋友，现在我们看到的

雪窦山弥勒大佛

这尊露天弥勒大佛，建于2008年，位于奉化溪口雪窦山——雪窦寺后山海拔369米的山坡上。露天弥勒大佛造像总高度为56.74米（其中铜制佛身33米，莲花座9米，基座14.74米），整座大佛用500多吨锡青铜制造，内部有1000余吨钢架支撑，与整个岩体连成一体，稳固坚实，宏伟壮观，气势非凡，是全球最高的坐姿铜制弥勒大佛造像。

雪窦山为东南著名风景胜地，四周群山环列，阡陌纵横、气候宜人，自然景观数不胜数，如今又增添了如此令人震撼的人文景观，无疑会令人游兴倍增。

15 余姚四明山红色旅游区

景区概况→四明山烈士陵园→中共浙东区委旧址

［**景区概况**］

各位游客朋友，现在我们来到了浙江省著名的红色旅游景区——浙东（四明山）抗日根据地旧址群景区。以宁波余姚梁弄镇为中心的四明山革命根据地，是抗日战争时期全国19块根据地之一，解放战争时期江南七大游击区之一，被党和国家列为全国重点建设的“百个红色旅游经典景区”之一，曾被誉为“2005年全国红色旅游十大景区”。

1945年4月，毛泽东在中共七大政治报告《论联合政府》中指出：中国共产党领导的十九个大的解放区，其地域包括辽宁、热河、察哈尔、绥远、陕西、甘肃、宁夏、山西、河北、河南、山东、江苏、浙江、安徽、江西、湖北、湖南、广东、福建等省的大部分或小部分。其中所说的浙江，就是指浙东敌后抗日根据地，它是华中八大战略之一，是华中抗日的东南前哨地，包括四明、会稽、三北（余姚、慈溪、镇海三县以北地区）和浦东四个地区，位于杭州湾两岸，沪、杭、甬之间，东濒东海，南迄东阳至宁波公路，西跨浙赣铁路金（华）萧（山）线两侧，北达黄浦两岸地区。拥有400万人口，10 000余人的抗日武装。

“皖南事变”后，党中央和毛主席对新四军在华中作战的战略部署做了新的安排，明确指出：浙东方面力量素来薄弱，总指挥部应增辟这一战略基地。华中局为贯彻这一指示，将开辟浙东、浙西两地工作的任务交给苏南区党委书记谭震林负责。1941年5月至9月，新四军军部和华中局派遣武装部队分七批共900余位指战员，从浦东南渡杭州湾到浙东三北地区，与浙东抗日自卫武装一起开展抗日斗争。华中局和新四军军部先后派谭启龙、何克希、顾得欢、张文碧、刘亨云、连柏生等一大批干部和武装到达浙东领导抗日斗争。1942年7月中共中央华中局决定成立由谭启龙任书记，何克希、顾得欢、杨思一、刘亨云等为委员的浙东区党委，指挥浙江敌后武装。

1943年4月，梁弄镇解放。中共浙东区委、新四军浙东纵队司令部等党政军进驻梁弄横坎头村。在中共浙东区委的领导下，以四明山为根据地，以梁弄为指挥中心，经历大小战斗643次，攻克县城2座，攻克敌伪据点110多个，毙伤日军610人，俘虏日军21人，毙伤汪伪军3062人，俘虏伪军5540人，解放同胞400万人。抗日武装力量由最初的900人发展成为15 000余人的新四军浙东纵队，同时开辟和建立4个专区，16个县级政权。

解放战争时期，四明山是江南七大游击区之一。抗战胜利后，为实现全国和平，新四军浙东纵队于1945年9月底奉命北撤，只留极少数骨干坚持浙东地区的斗争。在华中局指示下，浙东工委和四明山工委领导四明山地区革命武装和人民群众与敌人开展了100余次大小战斗和反清剿艰苦斗争，恢复了根据地，并建立了中国人民解放军浙东第二纵队，下辖金萧、会稽、台属、四明、路南和浙东主力共6个支队，统一指挥浙东地区的解放战争。在蒋介石老巢坚持斗争，成为蒋介石心头的一把利剑，牵制了部分国民党军队力量，为全国的解放战争胜利立下了不朽功勋，也为浙东留下了丰富的红色旅游资源。

余姚的红色旅游资源集中分布在四明山及周边的梁弄镇、大岚镇和四明山镇等地，主要有四明山烈士陵园、中共浙东区委旧址、浙东行政公署、浙东银行旧址、新四军浙东游击纵队司令部旧址、浙东鲁迅学院旧址、浙东韬奋书店等 18 处旧址和遗迹。这些红色旅游资源的丰度与品质均位居浙江首位，在全国各县市中也名列前茅。

［四明山烈士陵园］

余姚市四明山烈士陵园位于浙东四明山麓，姚江之南。四明山有着光荣的革命历程，在抗日战争、解放战争时期，这里曾发生过风起云涌的革命斗争，无数的中华儿女在这里英勇献身，谱写了一曲曲光辉、悲壮的英雄赞歌。党和政府为了更好地弘扬革命先烈的光荣传统，教育后代，于 1973 年 11 月批准在富有革命意义的梁弄镇狮子山上兴建四明山烈士陵园，占地面积 5.7 万平方米，建筑面积 6356 平方米。陵园内有两大主体纪念建筑——纪念碑与革命烈士事迹陈列馆。纪念碑高 18.5 米，镌刻着“革命烈士永垂不朽”八个镏金大字；纪念碑于 1977 年 9 月建成，并成立管理机构——余姚市四明山革命烈士纪念碑管理处。陈列馆陈展面积 770 平方米，内有 925 位革命烈士的英名录。自建成以来，接待着一批又一批的社会各界人士来此展开生动的爱国主义教育。一寸山河一寸血，四明处处留忠骨。历史将永远铭记着浙东四明山的英雄们，伟大的革命精神将永放光芒。

［中共浙东区委旧址］

浙东区党委旧址位于青山碧水之间的横坎头村，为清代木结构民居。南厢楼向东为正楼七间，正楼向西为北厢楼，正楼厢楼三间均有檐廊相通。正楼为重檐硬山顶楼房，穿斗式梁架结构，正楼通面阔 28.35 米，用十檩、七柱、通进深 11.60 米。正楼前为庭院，地面用石板错缝平铺。庭院前为高大围墙。1992 年正式定名为浙东革命根据地纪念馆，由原公安部原部长原部王芳题写馆名，正门还竖有国防部原部长张爱萍将军题词的“中国共产党浙东区委员会旧址”的碑刻。梁弄镇和横坎头村又是省级历史文化名镇、名村。在旧址附近，至今尚有《新浙东报》社、浙东银行、新四军浙东纵队教导大队、浙东行政公署、抗日军政干部学校等旧址。在离横坎头村约一

中共浙东区委旧址

公里的宣家塔村有鲁迅学院浙东分院旧址。中共浙东区党委旧址现已成为全国重点文物保护单位和国家AAAA级旅游景区，也是浙江省爱国主义教育基地。

16 宁波北仑港

各位游客朋友，现在我们来到了世界著名的深水良港——宁波北仑港。北仑港位于甬江口东侧金塘水道南岸，西起甬江口岸长跳嘴灯桩，东至柴桥镇穿山港的人渡码头。因邻近有小岛北仑山而得名。港区面积150平方公里。

北仑港水域广阔，可供锚泊作业水面有34平方公里，约可容万吨以上船只300艘同时锚泊。港区大部分水深在50米以上，航道最窄处的宽度也在700米以上，25万吨级重载海轮可自由进出，30万吨级可候潮出入。金塘、大榭、大黄莽等岛屿环列东、西、南三面，构成天然屏障，台风侵袭时，港内波浪较小，年作业可达340天。可利用深水岸线17.5公里，可建造万吨级以上深水泊位约50座。港区位于南北航线与长江干线交汇处附近，距长江口仅70海里，紧邻上海，与天津、神户、大阪、高雄、香港、武汉等城市构成近乎等距离水运网络，已成为华东地区外贸深水大港和各主要港口的深水中转港。

宁波北仑港

17 象山石浦渔港

各位游客朋友，现在我们来到了象山县石浦镇。石浦是一座有着600余年历史的渔港古城，位于长三角经济中心区的南翼，浙江中部沿海，象山县南部，陆地总面积119.5平方公里，其中沿海岛礁176个。石浦早在秦汉时就有先民在此渔猎生息，唐宋时已成为远近闻名的渔商埠和海防要塞。如今，石浦是国家二类开放口岸、全国渔业第一镇。

石浦古城依山临海，人称“城在港上，山在城中”。它一头连着渔港、一头深藏在山间谷地，城墙随山势起伏而筑，城门就形而构、居高控港，构成“海防重镇”古城的主要特征。石浦瓮城坐落于碗行街、福建街、中街交会口，始建于明代，清光绪年间重修，现在古城墙保存完好。重建的瓮城占地240平方米，入口设城门，上置门梃，出口为城楼重檐。石浦以瓮城为标志，分城里、城外，故称古城石浦。

石浦老街中药铺老字号“大皆春”药铺创建于明末，原本叫“同饮和”药店，后改名为大皆春。城里乾大当铺创办于清康熙后期（1701—1722年），原占地约5000平方米，建筑面积8000平方米，由总上房（老板、掌柜）、看正房（营业评估押品）、票房、账房、牌房（洗涤整理）、取房、楼头房（保卫）等组成。除经营一般典当业务外，更主要的是经营渔船、渔具典当和发放信贷。其经营范围和规模堪称东南沿海典当之最。1943年，当铺大部分房屋毁于日机轰炸，仅存取房与银库。2004年，修缮总上房、看正房（营业房）、取房与银库。景区内还有中国扣陈列区，展有飞燕展翅扣、龙凤呈祥扣、石榴百子扣、梅花吐香扣、鸳鸯千秋扣、君兰婷立扣、秋菊佳色扣、荷塘春色扣、金色赏鱼扣、桃花盛开扣等600多个、100余种中国扣。景区内还有亚洲飞人馆，陈列柯受良1992年飞越长城、1997年飞越黄河、2002年飞越布达拉宫等用过的战车、战衣及相关珍贵影像资料。

18 普陀山

景区概况→南海观音大铜像→普济禅寺→法雨禅寺→慧济禅寺→磐陀石→二龟听法石→心字石→潮音洞→梵音洞

[景区概况]

各位游客朋友，现在我们来到了素有“海天佛国”之称的普陀山景区。该景区位于舟山市东侧，是舟山1390个岛屿中的一个小岛，形似苍龙卧海，面积近13平方公里，是首批国家重点风景名胜区和国家AAAAA级旅游风景区。

普陀山与山西五台山、四川峨眉山、安徽九华山并称为中国佛教四大名山，是观世音菩萨教化众生的道场。普陀山旧称梅岑，因西汉道人梅岑在此炼丹而得名。唐宋时称“白华山”“普陀洛伽山”，其意为观音居住的地方。明万历三十三年（1605年）将宋代的“宝陀观音寺”敕赐今天的普济寺为“护国永寿普陀禅寺”，人们便将此山称为普陀山。普陀一词是梵文“potalaka”，即“补怛洛伽”的音译简写，意为“美丽的小白华”。

“海上有仙山，山在虚无缥缈间”，普陀山以其神奇、神圣、神秘，成为驰誉中外的旅游胜地。普陀以山兼海之胜，风光独特，四时景变，晨昏物异。普陀山人文与自然景观交相辉映。人文景观主要有普济寺、法雨寺、慧济寺、大乘庵等寺庙庵堂；自然景观主要有潮音洞、梵音洞、朝阳洞等名洞，磐陀石、二龟听法石、心字石等奇石，百步沙、千步沙等海滩，加上岛上树木丰茂，古樟遍野，鸟语花香，素有“海岛植物园”之称。与其他著名景区一样，普陀山也有“景中之景”。据清代裘班的《普陀山志》载“普陀十二景”为：短姑圣迹、佛指名山、两洞潮音、千步金沙、华顶云涛、梅岑仙井、朝阳涌日、磐陀夕照、法华灵洞、光照雪霁、宝塔闻钟、莲池夜月。

普陀山是世界闻名的观音道场、佛教圣地，其宗教活动可追溯于秦。唐朝海上丝绸之路的兴起，促进了普陀山观音道场的形成，并使其迅速成为汉传佛教中心，传至东南亚及日本、韩国等地。1924年，全山已形成3大寺、88禅院、128茅蓬，僧众数千。可谓“山当曲处皆藏寺，路欲穷时又逢僧”，史称“震旦第一佛国”。每逢农历二月十九日观音诞辰日、六月十九日观音得道日、九月十九日观音出家日，四方信众聚缘佛国，普陀山烛火辉煌、香烟缭绕；诵经礼佛，通宵达旦，其盛况令人叹为观止。绵延千余年的佛事活动，使普陀山这方钟灵毓秀之净土，积淀了深厚的佛教文化底蕴。

●小模块·普陀山与“不肯去观音”

据史书记载，早在2000多年前，普陀山即为道人修炼之宝地。唐大中元年（859年），有梵僧来谒潮音洞，感应观音化身，为说妙法，灵迹始著。唐咸通四年（863年），日本僧人慧锷大师从五台山请观音像乘船归国，船行至莲花洋遭遇风浪，数番前行，无法如愿，遂信观音不肯东渡，乃留圣像于潮音洞侧供奉，故称“不肯去观音”。宋元两代，普陀山佛教发展很快。宋乾德五年（967年），赵匡胤内侍王贵来山进香，并赐锦幡，首开朝廷降香普陀之始。宋元丰三年（1080年），朝廷赐银建宝陀观音寺。当时，日本、韩国等来华经商、朝贡者，也开始慕名登山礼佛，普陀山渐有名气。宋高宗绍兴元年（1131年），宝陀观音寺住持真歇禅师奏请朝廷允许，将岛上寺院由律宗改为禅宗，岛上渔户全部迁出，自此普陀山遂成佛国净土。宋宁宗嘉定七年（1214年），朝廷赐钱万缗修缮圆通殿，并指定普陀山为专供观音的道场。与五台山、峨眉山、九华山合称为我国四大佛教名山。元大德三年（1299年）六月，宝陀寺住持一山（妙慈弘济大师）携国书出使日本，弘扬佛教。从此，普陀山知名度日益远播。清康熙帝颁“展海令”，舟山展复后，朝廷赐帑重建寺院，并钦赐“普济群灵”匾额于前寺和“天花法雨”匾额于后寺，“普济禅寺”“法雨禅寺”各由此而得名。

［南海观音大铜像］

各位游客朋友，现在我们看到的是南海观音大铜像，她是普陀山新建的标志性景观，坐落于双峰山南端的观音跳山岗上。这里势随峰起，秀林葱郁，气顺脉畅，碧波荡漾。莲花洋彼岸的朱家尖，隔海侍卫；双峰山坡麓的紫竹林，潮音频传。观音立像台座三层，总高33米，其中佛像18米，莲台2米，台基13米，台基面积为5500平方米。佛像顶现弥陀，左手托法轮，右手施无畏印，妙状慈祥，体现了观音菩萨“慧眼视众生，宏誓深如海”之法身。佛像采用新型仿金铜精铸。观音立像工程浩大，为普陀开山以来之空前大事，中国佛教协会会长赵朴初为“南海观音”题词，为普陀山增添了新的人文景观，成为海天佛国的象征。“千处祈求千处应，苦海常作渡人舟”的观音大士，是世上佛教信众的信仰核心。“南海观音慈被大千，普陀新景光照千秋。”

南海观音像：汪亚明摄

［普济禅寺］

各位游客朋友，现在我们看到的就是普陀三大寺之一的普济禅寺。普济禅寺又叫前寺，坐落在白华山南、灵鹫峰下，是供奉观音的主刹。全寺占地37 019平方米，建筑总面积17 829平方米。寺内有大圆通殿、天王殿、藏经楼等，殿、堂、楼、轩共计357间，是普陀山第一大寺院。大圆通殿是全寺主殿，人称“活大殿”，供奉着高8.8米的毗卢观音。清康熙三十八年（1699年），朝廷赐额“普济群灵”，遂得此名，并沿用至今。

普济禅寺的前身为不肯去观音院，创建于唐咸通年间。宋神宗元丰三年（1080年）改名为“宝陀观音寺”，专供观音菩萨，香火始盛。到南宋嘉定年间，御赐“圆通宝殿”匾额，指定普陀山为专供观音的道场。后来明初朱元

普济禅寺：汪亚明摄

璋实行海禁毁寺，直到明万历三十三年（1605 年）朝廷拨款重建，并赐额敕建“护国永寿普陀禅寺”，使普济禅寺成为当时江南规模最大的寺院。清康熙年间，遭荷兰殖民侵略者践踏，寺院被劫掠一空。1689 年海疆平息后，康熙下旨重新修缮、扩大规模，至雍正九年（1731 年）时基本完成。现在的大部分建筑都是这期间完成的。“文革”期间佛像尽毁，僧侣被遣散。1979 年开始全面修复，重筑了毗卢观音等佛像和楼阁，形成了现在的规模。

［法雨禅寺］

各位游客朋友，现在我们来到了法雨禅寺。法雨禅寺又称后寺，在普陀山白华顶左侧的光熙峰下，距普济禅寺 2.8 公里。法雨禅寺占地 33 408 平方米，建筑面积 13 845 平方米，现存殿宇 294 间，为普陀山第二大寺。寺庙依山取势，分列六层台基上。入山门依次升级，中轴线上有天王殿，后有玉佛殿，两殿之间有钟鼓楼，再后依次为观音殿、御碑殿、大雄宝殿、藏经楼、方丈殿。观音殿又称九龙殿，九龙雕刻十分精致生动。九龙殿内的九龙藻井及部分琉璃瓦从南京明代宫殿拆迁而来，被誉为普陀山三宝之一。整座寺庙宏大高远，气象超凡。

法雨禅寺：汪亚明摄

法雨禅寺建于明万历八年（1580 年），因当时此地泉石幽胜，结茅为庵，取“法海潮音”之义，取名“海潮庵”；万历二十二年（1594 年）改名“海潮寺”，万历三十四年（1606 年）又名“护国镇海禅寺”。后毁于战火。清康熙三十八年（1699 年），普济、法雨二寺领朝廷赐帑，同时兴建。清朝廷又赐金修寺，修缮大殿，并赐“天华法雨”和“法雨禅寺”匾额，因改今名。同治、光绪年间又陆续建造殿宇，成为名动江南的一代名刹。

［慧济禅寺］

各位游客朋友，现在我们看到的是慧济禅寺。慧济禅寺位于普陀山之佛顶山右上方，俗称“佛顶山寺”，是国务院确定的汉族地区佛教全国重点寺院。慧济禅寺占地 1.3 万平方米，建筑面积 6649 平方米。寺庙布局为其他禅林所少见，天王殿后，大雄宝殿、大悲殿、藏经楼、玉皇殿、方丈室等均在一条平行线上，颇具江南园林特色。山门简朴，上写“慧济禅寺”。天王殿与普陀山其他寺院不同，系硬山建筑。主殿大雄宝殿供奉释迦牟尼佛像，两边侍立阿难与迦叶。大殿两厢各塑有十尊塑像，是佛教传说中的“二十诸天”，后两侧供观音及千手观音木雕像。大雄宝殿屋顶全用天蓝、淡绿、鹅黄、紫红等色琉璃瓦盖成，阳光下映出万道彩虹，形成“佛光普照”的绮丽景观。

慧济禅寺最早时仅有石亭，明朝僧人慧圆始创“慧济庵”，清乾隆五十八年（1793 年）扩庵为寺，光绪三十三年（1907 年）又经大力扩建，遂成普陀第三巨刹。1984 年重新修复后，规制更加恢弘。寺内现存御印三枚，其中，明万历三十三年（1605 年）赐铜印一枚，印文为“敕建南海普陀禅寺观音宝印”；嘉庆元年（1796 年）赐翠玉印一枚，印文是“南海普陀佛顶观音大士宝印”；清乾隆六十年（1795 年）赐金印一枚，印文是“敕建南海普陀名山观音宝印”。寺后门左侧有普陀山三宝之一的“普陀鹅耳枥”，此树从地表处分两杈并列长出，在一丈多高处又分两杈，往上再有规律地一分为二，故又称“夫妻树”。据说，此树是 200 多年前由缅甸僧人到普陀山朝拜时携来，目前为世界稀有植物。

［磐陀石］

各位游客朋友，现在我们看到的就是普陀奇石之一——磐陀石。该石位于梅福庵西面不远处。由上下两石相叠而成，下面一块巨石底阔上尖，周广 20 余米，中间凸出处将上石托住，曰磐；上面一块巨石上平底尖，高达 3 米，宽近 7 米，呈菱形，顶端平坦，可容 30 人，曰陀。上下两石接缝处间隙如线，睨之通明，似接未接，好似一石空悬于一石之上。磐陀石相传是观音大士说法处，石上有“磐陀石”（侯继高书）“大士说法处”“金刚宝石”“西天”“天下第一石”等题刻。每当夕阳西下，石披金装，灿然生辉，人们如能在此时登上石顶，环眺山海，则见汪洋连天，景色壮奇。“磐陀夕照”堪称普陀山之一大奇观。

磐陀石：汪亚明摄

［二龟听法石］

各位朋友请看，这就是普陀奇石之二——二龟听法石。该石位于磐陀石西，五十三参石下端的岩崖上。有两石酷似海龟，一龟蹲踞崖顶，回首顾盼，似有等候之意；另一龟缘石而上，昂首延颈，筋膜尽露，一副着急相。两龟的形态极为传神，令游人叹为观止。相传两龟受龙王之命前来探听观音菩萨说法，只因听得入了迷，忘了归期，遂化身为石。清人何辰生在诗中说："见说磐陀若地灵，普门曾此坐谈经。二龟何事翻成石，想是当年不解听。"这是对两龟的又一种说法。据地质学家考证，这两块石头来自海洋深处，在一次地质运动中才冲出海面。它告诉人们，什么叫沧海桑田。

［心字石］

各位朋友请看，这就是普陀奇石之三——心字石。该石坐落在西天门下方，面积300多平方米，圆浑平滑，中镌刻一巨大的"心"字，字长5米，宽7米，周边近50米，中心一点可容八九人同坐，整个字可容近百人打坐，真可谓"心怀博大"，为普陀山最大的石刻文字。据传观世音菩萨曾在此石上讲说"心经"。佛家以修心为上，人们到普陀山礼佛，都喜欢到心字石，或绕着"心"字环行抚摸，或坐在"心"字中摄影留念，以此作为对佛诚心或人间友情的象征。心字石右上方约5米处的峪谷间有一石向外伸展，隐现于草莽荆棘之间，其状酷如蛇头。距此石不远处的西天门西侧又有一石，形似蛤蟆，翘首向蛇，坦然自若。传说有一蟒蛇精经观音菩萨指点而得道。一天，观音菩萨在蛇背上放上一只蛤蟆，以试蛇心，可那蟒蛇寂然不动，丝毫没有伤害蛤蟆之意，这便是"佛试蛇心"故事的由来。

［潮音洞］

潮音洞：汪亚明摄

各位游客朋友，现在我们看到的就是潮音洞。该洞位于岛东南紫竹林庵前，不肯去观音院下面的入海处。洞半浸海中，纵深30米左右，崖至洞底深10余米，洞内怪石交错，犬齿森然，不可容足。此处海岸曲折往复，巉岩峭壁，怪石层层叠叠。洞底通海，顶有两处缝隙，称为天窗。清康熙三十八年（1699年）御书"潮音洞"刻于洞壁。潮音洞口朝大海，呈张口状，日夜为海浪所击拍，潮水奔腾入洞口，势如飞龙，声若雷鸣，故名潮音洞。涨潮时倚岩俯视，仿若蛟龙腾于足下，险怪百出。若遇大风天气，浪花飞溅，浪沫直冲"天窗"之上。如是晴天，洞内七彩虹霓幻现，令人叹为观止。据载，宋元时期来普陀朝山香客，多在潮音洞前叩求菩萨现身赐福。明以后则多去梵音洞叩求观音大士显灵。香客中常有纵身跃下山崖，舍身离世，借以往生西方极乐世界。清朝时，如此“舍身”现象愈演愈烈，于是定海县令缪燧在岸上建亭，并亲书《舍身戒》立碑以禁舍身。现在亭已毁坏，碑立于不肯去观音院前。

［梵音洞］

各位游客朋友，现在我们看到的是梵音洞。该洞在普陀山东端青鼓垒头尽处，梵音洞与潮音洞南北相对，它和潮音洞的潮音，各具特色，合称为“两洞潮音”。青鼓垒插入普陀洋，因此地常为惊涛拍崖，潮声撼洞，昼夜轰响，宛如擂鼓，故又称“惊鼓擂”。在青鼓垒山东南端有一天然洞窟，洞若斧劈，高约 60 米，纵深约 50 米，峭壁危峻，两边悬崖构成一门，即梵音洞。在普陀山众多历来被人们叹为神奇的洞壑中，梵音洞的磅礴气势和陡峭危壁为其他洞所莫及。梵音洞山色青黔，苍崖兀起，距崖顶数丈的洞腰部，中嵌横石如桥，宛如一颗含在苍龙口中的宝玉。两陡壁间架有石台，台上筑有双层佛龛，名“观佛阁”，前可望海，后可观洞，相传为观音大士显圣处。实际上这与光线、气候、水汽等变化有关，这一带是银灰岩，系由火山碎层岩组成，远古时代，火山爆发，喷出的岩浆沉入海底，又逐渐上升至地面，经长期海浪冲蚀、风化才形成目前奇幻的洞景。据传，在观佛阁内观佛，人人看到的佛都不同，即使是同一个人，也会随看随变，极为奇异。此地又为梵音洞观潮最佳处，佛阁下海潮翻滚，拍崖涛声如万马奔腾，如龙吟虎啸，日夜不绝，闻之者无不惊心动魄。佛家信众至此，多喜在洞口膜拜，祈求见到观世音菩萨的现身法相。清康熙三十八年（1699 年），皇帝御书“梵音洞”额赐挂于此处。

各位游客朋友，普陀山凭借其特有的山海风光与神秘的佛教文化，很早就吸引众多文人雅士来此隐居、修炼、游览。自观音道场开创以来，观光览胜者络绎不绝。宋代陆游、元朝赵孟頫、明代董其昌等历代名士，都先后登山游历。历朝名人雅士、文人墨客，或吟唱，或赋诗，留下了大量珍贵的诗文碑刻，使普陀山文物古迹极为丰厚；唐宋元明清五朝近 20 位帝王为了祈求国泰民安，特遣内侍携重礼专程来普陀山朝拜观音。明太祖朱元璋、清圣祖康

梵音洞：汪亚明摄

熙还多次召见普陀山高僧，赐金、赐紫衣、赐字、赐佛经，礼遇有加；新中国历任中央领导人也都亲自莅临普陀山视察、指导工作。五朝恩宠，千年兴革，佛国香火，由是鼎盛，赫赫声名，广播远扬。

19 桃花岛

各位游客朋友，现在我们来到了桃花岛景区。它是国家AAAA级旅游景区，位于舟山本岛沈家门渔港的南面，面积43平方公里。其中南部的对峙山海拔544.4米，为舟山群岛的最高峰，山脉向四周延伸，形成群峰起伏，层峦叠起的山海风景。相传前秦隐士安期生在岛上白云山修道炼丹，“尝以醉，墨洒于山石上，遂成桃花纹”，岛名由此而来。

桃花岛：汪亚明摄

桃花岛是舟山群岛第七大岛，全岛总人口2.15万人。岛上礁奇石怪，碧海金沙，山林青翠，风光旖旎，植被覆盖率75%以上，有“海岛植物园”之称。岛上有树木73种、356个品种，其中属于国家自然保护范围的珍稀树种达数十种，如毛红椿、普陀樟、全绿叶冬青等，还有水仙、杜鹃、黄杨、兰花等名贵花卉。尤其是水仙花，名列中国三大水仙之一，远销日本、中国香港等国家和地区。

桃花岛旅游资源丰富，全岛由塔湾金沙、安期峰、大佛岩、桃花港、鹁鸪门、乌石砾滩六大景点组成；有龙女峰、东海神珠、白雀寺、圣岩寺、含羞观音、黄药师居室、清音洞等60多处景观。桃花岛还以其石奇而吸引游客。有的巨石如同狮子下山，有的又像海豹顶球。对峙山山顶屹立的“大佛头”奇石群，如巨型雕塑，巍峨壮观。尤其在山顶之上，有一块大石块，形如佛头，不论从远至百里还是从近在咫尺的地方，从任何角度观看，其大小始终如一。

对峙山上有一圣岩寺，建于海拔482米处的一个天然石洞之内，至今已有400多年的历史。桃花岛还因与金庸先生所著《射雕英雄传》和《神雕侠侣》中描绘的美妙神奇的东海小岛吻合而闻名于世，桃花镇因势利导，开发出一系列武侠文化旅游产品，受到游客喜爱。

20 嵊泗列岛

各位游客朋友，现在我们来到了嵊泗列岛景区。该景区位于舟山群岛北部，长江口与杭州湾的汇合处。它与上海隔海相望，东临大海，南邻“海天佛国”普陀山，西与上海金山相望，北接黄海，扼长江、钱塘江之咽喉，是国际远洋轮船出入长江、吴淞口的必经之路，嵊泗列岛海域辽阔，境内404座岛屿，陆地面积67.83平方公里，海域面积8747平方公里，故有“一分岛礁九分海”之说，全县总人口8.6万。嵊泗列岛是我国目前唯一的国家级列岛风景名胜区。

嵊泗之“嵊”和“泗”，取自嵊山和泗礁。原均无偏旁，为“乘”和“四”。嵊泗者，一乘四马，为岛屿围拱之意。嵊泗列岛，意即岛屿众多的列岛。唐代大诗人白居易曾对嵊泗列岛有“忽闻海上有仙山，山在虚无缥缈间”的赞誉，“海外仙山”也因此成为嵊泗列岛的代名词。嵊泗列岛地处海中央，

冬无严寒，夏无酷暑，气候宜人。海岛间海天辽阔、礁石星罗、碧波环绕、潮涌金沙，风景独特，有“南方北戴河”之美誉。总体可用“海瀚、石奇、礁美、滩佳、洞幽、崖险”12个字来概括气象万千的海岛风光特色。整个列岛景区可分为五大景点，即泗礁、嵊山、花鸟、枸杞、洋山。金色沙滩连绵亘长，遍布列岛，其中泗礁景点著名的基湖沙滩和南长涂沙滩，各长达2000米以上，为我国长江三角洲地区首屈一指的海滨浴场。嵊泗列岛不仅自然风光秀丽，而且人文景观丰富，渔岛风景浓郁。鉴真东渡扶桑曾滞留过的大悲山遗址；明朝将领侯继高笔下的“山海奇观”摩崖石刻；远东第一大灯塔——花鸟灯塔。嵊山渔港里如林的桅樯，遮天的船旗，入夜后的万船灯火，还有渔民不时哼唱的渔歌号子，具有浓郁的海洋文化气息，讲述着生动感人的海岛故事。同时，嵊泗列岛内各类海鲜四季不断，鱼鲜蟹肥。

各位游客朋友，现在我们看到的是嵊泗列岛国家级风景名胜区的主要景点——小洋山。小洋山列岛由83个小岛礁组成，多裸岩秃石，因路崎岖不平而得名。或说是因岛上多羊而得名。又因岛域较小而改称“小羊山”，后演写为洋山、小洋山，另有三塔山和猴山等名。小洋山岛居大洋山之北，位嵊泗县菜园镇西南39公里处，距上海芦潮港30公里，长约2.5公里，宽700米，面积仅1.76平方公里。小洋山为崎岖列岛第二大岛，曾是小洋山乡政府所在地。岛呈“士”字形，南北走向，两头宽大高耸，中部狭小低平。岛上群峰起伏，山势陡峭，平地甚少，多裸岩，最

高点为南部大观音山，海拔141.7米。小洋山与大洋山同称“海蜇之乡”，历史上曾盛产大黄鱼，是传统的张网作业地区。

小洋山有自然与人文景观多处。岛上千岩竞秀，奇石有“石龙”“双龙抢珠”“姐妹石”“石箱子”“擂鼓石”等。文物古迹有千年乌龟潭、观音阁遗址、“勘定尽界碑”。有石刻9处，其中小观音山上有8处，“海阔天空”“鲲鹏化处”“倚剑”三方石刻被列为县级文物。其中“海阔天空”镌于山顶岩壁石匾中，为明万历三十六年（1608年）游兵都司张文质书，是岛上最早的一方题刻。“倚剑”二字堪称“大字王”，镌于西坡巨壁，每字高3.8米，宽3.5米，系明万历四十一年（1613年）青田知县举人李楷所书，笔力遒劲，豪气撼人，是浙江岛屿中最大的摩崖石刻。

小洋山历史悠久，唐大中四年（850年）即有关于该岛的文字记载，据称当时岛上有座隋炀帝庙。作为明清水师海防要地，小洋山曾埋设有军事界碑，天后宫的寺庙内原存江、浙二省巡哨分界碑。清顺治十五年（1658年）九月，郑成功、张煌言再次在洋山会师北伐，因遭遇大风而损失甚惨。传说郑成功部属在岛上烹羊而食，因此招来海难。

21 观音山

各位游客朋友，现在我们来到了有“观音得道第一山”之誉的观音山。此山位于舟山市岱山县衢山岛中部，南临昔日驰名的大黄鱼主渔场岱衢洋，总面积约4平方公里，与全国四大佛教圣地之一的普陀山相距34海里，和“南方北戴河”嵊泗基湖沙滩相距23海里，在嵊泗与普陀的中间。相传佛教圣地普陀山的观音菩萨去普陀山修行之前，先在大衢的观音山上立道场3年，观音山因此得名。

观音山峰峦高耸，数峰连环似莲花，最高点天灯顶海拔314.4米，是岱山县最高点，比普陀佛顶山高出30余米。衢山岛四面环海，观音山南面山垄连海，在海洋性气候影响下，山上冬暖似春，夏凉如秋，温和湿润，光照充足，四季气候变化不大，年平均气温16.7℃，是旅游避暑的好地方。夏秋季节，白云飘绕山尖，时浓时淡，扑朔迷离，变幻莫测，盘旋飘卷与天宇相连，似仙人驾云下凡，为“观音驾雾”，是观音山的一大奇观。

观音山集人文景观与自然风光于一身。山间广济寺分上、中、下三座。下寺洪因寺，地处观音山东侧山腰，海拔175米，建于清同治年间，现建筑面积1099平方米。中寺原系观音殿，清乾隆四十年（1775年）建，现建筑面积

1201 平方米。上寺地处山顶，原名洪福寺，清咸丰四年（1854 年）建，现建筑面积 757 平方米。山上最宏伟的建筑当数原天灯塔旁的玉佛宝塔，塔高 45 米，共 11 层。佛塔基层十米周方，用精凿加工的花岗石叠砌而成，内有梯阶，可逐层而上，并逐层安列玉佛 200 尊。登上最高层，蓬莱仙乡美景可一览无遗。塔顶天灯使方圆数百里都能见晶晶亮光，为舟山群岛一大景观。

22 金塘岛

各位游客朋友，现在我们来到了舟山群岛中的第四大岛——金塘岛。此岛与舟山本岛仅一水之隔，东与舟山本岛最近岸相距 6.25 公里，南与宁波北仑港相隔仅 3.5 公里，面积 77.35 平方公里，岛屿东、北、南三面环山，最高点是东部的仙人山，海拔 455.9 米。耕地大部集中于岛中部的大丰、柳行和山潭一带，地形特点与其他岛屿不同。金塘岛历史上是舟山的产粮区，是舟山附近岛屿中第一个粮食自给岛。岛上特产金塘李，以其皮青心红、果大核小、汁多鲜美而著名，“金塘李子”为浙江省十大名果之一。此外，特产“舟山佛香柚”和中药材贝母也十分有名。岛上家具行业甚为发达，以其用料讲究、做工精细、款式新颖、色泽光亮而风靡国内外家具市场，故金塘岛又有“家具岛”的美名。

金塘岛为宁波港海上门户，兼之良田沃野，历史上开发较早。全岛居民约 4.1 万人，设大丰镇、沥港镇和山潭乡政府。沥港镇是该岛经济中心，位西北隅。金塘旅游除观光海岛田园农业、渔港外，还有两处著名的古今战争遗迹，即金塘沥港“平倭港”碑和金塘革命烈士陵园。1994 年 6 月，金塘革命烈士陵园被命名为舟山首批市级爱国主义教育基地。

23 朱家尖岛

各位游客朋友，现在我们来到了朱家尖岛。它是舟山群岛的第五大岛，位于舟山群岛东南部，全岛面积 72 平方公里，与相距 3 公里的“海天佛国”普陀山合称普陀山国家级重点风景名胜区，与中国最大的渔港沈家门一脉相连，是舟山群岛核心旅游区“普陀金三角”的重要组成部分。

朱家尖岛风光秀丽迷人。岛上金沙连绵，碧浪荡漾，奇石峻拔，洞礁错

朱家尖南沙海滨

置，海光迷幻，森林广布，潮音不绝，空气清新。现已开发白山、漳州湾、十里金沙、大青山四大著名景区。十里金沙拥有华东地区最大的沙滩群，即青沙、千沙、南沙、东沙等九个沙滩，绵延千米，景色极为壮观。白山灵石，千岩竞秀，犹如一座琳琅满目的东海石景公园。乌黑发亮的乌石塘，如卧塘，神奇独特。大青山三面环海，常有云雾缭绕，有青山醉雾之称，古时称为“乌沙悬山”，是明代抗倭重地。

朱家尖最著名的“十里金沙”总长6.3公里，面积1.44平方公里，沙滩坡度2~5度，小于2米水深海域面积3.26平方公里，绵延在岛东北至东南海岸。这里是理想的水上运动场所，可开设一次性容纳10万游客的海滨浴场，也是进行驾艇飞舟、帆板穿浪、沙滩球类等运动的优良场地。朱家尖的沙滩平坦宽阔，沙质细腻柔纯，是制作沙雕作品的理想材料。1999—2009年，在朱家尖南沙已经成功举办了十一届中国舟山国际沙雕节。普陀山以其浑厚神秘的佛国文化闻名遐迩，而朱家尖则以淳朴绮丽的海岛风光和浓郁的海洋文化让人流连忘返，成为我国华东地区最有活力的海滨旅游胜地之一。

24 渔都沈家门

各位游客朋友，现在我们看到的就是有“渔都”之称的沈家门。沈家门位于舟山本岛的东南部，地处我国南北海岸线中点，长江、钱塘江、甬江入口交汇处，面临东海大洋，具有良好的区域位置和独特的经济优势。沈家门人称“小上海”，是我国最大的渔港和海水产品的集散地。与挪威卑尔根港、秘鲁卡亚俄港并称为世界三大渔港。这里的海产品年产量约占全国的1/10，商品鱼占了全国的1/2，在全国排名第一。沈家门区内有水产品加工企业101家，拥有近1000米的交易岸线和10万平方米的锚泊港口，并拥有我国最大的水产品交易市场——中国国际水产城。沈家门现已成为全国最大的水产品加工基地和水产品集散基地。

沈家门港由舟山本岛东南端及鲁家峙、马峙、小干岛所围之海域组成。港区呈东西走向，东窄西宽，狭长形，长约6.15海里，宽0.1—0.37海里。西距定海港14海里、宁波港45海里；北距普陀山4.7海里、岱山25海里、上海芦潮港71.7海里、上海吴淞口116.7海里。交通便捷，沈家门渔港两岸建有码头数十座，可泊渔船、商船数千艘，尤以鱼汛高峰期为多，是一个集外贸运输、货物吞吐、渔用补给、海上客运于一身的综合性港口。同时沈家门还是全国最大的海洋渔业捕捞基地，所在之舟山渔场水产资源丰富，可捕鱼类300余种，虾蟹类80多种，年捕捞量12多万吨。

渔都景色别具一格，每当鱼汛时节，只见沈家门近海万舟云集，十里港区都是渔船的世界；到了傍晚时分，渔船上灯火点点，蔚为大观，成为其他地方难得一见的美景。在这里可以购物、品尝海鲜；其渔市节，曾吸引了不少中外游客。沈家门渔港现已发展为渔、商、景兼备之综合港口。

●小模块·沈家门地名由来

沈家门地名由来起于何时已无从查考。有据可查的则出现在北宋末年，宣和五年（1123年），徐兢出使高丽，乘“神舟”由定海（今镇海）出发，途经并泊沈家门。翌年撰成《奉使高丽图经》。其中海道卷中记述定海（镇海）至高丽（国都开城府）的海上航路。卷中记载：“山与蛟门相类，而四山环拥，对开两门，其势连亘，尚属昌国县。其上渔人、樵客丛居十数家。就其中以大姓名之。”当时，该地居民姓氏多家，尤以沈姓为多，故名“沈家门”，此为沈家门地名最早之记载。另外，关于沈家门名称的由来，民间还有一个传说：很早以前，这里有位姓沈的大臣对朝廷的功劳很大，于是皇帝便将此地赐给他做寿地，还给他题联“青龙卧镇沈家地；白虎俯视东海门”。从此，这里就叫“沈家门”了。

第三篇

食在浙东：绍兴 / 宁波 / 舟山美食

各位游客朋友，浙东地区江河湖海，星罗棋布，水产资源极为丰富，形成了以烹制水产品为特色的养生美食。但绍兴、宁波、舟山三地仍各有特色。

绍兴菜取料以鱼虾河鲜与鸡鸭家禽及豆、笋、霉干菜为主，讲究香酥绵糯，原汤原汁，轻油忌辣，汁浓味重。烹饪上常用鲜料配腌腊食品同蒸或炖，且多用绍兴黄酒烹制，香味浓烈。传统名菜名点有霉干菜焖肉、头肚醋鱼、清汤越鸡、清蒸鳜鱼、清汤鱼圆、糟熘虾仁、醉蟹等、茴香豆、腐乳、香糕等。

宁波菜取料以海鲜为主，注重"鲜咸合一"，口味较重，讲究鲜嫩、软滑。传统名菜名点有冰糖甲鱼、苔菜拖黄鱼、腐皮包黄鱼、新风鳗鲞、蛤蜊黄鱼羹、摇蚶、咸膏蟹、宁波汤圆、奉化千层饼等。

舟山不仅是我国最大的渔场，也是世界著名四大渔场之一。舟山的黄鱼、带鱼、石斑鱼、锦绣龙虾及蛎、蛤、虾、蟹特别是青蟹等，都是极具特色的海鲜名品。在饮食方面自然以海鲜为特色，烹饪的主要特点为清蒸、酱渍、盐渍、风干，生吃。主要的风味名菜有：白鲞扣笨鸡、黄鱼鲞烧肉、大烤目鱼、嵊泗贻贝、烟熏鲳鱼、鳗鱼丝炒芹菜等。知名的沈家门渔港是品尝舟山海鲜的最佳去处。

［霉干菜焖肉］

绍兴传统名菜。将肋条肉洗净切成2厘米见方的小块，放入沸水锅氽约1分钟，去掉血水，用清水洗净；将霉干菜洗净挤干水分，切成0.5厘米长的小段；在锅中倒入清水250毫升左右，加酱油、黄酒、桂皮、八角，放入肉块，加盖用旺火煮至八成熟；再加红曲米、白糖和干菜，翻拌均匀，改用中火煮约5分钟；至卤汁将干时，拣去茴香、桂皮，加入味精，起锅；然后取扣碗1只，先放少许煮过的干菜垫底，然后将肉块皮朝下整齐地排放于上面，盖上剩下的霉干菜；最后上蒸笼用旺火蒸约2小时，至肉酥糯时取出，覆扣于盘中，放上葱段即成。绍兴霉干菜是全国著名的特产。它具有鲜嫩清香的特点，与肉共煮尤为鲜美可口。霉干菜焖肉原是当地农村常用的家常菜。民国初期，绍兴当地菜馆将其纳入菜谱，成为绍兴的一道名菜。

［头肚醋鱼］

头肚醋鱼是绍兴传统的地方名肴。将鳙鱼头、肚洗净，切成长 5 厘米、宽 2 厘米的长方块，把笋切成小长方块；将炒锅置旺火上，下入熟猪油，烧至六成热，放入鱼块，将炒锅颠翻几下，烹入黄酒，加酱油、白糖、甜面酱、笋块和汤水 20 毫升，加盖烧沸后，再烧 5 分钟；用醋、湿淀粉调匀勾薄芡，淋入熟猪油；炒锅一旋一翻，起锅装盘，撒上葱末、姜末、胡椒粉即成。此菜品色泽红亮，头肚肉质活络，汤汁浓滑，配用甜面酱、米醋烹制，味鲜而略带酸甜。具有延缓衰老、益智补脑之功效。头肚醋鱼是绍兴百年老店“兰香馆”的传统风味菜。该馆坐落于市内水上交通中心——大江桥堍。店主人别出心裁地在店后的河上，置一只木船，专门活养二三公斤重的鱼，以招待顾客。选用鱼头和鱼肚为主料，现烧现吃的“头肚醋鱼”，颇受城乡客商青睐，现已成为家喻户晓的绍兴风味菜。

［清汤越鸡］

绍兴传统名菜。用绍兴特产越鸡烹制而成。此鸡肉白嫩，骨质松脆。利用原汁清炖，味鲜爽口。这道名菜几经绍兴厨师的改进，加上火腿、香菇、笋片作辅料，更具特点。鸡取用整只嫩母鸡，配以火腿片、笋片、香菇、绍酒等作料清炖而成。鸡肉白嫩、骨松脆，汤清鲜。清汤越鸡历史悠久。在春秋时期绍兴曾是越国的故都，越王台就建于卧龙山的东侧。当时，在越王宫内，原先养有一批花鸡，专供帝王后妃观赏玩乐。后来逐步成为优良的食用鸡种，流传至今，称为“越鸡”。据说清朝乾隆皇帝游绍兴时吃过清汤越鸡，连声称好。此后，这道菜就成了朝廷的贡品。

［清蒸鳜鱼］

绍兴传统名菜。鳜鱼，刺少，肉质细嫩肥美，是绍兴的名特产之一，历史上曾作贡品，清诗有：“时值秋今级鱼肥，肩挑网箱入京级”之句。此菜选用鉴湖产的鳜鱼清蒸，以著名的绍酒调味，色泽淡雅悦目，味似蟹肉，食后富有清新之感，南宋大诗人陆游在田园诗中赞它“别饶风味胜一筹”。具体做法：先将新鲜鳜鱼除鳞、鳃，剖腹去内脏，洗净，放开水中浸透一下取出，放冷水中，轻轻刮去黑色鳞衣，洗净放盘内，用精盐一分在鱼身上均匀擦一遍，腌渍一会。再将腌好的鳜鱼用水冲洗一次，在鱼身两侧划十字形刀花，平放在盘内，上面放葱段、姜片、精盐（三分）、黄酒和食油，上笼用大火蒸 10 分钟左右，见鱼眼球突出取出即成。此菜特点是鱼肉嫩鲜，清醇味美。适宜体质衰弱，虚劳羸瘦，脾胃气虚，饮食不香，营养不良之人食用；老幼、妇女、脾胃虚弱者尤为适合；有哮喘、咯血的病人不宜食用；寒湿盛者不宜食用。

［清汤鱼圆］

绍兴一带的传统风味名菜。选择肉质细嫩，黏性强，吸水最大，弹性足的花白鲢等为原料；“刮”取鱼泥要细腻；“排”斩鱼泥要透彻；鱼泥与水、盐的比例要得当；“搅”时柔中有刚，“挤”圆不带尾巴，形成其色白、形圆、质嫩、滑润、味鲜的特色。具有水肿调理、补虚养身调理、消化不良、健脾开胃调理等功效。（注意：吃鱼前后忌喝茶。）清汤鱼圆是浙江绍兴一带的传统风味菜，以汤清、味鲜、滑嫩、洁白而著称，在第二次全国烹饪大赛中获铜牌奖。

［糟熘虾仁］

绍兴传统的地方名菜。酒精是酒的副产品。其味醇厚异香。以酒糟调味烹制食物，历史悠久，风味独特。“糟熘虾仁”选用新鲜河虾仁烹入糟汁，软熘成菜，虾仁洁白、鲜嫩，糟香诱人食欲，被列入“中国名菜谱”。具体做法是：先将酒糟放在碗内，加白汤 50 毫升搅匀，滤去糟渣，加入精盐、味精和湿淀粉，调成芡汁待用；再将炒锅置中火，下入熟猪油，烧至四成热，将虾仁入锅，用筷子划散至熟，捞出沥去油；最后将炒锅留底油 10 克回置火上，投入葱段炝锅，烹上黄酒，拣去葱段，倒入芡汁，淋入熟猪油 25 克，起泡后迅速放入虾仁，用手勺推匀，即成。菜品特色是：虾仁洁白鲜嫩，糟香诱人，口齿留香。

［醉蟹］

相传由在安徽作幕的绍兴师爷所创。当时，淮河两岸蟹多为患，当地百姓却不知食用，庄稼遭害，驱赶无方，十分惊恐。师爷便向州官提议，鼓励百姓捕捉，上交官府，他则备好许多大缸和食盐、黄酒，将蟹烹制起来，然后，到各地销售，绍兴俗称其为“淮蟹”。“醉蟹”是在此基础上改良而成，经选蟹、养蟹、制卤、浸泡、酸制等工序精制，讲究制作周期、食用时期。特具清香肉活、味鲜吊舌的特点。

［绍兴腐乳］

绍兴市咸亨食品厂生产，产品除红方、青方外，尚有醉方、棋方，共四大类，色泽不同，大小有别，风味各异。红方咸中带甜，明清时曾作贡品，又称贡方；醉方淡黄色，酒味浓郁；棋方酱黄色，味醇暖胃，最宜老年人或病虚者食用；青方不需老酒罐卤，食用有较强的时令性，一般不外销。此外，尚有火腿红腐乳、香菇腐乳、玫瑰腐乳、精制麻油醉方等品种。产品一般可贮存半年而不变质。

［绍兴香糕］

已有 200 多年的历史。香糕的规格品种很多。黄色的有琴糕、朝笏糕（其形似朝笏），白色的有鸡骨糕和含有桂花香味的桂花糕等。其原料以精白米、糖为主，辅以丁香、白芷、豆蔻等中药制成的香料，兼有甜、香、脆诸特点。清代曾列为绍兴八大贡品之一。

[冰糖甲鱼]

是宁波地区最著名传统菜肴。冰糖甲鱼的另一别称为“独占鳌头”，由甬江状元楼首创，是宁波十大名菜之一。它是以甲鱼为主要原料，加以冰糖等佐料，具有色泽黄亮，绵糯润口，甜酸香咸俱全，滋味鲜美，并由于烹制时用芡汁热油裹紧甲鱼，能保持较长时间的热度。菜品口感鲜美肥腴，有入口甜、收味咸的特点，吃来软糯润口、香甜酸咸，风味独特。此菜含有丰富的蛋白质、碘、铁质、维生素 B 等多种营养成分，是一种具有滋阴、调中、补虚、益气、祛热等功效的滋补品。

[苔菜拖黄鱼]

宁波的一道传统名菜。苔菜，又名干苔、海苔，为翠绿细管状植物，形似丝绵，产于浅海岩石上，冬春季采集晒干，清香味浓，以宁波附近海面所产最为有名。当地居民都喜欢以苔菜切成末，与面粉拌成糊，用黄鱼肉条蘸裹面糊入油锅炸熟食用，故名为“苔菜拖黄鱼”。此菜以香味浓郁、鱼肉鲜嫩而著称，深受人们喜爱。

[腐皮包黄鱼]

宁波传统名菜，系用优质完整的薄豆腐皮包上新鲜生净大黄鱼肉炸制而成，用醋与茄汁酱等佐食，其味更佳。这是一道有百余年历史的宁波名菜。黄鱼含有丰富的蛋白质、矿物质和维生素，具有健脾开胃、安神止痢、益气填精之功效，对贫血、体质虚弱、中老。豆腐皮中含有丰富的优质蛋白，营养价值较高；含有大量的卵磷脂，可预防心血管疾病，保护心脏；含有多种矿物。鸡蛋清富含蛋白质和人体必需的 8 种氨基酸和少量醋酸，可以增强皮肤的润滑作用，保护皮肤的微酸性，以防细菌。

[新风鳗鲞（xiǎng）]

鱼鲞是中国东南沿海渔民最喜欢食用的佳品。新风鳗鲞是宁波人在冬令时节及过春节时制作的一种鱼鲞，略为风干，即可食用。将海鳗去鳗涎，洗净，从背脊处剖开，用洁净干布揩去血水，再用盐在鱼肉上擦匀，放入盛器内腌 2~3 小时，取出。用竹片交叉撑开鳗体，晾干。食用时，将风干的鲞鱼切下一块，入盛器内，加葱、姜、酒蒸熟，撕碎装盘即成。

●小模块：鱼鲞的历史

鱼鲞历史悠久。相传春秋末期，吴王夫差与越国交战，带兵攻陷越地鄞邑（今浙江宁波地区）时，御厨在五鼎食中，除了牛肉、羊肉、麋肉、猪肉外，还取当地鳗鲞代鲜鱼做菜。夫差食后，觉得此鱼香浓味美，与往日宫中尝过的鲤鱼、鲫鱼不一样。他回到宫中，虽餐餐仍有鱼肴，但总觉得不如鄞邑的鳗鲞可口。后来特从鄞邑海边抓了一个老渔民，专门为他烹制鲞鱼。老渔民将身边带来的鳗鲞，加调味蒸熟献上，夫差食后大快，赞不绝口。此菜便流传开来，并身价百倍。清代民间也嗜食鳗鲞，当时，浙江台州温岭县松门地区出产的“台鲞”，闻名全国。袁枚在《随园食单》中写道：“台鲞好丑不一。出台州松门者为佳。肉软而鲜肥，生时拆之，便可当作小菜，不必煮食也。同鲜肉同煨，须肉烂时放鲞，否则鲞消化不见矣。冻之即为鲞冻，绍兴人法也。”新风鳗鲞是宁波人冬令及春节时制作的，略为风干，即可食用。后来，上海也制作“新风鳗鲞”，因其鱼香馥郁，肉质丰满，鲜咸合一，风味独特，深受人们欢迎。

［**蛤蜊黄鱼羹**］

宁波名菜。蛤蜊用来煮汤，汤汁浓郁，鲜美可口，有“天下第一鲜”的美称。黄鱼是鱼中上品，因此取蛤蜊与黄鱼肉制成鱼羹，将蛤蜊剥壳取肉，将黄鱼肉切成丁，鸡蛋打成蛋液。炒锅烧热，放猪油，烧至五成热，放葱末煸香，再下鱼丁煸一下，随即放酒、盐和肉汤。汤沸后，撇去浮沫，加味精，下湿淀粉调稀勾薄糊芡，放蛤蜊肉，淋上鸡蛋液、猪油，出锅装盆，撒上火腿末、葱末即成蛤蜊黄鱼羹。

［**摇蚶**］

宁波所产蚶子，个大壳薄肉厚，肉质极嫩、异常鲜美。当地人在食用蚶子时取用粗铅丝篓，把蚶子置于其中，放进沸水锅中反复摇动篓子，至蚶烫熟，故名。将蚶子放在钵中，倒入清水，用竹帚洗刷，至壳发白，倒掉泥水，再用清水淘洗干净，放入沸水中略烫，随即取出。将烫好的蚶子剥去半边壳，放入盘中，撒姜末、葱末，淋上酱油、酒、麻油即成。清袁枚在《随园食单》中特别记载了此菜的几种吃法：“蚶有三吃法：用热水喷之半熟，去盖、加酒、秋油醉之；或用鸡汤滚熟，去盖入汤；或全去其盖做羹亦可，但宜速起，迟则肉枯。”如今宁波仍然保持着这种烹调方法。

［**咸膏蟹**］

宁波名菜。由红膏梭子蟹经过特殊工艺加工而成，肉多，脂膏肥满，味鲜美，营养丰富。具体做法：先将活梭子蟹洗净，加白酒，放入盐水中浸泡半小时；再将所有调味料调匀；最后将蟹捞出摆盘，淋上调味汁即可。宁波是临海城市，宁波人的餐桌上多多少少都会出现海鲜食品，鲜肉多膏的红膏梭子蟹想必就是宁波人的最爱。它不但味美，且营养丰富，是一种高蛋白的补品。螃蟹还有抗结核作用，对结核病的康复大有补益。

［**宁波汤圆**］

亦称宁波猪油汤团。宁波传统名点。主要作料为糯米、黑芝麻、猪油、白糖、桂花等。采用吊浆技法，将糯米制成不干不黏的水磨粉；再将黑芝麻炒熟研末，加入猪板油丁、白糖等拌成馅心；以水磨粉为皮坯，包入馅心搓圆，置沸水锅内煮熟后，撒上少量白糖、桂

宁波汤圆

花和红绿丝即成。特点是，色白发光，糯而不黏，皮滑馅润，滋味香甜。20世纪90年代以来，还新创“麻蓉汤团”“速冻汤团”等新品种，远销日本和港澳地区，深受欢迎。

［奉化千层饼］

又名苔菜千层饼，产于奉化市溪口镇。产品形似香干，面撒芝麻，层次分明，甜中有咸，松脆香酥，清香可口，饼中层次达27层，为旅游及馈赠佳品。系以面粉、苔菜粉、芝麻、小苏打、绵白糖、饴糖、豆油等为原料，经蒸粉、擀粉、筛粉、擀糖、筛糖、制馅、包皮、卷条、擀饼、排饼、刷水、撒芝麻、烙饼、搁酥等14道工序制成。

［白鲞扣笨鸡］

舟山传统佳肴。“白鲞”，即用大黄鱼加工制成的咸干品，味鲜美、肉结实，为名贵海产品，中医认为其味甘、性平，可开胃、消食、健脾、补虚。“本鸡”，为舟山本地鸡，鲜嫩肥美，中医认为其味甘、性温，可温中益气、补精添髓，白鲞与笨鸡配伍，同蒸成肴，可谓锦上添花，其味更胜一筹，两物均具滋补之功，加之新鲜，咸鲜互补，两味渗合，鸡有鲞香，鲞有鸡鲜，咸鲜入味，香醇清口，富有回味，不愧为肴中之珍品。

［黄鱼鲞烧肉］

舟山传统名菜。黄鱼鲞就是咸黄鱼干，是鲜黄鱼剖肚盐渍晒干而成，背开盐渍后又漂洗晒干的称“白鲞”或是“淡鲞”。是江南沿海一带的特色鱼干，很多沿海地方都有自己的各种鱼干。具体做法：准备好黄鱼鲞和五花肉；把黄鱼泡入水至软，泡去咸味，除去鱼鳞；把肉切成2厘米的长条，再切成1厘米的段；放入锅先大火炒去水分，再改用中火；锅中的肉炸出油后，把油倒入另一锅中；加入葱和姜炸香，加入老抽，加入料酒和白糖，炒一炒；倒入开水，用中小火慢烧；把鱼头、鱼尾去掉，把黄鱼切成段；把鱼块放入油中炸黄，捞出备用；锅中肉烂时，放入鱼中小火慢烧到锅中还有少量汁时关火出锅。此菜具有补肾养血，滋阴润燥之功效；主治热病伤津、消渴羸瘦、肾虚体弱、产后血虚、燥咳、便秘、补虚、滋阴、润燥、滋肝阴，润肌肤，利二便和止消渴。猪肉煮汤饮下可急补由于津液不足引起的烦躁、干咳、便秘和难产。

［大烤目鱼］

舟山名菜。为整条目鱼制作，将目鱼所有的触须全部塞进处理干净的目鱼身体内部，用特制的调料包进行卤制，成品后色泽光亮香气诱人，内壁不粘连，口感紧实。具体做法是：将目鱼去掉硬骨、眼睛，洗净后放入冷水中大火烧开，取出撕去筋膜；锅内放入色拉油，烧至七成热时放入干辣椒、葱结、姜片、香叶、茴香、桂皮小火煸炒出香，放入酱油、排骨酱、南乳汁、黄酒、白糖、辣油小火调匀，出锅成酱料，拣去干辣椒、葱结、姜片、香叶、茴香、桂皮不用；锅内放入一个大箅子，放入洗净的目鱼和炒好的酱料，加清水 5000 克浸过目鱼，先用大火烧开，撇去浮沫后盖上盖子，改小火焖烧 40 分钟，用味精调味后取出目鱼；目鱼放入不锈钢锅内，汤汁过滤后重新放入锅内，中火烧至汤浓后出锅盛一半放入碗中备用，另一半留用；目鱼切厚片，按照原形摆入盘中，浇上一半汤汁即可。

［烟熏鲳鱼］

烟熏鲳鱼是舟山名菜一道传统的名菜，属于粤菜，口味香醇，变化多样，色泽红亮，操作简易。主要原料为大鲳鱼、酱油、老抽、味精、蚝油等。具体制作方法：把鲳鱼洗净后斜切成厚 0.8 厘米的鱼片。用酱油、老抽、糖、味精、蚝油、鱼露、姜、葱、酒、蒜粉和各种香料调制成卤汁，把鲳鱼片放入调好的卤汁内稍腌，然后风干。把入味风干的鲳鱼片放入微波炉或电烤箱内熏制成金黄色熟透即成。把烤好的鲳鱼整齐的放入盆内，用柠檬片点缀成型。

［鳗鱼丝炒芹菜］

舟山地方名菜。主要原料有 150g 鳗鱼、100g 芹菜等，这道菜非常美味。将鳗鱼干用冷水泡 10 分钟左右，切丝。在锅中用水焯一下。捞出冷水冲一下，备用。切葱丝、姜丝。焯好的芹菜切段。在锅中倒少许油，放入姜丝。倒入鳗鱼丝翻炒。加少许盐。加少许酱油。放入芹菜。加少许糖。大火翻炒一分钟，即可出锅。

第四篇

购在浙东：绍兴 / 宁波 / 舟山风物特产

各位游客朋友，浙东三地从内陆平原延伸至沿海岛屿，风物特产也随地域变化而有不同。绍兴地处平原，河湖港汊纵横交错，特产也大都与水有关。绍兴黄酒举世闻名，却因其独特的水源水质而无法模仿复制，另有绍兴丝绸、霉干菜、茴香豆、枫桥香榧、诸暨珍珠等也是有名的特产。宁波和舟山地处沿海，海岛特产特别丰富，如宁波的南田泥螺、象山紫菜、舟山的带鱼、野生竹节虾、岱山海盐和梭子蟹等，另有宁波金柑、奉化水蜜桃、余姚杨梅、普陀佛茶和水仙花、金塘李等。接下来就请大家随我去浙东选购你中意的特产吧！

[绍兴老酒]

为国家地理标志证明商标。绍兴老酒用精白糯米、优质小麦为主要原料，汲取得天独厚的鉴湖之水酿制而成。同时，采用不同的配料和酿制方法，分加饭、元红、善酿、香雪、花雕等品种，各种酒具有其独特的风味，是饮料酒中之佳品，用绍兴老酒作调料烹饪菜肴能增添美味。绍兴酒也是配服中成药的理想药引。绍兴酒出口近 30 个国家和地区，每年外销量 5000 吨以上，占我国黄酒类外销的首位。

绍兴酿酒已有 2500 年的历史。据《吕氏春秋》记载，春秋战国时期这里就能酿造精良美酒了。“投醪河”的故事便是一个佐证。公元前 473 年，越王勾践经过“十年生聚”“十年教训”后，亲征伐吴，师行之日，将越国父老送来的美酒投入河中，与士卒共饮，将士们深感恩德，无不用命。终于大破吴军。至今，绍兴城南犹存的投醪河便名出于此。南北朝时，绍兴酒被列为贡品，到

绍兴黄酒

了唐宋两代，绍兴老酒更是越酿越精，遐迩闻名。1915年的巴拿马万国赛会和1925年的西湖博览会上，绍兴老酒都获得了特等奖状与金牌。新中国成立后，绍兴老酒是全国18大名酒之一，每届全国评酒会均被授予质量金牌奖。1985年，在西班牙马德里国际酒类大奖赛中又荣获金牌奖章。

［女儿红］

女儿红又叫状元红、花雕酒，为绍兴黄酒之一种。早在晋代，上虞人稽含著《南方草木状》记载："女儿酒为旧时富家生女、嫁女必备之物。"至宋代，绍兴家家会酿酒。每当一户人家生了女孩，满月那天就选酒数坛，请人刻字彩绘以兆吉祥，然后泥封窖藏。待女儿长大出阁时，取出窖藏陈酒，请画匠在坛身上用油彩画出"百戏"，如"八仙过海""龙凤呈祥""嫦娥奔月"等，并配以吉祥如意、花好月圆的"彩头"，同时以酒款待宾客。"女儿红"酒由此得名。

女儿红选用上好糯米、优质麯，辅以江浙明净澄澈的湖水，用古法酿制出风味独特、营养丰富的黄酒。女儿红酒性柔和，酒色橙黄清亮，酒香馥郁芬芳，酒味甘香醇厚。据检测，女儿红含有对人体有益的多种氨基酸、糖类和维生素等营养成分，被称为高级液体蛋糕。根据贮存时间不同，女儿红有三年陈、五年陈、八年陈、十年陈，甚至几十年陈等，以陈为贵。女儿红酒性温和，可直接饮用，亦可温烫至38~40℃时饮用。加温后酒精度降低，因此变得更加香醇厚实，容易入口。除了佐菜饮用以外，不少名菜都以花雕酒为作料制作而成，如花雕鸡、花雕烩蟹肉等。吃蟹最好饮花雕酒，蟹性凉，花雕酒暖胃，这是最佳搭配。

●小模块："女儿红"传说

从前，绍兴有个裁缝师傅，娶了妻子就想要儿子。一天，他发现妻子怀孕了，便兴冲冲地赶回家去，酿了几坛酒，准备得子时款待亲朋好友。不料，他妻子生了个女儿。当时，社会上的人都重男轻女，裁缝师傅也不例外，他气恼万分，就将几坛酒埋在后院桂花树底下了。光阴似箭，女儿长大成人，生得聪明伶俐，居然把裁缝的手艺都学得非常精通，还习得一手好绣花，裁缝店的生意也因此越来越旺。裁缝一看，生个女儿还真不错嘛！于是决定把她嫁给自己最得意的徒弟，高高兴兴地给女儿办婚事。成亲之日摆酒请客，裁缝师傅喝酒喝得很高兴，忽然想起了十几年前埋在桂花树底下的几坛酒，便挖出来请客。结果，一打开酒坛，香气扑鼻，色浓味醇，味道好极了。于是，大家就把这种酒叫作"女儿红"酒，又称"女儿酒"。此后，隔壁邻居及远远近近的人家生女儿时，就酿酒埋藏，嫁女时就掘酒请客，形成了风俗。后来，连生男孩子时，也照此酿酒、埋酒，盼儿子中状元时庆贺饮用。

所以，这酒又叫“状元红”。“女儿红”、“状元红”都是经过长期储藏的陈年老酒。因此，这种酒就成了名贵的赠品。

[茴香豆]

茴香豆是绍兴酒店中四季常备的一种下酒物，价廉物美。它是用干蚕豆加茴香、桂皮、食盐等辅料和水煮成。它五香馥郁，咸而入味。又因桂皮具有去臭调味的作用，民间认为茴香豆“入肚暖胃”。行家烹制茴香豆，使它熟而不腐，咀嚼起来越嚼越有味，最适宜作为下酒菜。民谣云：“好吃茴香豆，嚼嚼韧赳赳。”此豆极富绍兴风味，鲁迅笔下曾有描述，故尤受外地游客欢迎，多购之以馈赠亲友。绍兴咸亨酒店日销茴香豆最多时达 300 余公斤。

[绍兴霉干菜]

用鲜嫩的雪里蕻菜为原料加工制成。已有数百年制作历史。主产于浙江省绍兴、慈溪、余姚等市、县，以绍兴所产最佳。成品分甲、乙、丙三等。优质者色泽黄亮、干燥、梗细、长短均匀、味鲜、质嫩、咸淡适度、无硬梗、无杂质，具鲜、香、嫩、味醇厚的特点。绍兴霉干菜除了用来作佐餐外，还作为各式菜肴的辅料，烤笋、烧鱼、炖鸡、蒸豆腐等，其味隽美，开胃增食。夏天，用霉干菜配上一撮嫩笋干作汤料，有生津止渴，解暑防痧，恢复体力的功能。

[枫桥香榧]

为地理标志证明商标。主产于诸暨、嵊州、绍兴三市（县）交界的会稽山区和东阳市的玉山一带。以诸暨市枫桥区东溪乡的钟家岭、西坑、黄坑、杜家坑等村产量最多，品质居上。历史上枫桥镇为香榧贸易的集散地。细榧也称薄壳香榧，种子呈倒卵形，顶部微大稍弯，基部略小，表面有纵浅皱纹，种皮薄，色紫褐。种仁具有壳薄仁满，果香质脆的特点，是香榧中的最佳品种。刚采摘下来的榧果要堆放 7 天，剥去假种皮，再铺堆成 15 厘米厚，让其发酵 10 天，以除去涩味，最后洗净晒干即成生香榧。

枫桥香榧树

[小京生]

[绍兴醉鱼干]

绍兴醉鱼干采用绍兴鉴湖淡水鱼、

配以绍兴糟烧、茴香桂皮等上等原料，具有油润可口、细嫩鲜美之特点。为家庭、宾馆餐厅之必备之品。绍兴醉鱼是家乡传统名菜，盛誉至今。厂家沿用传统工艺，选用一级淡水鱼，经过道道工序精工细做，配制绍兴特有佳酿黄酒酒糟调制而成。产品色泽黄亮，酒香醇厚，后味悠远，保持了传统醉鱼的独特口感，又结合现代生活的质量标准，采用高压灭菌和真空软包装，保证了产品的方便、卫生、快捷，是家居、会客、馈赠、旅行的绝佳选择。

［**绍兴丝绸**］

主产于绍兴市、嵊州市和诸暨市，拥有绸、缎、绵、纺、绉、绫、罗、纱等十四个大类。产品色泽明亮，手感柔软，条干均匀，伸强度好，清洁度高，偏差小，切断少，呈珠光宝气。呈现图景新颖、富丽华贵、层次分明、栩栩如生之特色。绍兴丝绸，主产于绍兴市、嵊州市和诸暨市。50年代起，绍兴丝绸珍品迭出，精品如云。嵊州市丝厂所产梅花牌Z/27白厂丝，1979，1983，1988年3次获国家质量金质奖。诸暨丝织厂保俶塔牌12 103双绉和绍兴红旗绸厂东湖牌H 1087慕本缎，1985年获国家质量银奖。1989年，绍兴市有丝绸企业近300家，年产丝1597吨。1990年，产丝织品9630万米。绍兴真丝绸产品，远销西欧、美洲、东南亚及香港、澳门等地区。

［**诸暨珍珠**］

主要产于绍兴诸暨市。该市现有养殖面积80 000亩，年产珍珠600吨，以养殖优质高档珠——象形珠、纽化珠、夜明珠为主。现有珍珠企业350家，目前正在建设珍珠特色产品加工工业园，占地面积233 000多平方米，总投资1.98亿元，被列入省重点建设项目，建成投产后，全年筛选珍珠400吨，珍珠首饰2000万件，珍珠工艺品150万件，珍珠粉胶囊80吨，珍珠化妆美容保健品50万瓶，实现销售收入17.5亿元，创利税2.5亿元。诸暨珍珠业正进一步向系列化、专业化、产业化发展。

与之相伴而生的诸暨珍珠市场始建于1985年6月，经四次易址扩建，已发展成为全国规模较大、设施完备的珍珠、珍珠饰品、珍珠工艺品综合交易专业市场。目前，市场占地11 391平方米，建筑面积8500平方米，摊位921个，店面79间，经营近200种珍珠制品，1998年市场成交额9.1亿元。市场两次被评为全面文明市场，1997年被省工商局评为“三星级文明规范市场”，1998年被定为浙江省旅游产品定点重点市场。从1998年成功举办了首届中国珍珠节，到2016年已成功举办了十届中国珍珠节。第十届中国（国际）珍珠节在诸暨市山下湖镇华东国际珠宝城南广场隆重开幕。通过珍珠节的举办，不仅提升了诸暨珍珠知名度、美誉度，而且也全面助推了“珍珠小镇”建设，从而为诸暨珍珠产业的发展找到了新引擎。

●小模块：珍珠养殖历史及产品功效

珍珠养殖的历史可上溯到两千多年前的春秋时期。诸暨曾为越国古都，绝代佳人西施就出生于江畔，志书中有西施“母尝浴帛于石，明珠射体感而孕”的记载。过去珍珠基本上靠自然形成，真正可以人工养殖并获得大规模发展是在改革开放以后。自20世纪80年代起，诸暨珍珠养殖业从以集体为主拓展为集体、个体一起发展为产业群体。

珍珠的功效主要表现在三个方面：第一是药用，它是一味名贵的药材，性寒味咸，无毒，入心肝二经，能镇心安神、养阴熄风、清热坠痰、去翳明目、解毒生肌，临床可用于多种病症的治疗。第二是用作装饰品，可以做成各种首饰以及帽穗、垂帘等，极为秀丽美观。第三个作用就是用于美容养颜。李时珍在《本草纲目》中写道：“珍珠涂面，令人润泽好颜色。”《中国医学大辞典》记载，珍珠能“镇心明目，涂面令人润泽，好颜色”。诸暨珍珠业界开发的保健药品和药膳已有：珍珠粉、速溶珍珠粉、珍珠胶囊、珍珠全鳖胶丸、珍珠含片、珍珠美白洗面奶、灵芝胶丸、珍珠茶、速溶珍珠生物钙、珍丝灵抗皱美容霜、珍珠护肤品系列、珍珠食品添加剂、珍珠牙膏、珍珠八宝糖等。珍珠以它特有的功能和价值，正在为人类做出越来越多的贡献。

［南田泥螺］

为宁波象山南田岛地理标志证明商标。泥螺，又称吐铁，呈螺圆形，壳薄而脆，沿海泥涂均产，以南田涂、水湖涂最盛，质佳。“吐铁”名称的来历，是由于泥螺生长在海涂上“吐舌含沙，沙黑如铁”，每年要到桃花开时，泥螺的“铁”才吐完，肚内清洁，味就美了。南田泥螺生产地域范围为宁波市象山县南田岛特定生产区域，位于象山半岛南沿。象山县南田岛即鹤浦镇，岛屿面积102.8平方公里，浅海区域19.5万亩，滩涂2万亩。滩涂潮流缓慢，底质为泥质，底栖生物丰富，近海水质清新，盐度适中。更兼产地内气候条件绝佳，养殖条件得天独厚，非常适合泥螺生长，据悉，南田泥螺丰产年产量可达到500公斤／亩左右。南田泥螺成功获批地理标志证明商标后，对于加快该县水产品品牌建设，进一步推进渔业产业化进程，都有着十分重要而积极的意义。

［象山紫菜］

为国家地理标志证明商标。象山紫菜养殖已经有30多年历史，是海水养殖主导产品之一。随着养殖技术水平的提高和市场需求的增多，养殖面积逐年扩大，形成较大生产规模。目前全县养殖面积1.6万亩，产干紫菜3500多吨。以前鲜菜收割后，大多手工制成菜饼，晒干上市。近年发展机制加工，产品档次提高，菜饼薄嫩光亮、味道鲜美、清洁卫生。紫菜含有丰富的维生素和矿物质，特别是维生素 B_{12}、B_1、B_2、A、C、E 等。它所含的蛋白质与大豆差不多，是大米的 6 倍；维生素 A 约为牛奶的 67 倍，核黄素比香菇多 9 倍，维生素 C 为卷心菜的 70 倍。还含有胆碱、胡萝卜素、硫胺素、烟酸、维生素 C、碘等。它具有清热利尿、补肾养心、降低血压，促进人体代谢等多种功效。

［宁波金橘］

为国家地理标志保护产品。因原产于该省瓯江北部的罗浮地区，故称长形金柑为“罗浮”。主要品种有金弹、罗纹、罗浮三种。金弹品质最佳，果实呈椭圆形，果面光滑，色泽金黄，果皮坚韧不易分离，囊皮薄而柔软，甜酸适口，香气扑鼻，最宜鲜食。罗纹又名圆金橘，果呈圆形，果面较粗糙，呈黄色或橙黄色，油泡甚大，多突起，果皮薄而水分多，不耐储藏，宜加工成蜜饯。罗浮果形长圆，形如牛奶头或红枣，果皮光滑，色金黄，油泡密，肉酸多汁，具有生长快、产量高、抗病性强、耐储藏、宜长途运输的优点，适宜出口，也用来加工蜜饯和罐头。中医认为，金橘有理气、补中、解郁、消食、散寒、化痰、醒酒等作用，可用于治疗胸闷郁结、酒醉口渴、消化不良、食欲不振、咳嗽哮喘等症。

［奉化水蜜桃］

为国家地理标志保护产品、地理标志证明商标、农产品地理标志产品。宁波奉化是我国水蜜桃的重点产区，奉化水蜜桃以其独特的口感，细软的肉质，味甜汁多的味道，美观的果形、浓郁的香气而享誉八方，被世间的爱桃人士誉为“琼浆玉露”“瑶池珍品”。奉化市水蜜桃研究所于 1998 年注册了“锦屏山”商标，并在全市的水蜜桃产区内统一使用，全力打造“锦屏山”品牌。全市范围内“锦屏山”牌奉化水蜜桃的种植面积为近 5 万亩，产量达 4 万多吨，直接产值近两亿元。1996 年奉化市被国务院发展研究中心农村发展研究部等部门联合命名为“中国水蜜桃之乡”。

奉化水蜜桃

●小模块：奉化水蜜桃的栽培历史

奉化水蜜桃已有 500 多年栽培历史。南宋奉化人陈著在《徐凫蛟瀑》一诗中，曾有“满山药味增新色，夹岸桃花胜旧年”之绝句。明代景泰年间奉化诗人汪伦的《丹霞洞》一诗中，也有“溪上栽桃满洞花，洞门石壁掩丹霞”的描绘。据《奉化市志》记载，清光绪九年（1883年），剡源乡36湾村（今属溪口镇）花农张银崇从上海带回龙华“水蜜桃”，设圃繁育，经多年培育成良种。因该桃品质优异，故取琼浆玉露之意，名曰“玉露水蜜桃”，自此开始了“奉化水蜜桃”的名产历史。

［余姚杨梅］

为国家地理标志保护产品和地理标志证明商标。余姚是中央农业部命名的全国杨梅之乡，种植杨梅历史悠久。据境内河姆渡遗址考证，早在7000年前就已有杨梅原种存在，人工栽培历史亦有2000余年。现有栽培面积8.1万亩，目前常年产量1.3万吨左右。余姚杨梅的特点是粒大、色艳、汁多、味重。自古就有“余姚杨梅冠天下”的美誉，现已销往北京、上海、广东、东北等全国各地，部分产品已进入香港国际市场。

［余姚榨菜］

为国家地理标志保护产品、地理标志证明商标。余姚市是我国著名的榨菜生产加工基地，是全国最大的榨菜生产加工基地，是农业部命名的“全国榨菜之乡”。余姚榨菜菜色微黄，具有质地嫩、脆的特点。余姚榨菜种植连片集中，加工初具规模，市场覆盖全国。种植面积超过10万亩，菜农超过10万人，年产鲜头达到10亿斤。余姚市有榨菜加工企业120余家，年加工产值达到10亿元。营销网络遍布全国，产品远销海外。

余姚榨菜与四川榨菜不同的是：四川榨菜春种秋收，余姚则是秋种春收；四川榨菜种在山坡地上，余姚榨菜种在沿海平原松软的沃土里。由于土壤肥沃，雨量充沛，生长期间越冬经霜，加上菜农的精耕细作，因此，姚产榨菜圆头大，特别鲜嫩，口感爽脆，市场占有率高，效益也好，由此带动榨菜种植业迅猛发展。小包装榨菜，非常适合旅游者携带，品尝十分方便，当然也是居家食用的佳肴。

［慈城年糕］

为地理标志保护产品。慈城年糕已有数百年生产历史，以选料讲究，精工制作著称，它用优质晚粳米洗净后，用水浸泡三四天或一周，用水磨成粉，压去水分至不干不湿之恰到好处，粉碎后置蒸笼中猛火蒸透，或舂或轧成大小均匀的条状年糕。慈城年糕在获得全国首个年糕食品地方标准的基础上，经农业部、中国特产之乡暨宣传推广活动组织委员会推荐和评审，获得“年糕之乡”的美名。年糕传说是由春秋名臣伍子胥发明的，这个故事在慈城镇流传至今，慈城年糕烹饪方法之多，林林总总不下数十，因其吉祥之意，所以人们在岁末年初，食用或祭祀，都得用上年糕，以占来年胜过今年的彩头。是家家户户除夕夜的必备食品。慈城镇被授予“中国年糕之乡”称号。产品远销香港、新加坡、台湾、加拿大、澳大利亚等地区和国家，深受海外“宁波帮”的喜爱。

［**慈溪葡萄**］

为地理标志证明商标和农产品地理标志产品。主要产于宁波慈溪的新浦镇、观海卫镇、周巷镇、掌起镇、龙山镇、胜山镇、逍林镇等。此地系长江冲下来的肥土堆积围涂而成，这里的农民又有多年的葡萄种植经验。每年夏季，别处夏日炎炎，骄阳如火，可这里浓阴如织。一到七八月，葡萄熟了，满村都飘荡起葡萄醇厚的馨香，绿如翡翠，紫是玛瑙，客人是络绎不绝。如今都提倡大棚栽植了，葡萄的污染更少，颗粒更大，醇香也更浓厚。由于此镇六塘南村的黎阳牌和金皇后牌葡萄曾获全国性的葡萄比赛金奖，一年一度的慈溪葡萄节都会在慈溪六塘南南村隆重举行。目前，慈溪市葡萄的种植面积已达 3.3 万亩，今年投产面积 2.3 万亩，年产量 2.5 万吨。而此次“慈溪葡萄”地理标志证明商标的注册成功，在提高地方“名特优”产品竞争力、发展特色农副产业、促进农民增收致富方面将起重要的作用。

［**普陀佛茶**］

普陀山地处浙江省舟山群岛，也称“普陀岛”，属温带海洋性气候。这里冬暖夏凉，四季湿润，土地肥沃，林木茂盛，日出之前云雾缭绕，露珠点点。茶树大都分布在山峰向阳面和山坳避风的地方，为其生长提供了十分优越的自然条件。佛茶制成后，风貌特殊，外形紧细，卷曲呈螺状，色泽绿润显毫；冲泡后汤色黄绿明亮，芽叶成朵；饮后，顿感口舌清香萦绕，滋味鲜美浓郁。雨前采叶，用普陀山泉水、仙人井水冲饮，可治肺痈、血痢等。1915 年，普陀佛茶在巴拿马国际博览会上荣获二等奖。普陀佛茶历史悠久，自古以来，普陀僧人在寺庙周围开辟山地为茶园，由僧侣栽种采制，用来敬佛和待客；在清代被列为贡品，是茶文化与佛文化的完美结合之作。深厚的文化沉淀、闻名的佛教圣地以及海岛独特的地理环境和气候条件，使普陀佛茶成为色、香、味俱全的茶中精品，也形成了普陀区一项具有明显区域特色和优势的传统产业。

●小模块：关于佛茶的传说

相传，唐大中十二年（858 年），日本僧人惠萼来中国留学，在朝拜五台山时得观音圣像一尊。他准备从明州乘船回国，驶近普陀山东边的新罗礁时，突然海上出现数百朵铁莲花，挡住船的去路，虽经多方努力，铁莲花依旧顶住船只，船只行驶不得。惠萼和尚领会观音不肯离开中国，于是说：“使我国众生无缘见佛，当以所向建立精舍。”惠萼遂舍船登岸，于此留观音像造寺。后因《华严经》有善财参观音于普陀洛伽之说，遂称为“普陀”。从此，普陀山成为供奉观音的道场，俗称“南海”。山上寺庙众多，有普济寺、法雨寺、长生禅院、盘陀庵、灵石庵等。山上土地归寺庙所有，茶叶又为僧侣采制，并为寺僧祭佛和敬客之物，故曰“佛茶”。

［嵊泗贻贝］

为地理标志保护产品和地理标志证明商标。贻贝俗称淡菜，也叫海虹（东海夫人），是一种双壳类软体动物，生活在海滨岩石上。贻贝是大众化的海鲜品，可蒸、煮食之，营养价值很高，并有一定的药用价值，素有“海中鸡蛋”之称。据分析，每百克鲜贝肉含蛋白质10.8克，糖2.4克，灰分2.4克，脂肪1.4克，干制贻贝肉蛋白质含量高达59.3%。贻贝还含有多种维生素及人体必需的锰、锌、硒、碘等多种微量元素。贻贝的营养价值高还由于它所含的蛋白质有人体需要的缬氨酸、亮氨酸等8种必需氨基酸。

［登步黄金瓜］

为地理标志证明商标。又名“东洋黄金瓜”，因其个头小，每只重量一般只有120克，因而得名。据考查，登步岛黄金瓜已有130余年的栽种历史。特点是，色泽深黄，外表光滑，香气浓郁，其味甜而鲜口。近年来随着市场需求量的增加，不仅岛上农民争相栽种，就连桃花等地的外岛农民也纷纷上岛求讨瓜种。但稀奇的是别地方种出的瓜，都远不及岛上田厂、永安两地的瓜来得香甜。登步黄金瓜的产量很高，管理得好，亩产最高可达3000公斤。

［晚稻杨梅］

为农产品地理标志产品和地理标志证明商标。舟山晚稻杨梅属乌梅类品种，果面紫黑色。平均果粒重10克以上，果实近圆形，肉柱圆钝，果大核小，可食率94%左右。肉质柔软，汁液丰富，富有特殊的香味。舟山晚稻杨梅可溶性固形物10%左右，品质上等，总糖8%以上，口感品质极佳，甜酸可口，肉核易离，品质优异，青素含量极高。民间常用烧酒浸制杨梅，有消暑止泻等功效，据南京大学的2006年研究成果，晚稻杨梅浸泡烧酒，其有效功能成分含量比其他品种高出3倍。通过专用冰袋保鲜后的晚稻杨梅，有了走向长三角市场的能力：一是来舟山的外地游客尤其是长三角游客非常多，游客买到杨梅后，能够放心地带回家品尝或馈赠亲友；二是礼盒装的杨梅，也是舟山市民送给外地亲友的好礼物。

［野生竹节虾］

为地理标志保护产品。野生的竹节虾又称斑节虾、车虾，属甲壳类对虾族。此虾体大壳硬，色彩艳丽且呈斑节状，故而得名。在虾中有“虾后”之誉。竹节虾不仅体大肉实，而且肉质白嫩，无比鲜美，乃海产品中的上品。在古医学上，将它与“海鸟、真章”列为三种强身壮体的海洋高级营养食品。舟山群岛附近海域，是野生竹节虾的主要分布地。野生竹节虾种群大致分为舟山渔场种群和闽南粤东两个种群。舟山种群是优势种群，产量占总体的60%以上。竹节虾舟山种群与南方种群相比有独特的优势：生长环境水温较低，故周期较长，其肉质更鲜嫩可口；捕捞季节较为集中，多集中在9~11月，单位产量较高，具有较高的经济效益；色泽以青色为主，肉色白嫩，非常适合做寿司虾等产品。2005年，舟山“银豪牌”竹节虾通过了原产国标记保护考核，2006年，获得了“浙江名牌产品”称号。产品盛名享誉国内外，长期远销日韩等国，深受海外客户的青睐。

[金塘李]

为舟山地理标志证明商标。金塘李因产于金塘岛而得名，已有130余年的栽培历史。金塘李果实圆形，果大核小，皮薄呈青，果肉鲜红，肉厚质脆，汁多味甜，酸度适口，早在清光绪《定海县志》中就有“花红李，樱桃属，皮青肉赤与常李异，食用，金塘最盛，每户种之成林”的记载，被列为浙江省十大名果之一。金塘李不仅是夏食的鲜果珍品，畅销沪、甬、杭一带，而且是加工蜜饯的最佳原料。1999年被浙江省农博会评为“优质农产品”。金塘李加工成蜜饯、加应子、化核加应子、话梅等系列产品远销香港、澳门、台湾、新加坡、日本等地。

[舟山带鱼]

为地理标志保护产品和地理标志证明商标。舟山带鱼头尖口大，到尾部逐渐变细，好像一根细鞭，头长为身高的2倍，全长1米左右，1996年3月中旬，浙江有一渔民曾捕到一条长2.1米、重7.8公斤的特大个体，这条“带鱼王”后来被温岭市石塘镇小学的生物博物馆收藏。带鱼分布比较广，以西太平洋和印度洋最多，我国沿海各省均可见到，其中又以东海产量最高。带鱼是舟山市四大经济鱼类之一。舟山市四大经济鱼类是指大小黄鱼、带鱼和墨鱼，其产地在世界著名的舟山渔场。在历史上，四大鱼类是舟山渔场的代表性鱼类。2002年，舟山市带鱼产量约17万吨。

[岱山海盐]

为地理标志证明商标。经过传统精湛的滩晒工艺制得的“岱盐”，素有“洁白、粒细、鲜嫩、营养”四大品质，在浙江省内外享有一定的声誉。“岱山海盐”生产历史久远，拥有优越独特的海岛自然环境，据《岱山县志》记载，自宋朝以来，岱山就以使用刮泥淋卤之法生产食盐。“岱山海盐”为清朝贡盐，清代中前期，岱山盐民又采用煎煮法制盐；嘉庆年间，岱山盐民王金邦更是首创木板晒盐法，在各地广为推广。岱山海盐晶莹剔透，粒细脆嫩，鲜味可口，富含人体必需的钾、镁、钙、碘、锌微量元素，深受消费者青睐。在金华火腿、余姚榨菜等精品腌制品的生产中更是有着举足轻重的作用。

[普陀水仙花]

为地理标志证明商标。普陀区野生水仙花资源丰富，历史悠久，早在南宋就有文字记载。20世纪70年代开始，由野生移植人工栽培，以其球大、花多、香气浓，赢得花卉行家们好评，1981年正式被命名为普陀水仙，和漳州水仙、崇明水仙并列为我国三大最佳水仙品种之一。普陀水仙为舟山市市花。普陀水仙盆景的方式有水养和土栽两种。水养盆景又有雕刻和不雕刻之分。雕刻造型的水仙盆景，株势较矮，花色淡雅，花叶卷曲，千姿百态，其根、茎、叶、花均有观赏价值。不雕刻的水仙盆景，只要掌握下水季节，注意控制温度，也可构成疏密有致、绿叶挺拔、富有诗情画意的盆景。土栽盆景与水养盆景风味各异具有叶色更翠、花姿更秀、香气更浓、花期更长的特点。

［三疣梭子蟹］

为地理标志证明商标。舟山三疣梭子蟹属在印度洋—西太平洋的种类很多，是重要经济蟹类。常见的有红星梭子蟹、远海梭子蟹和三疣梭子蟹等。舟山群岛附近海域，是我国梭子蟹的主要产地。梭子蟹，学名“蝤蛑”，有些地方俗称“白蟹”。因头胸甲呈梭子形，故名。甲壳的中央有三个突起，所以又称“三疣梭子蟹”。舟山梭子蟹肉质细嫩、洁白，富含蛋白质、脂肪及多种矿物质。梭子蟹在冬季洄游季节个体最为健壮，一般重250克左右，最大可达500克。雌蟹红膏满盖，口味极佳。梭子蟹可鲜食，或蒸，或煎，或炒，或一切两半炖豆瓣酱，或用蟹炒年糕、炒咸菜、煮豆腐，是沿海一带居民餐桌上的常菜。亦可腌食，就是将新鲜梭子蟹投入盐卤中浸泡，数日后即可食用，俗称“新风抢蟹”。过去，渔民因梭子蟹产量高，常挑选膏满活蟹，将黄剔入碗中，风吹日晒令其凝固，即成“蟹黄饼”，风味特佳，但产量少，一般人难尝此味。

第五篇

娱在浙东：绍兴/宁波/舟山旅游演艺

各位游客朋友，浙东不仅水产丰富、渔业经济发达，文化艺术也有深厚的历史底蕴。这里既有地方传统戏曲戏剧莲花落、绍剧、越剧、甬剧和舟山锣鼓等，也有借助声光电技术的现代演艺《沈园》和《印象普陀》等。可以说传统艺术与现代技术的融合，为浙东的自然美景与人文艺术增添了无限光彩和无法抗拒的艺术魅力。现在就让我们走进浙东的艺术殿堂去领略她那迷人的魅力吧！

［**越剧**］

越剧有“全国第二大剧种”之称，是浙江省流传最广泛的剧种。越剧起源于清末浙江绍兴嵊县（今嵊州市），因其地处古越国而得名。先由当地民间歌曲发展而成，后唱腔有重大突破，柔美哀怨的“尺调腔”和“弦下腔”发展成为越剧的主腔，并在此基础上逐渐形成不同的流派。越剧长于抒情，以唱为主，声腔委婉清丽，表演真切细腻，舞美贴切动人，极具江南地方色彩。越剧演员初由男班演出，后改女班或男女混合班，现多由女班来演。越剧经典剧目有《梁山伯与祝英台》《王老虎抢亲》《五女拜寿》《红楼梦》《西厢记》等，著名演员有袁雪芬、尹桂芳、茅威涛等。

梁山伯与祝英台

［**绍剧**］

绍剧即绍兴乱弹，俗称绍兴大班，因明清之际源于绍兴而得名。绍剧乐器以板胡、笛子为主，语言多用绍兴官话。题材广泛，以忠奸争斗、征伐平叛、除暴安良、扶正祛邪等为多。唱腔高亢激越、粗犷朴实，扮相色彩鲜明、忠奸判然，表演大开大阖、豪放洒脱，形成了慷慨激昂的风格。绍剧较有影响的传统剧目有《孙悟空三打白骨精》《龙虎斗》《于谦》等，著名演员有汪筱奎、七龄童、六龄童、筱艳秋等。

［甬剧］

甬剧，早期曾名“串客”，宁波滩簧。它是源于浙江宁波地区、流行于浙江东部和上海市的传统地方戏曲剧种之一，属滩簧腔系。新中国成立前活跃在上海、宁波等地有较多的甬剧表演团体，当时著名甬剧艺人有贺显民、徐凤仙、金翠香、金玉兰、黄君卿等。新中国成立后，宁波成立宁波市甬剧团，以编演反映现代生活为主，如《两兄弟》《亮眼哥》《红岩》等，同时也整理了如《田螺姑娘》等一批传统戏。新中国成立后，宁波甬剧团演出的区域主要集中在宁波、舟山等地。宁波市甬剧团在1990年和1995年两次赴京演出，均产生过较大影响。目前甬剧专业表演团体仅存宁波市甬剧团一家。2008年，甬剧被正式列入国家级非物质文化遗产名录。2011年，宁波市成立了甬剧传习中心，2013年，还建成了甬剧微型博物馆，将珍贵的文史资料收入其中，并重点整理出《拔兰花》等4出小戏，邀请尚健在的甬剧老艺人出山，原汁原味地呈现在舞台上。

［绍兴莲花落］

绍兴莲花落为绍兴主要地方曲艺，产生于清末，因故事前后“连”得牢，情节左右“化”得开，段子随时煞得“落”而得名。流行于绍兴、上虞、余姚、慈溪、萧山、杭州一带，与宁波走书、金华道情、温州鼓词并称为浙江四大曲种。绍兴莲花落一般以三人一组演出，一人用绍兴方言说唱，另两人和唱，并用四弦胡琴辅以琵琶等伴奏。内容多取材于民间生活，唱词通俗易懂，节奏疏密错杂，风格幽默活泼，为群众喜闻乐见。传统曲目有《闹稽山》《马家抢亲》等。近年来，绍兴莲花落借鉴和吸收戏剧及其他说唱文艺本子，表演、唱腔及音乐有较大发展，影响较大的曲目有《何文秀》《血泪荡》等。

［宁波走书］

宁波走书原称“莲花文书”，又称“犁铧文书”，由清中叶佃农劳动时一唱一和的田头山歌演化而成，流传于宁波、舟山、台州等地。初为坐唱，后发展为站立表演，分口饰角色，用宁波方言有说有唱，并辅以形体动作，故名“走书”。宁波走书的道具主要有惊堂木、折扇、手绢等，唱词通俗易懂，表演富有生活气息。常用的基本曲调有四平调、马头调、赋调等。四弦胡琴是主奏乐器，伴奏者有时为主唱者帮腔，气氛热烈，深受当地农民欢迎，有“文书唱华堂，走书唱农庄”的说法。主要传统书目有《白鹤图》《黄金印》等。

［舟山锣鼓］

舟山锣鼓是具有浓厚海洋文化气息

的民族器乐。最早起源于航海，用于船只以声联络、避碰及回港欢庆等，后也用于乡里民间的红白喜事、庙会庆典及渔民祭海等活动中。舟山锣鼓创造性地使用了11面锣和5面鼓的组合打击乐器“排锣、排鼓”，伴以唢呐、笛子、钹、笙、琵琶、三弦等乐器，吹、打、弹、拉行当齐全，音响洪壮，旋律奔放。表现了东海渔民粗犷豪爽的性格、海上生活壮阔惊险的场面和渔民节日热烈欢腾的气氛。传统曲目有《舟山锣鼓》《渔家乐》《潮音》等。随着对非物质文化遗产传承与发展的重视程度的提高，现在的舟山锣鼓已成为一档深受欢迎的视听盛宴。

［沈园之夜］

“沈园之夜”鲁迅故里·沈园景区精心打造了绍兴夜间旅游品牌。夜幕下的沈氏园色彩斑斓又清雅古典，若隐若现的灯光交相呼应，园林景致疏密有致，花木扶疏相映成趣，游客漫步其中如梦如幻。夜游沈园可以细细领略爱情名园风采，还可以欣赏《沈园情》堂会表演。

“沈园之夜”让远去的历史鲜活起来，让游客真正体验与古人同行。游客在家丁和侍女的引领下换取宋币、品宋街风味小吃，随管家进园赏景，品尝沈园特色的红酥手香糕和黄藤酒，最后观赏沈家大戏，品味一个似真如幻的宋代风情

爱情是人类永恒的主题。“沈园之夜”紧扣陆游与唐琬的爱情史实，通过游园中红酥手、黄藤酒的品位、对《钗头凤》赏析讲解及《沈园情》堂会中曲艺节目的表演等各种形式来描述和渲染，极大地感染着观众的情绪，让人不禁为陆游和唐琬的忠贞爱恋所感动，在曼妙的曲乐中沉醉在对美好爱情的无限憧憬之中。

《沈园情》演艺可谓是“沈园之夜”的高潮和精髓，在不失高雅情致与独特的地方曲艺表演前提下，让节目为大众欣赏喜爱，雅俗共赏，释放其多姿多彩的艺术魅力。整场演出分“春游·沈园、绝恋·沈园、伤逝·沈园和情定·沈园”四大板块，生动地演绎了沈园这个宋代名园的浪漫柔美和陆游与唐琬爱的故事，沈园管家的诙谐幽默更是赢得观众热烈喝彩，让观众不仅随演出剧情而动容，而且在美妙绝伦的表演艺术中得到精神的放松和愉悦。“沈园之夜”将文化经典、市井风情、传统艺术三者有机糅合，雅俗共赏；将古代娱乐形式与现代休闲理念相结合，老少皆宜。

［印象·普陀］

《印象·普陀》旅游文化项目地处国家级旅游风景区——朱家尖观音文化苑，由中国著名导演张艺谋、王潮歌、樊跃印象铁三角打造，历时两年，经数百次精密修改完成，并于2010年12月31日，以辞旧迎新的祈福仪式揭开了全球首演的帷幕。项目占地70 000平

方米，总投资近2亿元。项目的经营主体是经国家文化部批准注册成立的中外合资文化企业舟山市普陀印象旅游文化发展有限公司。《印象·普陀》旅游文化项目以普陀山的观音文化和佛教文化为素材，与张艺谋、王潮歌等著名艺术家的品牌效应紧密结合。项目把建设一支多梯队、高素质的专业艺术队伍、开发山水景观大舞台，与拉动普陀旅游及相关产业、保护生态环境、建设朱家尖“自在岛”工程结合起来，实现了经济、社会、文化、生态等多方面的综合效益。2014年，景区接待游客达154.03万人次，实现旅游总收入6633万元。《印象·普陀》已荣获浙江省文化旅游演出重点推荐项目、浙江省文化产业重点工程、浙江省文化旅游精品景区、舟山市文化产业示范基地等多项荣誉。其特色主要表现在以下三个方面：

首先，《印象·普陀》的独有特色在于，它是一台以观音文化为主轴，结合普陀佛教文化和海洋民俗文化，集参与性与观赏性于一体的实景演出，在呈现视听美感的同时，传达与人为善、营造和谐的主题，让广大旅客在礼佛观光的同时，了解观音文化的内涵所在。《印象·普陀》大戏将优秀的地域传统文化同21世纪审美需求对接，将原始的地方文化元素经过提炼和提升，通过设计理念上的创新、编排组合上的整合、高科技演艺手段的运用等，完成对传统文化的现代演绎与价值重构，充分提升城市品位。演出代表了当地旅游文化市场的特质与高度，准确把握了普陀丰厚的观音文化及其自身的品牌特征——“在天在渊，莲座四时云似海；为霖为雨，杨枝一洒物皆春”。

其次，《印象·普陀》完美结合了普陀的地域特性，将场景、声光与表演融为一体，以一位求佛之人为主线，展开一场普度、皈依、修行、解脱的悟佛过程，将佛教文化与视频灯光、山海场景完美地结合在一起，制造出一组组经典的观音意象图，充分显现了普陀观音文化的地域特色，使地域符号更明显。同时，利用更高超的视频运作，更精致、更具文化意蕴，通过异常逼真的3D效果制造出更为真实、更为生动的现场感受，使观众产生身临其境之感，更为充分地领略观音文化内涵。节目的点睛之处在于运用一场震撼人心的实景祈福，让真正的法事与自然融于一体，触动到观者内心最柔软的部分，深度体验心灵静修，学习对待世间万物的一种敬重心，从而培养专注、真诚、感恩、惜福的情怀，静享心灵的自由时间。

最后，《印象·普陀》最为人津津乐道的是主创人员在360度旋转观众席的基础上，打造出效果绝妙的魔幻剧场。能容纳2000位观众同时观赏的观众席无论从外形色彩、装饰的钛金板（16 000多块拼装组成）都与大自然情景交融、相映成辉，这在目前国内乃至国际上都是一流的。剧场本身被一个环绕的外壳包围，令观众有多角度的视觉体验，同时前方还有8块可随意推移的挡片，使眼前有限的景物，变得无限大。同时，实景动漫作为艺术表达的新形式，将空间、时间组合在一起。观众可以在真实自然的环境下，亲临一场多重感受的魔幻仙境。

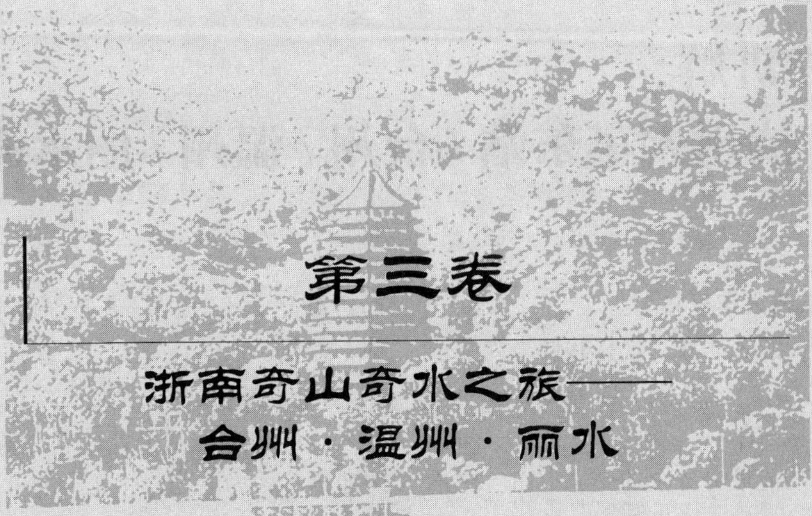

第三卷

浙南奇山奇水之旅——
台州·温州·丽水

第一篇

沿途讲解：杭州火车东站/台州/温州/丽水概况

[杭州火车东站]

各位游客朋友，现在我们来到了杭州的东大门——杭州火车东站。杭州东站位于城东新城天城路1号，是杭州目前接驳功能最为齐全的交通枢纽。杭州东站还是全国大型铁路枢纽站之一、亚洲最大动车交通枢纽之一，同时也是沪杭高铁、宁杭高铁、商合杭高铁、杭甬高铁、杭长高铁、杭黄客运专线、杭福深客运专线的始发枢纽站。新站房建于2009年12月，于2013年7月正式启用。乘坐杭州地铁1号线、4号线、6号线都可到达火车东站，实现了高铁、普铁、专线、地铁、公交、长途巴士、出租车、机场巴士等多种交通方式的无缝换乘。杭州东站站房设计以“钱江潮”的建筑形式为主题，体现出杭州“精致和谐、大气开放”的城市形象和从“西湖时代”“迈向”钱塘江"时代的时代特征。“动车”的外形，塑造了一个充满动感的、具有鲜明时代特征和未来感的新型车站。

杭州火车东站

[台州]

各位游客朋友，现在我们来到了曾被文天祥誉为“海上仙子国”的台州市。台州地处浙江省沿海中部，东濒东海，南邻温州，西连丽水、金华，北接绍兴、宁波。陆地总面积9411平方公里，领海和内水面积约6910平方公里。台州市的地理位置得天独厚，居山面海，平原丘陵相间，形成“七山一水二分田”的格局。

台州地势由西向东倾斜，南面以雁

荡山为屏，有括苍山、大雷山和天台山等主要山峰，其中括苍山主峰米筛浪海拔 1382.4 米，是浙东最高峰。椒江水系由西向东流经市区入台州湾。沿海区有椒北平原等三大平原为台州主要产粮区。台州的大陆海岸线长约 740 公里，岛屿 928 个，海岛海岸线长约 941 公里，岛陆域面积约 273.76 平方公里，主要有台州列岛和东矶列岛等。最大岛屿为玉环岛，现与大陆相连，人口 569 万，其中市区人口 152 万。台州市区由椒江、黄岩、路桥 3 个区组成，辖临海、温岭 2 个县级市和玉环、天台、仙居、三门 4 个县。

台州的旅游资源较为丰富，主要景区有神仙居景区、天台山景区、临海江南长城、温岭长屿硐天、玉环大鹿岛、台州海洋世界、温岭方山景区、漩门湾农业观光园景区、三门蛇蟠岛等。其中，神仙居和天台山为国家 5A 级旅游景区。台州的名优特产有麦虾、姜汤面、食饼筒、仙居杨梅、仙居三黄鸡、黄岩蜜橘、玉环文旦、三门青蟹、天台乌药、温岭草鸡等。

［温州］

各位游客朋友，现在我们来到了素有“东瓯山水甲江南”美誉的温州市。温州位于浙江东南沿海地区，是浙南政治、文化、经济、交通、旅游中心，南接福建省，西连丽水市，北通台州市，总面积 1.18 万平方公里，现辖鹿城、龙湾、瓯海三个区及瑞安、乐清、永嘉、文成、泰顺、平阳、苍南、洞头八个县（市）。

温州奇山秀水，气候温和，冬无严寒，夏无酷暑，是有名的旅游度假胜地。自然、人文旅游资源十分丰富，著名景区有雁荡山景区、楠溪江景区、江心屿景区、乐清市中雁荡山景区、平阳县南雁荡山景区、文成县铜铃山国家森林公园、洞头景区、寨寮溪景区、文成县百丈飞瀑景区、文成龙麒源旅游景区、温州乐园景区、玉苍山森林旅游区、泰顺廊桥文化园、南塘文化旅游区、温州动物园、泽雅风景区、五美景园、渔寮风景旅游区、刘基故里景区、瑶溪风景名胜区、仙岩景区、玉海楼景区、泰顺乌岩岭国家森林公园、瑞安桐溪风景名胜区、苍南碗窑景区、文成月老山景区、文成峡谷景廊景区、瑞安雅林现代农业观光园、永昌堡等。风景旅游区密度高，种类多，品位高，集山、江、海、湖之大成。旅游景区占全市国土面积的 15.89%，名列全国前茅。

温州是我国首批对外开放沿海城市之一，市场经济活跃，股份经济先行。温州人几乎家家户户经商，专业市场遍地开花。一方面，外资大量涌入温州，使其迅速发展成为科技先进、经济繁荣、文明富裕的现代化商贸港口城市；另一方面，温州人开办的公司遍布五洲四海。“温州模式”“温州速度”“温州商人”，享誉海内外。柳市电器城、龙港农民城、服装、皮鞋、灯具、纽扣、箱包、打火机、伞等市场名扬国内外，产品远销世界各地。

温州居民自古喜食海鲜，生食海鲜，是温州人饮食的一个重要特点。远古四五千年前，已有吃蛇蛤、喜生吃海鲜的记述。生食海鲜，最具特色的是吃江蟹、牡蛎肉，现仍是温州的风味菜肴。

［丽水］

各位游客朋友，现在我们来到了"秀山丽水，养生福地"。丽水市位于浙江省西南部，古称处州，始于隋开皇九年（公元 589 年），迄今已有 1400 多年历史，是浙西南政治、经济、文化中心。丽水市政府设在莲都区，下辖莲都、龙泉、青田、缙云、松阳、遂昌、庆元、云和、景宁九县（市、区），总面积 1.73 万平方公里，总人口 248 万。

丽水山清水秀、风光优美、生态优良、资源丰富，是国家级生态建设示范试点地区。森林、水能、绿色产品、矿产、野生动植物等占全省首位。全市森林覆盖率 79.1%，被誉为"浙南林海"和"华东天然氧吧"。八百里瓯江贯穿全境。

丽水古迹众多、文化灿烂。有新石器时代晚期文化遗址——遂昌好川文化；有宋代中国五大名窑之一的龙泉青瓷哥窑遗址；有 1500 多年的古代水利工程通济堰；有北宋时期的松阳延庆寺斜塔；有明代著名剧作家汤显祖的故居；有享誉国内外的民间工艺品龙泉青瓷、龙泉宝剑、青田石雕和遂昌黑陶；还有独具民族特色的全国唯一的畲族自治县景宁。摄影和"巴比松"油画独具魅力，"中国摄影之乡"使丽水成为摄影艺术中的一颗耀眼的明珠。

丽水旅游资源非常丰富，现拥有青田石门洞景区、遂昌千佛山景区、景宁云中大漈景区、中国石雕文化旅游景区、龙泉山景区、中国大均畲乡之窗景区、遂昌神龙谷景区、遂昌南尖岩景区、缙云黄龙景区、莲都东西岩景区、遂昌国家矿山公园、云和仙宫湖景区、缙云仙都景区、莲都古堰画乡等著名风景名胜区，有国家级、省级自然保护区 3 处；仙宫湖等省级森林公园 7 处；龙泉大窑遗址等国家级、省级文保单位 17 处，自然和人文景观灿若群星，交相辉映。丽水是全国最大的畲族聚居地，景宁是全国唯一的畲族自治县，大家可以在这里领略到畲族的传统文化和多彩的服饰、饮食、婚嫁、宗教等习俗风情。丽水物产丰富，处州白莲、庆元香菇、龙泉笋干、云和黑木耳、景宁惠明茶、松阳晒红烟、云和雪梨、丽水椪柑，遂昌薯脯、缙云黄花菜等早已驰名海内外。

第二篇

景区导览：台州/温州/丽水美景

01 临海古长城

景区概况→好汉坡→望江门

［景区概况］

各位游客朋友，欢迎来到临海古长城景区游览观光！临海古长城历史悠久，自晋代开创以来，历经唐、宋、元、明、清各朝不断修缮增扩，其主体部分一直保存到今天。江南古长城全长6000米，沿灵江修筑而上，依山就势，雄险壮观。其中北固山那一段，随着陡峭的山坡突起突落，曲折蜿蜒，最显雄伟气势，与北京八达岭长城堪称双绝，所以也叫“江南八达岭”。古长城两侧古木参天，城墙掩映在青翠苍绿之中，沿途有靖越门、兴善门、镇宁门、望江门、括苍门等城门，还有四座瓮城、八个敌台、十三个烽火台。其独特的风格，更多的体现出江南长城清秀、柔美的特点。

［好汉坡］

游客朋友们，这里就是“好汉坡”。游临海古长城，通常会把这里当作起点，登上这陡峭的198级台阶后，上去就是顾景楼了。大家请看，远处则是著名的巾山双峰，相传是西汉华胥子修道炼丹的地方，当他得道驾鹤仙去的时候，一阵微风吹落了他的头巾，头巾化作了这两座山峰。我们再俯首往下看，这便是有着“小西湖”美称的东湖。

临海古长城好汉坡

［望江门］

各位朋友，现在我们来到了望江门。这一段沿着灵江而建的长城，还保存着完好的瓮城建筑。所谓瓮城建筑，顾名思义就是在城墙外边增加了一道特殊的防御措施，这是江南古长城建筑的一大特色。它的另一特色，就是防洪的功能。降雨季节，山洪暴发，咆哮的灵江水向城墙直冲过来，对临海城内的生命和财产构成极大威胁。聪明的建造者们特意将临江一面的城墙砌成弧形，这样就可以大大地减缓江水的冲击力，背水一面则是砌成直角，以增加城墙的支撑力。这种结构既巧妙又科学，充分体现了广大建造者们的聪明与才智。江南古长城本是因为防海寇而建筑，它之所以能一直保存至今，更重要的原因就是还具有防洪的功能。

各位游客朋友，临海古长城以其特有的魅力，成为名闻遐迩的旅游胜地，吸引着五湖四海的游客。希望大家能在这里旅游愉快！

02 解放一江山岛纪念地景区

景区概况→烈士陵园→战斗陈列馆→烈士纪念馆→烈士纪念塔→烈士墓区→大陈岛

[景区概况]

各位游客朋友，现在我们来到了著名的红色旅游景区——一江山岛纪念地。全国大陆和舟山群岛解放以后，浙东以及台州地区的国民党残余军队纷纷逃入大陈、一江山等岛屿，以此为据点，不断骚扰浙江沿海地区。为粉碎美蒋“共同防御”的阴谋，保卫社会主义建设，中央军委决定首次实施海、陆、空三军协同作战，解放一江山岛。1955年1月18日上午8时，解放一江山岛战斗打响，经过两个多小时英勇作战，中国人民解放军攻克全岛。整个战役击毙守敌519人，生俘576人，缴获大批武器弹药。一江山岛解放后，附近大陈、鱼山、披山等岛屿的蒋军悉数撤退，浙江沿海人民从此获得了安宁。这是我军历史上首次海、陆、空三军联合作战，标志着我军现代化作战样式的发展和战斗力的提升，是我军战史上一个具有划时代意义的里程碑。

为纪念解放一江山岛战斗和英勇牺牲的454名革命烈士，1956年，浙江省人民委员会修建了解放一江山岛烈士陵园。烈士陵园位于台州市椒江区枫山北麓，占地总面积44.62万平方米，其中建筑面积4299平方米。它是全国重点烈士纪念建筑物保护单位，先后被民政部、中宣部列为爱国主义教育基地。1959年、1974年、1998年分别进行过整修、扩建。特别在纪念解放一江山岛战斗50周年来临之际，台州市委、市政府和椒江区委、区政府决定重新规划设计，投资1亿多元，改扩建解放一江山岛烈士陵园。2005年1月18日，解放一江山岛烈士陵园扩建工程完工并重新对外开放。陵园内现有一江山岛登陆纪念馆、烈士纪念馆、纪念碑、纪念塔、烈士桥、烈士墓群、纪念牌坊、“众志成城”“光照千秋”“三军丰碑”“和平昌盛”群雕、52名将军题词的碑廊等主要建筑物；有国务院原副总理、国防部长、解放一江山岛战斗前线总指挥张爱萍将军，国防部长原部长迟浩田、张震将军，南京军区原司令员许世友将军，20军原军长廖正国将军，浙江省原省委书记谭启龙、省长周建人，民政部原部长崔乃夫以及中国书法协会主席舒同、副主席沙孟海的亲笔题词等。陵园作为国家级爱国主义教育基地，十分重视软件建设和内部管理工作。陵园目前基本具备了“七个有”，即有一个切实负责的领导班子；有一套完整的管理制度；有一定数量的专职工作人员；有一支素质较高的讲解员队伍；有一套比较完善和丰富的展品，包括文物、图片、史料、陈列文字说明等；有一套介绍一江山岛战斗情况的声、光、电多媒体演示设备；有一个专门接待参观的场所。陵园还根据不同的观众，选择不同的宣教主题。即对中小学生以“没有共产党就没有新中国”为主题的教育；对党员干部以“回顾历史，重温入党誓词，牢记党的宗旨”为主题的教育；对普通群众以“缅怀革命烈士、英雄业绩永记心中”为主题的教育。每逢清明节和建党、建军、建国等重大节日，陵园积极组织党员干部、部队官兵、青少年学生瞻仰革命烈士、祭扫烈士墓、邀请参战老战士、老党员作当年事迹报告，进行革命传统教育。据不完全统计，从陵园扩建后至今，先后接待来自全国各地参观教育的人数达60多万人次。

[战斗陈列馆]

各位游客朋友，现在我们来到战斗陈列馆。此馆分第一陈列室和第二陈列室。馆内陈列主要反映解放一江山岛战斗的前后过程，分三部分。

第一陈列室展出的是第一部分：战前态势和准备工作。全国解放胜利在望，国民党余部在美国的支持下，订立了所谓的“共同防御条例”，加紧战争活动，把一江山作为它“反攻大陆”的前哨和据点。我人民解放军为了祖国的全面解放、防止外来势力的干涉，华东军区部队奉中央军委总参部命令，对盘踞在一江山岛岛屿的国民党残余军队进行了狠狠的打击。《沁园春·一江山渡海登陆战即景》词，就是对整个战斗过程的描述，这是国防部原部长，时任大陈列岛战役中一江山渡海登陆战前线总指挥张爱萍所作，整个战役活动都是他亲自组织和指挥。战役发起时他一直坚守在前线指挥所，精心组织指挥三军联合登陆的全过程。战斗刚结束，他就不顾同志们的劝阻，毅然登上一江山岛，巡视战场。一江山渡海登陆战，那陆、海、空三军磅礴的气势复现在眼前，触景生情，将军不禁思潮奔涌，遂于下岛返航的途中吟就此词。对当时的政治、军事斗争形势和天时、地利、气象以及战斗自然景观作了高度的概括。着重描写了三军联合渡海登陆作战的恢宏壮烈情景，概括了一江山登陆作战的深远影响。戎马倥偬，转眼过了三十年，张将军又以饱满的革命激情对原词做了重要修改，新的《沁园春·一江山渡海登陆战即景》保持了原词牌名和字数，全文如下：

东海风光，寥廓蓝天，滔滔碧浪。看骑鲸蹈海，风驰虎跃；雄鹰猎猎，雷击龙翔；雄师易统，戎机难觅；陆海空直捣金汤，锐难当。望大陈列岛，火海汪洋。

料得帅骇军慌，凭一纸空文岂能防。忆昔诺曼底、西西里岛、冲绳大战，何需鼓簧。"固若磐石"，陡崖峭壁，首战奏凯震八荒。英雄赞，似西湖竞渡，初试锋芒。

第二陈列室展出的是战斗经过和战后之一江山岛，主要展品有插上北一江山岛主峰203高地和南一江山主峰180高地的红旗两面（系复制件，原物存放在国家军事博物馆），还有解放一江山岛雕塑和烈士遗物，反映了这次战斗的激烈和指战员浴血奋战的场景，还有海门人民支前的感人场面。

［烈士纪念馆］

各位朋友，纪念馆位于陵园北面，为圆形天坛式四层建筑。该馆造型独特，十分壮观典雅。门口匾额"烈士纪念馆"和楹联"悼英雄壮烈精神万古长青，继遗志一定解放金马台澎"，为时任浙江省省长周建人撰书。纪念馆一、二层为陈列厅，一层中间圆柱上正对大门一面是张爱萍部长在纪念解放一江山岛登陆战胜利四十周年题词，另有四块大型浮雕，分别为授旗、出发、登陆、解放四个场面。一二层环墙圆塑的是战斗功臣烈士吕有库、徐文学、陆世才等烈士共17座雕像，像下附有烈士事迹、遗物、烈士日记、奖章和血衣等；二层中间圆柱上陈列的是牺牲烈士的遗像和简历。南京军区原司令员许世友对此曾感慨赋词："碧浪万千重，多少英雄当年小试海陆空。愁岛荒山今胜地，万紫千红。立石志奇功，壮志长虹。遥看海峡走蛇虫。誓扫妖氛还国土，金马台澎。"

［烈士纪念塔］

各位请看，这是烈士纪念塔。该塔高18米，为陵园内最高建筑物。基座为五角形，青石砌筑，上为混凝土塔身，呈三大面和三小面相间的六角形，威武挺拔的陆、海、空三尊雕像立于基座上，塔尖装红五星灯。塔身上面是当时浙江省军、政首长所题的塔名及"人民英雄英雄永垂不朽"等金色大字。整座塔雄伟庄严，是陵园内最具象征性的建筑物。

［烈士墓区］

各位朋友，现在我们来到了烈士墓区，墓区中心有纪念碑亭，纪念碑系浙江省人民政府所立。碑文主要记载解放一江山岛战斗的概况和勉励后人饮水思源，肩负起保卫社会主义祖国的神圣责任。大家请看，阶梯形山岗上共安葬有四百余名烈士，每座墓的外墙以石块砌成，外面用水泥勾缝，白线黑底，庄严肃穆。墓区内还有一些在解放初期的其他军事行动中牺牲的烈士的墓葬。“青嶂千年奠忠骨，丹枫万树护英魂”。每年的清明时节，成群结队的凭吊者来到这里，表达对先烈们永远的缅怀和崇敬。

［**大陈岛**］

各位游客朋友，现在我们来到了大陈岛。此岛在行政上隶属于台州市椒江区大陈镇，位于椒江区东南52公里的东海海上。大陈岛由“上大陈岛”（面积7平方公里）和“下大陈岛”（面积4.89平方公里）组成，同属台州列岛。上森林覆盖率达50%~60%，为省级海上森林公园。大陈岛一个富有传奇色彩的著名岛屿。岛上岗峦起伏，自然景观和人文景观独特，适宜度假、休闲观光和寻访史迹旅游。大陈岛是国家一级渔港和省海钓基地，岛周海域是浙江省第二渔场。素有“东海明珠”之称。

新中国成立初，大陈岛成了浙中南国民党残部的主要踞点，岛上人口激增至3万之众。台湾当局除蒋经国频繁出入大陈外，军政要员如蒋介石、胡宗南、俞大维、蒋纬国、毛人凤等，以及美军太平洋舰队司令史郭普、美驻台大使蓝钦和美军顾问团长蔡斯亦亲临大陈岛活动。岛上设立的机构名目繁多。1950年代初的台海对峙中，大陈岛处于对峙的

大陈岛

最前沿，蒋介石当局基于战备需求，开始在大陈岛上修建硬件设施。1955 年 1 月，解放军攻克一江山岛，大陈失去外围屏障，蒋介石当局被迫实施“大陈撤退”计划。2 月 7 日，由蒲赖德指挥的美军第七舰队 132 艘、蒋军 27 艘舰船组成混合船队（包括 6 艘航空母舰）抵大陈海域，至 12 日，从大陈、竹屿、披山、渔山诸岛撤走国民党正规部队 10 000 人、游击队 4000 人、居民 1.7 万人，军用物资 4 万吨和各村庙宇神像 10 余座，同时将遗留的码头、渔船悉数毁坏。整个大陈岛仅留下 1 位奄奄一息的老人。随后中国人民解放军进驻大陈岛。大陈岛收复后，人民政府立即开展重建工作。

1955 年 2 月 11 日，中共温州地委根据中共浙江省委的指示，设立大陈区人民政府（县级），同时建立中共大陈工作委员会。经 40 余年生产建设，海岛环境已得到很大改观。如昔日皆为童山秃岭，12 平方公里的土地仅千余棵树木，现今则林木葱郁，森林覆盖率达 50%~60% 以上，成为省级海岛森林公园。作为国家级渔港建设，历年投入大量资金，兴建环岛公路和 5 座水库，客运码头渔港配套设施齐全，同时将大陈港辟为国际避风港和鲜活水产品出口交货点。大陈海域向以渔产丰富著称，是浙江省第三大渔场，在 60~80 年代渔场鼎盛时期，每年冬汛，来自闽、浙、沪、苏沿海的 5000 余艘渔船，云集大陈渔场捕捞带鱼，平均捕捞量约 60 000 吨。渔民上岛出售鱼货，补给物资，其盛况一如“海上闹市”。

大陈镇驻地下大陈岛，距海门港 52 公里，又名下台，面积 5.2 平方公里，以丘陵地形为主，渔业发达，多渔船停泊，避风港湾设有台州渔业指挥部。最高峰凤尾山坐落岛西部，海拔 228.6 米。岛上岗峦起伏，自然景观和人文景观独特，适宜度假、休闲观光和寻访史迹旅游。

大陈岛和一江山岛上还有丰富厚重的人文景观。有 1955 年一江山岛战役时留下的大量战争遗址，有青年志愿垦荒队员留下的垦荒史迹和纪念碑、胡耀邦纪念馆、宋美龄留下的美龄亭以及风力发电机群等。还有古文化遗址和海神宗教寺观，如天后宫、渔师庙等。大陈岛旅游设施完善，岛上有数家宾馆，食宿方便。菜肴以小海鲜为特色，著名的有石斑和大陈黄鱼，尝一尝渔民腌制的鱼生、辣螺酱、蟹板等也相当入味。石斑鱼系活动于岛礁海域的定栖性鱼类，称海中珍品。大黄鱼原为东海声名赫赫的大宗经济鱼类，鱼汛旺发持续千年，因酷渔滥捕，20 世纪 80 年代后几近绝迹。90 年代发展网箱养殖，大陈海域生态环境优良，养殖的大黄鱼品质十分接近野生风味，经鉴定为名牌海产。旅游者如参观海洋养殖场，亲手抓一抓久违的大黄鱼，也是大陈游的一件惬意事。

03 天台山

景区概况→国清寺概况→七佛塔→大雄宝殿→隋梅→隋塔→寒拾亭→石梁飞瀑

［景区概况］

各位游客朋友，大家好！“天台四万八千丈，对此欲倒东南倾”。这是大诗人李白在《梦游天姥吟留别》中的诗句，描述了天台山的雄伟。而后又发出了“龙楼凤阙不肯住，飞腾直欲天台去”的感慨！在公元727年，他终于来到了天台山，在主峰华顶留下了千古名篇《天台晓望》。从此，天台山名声大震，成为历代文人墨客的梦想之地。天台山素以“佛宗道源、山水神秀”享誉海内外。1988年，被国务院批准为国家级风景名胜区，1992年被列为“浙江省十大旅游胜地”，现为国家5A级旅游景区。

天台山

［国清寺概况］

各位游客朋友，大家请看，这就是天台宗祖寺——国清寺，占地面积19 600平方米，是一个拥有600多间屋宇的寺院建筑群，以四条纵轴为主体，其中包括四殿（弥勒佛殿、雨花殿、大雄宝殿、观音殿），五楼（钟楼、鼓楼、方丈楼、近塔楼、藏经楼），四堂（妙法堂、安养堂、斋堂、客堂），二亭（梅亭、清心亭），一室（文物室），成为我国最完整的大型寺院之一。唐代以后，国清寺屡有兴废，现在的建筑为清代雍正十二年（1734年）重修。

国清寺

1200多年前，唐代高僧鉴真和尚东渡日本时，曾朝拜国清寺，并拜国清寺住持为师，赴日时，他带去国清寺的大量经典。唐贞元二十年（804年），日本高僧最澄大师来国清寺取经，回国后选择了与天台山风光相似的比睿山，兴建了一座仿拟国清寺的延历寺，大兴天台宗教义。日本天台宗称天台国清寺为“祖庭”。

［七佛塔］

各位游客朋友，我们现在看到的是七佛塔，国清寺山门前的七佛塔，是为纪念“过去七佛”而建，他们分别是：毗婆尸佛、尸弃佛、毗舍浮佛、拘留孙佛、拘那含牟尼佛、迦叶佛和释迦牟尼佛。因为是祭祀过去七佛，所以建在寺院门前。

现在大家所看到的七佛塔为1973年在旧址上重建的，它只有40多年的历史，但很少有人会记得这一点，新建的七佛塔旁也没有任何的文字说明。旧七佛塔，毁于“文革”期间，关于旧佛塔，历书记载为明朝天顺年间建造，也就是1460年左右。新七佛塔与旧七佛塔在造型上最大的区别在于新塔为实心，而旧塔是镂空。旧七佛塔的塔身正面，也刻有过去七佛塔的佛名，右侧凿有供佛灯的小洞穴，与塔身内部的洞穴相通。旧时信徒们常将经文、纸钱、祈祷文等投入洞内，但多被佛灯的灯火所引燃，以至于烟火把整个塔身都熏黑了。

大家往七佛塔的上方看，我们可以看到“一行禅师墓”。据说这只是一行的衣冠冢，一行为了测量子午线到天台，向当时国清寺的主持学算数时，喜欢上了这里的山水，便想死后安葬在这里，所以也就有了他的墓。

[大雄宝殿]

各位游客朋友，现在我们看到的就是国清寺的主体建筑——大雄宝殿。大雄是称赞释迦牟尼佛威德高上的意思。我们来看一下“大雄宝殿”这块匾额，发现它是竖写的，而其他寺院“大雄宝殿”四字都是横写的，这是因为清代在重修的时候，当时的皇帝御赐恩准的。所以说，这块竖写的殿额，表明了国清寺享受类似于皇宫待遇的高规格寺院。

现在我们到大殿内参观一下，大雄宝殿内供奉的是释迦牟尼佛。释迦牟尼佛的名号就给我们上了一次人生哲理课，“释迦”是仁慈的意思，这是教我们对人要仁慈，要以慈悲待人；“牟尼”是清净的意思，寂寞就是清净，是对自己的。对人慈悲，对自己要求的是清净！我们眼前的这尊释迦牟尼佛像由青铜铸成，重达13吨，左右两旁分坐着的十八罗汉，是用楠木雕成，外贴真金。

[隋梅]

各位游客朋友，现在我们看到的就是中华四大古梅之一——“隋梅”。每年二三月的时候，墙头两侧花团雪白锦簇，香飘数里。相传为国清寺首任住持章安大师在1400年前手栽的。“文革”时，在寺院遭到破坏的当年，梅花枝叶出现干枯。此后几年不曾开花，人们以为它已枯死。1973年，周总理下令重修寺院，梅花竟枯枝长新叶，奇迹般复活了。

[隋塔]

各位朋友，现在我们看到的这座塔叫“隋塔”，也叫作“报恩塔”。这座塔是晋王杨广为了报答智者大师帮他授菩萨戒而修建的，塔建成于隋仁寿元年（601年）十月。唐武宗会昌法难时国清寺被毁，塔也受损。我们现在所看到的隋塔在南宋建炎三年（1129年）重修。

原塔为楼阁式砖木结构塔，因年久失修外围木结构损失殆尽，现仅存砖砌塔身。我们仔细看，可以发现二层以上塔面外有壶门，内有佛龛，外壁塔砖上，雕有三尊18厘米高的精美佛像。佛像秀眉善目，宽衣紧带，造型生动，神态逼真。

这座塔很独特，请大家请往上看，是不是没有塔顶？关于这座塔有一个美丽的传说：隋朝年间的一天晚上，南海观世音路过天台，被天台的美景吸引，想要在天台小憩，当时五百罗汉想和观音斗法，所以两方约好在天亮之前为天台人民干一件好事，说罢便开始行动，五百罗汉便在国清附近造塔，但是没有砖块，罗汉们便从灵江入海口的地方沿着灵江运砖过来，他们边运砖，边把海水往里赶，不料弄错了路，所以又急忙调头，总算到了鱼目山。观音见罗汉没有完成，便学鸡叫，没想到全县的鸡都叫了，罗汉以为天亮没把塔顶安上去，便停了下来，现在这座塔的塔顶还安放在塔顶寺。

［**寒拾亭**］

各位朋友，现在我们看到的这个亭子被称为寒拾亭，是为了纪念唐代国清寺的寒山、拾得两位高僧而命名的。寒山、拾得生活在唐朝贞观年间，两人佛法高妙，诗才横溢，佛门弟子认为他们分别是文殊、普贤菩萨转世。而且，寒山、拾得二人踪迹怪异，其典型形象总是满面春风，拍掌而笑，民间奉为"和""合"二仙。到了清代，雍正皇帝敕封寒山为"和圣"，拾得为"合圣"，所以天台山也成了中国和合文化的发祥地。

［**石梁飞瀑**］

各位游客朋友，现在我们来到了天台著名景点——石梁飞瀑。这里，两山门立，山腰间一块巨石横空，衔接两山，因这巨石颇似屋梁，故称石梁，长约2丈，最狭处不过五六寸，最宽处约1.5尺，梁下有一飞瀑直泻深谷，如从石梁上通过，十分惊险。

04 神仙居

景区概况→鸡冠岩→东天门→情侣林→西天门→将军岩→象鼻瀑→神龟卧潭

［**景区概况**］

各位游客朋友，大家好，欢迎来到国家5A级旅游景区神仙居游览观光！

神仙居

神仙居景区位于仙居县白塔镇南部，总面积14.93平方公里，它以西罨幽谷为中心，形成峰、崖、溪、瀑的幽深奇崛景观，景区内景观丰富而集中，山崖陡峻，奇峰环列，峰崖的相对高差多在100米以上，基岩落石处处成景，溪水与瀑布长年不断，有迎客山神、将军岩、睡美人、象鼻瀑、十一泄飞瀑等80余个景点。

[鸡冠岩]

各位朋友，现在我们眼前这座高耸入云的峰柱，是景区当中最突出的一座山，叫“鸡冠岩”，海拔703米，它最大的特点是移步换景，“横看成岭侧成峰”，站在这个位置看，就像一只威武的雄鸡昂立鸡冠在鸣唱，故又称“金鸡报晓”。

[东天门]

现在请大家朝东看，那相对而立的两座山，两峰相距只有100多米，形成一道自然天门，这就是东天门。东天门有一道奇观：在每年农历二月二十二日，太阳会从两座山峰的中间冉冉升起，好像是两座山峰把太阳一点一点地托起来。人们就把这美丽的景观叫“双峦架日”。

[情侣林]

“在天愿作比翼鸟，在地愿为连理枝”，这是比喻一对情侣形影不离、永生相随的美好愿望。不知大家发现没有，这片杉树林有许多是两棵相连的连理枝。

[西天门]

各位朋友，现在我们看到的是“西天门”。这是景区内最为宽广的“天门”，两峰相距150多米，左边这根浑圆如甑的石柱峰叫“擎天柱”。它直插云霄，气势雄伟，海拔535米。右边这岩叫“挂榜岩”，据说是挂天榜的，榜上有七个“仙”字。

[将军岩]

各位朋友，现在大家来看这栩栩如生、威武英俊的天然石像——将军岩。他的眉、目、鼻、嘴、腮五官分明，惟妙惟肖，形态逼真。当年专家们来论证这个景点时，一致评价：天然造就，栩栩如生，鬼斧神工，天下无双，堪称旅游奇观，天地杰作。不少游客问，这是哪位将军，是大战长坂坡的赵子龙、张飞？还是称霸天下的李元霸？都不是，他姓石名虎，叫石虎大将军。俗语说：“好马配好鞍，英雄配美人。”这位英雄爱上了一位美人。英国的爱德华王子“不爱江山爱美人”被传为全世界的现代爱情典故，我们的这位大将军为了心爱的美人，抛弃高官厚禄，默默地守护在这里，更成为千古佳话。

[象鼻瀑]

各位朋友，现在我们看到的这支瀑布名为“象鼻瀑”，是十一级瀑布的第一级瀑布。因为瀑布两边的两座山体好像两只大象，而这水刚好从大象的鼻子里喷出来，故称为“象鼻瀑”。象鼻瀑的水流量是景区中所有瀑布中最大的，而且长年不枯。特别是雨后的象鼻瀑更是气势磅礴，雄伟壮丽。

［神龟卧潭］

各位朋友，请看这是象鼻瀑的第二级瀑布，位于“象鼻锁涧”的涧，较飞天瀑略短，落差数十米，但水势汹涌，如银河直泻，悬空落潭，翻银跃雪，轰鸣咆哮，空谷四声，像万面战鼓齐擂动。飞流溅沫处有一深潭，名罨源潭。据《光绪仙居县志》记载，罨源潭“上有盖石如罨然，洞口冥冥，莫测其底，石上坦平，方个数丈，遥仰大潭，迥不可阶。”“罨”是个比较冷僻的字，它的意思是“覆盖”。原来神仙居又名西罨寺，而西罨寺之名的出处就源于此，现在潭中的这块巨石从整体形状看，极似一只巨大的乌龟，故此景叫作“神龟卧潭”。古代每逢旱岁，白塔、皤滩一带的乡民们常到此求神祈雨，屡遂心愿，颇为灵验。康熙八年（1669 年）夏，仙居大旱，知县郑灵勋不顾路陡山高，“芒履攀藤”亲自至此祈雨。返回途中即“雷电倏起”至县署则已“大雨如注”。这些传说又为碧波潋滟的罨源潭蒙上了一层神奇的雾纱。

05 长屿硐天

景区概况→观夕洞→岩洞音乐厅→石碗→石刻古钱币→水去硐→灵霄硐

长屿硐天

［景区概况］

各位游客朋友，欢迎到国家 4A 级旅游景区长屿洞天来游览观光。这是一个世界上规模最大的人工开凿石硐，1998 年 4 月荣获世界吉尼斯之最。景区由八仙岩、双门硐、崇国寺和野山四大景区组成，是南北朝以来人工开采石板后形成的石文化景观，历经 1500 余年，共凿出了 28 个硐群，1314 个硐体。

［观夕洞］

各位朋友，现在我们看到的是观夕硐，它是千年开采留下的最大硐群，有 348 个硐体，硐内面积为 5.38 万平方米，容积为 131.21 观夕硐万立方米，目前已开发万余平方米。由于洞群雄奇，开发合理，被浙江省城乡建设厅授予“浙江省优秀景点建设”称号。

[岩洞音乐厅]

各位朋友，现在我们来到了岩洞音乐厅，它的总面积有2000平方米，能同时容纳近700人入座欣赏音乐厅民乐队的精彩演奏。游人不管在音乐厅的哪个角落都能听到同频自然立体声。2002年4月28日，长屿硐天岩洞音乐厅举办了“中国首届岩洞音乐会”，同年10月21日德国北莱州交响音乐团在此成功举行一场别开生面的“莱茵河之声”岩洞音乐会，赢得广大游客的一致好评。

[石碗]

各位朋友，请看这一由巨石雕刻成的大碗，直径2.12米，可装2吨多水，碗中有龙头龟身的吉祥物。此碗已被列入吉尼斯世界纪录。

[石刻古钱币]

各位朋友，请看这枚古钱币是由巨石雕刻而成，内径为0.8米，刻有“政和通宝”四字，从岩顶隙中渗出的清泉涓涓而下，刚巧穿过钱币中央，因此古钱币中央终年泉水满盈。

[水云硐]

各位朋友，现在我们看到的是水去硐。此硐由52个硐体组成，其中透天硐6个，水硐8个，总面积约1.5万平方米，气势磅礴。中国石文化博物馆系水云硐景区的重要组成部分，为我国最大的硐穴博物馆，硐体岩性为火山碎屑岩，色呈多彩，第一硐厅“硐天福地”深广雄伟，岩壁长年渗水积彩，形成了梅桩、柳枝两幅天然壁画，高100多米，自然形象，极具观赏性，有诗云“亿万年成不朽身，盘虬屈铁倍精神。老梅花发香天下，醉煞清歌驿路人。”

各位朋友，拾级而上，便是奇石馆和艺术馆，奇石馆内各地奇石齐聚一堂，艺术馆内展示着当地石雕艺人的作品，有石狮、石马、石人、石猴等各种石雕工艺品，尤其是那些石窗、石屏上的精美雕刻，有七仙女、鸳鸯戏荷、风穿牡丹、玉女散花、嫦娥奔月、梅兰竹菊，体现了温岭源远流长的石雕艺术，使游客啧啧称奇。周围另有生活馆、采石馆、休闲馆、名人字画馆，风貌各异。《神雕侠侣》《鹿鼎记》曾取景于此硐，这更为水云硐增添亮丽一笔。水云硐石文化内蕴丰富，别具一格，是您休闲娱乐的好去处。

[灵霄硐]

各位游客朋友，现在我们看到的是灵霄硐。此硐由8个硐体组成。硐厅面积6000多平方米，最高处32米，游览线500多米，硐内变幻莫测，深沉宁静。全宫以生动的立体造型，融声、光、机、电为一体，反映社会几千年的发展历史及神话传说等。全景分史灵霄硐前漫游、人间、天堂三部分，设有时空世界、德泽后世、浩气千秋、民德延永、天堂瑶池、惩恶扬善等展馆。

06 雁荡山

景区概况→灵峰夜景→灵岩景区→大龙湫景区

［景区概况］

各位游客朋友，欢迎大家到国家5A级旅游景区北雁荡山来游览观光！雁荡山，素有“海上名山，寰中绝胜”之誉，历史上称为我国“东南第一山”，以山水奇秀驰名中外。雁荡山环境宜人，冬暖夏凉，泉水清澈，空气新鲜，是游览、避暑、疗养的好地方。1982年，被国务院定为第一批国家重点风景名胜区。雁荡山山体构成多以火山流纹岩为主，形成众多的深谷和峰林，有着“造型地貌博物馆”之称。整个景区方圆450平方公里，分为8大景区。北宋科学家沈括游雁荡山后得出了流水对地形侵蚀作用的学说，这比欧洲学术界关于侵蚀学说的提出早600多年。现代地质学研究表明，雁荡山是一座具有世界意义的典型的白垩纪流纹质古火山——破火山，其科学价值具有世界突出的普遍的意义。

［灵峰夜景］

各位游客朋友，请大家抬头仰望左边的山峰：前面的山颠上，一头老牛昂首向东，好像在等待着什么，思念着什么？现在，请大家听一个迷人而凄凉的民间传说。

相传在很久以前，雁荡山脚下住着一位非常富有的财主。财主家有一位没有父母的六岁小姑娘，名字叫玉贞。小玉贞白天给财主放牛，晚上跟老牛睡在一起，老牛与玉贞相依为命。冬天老牛用身子给她御寒，夏天老牛用尾巴替她赶蚊子。就这样小玉贞与老牛结下了深厚的情感。转眼间“十八的姑娘一朵花”。人说漂亮是件好事，可坏就坏在财主心怀歹意。一天晚上，财主带了很多家丁，到牛棚里想把玉贞姑娘抢来做小妾。此事被通人性的老牛知道了，趁着夜深人静，老牛驮着姑娘便跑，可到前面的山巅上，无路可逃，怎么办呢？这时老牛显灵了，对玉贞说：“姑娘，你站在我的角上，我用角送你到月宫去。”没等姑娘答应，老牛便忍痛把角往前面岩石上一叩。只听“轰”的一声，老牛一只角断了下来，变成了弯弯的小船，把玉贞送到月宫，而老牛只剩下一只角，天天都在这里仰首遥望着月亮，思念着玉贞姑娘。月有阴晴圆缺，每当皓月当空的晚上，称为“犀牛望月”；假如没有了月亮，则称为“犀牛盼月”。观赏此景最佳时间应在农历八月十五晚上，因为那时，月最圆，情最真，人团圆。

请大家站在屋檐底下，抬头仰望，只见一只硕大的雄鹰，凝神伫望，像一尊保护神，守卫着灵峰这一方净土。20世纪60年代，郭沫若先生观此峰后，诗兴大发，挥笔道：“雄鹰踞奇峰，清晨化为石；待到黄昏后，雄鹰看又活。”

灵峰

请大家看，这就是最神圣、最伟大的双乳峰。双乳峰不仅孕育了如诗如画的雁荡山水，而且也孕育了勤劳智慧的雁荡人民。因此，雁荡人民还赠给她一个雅称，“东方维纳斯”。大家看，山峰的左侧，一少女背倚灵峰，脸朝东北方，刘海高卷，身着旗袍，体态匀称，温文尔雅。向人们显示着东方少女的腼腆和婀娜，真不失为一位大家闺秀。如果你用心去感悟，会发现，她朝着远方，面带愁容，眼露悲意，望眼欲穿，似乎正在思恋着未归的情郎。真可谓“自古多情伤别离”啊！让我们真诚地祝愿这位相思女早日等到自己的意中人。

大家抬头望右边的山峰，有一峰如童，站立山背上，而他下面的山背，恰似一条巨大的鲸鱼，合在一起，就是“牧童骑鲸鱼”。

请大家抬头看合掌峰，左边的少女留着波浪式的发型，一身得体大方的服装。此时她踮起了脚尖，扬起了脸，双手搂着右边小伙子的脖子。小伙子天庭饱满，眉清目秀，刚从远方回来，来不及卸下身上的包袱，双手搂住了恋人的纤腰。这就是雁荡山驰名中外的“情侣峰”，此景只可意会，不可言传，为了不打扰他们，我们还是继续前行吧！。

［灵岩景区］

各位朋友，俗话说：“天下名山僧占多”，首先映入我们眼中的是“钟鼓齐鸣”四个大字，这是上海朱文龙等六个文人应景题写的。左边整座大的岩石犹如一口巨钟，右边山顶上便是一个圆鼓。闻到钟鼓声，古刹也不远了。

各位朋友请看，这是国画大师潘天寿写的一首诗：“一夜黄梅雨后时，风青云白更多姿，万条飞瀑千条涧，此是雁山第一奇”。潘天寿曾多次来雁荡写生作画，这首诗生动地描写了雨后灵岩的美景。

各位请看前面，那是双珠谷，这座塑像是我国明代著名的旅行家、地质学家、文学家徐霞客。他一生遍游名山胜地，但重游的地方只有黄山、天台山和雁荡山。徐霞客三游雁荡写了《游延宕山日记》，为我们今天考察研究雁荡的历史地理和风土人情留下了不少宝贵的资料，他冒着葬身悬崖的危险，攀登百岗尖，窥探天窗洞的无畏精神，很值得后人称赞，旅游局特此立像纪念。

各位请看，左边山顶有一岩石摇摇欲坠，叫“顶珠石”。它对面出现很多只青蛙在默默地听着寺院里传来的诵经声，这景称为“青蛙听经”。

各位请看正前方，灵岩寺出来一位老僧，身穿袈裟，双手合十，恭恭敬敬朝着前方舍利塔，虔诚地拜着，故名“老僧拜塔”。

各位请看这座山峰，犹如一只巨大的雄鹰张开翅膀，欲展翅奋飞。当代文学家郭沫若看后赋诗一首：“灵岩有奇石，入夜化为鹰，势欲凌空去，苍茫万里征”。

各位朋友，来到灵岩寺的大雄宝殿前，这里四面奇峰突起，宛如人间仙境。请大家背对大雄宝殿向右看，右边刚才的“雄鹰”，到了这里已势若擎天，顶天立地，所以叫“天柱峰”。高270米，在天柱峰的右侧，有两座并列着的山峰，形似凤凰，头朝着灵岩寺，叫“双峦峰”。在它右边背后，群峰林立，其中有一峰卓立其间，这峰叫“独秀峰”。它与双峦峰之间便是小龙湫。

现在请大家面朝大雄宝殿仰视后面的崖嶂，称之为“屏霞嶂”，它的右端上方有一块突出的岩石，像一只金乌，相对应树丛中的一只玉兔。“金乌”代表太阳，“玉兔”代表月亮，故称日月同辉。

请大家再转过头看大雄宝殿左边，在山的外端有一峰耸立，如大旗飘扬，气势磅礴，叫“展旗峰”。它高达260米，与右边的天柱峰相对峙，称之为灵岩寺的南天门。两峰之间距离250米。上方横空而过的铁索，用于空中飞渡。飞渡是怎样进行的呢？最早用于采石斛。石斛能清凉解毒，却生长在悬崖峭壁上，当地农民只好身系绳索，攀缘峭壁采集石斛。这样就慢慢地练就成了一身飞崖走壁的本领。

各位请看，灵岩古寺四周群峰环列，环境幽雅。以屏霞为嶂，得天柱和展旗为南天门，可见灵岩是一块宝地。请大家抬头看，山门左右写了“灵光独耀，岩石争奇”的对联。上方各有一字念“吽”是梵文，代表着吉祥如意，那么我们带者美好祝愿望里走。前面柱子上的对联，是清代榜眼喻长霖写的。生动地描写了雁荡山圣境和灵岩周围的景色。灵岩古寺始建于宋太平兴国四年，是目前雁荡十八古刹至今保持最完好的寺院。供着南海观音。这些竹子，看是圆形摸是方形，称之方竹。相传这竹子是从钱眼里长出来的，摸了这竹子，各位能财运亨通。

[大龙湫瀑布]

各位游客朋友，现在我们看到的就是大龙湫瀑布，这是雁荡山“三绝”之一，与贵州黄果树瀑布、黄河壶口瀑布、黑龙江吊水楼瀑布并称中国四大瀑布。

大龙湫以其落差为190余米取胜，为中国单级瀑布之最，有“天下第一瀑”之誉。瀑流发源于百岗尖，流经龙湫背，从连云峰凌空泻下，像从银河倒泻下来，十分壮观。大龙湫的最奇绝之处，在于因季节、晴雨等变化呈现出多姿多彩的迷人景象。盛夏季节，雷雨初过，大龙湫像一条发怒的银龙，从半空中猛扑下来，声如雷鸣，震天撼地，气势雄壮。在晴朗的冬日，瀑流从半空中飞溅而下，阳光照射时，瀑布呈现出色彩绚丽的五色长虹的奇观，景色格外迷人。在阳春三月，大龙湫又是另一番景象，雨水稀少，瀑布如珠帘下垂，不到几丈，就化为烟云，真可谓是千变万化、不可捉摸。

大龙湫瀑布

大龙湫不仅以景美闻名，其人文底蕴也相当深厚。相传唐初，印度僧人诺矩罗进山造塔建寺，因爱龙湫之美景，经常前来观瀑，终至坐化。宋人对此有诗道：“矩那看不厌，宴坐雨声中。”沈括也在《梦溪笔谈》中引用说：“雁荡经行云漠漠，龙湫宴坐雨蒙蒙。”为纪念印度和尚，后人在这里建了观瀑亭，亭柱上的对联是沙孟海和商向前的手迹。龙湫潭的右侧有个忘归亭，取前人“忘归亭下忘归客，手弄潺湲坐碧苔”之意，亭柱对联取的是夏日大龙湫浩浩气势：六龙卷海上霄汉，万马嘶风下雪域。与上述两亭相鼎足的是西首高坡上的龙鋆轩，门口的对联是康有为撰写的：“一峰拔地起，有水天上来”，让人想起千古名句“黄河之水天上来”。大龙湫还是整个雁荡山景区最多人文景观的景点，在它的崖壁上，有“天下第一瀑”等摩崖石刻二十多处，与奇绝的自然景观相得益彰，让人流连忘返。

07 泰顺廊桥文化园

景区概况→北涧桥→溪东桥→三条桥→毓文桥→永庆桥→仙居桥→薛宅桥→南阳桥

[景区概况]

各位游客朋友，欢迎到泰顺来看廊桥！泰顺境内保存完好的唐、宋、明、清代的木拱廊桥达30余座，其数量之多、工艺之巧、造型之美以及与周边环境之和谐，在世界桥梁史上堪称一绝，是《清明上河图》中虹桥结构的再现。座座廊桥如瑰宝般镶嵌在群山之间，引起了国内外专家的关注，同时也迎来了泰顺廊桥特色旅游的热潮。截至目前，泰顺共有46座各个时期的廊桥，其中19座廊桥在2005年被列为省级文物保护单位，15座廊桥于2008年被列为全国重点文物保护单位。

［北涧桥］

各位游客朋友，大家现在看到的是北涧桥，始建于清康熙十三年（1674），嘉庆八年（1803）修建，道光二十九年（1849）重修。桥长51.7米，宽5.37米，净跨29米。采用编梁式构造的北涧桥气势如虹，桥屋也是廊桥工匠们精心构作的重要部位。在拱架上建廊屋，从功用来讲，增加了桥拱的压力，使之更稳固，也起到了防风挡雨的作用。同时，桥屋各部位的艺术处理，如屋檐形式的多样化以及屋脊装饰等，增加了桥梁的整体美感效果。北涧桥头有许多商业店铺，是村民们的商贸场所。桥的东边原来有一座戏台。按当地的风俗习惯，年初时，乡民们要到临水殿、陈大翁宫里许愿，祈求神灵保佑五谷丰登，合家团圆。到了年底，就进行还愿，并且还要抬陈十四和陈大翁的神像到北涧桥头的戏台前看戏。这个活动前后历时四天。

北涧桥

［溪东桥］

各位游客朋友，现在我们看到的是溪东桥，又叫泗溪东桥，位于于浙江省温州泰顺县泗溪镇白粉墙村，为叠梁式木拱廊桥。始建于明隆庆四年（1570）。清乾隆十年（1745）、道光七年（1827）重修。桥长41.7米，宽4.86米，净跨25.7米，离水面9.5米。溪东桥虹气临虚，影摇波月。桥拱上建有廊屋15间，当中几间高起为楼阁。屋檐翼角飞挑，屋脊青龙绕虚，颇有吞云吐雾之势。此桥无桥墩，由粗木架成八字形伸臂木拱，颇为罕见。溪东早时以碇步渡水，津道多阻，林正绪倡首建造蜈蚣桥（即溪东桥）。林正绪生平端方正直，好行义举，乾隆癸亥年（1743）邑侯张考首书“达尊有二”匾相赠。此桥修建者是修北涧桥的人的徒弟，故而有人也将这两桥称为“师徒桥”。因此桥外型美观，号称“最美的廊桥”。

［三条桥］

各位游客朋友，现在我们看到的是三条桥，它由原先三条巨木跨河为桥而得名，建于宋绍兴七年（1137年）九月十三日，重建于清道光二十三年（1843年），为叠梁拱式木廊桥。长26.63米，宽4米，离水面高10米，建桥屋11间，明间五架柱梁，柱头有蝶形莲花瓣头拱座。该桥起源较早，据泰顺《分疆录》记载，道光间修建时曾发现唐“贞观”旧瓦，是本县文献记载历史最早的桥梁。该桥精巧秀丽，历史悠久，被编入《中国古代科技成就》，作为百种爱国主义教育丛书宣传，显示了古代劳动人民的聪明才智和古代桥梁建造的辉煌成就。

［毓文桥］

各位游客朋友，现在大家看到的是毓文桥，始建于清，位于两山缺口处，全长23米，高4米，单跨7.6米，有桥屋6间，三屋楼阁，二楼为文冒阁，系石拱木廊桥。拱券青石筑砌，呈半月状，与周围古松，溪水融为一体，是现存造型最丰富优美的廊桥。

［永庆桥］

各位游客朋友，现在我们看到的是永庆桥，始建于清，桥长36米，宽5米，高5.2米，二孔跨径19.12米，桥屋12间，为伸臂式木廊桥，桥墩青石砌筑，上置二层直角相交的挑梁木，面铺行道桥板，有廊屋12间，明间为二层重檐楼阁，内设扶梯上下，屋面回翼角高翘，造型雅朴，是县境内优美的古代木廊平桥。永庆桥廊屋内最具装饰性的是三架梁和五架梁。在这些梁木的两端上有几条流畅飘逸的线刻。这条线刻，细看像鲤鱼须，俗称“梁须”。相传很久以前，有一位木匠领班，自恃技艺超群，不但手艺高，而且能算善断。但有一次，他在建造一座宫殿时，由于一时粗心，将大梁的料下短了。但上梁时日早已确实，不能更改，急得这位木匠团团转。若不按时建好房子，是要定死罪的！他觉得没有办法了，不如一死。当他正想悬梁自尽时，忽然来了一位渔翁模样的人，手里提两条鲤鱼，问明情况劝他不要寻短见，先烧鱼喝酒吃饭，再想办法不迟。于是二人对饮起来。酒喝光了，那渔翁硬要这位木匠领班去买酒再饮。领班无奈，只好应从。等他走后，这位渔翁便迅速将两碗鱼对放，中间搁一根筷子，筷子两端分别插入鱼嘴中，然后迅速离去。等领班买酒回来，不见那位渔翁，但见桌上东西乱放，十分恼怒。但细细一看，却喜从天降，他情不自禁地说：“我有救了！”原来，这根筷子代表一根大梁，而两条鱼，则代表梁两端的柱子上挑出来的两个搁置点，搁住大梁，他想，这位渔翁

永庆桥

一定是“鲁班先师”的化身。房屋建成后，他为了纪念救命恩人鲁班，所以就在梁的两端刻上鲤鱼须。

［仙居桥］

各位游客朋友，大家请看这是仙居桥，始建于明景泰四年（1453），现桥建于清康熙十二年（1673），是泰顺现存廊桥中历史最长、跨径最大的一座木拱桥。“凌虚千尺驾飞桥，势控长虹挂碧霄。返照入川波泛泛，暮云拥树路迢迢。晴光缥缈岸空阔，石色参差影动摇。断霭残阳横两岸，苍茫落日见渔樵。”（《长桥夕虹》）这是张天树状摹仙居桥的一首诗。张天树的《长桥夕虹》并不完全着墨于虹桥，暮云、残阳、渔樵一一入诗，展现充满意境的空间，使读者融身于美不胜收的山乡景色中。

［薛宅桥］

各位游客朋友，请看这是薛宅桥，始建于明，长 51 米，宽 5.2 米，高 10.5 米，单跨 29 米，桥屋 14 间，此桥梁长而斜度大，桥头坡度 30 多度，造型古朴，被载入《中国桥梁史话》一书。

［南阳桥］

各位游客朋友，现在我们看到的是南阳桥。南阳桥属于伸臂式木平廊桥，建于清同治九年（1870 年），桥长 41.7 米，宽 4.6 米。伸臂式木平廊桥的特点是在溪中建石墩，然后在墩上叠架木梁，向左右平衡伸展。这种双向伸臂木梁桥始于简支木梁桥的一种构造形式，可以增加木梁的承托作用，同时还可使木柱在纵向有一定的稳定性。

08 刘基故里

景区概况→诚意伯庙→亢五峰→辞岭亭→武阳三漈→石圃山→刘府旧宅→刘基故居→诚意伯墓

［景区概况］

各位游客朋友，欢迎大家到刘基故里景区来游览观光！刘基，字伯温，封诚意伯，谥号文成，文成县名即由此而来。他是明朝开国元勋，“学为帝师，才称王佐”，是中国历史上卓越的政治家、军事家、文学家，著有兵书《百战奇略》散文集《郁离子》。刘基树开国勋业，兼传世之文章，后人尊称为立德、立功、立言的千古人豪。刘基故里，地灵人杰，文化积淀极为丰富，建于天顺三年的刘基庙（墓）均为国家级文保单位。

刘基画像

［诚意伯庙］

各位朋友，现在我们看到的是诚意伯庙，它背靠华盖山，木质结构，建于明天顺三年（1458），是国家重点文物保护单位。庙分“王佐”“帝师”两水坊，头门、仪门、正厅、追远祠五重，占地3000平方米。正厅有刘基及其子刘琏、刘璟坐像三尊，左廊有个450公斤古铜钟。庙多明、清、民国、现代名人，如明正德皇帝、清乾隆大学士刘权之、于右任、章太炎、蔡元培、林森、居正、苏渊雷、沙孟海、裴昌会等书题的匾额楹联。

［亢五峰］

各位请看，那就是亢五峰，为盘谷后山，海拔1115米。山顶一石，石如飞蝶。峰下，有一平坦天然石，中有长方形岩床，可躺六人。传说有鹤发童颜者在此边吃桃边弈棋，樵人看到丢掉的桃子多肉，欲捡吃；老翁送他一个。樵人边吃桃边看弈棋，棋完回家，樵人妻子头发已白，子孙成群，故称仙棋岩。

［辞岭亭］

各位朋友，现在我们来到了位于诚意伯庙东的辞岭亭，是为纪念刘伯温次子刘璟而建。刘璟曾授谷王府左长史。明建文四年（1401），燕王朱棣篡位，刘璟被捕入京，时值端午节前一天，众乡亲提前过端午节，饯别刘璟；五月初五，刘璟和众乡亲在华盖山与天耳山坳口挥泪告别。刘璟入京后被害而死。亭依华盖山与天耳山坳作城门式，石木结构，上作歇山重檐式。亭内有趣在田楹联：“势血洒西风，高处寒多，慨抚头颅辞故里；孤身投朔雪，望中人远，独留面目见先王。”亭旁古松苍苍，直上云霄，人称忠节松。从城门中经过，陡而峻。此路曾是刘基当年出山和回归之路。

［武阳三漈］

各位朋友，现在我们看到的是武阳三漈。一漈叫风水漈，高70余米，乡里人说瀑声如“旺子千孙”，瀑流从宽阔的岩壁垂下，形如牛尾当空飘舞，故又叫牛尾瀑；二漈叫书房漈，绝壁三面合拢，形似书房，中有众多岩石，酷似莘莘学子，故名；三漈为将军漈，有峭壁如将军屹立，将军身后有石椅。乡里人称村口三漈之形、之声，昭示了武阳是个出将军、读书人的地方。

［石圃山］

古名鹤峰，海拔1133米，系南田境内最高峰。山上灵岩怪石、岩壁、岩坦、岩垄在缥缈的白云迷雾中时隐时现。清进士端木国瑚七言律诗云：“云围石圃万峰稠，水绕平田百涧流。林静四时遗鹤羽，山深五月有羊裘。移家好逐葛仙去，弃世谁从松子游。叹息又成归未得，南阳零落草庐秋。”

［刘府旧宅］

各位游客朋友，现在我们看到的是刘府旧宅。明洪武二十年，刘基次子刘璟携侄从武阳徙居南田建此刘宅。宅外有换衣亭、拴马石、跑马场。宅旁是饮马池和马棚。刘宅面阔七开间，重檐歇山式，距今600多年，现存五间正房。

［刘基故居］

各位请看，这是刘基故居，为五开间。1311年6月15日，刘基生于此；1375年4月16日死于此。现存有刘基48岁弃官归隐后修建房舍碑志，石臼等用物。《明史·刘基传》载："洪武四年正月赐老归，惟饮酒，弈棋，口不言功。邑令求见不得，微服为野人谒见。基方濯足，令从子引入茅舍。"由此可见刘基当时住房的简陋，品格之高尚。

［诚意伯墓］

各位游客朋友，现在我们来到了诚意伯墓，是国家级文物保护单位。九支小山脉延伸至此，俗名"九龙抢珠"。该墓占地812平方米，墓前有石碑一方，上刻"明敕开国太师刘文成公墓"。墓前有田形似墨砚，有小土丘。形似龙珠；左方有一品字山丘，形似笔架。据载，刘伯温临死前，子刘琏、刘璟呈上有石马、石狮、石将军把门、条块石铺成的三过三圈坟墓图，被刘伯温撕得粉碎，并劝诫儿子说："墓字上草下土，若用石铺，怎么生草？古人造字，大有讲究，人不能靠造坟墓立牌坊流芳百世。试想，张良、诸葛武侯墓又在哪里？"按遗训，刘伯温之墓放条石块石。

刘基墓

09 楠溪江风景区

景区概况→岩头中心→大若岩→四海山→古村落

［景区概况］

各位游客朋友，欢迎大家到楠溪江风景区来旅游观光。楠溪江位于温州市北部的永嘉县境内，属于雁荡山世界地质公园西园区，是国家AAAA级旅游景区。南距温州市区26公里，东与雁荡山毗邻，西接缙云仙都，北与仙居景区接壤。风景区内的山岩呈现出峰笔立、崖如削、洞悬壁的奇异景观。其中有三面环溪、一峰拔地而起的石桅岩、十二峰以及陶公洞、鹤巢洞、天柱峰、棒槌岩等奇峰异石。楠溪江山体的断裂构造使各支流形成山崖险峻、峡谷深切的复杂地形，产生了许多瀑布。其中有高达124米的百丈瀑，有连续如梯的三级瀑、七级瀑，还有在2公里内的溪谷中出现形态各异的九叠飞流。风景区内物种丰富，多达1000多种，有国家重点保护植物14种，其中国家一级保护植物有银杏、南方红豆杉2种；国家二

楠溪江

级重

点保护植物有福建柏、香榧、长叶榧树、樟树、闽楠、花榈木、红豆树、鹅掌楸、厚朴、凹叶厚朴、香果树、榉树 12 种。森林群落多样，有红楠林、绒毛润楠林、兰果树林，还有壳斗科的、桦木科的林分等。风景区内森林生态系统保存完整，是典型的地带性森林植被群落。

楠溪江风景区由岩头中心、大若岩、石桅岩、北坑、水岩、陡门、四海山等七大景区的 800 多处景点构成。主要景点有：龙河古渡、百丈瀑、石门台、芙蓉三崖、藤溪潭瀑、十二峰、陶公洞、崖下库、石桅岩、苍坡村、芙蓉古村、狮子岩、太平岩、崖下库等。接下来我们就到几个主要景区景点浏览。

[岩头中心]

各位游客朋友，现在我们来到了岩头中心也叫大楠溪景区。这里的主要景观在永嘉县岩头镇境内，包括沙头镇和渠口乡境内的沿江滩林、奇峰、古村等。大楠溪渡头流至太平岩长约 39 公里的溪流水域，弯曲多姿，滩潭相济，还有两岸的滩林、沙滩及古老奇特的古村落古建筑群。

[大若岩]

各位游客朋友，现在我们来到了位

大若岩

于永嘉县小楠溪流域的大若岩镇，这里的主要景点有：天下第十二洞天福地陶公洞、十二峰、六螺山、九漈石门台瀑布群、崖下库峭壁飞瀑、百丈瀑、藤溪瀑布群、中心坑峡谷飞瀑、大若岩、芙蓉山崖等。十二峰位于陶公洞西北约3公里处，是一组流纹岩因节理风化和流水侵蚀，地壳抬升而成的峰群。高达124米的百丈瀑是大若岩景区的标志性景观。

［石桅岩］

各位游客朋友，现在我们来到了楠溪江石桅岩景区。这个景区地处永嘉县鹤盛乡下岙村北约500米处的峡谷中，三面环溪成峡，其景观具有雄、奇、险、秀、幽、奥等特点。主要景点有石桅岩、小三峡、水仙洞、麒麟峰、水响岩、菠萝岩等。楠溪江及各支流上游多为凝灰岩和流纹岩构成的火山岩山体，垂直节理和柱状节理非常发育，形成了奇峰屹立、峭壁拔地的奇异景观。石桅岩相对高度306米，因形似船桅而名，通体皆石，呈浅红色。石体三面环溪，环峡相映。

［四海山］

各位游客朋友，现在我们来到了四海山景区，它是括苍山余脉、雁荡山支脉，自东北向西南延伸。它地处永嘉县北部山区，是楠溪江风景区面积最大、地势最高的景区，海拔大部分在500米至1000米之间，海拔1000米以上的高峰有四海尖、天高尖、金岗尖等10余座，海拔最高在上潘大尖，达1196.7米。盛夏无暑是四海山森林公园的魅力所在，独特的山中小气候，即使在盛夏的中午气温也不过30℃，尤其登上1097.7米高海拔的四海尖，碧山耸翠，岗峦起伏，是避暑的好去处。

［古村落］

各位游客朋友，沿楠溪江两岸散布着“金山丽水”岩头村、“七星八斗”芙蓉村、“文房四宝”苍坡村等大大小小200余座古村落，被誉为中国乡土文化的史书库。并有谢灵运、王羲之、孟浩然、苏东坡等历代文人墨客的履迹和诗句。其中较为著名的有岩头、苍坡、芙蓉、蓬溪四个宋代古村落。这些村落至今仍保持着比较完整的历史风貌和许多传统文化遗迹。苍坡古村位于楠溪江上游岩头镇北面大山脚下，原名叫苍墩。始祖李岑为避战乱从福建长溪迁居于此，五代后周显德二年（955）开始营建，至今已1000多年历时。南宋淳熙五年（1178年），九世祖李嵩邀请国师李时日重新规划，建成以文房四宝为主要形象的村落格局，占地200多亩，房屋50多座，村民全部李姓。苍坡是楠溪江流域耕读文化村落之一，至今仍然很好地保留了耕读文化的许多元素。

10 南明湖景区

景区概况→应星楼→大水门→小水门大桥→万象山→路湾千年古樟→千年一吻夫妻石→琵琶圩岛→南明山→巾山塔→紫金大桥→刘英故居→中岸岛→厦河塔→开潭电站→古城岛→好溪水山竞技中心→防洪堤→滨江景观带

[景区概况]

各位游客朋友，想必大家都知道，浙江素有“北有钱江，南有瓯江”的说法。南明湖就是在瓯江中段玉溪至开潭电站形成的一个大型的人工湖。2006年10月1日下游的瓯江干流开潭水利枢纽工程水库下闸正式蓄水，在丽水主城区就形成了这个2800万立方米库容的南明湖。湖岸线全长约16公里，湖面宽度200~600米不等，湖面积达5.6平方公里。南明湖贯穿丽水城区，沿线自然风光旖旎，历史文化积淀深厚，集中了大溪、好溪、琵琶圩、中岸圩、古城岛、千年古樟、环湖19公里高标准防洪堤、40多万平方米滨江景观绿化带等众多的自然真山真水以及沿江人文景观。从空中看下去南明湖就像一颗明珠镶嵌在城市当中，它是一个“艺术之湖、浪漫之湖、休闲之湖”，是丽水市山水生态城市构建的核心，我们丽水城区也因此形成了“城在山中、水在城中”的独特的城市风貌。

[应星楼]

各位游客朋友，大家看到前面防洪堤上的古色古香的仿古大型塔楼，就是丽水城市的新地标——应星楼。据史料记载，应星楼始建于宋代嘉祐年间（1056—1063年）。应星楼建成后，时任湖南提举叶宗鲁撰写了《处州应星楼记》，时任福州知州的何澹，以刚劲洒脱的正楷手书该记，并刻在应星楼碑上，使应星楼扬名天下。叶宗鲁和何澹这两位在南宋都是官阶很高的处州人。丽水古称处州，是因为这个地方正好与少微处士星对应。古人认为少微星对应的是士大夫之位，古时候处州人才辈出，人杰地灵，可能就与地处少微星之位有关吧。那时候瓯江沿岸还建有多处对应天文星宿的建筑，如应星桥、少微阁等，还有与应星楼遥相对应的少微山，就在紫金大桥南边，我们等会儿会经过看到的。应星楼始建于宋代，在历史上经常遇到水患，毁坏过好几次。清光绪二十七年（1901年）重建应星楼，当时记载，楼为三层，中间空，顶楼有魁星全身塑像。民国十三（1924年）年到十四年又重建了一次，1944年被日寇烧毁，《应星楼记》碑也从此下落不明，碑的拓片现在珍藏在中国国家图书馆内。现在大家看到的应星楼是2009年在丽水

应星楼

人民的万般期盼中重新修建的、恢复了千年处州历史文化的著名景观。现在的位置从原来应星楼的旧址向南移了100多米，牌匾上苍劲有力的"应星楼"3个大字是前任丽水市委书记陈荣高亲笔手书。整个应星楼有九层，高达45.9米，内设电梯，面积达到2480平方米，其雄伟壮观是古代的应星楼所无法比拟的。应星楼建筑风格复古，按照宋代营造方法建造的大木作，挑檐翘角的屋面，还有正脊上的鸱尾，非常漂亮，看到没有？就在楼顶的屋脊上。除了主景之外，应星楼旁还建有邀月堂、应星堂、怡翠亭、听涛轩等建筑，形成一个颇具特色的仿古建筑群。应星楼不仅承载着丽水城市的历史信息和历史记忆，传承了丽水的历史文脉，也给南明湖景区增添了古色古香的文化气息，如今已成为丽水市民休闲娱乐的好去处。大家下船后有机会可亲自登临应星楼，你可在亲身体验应星楼的历史沧桑感的同时，又能领略南明湖迷人的湖光山色！

［**大水门**］

各位游客朋友，大家向右前方看，是不是看到一段古城墙和一个古城门啊，这是被浙江省政府公布为省级文物保护单位的元代处州古城墙。这也是丽水市区唯一还幸存的一个古城门，官方叫南明门，民间叫大水门。唐末广明元年（880年）遂昌人卢约聚众起义占据处州府，自称刺史。为防御唐王朝和其他封建势力的进攻，卢约建造了处州历史上最早的城墙。城墙依山而筑，背靠山岗，面向大溪，易守难攻，但这座城墙的整体范围至今还没有定论。唐宋时期的城墙当然也并不是现在我们见到的元代城墙。元朝至元二十七年（1290年），开始在年久失修的唐宋旧城的基础上，扩建了城池，处州府六门之城的格局开始正式形成。北面的叫望京门（丽阳门）、东面的叫岩泉门（虎啸门）、东南面的叫行春门（厦河门）、南面的叫南明门（大水门）、西南面的叫栝苍门（小水门）、西北面的叫通惠门（左渠门）。这六门设置，沿袭了我国州郡府城建设的基本礼法。关于这六座城门，还有一首民谣很有意思，叫作“大水门，拔船纤；小水门，卖食盐；厦河门，种菜园；虎啸门，开歇店；丽阳门，打草毡；左渠门，开鬼店”。这首民谣曾广泛地在民间流传，从中不难看出处州府六座城门功能各不相同，而且都与老百姓的生活息息相关。到20世纪五六十年代，旧城墙已经残破不堪，但基本上还可以见到六座城门和部分城墙，其中，丽阳门和大水门还有城楼。20世纪七十年代以来，随着旧城改造，街道建设，便一点一点被拆除了，残存的只是南明门和它相邻的一段城墙脚，丽阳门还留下百余米长的城墙，厦河门仅存遗址。2006年市政府耗资300多万元对南明门古城墙进行了重建，修缮工程包括瓮城城台、南明门和南明门城楼、城墙和敌台、马道等。重修的城楼为两层四檐挑出，高约9米，宽约15米，五楹四面设置步廊。城墙高5.5米，面宽4.4米，南面设置了城垛，高1.68米，厚0.4米。整个城墙东侧约95米，西侧约86米。东西各有一个敌楼。修复了瓮城，高4.2米，城垛高1.68米。

各位游客，南明门是古代处州府六个城门中最为重要的一道门。因为它位于丽水城正南方向的瓯江北岸，古代丽水是以这条瓯江水路作为最主要的交通通道的，临靠水路的大水门自然也就成为古代丽水六个城门中最为重要的一道门，而敌人往往也是从水路攻打进来，所以南明门是丽水的进出码头和最重要的防守城门。大家别小看这个古城门和古城墙哦，经研究比较，在我国南方诸多古城墙中，丽水南明门古城墙及城门建筑是最能反映其自身特点的：一是结构合理、布局紧凑，可以说堪称古代城池设计之佳作；二是在建材上采用大规格紫红色火山砾岩块石垒砌，墙身做工精细，墙体厚实坚固，虽历经数百年而岿然不动，其高超的建筑艺术无与伦比；三是除防御功能外还具有防洪的功用，既是城墙也是江堤，考古学家对处州府城墙的砌筑方法是赞叹有加：斜方格形块石砌筑方法，形成人字形的力学原理，使得城墙体百年如故；四是瓮城内外场地宽阔，瓮城城门内近代以来还设有戏台，城门外有繁忙的江边码头，人流物流高度集聚，是温州、丽水、龙泉航运的重要商埠。1988年7月，丽水市人民政府将南明门列为市级文物保护单位，2005年6月，成为浙江省文物保护单位。现在这样漂亮的古城门和古城墙很难看到了，大家可以多拍几张照片留念。

［**小水门大桥**］

各位游客朋友，请大家看前面，我们即将穿过的这个大桥，叫作小水门瓯江大桥，是瓯江上修建的第二座大桥。在有小水门大桥之前，这里先有小水门浮桥，最早叫济川浮桥。南宋处州太守范成大主持重建，共用小船72艘，连舟架梁36根，上面铺木板，用铁索固定在两岸，并改其名为平政桥。800多年来，平政桥虽先后历经数十次变迁，但它的建筑形式仍一直保留下来，只在用船数量和架桥地点上有所变化而已。说到范成大，他是南宋中兴四大诗人之一，与尤袤、杨万里、陆游齐名。他曾在乾道三年末（1167）任处州知州，在老百姓的心目中他是一位政绩卓著的知州。其实，范成大在丽水任职也只有一年多时间，但做的实事却很多。除了建浮桥之外，还做了四件好事，一是兴修通济堰，置水闸49处，灌田2500多亩，立堰规19条；二是首创义役法，就是以田租充当应役费用，此法被宋孝宗采纳，颁之天下。三是上书朝廷减免处州的人口税，设立义仓，让各县筹集稻谷，春借秋还，缓解百姓的粮荒；四是在万象山南园修建了莲城堂和莺花亭，并给烟雨楼书榜。因为为老百姓做了很多好事，所以范成大在丽水名垂史册。

20世纪80年代，瓯江两岸水患频繁，特别是洪水季节，浮桥经常被水冲走，来往行人只得到大水门过渡，往返既不方便，又不安全。为改变城区到瓯江南岸需走浮桥或摆渡的历史，也为紧水滩水库建设运输大型设备的需要，1981年11月，小水门大桥动工，投资390万元，1983年12月完工通车。小水门大桥的建成，代替了沿用800多年的小水门浮桥，将瓯江两岸连成一体，结束了人们进城摆渡的历史，改变了城市的总体格局，促进了南岸经济的发展。2000年7月撤地设市以来，随着城市人口的急剧增加，城市规模迅猛扩大，原来的小水门大桥已不堪重负，为实现丽水城区南扩、跨江发展战略，小水门大桥于2002年1月开始扩建，2004年1月完工。拓宽扩建后的小水门大桥为7孔46米钢筋砼肋拱桥，全长448.774米，桥宽28米，道路等级为城市主干道1级，设计车速为40公里/小时，抗震设防6度。瓯江上还建五座大桥，这一座座桥梁可以说见证了丽水城市发展的时代脉络。

［**万象山**］

各位朋友注意了，接下来我们将要看到的是丽水市区最重要的自然人文景观——万象山。万象山古时号称“一郡之胜”。之所以能称它为“一郡之胜”，不仅仅因为其自然生态优美，更重要的是它有着深厚的历史文化沉淀。宋朝参政何澹在上面建万象楼，所以山名也叫万象山。元朝修筑处州府城时，把万象山围在了城墙之内，从此万象山成了“城中之山”。处州历史上许多郡守都在此修有亭台楼阁，并留下很多诗篇。北宋处州郡守关景晖建有少微阁，就在万象山烟雨楼附近，少微阁这三个字还是宋代大书法家米芾所书。清代诗人毛桓《游少微阁》诗有句：“郡应天文处土星，入云高阁迥含灵”，可见其壮观。南宋郡守范成大在万象山南园建有莲城堂，为纪念秦观建有莺花亭。元代在今烈士墓山头建有崇福寺，今尚存大书法家赵孟频写的《处州万象山崇福寺记碑》拓片。清代在寺旁建了秦淮海祠，纪念曾在处州监酒税的北宋大词人秦观。接下来，我给大家讲讲万象山上两个主要景点——南园和烟雨楼。

南园。建立于唐朝，因为南园地势高，背靠州府治所，俯临瓯江，是观赏城郭和江岸景象的绝好视点，所以南园在晚唐时期已成为名园。当然，这样的地方自然也就成为文人墨客钟爱的地方，他们在这里观赏美景，吟诗填词。所以，历代文人学士在南园咏叹所留下的诗词佳作不少。但最为人熟知，最有影响的要数秦观了。秦观是北宋大诗人，尤其在词作上艺术造诣高超，素有“苏门四学士”之称。宋神宗时秦观当过京官，后来因为党争屡次被贬，绍圣年间被贬为监处州酒税，现在大家可能觉得税务部门挺好的，可当时只是小吏一个，是一个无足轻重的职位。秦观在处州供职头尾仅三年，但他在丽水写过不少诗词，其中《好事近》《千秋岁》是最有代表性的。“水边沙外，城郭春寒退。花影乱，莺声碎。飘零疏酒盏，离别宽衣带。人不见，碧云暮合空相对。忆昔西池会，鹓鹭同飞盖。携手处，今谁在？日边清梦断，镜里朱颜改。春去也，飞红万点愁如海。”（《千秋岁》）由于秦观在南园创作了《千秋岁》这样的千古名作，南园更是声名鹊起，历代文人包括苏轼、黄庭坚、李之仪、陆游、范成大等都有怀念或与之唱和的诗词作品，丽水山水也因此更加生辉。现在的万象山上还建有纪念秦观的大观亭。

另一位是南宋著名文学家陆游，大家更熟悉，南宋最杰出的爱国诗人，世称陆放翁。大家可能会问，他怎么会在丽水留下诗篇呢？因为陆游是浙江绍兴人，他在福建任地方官的时候，回绍兴原籍时路过丽水，而且来回不止一次，十分喜爱丽水的风光秀丽，写下了不少诗篇，其中最为丽水人称颂的是《南园》和《莺花亭》。现建有纪念陆游的放翁亭。

各位游客，南园历经历史的风风雨雨，尤其是抗战时期日寇的狂轰滥炸，原来的建筑早就夷为平地，后经许多有识之士倡议修复南园，终于在2011年元旦修复一新，重新展现了往日的风姿。

各位游客，现在我们看到的是万象

山上另一处著名景点——烟雨楼。它最早是由北宋郡守杨嘉言所建，因为万象山的晨烟暮雨和飞云雾霭，所以取名为烟雨楼。古代处州万象山烟雨楼与嘉兴烟雨楼齐名，但比嘉兴的烟雨楼还早一百余年。经过历代屡修屡废，最后也是在抗战时期被日本人所炸毁。现在的烟雨楼是1984年重建的，是万象山上最耀眼的建筑物。和南园一样，烟雨楼也是深受地方政要和文人墨客喜爱的地方，南宋处州知州范成大不仅为烟雨楼书榜，而且还填了一首《虞美人》词来描写赞颂烟雨楼，可惜这首词后来没有保存下来，但南宋另一位婉约派大词人姜夔的和词却流传下来了，也正是姜夔在这首词的序里面说自己做这首词就是看到了范成大的书榜，而且吟唱了那首《虞美人》，所以也做一首《虞美人》应和，所以我们才知道范成大曾经做过一首赞颂烟雨楼的《虞美人》词。

各位游客，我们的右手边看到的是万象山新建的沿江栈道，这是全市唯一的一条水上栈道，整条栈道上起溪口大桥，下至小水门大桥，全长约1公里，项目总投资700余万元。施工方使用了新颖实用的悬挑技术，也就是说这条栈道是临空建在了江面上，而不需要任何的支柱支撑。游人可以充分体验“人在水上走，湖水轻荡漾”的美妙意境，临江还修建了暖日亭、碧烟廊、醒梅斋、游客休闲亭等多个观景平台，游人可以在栈道上近距离地欣赏我们南明湖的湖光山色。

［路湾千年古樟］

各位游客朋友，前面我们就要看到丽水的第一奇树——路湾千年古樟了。这个地方是丽水市莲都区联城镇路湾村附近，所以当地人称这棵古樟树叫“路湾樟树”。这是一棵树龄超过1600年的千年古樟树，传为晋代所植。树干长13.5米、高21米、胸径4.58米、冠幅20米×28米，是迄今为止，浙江省发现年代最久远、树体最大的古樟，是当之无愧的“浙江第一樟”，已被列为国家一级保护古树。1997年12月，路湾古樟作为古树名木受到了挂牌保护，并被载入《中国树木奇观》《浙江古树名木》《浙江林业志》等志书。丽水人自古有认古樟树为爹娘的风俗，所以当地一代代的人都认其为爹娘，祈求保安康，当作神灵来崇拜，香火供奉很旺，人们也在樟树上挂上红布条祈福。为了保护古樟树不受火烛之害，同时也为了避免南明湖蓄水后淹没古樟根系，市政府出资200万修建了“晋樟园”，千年古樟自然成为了古樟公园的“镇园之宝”，省林业厅楼国华厅长为路湾古樟公园亲笔题词“浙江第一樟”。除了建有庙宇外，在这块平台下方，设置了一处自动排水系统，保证古樟根系不受水患影响。

各位朋友，关于古樟有很多美丽的传说，而且都带有时代主旋律的色彩。相传抗日战争时期，日寇的铁蹄踏进了丽水。一天，一队日本兵到路湾一带抢粮食，村民们为躲过此劫，挑着粮食躲进偌大的树洞里。听说古樟树内藏有百姓和粮食，鬼子就沿着瓯江寻来。当他们挨近古樟树时，树洞中就透出一阵阵令人难以忍受的恶腥臭气，一连熏倒了好几个鬼子兵，吓得其余的鬼子不敢再挨近树洞，只好一边嗷嗷乱叫，一边挥着马刀对着树枝树叶乱砍。谁知那古樟顿时枝摇叶晃，随着沙沙沙的声响，无以计数的毛毛虫就纷纷落下。没等鬼子兵反应过来，一个个都已是鼻红脸肿了，于是纷纷抱头鼠窜。

还有一个传说，就更神了。当年瓯江上无桥梁，道路不畅，货物都从水路而来，经过渡口挑往各地。松阳、遂昌、龙泉等地的脚夫从桃山渡口挑着重担艰难行来，古樟树下便是他们歇脚的好场所。据说，这大树底下可停歇36担货物呢！在一个炎炎夏日，一批挑盐的“盐夫”落脚此处，个个挥汗如雨，其中一人颇为神往地说：如果这里有泉水该多好啊！众伙伴皆笑其痴人说梦。可是他们的话音刚落，树底下就真的土层下陷，随即冒出汩汩清泉。众盐夫见状又惊又喜，一个个喝了甘冽的泉水后，顿觉神清气爽，便纷纷拜别古樟，轻松上路。其实，这树就是树，可百姓们将它神化了，一则因它树龄之高，多少“万寿无疆”的帝王都千古了，而此樟树仍郁郁葱葱、傲然屹立，造福于民；二是人们因对美好愿望的向往，冠以此古树以传奇色彩，于是代代相传，便越传越神了。

各位朋友，听了这两则故事，大家应该感觉到了这千年古樟确实很神奇的哦，呵呵，朋友们也可以在此拜拜，一定能给你带来好运哦！

［千年一吻夫妻岩］

各位游客朋友，请大家朝右前方看！看到没有，有一对相向而立的大岩石，远远望去，颇像一对恩爱的亲吻状的“夫妻”，形象逼真、惟妙惟肖。那就是千年一吻夫妻岩，两石一吻千年，可谓“天下第一奇吻”，这是数亿年自然变迁造就的绝版奇观。关于这夫妻岩的来历还有一个传说，说这男的是附近朗奇村的一个小青年叫才郎，女的是天鹅少娘。有一天，才郎在碧湖一带放牛，天上一群天鹅仙女来美丽的碧湖沐浴嬉戏，被九龙潭的黑龙欺负，才郎路见不平拔刀相助，救了来不及逃走的小天鹅少娘。少娘从此爱上了才郎，留在人间与才郎婚配。有点像牛郎织女的故事吧，不过结局比牛郎织女好，他们不用一年见一次，而是千万年的厮守，永远在一起。夫妻岩两相紧抱，亲切相吻，表示才郎与少娘夫妻相亲相爱，生死不渝，这是情爱的楷模，深受人们崇拜。

关于千年一吻还有另一个传说，说很早很早以前，有一年，丽水大旱，瓯江干枯，山无寸青，惨状令人不忍卒睹。我们面前这个叫联城的村庄里有一位叫呆娃的青年，出发去寻找水源了。他一连寻找了三七二十一日，终于在大山的峡谷里寻找到了一泓小小的清泉。呆娃把水一一分给大家，夜间就睡在水边，护卫水源。由于劳累，一天夜里，呆娃终于在水源边昏倒了。迷糊中，他被一阵雷声震醒了，睁开眼，发现天已经下了大雨。大地滋润了，万物复苏了，百姓有救了。天亮了，雨停了，这时，呆娃发现面前的地上站着一位美丽无比的姑娘，惊奇不已。姑娘说，我让你看个够。原来姑娘是天上七仙女中的老六，这清泉是她下凡沐浴所用，她见呆娃如此一副好心肠为民谋福，为之感动，因此，私下请雨神帮忙下了一场及时雨。从此，每月的初一和十五，呆娃和六仙女就在泉水边相会。玉帝知道情况后大怒，派出天兵降罪。六仙女自知以后再无机会和呆娃在一起了，不觉潸然泪下。天兵到了，见六仙女正和一凡间少年朗相拥狂吻，顷刻间一个闷雷便砸了下来，只见一股浓浓的烟雾散尽后，呆娃和六仙女已化成了一对拥吻而立的石人。自此，这千古绝吻自然雕塑，就永远地屹立瓯江之畔的南明湖一侧了。

各位朋友，爱情是永恒的话题，无论是年轻的新婚夫妇，金婚的老来伴，还是热恋未婚的情侣都喜欢来此旅游休闲。所以夫妻岩一吻千年又称为爱情公园。未来这个地方，将被开发成以爱情与婚庆文化为主题的“一吻千年”景区。景区整体规划设计为一个以爱情主题文化体验以及婚庆文化为主，东南亚风情休闲娱乐为辅的度假休闲型景区。说不定下次朋友们来丽水玩的时候，就可以看到这个景区了，到时候也带着自己的爱人，到那里去留下千年一吻啊！

［**琵琶圩岛**］

各位游客，穿过桃山大桥，可以看到我们右手边的一块面积约405 000平方米的圩地。这块圩地若从对面的万象山南园等高处看下来就像一把巨型琵琶漂浮在碧绿的江水中，这就是南明湖“三岛”之一的琵琶圩。琵琶圩四周绿树成荫，景色秀丽，南宋大诗人陆游曾在南园留下佳句：“一到南园便忘返，亭边绿浸琵琶洲。”明景泰进士、丽水人金文曾作诗把琵琶洲形象地描写为：“中流有隙地，宛尔琵琶洲。清籁自呜咽，不是浔阳声。”诗中描写的不是“浔阳声”是指琵琶洲边水声呜咽，这不是白居易在浔阳江头所听见的凄切的琵琶声，而是另有所指。因为这里有个悲惨的传说：古时，处州城里有个风流少年，与一个怀抱琵琶卖唱的美貌姑娘相爱，遭父母反对，不准少年公子与之往来。后来姑娘为表示忠贞不渝，将心爱琵琶送给少年。他就常抱琵琶早晚弹唱，以示永不变心，生死不离，而姑娘也时常随凄切琴声泣唱，久而久之，姑娘忧伤过度，积疾病逝。少年公子得知，心如枯井，痛苦癫狂，冲出被锁的房门，奔向小水门外大溪，抱着琵琶琴纵身跳进大溪。后来那少年公子丧身的地方成了一个深不见底的水潭，叫相公潭，其水潭旁就突起这块琵琶圩。仔细听，琵琶圩两边清溪流水如同琴声在哀鸣悲泣，似是为少年与姑娘的凄美爱情而哭泣。南明湖形成后，琵琶圩四周全被湖水浸漾，琵琶圩作为临近老城区最近的岛屿，依托青田侨乡文化，现正在开发建设国际风情岛景区，岛上将设有欧陆风情街、红磨坊、迷你酒吧、特色咖啡馆、休闲茶吧、风情演艺吧等文化休闲和娱乐演艺项目。

[**南明山**]

各位游客朋友，前面我们曾提到，与万象山隔江对峙的就是眼前的南明山景区，南明湖也是因为此山而得名的。南明山属于括苍山脉，为浙南宗教文化名山，是省级风景名胜区，素有“括苍之胜，推南明”之说。南明山上建有仁寿寺和千里亭等建筑，其中南明山的摩崖石刻有极高的社会文化价值。山上的云阁崖、高阳洞和南明石梁的崖壁上，留有晋以来历朝名人、学者和书画家的珍贵题刻共58处。其中以晋代著名炼丹学家葛洪、北宋杰出书画家米芾和科学家沈括的手迹最为著名。葛洪题刻是南明山最早的摩崖石刻，距今已有一千六百余年。米芾题刻笔体为行书，笔力遒劲飘逸洒脱。米芾曾被宋徽宗召为书画学博士，官礼部员外郎，人称“米南宫”。他善诗能文，长于书法，与苏轼、黄庭坚、蔡襄书法齐名，合称“宋四家”。其实米芾并未来过丽水，“南明山”题字是当时处州太守刘泾因善诗、好书画、工金石，亲赴涟水请米芾书写，带回丽水后再镌刻于云阁石崖上的。沈括曾奉命赴两浙考察农田水利建设情况，宋神宗熙宁六年，即公元1073年，与北宋著名文学家李之仪顺路同游观览了南明山。南明山名人的摩崖石刻数量多，格调高。现在的南明山正着力于打造“名人南明”景区。

[**巾山塔**]

各位游客朋友，大家往右手边的山峰中看到的这座居高临下的塔是巾山塔，坐落于海拔317米的巾山之巅，它的前方我们还会见到的另一座塔——厦河塔隔江遥相呼应，古时都是丽水古城方位的重要标志，又是人们登高远眺的名胜古迹。巾山塔的始建年代今人已不得而知，但明正统三年（1438年）张懋丞的《元妙观碑》有载：“观有寥阳殿，向巾子山，山有塔……”文中所指塔即现存巾山塔，建造年代应在明正统三年之前，至今约有近600年历史，它是丽水市区现存最早的一座多层古塔，是浙江省至今遗存较少的古塔。现为丽水市级文物保护单位。

巾山塔高约13.23米，由塔基、塔身、塔刹三部分组成，整座塔就地取材，采用巾山顶的紫红色火山角砾岩石块筑成，结构完整，庄重而不失灵巧。

巾山塔为六面七层，逐层收分。塔身为楼阁式，塔壁厚实，内为空筒式。巾山塔外壁的壁龛内雕刻着道教三清至尊像、三元大帝像、佛教的阿弥陀佛像、四大天王像等众多宗教人物造像，刻画线条流畅古朴，栩栩如生，融佛、道人物造像于一体，充分体现了我国多教共奉的宗教文化，反映了丽水民间宗教信仰的真实面貌，对研究佛、道艺术也有重要的参考价值。巾山塔塔刹为五层相轮和六角形伞盖，塔刹位于古塔的最高处，俗称塔顶，原巾山塔塔刹早已被毁，仅留宝盖底。现塔刹是1980年重修时复原的。由于塔基内陷，塔壁变形，2005年巾山塔进行了整体落架维修。经过维修，巾山塔更显古朴秀美，经过艺术化的装灯亮化（主塔采用1000瓦的金属卤化物光源以外照泛光效果照亮，灯具分布在塔的六面六边角。十二个支架分，上下两托，投射二十四个部位），巾山塔在晚上就成了万山中的一座亮丽的灯塔，古塔与现代景观融合在一起，构成了丽水城新的城市景观。

［**紫金大桥**］

各位游客朋友，我们马上要经过的是我们这次游程中最漂亮的一座大桥。大桥的最上面有四个金色大字“紫金大桥”，这座设计新颖、造型别致的单塔花瓶形斜拉桥，就是横跨南明湖两岸的第一座斜拉桥——紫金大桥。紫金大桥在2003年4月破土动工，2006年1月正式通车，总投资1亿多元，工程全长736.7米，由主桥和引桥两部分组成。主桥长526.7米，宽30.5米，主塔高107.6米，为国家级大型桥梁，是连接市区南北区块的重要桥梁，也是丽水崭新的地标建筑。紫金大桥不仅雄伟，而且非常美观。下面没有桥墩，只有一座单塔花瓶形的水泥柱斜拉着68条粗壮的铁索，从低到高依次穿过水泥柱，像巨人的手臂斜拉着主桥身，保持大桥的平衡力。整座花瓶形的主塔都添上了黄绿色的乳胶漆，再加上两边68条银白色的斜拉索，在太阳光的照耀下显得分外耀眼宏伟。为了方便市民欣赏景色，该桥在主桥部分专门规划了用作观光的人行道，市民可由“桥头堡”楼梯登上近20米高的主桥桥面，观赏水天一色的壮丽景象。到了晚上，紫金大桥的灯光紫色和金色交相辉映，使大桥成为名副其实的“紫金”大桥。塔顶的探照灯，不仅照亮了大桥，而且将半个丽水城照得如同白昼。桥沿上一根根玉兰花灯柱像一个个勇敢的卫兵日夜守护着大桥。桥沿下，两侧各有一排彩灯，无数盏彩灯时刻变换着颜色，把紫金大桥装扮得绚丽多彩，成为丽水夜晚最美的一道风景线，也成为丽水市民欣赏南明湖的一个绝佳观景休闲平台。

紫金大桥的建成，将江北和江南连在了一起，使得丽水“一江双城”的宏伟蓝图得以实现，成为南城和北城的一

南明湖紫金大桥

个重要交通枢纽。可谓“一桥飞架南北，天堑变通途”。桥的南边即我们的右手边是莲都区富岭街道中岸村，十几年前，这里还是一个偏僻的郊区农村，与主城区虽然隔江相望，但进城却需绕过南明山脚、经过小水门大桥，走很长的路才能到达，而现在只需几分钟就到城里了。

紫金大桥是国家级特大型桥梁，它的设计年限为100年，7度抗震设防，设计洪水频率为百年一遇水位。紫金大桥按照桥梁的养护类别为一类桥梁进行养护，市建设局对其进行每日一次的桥梁检测，其内容包括检查桥身、桥墩、桥面桥的护栏，如果发现桥身漏水，护栏破损，桥底有非法搭建物等情况，会在第一时间联系相关单位，对其进行排除维护维修，以确保它的结构安全。

［刘英故居］

各位游客，紫金大桥的另一端，即我们的左手边就是原中共浙江省委旧址及原中共浙江省委书记刘英故居所在地。1939年3月，中共浙江省委将省委机关从温州迁至丽水县城。在丽水城郊厦河村找到一个农户家，租下一处房子作为刘英的住处和省委机关的秘密办公场所，也就是这里的厦河村77号。同时，在市区四牌楼开设“兴华广货号”百货店作为省委联络处，省委书记刘英即以兴华广货号老板的身份作掩护，领导全省的革命工作和抗日救亡运动。1941年4月，省委机关迁回温州。1942年2月8日，因叛徒出卖，刘英在温州被捕。5月18日，在永康方岩英勇就义，时年37岁。厦河村在20世纪90年代初向房东收购了这处房屋，并保护了下来。1995年，政府接管后，进行了修建。旧址内，辟有魁梅园、刘英卧室、实物展厅、文字图片展厅等6个部分。时任中共浙江省委书记李泽民题写了址名。1997年，刘英故居被列为省级文物保护单位，1998年，被列为省级爱国主义教育基地和省级国防教育基地，中纪委领导，省委、省政府的主要领导曾多次来此参观，每年都有成千上万人来此接受爱国主义教育。

省委机关旧址周围，2011年，新建了全省第一家革命根据地纪念馆——浙西南革命根据地纪念馆。纪念馆是开放式、公园式的民居风格，与省委机关旧址相协调。总建筑面积3500多平方米，有11个固定展馆、1个临时展厅和1个报告厅以及220平方米的红军标语廊，整个纪念馆用丰富的史料、文物和现代化的布展手段系统、全面地反映了浙西南革命斗争历史，成为又一个弘扬爱国主义精神、加强红色教育的基地。

各位朋友，丽水的红色名片是在革命历史长河中，无数革命先烈用鲜血甚至生命的代价换来的金字招牌。随着经济的发展，人们也越来越深刻地意识到，红色年代里的那种超越生命极限的奋斗精神，是如今丽水经济创业进程中的宝贵精神财富。

[中岸岛]

各位游客朋友，现在请看我们前方一左一右出现的那两个小岛，就是南明湖“三岛”中的另两岛了。在我们右边的是中岸岛，它位于中岸村旁，在我们左前方的是古城岛。中岸岛三面环水，现在是一个苗圃基地。该基地充分考虑了瓯江水位的影响，选择了一些耐水性强的乡土树种进行统一规划种植。我们看到的苗圃就是园林工人们今年新种植上的湿地松和红叶李，连片的湿地松，为南明湖增添了一道独特的风景线，也成为瓯江白鹭繁殖栖息的最佳场所，成千上万的白鹭起舞纷飞的情景时常在南明湖畔上演。这里交通便利发达，未来将打造成为一个国际会展中心。

[厦河塔]

各位游客，请大家往左前方看，这座挺拔秀美的塔就是南明湖双塔中的另一塔——厦河塔，它与巾山塔隔江相望，遥相呼应。厦河塔临江而建，意在镇江水，护城池，是一座依风水学而建的文峰塔。厦河塔位于水东塔下村西佛头岩上，依山临水，是丽水城东南入口处，金丽温铁路、330国道金丽温段及过境公路都从塔下穿过。佛头岩是古时城东的咽喉，大溪、好溪就在此汇合，地理位置十分重要，本来这塔就叫佛头岩塔，因它与对面的厦河村隔好溪而相望，又俗称厦河塔。远方来客无论从水路或陆路进入丽水城区，远远就能看见高耸的厦河塔，它是丽水城重要的方位标志。

厦河塔建于明万历十三年（1585年），由处州知府俞枫谷始建，明万历二十二年（1594年）知府任可容建成竣工。历时近十个年头，可见古时修筑佛塔的艰辛了。至今，它已有四百余年历史。厦河塔为楼阁式砖塔，塔身八面九层，高约38.48米。由基座、塔身及塔刹三部分组成。除塔基用块石砌筑外，塔身、塔顶全部为青砖铸造。厦河塔结构严谨，构筑精巧，塔芯中空，结构上采用“壁内折上式”，即塔壁中置砖砌梯旋转登道，游人进塔门后，可顺着青砖砌的阶梯旋转而上登至七层，各层以楼板分隔。二层以上，为八面四门，八、九层未设门。每层塔檐，用平砖迭涩挑出。塔刹为宝葫芦刹顶。

关于两座宝塔建造的缘由，民间有种种传说，都不外乎镇邪魔、除妖怪、保平安之类。传说佛头岩是虎妖变的，巾子山是龙妖变的。两山白天相安无事，可到了夜间常会移动，合拢堵江。有一年春天，瓯江边搬来了以打铁为生的四口之家。春夏之交，两妖兴风作浪，洪水先后卷走了铁匠的孩子、妻子和父亲。铁匠怀着深仇大恨、立志为民除害，日夜捶打了两枚长长的大铁钉。半年后，他扛着大铁钉来到巾子山。夜深了，两山晃动起来，相向挨拢，此时滔滔江水倒流，铁匠知道两妖又在作孽了，他用脚狠狠一蹬，蹬得龙妖目眩头昏，又用手狠抓龙妖尾巴，拼命往后拖，拖得龙妖呜呜哀求。铁匠顺手举起长钉猛力一戳，龙妖惨叫一声，被钉死在巾子山。对岸的虎妖一见龙妖被钉，心底发毛，掉头拔腿想逃跑，可被早跃到对岸的铁匠用长钉拦住。铁匠随即举起铁拳击昏了虎妖，将虎妖钉死在佛头岩。从此再没有龙妖和虎妖兴风作浪了。那钉妖的长钉留在外面部分就变成塔了。古时当地百姓无法解释洪水为患现象，企盼平息洪水，编织铁匠用长钉（造塔）镇妖的神话故事，那是十分自然的。解放后，随着人们对自然规律认识的提高，不断被科学思想所武装，逐渐知道是塔下一块伸进江边的岩石阻碍了泄洪，使得洪水泛滥进城，并非龙妖与虎妖在作祟。后来，政府专门组织民工，炸掉了那块阻拦洪水的岩石，洪水进城肆虐的机会就少得多了。

各位游客，厦河塔在20世纪80年代前没有维修记录，较完整地保留了明代原貌，这在明代塔中是极为少见的，是明代砖制塔的难得实物资料，在建筑艺术及建筑工程技术方面有许多值得借鉴之处。各级政府都非常重视它的保护，1980年，丽水县政府曾拨款对厦河塔进行了加固维修。1984年，列为丽水县级文物保护单位。20世纪80年代末和90年代前期，由于金温铁路等工程建设在附近施工，对塔基和塔身产生一定影响，再加上又已多年失修，以及人为损坏（乞丐为取暖曾烧去部分楼板）等原因，塔身各层都有砖石脱落，墙体中间开始外鼓，塔内各层的楼板全部损毁，部分塔沿与角砖缺失，各层檐角风铃丢失……为抢救文物古迹，提升城市文化品位，2002年遵循“保持原貌，修旧如旧”的古建筑修缮原则，市政府拨款重修厦河塔，并严格按原材料、原工艺、原尺度进行修缮，使古塔恢复了原来的风貌，焕发新的生机。2005年，厦河塔被列为浙江省省级文物保护单位。

［开潭电站］

各位游客朋友，在铁路桥的前方是丽水市开潭水利枢纽工程，我们今天能坐在这里欣赏美丽的南明湖正是得益于这开潭水电站的蓄水。开潭水电站于2001年12月20日被列为省重点工程，2004年10月开工建设，是瓯江干流梯级第三级电站，距离丽水市区仅有7公里。该工程是以发电为主，并兼有航运、防洪、旅游、改善生态环境等功能为一体的综合利用枢纽工程。电站装机容量4.8万千瓦，设计年发电量万1.3亿千瓦时，水库正常蓄水位47.5米，工程总投资总为4.6亿元。2006年10月1日，开潭电站顺利实现大江截流，蓄水至今已有5年。

丽水雨量充沛，水电资源丰富，理论蕴藏量达96万千瓦，占浙江省水力资源可开发总量的40%，是华东地区绿色能源基地。2006年8月，装机容量4.8万千瓦的开潭电站和庆元的两座小水电站通过验收后，使得丽水成为全国首个装机容量突破100万千瓦的地级市。“中国水电第一市”也实至名归。截至2008年底，丽水全市已建成并网发电水电站880座，总装机容量201.6988万千瓦。小水电产业，已经成为丽水的支柱产业，可以说丽水人投资水电站的胆略和丽水地区星罗棋布的小水电，成就了这座“中国水电第一市”。

［古城岛］

各位游客朋友，到这里我们的游船要往回走了，大家坐稳扶好，注意安全。我们刚才提到南明湖三岛，已经介绍了两岛，现在我们游览最后一座古城岛。大家请看我们的右手边就是古城岛。古城岛东南与古色古香的厦河塔相望，西北与流光溢彩的紫金大桥呼应，正好是连接起丽水古与今的中心点。从高处看，古城如同一块碧绿的翡翠，镶嵌在波光粼粼的南明湖上。古城岛地处大溪与瓯江支流好溪的交汇处，以前三面环水，开潭电站建成后瓯江水位上升，成为名副其实的一个岛。古城岛现为古城村所在地，村中还有一棵硕大的古樟树，已有千年历史，是村中的风水树，村旁种了许多桃李果树，大溪周边我们看到有许多大樟树，竹林和草木繁茂丛生，岛上自然生态环境保护良好。

据说，古城名字源于这里曾是古代处州最早的州治所在地，故名为“古城”。这里四周环水，位置险要，利于军事防守。《浙江通志》卷五十一记载丽水："古城在州东南七里，今呼旧州城。"明代丽水人何镗著《括苍汇记》也认为，古城为唐代州治。古城岛上古代曾有座广圣寺，负有盛名，宋皇祐元年（1049）赐名，早已废，寺庙遗址尚存，广圣寺碑也立在其旁。清代嘉庆十八年（1813），这里又建成玉成观，也早已废弃。处州州治到底有没有设在这里，学术界的意见是不统一的，但有件事情却是确定的，那就是唐代一个著名的处州刺史李敬仲在古城栖隐过。李敬仲于贞元年间（785—805）在处州当刺史，他对这个三面临水的半岛感觉非常好，因此曾住在这里，并建有别业。李敬仲还写了《洞溪十咏》的诗作，将古城景致描写得非常生动逼真，成为古城历代诗词中的经典之作。历代名士也有和《洞溪十咏》诗作，如明代许国忠、著名戏曲家、曾在遂昌为官五年的汤显祖，均有和《洞溪十咏》诗作。古城村还建有思贤亭。关于思贤亭，有人认为是纪念李敬仲而建的，也有人认为它是因为后人为纪念段成式治理恶溪为好溪而建的。南宋状元、龙图阁学士王十朋在丽水逗留时，瞻仰了思贤亭，写了《游洞溪》："段公不到溪岂好？李守已亡诗更奇。偶向思贤亭上坐，爱溪兼爱昔人诗。"无论这个亭子是纪念谁的，对于我们而言，正如王十朋诗中所写的"爱溪兼爱昔人诗"，那些曾经为丽水作出过贡献的贤士和那些为丽水留下哪怕是只言片语的文豪，都会被世人怀念的。

2011年8月，南明湖水上乐园开张，水上乐园就设在古城岛、古城路和防洪堤形成的三角水域上，水域面积有一百多亩，游客可以根据自己的喜好，选择不同的游船泛舟南明湖。大家看到南明湖畔有24只"飞鹭亮化"的造型灯，亭亭玉立地隐藏在树林中，夜幕降临时，这群白鹭便会展翅飞翔，优雅地翩翩起舞，婀娜多姿，美不胜收。"飞鹭亮化"美化、亮化了古城一带的南明湖，为浪漫之都建设增添了一道绚丽的夜景。这批"飞鹭亮化"造型灯，采用霓虹灯不锈钢框架LED灯，其飞行姿势由电脑自动控制，有单飞、追逐等5种模式，这也是丽水市首次在城市景观照明中应用造型灯。

各位朋友，古城岛犹如陶渊明笔下的世外桃源，是南明湖中最雅致的景点，纳爱斯集团投资3亿多元，要将这里打造成为一个集会务接待和休闲度假为主要功能的旅游区块。未来古城还将建成高尔夫练习场、游泳池、网球场、沙滩排球场等现代时尚运动的场地。古城岛将成为南明湖上一个亦古亦今、亦动亦静的休闲度假胜地。

[好溪水上竞技中心]

各位朋友，大家再往我的右手边看，沿古城而过汇入大溪的这条瓯江的支流是好溪。南明湖水域宽、直道长、水质好、风景美等条件提供了良好的水上运动赛事和训练环境。我们现在看到的这段水域就是划艇、赛艇、水上滑翔、水上摩托艇等水上运动的训练基地，以后这里还要相继建成许多水上运动场馆，如游泳馆、跳水馆、水球馆等，成为浙江省最大的水上运动竞技中心。按照规定，水上运动项目竞赛场地要求是赛道（直道）长度不小于2300米。由前面好溪上的水东大桥至社后大桥的距离达到了2300米以上，正好可以用来进行水上运动项目的训练和比赛。我市组织体育专业人士多次赴外地考察，得出的结论是：全国所有开展赛艇、皮划艇运动的省、市中，三分之一的省、市没有南明湖的水域条件好。就省内而言，千岛湖国家水上运动基地是最好的，南明湖的水域条件也算得上是省内一流。南明湖这一得天独厚的自然条件也促成了丽水皮划艇队的成立。现在，我们经常可以看到一艘艘皮划艇急行在静谧的湖面上，体育健儿的英姿给原本如画的静态美景注入了动态的生机与活力。浙江省水上运动中心副主任、皮划艇奥运冠军孟关良在考察南明湖后曾说，南明湖上的赛道达到了国际赛场的要求，是天然的“国际赛场”。通过他的积极引荐，2011年6月，第七届全国城市运动会皮划艇比赛在此举行，迎来了南明湖的首项全国性大赛。

各位朋友，说到好溪，处州人民自然会想起唐代著名的文学家段成式，因为好溪的名字是同他紧密相连的。段成式是山东临淄人，从小涉猎广泛，苦学精研，能文善诗。在晚唐，他与著名诗人李商隐、温庭筠号称“三才”。鲁迅在《中国小说史略》中说他“所涉既广，遂多珍异，为世爱玩，与传奇并驱争先矣。”唐宣宗大中年间（847—860年）53岁的段成式历经官场磨砺，从长安到处州任刺史。他目睹溪恶为害，百姓受苦，决心动员乡民建堰整治恶溪。段成式实地察看了河道，制订方案，一面组织民工疏浚水路，排除险阻，一面筑坝开渠，引水浇灌，完成了好溪堰工程，使恶溪水患得到有效控制，天旱有水灌田，雨涝洪水不再泛滥，减轻了自然条件的变化对农业生产的不利影响，恶溪也由此改名为好溪。好溪堰使丽水人民受益一千多年，至今还是丽水东郊农田浇灌和城中洗涤、消防、排污的主要设施。段成式治理恶溪为好溪，变水患为水利的德政受到处州百姓的赞颂。为表彰他的功绩，后人就在好溪畔古城岛上修建了“思贤亭”来纪念他。

[防洪堤]

各位游客朋友，如果说南明湖是丽水的“西湖”，那么防洪堤就是让丽水人为之骄傲的“外滩”了。我们这一路行来，看到这两岸的防洪堤犹如长城般呵护着秀美的山城。以前每每雨季来临，一旦遇上大洪灾，丽水城就几乎成了一座不设防的城市，瓯江泛滥的洪水都会涌入大、小水门与沿岸居民“亲近”一番，人民的生命财产就要面临巨大的威胁。2000年6月，随着丽水撤地设市，投资达6.7亿元的浩大工程——防洪堤正式开工建设，这是浙江省的重大建设工程，主要建设项目有主城区、水东、水南城防工程和一座2130千瓦排涝泵站。现在我们能看到南明湖全线已建成高标准防洪堤19.9公里，西起小水门，沿瓯江大溪向东延伸，划了一道优美的弧线后，拐入好溪，直达好溪堰入口处。主城区基本形成防洪闭合圈，达到五十年一遇的防洪标准。防洪堤绵绵数公里，颇为大气壮观，不仅防洪，而且美化环境，还给市民提供了一个重要的休闲、活动、锻炼的场所。每天早晚，都有许多市民来这里跳舞、跑步、散步、打太极、轮滑、骑行、摄影、喝茶等。

[滨江景观带]

各位游客朋友，大家可以看到在我们的右手边一条美丽的滨江景观带随着防洪堤孕育而生。这条景观带南至防洪堤坝，北至江滨路，西至小水门大桥，东至水东大桥。东西全长4310米，总面积约39.4万平方米，其中绿地面积25.9万平方米，绿地率65.9%，是目前丽水市乃至浙西南最新最长的城中公园。整个滨江景观带以一条3.5米宽的电瓶车游览道为主干道路，与防洪堤堤顶道路一起贯穿整个景观带，把各个景点有序地连接在一起。滨江景观带工程充分发挥和利用滨江的环境优势，结合了市民活动和旅游活动的特色，整合了历史文化、城市土地利用、市政设施、景观功能等要素，以瓯江为魂，历史为脉，水系为线，塑景造物，构成了具有丽水特色的“绿色长廊”“文化长廊”“休闲长廊”，极大地提高了丽水的城市品位。滨江景观带与防洪堤交融在一起，共分为古城墙保护区、城市意象区、滨水公园区、生态景观区、少年儿童活动区五大功能区块。

各位游客，在前面我们已经游览了古城墙保护区和城市意象区两大区块。古城墙保护区从小水门大桥到大众路，长630米，面积4.3万平方米。包括近水楼台、柳边亭及其修复的南明门古城门楼、翁城及其两旁的古城墙遗迹，还有新颖典雅古朴的天然舞台，周边的小桥流水等。而城市意象区则位于古城墙东边的天然舞台与滨水文化园之间，区块占地面积8万多平方米，绿地率76.2%。意象区自西向东由瓯江源景区、少游园景区、应星楼景区三个分区组成。并通过应星楼等主要纪念性建筑、文化景墙、名人文化雕塑等古色古香的风格，体现具有丽水独特性、代表性的文化主题，是展示丽水悠久历史文化的标志性空间。在2011年结束的浙江省第二届城市雕塑评选活动中，滨江景观带城市意象区“瓯江魂”主题雕塑荣获银奖，这个群体雕塑反映的是瓯江之畔人民胸怀博大的气概，不畏艰难险阻、奋力拼搏的精神。它成为丽水第一个获奖的城市雕塑。

各位游客朋友，我们的游船马上就要返回到终点——游船码头了。今天大家在南明湖这个美丽的城市会客厅中游览了两个小时，同时也和大家一起经历和穿越了丽水上下千年历史。我们的母亲河——瓯江，她从水灾泛滥，到防洪大堤的修建，从到南明湖的形成，再到成为丽水人休闲娱乐的黄金宝地，这样变迁的历史是丽水撤地设市之后城市发展的一个缩影。未来的丽水将在处士星的光辉照耀下，更加美丽繁荣富饶！也祝愿各位头顶福星，事业发达，生活幸福！谢谢大家，本次行程到此结束。下船时请大家带好随身物品，注意安全！

11 古堰画乡景区

景区概况→大港头镇（景区入口标志→古堰画乡展览馆→香樟古埠→双荫亭→风情古街→通坪埠码头）→江上游览→堰头村（保定码头→竹林幽岛→通济堰大坝→詹南二司马庙）→民俗文物陈列馆→传统农具展示馆→古民居群→贞节牌坊→干渠及古樟群→文昌阁→石函

［景区概况］

各位游客朋友，大家早上好，今天我们要去参观的地方有一个诗情画意的名字——古堰画乡。古堰画乡由古堰和画乡两部分组成，他们分别位于碧湖镇的堰头村和大港头镇，两地隔江相望又浑然一体，是不可多得的好地方。

古堰画乡

首先我先向大家介绍一下古堰画乡的由来，古堰画乡是丽水市委市政府为发展文化产业在2005年提出建设的一个文化园区。园区距丽水市区20公里，核心区块包括大港头、瓯江风光、堰头、坪地和保定。古堰画乡的发展定位是“三基地一中心”：美术写生基地、油画创作基地、行画生产基地、生态休闲度假中心。通过古堰画乡的建设，打造中国知名特色文化文化园区，把这里建成长三角最大的自然风光写生和创作基地、中高档行画生产基地、生态文化休闲度假目的地以及原创画集散中心。经过几年的建设，古堰画乡终于撩起了神秘的面纱，今天就让我们好好地领略一下独特的古堰画乡景观吧！

［大港头镇］

各位游客朋友，现在我们的车了直接前往大港头的画乡。大港头镇是莲都区下辖的5镇之一，是国家级小城镇综合改革试点镇，也是国家级生态示范镇。镇区距丽水市区23公里，全镇总人口1.5万。这里水陆交通便捷，龙丽、丽龙高速公路路口就在我们左手边，53省道贯穿全境，金丽温高铁接轨全国高铁。大家请看左手边车窗外，有没有看到一块很大的广告牌？对了，这个就是古堰画乡的标志性宣传画：图案以汉字“画”“乡”为基础造型元素，同时有机融入古堰、古街、古镇、古印等元素，突出浑厚的中国书画韵味以及古堰画乡的整体形象。“画”字仅保留外形的认知，上部分变为一枚大红的印章，并反白描绘出古街的形象，下部的乡字则形象地变为流水和古堰，与中国书画笔画水乳交融，凸显出古堰画乡鲜明的地理风貌以及独具特色的自然人文魅力，形象地表达了这个景区真山真水、自然古朴的江南古镇的秀美景色，突出了浑厚的文化特色和发展定位。图案采用中国书画传统的红黑颜色，古朴自然、凝重大方，充满浪漫的艺术气息和金石韵味，体现了古堰画乡“艺术之乡、浪漫之都、休闲胜地”的开发理念。

正是古堰画乡独特的自然风光和悠久的人文历史，吸引了众多的艺术爱好者前来写生、摄影，由此孕育而生的“在水一方”写生创作中心就在大家的左边车窗外。这个中心是2000年9月，由中国美院院长许江先生亲率美院师生、来此授牌的一个校园式的专为艺术类在校师生和画家、摄影家来丽水写生创作提供服务的单位。这个基地已同中国美院等30多家艺术院校建立了长期的合作关系，里面配套设施齐全，可同时容纳600人住宿用餐，所以来这里写生、摄影的人士基本都是住在这儿的。

［景区入口的标志］

各位游客朋友，我们的车子马上就进入景区了，不知道大家有没有注意到，刚才我一直是用独特两个字来形容古堰画乡，为什么说独特呢？您看！映入我们眼帘的景区入口的标志，各位请猜猜看，有什么寓意呢？对了，我们的游客朋友真是有很高的审美水平。用透视的角度来看，这是景区里一条古街的一个切面，下面的小路呈现反“之”字形，就像是一个乡村的乡字，很有艺术气息吧？在标志的左边有一个大型的油画画框，寓意着土生土长的丽水巴比松画派，大家在这里还可以欣赏到各地画家在此留下的精美油画，体验人在画中游的美好意境呢。

［古堰画乡展览馆］

各位游客朋友，我们要参观的第一个点古堰画乡展览馆到了，请大家带好随身贵重物品，跟我下车。我们先来看看这座建筑的外形，大家猜一下这座建筑以前是干什么的？对了，是大港头电影院，经改建而成的，这充分体现了我们景区建设中巧妙地利用现有资源，在整个古堰画乡建设过程中，我们秉承的是“不大修、存原貌”的理念，因为古堰画乡相信在钢筋水泥森林的我们需要的不是造作的美丽，而是纯真的风景和看风景的纯真心情！展览馆占地面积2100平方米，展厅面积800平方米，共展出了155幅油画作品，靠外面的90幅是我们本地画家的创作作品，里面55幅是写生作品，各位嘉宾浏览一下馆内的油画作品，会发现有一个共同点，表现的主题都是古堰画乡各种场景片段的真实写照。这就是我们土生土长的“巴比松油画”，关于巴比松这个名字还有一个历史渊源：

巴比松画派是法国19世纪的风景画派，主张描绘具有民族特色的法国农村风景。我们的朋友肯定会问，为什么远在法国的画派会和浙南山区的小镇联系起来呢？艺术不断进步的源泉在于交流，在于相互学习借鉴。巴比松为法国巴黎枫丹白露森林进口处，风景优美。1850年前后，这里还是一个偏僻的小村，没有教堂，没有邮局，也没有学校，但它仅有的两家客店却住满来这里写生的画家，这里迷人的风景和淳朴的民风吸引了他们。先是卢梭从巴黎迁居于此，接着柯罗、米勒等大批画家也到这里居住，几乎成为一个“画家村”了，“巴比松画派”便由此开始。法国巴比松虽然和我们古堰画乡有着很远的距离，但是他们都有一个共同的特点——优美的风景。而巴比松和丽水巴比松信奉着“面对自然，对景写生”的共同理念，都走上了以农村真实景象为描绘题材的独立道路，进入一种全新的境界。套用一句名言“越是独特的就越会传播久远”，就在20世纪50—80年代，就有一大批画家和摄影家到我们大港头来写生创作。丽水油画家群体受到法国巴比松画派的启迪，发现美就在我们身边，决心要以表现家乡美为己任，画我家乡，走向自然。经过多年的实践，所创作的作品在一些展览中都取得了好成绩，在省内外产生了一定的影响，逐渐形成了一个艺术流派，这种追求客观真实、表现生活的绘画创作手法与法国巴比松画派异曲同工，由此，外界称丽水油画群体为“丽水巴比松画派”。这在油画界属典型的中西合璧的艺术形式，在国内是绝无仅有的，是我们丽水人的骄傲，也是我们古堰画乡的骄傲。

我们往里走，首先映入我们眼帘的是中国美术协会理事王文杰的作品，可以看得出这里的油画都是源于生活的切面。可能就是我们生活中经历的一个小片段，“艺术源于生活”在这里得到了很好的体现。

这幅是丽水美术协会主席詹维克的作品，詹维克是丽水油画群的元老，他于1980年从中国美术学院毕业后就在地区群众艺术馆工作，抓群众美术，工作的性质决定了他要不断地作画，去画家乡，画丽水，他与其他作画的人一致认为丽水人作画要以风景为主体，要善于发现丽水的美景，要与自然对话，跟画布聊天，并不断地、耐心地、认真地搞革命的现实主义，大胆尝试，逐渐脱离单一的写实风格，在颜色上的选择上也更多的加入自己的主观意图，在这点上，詹维克首先做到了，从这幅画中大家也可以感受到这种变化。

这幅是丽水油画院院长蔡志蔚的作品，他的作品也走出传统的写实审美风格，没有选择表现优美的自然环境，而是用稻草堆、破船等为素材。蔡志蔚说，虽然风格改变了，但是不变的是巴比松的精神，法国巴比松画派的代表人物柯罗一辈子在巴比松村作画，一生献给了巴比松村，丽水的巴比松画派要学习的就是这种奉献精神，把自己一生的艺术追求奉献给自己这块热土。由此可见，丽水的巴比松画派追求的不仅仅是画的本身，更多的是追求的精神吧。

这是年轻的油画家严加福，用孤独画孤独，形成了他成熟的个人主题系列作品“黑夜”。近年，严加福“西湖夜未央”个人画展在杭州西湖成功举行，中国美院朱卫东教授看了画展后说：“我很欣赏严加福对黑夜领域的良好把握以及探索精神，作为一位具有扎实艺术功底与良好表现力、创造力的青年作家，严加福在画坛已崭露头角，非常有潜力成长为一位优秀画家”。

从几个科班出身的专业画家发展为一个拥有100余位创作骨干的油画群体和团队，丽水巴比松画派走过了20多年的历程，这20多年走得很辛苦，但是成果和业绩也是有目共睹的。多年来，《美术》杂志等媒体陆续刊出百余幅丽水油画作品和数十篇群体评论。在省数届美展、西湖美术节、中国油画精品大展、纪念建党75周年综合美展、浙江省青年油画家提名展等大型美展上，丽水巴比松油画或以群体，或以个体的面目频频亮相，成绩斐然，今天，古堰画乡已是全国著名的美术写生基地、创作基地、行画生产基地、生态休闲度假中心。“在水一方写生创作中心”年接待来自全国50来所大专院校的美术师生以及来自国内外的画家、作家、摄影家、各个门类的文艺工作者达5万多人。这里生产的行画更是引起油画收藏家的注目，作品销往国内外。

[香樟古埠]

各位朋友，参观完了展览馆，接下来我们继续往前，抛却一切静下心来，用一种从容的心态来欣赏我们古堰画乡的美景吧！现在我们看到的是以这棵古樟树为核心的古樟广场，旁边是刚开放的游客接待中心，大港头渡口共有三株古老的香樟，这株是其中最大的一株，已有1200多年的历史，胸围达7.45米，需要5个大人才能合围过来哦，大家不妨可以试试看，树冠覆盖面积超过500平方米。可以说它就是古堰画乡往昔繁华和近日重新崛起的最好见证。

各位嘉宾现在请放眼看去，同时举起我们的双手，围成一个画框，透过画框，到处都是一幅幅绝美的山水实景画（举手示范），你看：古樟的两个枝丫，江面的小船组成了一道活动的油画，从各个不同的角度看去，能形成不同的景致。

关于大港头，《清史稿·处州府》中记载：大溪（就是瓯江），西南自云和入，左得松阴溪，西自松阳来会，成大港头。（用手指的方向，左边是瓯江的主干流——龙泉溪，右边是支流——松阴溪早在唐时，勤劳而聪慧的排工渔民们就相中了这一块风水宝地。他们傍水筑庐，猎鱼而居，早迎山光水色撒网，晚邀明月共枕。久而久之，这里便逐渐成了瓯江中游的政治、经济、文化中心，成了来往货物的集散地，成了休闲猎奇的场所，成了人来人往的名埠。据史料记载，大港头镇南宋时期就成为了瓯江流域重要的政治、经济活动中心，民国末期仍为瓯江水运著名埠头。“雨歇村南大港头，湖光掩映夕阳楼，也能热闹如城市，六县来船并一舟”，清朝诗人朱小塘的《大港头春望》把我们的思绪带回了那个船运繁忙、商贾云集、熙来攘往、瓦肆嬉闹的时空……这块充满魅力的土地展现出了一桢穿越时空、动人心魄的瑰丽山水人文画卷。朱小塘并不是一个十分有名的诗人，但是古堰画乡的美景弥补了他的艺术缺陷，这首小诗在今天看来仍然让我们向往那段逝去的繁华！

抗战时期，浙江铁工厂迁址大港头，1938 年，粟裕部队人民军队集结大港头北上抗日，同年丽水市第一个中国共产党支部在大港头镇成立，所以说这里也是革命老区之一。1939 年，我们敬爱的周恩来总理在当时浙江省省长黄绍竑陪同下，视察坐落在大港头的“浙江铁工厂”。当时，大港头商贾云集，有“小香港”之美誉。

大家随着我将目光调到我们眼前，就是这个有着 31 级踏跺的古渡口，就是这个埠头，是当时大港头区域和外界联系的纽带，大港头——一个很大的港口码头，一个简单有力的名称。大家可以想象一下这个名字代表了怎样的过去。据史料记载，丽水生产的木头、茶叶、青瓷、宝剑等经过这里转道温州再输往全球各地，而温州的盐、海产品等工农业必需品也从这里经过，其中一部分在丽水城的南明门下货，另外的继续运到这里和上游的龙泉等地，后来这一切在公路和铁路等交通迅猛发展后逐渐衰退，曾经的日竞千帆的繁华盛况今日早已洗尽铅华，从容而静谧，大港头以其崭新的“古堰画乡”之姿，散发出新的风采。

［双荫亭］

各位游客朋友，我们眼前的这座古亭叫“双荫亭”，建于民国时期，因亭前有两棵大樟树，故称双荫亭。较大的一株胸围 4.6 米，较小的一株 3.68 米，之所以这株较小是因为此树的树干于 50 年代初被雷所劈，但至今生命力依然旺盛。另有一株古樟位于古街临江的一居民家中，形成了树干在屋内，树冠在屋外的“房包树”的奇特景观。双荫亭属双层建筑攒尖顶，亭长6.7米，宽6.3米，占地总面积约50平方米。共18根红漆亭柱，据说寓意18罗汉，又名罗汉亭。建筑风格端庄稳重，凭江而立，在亭中可饱览江中美景。亭前有块碑，因年代久远，背面字迹已模糊不清，因此亭是古时候为商人提供休息的场所，这块碑也是以前上下船的商人捐钱修筑的，用于纪念，现如今也就成了游人凭吊大港头古时盛况之场所了。

［风情古街］

从渡口往西延伸，我们看到了一条深入镇里的古街，这条由古色古香的古街临水而建，是古板路，两边的房子大多是明清建筑，至少都有100多年以上的历史了，想当年应是小镇最繁华的场所吧，由此我们就走进了古时繁华的大港头：想象一下，临街木板壁门窗洞开着，杂货小店依次排列，依稀能见到古时这里人流物流涌动的繁荣缩影，古街的一面是临江而建的木结构双层小楼，在那挑出水面的阁楼上，推开窗子就可

风情古街

欣赏美丽的瓯江。小楼之间有众多的小埠头，它们从古街沿楼脚伸入江边，与古渡口一起架设了瓯江通往古街的通道，所以，人在古街的任何地方任何时候都可以很便捷地下到瓯江，这方便了居民诸如淘洗之类的日常生活，更为重要的是，这样的格局便于货物和人流的集散。

据当地老百姓讲，大港头之所以称大港头，是因为自从这里有埠以来，就是过往船只商贾的歇息之地，因为它的位置正好处在瓯江的中游，特别是南宋以来，上游的龙泉成了瓷业中心，窑工、排工、船工、商船、官船、散船，真可谓是船舶往来如织，人头攒动如梭，热闹程度可想而知。有些排工、窑工把货运到温州港脱手后，中途在大港头歇夜，几乎把一年的辛苦收入一夜之间就消费了，灯红酒绿笙歌曼舞中，埠头在一年年变大、变繁荣，以至于当年衙门的书记官、墨客们来不及记录当时的盛况以及多少悲欢离合的故事。现如今，古街旧时繁华不再，这条长550米，宽3米的古街成了古堰画乡核心景点和文化产业聚集区，这里的房子由政府统一进行改造，秉着“立面改造、修旧如旧”的原则对古街进行修复，再租给行画生产商，租金很便宜，一年只要五六千，最终都是老百姓受益，现开辟有大小行画企业和原创画廊近50家，商品油画琳琅满目，往日的商业街现在成了画廊一条街。这里的画又称为“行

画”，是一种商品油画，在西方和韩国需求量特别大，但是国外生产成本较高，所以其生产基地逐渐由西方、韩国转移到香港、深圳、再转移到我们这里，油画完成后，通过义乌市场出口到国外。目前，义乌市场有30家左右比较成熟的行画经营户，保守估计每年的行画销售额达到六七个亿人民币，其中最大的“王斌画框”年外销额达到4亿人民币（油画占1亿，画框3亿），可见这个行画的前途不可限量哦！我们看古街两边有很多画廊，这里有一家弘业国际礼品有限公司是首批进驻古堰画乡的行画企业，而前面的这家丽水油画院是丽水目前规模最大的油画院，有画师30余人。古街除了是画廊一条街以外，也可称是休闲一条街、酒吧一条街，细心的朋友很快就发现，在这条街上除了画廊还有打年糕、打草鞋、弹棉花、磨豆腐、竹编等民间手工艺和花灯、社戏等民间文艺。对了，古街还是酒吧风情一条街呢，不信你看，007会所、古堰休闲吧、甲方乙方酒吧，还有些正在装修的，这些都是提供娱乐休闲的场所，走累了，随时走进一家，挑个临江或临街的位置坐下，沏壶丽水本地好茶，从容自在，优哉游哉！

[通坪埠码头]

各位朋友，走过短短500多米的古街，就像穿过了千年的时空，从现代回到古代，经历了古商埠的繁华，又回到现在的悠闲静谧，现在我们站在码头上，准备乘船横渡瓯江到对岸的古堰景区，请各位朋友注意安全！开船喽！

[江上游览（半岛坪地村）]

各位游客朋友，刚才我们身临其境在古街上穿过，现在我们换个角度，从水面上再看临江而建的房子，是不是别有一番滋味呢？也许现在看到的才是最漂亮的，举起你们手中的相机或手机，将大港头的美景带回家吧！不过一定要注意安全哦！（几分钟后）我们游船的对面有个半岛，由龙泉溪和松阴溪会合后经溪水冲击而成，名为坪地。坪地村三面环水，村中有盆地如坪因而得名。小小村落只有10多户人家，环境清幽，层峦叠嶂，阡陌相通，鸡犬相闻，俨然就是陶渊明笔下的桃花源，这里的建筑多为浙南山区泥墙木结构青瓦房。世居这里的农人因有瓯江的阻隔，古风沿袭相对纯粹，他们与外界联系唯一的交通工具就是船，家家户户都有小船，现如今这种木制小船都成了画家、摄影家眼中的宝贝了！好了，几分钟之间我们就从画乡来到了古堰，在船停稳后大家随我下船，去了解一下我国最早的水利工程之一的通济堰吧！

[保定码头（竹林幽岛）]

各位游客朋友，从码头到通济堰只需短短的几分钟，我就用这点时间向大家介绍一下通济堰的概况吧。通济堰地处莲都区碧湖镇堰头村，位于松阴溪和瓯江汇合处，始建于南朝萧衍天监年间，也就是公元502—519年，距今已有1500多年的历史。它是浙江省历史最悠久的大型水利工程，也是世界上最早的拱形大坝，比西班牙建于16世纪的爱尔其坝还要早1000多年，在我国乃至世界水利史上都是一个伟大的创举。那么，为什么要在这里建堤坝呢？通济堰又有什么作用呢？我在前面曾经提到碧湖镇是一个平原，早时也是丽水主要的产粮区，因此地势西南高东北低，在此修建通济堰，并将水系分为四十八派，干渠分支渠，支渠分毛渠，迂回曲折，渠渠相通，呈竹枝状分布，遍布整个碧湖平原，并利用西南高东北低（落差达20余米）的地形，形成大面积的自流灌溉。另外，各支渠利用尾闸拦蓄余水，将其注入众多湖塘储蓄，以备旱时不足，形成以引灌为主，储泄兼顾的竹枝状水利网。简而言之，通济堰的贡献有以下几点：一是灌溉碧湖平原农田，这在通济堰历代碑文中均有明确记载；二是储水功能，就是储蓄余水，以备天旱时用。三是排涝功能，古时候碧湖平原是一片空旷洼地，地势低，常年积水。通济堰的水利网，设有直通大溪的概闸，在洪水期间，开闸泄洪，排泄渠水，使农田、村庄免受浸淹，减少洪灾损失，确保碧湖平原旱涝保收；四是为灌区人民提供源源不断的生活用水、种植功能；五是运输与生产加工功能，古代以水运为主，通济堰干渠是可以通舟运货的；六是养殖、种植功能，可以在渠内养鱼、养虾，放养鹅、鸭，种植莲子、莲藕、茭白等。总之，通济堰及其水利网对于碧湖平原的贡献是多方面。各位朋友请看，通济堰近在眼前。

［**通济堰**］

各位游客朋友，千呼万唤始出来的通济堰大坝就展现在我们的眼前了，这看似简简单单的堤坝却凝聚了多少古代多少劳动人民的心血与智慧啊！关于大坝的建造，北宋民间还流传着“白蛇示迹”创建拱坝的传说：“是岁溪水暴悍，功久不就，一日，有老人指之曰：‘过溪遇异物，即营其地’，果见白蛇自山南绝西北，营之乃就”，听起来是挺别扭的，其实也很简单，这说的是南朝朝廷当时派出负责修堰的官员是詹、南二位司马，两司马到任后，带着一班幕僚对松阴溪进行考察时，由于地形复杂，竟一时无法决定坝址，站在溪边叹息之时，忽见一条白蛇从对面昂首横游过来。真是天佑民矣！两司马感慨万端，他们从白蛇过溪游行的蜿蜒曲折路线中得到启发，把力学原理运用到水利工程建设上，成功地在宽过半里的松阴溪上创建拱坝截流，这在当时的生产力条件下是十分伟大的，同时也开创了世界水利工程技术史上拱形堰坝的先河，后来经历代修葺完善，固定成我们今天看到的这个样子。

关于通济堰最初的坝体结构，古籍中无记载。在宋开禧元年改建成石坝以前，通济堰一直采用传统的柴木结构，

通济堰

这可以从《通济堰志》的有关记载中证实，这种柴木大坝需在每年洪峰之前的初春枯水期进行大修，很是费工费料，因主材料是竹木，为保证修坝用材，特别备有方圆五里的堰山上的竹木专供修坝所用。

关于大坝的结构也有几种说法，一种说法是多层柴木编桩结构的土砾坝心堰坝，称之为“编桩土心坝”。即在选定的坝址上打几排坝桩，并以圆木钉固，再以柴木编成的长辫交错紧密地缠绕在坝桩上，组成上游挡水坝面和下游挡土坝面。在二个结坝面之间充实砾土，筑成坝心。再在坝顶的桩头上以圆木前后错综相连钉结实，并以卵石压顶，堰坝下游坝面用圆木支撑。早期的通济堰坝除了这种编桩土心结构外，一种说法是方木叠垒结构的坝体。但是据本地参与过通济堰维修的村民诸葛金文的回忆，当年维修，挖到坝基时，清楚可见有两排松木，分一横、一竖两层相叠，排列在卵石地上，松木之上压着巨石，没有编桩，这在元朝《丽水县重修通济堰记》中也得到了证实，在2007年9月，丽水市博物馆在大坝下游松阴溪河床上做了敲桩试验，结果表明：在溪滩卵石地上将木桩敲下去是不可能的，所以关于编桩之说也就不成立了，另外一种方木叠垒结构的坝体也同样是不可能的，主要是方木坝体在水中浮力较大，易被水漂，那到底大坝初创是怎样的呢？据各种通济堰重修记中记载，通济堰大坝初创时，应为“木框填石”，也就是《通济堰志》中记载的“木蓧土砾坝”，其方法是在木框中放“簟皮”（dian pi 用竹篾编织而成，农村常用于晒谷子用），并用木筱（相当于木钉）固定，再填实土砾筑成堰堤。到了宋朝以后就改成石坝了。通济堰是一个完整的水利工程体系，由大坝、进水闸门、石函、叶穴、干渠、支渠、毛渠以及众多的湖塘组成，眼前的这个大坝全长 275 米，宽 25 米，高 2.5 米。有 3 条干渠，72 条支渠，321 条毛渠。干渠全长 22.5 公里，建有大水闸两处，分为上、中、下三源，上段有叶穴，直通瓯江，以供泄洪。从干渠又分出支、毛渠共 48 派，在支渠上建有 72 座水闸进行分流调节。各支渠又利用尾闸拦蓄余水，并挖凿许多湖塘与支渠相通，蓄水以备旱灾。至此，形成了以灌溉为主、储泄兼顾的竹枝状水利网。大坝每天将 20 万立方米的溪水拦入堰渠，通过这个网，至今日夜灌溉着碧湖平原 3 万多亩良田，并解决了灌区人民的生活用水问题。整个通济堰水利工程体系集水利学、力学、结构学、美学、地形学等学科于一身，是我国水利工程建设史上的一大不朽杰作，是中华民族在悠久的历史进程中创造的文明瑰宝。1961 年，它被浙江省列为第一批文物保护单位，2002 年又被国务院公布为第五批国家重点保护单位，现在这里是丽水市的十二大摄影创作基地之一，也是古堰画乡的核心景区。

[龙庙]

各位游客朋友，刚才我们欣赏了通济堰大坝，现在我们到通济堰北岸的“龙庙”去看看吧，龙庙也叫詹南二司马庙，当初是为纪念詹南二司马筑堰而建的，其性质类似都江堰的二王庙。该庙始建年代无从考证，几经兴废，如今只剩民国时期台门和东侧厢房，其他是解放后改建的青砖小瓦房，面积约 600 平方米，原来庙内供有詹南二司马的塑像，但现已不复存在了，现在主要作为通济堰历代碑刻存放之地和通济堰管理用房。在 20 世纪 50 年代末，因此地有意建瓯江水电站，庙内的碑刻怕被淹没，于 1959 年迁往温州，直到 1988 年，丽水县文管会和碧湖区水利管理委员会才从温州江心屿运回部分通济堰水利碑刻，现在就立在龙庙内。所以，从某种意义上看，龙庙实际上也是有关通济堰水利工程的专题博物馆，历代围绕通济堰的有关碑记都陈列在庙中，共存有 24 方碑刻。

[民俗文物陈列馆]

各位游客朋友，由于农业发达，商业繁荣，人们生活殷实，加上村稠镇大，人口集中，因此碧湖镇的民俗文化特别多，可以说是通济堰孕育了碧湖的民俗文化，比如：板龙、篾龙、竹马、闹荷船、打莲香、八仙灯、采茶灯、狮子灯、走马灯，等等，有些名称甚至都没怎么听说过，为了更好的展示碧湖镇民间文艺活动，特在通济堰开辟了民俗文物陈列馆，大家不妨进去瞧瞧，说不定会有很大的收获呢！

［传统农具展示馆］

自古以来中国就是一个农业大国，农业生产离不开农具，碧湖镇是丽水的产粮大区，自是少不了各种农具，在现代化的今天，这些农具很多都已经没有实际作用了，但是也存在着不可或缺的教育意义，尤其是对于现代的小朋友，从来都没接触过农田，更不用说是农具了，现在我们也进去看看，接受一下教育，重温一下过去吧！

［古民居］

各位朋友，我们现在地处的堰头村是个历史悠久的村落，自从有了通济堰，也就有了这个村子了，所以这里古民居颇多，不知是这里风水特别好呢，还是什么原因，堰头村在明清时期，获取功名的人有数十位，光进士就出了5位，这些人有了功名富贵以后，就是建民居以示显赫了，你看这栋叫“玉叶流芳”的清代古民居，是乾隆年间所建，占地面积有880平方米。二进砖木结构建筑，第一进是七开间二层，石雕、砖雕、木雕一样不少，可见这户人家当时也是显赫一时的。请看这栋叫“南山映秀”的古民居，也是清代早期建筑。据传，房主叶朝鼎自幼聪慧过人，5岁吟诗作对，6岁能弈棋弹唱，生平熟背四书五经，为人贫富均等，但生了个儿子却天性爱武，长大后十八般武艺无一不精，结果官居五品武官，如此，文武父子流芳后世，闻名遐迩。这栋叫“光荣南极”的古民居也是乾隆年间所建，做工都相当精细，你看这廊柱横梁牛腿上的雕刻，龙飞凤舞，栩栩如生，好不精致。

虽说堰头村建村很早，但是堰头村真正兴旺起来还是南宋一户姓叶的人家从福建的福清搬过来以后，而叶家真正兴旺起来，也是到了明末清初以后了。经过多少代人的努力，到了清朝，叶家终于培养教育出了一大批知识分子，而且是获取了功名的知识分子。我们现在看到的这幢古民居，称为“书香门第”，由于年久失修，大门墙头已然倒塌，雕刻精致的“书香门第”牌匾也已遗失。但是仔细看哦，这中堂的每根横梁上，都有精致的雕刻，而且门厅结构新颖别致，砖雕精刻有四只石雕垫柱底，琴棋书画雕牛腿，灰砖叠加马头墙的，可见当时是极其气派的房子。

［贞节牌坊］

各位游客朋友，这里有个构建独特的石牌坊，叫作贞节牌坊。大家都知道，贞节牌坊都是用来表彰封建社会的妇女三从四德、从一而终的，但是这个牌坊却是例外，这里原来是叶家的宗祠，取名追远堂。追远堂当时的规模很大，但“文革”时毁了，只剩下门前的这座贞节牌坊。关于这个贞节牌坊，说起来可不一般，它是皇帝敕封。当时叶家有一房的当家人叫叶成发，英年早逝，留下一堆儿女，其妻梁氏就把培养子女的重担挑起来了，而且使本门下的子孙都考取了功名，这影响可不得了，当时正值乾隆当皇帝后第一次游江南，听说浙江处州居然还有这么一位智慧型的贤妻良母，为了鼓励天下父母培养子女读书，为国出力分忧，就下了一道圣旨，建了这么一座贞节牌坊，因为这里是当时的国道，从此，文武官员路过这里，都要下轿下马。大家，看到了吗？牌坊上正中那圣旨石碑还在呢！

[干渠及古樟群]

各位游客朋友，刚才我们一路从村中走来，细心的朋友肯定已经发现了，我们右手边有一条渠道，还有很多的古樟树群。没错，这条渠道是通济堰的干渠，沿堰头村东南蜿蜒约 300 米至石函（也就是三洞桥）处，这条干渠除了灌溉农田以外，也是堰头村居民的生活用水，历史上堰区曾有约定俗成的规定，清晨不准在堰渠洗涤污物，人们可直接取之饮用，渠从村中过，目的就是方便村民生活用水，淘米、洗菜、洗衣、洗物均在通济堰堰渠，所以至今沿着堰渠还留有许多河埠。大家请看，这段渠道蜿蜒曲折，而且宽窄不一，是否初建时有意如此已无从考证，有人说是当时挖渠不敢动大地主的土地，堰渠只得绕着走，也有人说是有意使渠水弯曲缓行，以利农田灌溉，且不论是何种原因，至宋代以来，此堰渠就是这么蜿蜒曲折的，这一点沿渠分布的古樟树群可以作证。古樟树群分布在通济堰主渠道两岸，既保护了堰渠又美化了生态，这样的古樟，这里共有十多棵，每一棵都苍劲挺拔、遮天盖地，看起来既苍劲古朴又生机勃勃。这堰首渠旁的近千年的护岸香樟，连绵成林，几个世纪来护着堰堤。它们的年龄基本都在 800—1000 岁以上，都是老寿星了，我们以前当地有个风俗，怕小孩子养不大，都会拜樟树什么的为干娘，有些将名字就取为樟树什么的，以保佑自己的小孩能平平安安长大，像樟树这样长命百岁。

[文昌阁]

各位游客朋友，伴随着这些古樟树一起守护通济堰和堰头村，见证其历史变迁的，还有这个古建筑——文昌阁，俗名八角亭。顾名思义，堰头村曾经文风昌盛，事实上也的确如此，这可以从刚才我们参观的那些古民居中就可以了解到。这个村在历史上特别是在明清时期，曾经辉煌一时，文昌阁建于清朝嘉庆年间，距今也有 200 多年的历史了。它的结构是二层重檐歇山顶亭榭式木构建筑，20 根柱子四方鼎力，外观八角形，顶部元宝状。元宝状也是有讲究的，它象征着功名，寓意是好男儿志在四方，荣归故里，衣锦还乡。至于文昌阁建在这个位置上也是有讲究的，一是这里正好是村尾，风水流韵；二是这里是官道必经之路，可供商贾旅人避雨小憩；三是建在这里可与千年古樟、小桥流水辉映成趣，完美结合，绿荫掩映，藏风得水，意境也是十分幽雅的。

［石函（三洞桥）］

各位游客朋友，出了文昌阁，我们就踏上了这桥“三洞桥”，学名石函。这可不一般哦，这可是中国最古老的水上立交桥呢！不信啊，大家先看一下这里的地形，这是山坑流下来的水，这是通济堰的渠水。我们的祖先很是聪明，山洪暴发的时候，为了不让山坑里的水冲毁渠道，就让山坑水从桥上过，桥上再建桥，就是为了解决行人和牲畜的交通问题了，而通济堰的渠水，则永远顺畅的从桥下的三个函洞里通过。这一古代水利建筑设计科学而独特，堰渠水和山坑水，两条水流呈立体垂直十字形交叉运行，解决了渠水和山水相冲突的矛盾。而且桥上桥的设计，又及时解决了无论晴天雨天的人畜通行问题，真可谓是巧夺天工。怪不得1990年，中日农耕江南民俗考察团到通济堰考察时，日方团长福田亚细南先生被这古老的水利建筑艺术所折服，赞叹道：“当世上尚无立交桥时，中国人民在这山乡已建造了水上的立交桥”。这三洞桥建于北宋政和元年，即公元1111年，在中国科技并不发达的12世纪初，这一石涵的设计和建造开创了水流立体分流系统的先河，真是了不起的创造。直到今天，这一水上立交桥仍保持着古建筑的特色和风韵，仍具极高的实用价值和美学价值。

［结束语］

各位游客朋友，感受千年古堰画乡和诗画风光，非常荣幸有你的陪伴。“给我半天，还你千年”。但愿通过我的讲解能让大家感受到大港头和碧湖堰头的千年历史，千年爱恋！谢谢，再见！

12 仙都鼎湖峰景区

景区概况→景门→仙鹤迎宾→神龟探月→飞天广场→鼎湖峰→鼎湖胜迹→丹穴、童子峰→梦笔生花、天狗望月→九曲练溪→登仙桥→步虚山→黄帝祠宇→黄帝雕像→黄帝祠宇壁画与浮雕→轩辕黄帝史迹展览馆→轩辕古井→凌虚洞火山口仙→水洞→仙堤→晦翁阁、九龙壁

［景区概况］

各位游客朋友，欢迎大家到缙云鼎湖峰景区来旅游观光。这个景区是缙云县仙都风景名胜区的核心景区。鼎湖峰，状如春笋，直刺云天，堪称“天下第一峰”“天下第一笋”。峰巅苍松翠柏间蓄水成池，四时不竭。相传是中华民族始祖轩辕黄帝在此铸鼎炼丹，然后跨赤龙升天而去的地方。唐代大诗人白居易曾用“黄帝旌旗去不回，片

云孤石独崔嵬。有时风激鼎湖浪，散作晴天雨点来。”的诗句来描绘这个天下奇观。

[景区大门]

各位朋友，我们来看这座牌坊，横楣上俊秀飘逸的“鼎湖峰”三字是浙江省原政协主席刘枫所题，两旁的楹联“皇都归客入仙都，厌看西湖看鼎湖”为南宋大学士、温州状元王十朋所写的诗句。牌坊内侧书有“擎天一柱”四个遒劲的大字，由原浙江省中国画院院长、著名山水画家陆俨少教授所书，两侧楹联所书“最爱鼎湖多胜迹，乍惊人世有仙都”，烘托出鼎湖的奇特，仙都风光的秀美。

[仙鹤迎宾]

各位朋友，大家请看，这 12 只仙鹤雕塑神态各异，活灵活现，仿佛把我们带入了仙境。这组“仙鹤迎宾”群雕为纪念唐明皇封仙都所作。据北宋《图经》记载，唐天宝七年（748 年）六月初八，忽有五彩祥云围绕在缙云山四周，云中仙乐响亮，鸾鹤飞舞，山呼“万岁”，群山皆应。缙云郡太守苗奉倩将其事上奏天子，唐明皇李隆基听后，不禁大悦：“真乃仙人荟萃之都也！”并乘兴御书“仙都”两字，赐苗奉倩带回。从此缙云山敕改为仙都。仙鹤迎宾群雕由中国美术学院王卓予、沈海驹两位教授主持设计。12 只仙鹤代表一年 12 个月，表示时时仙鹤起舞喜迎嘉宾。

[神龟探月]

大家再看我右手边，与仙鹤相呼应的是一巨型石龟，它奋力向上攀登，目标是那山顶的明月。这是天然形成的象形石。神龟、仙鹤及面前矗立的鼎湖峰，取其“鼎、鹤、龟”，古时寓意江山永固。

[飞天广场]

各位朋友，我们现在来到了飞天广场，这是一个直径约 40 米的圆形广场，建于 1998 年，为每年祭黄帝时表演缙云民间艺术的场所。整个广场图案由道教的太极八卦图构成。因为仙都是轩辕黄帝的三大行宫之一，是黄帝炼丹升天的地方，而道教将黄帝和老子并列，将道教思想称为“黄老之术”，所以黄帝和道教历来有很大的渊源关系。

[鼎湖峰]

各位朋友请看，我们面前这个拔地而起的石柱就是鼎湖峰了，它是整个风景名胜区的核心，是仙都景区的标志性景观。鼎湖峰是一块立于步虚山西坡山麓、好溪东岸的独立峰岩。峰高 170.8 米，顶部面积 710 平方米，底部面积 2468 平方米。峰顶有湖，相传是轩辕黄帝在此炼丹时被鼎压塌而成，故称鼎湖峰。据汉司马迁《史记》记载：轩辕黄帝置鼎于峰顶炼丹，丹成，跨赤龙升天。鼎湖峰自古以来有黄帝岩岳、石笋、玉柱山等美名，享有“天下第一峰”“天下第一石”“天下第一笋”“天下第一指”之盛誉。观看鼎湖峰，远近高低，晨昏阴晴各有不同，且移步换景，奇妙无穷。从我们前行的方向看，或像擎天玉柱，雄奇壮观；或像带露春笋，纤巧秀丽；或像依天神剑，直插云霄。从侧面看，或像一叶巨帆，迎风舒展，祝游客们一路顺风；或像翘起的大拇指，指纹指甲依稀可辨，显示老子天下第一；或像轩辕黄帝身披铠甲，长须直垂，傲立苍穹，把吉祥和好运带给众生。丹峰蒙雾，仿佛泼墨长卷，又如重彩油画。观看鼎湖峰，以它的形象与神貌，可以充分发挥大家的想象力，从而也陶冶了自己的情操。

中间的鼎湖面积约12平方米，深度约30厘米，因湖在峰顶的最低处且周围植被深厚，所以大旱之年，水都未干。由于鼎湖峰雄奇，古往今来，曾吸引了众多文人墨客前来观瞻，并留有许多赞美诗篇，如唐白居易，宋沈括、王十朋等都有诗赞誉。白居易诗曰："黄帝旌旗去不回，片云孤石独崔嵬。有时风激鼎湖浪，散作晴天雨点来。"（其意为：黄帝升天再也不回来了，如今只有鼎湖峰依然屹立在这，有时风吹过峰顶的湖水，就像晴天下起了小雨）这是对鼎湖峰最好的描述，旷世佳作，万古千秋。

鼎湖峰岩性为气泡凝灰岩，岩体表面大小洞窟甚多，岩层扭曲状十分明显。据地质学家考证推测，鼎湖峰和其后面的步虚山岩石，形成于白垩纪晚期，距今约1亿年，由火山间歇喷发的岩浆和地壳急剧变迁而成。

仙都鼎湖峰

[鼎湖胜迹]

各位朋友，我们从这里望去，鼎湖峰岩壁接近下端有“鼎湖胜迹”四个苍劲有力大字，直径 3 米，它是明万历十九年（1591 年）浙江巡抚常居敬和同年榜友浙江藩司（承宣布政使司）曾士彦、臬司（提刑按察使司）廖恒吉一起游览仙都时题写的，稍后我们可近距离欣赏。

[丹穴、童子峰]

各位朋友请看，在鼎湖峰基部向上 40 余米处的正中，有一圆洞，叫丹穴。相传是黄帝炼丹时，出金丹之处。而从地理位置上看，丹穴又恰似鼎湖峰的肚脐，鼎湖峰旁边依偎着一小石峰，高 40.7 米，尖尖似笋，俗称小石笋。这小石峰高与脐平，酷似慈母身上的娇儿，故又称童子峰。

[梦笔生花、天狗望月]

各位朋友，我们把目光移向鼎湖峰左后方步虚山的山腰处，有三块巨石。左边的那块奇石顶端，生长着一棵松树，人们称之为“梦笔生花”，更为奇特的是松树的松枝造型竟是繁体字中华的“华”字。这就是仙都三奇中的一奇。中间的奇峰如头朝南，蹲踞在山腰，昂首向天的天狗，被称为“天狗望月”。右边的奇石像只猫头鹰面向鼎湖峰而立，守护着仙丹。这三块奇石又共同组合成大山的“山”字，加上立在这里赏山的各位朋友，共同组成了“仙”字，这就是“好溪溪常好，仙都都是仙”的生动写照。

[九曲练溪]

各位朋友请看，我们面前这条清澈如碧玉，弯曲似银练的河，叫作九曲练溪。九曲练溪是好溪的一段。好溪发源于磐安县大盘山南侧笔架山马祥岭，自白竹乡东岸村入缙云县境，自东北向西南流经仙都景区的河段称练溪，又名练金溪、锦溪，是一条山水如画的风景长廊，全长约 5 公里。它有九曲、九潭、九桥、九堰、九滩、九渡，自古就有“九曲练溪，十里画廊”之称。九曲练溪及两岸滩林景观带是联系仙都风景区四个主要景点小赤壁、芙蓉峡、鼎湖峰、倪翁洞的纽带。如果说仙都各个景点是珍珠，那九曲练溪就是连接珍珠的珠链。

[登仙桥]

各位朋友请看，我们右边这座石桥叫作登仙桥。登仙桥为一双柱双梁石板桥。全长 66 米，低矮斜置石墩共 43 个，桥面由长 1.6 米、宽 0.4 米的条石两两并排而置。简易石桥长长如线，平平贴水，仅单人可行，每到春汛水足，水没桥面，阻人过往。平日过桥，脚下水声潺潺，游鱼嬉戏，体验自然，有惊无险。每逢阴雨，雾锁江面，人行桥上，恰入人间仙境。登仙桥是景区入口到鼎湖峰、黄帝祠宇的必经之道。古时仰峰洲仅有过溪的渡口，后建登仙桥。从古至今，虽经多次修缮，但登仙桥的桥身已超过千年。你看，桥的构造相当科学，桥板与桥墩的结合处是上水口大，下水口小，水越冲，桥板与桥墩连接越紧，所以一般洪水是冲不垮的。被人誉为“园林之父”的上海同济大学教授陈从周先生认为：此桥简朴实用，是古代石板桥的代表。该桥现为省重点文物保护单位。

［**步虚山**］

各位朋友请看，我们面前这座与鼎湖峰底部相连的山体是步虚山，是仙都的主山之一。从这里向上望去，它好像低于前面的鼎湖峰，事实上略高于鼎湖峰。因鼎湖峰拔地直立，平面积小，距观测者近，对视觉的冲击力大，我们感觉它高大伟岸。而步虚山山体大，坡度缓于鼎湖峰，逐渐增高，主峰距离观测者较远，所以看上去不高。它东西走向，东接高天坪，西为石笋漏，南为下官坑，北为俯板堰，海拔高 364 米。步虚，是道家名词，指道教斋醮中道士在醮坛上边赞诵边步行的仪式动作。因若干著名道士如葛玄、葛洪、陆修静、陶弘景等在此传教修炼，得名为步虚山。

［**黄帝祠宇**］

各位朋友请看，我们面前这座庄重朴实的唐代风格建筑就是黄帝祠宇。黄帝祠宇，是国家级重点风景名胜区——仙都最主要的人文景观。它位于仙都山主峰和步虚山之间的苍龙峡口。相传早在春秋战国时期，它就是轩辕黄帝行宫——三天子都所在地，是黄帝驾龙登天之处。仙都是我国南方祭祀黄帝的重要场所，黄帝祠宇是仙都景区的灵魂，前身称为缙云堂，约建于东晋成帝咸和年间（公元 330—334 年），作为祭祀黄帝的活动场所。唐天宝七年（公元 748 年）唐玄宗李隆基敕改缙云山为仙都山后，为了纪念轩辕黄帝，改名黄帝祠宇，由著名小篆书法家、缙云县令李阳冰撰写，也就是从此时开始官方祭祀黄帝，于是，黄帝祠宇的知名度不断提高，使之逐渐成为江南人民朝圣问祖之所。北宋年间因道教盛行，祭祀黄帝往往以道教形式进行，北宋治平二年（公元 1056 年），朝廷下旨改为玉虚宫。北宋宣和二年（公元 1120 年），它毁于战火，后到南宋景定元年（公元 1260 年）修复。到宋咸淳三年（公元 1267 年）两浙转运使潜悦友拨款扩建达到鼎盛，总共占地 30 多亩。有殿、堂、祠、宫、轩、廊、亭、门等共 99 间，为中国古代道教活动中心之一，居 36 小洞天之 29 洞天，称仙都祁仙洞天。明代朝廷加强了对宗教控制，玉虚宫逐步毁弃，到清初只剩下废墟一片。

1994 年，缙云县人民政府决定重建黄帝祠宇，恢复中华民族始祖黄帝“北陵南祠”的格局。该建筑具有盛唐风格，气势恢宏。祠宇坐东朝西，建筑面积 5700 平方米，占地面积 12 800 平方米。黄帝祠宇主殿为重檐歇山顶建筑，高 30 米，其中台基高 9 米，祠宇人殿高 21 米。大殿为 5 开间，面阔 36 米，进深 30 米。大殿的承重柱为 30 根钢混

黄帝祠宇

水泥柱，直径 75 厘米，其余构件均为木制。

黄帝祠宇再现了中华民族共同始祖黄帝的神采，重叙了充满神奇魅力的遥远故事，具有很高的艺术价值和纪念意义。黄帝祠宇的重新建成，使仙都风景名胜区重新成为中华民族子孙寻根问祖的重要场所。每年均在此举行祭祀活动，清明是民祭，重阳是公祭。

大家请随我步上台基，这座三层须弥座台基共 59 级，有“九”有“五”，含义为“九五至尊”，代表了黄帝祠宇至高无上的等级。我们来看祠前这尊神鼎，高 1.6 米，重 3000 斤，上铸古篆“真金作鼎，百神率服”八字，系原黄帝古鼎铭文。

［黄帝雕像］

各位游客朋友，现在我们怀着对人类先祖的敬仰之情步入大殿，面前这座身穿黄袍，头戴平顶冠，神态威严的雕像就是黄帝。基座 0.98 米，意指黄帝祠宇 1998 年竣工，像高 12.5 米，象征着当时有 12.5 亿炎黄子孙。黄帝雕像凝目远眺，双手持笏板于胸前，表示为民祈福。平顶冠上的玉珠有九串，每串 13 颗，意味着九子十三孙，代表子孙兴旺昌盛。

［黄帝祠宇壁画与浮雕］

各位朋友，下面请随我一同欣赏四壁的浮雕和壁画，这些浮雕和壁画由浙江美术家协会名誉主席王卓予教授和国家一级美术师、雕塑家沈海驹教授设计雕制。幅壁画向您展示了黄帝统一中国、艰苦创业、发展生产、造福人民的丰功伟绩。后面的这一组浮雕，它根据传说再现了黄帝升天时，万民欢腾的情景。

［轩辕黄帝史迹展览馆］

各位朋友，现在我们来到了轩辕黄帝史迹展览馆，这是目前为止全国最大的黄帝史迹展览馆，是中华民族子孙寻根问祖的重要场所，是开展爱国主义教育的重要基地，由八个部分组成。

第一部分为前言，总结性地概括了黄帝的生活年代和生平事迹，阐述了轩辕黄帝是中华民族的人文始祖和缙云是中国南方黄帝文化辐射中心的原因。这部分还包括伟人的评价和黄帝时期的文物文献资料陈列。第二部分为中华民族祖先的由来和形成。该部分首先以大量考古资料为背景，通过图片及文字介绍，反映当时人类祖先的生存状况。第三部分为黄帝功德。轩辕黄帝降服炎帝、诛杀蚩尤，统一中原，建立世界上第一个有共主的国家。第四部分为铸鼎仙化、北陵南祠。说明了黄帝铸鼎炼丹飞升，“北陵南祠”格局的形成。第五部分为历代赞颂。即历代名人对轩辕黄帝的评价。第六部分为寻根问祖。这里分列了中国四百多个姓氏的来源。第七部分为中华英杰。详细阐述了在中华文明几千年历史长河中所形成的中华民族精神和在这些精神感召下所涌现出的历史文化名人及他们对后世所形成的巨大影响。第八部分为祖国统一，民心所向。这里汇集了自夏代至中华人民共和国成立各时期的疆域图，再现了中华民族五千年的疆域变革。从尊重历史，展望未来的角度，坚定了两岸统一的信心。

［轩辕古井］

各位朋友，大家请看这眼古井，叫轩辕井，井径 1 米，井深 16 米，用鹅卵石砌成，上底与下底口径大小差不多，工艺精湛。该井长年积水，干旱不竭，1995 年重建黄帝祠宇施工时发现，井上覆盖扁平石板一块，内有瓷片、陶片、瓦片等残物出土，据考证，该井为黄帝祠宇前身缙云堂的生活饮用水水井，距今已有 1760 多年历史，它是黄帝祠宇悠久历史的佐证。

［凌虚洞火山口］

各位朋友，心脏健康、没有恐高症的朋友，请跟我上台阶栈道到世上罕见的火山喷发的剖面遗址凌虚洞看看，不过这条路确实非常险，请大家一定要抓住护栏，一步一步踏稳，确保安全。好，现在我们终于登上了凌虚洞，大家请抬头看上方蚁巢状的洞穴，这就是火山口。洞口的这些熔岩球，大小不一，这大大小小石蛋之间，组成了许许多多形态各异的洞壑。其中主洞口呈圆形，深不足 5 米，高约 2 米，洞内空间较大，内壁由大小石蛋构成，岩隙间小洞穴甚多，深浅莫测，人难进入。据地质专家考察后认为：步虚山巅原来是个小小的火山口，当喷发结束后，洞口立即被回填的岩浆牢牢封住。这时管道内炽热的岩浆，由于所含物质不同，其冷却的方式和速度也不同。它们在火山口高温高压骤然冷却时，形成了大小不一的熔岩球、球泡和石泡。后来经过一亿多年的流水冲刷和自然风化，火山口通道内壁也逐渐破裂坍落，慢慢露出这古怪而神奇的洞壑来。由于地处高踞云空的峭壁之上，且无藤蔓可攀，是蝙蝠栖身的地方，故当地人称蝙蝠洞。人们游到此，可望而不可即，以为这就是登天入仙之处，故叫凌虚洞。

［仙水洞］

各位朋友，我们一路游览来到山下，一定口渴了，仙人们已为我们备好了清凉甘冽的仙水。仙水洞，离溪面五十多米，洞口宽 6 米，高 3 米，深 5 米。洞顶中间岩罅间，有乳质的泉水，下滴成池，清澈见底。历代名人谢灵运、白居易、段成式、皮日休、陆龟蒙、赵汴、徐霞客、沈括、李之仪等都留下足迹或墨翰。现遗存在洞内外的唐宋摩崖石刻共38处，是我国文物瑰宝。人们游览到此，不但可以领略神秘洞府的仙山意境，而且还可以品尝到沁人心脾的玉液琼浆。

[仙堤]

各位朋友，这条位于两桥之间的长堤，叫作仙堤。仙堤两边杨柳婆娑，用卵石铺成的长堤既浪漫又多情，是当地恋人拍摄婚纱照的首选之地，吸引了丽水、金华、武义邻近县市成千上万对新人纷至沓来，因为这里是欣赏鼎湖峰的最佳位置。从这里看，岸上的鼎湖峰伟岸挺立，水中的鼎湖峰婀娜多姿，随波摆动。当夕阳的余晖洒上一片金色，岸上与溪中的鼎湖峰都更加美丽动人，宛如天上的琼楼玉宇。

[晦翁阁、九龙壁]

各位朋友请看，我们眼前的晦翁阁，是一处在岩洞内人工修建而成的半边亭阁。亭阁面积90平方米，高约6米，木结构，两亭角飞翘于洞窟之外。洞窟名晦翁洞，后山即为晦翁岩，山脚好溪溪阔水深，人称朱潭，相传宋代理学大家朱熹（字晦翁）曾憩于此，这里的景点均以朱熹的姓与号来命名的。晦翁岩高达几十米，南北延伸数百米，悬崖碧潭，古洞幽趣。古树遮天，是仙都又一寻幽探胜的好去处，晦翁岩后山岙，环境清幽，多连理树，是理想的恋爱定情之地。

我们看到的这面奇特的岩壁，人们称之为九龙壁。这是一条带状的层状节理地质构造。整条节理带长约100米，其整体与好溪水面几近平行，最低处与水面相距不到1米，节理带中洞窟高低、深浅不一，最高达4米，最深4米。因节理带处于悬崖峭壁间，凝灰岩层状分明，弯曲起伏，如无数条虬龙盘石潜伏，故称九龙壁，又名龙崖。

13 遂昌金矿国家矿山公园

景区概况→雕塑“矿工之歌”→黄金博物馆→明代金窟→烧爆坑→金峰→古代矿工采矿场景→矿难场景→现代矿工采矿场景→银坑山→上元茶楼→刘基听泉→银坑山水库→黄金览胜区生产车间→黄金览胜区金池

[景区概况]

各位游客朋友，大家好！欢迎来到遂昌金矿国家矿山公园游览观光。遂昌金矿国家矿山公园核心景区占地面积6.3平方公里，是我国首批批准的28家国家矿山公园之一。这里是中华上下五千年灿烂文明历史的见证，是一处集旅游、休闲、科考、度假为主的工业旅游风景区。今天我们的行程是这样安排的：黄金之旅的首站是黄金博物馆，在博物馆了解古今的采矿历史和现代采冶技术之后，到南月台乘小火车进时光隧道游览明代金窟，实地体验一下从古到今采矿发展的进程。之后呢我们乘小火

遂昌金矿

车到上元茶楼体验世外桃源的美丽风光，参观完银坑山水库后，我们在上元茶楼的北月台乘坐小火车，到黄金览胜区看看“黄金是怎么炼成的”，有兴趣的朋友还可以亲自下金池体验一下淘金的乐趣。游程结束之后，您可以去黄金商业街，选购自己喜欢的金银首饰、遂昌土特产及特色的金银制品及仿制品，同时您可以将买到的金银首饰和自己所佩带的金银首饰拿到我们的黄金博物馆“无损金银鉴定处”，免费为您做一下金银首饰的成色鉴定。在游览过程中，请各位游客注意安全提示！

［雕塑“矿工之歌”］

各位游客朋友，请看这座雕塑叫作“矿工之歌”。大家可以从雕塑上矿工的发型和表情、服装上看出这是两个不同时代的人物造型，一边是古代矿工用榔头奋力凿矿的情景，一边是现代矿工用现代化机械开采矿石的情景。古代人采矿时表情显得十分凝重；而现代矿工采矿时表情比较轻松，彰显了一种乐观向上的精神风貌。通过这座雕塑我们可以看到流动的光阴岁月，日新月异的科技发展以及中华民族人民大众的智慧与勤劳。

［黄金博物馆］

各位游客朋友，现在我们来到了黄金博物馆参观。黄金博物馆展区分为两层，面积1100平方米，共有11个展区，馆内展品200余件，内容为古代和现代的地质、采矿、选矿、冶炼知识和矿业文化。走进门厅，首先映入我们眼帘的是五幅金箔画，这五幅金箔画是我们遂昌金矿古代人的选冶方法，分别是选矿、碎矿、制团烧结、铅还原捕收、灰吹法炼银。现在我们先上二楼，从地球魔术师展区开始参观，这个展区展出的是我们从各地收集过来的矿物标本，大家可以注意识别一下。在这里，我给大家介绍一下我们遂昌金矿矿石的主要特点：遂昌金矿矿石的特点是金银共生，同时还含有储量丰富的铅锌矿并伴生有部份黄铁矿。大家请看，这一块矿石呈淡金黄色，乍一看似黄金，其实是黄铁矿，它有一个很形象的名字——“愚人金”，古人称其为铜金。显微镜下的矿物五彩缤纷、精彩奇妙，金属矿物一般是不透明的，把其表面打磨平整，称为光片，放大几千倍后就可以观察到矿物内部的微小颗粒和细微结构，在这台配置有显微镜的电脑上，我们就可以清晰地看到黄金颗粒。世界上现已查明的黄金储量为8.9万吨，其中南非最多，占到了全球黄金总量的38%，而我们中国只占 7%。

黄金矿山因其矿床类型的多样化决定了开采的方式也不尽相同，我们遂昌金矿的开采方法属于凿岩爆破、浅孔电耙留矿法，井下作业分为采矿和掘进，墙上的这些画就是我们金矿工人在井下一天工作内容的写照。国家规定，黄金矿山工粘入选品位是 3 克 / 吨，亦即百万分之三的含量。我们遂昌金矿采矿得到的金矿石含金量约为每吨 10 克左右，必须进行加工处理，除去大部分杂质才能进行冶炼。这个过程就是选矿工艺，其程序依次是破碎、球磨、浮选、浸出、洗涤和置换。选矿氰化工艺最终端的产品称为金泥，里面含有 3%~5% 的黄金，30%~50% 的银。经选矿氰化工艺得到的金泥还需经过粗炼和精炼，才能得到我们的最终产品，如上图所示的纯度为 99.997% 的国家 1 号标准金和纯度为 99.996% 的国家 1 号标准银。

各位朋友请看，这里所展示的内容就是古人采矿、选矿、冶炼的情景，通过这组缩写场景，大家可以粗略地领略一下古人从矿石开采到黄金冶炼的大致情况，具体情况等一下我们到达古人开采的遗迹实地我再为大家作详细的讲解。现在呈现在大家面前的是应用现代高科技手段做成的一个幻影成像系统《汤显祖视察遂昌黄岩坑矿区》。之前我们已经了解到，汤显祖是明代大戏剧家，在他任遂昌县令期间（公元1593—1598 年），在朝廷矿监特使的逼迫下组织一次大规模的矿业活动——“开采遂昌黄岩坑金银矿”，他曾多次视察当时的开采矿硐，并通过多种文学作品表达了矿工的疾苦以及反对开矿但又无力制止的苦衷。我们现在看到的这个幻影成像系统述说的就是这段历史往事。

各位朋友，现在我们就去一楼参观我们的黄金文化。重点向大家推荐的是我们的镇馆之宝——一块重达 12.5 公斤的大金砖，按现在的市价测算亮块金砖的价值将近 300 万元。大家可以抱抱金砖，沾沾金气，与黄金结缘、与财富结缘、与幸运结缘。

[明代金窟]

各位游客朋友，现在我们已经从地表到了矿下，不知不觉从现代到了明代。这里是明代开采金银的古矿硐了，我们把它称为“明代金窟”。现在请大家屏住呼吸，仔细聆听一下，有没有听到古人采矿的吆喝声呢？呵呵……大家不要害怕。

[烧爆坑]

请大家顺着我手指的方面看。对面岩壁上这些鸡蛋壳形的光滑的小坑是什么东西呢？其实那就是古人用烧爆法进行矿石开采所遗留下来的痕迹。古人是利用热胀冷缩的原理，在要开采的岩壁上砌一个简易灶头，然后取木柴放在灶内燃烧，当岩石达到一定温度后，迅速地泼以冷水，岩石骤然遇冷就自然脱落或产生裂缝而便于开采。就现代的生产力来讲，这是非常笨拙的办法，不过在当时已是很先进的采矿方法了。

［金峰］

各位朋友请看，这边两块突兀的岩石叫作金峰，是不是很像一对含情脉脉的恋人携手而立呢？仿佛在相互倾诉，哪怕天老地荒，唯我儿女情长。这两座金峰共重约6吨，含金品位达到2000克/吨，也就说，这两座金峰中共有12公斤的黄金，那么我们称其为金峰也算是实至名归了。

［古代矿工采矿场景］

各位朋友，现在大家看到的是模拟古代矿工采矿的雕塑。古人采矿从上到下，始终沿着富矿脉进行开采。当矿脉缩小时，矿硐变小，仅容一人弯腰通过；当矿脉膨大时，矿硐随即变大；当矿脉被断层错开时，往往有多个探矿巷道，可准确追索到断层的另一侧矿体。由此也说明了古人对矿体的变化规律已经有了相当深刻的认识。说到这里，有的游客心中肯定会顿生疑问：古人究竟是如何进行探矿、采矿和金银的冶炼的呢？好，接下来我将为大家作一简单的介绍。古人的探矿方法，主要有两种：一是根据矿苗找矿，最著名的是战国时期的《管子·地数篇》。它总结了一些矿床中矿物的分布规律，指出可以根据矿苗和矿物的共生关系来寻找矿床。书中说：“上有丹砂者（炼砒霜的原料，有毒），下有黄金；上有慈石者，下有铜金（黄铁矿）；上有陵石者（陵石：即孔雀石，呈淡绿色），下有铅、锡、赤铜；上有赭者，下有铁”，我们称其为“管子六条”。二是根据植物找矿，南北朝的梁代有名的植物找矿著作——《地镜图》中记载：“山上有葱，下有银；山上有薤（音同谢），下有金；山上有姜，下有铜锡；山有宝玉，木旁枝皆下垂。”

［矿难场景］

大家看这个很多乱石的地方，是当年采矿时的一个矿难现场。在万历二十五年（1597年），也就是汤显祖辞官回乡的第二年，发生了大面积的塌方事故，“崩坑，毙百余人”。这也是当时由于万历皇帝的固执，一味地开采导致的严重后果。同时也表明当时朝廷的腐败及老百姓的疾苦、水深火热。

［现代矿工采矿场景］

各位请看，这里是现代矿工采矿的场景。金矿类型的多样化，决定了开采方式也不尽相同。岩金矿主要为地下开采和露天开采；砂金矿主要为露天开采。根据采场在回采过程中的空区处理方法分为空场、充填和崩落三大类。遂昌金矿主要采用空场类中的浅孔留矿法，采用这种方法是由矿体产状特征确定的。为了开采地下矿床，需要从地面掘进一系列巷道通达矿体，使之形成完整的提升、运输、通风、排水、动力供应（电与压气）和充填等系统。开拓巷道在空间上的布置体系称为开拓系统。遂昌金矿的开拓方式为平硐——盲竖（斜）井溜井联合开拓。采矿工艺流程洒水——撬浮石——局部放矿——平场——凿岩——装药、爆破——通风，掘进工艺流程洒水——撬浮石——出渣——凿岩——装药、爆破——通风，鉴于矿体品位高，大部分采用先以砼或钢筋砼顶底间柱替代高价值矿房间柱、底柱，再开采矿房的顺序采矿。采空区处理采用局部砼支护、隔离和部分事后砼石充填。长年用地音仪系统监测控制采空区应变。

［银坑山］

各位朋友，请小心下车。现在这个树木葱茏空气清新、鸟鸣山幽的世外桃源就是银坑山。银坑山在当地人心目中是一座非常神圣的宝山，不仅地底下埋藏着丰富的金、银、铜、铅、锌、钼等贵重金属资源，动植物资源也丰常丰富，有南方红豆杉、南方铁杉、黑麂、云豹等多种世界濒危物种。一年四季银坑山上的独特景色也是非常的迷人：春回大地时，万物复苏，苍翠欲滴，丛山之中一片绿染；盛夏时节，奇花争妍、姹紫嫣红，满山遍野一片花海；到了秋天，红叶满山，五彩缤纷，放眼望去激情似火；进入冬天，玉树琼花、银装素裹，天地一色，美不胜收。更令人叹为观止的是一年四季银坑山间变幻莫测的云海。有时是漫天的云雾随风飘移，时而上升，时而下坠，时而回旋，时而舒展，构成一幅奇特的千变万化的云海奇观，有时又像一片片薄纱平铺絮绵，忽隐忽现、若即若离，似翩翩起舞的少女，美妙绝伦、令人称绝。用“云以山为体、山以云为衣”来形容应该是最贴切的。

［上元茶楼］

各位朋友，我们现在已到了上元茶楼，朋友们可以在这里休息用餐，品茶聊天。现今的上元茶楼是由遂昌金矿投资重新修建的。上元茶楼在唐高宗李治时的上元年间也就是一间简陋的茅草屋。但就是在这个不起眼的茅草屋里却诞生了一个非常经典的商业运行模式——那就是久传不衰的《草鞋换粥》的故事：相传在初唐上元年间“唐代金窟”以矿石品位奇高、黄金质量上佳而名声远扬，一位李姓商人以其独到的思路慕名在此修建了一间简易的茶楼，取名“上元茶楼”。茶楼免费向挑矿的矿夫和采矿的窑役提供米粥和草鞋，条件是每周回收二次他们脚上的旧草鞋。有的游客可能会为此而迷惑不解——“旧草鞋有什么用呢?”，其实奥秘就在这旧草鞋里面。试想，旧草鞋上都沾满了金矿的矿石末，现在我们来仔细地算一笔账：我们按当时挑矿的矿夫和采矿的窑役共400人，每双旧草鞋一次可以洗下矿粉200克来计算，每年老板就可以洗出矿石7.5吨。按当时金窟富矿石的平均品位每吨100克来算，老板一年就可得黄金0.75公斤和白银15公斤。折合成现在市场的黄金白银价格总市值约为20万，而老板一年草鞋和买米的钱顶多不会超过3万元，老板一年由此可净赚17多万。投资回报率为百分之五百多，这无疑是个一本万利的绝好商机，《草鞋换粥》的故事由此便广为流传。大家看看你们的鞋上是否也沾有黄金？给你一碗粥，你换吗？

［刘基听泉］

各位朋友请看，这是一座仿古的廊桥，廊桥在中外的建筑史上已有2000多年的历史了，大家可以上去稍做休息，一边欣赏山涧的美景，一边呢还可以聆听这翠谷金溪传来的泉水声。我们这里的泉水不仅能发出美丽动听的声音，而且在历史上有一段佳话也是从这流淌的泉水声中诞生的。

话说明代洪武年间朱元璋委派国师刘伯温为特使来黄岩坑视察。刘伯温一路上就听到许多百姓因开矿之事而怨声载道，身为国师的刘伯温深感开矿之事影响重大，于是快马加鞭直奔银坑山脚下，原本想在此等待挑矿的矿夫攀谈先了解情况，不料天黑下来也没能看到矿石从山上挑下来，这时桥下传来的“哗哗”的泉水声催促得刘伯温心烦意乱。这时突然山上又传来矿石滚动的“轰轰”声，就是这“哗哗”“轰轰”的声音夹杂在一起突然启发了刘伯温的灵感，在他的脑海里突然闪现出了一个“磺”字，于是第二天他就回京复旨，他对朱元璋说“银坑山遍地是磺矿”，朱元璋一听是磺矿便马上下旨停止开采黄岩坑金矿。刘伯温以他过人的机智解救了当地的老百姓，同时又保护了资源让我们后人得以利用。有道是“何必丝与竹，山水有清音”。今天我们仿佛也能从这万般的泉水声中感受的到岁月的流逝和历史的变迁。

［银坑山水库］

各位请看，这是遂昌金矿投资建造的一座人工水库，于1997年开工兴建，历时三年，于1982年竣工，坝体为混凝土结构的空芯坝，坝高32米，坝顶长84米、宽3米，库体容积为18万立方米。是遂昌金矿生产、生活用水的主要来源，请大家注意环保，不要往水库里丢东西。水库依偎于群山环抱之中，周围是绿树环绕，近翠远黛。水面波光粼粼，白云、蓝天、青山的倒影在微风的轻拂下和着小鱼泛起的微波一圈一圈弥漫开来，倒是显得风情万种。水库四周的山上生长着浓密的杜鹃花林，品种各异，有紫的、红的、白的，品种不同花期也不尽相同，从春到夏，陆续绽放，特别是每年农历五月端午前后的主放期，美艳的杜鹃与水色山光交相辉映，更增添了一份娇柔明艳。

［黄金览胜区生产车间］

各位朋友，现在我们来到了黄金览胜区，让我们一起去揭开黄金冶炼的神秘面纱。开发出来的原矿含金量是极少的，往往是以几十微米的细度嵌布其中，肉眼根本无法分辨，低的每吨仅仅一、两克，也就是只有百万分之一的含量，高的也只有20余克。所以必须经过现代化的选矿氰化和冶炼工艺，才能将金银从矿石中提炼出来。选矿氰化工艺简单区分有六道工序。第一道工序是破碎，通过颚式破碎机和圆锥破碎机进行二段破碎，经振动筛筛分，符合要求的颗粒输送到粉矿仓，其他的颗粒返回进行二次破碎。第二道工序是磨矿，在球磨机内加入水和大小不等的钢球，把进入球磨机内的矿石碾碎，经过螺旋分级机分级，粒度达到要求的矿浆，进入浮选槽。第三道工序是浮选，把选矿药剂加入浮选槽，经搅拌产生气泡，使矿浆中的含金矿物黏附在气泡上，旋转的刮板将上升到表面的金精矿刮出，尾矿通过管道排入尾矿库。第四道工序是浸出，进入浸出槽的金精矿与加入的氰化钠（也叫三步倒）发生化学反应，金银矿物溶解到液体里，成为金氰络合物。第五道工序是洗涤，通过洗涤设备，分离金氰络合物，形成贵液。第六道工序是置换，在贵液中加入锌粉，把金银置换沉淀下来，成为金泥。2003 年，遂昌金矿实施了金泥氰化工艺改造，矿石破碎球磨后，不经过浮选，直接进入浸出槽，经过浸出、洗涤、置换，得到金泥。这些含金达到 3%~5% 的金泥就可以运送到炼金室进一步提炼。从金泥中提炼黄金又要经过四个步骤。第一步是酸洗，在金泥中，加入硫酸进行酸洗，去除杂质和金银以外的其他金属。第二步是熔炼，酸洗后的金泥配入一定比例的熔剂，在中频炉中熔炼，上部是碴，下部是金银合金，这就是著名的现代烧结工艺。第三步是电解，将金银合金浇铸成阳极板，电解时金粉落入阳极袋，银粉在阴极析出；金粉经硝酸洗涤后，浇铸成金阳极板，再进行金电解形成金箔。第四步是浇铸。经过高温熔化，浇铸成不同规格、成色在 99.99% 以上的金锭、银锭。金锭在上海黄金交易所上市交易，银锭或银粉直接销售给用户。

遂昌金矿对黄金生产实行全过程封闭式管理，采用人防、物防、技防相结合的严密保卫措施，确保黄金生产的安全。为了进一步提高经济效益，对黄金进行深加工，用于电镀金的氰化亚金钾等产品，畅销全国；各种规格、纯度达 99.99% 的小型金条、黄金饰品，琳琅满目，以实惠的价格满足游客的需求；用含金尾砂等原料制作的黑陶工艺品，精美细腻、纯朴典雅，具有较高的收藏价值。

[黄金览胜区金池]

各位朋友，大家现在看到的这个地方是咱们的淘金池，如果有兴趣的游客可以亲自进行淘金体验，我们淘金池每天都会将自产的部分高纯度黄金颗粒混合在黄沙里面，幸运的游客将可以得到我们自产的高纯度黄金，大家千万不要错过机会哦。

14 中国大均畲乡之窗

景区概况→唐代古樟→大均古街→畲族风情馆→炼火→竹竿晾鸡蛋

[景区概况]

各位游客朋友，欢迎大家到中国畲乡之窗来旅游观光！此景区位于丽水景宁畲族自治县大均乡大均村，距县城12公里。这里是该县畲民的主要集居区，是走进畲乡山水、亲历畲族风情的最佳窗口。景区内自然风光旖旎，生态环境全国一流，历史文物古迹众多，村景合一的大均是“养生之地”“天然氧吧”，有“文明之乡”“晓溪明珠”“浙江第一漂”等美称。“畲乡之窗”景区主要有三大部分：一是欣赏或参与畲族风情表演；二是饱览老街风貌，领略千年古樟、龙岗叠翠、浮伞祠、畲族风情馆等人文景观；三是感受“浙江第一漂”之称的浮伞漂流。其中以“畲族风情表演”最具特色，由“畲寨迎宾大礼”、“畲乡新娘茶”“畲族婚俗”“畲寨欢乐夜”四个项目构成，包括白天和夜晚的游玩活动。

畲族舞蹈

[唐代古樟]

各位朋友请看，这是大均古村口的古樟树。据说大均古村始建于唐末，这棵古樟应该是大均悠久历史的见证，因其种于唐朝又名“唐樟”。古樟树干胸围达7米，高20米，树阴面积达150平方米，是当地群众奉若神明的树神，村中许多小孩拜其为亲娘，祈求健康、平安。青年男女则在树前祈求同心同德、白头偕老。

[大均古街]

各位朋友，现在我们来到了大均古街，这是“畲乡之窗”文化底蕴和畲族风情的集中展示区域。古街长260米，宽3.5米。铺设精巧的石板老街、质朴自然的卵石泥墙、工艺考究的砖雕门楼、旧式门窗的临街铺面、曲折相通的幽深小巷……展示着大均古老的耕读文化。

[畲族风情馆]

各位朋友，现在我们去观赏一下畲族风情馆，这里展示了畲族所特有的服装、彩带、装饰物、民间工艺、民俗、特色食品等风物特产；这里还有畲族婚俗、祭祖、山歌、舞蹈、服饰、禁忌、饮食、体育等别具一格的风情表演；这里的祭祖舞“传师学师”、畲族山歌、畲族“三月三”，都被列入国家级非物质文化遗产。2008年，景宁被评为“中国民间艺术之乡”。

[炼火]

各位朋友，畲族是一个神秘的民族，有许多民间特色绝技惊心动魄，令人叹为观止。尤其是流传于民间的炼火、下油锅、竹竿上晾鸡蛋等秘技，鲜为人见，充满了神秘的玄学色彩。大家请看，这是炼火，俗称“踩火”。在锣鼓声中炼火进入高潮时，炼火者赤膊、光脚，高歌狂舞，冲进通红的火堆，踏在火红的木炭上奔跑，动作威武迅捷，看的人惊心动魄，练的人坦然自若。气势壮观，催人奋进。

［竹竿晾鸡蛋］

各位朋友请看，这是畲族民间另一种带神秘色彩的绝技——竹竿晾鸡蛋。通常是先架好竹竿，把5只新鲜的鸡蛋用盐水清洗，之后晾蛋者便念念有词，并用一树枝将脸盆中的清水点洒于竹竿之上。再用手指指点点的同时，对竹竿念一番咒语。然后一边念咒语，一边将鸡蛋一只一只地晾在竹竿上。

15 景宁云中大漈景区

景区概况→最上山头→柳杉王→雪花飞瀑→时思古寺→心经钟楼→梅氏宗祠

［景区概况］

各位游客朋友，欢迎大家到云中大漈景区来游览观光！大漈景区位于海拔1030米的中高山盆地内，年平均气温13℃。境内丘峦多姿，田园村落景致宜人，四周群山环绕，烟雾弥漫，被誉为“云中桃园”，也是万亩冷水茭白核心基地。2003年，被授予国际民俗摄影创作基地称号。2008年，被授予中国民族艺术家采风创作基地。这里文化底蕴深厚，自然风光秀丽，生态环境优越，是理想的旅游度假休闲养生胜地。

［最上山头］

各位朋友请看，这就是最上山头，它位于景宁畲族自治县城南21公里大漈、东坑两地交界处，属右支主峰。有二峰，俗称驮尖和细尖。驮尖峰海拔1689.1米，细尖峰海拔1549米。两峰巍峨高峻，为该县境内最高峰。清光绪潘至诚有诗云：“最上山头著大名，周围峦翠护峥嵘，我来测绘峰颠望，百里云烟足下生。”峰体面积为5.5平方公里，山体由古老的中生代侏罗纪凝灰岩构成，景色秀丽，云雾缭绕，植被以短叶松、杉、木桦、栲槠林为主，立木约十万立方米，并产白术、川芎、黄连、桔梗等多种野生药材，且多珍稀动物。

［柳杉王］

各位朋友，现在我们看到的是千年柳杉王，是时思寺门前东侧斜坡上的一株大杉树，胸径4.47米，胸围13.4米，树原高47米，其主干被雷击截断，削去大半截，现仅有28米，主干古朴苍劲。据专家考证，柳杉王树龄达1500多年。奇特的是，柳杉王根部有一个形似门户的洞，一人可自由进出，进到树洞中，抬头可见日光，如同坐井观天。树洞空间奇大，可摆一张大桌，供10余人围桌共餐。其树干空心，令人称奇。2001年秋，时任浙江省林业局局长程渭山经过多方比较，认为柳杉王是世界上最大、最古老的柳树，并为之题名“柳杉王”。

［雪花飞瀑］

各位朋友，现在我们看到的雪花漈（当地人称瀑为漈），位于大漈村尾，村中的沐鹤溪顺溪流而下，南奔一里许，本来一马平川，突遇东西两侧青峰耸立，外为断崖，内为斜峡，底为全石，来自东北两条河水汇流至此，猛冲出峡，哗然飞泻百米危崖，声震幽谷，这就是名闻遐迩的雪花漈了。据《景宁县志》载：“大漈瀑高60余丈，气势雄伟，风景独特。”大漈因此而得名。站在山崖绝壁之下翘首仰望，形、势、声而与众不同，出其类，拔其峰，其形并非如素绢、白练，而是滚滚雪团，其势如万马奔腾，又似风驰电掣声如惊雷震谷。古诗中描述的“战胜玉龙千百万，败鳞残甲满天飞”的大雪纷飞景象，呈现眼前，让人真切地感受到其雄壮、博大的气势。仿佛听到绝壁间雷霆的争斗，千军万马的驰骋，仿佛有一种力量注入躯体，令人精神为之一振。民国教育厅厅长许绍棣慕名而往，触景启兴，于其右侧石壁上书：“雪花漈”三个大字；杭州女画家孙多慈，爱瀑若痴，无畏烈日当空，不惮鸟道崎岖，早去晚归，用时一周，精心绘制了约一米余的巨幅油画“雪花漈”。雪花飞瀑，下临莽莽深渊，峭崖壁立，飞瀑似雪。阳岚寨绝壁，面迎飞瀑，下临危谷，庞大赫然，其景色不是一般悬崖可以比拟。抬头远望，苍苍茫茫的千米群峰高耸入云，构成了一幅山水奇绝的自然景观。清人李璜在《大漈观瀑》诗中说：“万山随地耸，一水拍天浮”。这10个字形象地说明了雪花漈四周深沟大壑，高峰巍峨的地势和漈水拍天喷涌、浮动倒泻的奇异景色。清人张琢到此吟诗：“叠雪喷珠景最奇，我来相对却相宜，胸中尘俗多如许，借与清泉一洗之”。在现代快节奏生活中，您的胸中有没有丝丝烦忧和点点俗尘，如有，不妨下来洗一洗，至少，也能使您清心片刻。

［时思寺］

各位朋友请看，这是时思寺，是一座融合了儒、道、释三教宗义的国宝级古刹。始建于宋绍兴十年（1140），初名“时思院”。据记载，这是为嘉奖梅氏“孝童”建造的。关于这座寺庙的由来有着一段感人的史实。据地方志记载，南宋初年，梅氏第87代世祖梅元屃（读音xì），年方6岁，尚是不谙世事的幼童，竟想到要随父亲为祖父守墓，一守就是三年，而且日夜不离其侧，深被乡里称颂。有地方长官奏闻高宗，皇帝为之动容，旌表其为“孝童”，并在其结庐守墓处建造时思院，嘉其时时思念祖辈。建造之初的时思院，规模并不大，后来族人又依此扩建，日臻完善，有了梅氏宗祠、大雄宝殿，还建了三清殿，可说是典型的三教合一场所。明洪武元年（1368），诚意伯刘基额书“时思道场”，突出了三教合一的特点。有了诚意伯亲书的“时思道场”匾额，时思院的名声、地位也骤然提高。可惜，这块匾额已遗失在历史长河中。宣德元年（1426），时思院更名为“时思寺”，一直沿用至今。古刹三易其名，也代有修缮，一定有许多变故，但至今还能看到宋、明、清三朝古建。时思寺在全盛时期是规模较大的汉式布局的古刹建筑群，汇集宋明清三代建筑，有“寺祠院三观同址，宋明清三代同堂，儒释道三教合流”的美誉，有山门、三座大殿（分别是大雄宝殿、弥勒佛殿、三清殿）、钟鼓二楼、一座胡公堂、一座马夫人楼和梅氏宗祠、马仙宫，是混合佛、道、民间地方神等多神信仰的香火圣地，占地约1200平方米。时思寺古建筑对考察大漈历史、梅氏家史以至宗教文化都有极高的历史和文化价值，2001年，被列入为国家级文物保护单位。

各位请看这座大漈胡桥山门建筑，很像木石牌楼和古代辕门，尽管不高也不大，却被构建成三列三柱，重檐斗栱模样。代替门框的那对木鼓，造型奇特，镂雕精美，很像两把相向而立的竖琴，似有悠扬深沉的清音古韵缓缓流淌。门楣置横匾，额书“时思寺”，黑底金字，很庄严。匾额下，还有二颗有镂刻花纹的圆形门簪，与那对木鼓相应，就是门当户对了。这种融合民居建筑特色的山门也不多见。更让这道山门显出独特个性的是，它以瘦小的身躯却坚毅地左支右扛着好大二棵古树，硬是三人行般地走过近千余个风风雨雨的荒蛮岁月。古寺与古树，人与自然，原是可以这样和谐相处的，不一定非得拆了古寺或是锯了古树。这是两棵刺柏，是南宋建寺就栽下的。不知为什么，这两棵古刺柏，不是依着柏木应有的竖直纹理往高空生长，而是学那晋祠左扭柏，一个劲地侧转，侧扭，留下一道道深裂的伤痕，也在所不惜。真是百折不挠啊！他们又像是要彼此依存，携手远行，又像是要共同卫护古刹山门。吾非古柏，当然不知古柏高远幽深的心志、心思。但我能感受到他们的忠诚和坚毅，仿佛是在昭示着一种文化精神。

［**心经钟楼**］

各位朋友，现在我们看到的是心经钟楼，它始建于元末明初，整个建筑集元、明两代的特点于一体。共有三层，全凭四根从底部到顶的合抱大柱支撑，靠严密的榫卯结构和斗构件钩心斗角联接，不用一根钉子或其他紧固材料。700年来，依然坚固牢靠，这是一种古建筑中的奇观，展示了我国古代民间建筑工匠的精湛艺术。在钟楼的第三层，原先悬挂着一座重逾千斤的心经铜钟，是由四位僧人募缘后于明洪武元年（1368年）冬，请平阳州工匠于大漈现铸的。钟声能传到10公里之外。钟的上部铸署“塔山时思寺道场”，中部铸佛教《心经》全文，下部铸列募缘僧人、铸钟工匠姓名和铸造年月。可惜已毁损无存，难睹其貌。然而，当您登上钟楼临阁眺望森林风景之美，还可遥领“隐隐寺藏红树里，沉沉钟出白云间”的神韵。

［梅氏宗祠］

各位朋友，现在我们来到了梅氏宗祠，它建于明代万历年间（1573年），在时思寺边上，和时思寺等建筑一样，其浓郁的古意。其建筑为客居在此的梅姓一族人所建。梅氏宗祠，前后三进。自东而西依次为祠门、前厅（客堂）、序伦堂、祭坛、报本堂等部分组成，占地面积1000多平方米。建筑结构精巧，气势宏伟，建造风格则完全体现明朝的建筑特点，方柱、大梁、斗拱、雕梁画栋。它成纵轴线四重递进式一层楼，一进比一进高，祖先们希望梅氏子弟一代比一代杰出，来日步步高升。一进再进则有如老县堂之威严，每一进都有四扇大门，进与进的大门相互对称，每逢拜祠日，四层大门一致打开，站在大门口看进去，不免产生或多或少庭院深深的感觉。第二进是前厅也就是迎客堂，古朴而典雅。报本堂前槽采用减柱法，即以一根粗大阑额横跨明、次、稍间，使室内空间开阔，目的是为了能够容纳更多的人。建筑手法具有明显的地方特色。此外，大殿半圆形拱瓣卷杀及斗底皿板形式的做法又有明显的本地特色、风格。

16 龙泉山旅游度假区

景区概况→凤阳庙→绝壁奇松景区→黄茅尖→瓯江源→龙泉大峡谷→七星潭

［景区概况］

各位游客朋友，当呼吸新鲜空气变得越来越奢侈的时候，在这里你不仅能感受到每立方10万负氧离子带来的清新，还能认识大自然的诡秘与神奇。大家知道这是什么地方吗？对了！这就是被誉为“难得净土”的龙泉山。龙泉山旅游度假区位于凤阳山国家级自然保护区，是国家4A级旅游景区、中国摄影家创作基地、浙江省首批生态环境示范基地和浙江省最值得去的50个景区之一。由国内著名的民营旅游投资集团——杭州宋城集团投资开发，是浙江第二大河——瓯江的发源地，其主峰黄茅尖海拔1929米，为江浙第一高峰。龙泉山现已开放绝壁奇松、黄茅尖、瓯江源、龙泉大峡谷、七星潭等景区。奇松异石、深潭飞瀑、云顶佛光和上千米高自然天成的龙泉大佛，让你不得不惊讶于大自然的鬼斧神工。

各位游客朋友，龙泉山有着“天然氧吧”之称，这里空气负氧离子浓度高达每立方厘米10万个。科学研究表明，空气负氧离子浓度越高，人体就感到越舒适，其保健作用和防治疾病功能逐渐得到世人的公认，因此在龙泉山随意吸口气，等于在森林浴中洗肺。同时山内

龙泉山　汪亚明摄

保存了大批原始古老的生物种群，被誉为“华东古老植物的摇篮”“亚热带动植物宝库”。现已知的种子植物有1978种，蕨类植物219种，苔藓植物365种，大型森林真菌428种。其中白豆杉、华东黄杉、长柄双花木等20余种被列入《中国珍稀濒危保护名录》，占浙江省保护植物品种的50%。龙泉山还是一座动物乐园，有脊椎动物292种，昆虫910种。兽类有华南虎、金钱豹、大灵猫、小灵猫、苏门羚等；鸟类有黄腹角雉、赤腹鹰、白鹇等，属于国家级保护动物的有66种，其中一级保护动物9种。

有游客会问。龙泉山哪个季节最好玩，其实龙泉山一年四季风光都很迷人。龙泉山的春季虽然雨水偏多，但却是欣赏云雾景观的最佳时节，群峰之间云雾缭绕，风景瞬息万变，山色若有若无，令人仿佛有置身仙境，同时春季也是龙泉山观赏杜鹃花最佳时节，龙泉大峡谷的杜鹃谷、凤阳尖的杜鹃坡等处都有大面积的杜鹃古林分布，品种有猴头杜鹃、云锦杜鹃、鹿角杜鹃等数十种之多，到每年四五月举行龙泉杜鹃节的时候，满山杜鹃盛开，姹紫嫣红，甚为壮观，远近游客驱车前往，热闹非凡。“东来紫气满函关，凤阳遍地落祥云，清明时节雨纷纷，杜鹃啼血映山红。”就是龙泉山春季最好的写照。

从某种意义上来说，龙泉山没有夏季。这里海拔高、植被覆盖率高，年平均气温只有12℃，即使在夏季极端最高气温也不会超过27℃，在上海、杭州等地气温到达38℃时，在龙泉山，晚上睡觉时还要盖上厚厚的被子，因此龙泉山有着“清凉世界”之称。

龙泉山的秋天秋高气爽，是登高望远的好季节。每年秋天，这里都要举办登山节，登山健儿各显伸手，攀登江浙最高峰。深秋时分，龙泉山更是满山红叶，成为一大景观。龙泉山的秋季也是佛光经常出现的季节，秋季游龙泉山，如果运气好，大家还可以看到佛光这一可遇而不可求的奇景呢。

龙泉山的每个冬天都会下几场大雪，届时，莽莽群山，银装素裹，异常美丽。龙泉山因为其独特的地理位置和气候条件，冬天也经常会出现雾凇、冰瀑等奇观，让来玩的游客收获意外的惊喜。

龙泉山不仅空气清新，风景秀丽，还有一座功能齐备、风格独特的荒野山庄。置身其中，可以感受到浓浓的北欧山地风情，也使龙泉山成为一个四季皆宜的森林旅游、商务会议、休闲度假胜地。

[凤阳庙]

各位朋友，在我们眼前的这座红墙黄瓦的庙，是为了纪念中国香菇的鼻祖吴三公，由附近18个村集资兴建的凤阳庙。凤阳庙始建于清乾隆年间，原称五显庙，因为庙址地形如朝东南展翅欲飞的凤凰，寓丹凤朝阳之意，所以人们又叫它凤阳庙，龙泉山又叫凤阳山，其山名实由庙名而来。龙泉是中国香菇之乡，香菇原来是野生食用菌，我国食用香菇已有4000余年的历史，在《诗经》《礼记》《春秋》《本草》等书中都有香菇的记载。在宋代，龙泉县龙溪乡龙岩村的村民吴煜发明了人工“砍花法”种菇技术，被菇民奉为菇神。吴煜因为在家中兄弟排行第三，所以菇民尊称其为“吴三公”。每年七月十六，龙泉山上就涌起菇民潮，四面八方的菇民纷纷前来拜祭吴三公，并且连演七天七夜的大戏。

[绝壁奇松]

各位朋友，现在我们要去观赏绝壁奇松。大家请看，在千仞绝壁之上，生长着无数生机盎然、姿态各异的黄山松，与黄山相比，也毫不逊色。这里我必须提醒下，走“绝壁奇松”，一定不能半途而废，绝壁千仞，耸立苍穹；苍松万棵，缘壁而生——从山道踏入绝壁之上的栈道开始，所有的壮观与瑰丽才慢慢显现。栈道之下，云海翻滚，瞬息万变间，远山若隐若现，如梦似幻。在这里，你可以体验到头顶飘云，脚下生烟。在栈道上行走，就可以从最佳的角度观赏千姿百态的黄山松，到了冬天，温度下降，还可见满山的雾凇、雪松。因为山势很险，所以请大家务必注意安全，特别是在拍照的时候，更是要把安全放在第一位，现在我们就沿着这条密林中的小道往前走。

[黄茅尖]

各位朋友，接下去我们要游览的景点就是有海拔1929米的“江浙第一高峰——黄茅尖”。有道是“不到长城非好汉”，而到了龙泉山则是不登黄茅尖非好汉。我们现在所处的位置海拔1400米左右，爬上峰顶需一个小时的时间，因为路比较陡，所以请大家尽量减轻随身物品的重量，在行进过程中，调节好

黄茅尖　汪亚明摄

呼吸和走路的速度。

各位朋友，我们现在已经征服了江浙第一高峰，站在了江浙大地的最高点上！这石碑上的“江浙第一高峰”几个大字是由著名书法家姜东舒先生题写的。黄茅尖海拔1929米，和它遥遥相对的是庆元的百山祖，百山祖是江浙第二高峰，海拔1857米。人们常说，龙泉山的云是龙泉山最美的一景。而黄茅尖是赏日出、观云海的最佳所在。站在这江浙第一高峰上，我想大家一定都有“会当凌绝顶，一览众山小”的感觉吧！

［瓯江源］

各位朋友，我们现在来到的景点是“瓯江源”。根据地理学家界定，凡江河的源头不是涵养水源的湿地，就是由周围山体渗出的小泉以及由地下冒出的泉水形成的。瓯江源头也是如此。各位请看，这峡谷中两米宽的小溪沟里的水就是瓯江的源头水。瓯江源附近有高山草甸、小天池等著名景观。春暖花开之时，这里漫山遍谷的小花，星星点点，漫没于千顷草甸之间，给人带来无尽的遐想。金秋时节，你又可领略到“天苍苍，野茫茫，风吹草低见牛羊”的草原风光。大家现在看到这碑上的“瓯江源”大字是由杭州西泠印社的著名书法家吕国璋生先所题，这个碑是1999年第一届龙泉山登山节前夕所立，立这个碑的目的是警示人们保护生态环境，把这青山绿水留给我们的子孙后代。瓯江源附近还有浙江省海拔最高的高山湖泊——海拔1540米的凤阳湖以及上千棵宝塔型柳杉组成的“塔衫林”，高山湿地、高原湖泊、高山草甸以及宝塔形的柳杉林组成了一幅极其优美的画卷。

瓯江源　汪亚明摄

［龙泉大峡谷］

各位朋友，我们现在来到了龙泉大峡谷，以瀑布和珍稀植物为特色，总面积942亩，景区内峡谷长2500多米，最宽处30多米，两岸雄峰耸立，谷底溪流激荡，大自然的鬼斧神工形成了百丈双折龙泉大瀑布。水击乱石，咆哮轰鸣，犹如叠水飞雪，巍巍壮观。龙泉大峡谷一年四季景色各不相同。初夏时分，杜鹃谷内，漫山遍野，六十余种百年杜鹃竞相斗妍，美不胜收，花期长达

数月之久 。主要景点有通天桥、天街、观峡台、龙脊、龙泉瀑、龙泉涧、杜鹃谷等。现有环行游步道 3 公里，全程游览约 3 小时。

［七星潭景区］

各位朋友，现在我们来到了七星潭景区。这里森林蔽日，流绿滴翠。景区总面积 439 亩，自上而下，再自下而上铺设了 1.9 公里的环形游步道，落差大约 200 米。因此在游览中，请大家牢记“观景不走路，走路不观景”。这里还铺设了 0.8 公里游步道与绝壁奇松景区及凤阳庙相连，还有一条长约 1.5 公里的森林古道与龙泉大峡谷景区相通，十分便捷。这里移步异景，时时即景。七星潭、欧冶子剑窟、试剑石、古杉林、风动石等主要景点匿藏其间，仿佛置身于古意幽深的山水画廊之中。

各位朋友请注意，这一段是七星潭景区中地势最为陡峭的一段，从黄茅尖流下的黄茅溪和从凤阳尖流下的凤阳溪在这里汇合形成激流险滩，因为落差很大，瀑布和深潭相连，形成七个碧潭，形状犹如北斗七星，故名七星潭。潭水清澈见底，为国家级保护动物娃娃鱼的栖息地。传说龙泉宝剑的祖师爷欧冶子在龙泉城郊，用剑池湖水淬火，铸成“龙渊”“泰阿”“工布”三把神奇之剑后，又到此神游，发现这里幽谷险峻，潭水清澈碧绿，乃铸剑神谷仙水之地，于是用七星潭水淬剑，煅造出了著名的龙泉七星剑，还在剑身上纹饰北斗七星图案。金庸先生的武侠小说《笑傲江湖》中对此景也有描述，称这里为“龙泉铸剑谷”，称七星潭中所铸之剑为“碧水剑”。

各位游客朋友，徜徉在青山绿水之间，这风光旖旎的山水美景，恰似色彩斑斓的乡村画卷，这绝美的龙泉山，怎不叫人心驰神往！

第三篇

食在浙南：台州 / 温州 / 丽水美食

各位游客朋友，浙南地区多山陵，与浙北大平原相比，浙南只有一些零星的小平原。碎片化的地域分隔，成就了台州、温州、丽水三地差异化的美食特点。

海滨城市台州，山海清秀，气候宜人，故其菜如景，不少名菜，来自民间，制作精细，烹调技法擅长于炒、炸、烩、溜、蒸、烧，特色美食如仙居八大碗、新河鲻鱼、白水洋狗肉、饺饼筒、猪肉麦饼、蛋清羊尾、糊辣沸、三门麻糍、青燕等。

温州美食以海鲜为主，口味新鲜，淡而不薄，烹调技术讲究轻油，轻芡，代表性的美食如温州高粱肉、文成拉面、三丝敲鱼、双味蝤蛑、县前汤团、白蛇烧饼、胶冻、锦绣鱼丝等。

丽水美食烹饪用料广泛，口味清鲜细嫩，鲜咸适中，选料讲究，配料巧妙，烹调方法多样，擅长炒、烧、炖、煨、蒸等，很好地保留了食材的营养成分，具有浓郁的地方特色，特色美食如缙云烧饼、翡翠羊柳卷、百菇宴、溪鱼干、葱花肉、松仁彩、泡精肉、倪老腌、眉毛酥、蚕豆饭等。

［仙居八大碗］

仙居传统“八大碗”是仙居地方传统饮食文化的经典，是仙居百姓喜事、请客必用的传统大餐。“八大碗”分上四碗和下四碗，上四碗分别为：莲子（或白扁豆）、海参（或肉参）、鱼胶即鱼瓢（或敲肉）、翻碗肉；下四碗分别为：笋（或茭白、笋干）、炒肉（即豆腐条炒肉丝或香菇）、羊肉（或墨鱼丝）、大杂烩（也称肠什即猪肚、猪肠等加豆腐：切成不规则形状）。

［白水洋狗肉］

俗话说“狗肉滚三滚，神仙站不稳”，但白水洋的经典狗肉做法不是这种红烧狗肉煲，而是白切狗肉，狗肉在烧至半熟时，去掉油汤，因此狗肉不油不腻，唯有诱人香味。秋冬之际，下狗肉馆，切半斤白切狗肉，蘸着细盐，就着白酒，体味纯粹的肉味，颇有一股豪爽的感觉。

［饺饼筒］

饺饼筒是琼台仙谷景区及附近区域特有而最有特色的食品，入选“舌尖上的中国”。饺饼筒皮用麦粉加水调和成糊状烙成，馅料丰富，制作讲究，吃起来又香又脆，既是充饥美味，又是下酒佳品，既可当点心，又能作正餐主食。其中最讲究的称“五虎擒羊”，堪称宴客上品。内有肉片、猪肝、蛋皮、鱼肉、豆腐片、金针、木耳、粉丝、笋丝、菜梗等。

［猪肉麦饼］

取精肉剁糊（俗称“肉圆糊”）做馅料。吃时用三只箸，左手拿一只箸按住盘内麦饼，右手拿一双箸去夹，蘸一下酱油、醋，即可入口。还有更讲究的，称“鸡子灌麦饼”，即在猪肉麦饼烙熟时在麦饼边沿穿一小孔，倒入鸡蛋汁，使之均匀地遍整个麦饼内，再锅里烙一遍，然后食用。

［蛋清羊尾］

蛋清羊尾的制作所用的原料有：菜油、鸡蛋、猪油、豆沙和麦粉。制作的时候先将鸡蛋去壳去黄留下蛋清，然后加入麦粉，用筷子不停地上下搅打，直至筷子插在其中而不倒下为宜。接着将豆沙做成比乒乓球略小的丸状，外裹猪油，然后将裹了猪油的豆沙丸子放入搅打好的蛋清麦粉里，尽可能多的将蛋清麦粉裹在丸子上，并旋即将丸子放入沸腾的菜油里炸。不一会儿，落锅的丸子就像一颗神奇的种子，在油锅中绽放开来，顷刻之间便化成拳头大小，胖乎乎、油黄黄的，状如羊尾，好看极了，接着盛进盘子，撒上一些白糖，就可以吃了，其特点是油而不腻，甜而不馁，香气扑鼻。

［糊辣沸］

糊辣沸也称“山粉羹”或“山粉糊”。糊辣沸城乡都在正月十四夜吃，平时也有供老人、小孩食用的。配料有精肉、冬笋、番薯、木耳、板栗、川豆、豆腐干、红萝卜、荸荠等。切成丁，先炒熟，再用山粉（蕨粉）或番薯淀粉调水拌和，烧熟成糊状即成，称咸羹。若以莲子、板栗、桂圆肉、枣干肉等加山粉、藕粉烧制，则成称甜羹。

［三门麻糍］

用糯米浸水沥干，蒸熟，放在石臼内捣黏，这个是很费力气的，一般由家中爸爸来执行这个任务，妈妈呢则在旁边蘸点水，翻一下。弄好了，把它放在桌子上，压平，外面涂上松花，切成长条，铺上芝麻和糖的馅料，将另一头糍盖上压服，切成菱形，再放镬里烙熟装盘，就可以吃了。或是炒着吃，绵绵软软的，相信你不会忘了这种滋味。

［青燕］

青燕就是清明团子，但作法却与众不同。在清时节的时候，家家户户采绵青（鼠曲草）、糯米青等嫩草，煮熟捣糊，拌和糯米粉揉成团，嵌进馅料，有甜有咸，再在正反两面贴上新采的梓树叶，用蒸笼蒸熟，老少咸宜。

[温州高粱肉]

相传创制于清代温州横井巷广进样腊味店。用猪腩肉切成薄片，拌以白糖、味精、酱油、绍酒、精盐。经过摊晒，烘干而成。呈圆形，半透明，具有厚薄均匀、脆香可口，具有食而不厌的特点。

[文成拉面]

文成拉面已有几百年历史。将白面粉倒入面盆或木板上，慢慢加水，拌匀，再用双手反复揉至黏性成团。已而切成1厘米宽，上盖湿毛巾防干燥。约过15~20分钟，双手将其两端提起，边拉边抖，即可任意延长。有些人拉至近一米长时，再合并重新拉细至棉纱一般，抛入滚汤中，稍煮即熟，捞起加入调味辅料，味甚美。

[三丝敲鱼]

其做法是先把鲩鱼对剖分成两片，拆去头、尾、脊背和皮；先在砧板上抹上一些干淀粉，鱼片也滚上淀粉；然后放在砧板上用木槌敲烂，边敲边撒干淀粉，经常翻身防止鱼肉粘在砧板上，直至敲成薄饼大小；再用开水烫熟，过冷水漂凉，拿出对开切，顶刀切成1~3厘米宽的长条状；并配上火腿丝、鸡丝、肉丝、香菇丝少许，菜心几根；再加鸡汤、盐、味精、少许鸡油、绍酒精心调制，便成了滑爽、酥脆、细腻鲜甜的三丝敲鱼了。

[双味蝤蛑]

先将海鳗肉、猪肉、蟹肉加上各种作料配制好盘底，然后将蝤蛑（青蟹）洗净，揭盖去鳃及沙袋，放入盘中，加进葱节、姜片，洒上黄酒50克，上蒸笼用旺火蒸熟；把清蒸蝤蛑斩去脚尖，每只切成8份，螯足拍裂，按蟹的原形装在腰盘的两端，安上原蟹盖；再将蟹饼排列在盘的中央，间隙处衬以香菜、姜丝，带醋2小碟一同上桌即成。此菜具有清热解毒、治疗结核病之功效。

[县前汤团]

原名郑德大汤团，始于清光绪二十七年（1901），相传至今。久盛不衰。温州人视吃汤团为吉祥，历来有汤团待客的风俗习惯。每碗8只，恰到好处。有10多个品种，麻心汤团香甜可口。擂沙汤团味醇爽口，鲜肉汤团入口咬开便有一股香汁流出，鲜美无比，这3个品种最受人喜爱。1998年12月，国内贸易部在杭州举办全国首届“中华名小吃”认定活动，县前汤圆店的麻心汤圆被认定为“中华名小吃”。

[白蛇烧饼]

清光绪末年，市区府头门钟楼石侧，有张氏寡妇，开烧饼店，在胡饼的基础上，推出葱油重酥烧饼，呈金黄色，入口即化，酥脆可口，远近闻名，张氏常穿白色衣衫，市民以《白蛇传》中白娘娘喻之，久而久之，将其烧饼延称为白蛇烧饼，流传至今。

[锦绣鱼丝]

新创瓯菜，选用黑鱼脊背肉切成细丝，配红绿柿椒丝、黄蛋皮丝、棕色香菇丝等炒制而成。此菜色彩丰富似锦绣，鱼丝条不断、匀称，其味十分鲜美。

［缙云烧饼］

缙云烧饼也称为桶饼，是浙江省缙云县传统小吃。据说，有650余年的历史。缙云烧饼以面粉、鲜猪肉和霉干菜为主要原料制成饼坯，经烧饼桶炭火烘烤制成。制成后，饼色金黄、表脆内糯、油而不腻、鲜香满口。

［翡翠羊柳卷］

相传古时缙云的人民很好客，每逢婚嫁庆寿等喜宴，都会杀猪宰羊，宴请亲朋好友，缙云乡村的土厨师，经过不断的经验积累，在羊肉的烩制上逐渐推陈出新，清代光绪年间，舒洪有位李姓的土厨师，他把羊里脊肉（羊柳）劈成薄片，稍经佐料加工，就卷入各类辅料，再经油锅滑熟，最后加调料勾芡，即成口感滑嫩的羊柳卷，深受人们喜爱。

［百菇宴］

百菇宴是浙江丽水的传统名宴。以食用菌及野味为主料，采用炸、熘、爆炒薰炖、烩蒸等多种手法，兼具二百多种味道，精品纷呈，口感、色香、味形均臻上乘，有清淡宜人之南味，兼有鲜香咸辣之北味，适应当今美食追求绿色食品之风尚，极具营养保健之功效。

［溪鱼干］

渔民以熏、烘、烤、酱、晒等方法制成各种别具风味的鱼干，如青鱼干、酱鲫鱼、小鱼干等。鱼干烹调方法多样，可以炒、炸、烤、蒸、烧、焖等，常见菜肴有“五味鱼干”、“酱鲫鱼蒸豆腐”等。

［葱花肉］

自民国年间创制，流传至今。无论城乡，它都是各种筵席上不可缺少的菜肴。葱花肉的做法是：将肉末和葱制成馅料，用豆腐皮将其卷包煎炸而成。它外形整齐而不破碎、方软而有韧性、表面光滑、皮薄透明，堪称佳品。

［松仁彩丁］

由松仁、胡萝卜、豌豆、甜玉米粒、黄瓜、葱蒜末等原料经翻炒而成。松仁营养价值非常高，其中含有大量的维生素E，必需脂肪酸，还有丰富的铁、锌等微量元素，是健脑防衰食品，甜玉米含有较多的维生素 B_1 和胡萝卜素，还含有维生素C和维生素E，和松仁配合色香味俱佳。

［泡精肉］

把猪瘦肉加干粉炸制而成的泡精肉，早年在酒宴是不可缺少的菜肴。泡精肉大多作为冷盘上席，此菜特点是外香脆、置鲜嫩。

［倪老腌］

“倪老腌”辣椒酱有着互联网辣椒酱第一品牌之称，延续古老的传统手工方法秘制辣酱，无添加剂，成为古堰画乡知名的旅游特产，并获得了互联网O2O的强烈关注。

[**眉毛酥**]

因外形长得像眉毛而得名。里面包裹着炒熟的黑芝麻和白糖，非常香甜，是丽水特产，办喜事必上的一道菜。

[**蚕豆饭**]

蚕豆是春末夏初的美味时令蔬菜，江南一带，喜欢在立夏时节食豆，在立夏前后新鲜蚕豆大量上市，几乎是家家户户都吃蚕豆，因此蚕豆被又称作立夏豆。不少人家还将蚕豆跟米饭一起烧煮，做成美味清香的蚕豆饭。

第四篇

购在浙南：台州 / 温州 / 丽水风物特产

各位游客朋友，“八山一水一分田”的地域分隔，在形成浙南在地居民饮食习俗差异化的同时，也使得三地的物产各有所长，台州以三门青蟹、黄岩蜜橘等闻名全国，温州以瓯塑、乐清细纹刻纸等声名远播，丽水因龙泉青瓷、龙泉宝剑和青田石雕等蜚声海内外。

[三门青蟹]

三门养殖青蟹已有200年历史，而三门青蟹也以个大、体壮、色泽鲜艳、肉味鲜美驰名闽浙沪。食用前先用清水冲洗，再杀之（可用筷子从其双眼刺入破坏中枢神经使其螯足放松），而后去缚、刷洗、挖内脏（注：清蒸、清煮时不挖洗内脏）。食用时味香浓郁肉质细嫩。

[黄岩蜜橘]

黄岩蜜橘距今已有1300多年的栽培历史。蜜橘品种很多。其中“本地早”是黄岩蜜橘中的“王牌”。“本地早”于11月中旬成熟，果形扁圆，顶端微凹，单果重50~80克，色泽橙黄有光，表皮粗糙，油泡细密，皮稍厚，略脆易剥；果肉橙红，柔软带糯，瓤薄无渣，汁多味浓，酸甜适度，不易破碎，适宜远销；早橘以上市早著称。无核橘果实硕大，肉质柔软，清香多汁。黄岩蜜橘含可溶性固形物（即糖分的浓度）达12%~14%，皮、络、核、叶都是重要的中药材。

[仙居黄花菜]

产于仙居县，地处浙南丘陵山区，种植黄花菜已达300余年，传统优良品种为仙居花，适应性广，抗逆力强，根系发达，耐旱、耐瘠，适宜山地种植，具有早熟、抗病、丰产、优质等特点。其植株粗甜而香，条形粗壮，质量上乘。

[天台云雾茶]

天台山种茶历史悠久，早在东汉末年，高道“葛玄植茶之圃已上华顶山”，因而被誉为“江南茶祖、日韩茶源。”大台云雾茶为半烘半炒型绿茶，系手工炒制经摊收、针杀青、堆凉、轻揉、初烘、烘干等多道工序，形成手外形细紧圆直、白毫显露，色泽翠绿，香气醇郁的高品位眉茶，被列为《中国名茶》第六种。其中“苍山云雾茶”堪称珍品，“丹丘雾芽”获 1991 年国际茶文化节名茶新秀一等奖。

［天台乌药］

天台山峰峦重重、郁郁苍苍，气候温暖湿润，四季分明，是著名的药材基地。其中以天台乌药、三七参、白术、芍药、茯苓最为著名。《辞海》载：“乌药，樟科。”常绿灌木或小乔木。叶革质椭圆形，有三大脉，下面灰白色被毛。春季开花，花小型，淡黄色。雌雄异株，伞形花序。果实黑色，分布于我国中部和东部，叶和果可提芳香油。中医以根入药，性温、味辛、功能适于行气。主治胸腹胀痛、疝气等症。《中国医学人辞曲》称：乌药“以上天台山者最佳”。早在秦代，天台乌药就已从天台山移植至日本的纪伊半岛，并被称为“长生不老”药。

［黄岩翻簧竹雕］

黄岩翻簧竹雕是浙江台州地方传统雕刻艺术之一。因其雕刻在毛竹内壁的簧面上而得名，亦称贴簧、反簧。在中国工艺美术界与青田石雕，东阳黄杨木雕并称为浙江三大雕。黄岩是国内最早创造翻簧竹雕的产区之一，也是国内保存该手工工艺流程最完整的地区之一。2008 年 6 月，被国务院定为第一批国家级非物质文化遗产扩展项目。

［临海西兰花］

典型的临海冬春西兰花具有以下特性特征：一是外观球形高圆或近圆，球面圆整，花球紧实，蕾粒中细、均匀、色绿，花茎无空心，花球无枯黄蕾、无开散蕾粒；二是入口微甜，茎脆蕾糯，有清香味；三是营养品质高，每 100 克食用部分含蛋白质 3.6~5.0 克、脂肪 0.2~0.3 克、碳水化合物 2~3 克、膳食纤维 0.8~1.2 克、类胡萝卜素 10~25 毫克、维生素 C110~120 毫克，萝卜硫素 50~100 毫克，还含有丰富的维生素 B、花青素、叶酸、类黄酮和矿物质，花球含水量 85%~88%。临海西兰花于 1989 年由上盘镇劳动村村民开始引种试种，20 多年的时间内，从无到有，一举成为中国西兰花生产中心，是临海农业“四张名片”之一。2003 年 11 月，临海市被中国优质农产品开发服务协会授予“中国西兰花之乡”称号。2008 年成为国家农业标准化示范区，2011 年，成为全国西兰花标准化示范县，2012 年，成为国家级出口西兰花质量安全示范区。

［临海杨梅］

临海杨梅生产因气候地理条件优越，生态条件良好，生产的杨梅外观好品质优。栽培的品种有东魁、荸荠种、临海早大梅、水梅等，每年在 6 月中旬到 7 月中旬成熟上市，其中以临海早大梅和东魁杨梅盛名，多次获省农博会金奖；临海早大梅是临海本地水梅的变异良种，早熟、果形大、耐贮藏、品质优。东魁杨梅果形特大、色泽艳丽、甜酸适口、风味浓郁。在2003年省精品杨梅评比中，临海市白水洋上游杨梅产业合作社生产的“上游”牌东魁杨梅获“浙江省十大精品杨梅”，2005年，被评为省级农业名牌产品。临海杨梅种植面积超万亩的镇有3个，以白水洋镇最为集中，被授予“浙江杨梅之乡”称号。

［温岭高橙］

温岭被命名为“中国高橙之乡”。温岭高橙系柚与甜橙的自然杂交种，是温岭市特有的地方传统水果，已有500多年的栽培历史。温岭高橙耐贮藏，果实个大形美、色泽橙红，单果重400克左右，风味独特，果汁丰富，甜酸适中，清香可口，略带苦味，贮藏至翌年4~6月，风味尤佳，最长可贮至8~9月。是鲜销、加工集一体的优良地方特色品种。果实营养价值高，富含多种维生素，还原糖、氨基酸、矿物质和橙皮甙等多种营养成分，其特有的苦味是柠碱和诺米林，具有清肝明目、健脾益胃、生津活脉、醒酒降压、减肥健美等功效，常吃能助长发育，延缓衰老过程，阻止致癌物产生，高血压、冠心病及其他慢性病患者食之更有益。我国著名画家刘海粟曾多次品尝温岭高橙后写道：“耄年口渴，极嗜高橙。”1998年，该产品被评为台州市优质农产品。

［楚门文旦］

玉环柚又名楚门文旦，产于玉环市楚门半岛上的楚门镇、清港镇和龙岩、密溪、芳壮、桐丽等乡。成熟时其底部平而稍凹，蒂部凸起，果皮橙黄，色鲜有香味，果形沉甸硕大。一般单果重15~25公斤，果肉晶莹透亮，软糯多汁，甜酸适口，脆而无渣，味浓有清香。楚门文旦迄今已有120余年历史，后经选种嫁接培育而成，营养丰富。除生食外，果皮可制蜜饯、果皮糖和提取芳香油。

［温州蜜柑］

温州蜜柑属宽皮橘橘类，又称无核橘。温州蜜柑抗逆性强，适应性广，能早产、高产、稳产，品质好，易栽培。瓯海区梧田镇是传统柑橘产区，蜜柑种植最为集中，被誉为“柑橘之乡”。蜜柑皮色橙黄鲜艳，肉汁丰富而味甜蜜，果肉及果汁具有解热生津、开胃、利尿、去痰止咳之功效，橘皮及络可做中药。

［温州牛肉干］

以黄牛或水牛的纯精肉加工而成。原料牛为本地所产，精选鲜牛腿肉，去骨、膘及结缔组织，切成块状，投入锅中，加适量食盐、生姜、桂皮，约煮1小时后捞出摊凉，切成薄片。锅内先放入原汁鲜汤，以及适量白糖、酱油、五香粉等辅料，加热煮沸，随后将牛肉片下锅，煮半小时，取出焙干成为成品。其形似竹叶，色泽暗红，厚薄均匀，干爽结实，略脆而韧，干香可口，宜于久嚼。

［雁茗茶］

雁茗茶又名“雁荡毛峰”“雁荡云雾”，产于温州乐清雁荡山的龙湫背、元宝心、莲花洞和雁湖岗等山高多雾的地方。那里湿度大，香灰土养分丰富，茶树生长特别旺盛，芽肥汁厚，品质优异。雁茗茶是一种烘青绿茶，必须在清明、谷雨之间采摘。选用一芽一叶或一芽三叶的初展肥嫩芽叶制作而成。其成品色泽翠绿，香气扑鼻，味道清醇。且具有维生素、咖啡因、氨基酸、叶绿素和硒等多种有益健康的成分；雁茗茶还具有提神、解酒、去腥腻、祛烦恼、消积食、助消化、预防癌症和延年益寿等功效。雁茗茶历史悠久，明代开始列为“雁山五珍”之一。《瓯江逸志》曾说：“瓯地茶，雁山为第一。”雁茗茶在宋、明、清三代皆列为贡品，1954年被遴选为国家名茶，享誉全国。

［温州红娘酒］

红娘酒产于温州。红娘是葫芦科苦瓜属植物中的一种，其成熟果实为红色纺锤形，《中华大药典》中称红姑娘，温州人称红娘，以其果实为配料精制而成的酒，取名为红娘酒。红娘的果实营养价值很高，含有丰富的蛋白质、糖、维生素和多种氨基酸，为人体不可缺少的营养成分。红娘药用价值很高，有益肝润脾肾、清热解毒、清心明目、益气壮阳之功效。现代医学研究发现，其具有抗癌、抗艾滋病、防治糖尿病的药用功效。在温州民间药方中，它还可以治疗牙周炎、咽喉炎等病。红娘酒不仅保持了其有效成分，且更易被人体吸收，是传统的酿酒技术与中医理论结合的结晶。

［瓯塑］

瓯塑，俗称彩色油坭塑，又称“彩色浮雕”，是浙江温州独有的民间艺术，汉族传统工艺美术品之一。它是用桐油和泥碾细合成为原料，运用堆塑技艺的手法，用于装饰寺院、庙宇门壁和民间嫁妆品，如梳妆盒以及家具漆器等。源于汉代，由中国漆器艺术中的堆漆工艺发展演化而成，色彩丰富，技法繁多，题材广泛，规格不限，广泛应用于建筑浮雕、壁画、装饰图案及艺术挂件等。瓯塑是浙江省政府认定首批“浙江传统优秀工艺美术品类”之一，列入省级重点保护项目范围。2006年，列入第一批浙江省非物质文化遗产名录。2008年6月，瓯塑被列入第二批国家级非物质文化遗产名录。

武松打虎

［乐清细纹刻纸］

乐清细纹刻纸是集汉民族艺术精华的手工艺珍品，是乐清当地流传的一项绝艺。乐清细纹刻纸刀法精妙入微，挺拔有力，图案细如发丝，工而不腻，纤而不繁，表现力十分丰富。它最突出的一个特点是细，在早期“龙船花”的刻纸中，最细的能在一寸见方的纸上刻出52根线条，一幅碗口大的细纹刻纸要十多天才能刻成，十分费工。细纹刻纸的工艺使各种民间图案纹样都能在几厘米见方的纸上得到细致而丰富的表现，这使乐清细纹刻纸获得了“中国剪纸的南宗代表”之称。2006年5月，乐清细纹刻纸入选了第一批国家级非物质文化遗产名录。

［凤尾鱼］

凤尾鱼俗称“子鲚”、又称“鲚鱼”，属名贵的经济鱼类，它是温州的著名特产，是下饭佐酒的佳品，因其尾部分叉，短呈红色，尖细窄长，犹如凤尾，故称。温州历代相传，有“雁荡美酒茶山梅、江心寺后凤尾鱼”之说。每年三月，生活在浅海的凤尾鱼就溯江而上，群集到江心孤屿四周的江面上。近郊渔民们便驾着子鲚船，撒网捕鱼。多是聚集在江心寺后面的江中。此鱼腹内多子，肉质细嫩，可以蒸煮吃，但民间多用油煎，吃起来又香又脆，鲜美可口。凤尾鱼含有蛋白质、脂肪、碳水化合物、钙、磷、铁及微量元素锌、硒等。锌、硒等微量元素有利于儿童智力发育。还发现能促进人血中抗感染淋巴细胞的增加。临床也证实凤尾鱼有益于提高人体对化疗的耐受力。尾鱼味道鲜美，鲜吃、干晒、油炸制罐都不失其美味。

［龙泉青瓷］

龙泉青瓷始于晋代，北宋时初具规模，宋元之季进入鼎盛时期，制瓷规模空前绝后，技艺登峰造极，龙泉因此成为全国著名的瓷业中心，至清代逐渐衰落。新中国成立后，在周恩来关怀下恢复生产，龙泉青瓷重振雄风，再度辉煌。龙泉青瓷传统有“哥窑”与“弟窑”。哥窑与著名的官、汝、定、钧并称为宋代五大名窑，其产品“胎薄如纸，釉厚如玉，釉面布满纹片，紫口铁足，胎色灰黑，古雅端庄”；弟窑胎白釉青，以粉青、梅子青为最，豆青次之，清丽淳厚。在龙泉，哥窑弟窑的创始人章生一、章生二被后人为窑业祖师爷。每逢农历初二、十六两日，瓷匠必

龙泉青瓷哥窑

须置办酒肉、茶、点香烛在窑头师傅榜前祭祀，磕头膜拜，然后分食祭品，俗称“过日”。现代龙泉青瓷继承了古代产品特色，并有所突破的发展，历年来在各类全国性的评比中夺魁，其精品被誉为“国宝”，为人民大会堂、中南海紫光阁、故宫博物院、中国历史博物馆所陈列珍藏。

［**龙泉宝剑**］

龙泉剑，中国古代十大名剑之一。现在也通指浙江龙泉地区，按汉族传统工艺铸造的宝剑。传说是由欧冶子大剑师所铸。欧冶子为铸此剑，凿开茨山，放出山中溪水，引至铸剑炉旁成北斗七星环列的七个池中，是名“七星”。剑成之后，俯视剑身，如同登高山而下望深渊，缥缈而深邃仿佛有巨龙盘卧，是名“龙渊”。故名此剑曰“七星龙渊”，简称龙渊剑。唐朝时因避高祖李渊讳，便把“渊”字改成“泉”字，曰“七星龙泉”，简称龙泉剑。剑，大约创制于殷末周初之际，距今三千多年。早期的剑都很短。西周时两军交战，以车战为主，远则弓箭对射，近则戈矛相接，用不上这样短小的剑，当时主要用来防身。春秋后期，吴越两国相继崛起，争霸于南方。两国均处于水网交错、丛林遍野的水乡，难于车战，步兵和水军遂成为吴越军队的主要兵种，剑成了军队的常规武器。所以，吴越两国都特别重视剑的生产，其铸剑技术也远远超过中原各国成为中国古代的“宝剑之乡”。

欧冶子雕像

［**青田石**］

青田石，产于浙江省青田县，我国传统的“四大印章石之一”。在中国一并与巴林石、寿山石和鸡血石被称为中国“四大名石”。色彩丰富，花纹奇特。以“叶蜡石”为主，显蜡状，油脂、玻璃光泽，无透明、微透明至半透明，质地坚密细致，是中国篆刻用石最早之石种。据青田石研究专家夏法起先生科学地统计共分有10大类108种。青田石以“封门”为上品，微透明而谈青略带黄者称封门青。另外，晶莹如玉，照之璨如灯辉，半透明者称灯光冻。色如幽兰，明润纯净，通灵微透者称兰花青。这三“青”与田黄，鸡血石并称为三大佳石，其价值也越来越高。由于封门青的矿脉细，且扭盘曲折，游延于岩石之中，量之奇少，色之高雅，质之温润，性之“中庸”，是所有印石中最宜受刀之石，大为篆刻家所青睐。其色彩天然，绝无人工或他石能仿造，容易辨认。鸡血、田青以色浓质艳见长，象征富贵；封门青则以清新见长，象征隐逸淡泊，因此，前者可说是“物”（物质）的，而后者则是“灵”（精神）的，专家称封门青为“石中之君子”，十分贴切。青田石除灯光冻、兰花青、封门青外，还有黄金耀、竹叶青、金玉冻、白果青田、红青田（美人红）、紫檀、蓝花钉、封门三彩（三色）、水藻花、煨冰纹、皮蛋冻、酱油冻等，均于实物名称相类，易辨。近出龙蛋石，系暗红杂石包裹体，内往往有圆或椭圆上品封门青独石，极为珍稀；形成类似田黄，价值亦愈益昂贵。

［青田石雕］

青田石雕是以青田石作为材料雕制而成的艺术品青田石雕。以秀美的造型、精湛的技艺博得人们喜爱，石作为材料雕制而成的艺术品。以秀美的造型、精湛的技艺博得人们喜爱，被喻为“在石头上绣花”，令人叹为观止。青田石雕是中国传统石雕艺术宝库中一颗璀璨的明珠，历史悠久。现在可以见到的最早作品是珍藏在浙江博物馆内的出土文物——六朝时期殉葬用的青田石雕小卧猪。作品线条简练、造型古朴、形神兼备，艺术上可见汉、魏风貌。

青田石雕江山如画

［丽水白莲］

又名处州白莲，具有粒圆、饱满、色白、肉绵、味甘五大特点。按品质规格分为伏莲和秋莲两种。伏莲采收于秋分前，因夏花伏实的初生种子，养分充足，颗粒圆整饱满，壳薄，表皮白而微红，掰开两爿，莲心紧贴莲肉，空槽浅狭，肉厚质佳。秋莲在秋分后采收，外形瘦长，粒小壳厚，表皮暗红，掰开两爿，空槽如小勺，肉薄，质较次。

［景宁惠明茶］

产于丽水景宁畲族自治县，因唐惠明和尚在此建寺植茶而得名。惠明茶叶芽乳白带淡黄，冲泡后又呈白色，色、香、味俱佳，人称“白茶”“仙茶”“兰花茶”。据专家测定，惠明茶一般年景含游离氨基酸 25%~35%，高的年份达 35%~45%；甜鲜味游离氨基酸占总量的 75%~90%，酸苦味游离氨基酸占总量的 10%~25%，冲泡后有兰花香味，水果甜味，还具有“一杯鲜，二杯浓，三杯甘又醇，四杯五杯韵犹存”的特点。

［云和香菇］

云和香菇是浙江省丽水市云和县的特产。云和是香菇主产地之一，良好的自然生态环境以及绿色化的生产方式，使云和香菇长得好、吃得放心。云和香菇生产的历史源远流长。早在八百余年前，云和菇民以原始的“砍花”法开创了人工栽培香菇的历史。随着“段木纯菌种栽培技术”的问世，“云和香菇”以其独特的优势占据了国内外市场。由于云和产出的绿色无公害香菇深受上海市民欢迎，2010年被指定为供沪农产品。

[**石练菊米**]

石练菊米，产于遂昌石练山，是具有悠久历史的传统名优农产品，从野菊中筛选品种经人工栽培种植。菊米是多年生草本植物，栽培菊米来自野生菊。正宗的石练菊米是黄菊类中的小叶型长叶柄黄菊，其植株无毛，花蕾表面光洁，加工后香气足、味甘醇、品质优，是人工栽培的理想菊米品种。具有清热解毒、清火明目、排毒养颜、平肝降压、消暑醒酒、预防感冒等作用，长期饮用既能养身保健，又能祛病延年，可抗衰老、延年益寿。

[**龙须菜**]

龙须菜，庆元俗称“山稀”，是庆元一带的特产，列浙南酒宴四大冷盘之首，风味独特，香脆鲜美，具有一定的减肥保健作用。到目前为止，尚无人工栽培记载，属纯野生苔藓植物。产于高寒、险峻的森林及岩壁地带，采集难度大，全用手工采集挑选。龙须菜最适宜冷盘用。配料：糖醋另加小许姜丝。中医认为龙须菜还具有清热、化痰、凉肝、止血功能。

[**金钟雪梨**]

金钟雪梨，原产于景宁县金钟乡湖边自然村，相传当地村民于民国（1912—1949）初开始种植。金钟雪梨味道好，个子大，一只有一斤多。不仅清脆甘甜，而且滋肺阴，养胃阴，止烦渴，治热痰。被誉为“天生甘露饮”，又有人称它为“果中甘露子，药中圣醍醐”。

第五篇

娱在浙南：台州/温州/丽水旅游演艺

各位游客朋友，娱在浙南的核心元素是地方民俗文艺。这里既有阳春白雪的永嘉昆曲，又有下里巴人的温州鼓词，还有充满神秘色彩的民俗舞蹈表演，如抬阁、炼火、畲族祭祀等，风情虽然各个不同，但娱乐的心情却是一样的。

［永嘉昆曲］

永嘉昆剧又称温州昆剧，是流行在以浙江温州为中心的浙南地区的汉族戏曲剧种，属于昆剧流派之一。明万历年间（1573—1619年）昆剧传入温州后，和温州的戏曲声腔互相融合，逐渐形成这个地方剧种。永昆的声腔，既有与苏昆同牌同调，也有同牌异调和独有曲牌。演唱中不受传统联套宫调规律限制，可以同宫异调联套，甚至在某一曲牌中间转调，呈现极大灵活性和丰富性。在打击乐方面也保存了较为古朴的汉族民间锣鼓点。

［温州鼓词］

瑞安鼓词又名温州鼓词，是流行于浙江省温州及其毗邻地区的一个曲艺品种，俗称“唱词”。因过去的艺人多为盲人，故又称为“瞽词”或“盲词”。它用温州方言表演，具有浓厚的地方色彩和独特的艺术风格。瑞安鼓词历史悠久，源远流长。从文学形式角度来看，它是和唐代的变文一脉相承的，因为“敦煌变文是后世各种说唱文学的先驱。”温州鼓词发源于“鼓词之乡”——温州瑞安，故亦称瑞安鼓词，俗称“唱词”“门头敲”。它是流传在温州地区属大鼓类的民间说唱艺术，是

温州鼓词

华东和浙江省民间曲艺的主要曲种之一。素有“浙北评弹，浙南鼓词”的美誉，是温州及浙南群众喜闻乐见的曲艺艺术。

[景宁畲族祭祀仪式]

景宁是全国唯一的畲族自治县。长期以来，畲族民众创造和继承了一系列传统祭祀仪式，诸如做功德、传师学师等民俗活动，有着深厚的文化内涵，同时又成为极具个性的民族艺术。

做功德是畲族成年人死后，家属为“超度亡灵”而举行的传统祭祀仪式，主要通过歌舞来纪念畲族始祖龙麒，并以此教育后代。传师学师又称作阳、做聚头、寿禄、祭祖等，由法师主持仪式，通常要持续三昼夜，表达了畲族崇敬祖先的感情和紧密团结、祈福消灾的愿望。

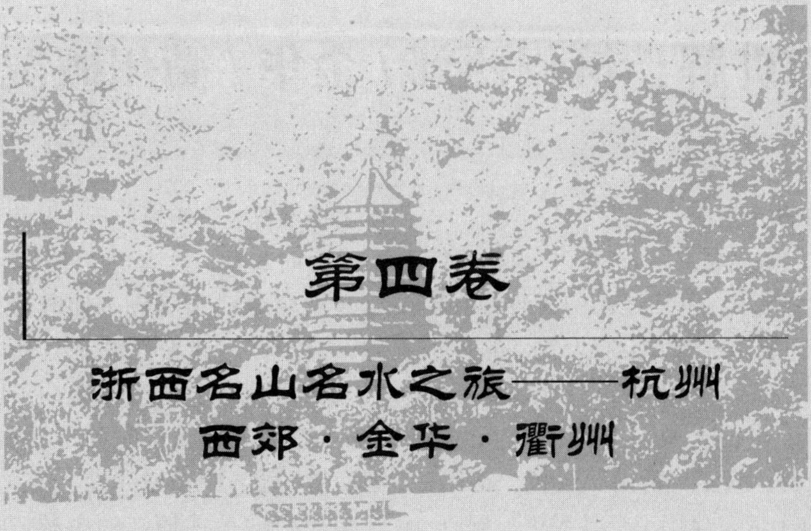

第四卷

浙西名山名水之旅——杭州西郊·金华·衢州

第一篇

沿途讲解：杭州西郊 / 金华 / 衢州概况

[杭州市]

各位游客朋友，大家好！现在我们从杭州城出发，开启迷人的浙西名山名水之旅。杭州素有“上有天堂，下有苏杭”的美誉。杭州市域面积为 16 596 平方千米，现辖上城、下城、江干、拱墅、西湖、滨江、萧山、余杭、富阳、临安 10 个区，建德 1 个县级市，桐庐、淳安 2 个县。2017 年，杭州市常住人口 947 万人，其中城镇人口为 727 万人，占 76.8%。杭州得益于京杭大运河和通商口岸的便利，历史上曾是重要的商业集散中心。后来依托沪杭铁路等铁路线路的通车以及上海在进出口贸易方面的带动，轻工业发展迅速。

大家现在从车窗里看到的这条江，就是浙江省第一大河钱塘江，它是浙江人民的母亲河，它发源于安徽黄山，流经皖浙二省。钱塘江古名“浙江”“渐江”“折江”“罗刹江”“之江”等，浙江省省名就缘于此。钱塘江是我国东南名川，也是中国最美丽的江流之一，它历来以清澈澄碧的江水和排山倒海的江潮名扬四海。它蜿蜒曲折，从崇山峻岭一直奔向东海，长达 680 多公里，沿途有自然名景：千岛湖、仙霞岭、天目山、西子湖。钱塘江既有自然之美又具人文之美。钱塘江干流在不同区域有不同的名称：萧山闻堰到入海口是钱塘江的下游，叫钱塘江或之江；从闻堰到建德梅城是钱塘江的中游，叫富春江；梅城以上是钱塘江上游，叫新安江，新安江水电站大坝以上就是千岛湖了。沿钱塘江上溯至千岛湖，是一条融江、湖、山、洞为一体的神奇又美丽的旅游线路。下面由我带领大家溯江而游吧！

[富阳区]

各位游客朋友，现在我们已经驶离杭州市，进入富阳区地界了。富阳古称富春，是浙江省杭州市管辖的一个区，位于杭州的西南面，是杭州的西大门。它处在沪杭甬“金三角”的交汇点上，是国务院首批批准的沿海对外开放县市之一，也是杭州“旅游西进”的第一站。

富阳的地形特征为“两山夹一川”。天目山余脉绵亘西北，仙霞岭余脉蜿蜒东南，富春江西入东出，斜贯市境中部。富阳东接杭州市萧山区，南连诸暨市，西邻桐庐县，北与临安市、余杭区、西湖区毗邻。富阳总面积1831平方公里，人口60多万。

阳山水秀丽、人文底蕴深厚。一脉灵气、天下独绝的富春江横贯全境，既赋山城之美，又具江城之秀，是一座典型的江南山水园林文化城市和休闲度假旅游胜地，素有“天下佳山水，古今推富春”之盛誉。富阳历史悠久，于公元前221年建县，至今已有2200多年历史，是东吴大帝孙权的故里，现代文豪郁达夫的故乡。富阳还是闻名全国的“造纸之乡”，

也是全国商品粮基地和重点产茶、产茧地区，芦笋、茶叶、豆腐皮、食用菌、竹笋、银杏、板栗、草莓等特产屡获奖牌，闻名遐迩。

富阳地处“西湖—富春江—千岛湖—黄山”国家级黄金旅游线的前站，境内有一川如画的富春江横贯境内，有国家AAAA级景区华东地区最大的野生动物世界、富春桃源景区和保留明清建筑特色的孙权后裔聚居地龙门古镇，还有再现造纸印刷两大发明的中国古代造纸印刷文化村、亚太地区第一洞厅的碧云洞以及富春山居国际高尔夫球场、度假胜地富春桃源、钟灵毓秀的鹳山、天钟山等。境内人文胜迹众多，罗隐碑林、黄公望结庐处、郁达夫故居等远近闻名，泗洲造纸遗址通过了国家级文物保护单位评审。近年来，随着一大批景区景点的开发，中外游客纷至沓来，富阳业已成为休闲度假的旅游胜地。

郁达夫故居

［桐庐县］

各位游客朋友，现在我们已经来到桐庐地界了。桐庐县是杭州市属县，是全国最美县城之一。它位于浙江省西北部，地处钱塘江中游，境内群山叠嶂，溪流纵横。富春江纵贯南北，分水江流经西北，两江汇纳主要支流31条，山涧小溪百余条，百川归海，溪流全部进入钱塘江。桐庐三山“鼎足”，两江“丁叉”，有山有水，资源丰富，是一个发展前景无限广阔的地区。全县境内以丘陵山区为主，平原稀少，龙门山主峰牛背脊之观音尖，海拔1246.5米，为境内最高峰。桐庐东接诸暨，南连浦江、建德，西邻淳安，东北界富阳，西北依临安。总面积1825平方公里，人口近40万。桐庐县经济总量长年位居浙西地区各县市首位，是浙西地区经济实力第

桐庐富春江

一强县（市），也是钱塘江中游经济、政治、文化中心。如今，快递业已成为桐庐县的重要产业，被誉为“中国民营快递之乡”。

桐庐始建于三国吴黄武四年（公元225年），唐武德四年（621年）升为州府。桐庐历史悠久、人文荟萃，素有“钟灵毓秀之地、潇洒文明之邦”的美誉。北宋名臣范仲淹知睦州时感慨于这片土地的奇山异水，赞之为“潇洒桐庐”，并写下了传世名篇《潇洒桐庐郡·十咏》。位于富春江畔的桐君山是桐庐著名的古迹，也是中华医药鼻祖之圣地，桐庐之名就即缘于此。富春江水电站库区的严子陵钓台，是东汉名士严子陵隐居垂钓之处。因钓台就在富春江边，且风景秀丽，位居我国十大钓鱼古迹之首。

桐庐县地处全国重点风景名胜区“三江两湖”黄金旅游线的中心地段，历来以山水风光著称，自古有“奇山异水，天下独绝”的美誉。风景秀丽的富春江、分水江贯流全境，旅游资源丰富，有“全国县级旅游之冠”称号。自1982年列入国家级风景名胜区以来，旅游业逐渐成为县域经济的重要支柱。现已形成以山、水、林、洞以及历史、文化、民俗风情为主的旅游产品体系，境内桐君山与富春江、瑶琳仙境、严子陵钓台、白云源风景区、独山慈化寺以及新近开发的大奇山国家森林公园、富春江小三峡、芦茨湾钓鱼岛、天目溪皮筏漂流、红灯笼乡村家园、江南古村落等都为桐庐县的著名景点，使桐庐成为“三江两湖”黄金旅游线上的一颗璀璨的明珠！

［建德市］

各位游客朋友，现在我们由桐庐进入建德境内。建德是杭州辖区内的县级市，总面积2321平方公里。建德历史悠久，人杰地灵。20世纪70年代，经中国科学院考古鉴定，“建德人”距今已有五万多年的历史。正是古老的“建德人”从新安江走向“良渚”，走向

建德新安江水电

"河姆渡"，走向大海之滨，才有了中华民族的海洋文明，建德也因此可以称之为我国海洋文明发祥地之一。

建德从公元225年的三国时期建县，至今已有近1800年的历史。自唐神功元年起，建德作为州府一级的历史，一直延续到公元1960年，前后时间长达1200多年。建德县名因封建德侯而来。据《三国志·吴书·孙韶传》"孙韶，字公礼……权为吴王，迁杨威将军，封建德侯"。建德置县为公元225年，孙韶的故乡在建德，原建德县的辖境为孙韶的封地。所以，建德县名因封建德侯而来，取建功立德之义。

建德山川毓秀，境内有"两江一湖"（富春江、新安江、千岛湖），旅游资源丰富。新安江水电站的建成，使新安江城（白沙镇）形成了冬暖夏凉的独特小气候，为江南难得的旅游休养胜地。新安江水电站就建在浙江建德境内的新安江上，为中国第一座自己勘测、设计、施工和自制设备的大型水电站。它以发电为主，兼有防洪、灌溉、养殖、旅游等效益。总库容220亿立方米。主坝坝型为混凝土宽缝重力坝，最大坝高105米，坝顶长度465.4米，主要泄洪方式为坝顶溢流，溢流坝通过发电厂房顶泄流，最大泄量13 200米^3/秒。总装机容量66.25万千瓦，设计年发电量18.6亿千瓦时。1957年开工，1965年竣工，平均年发电量为18.6亿千瓦时。电站在防洪、灌溉、航运、渔业、林果业、旅游业等方面，都做出了显著贡献，位于新安江白沙镇的新安江水电站大坝已开辟成为工业旅游项目。

［**淳安县**］

各位游客朋友，现在我们已进入淳安县境内啦！淳安县隶属于杭州市，是浙江省面积最大的县，也是浙江省政府批准的革命老根据地县，著名的国家5A级旅游景区千岛湖就在此地。淳安县位于浙江省西部，东与建德、桐庐接壤，南连衢州、常山，西与徽州休宁县、歙县毗连，北接临安。淳安县历史悠久，在新石器时代就有人类活动。淳安县建置于公元208年，即东汉建安十三年（公元208年）。1963年，淳安县划属杭州市，县人民政府驻千岛湖镇新安北路18号。

淳安县属浙西山地丘陵区，由中低山、丘陵、小型盆地、谷地和水库组成。淳安县地势四面多山，中间为丘陵，略呈盆地状。主要山脉有白际山脉、千里岗山脉、昱岭山脉。最高点为千里岗山脉主峰磨心尖，海拔1523米。淳安县各河流统属钱塘江水系，境内的主要河流有新安江以及新安江的两个支流——遂安港、东源港。新安江全长293公里，淳安境内有68公里。境内最大的湖泊为千岛湖，为一人工湖泊即新安江水库，是建造新安江水电站时形成的。千岛湖湖区面积573平方公里，因湖中1078个芊芊翠岛而得名。178亿立方米的水体，是太湖的4倍，杭州西湖的3000个，水体能见度常年保持在9~12米，属国家一级水体，被誉为“天下第一秀水”。

千岛湖是“杭州—千岛湖—黄山”黄金旅游线上的一颗璀璨明珠。来千岛湖旅游住的全是景观房，喝的全是天然水，吃的全是有机鱼，吸的全是森林氧。人在和自然的交流中，水是最活跃、最有灵性的承载物，人的喜怒哀乐，皆可寄情于水。“青山不墨千秋画，碧水无弦万古琴”，这是千岛湖真实的

淳安千岛湖

写照，它凝练、传神地写出了千岛湖那种特有的沁人心脾的澄碧与超凡欲仙的意蕴。闲暇之时，你可约三五好友，乘一叶扁舟，随波荡漾，真是千岛碧水画中游啊，那一汪碧水，会使人们的美梦灿烂开放。

［金华市］

各位游客朋友，现在我们来到了位于浙中部偏西的中国历史文化名城金华。“水通南国三千里，气压江城十四州”，宋代女词人李清照的诗句生动地描述了金华古城的重要位置和雄伟气势。金华古属越国领地，秦时归入会稽郡，三国吴宝鼎元年（266年）置郡始名东阳，后来被称为金华和婺州，曾设郡、州、路、府，也设过道、区、专区和地区。1985年5月，国务院批准撤销金华地区，分设金华、衢州两市，实行市辖县体制。2000年12月31日，国务院批准撤销金华县，并将其与原婺城区辖区做了调整，设立金东区。现金华市下辖婺城、金东2区及兰溪、义乌、东阳、永康4个县级市和武义、浦江、磐安3个县。2015年年末全市总人口478万。

金华素有“小邹鲁”之称，历史上讲学群起，书院迭兴。宋元时期，金华学派与金华文派名播四海。当今则基础教育、高等教育、成人教育三头并兴。文化兴盛必然名人辈出。文坛巨匠、丹青大师、爱国志士、民族英雄、专家学者，金华土地上代不乏人。如“初

唐四杰”之一的骆宾王、“诗名画皆奇绝”的五代诗僧和书画家贯休、宋代抗金名将宗泽、南宋“浙东学派”代表人物吕祖谦、陈亮，金元四大名医之一的朱丹溪，明朝“开国文臣之首”的宋濂，清代戏曲家、戏曲理论家李渔，近现代有国画大师黄宾虹、一代报人邵飘萍、史学家吴晗、世界十大摄影师之首郎静山，诗人潘漠华、艾青及文学批评家冯雪峰，杰出科学家严济慈、蔡希陶等，他们彪炳史册，光照千秋，为后人留下了宝贵的精神财富。崇文重教的风气沿袭至今，形成了如今金华“千名教授汇一市，百名博士集一乡”的盛况。

金华山川秀丽奇绝，旅游资源极为丰富。金华双龙景区、东阳横店影视城、武义牛头山国家森林公园、义乌中国国际商贸城购物旅游区、仙华山景区、武义大红岩、永康方岩、花溪·夹溪、三都·屏岩、龙潭·郭洞景区、六洞山景区、九峰山·大佛寺景区、江南第一家、东阳卢宅古建筑、嵩溪古村等，或为山奇，或为水秀，或为景美、或为物丰，可谓各擅胜场。金华的文物古迹与奇山秀水交相辉映，有国家级文保单位10处，省级文保单位37处，县（市）级文保单位300多处，馆藏文物达3万多件。各处古迹遗址如颗颗明珠，点缀于八婺大地。太平天国侍王府、宋代名刹天宁寺、八咏楼、五峰书院等胜迹及诸葛八卦村、俞源太极村

金华世贸双塔

等神秘村落等，令游客流连忘返。传统与现代交融，人称“东方好莱坞”的横店影视城也已成为广大影视工作者和游客心中的福地。金华传统名优特产有金华火腿、金华酥饼、东阳木雕、义乌南枣、金丝蜜枣、金华佛手、宣平莲子等。它们有的曾为朝廷贡品，有的多次在国内外博览会上获奖。古婺风情多姿多彩，斗牛、道情、板凳龙、浦江抬阁、浦江乱弹、永康《十八蝴蝶》、磐安龙虎大旗等民俗风情各具特色，引人入胜。

[衢州市]

各位游客朋友，现在我们来到了浙西名城衢州市。衢州地处钱塘江上游，金衢盆地西端，南接福建南平，西连江西上饶、景德镇，北邻安徽黄山，东与省内金华、丽水、杭州三市相交。“居浙右之上游，控鄱阳之肘腋，制闽越之喉吭，通宣歙之声势”。历史上即为浙、闽、赣、皖四省边界的贸易中心和交通枢纽，是四省边际中心城市，素有“四省通衢、五路总头”之称，今下辖柯城区、衢江区、江山市、龙游县、常山县和开化县。全市总面积8844.6平方千米，2017年末户籍总人口257.81万人。

衢州旅游资源丰富，有“神奇山水，名城衢州”之称，境内有浙江省首个世界自然遗产江郎山、全国重点文物保护单位4处：孔氏南宗家庙、龙游湖镇舍利塔、衢州城墙和江山三卿口制瓷作坊，国家AAAAA级旅游区2处：开化根宫佛国、江郎山·廿八都，国家AAAA级旅游区4处：龙游石窟、天脊龙门、药王山、清漾，全国工农业旅游示范点2处：七里香溪、乌溪江，国家森林公园5个：紫微山、钱江源、仙霞山、三衢山、浙江大竹海，还有常山国家地质公园、古田山国家自然保护区等。

衢州古城

衢州被称为中国特产之乡，各县都有一批名牌旅游特色产品，如开化纸、开化根雕、江山西砚、柯城莹白瓷等。三头一掌（兔头、鸭头、鱼头和鸭掌）是衢州的著名小吃。衢州也是产茶地区，有龙游方山茶、开化龙顶茶、衢州玉露茶、江山绿牡丹等。此外，江山胡柚也已成为当今衢州著名特产。

第二篇

景区导览：杭州西部 / 金华 / 衢州美景

01 富阳龙门古镇

景区概况→入口广场→思源堂→龙门老街→工部（冬官第）→龙门溪→义门→明哲堂→砚池→孙氏宗祠→余荫堂

［景区概况］

各位游客朋友，大家好！现在我们来到富阳龙门古镇的游客中心。大家请看这块巨石，上面刻有“龙门”二字。这里为什么称为“龙门”呢？话说东汉初年，名士严子陵厌倦官场，辞官归隐，遍游江南山水，来到这里，对这里的山光水色非常欣赏，赞叹道：“此地山清水秀，胜似吕梁龙门。”龙门因此得名。大家再看左上方的印记，为“帝乡”二字，因为这里是孙权故里，所以有“帝乡”的印记。

孙权故里，龙门古镇，地处富春江南岸，仙霞岭余脉的龙门山麓，距省会杭州 52 公里。全镇面积 18 平方公里，景区面积 2 平方公里。镇上居住着 2600 余户人家，7000 余人口。据考证，孙权第 27 世孙孙忠从东梓关（今富阳东图）迁到这里繁衍生息，已有千余年的历史。龙门是孙权后裔的最大聚居地，镇上 90% 以上的村民姓孙。

龙门古镇北依剡溪，秀溪与剡溪呈丁字相交穿越古镇，周围峰峦四起，围出一带绿色田野。古镇以防御性极强的发散状街巷为骨架，以宗祠、厅堂为中心筑成迷宫般的传统民居聚落，各处精美的民居、厅堂、古塔、古桥、牌坊、寺庙等具有较高的历史与观赏价值。古镇民风淳朴，风俗独特，是中国传统宗族传承体系的典型。

龙门古镇是大杭州旅游圈中的重要景点和杭州旅游西进的一个亮点。2004 年，富阳市委、市政府作出了保护与深度开发龙门古镇的重大决策，高起点打造“孙权故里，龙门古镇”的旅游品牌。目前，龙门古镇旅游设施相对完备，环境整洁美观，推出的“古镇溯源”“老街乡情”“山色水声”“白步遗踪”“乡野田园”“溪畔人家”“义门流芳”“砚池夜月”“孙氏大宗”“深巷幽居”十大景点等受到海内外游客的广泛好评。2005 年，龙门古镇被评为“杭州最受欢迎的十大景点”和“最有潜力的景点”，2007 年，被评为国家 AAAA 级旅游景区，2009 年，龙门古镇被授予“中国历史文化名镇”。龙门古镇至今留存有明、清、民国各个不同历史时期的建筑，其中厅堂 65 座，砖砌牌楼 3 座，古塔 1 座，寺庙 1 座。龙门民居建筑都是厅堂四周环以本房成员住宅，再筑以高墙，形成一个封闭式的院落，这种结构被称为“厅屋组合院落”。而一个个厅堂又构成了一组组建筑群，在形态上分为“井”字形和“回”字形。

各位朋友，现在大家跟随我穿过校场，走过跃龙桥进入古镇游览吧！大家看，桥下的这条溪就是剡溪，它绕镇而过，最后流入富春江。大家抬头看南面的这座山，它就是龙门山，主峰杏梅尖海拔 1067.6 米，是富阳的最高峰，山间云雾缭绕很像仙境吧！过完桥，大家注意看地上卵石铺成的图案，有一个“寿”字，四周围着五只蝙蝠，“蝠”谐音“福”，寓意是“五福同寿”，龙门人喜欢把有寓意吉祥的东西铺在地上，让走过的客人都沾些福气回家。

［入口广场］

各位游客朋友，现在我们来到了古镇入口广场上，大家看这座雄伟漂亮的龙门牌坊，是 2002 年建造的。再看“孙权故里”四个大字，它是国民党四大家族之一的陈立夫先生亲笔所题，当时他已 98 岁高龄了。大家再看前面大石头上的“神奇龙门古镇，孙权故里迷镇”几个红色的大字，它是由全国人大常委会副委员长、全国农工民主党主席蒋正华先生写的，他是富阳受降人，是富阳至今为止官职最高的一位。这几个字不仅是对龙门的一种宣传，也是在提醒来龙门的游客要注意龙门地形复杂，是名副其实的千年迷宫。

接下来我们就要进入迷宫一样的古镇了，请大家跟紧我哦！大家看到路边沿墙根的小渠了吧，它都是人工修筑的，通过小渠把清澈、甘甜的龙门山泉引到了家家户户门前，构成了“家家门前清泉流”的田园风貌，而且流动的渠水还可以起到调节气温的作用，特别是夏天，能给人们送来丝丝的清凉。渠水还具有路标的作用，如果你真的迷路了，请沿着渠水走就可以找到出口了。

［思源堂］

各位游客朋友，现在我们来到的景点是思源堂，顾名思义，就是饮水思源、思念祖先的意思。它始建于明代，是典型的抬梁式构造，简洁明快，敞亮大气。大家先来看“孙氏源流世系图”，了解一下龙门孙氏上自远古的黄帝，下到孙权第 65 世的繁衍情况。大家请看中柱的对联“思与古贤闻謦咳，源于德壤起波澜”，它阐述了“思源”的另一番含义。南宋朱熹曾慕名来龙门，并留下两首诗，一首是《题孙氏忠烈祠》，另一首是《题孙氏双阙》，赞颂了龙门孙氏人才辈出，人丁兴旺。

各位朋友，厅堂正中的这幅画像就是孙钟。关于孙钟，民间一直流传着一个他种瓜的传说：有一年，孙钟种了十亩地，却只结了一个瓜，而且这只瓜越长越大，几乎有水缸那么大。孙钟想把瓜摘回去，供奉天地后，孝敬母亲。走到半路，遇到了三位少年，他们向孙钟讨瓜解渴，孙钟就恭敬地给了他们一半。三位少年见孙钟如此慷慨厚道，就指着前面的山说："前面有一块宝地，你走一百步，再回头看我们，你的子孙必有后福。"孙钟走了三十几步就停了下来，三位少年说："你回头太早了，你的子孙只能得三分之一的天下。"说完，三位少年就化作仙鹤升天了，孙钟死后就被葬在了那块地上。后来，他的孙子孙权果然建立了吴国，与魏蜀两国呈鼎立之势，三分天下。中堂对联："瓜邱昔种瓜功垂后世，梓浦曾栽梓泽被群黎"，正是对孙钟的赞颂。

各位请看，墙的两边是两幅瓯塑。这边的是富春孙氏迁徙情况，富春孙氏最初是从山东乐安迁来的。春秋末年，孙武的儿子孙明被封为富春侯，成为富春孙氏的始祖。孙氏在富春大地上繁衍生息数千年，其中最大的一支就居住在龙门。富春孙氏在各个不同的历史时期，又迁徙到全国各地，涉及浙江、江苏、安徽、江西、福建、广东、湖南、湖北、河北、上海、云南、山西以及台湾等地，可以说遍布整个中华大地。另一幅图是华夏孙氏分布图，据最新百家姓统计，孙姓排名第12位，人口1000多万，分布于全国的19个省，171个市县。其中还有远迁到朝鲜、美国、越南、新加坡等海外的。

各位请看，这是国父孙中山的世系图，从这一世系排列情况可以清楚地看出，从孙钟（即孙权祖父）到德明（即孙中山）的清晰脉络，可以看出孙中山为孙权的嫡系后裔，他是孙权的第46代孙。时隔一千多年，孙氏家族出了两位影响中国历史进程的伟人，这样的家族不能不让人叹服！

［龙门老街］

各位游客朋友，现在我们漫步在龙门老街上，它是古镇的主要交通干道，也是这里的商业中心街道，两旁保存着非常完整的清代作坊式木结构房子。老街长约一千米，形似一条长龙，所以也称为龙形长街。旧时这条街上商贾云集，甚为繁华。明清时，因陆路交通还不发达，古镇是沟通浙东与浙西，浙南与浙北、苏南、皖南的陆上交通重镇。从明嘉靖年间到清康乾盛世，是龙门孙氏家族的鼎盛时期，有"半列儒林，咸饶富有"之说。后来因为浙赣铁路的开通，公路贯通各地，商业中心逐渐北移，古镇开始变得寂静。现在随着旅游业的发展，使老街恢复了往日的繁华与热闹。这里的店铺大多为前店后居或前店后坊。这段古街曾被许多著名导演选中，《济公》《流亡大学》《书剑恩仇录》

《租个女友带回家》《皮影王》等许多影片都在这里拍摄外景。

［工部（冬官第）］

各位游客朋友，我们现在来到的这座砖砌门楼前，看上面门额是“工部（冬官第）”，它已有500多年的历史了。工部在明代是六部之一，相当于国家的建设部，六部包括户部、礼部、吏部、刑部、兵部、工部，分别对应天、地、春、夏、秋、冬，工部刚好是最后一个部门，所以又被称为冬官，“第”就是府第的意思，意为在工部做事的人家。

大家请跟我进来，我们首先看到的大厅中央这艘巨舰是当年郑和下西洋所乘坐的指挥船，被称为郑和宝船，是按1∶60的比例缩小的模型。它是当时世界上最大的木制海船，长138米，宽56米，载重量超过7000吨，排水量在15 000吨左右，当时中国的造船业遥遥领先于世界水平。也许大家会问：郑和的船为什么放在这里呢？大家请看船后，这是孙权后裔孙坤，孙权第41代孙，他是明朝永乐初年的工部侍郎，为正二品，相当于现在的建设部副部长，他主持督造了郑和下西洋所需的80余艘船只，他体恤部属，造船期间没有死过一个民工，而他自己则鞠躬尽瘁，积劳成疾而终。后得到皇帝的褒奖，其后人建了工部门楼和承恩堂来纪念他。接下来我们来看一个皇帝赐的四道圣旨：先看第二道，“奉天承运，皇帝诏曰”，诏曰是直接赐给孙坤本人的，而另外三道都是“奉天承运，皇帝制曰”，“制曰”不同于“诏曰”，它是经由别人转交给孙坤的家人的，第一道就是赐给孙坤父亲的，另外两道是分别赐给孙坤的母亲和妻子的，皇帝认为孙坤的成功离不开他父母的从小培养和妻子的从旁辅助，因此连下了四道圣旨，大家可以看一下，圣旨的日期是：洪熙元年闰七月十三日，也就是1425年，明仁宗朱志高时期。四道褒奖的圣旨在同一天颁发给同一家人，是多少不寻常的事情啊！

［龙门溪］

各位朋友，大家现在看到的这条溪就是龙门溪，也叫秀溪，它发源于海拔1千多米的龙门山。它整体呈S形，自南而北纵贯古镇中间，把古镇分为两半，所以龙门镇形似太极图。从前龙门溪是东西走向的，为了百姓用水方便，孙权第49代孙孙铉高主持改道龙门溪，使它呈南北走向穿村而过。

［义门］

各位朋友，现在我们看到的是义门，这是龙门的标志性建筑之一。大家看它是不是有一种似曾相识的感觉？因为龙门的许多宣传图片都把义门作为重要景点，不少影视作品也把义门作为外景地，如陈逸飞先生的《理发师》中曾两度出现义门的镜头。

义门是明嘉靖年间的一座呈“八”字形状的砖砌门楼，距今已近500年。门楼顶上的叫戟，有连升三级的意思，门楣上所雕刻的是双狮戏珠，代表吉祥

龙门古镇义门

如意，背面是仙鹤代表长命百岁。

义门的主人叫孙潮，他是孙权第四十五世孙，也是当时的七县首富，相当于现在的杭州市首富，号称“左脚踏银，右脚踏金”，义门前面的鹅卵石图案，就是这一寓意，大家可以上去踩踩，它会保佑你红运当头，财源滚滚哦！孙潮虽家财万贯，但他仍是粗茶淡饭，且乐善好施。据说，有一年龙门闹灾荒，朝廷还拼命催皇粮，眼看百姓就只有背井离乡了，于是孙潮站了出来，不仅代缴了全村的皇粮，还拿出一千石稻谷救灾。知县便将孙潮的事迹呈报皇上，皇上褒奖了孙潮，赠他“义民”匾额并造砖砌门楼。“义门”两字，是明代知县奚朴所题写。因孙潮排行四十五，所以俗称“四十五阿太”。孙潮流传在民间的故事还有很多，如“独造南门埠”“造假西湖”“火烧缎子行”“十里碗片路”等等。

［明哲堂］

各位游客朋友，现在大家看到的是明哲堂，它是一幢明代建筑，占地面积940平方米，大家看它的梁柱都不饰雕刻，原木本色，体现出明代朴实敦厚的建筑风格。明哲堂主人是孙权第41代孙孙润玉，当时因为有五房，所以又叫“五边厅”。现在这里不仅是举办红白喜事的地方，更是逢年过节迎龙灯、跳竹马、舞狮子的场所。此处建筑是典型的厅屋组合院落，大家看它的正厅两侧及后堂都环以本房成员的住宅，雨天过堂过户不湿鞋，如外地人进来则犹如进入了迷宫，东西莫辨。大家再看这里有古农具家具展览，有的已有500多年的历史，有石臼、夫妻磨、水车、犁、耙、秒等等。大家再看这副对联“明者不唯身善保，哲人犹且世能温”，不仅写出了真正明者非只顾保自身，哲人能使世道留存温暖，而且还嵌入了“明哲”两字，点明明哲厅之名的意思也表明了房主人的思想情怀。

［砚池］

各位游客朋友，我们现在来到的这个漂亮的地方就是砚池，因为它的形状像中国古代文房四宝中的砚台。砚池之水由龙门山山泉、天然雨水、地下泉水三部分组成，有进水有出水是个活水池。叫它砚池因跟古代读书人有关。刚才游览的明哲堂，原是龙门孙氏最兴旺的一房，子孙繁盛，且多为青壮年，考取功名与外出做官的人也特别多。而“耕读传家”一直是明哲堂的家训，在明哲堂内早就办有私塾，前来读书的人较多，常常书声琅琅此起彼伏，课余休息时，砚池就是孩子们洗笔、磨墨取水的地方，池的周围也是孩子们嬉耍的好地方。大家看这个雕塑中的小孩正挥动一支大笔用力地书写着“龙”字，很有气势。明哲堂中的农具馆与这里的砚池正是孙氏家族一直秉承的“耕读传家”的最好体现。每当月圆的时候，这里是人们赏月的最佳之地，有“天上月亮水中观”的说法。当地人一到八月十五月圆之夜就会聚集到这里，坐在长廊的茶室里一边饮茶一边赏月，非常惬意。在这个角度，大家可以看到山、房子在湖中的倒影，非常漂亮！这里称得上是

龙门古镇砚池

全镇最美的地方，大家可以在此拍照留念。

［孙氏宗祠］

各位游客朋友，现在我们看到的这幢建筑，叫孙氏宗祠，也叫余庆堂。孙氏宗祠是祭祖和议事的主要场所，整座宗祠占地面积2579平方米。门前所立的旗杆，是清朝道光年间立的。大家看门的上方，支撑匾额的就是门当，在古时候，门当越多代表这户人家的财富越多，但最多不能超过12个，这里总共有12个，达到最高限额，代表了孙氏的财富。而大门两旁的这个石鼓一样的东西就是户对了，户对的直径越大也代表这户人家权位越高，这里的户对直径有99厘米，代表了皇权。古时候只要看看两户人家的门当与户对是不是数字与大小一样，就可以判定两户人家的婚配是不是合适，就是成语"门当户对"的由来了。

各位请看，祠堂的大门是不能随便开启的，因此大家请跟我走边门吧！进来以后，我们看到正门背后是一个戏台，每年的九月初一庙会这里都要演三天三夜的戏剧。大家一定奇怪，戏台都把正门堵死了，正门怎么开启呢？事实上这个戏台是可以拆卸的，它不用一个钉子，全用榫头连接。当有身份显赫的人来时才会把戏台拆掉，打开正门迎接贵客的到来。

大家请看天井两侧，它们是五位孙氏伟人的木刻图，他们依次是孙武、孙膑、孙坚、孙策、孙文，他们与龙门孙氏的关系在思源堂的孙氏世系图里已有介绍。孙氏家族可说是数千年兴盛不衰，名人辈出。

现在我们来到了正厅，建于明代。堂上中正的图像就是三国东吴大帝孙权像。大家一定看过《三国演义》吧！孙权，15岁就随哥哥孙策转战江东，孙策死后在周瑜等的辅助下继位，公元229年建立吴国。孙权致力于开发江南，发展航运，他派出的军队是大陆政权第一个踏足台湾的，吴国也是三国中历时最长的，可以说孙权创立了不朽的功绩。上面是孙权亲撰的《天子自序》，共806字。

耕读传家历来是龙门的家训，任何时候，龙门人都把教育放在十分重要的地位，年轻人都把读书考取功名作为光宗耀祖的头等大事。所以，这里有这样一副对联："千年遗泽孔颜学，一点浮云尧舜功。"它是明朝长葛县知县龙门人孙濡所撰，当代书家韩天衡所书，联语意在告诫龙门历代子孙：读书人要重学有才。龙门孙氏共出过1个状元（孙安）、7个进士、9个举人，可以说是人才辈出。大家抬头看看，这里挂着很多匾，它们中的一部分是历朝历代龙门人考取功名或加官晋爵时朝廷赐给的，有"状元及第""右学士""左学士""进士""举人""选贡"等，孙氏宗祠原本有108块匾额，但大多已毁于文化大革命时期，现在看到的基本上是仿古复制品，但从字体、款式、边饰等方面均严格按照南宋、明朝、清朝、民国等不同时期的不同特点、规制制作的。因为这里出了状元孙安，所以大家所踩的地方叫“状元地”，古时候只有状元才能踩在上面，而其他人只能在下面，自愧不如了，低人一等了。

大家请跟我进后堂，这里也悬挂了不少的匾额，这是“彝鼎留芳”，这也是仿制的，但南宋时制作的真匾还在，是浙江省仅存的三块宋匾之一，是为表彰南宋大理寺评事孙祁的刚正不阿，不畏权贵，由朝廷特命参知政事真德秀所赠。大家看这块“山西第一廉吏”，是指清朝山西太谷知县孙衔秉公办事，清正廉洁，深得百姓爱戴，回乡时他得到了此匾。“政侔卓鲁”“青史留芳”和两座假山“青史石”“留芳石”都是颂赞明朝长葛县知县孙濡的，现在官房厅专门有孙濡事迹的展示。

［余荫堂］

各位游客朋友，现在我们来到的是余荫堂，它是浙江省廉政文化教育基地，为什么会在龙门设置这样一个教育基地呢？这得先讲一下我们龙门的三大家训：积善行乐、为官勤廉，耕读传家，正因为从小受到这三大家训的影响，因此很多出去做官的人都抱着为民着想，一心为百姓做实事，所以龙门出了很多的清官，下面我就进去参观学习一番。

大家先抬头看一下，大门上方有两个字“端履”，这是由堂主人孙濡亲笔提写的，告诫我们子孙后代做人要端正，做事要清白。接下来我们跟我进里面看看。大门两边是龙门的清官名录，在龙门历史上出现了72位清官，真是了不起！

下面我们到正厅，大家可以坐下来听我讲堂主孙濡的故事。孙濡是明嘉靖年间的选贡，经河南长葛县知县，长葛县是风沙盐碱之地，常遇旱灾，民无以为生。一年，发生了非常严重的旱灾，孙濡回乡倾其家产购置抗旱作物荞麦籽，运到长葛赈灾，并亲自传授播种技术。但天旱无雨，播下的荞麦籽就是不出芽。于是他对天长跪说：“宁可灭我子孙，不可灭我子民。”感动上苍，普降甘霖，荞麦丰收，救民于灾难中。当地人都把这种荞麦叫作“孙公麦”。孙濡视民如子，为官清廉，因不满官场腐败，愤然辞官归乡。他从运河南下，途经太湖时遭遇强盗拦路打劫，当强盗上他的船搜抢财物时竟一无所有。如此两袖清风的官员，让强盗也叹服不已，想要赠送银两给孙濡，却被他婉言谢绝。强盗为了表示对他的尊重，赠送他两座假山，并赠“清史留名”匾额，它们现存于孙氏宗祠内。长葛县的百姓知道孙濡没有钱造住房，因此在他到龙门前，自发集资建造了这座住房送给孙濡，孙濡回到龙门看到此房感动不已，写下了“端履”二字，告诫子孙做人要站稳脚跟，行事要清清白白，端端正正地走好第一步路。大家看这里还有赞颂孙濡的对联:“两袖清风，为济黔黎于海内；一身正气，欲留清白在人间”，有孙濡自己写的联语:“鲁论每怀郑相德，班书尤慕卓君风。”在大厅的两边分别挂有其他官员送给孙濡的匾额，如“澹台灭名”和“彦方太宇”，意思都是赞颂孙濡是一位爱民如子、人格高尚的清官。像孙濡这样的清官在龙门还有很多，虽然他们早已离我们而去，但他们的精神却永远激励着后人不断地开拓进取，为家乡、为国家作一份贡献。为此，2008年，龙门古镇被评为浙江省廉政文化教育基地。

今天的游程到此结束，感谢大家的支持与帮助，欢迎大家下次再来龙门古镇。

02 富阳中国古代造纸印刷文化村

各位游客朋友，大家好！现在我带大家去中国古代造纸印刷文化村参观游览。它地处风景秀丽的富春江畔，距杭州城30公里，是国家级重点开发的文化旅游项目。全村占地面20 000平方米，村内汇聚了自造纸术、印刷术发明以来的各种劳作工具，以造纸作坊、印刷作坊等形式向世人展示了中国古代四大发明中的两项：造纸术与印刷术。

在详细介绍中国古代造纸印刷文化村前我得向大家介绍一下华宝斋，它是造纸印刷文化村的总公司。华宝斋是一家拥有30年历史集造纸、制版、印刷、装订至出版、发行一条龙生产影印线装古籍之纯文化产业的集团公司。于1999年已列入浙江省人民政府《五个一批》工程重点骨干企业。现公司拥有杭州富阳古籍宣纸厂、杭州富阳古籍印刷厂、杭州富阳古籍印刷厂、华宝斋古籍书社、华宝斋书社（香港）有限公司、中国古代造纸印刷文化村等八家全资子公司。公司占地120余亩，拥有员工300多人，资产五亿多元，年生产古籍宣纸300余吨，影印线装古籍195多万册，至今影印出版线装古籍5300多种，3000多万册。2013年年产值3000万元，生产各种古籍宣纸300余吨，印刷5052万色令，装订线装书70万册以上，是全国古籍印刷装订业中的领军企业和龙头企业。

华宝斋是全国唯一一家从一根毛竹进去，精美线装书出来的纯文化企业，公司研制、生产的古籍印刷用纸，以其质柔、着墨力强、印刷网点清晰、洁白均匀、抗虫蛀和老化，供长期保存等优点，获得轻工业部科技成果奖，并被国务院古籍整理出版规划小组定为古籍整理专用纸。公司用石印技术影印了历史文献、佛教经典、文学小说、金石拓片、名人手札、中医古籍、历代版画等共3000多种一千多万册的各类古籍。1990年，公司专为亚运会赶印的礼品书《中国脸谱大全》以其古雅的装帧，浓缩中国历史、体现中华民族风格，赢得国外许多朋友的一致好评，认为这是一本蕴含中国文化，浓缩中国历史，体现中国特色的宝书。尤值得一提的是，磁青绢面的《弘一大师手写金刚经》在印度新德里召开的第五世界印刷代表大会上荣获“印刷精品奖”。

2002年，文化部、财政部联合启动了名为“中华再造善本工程”的国家重点文化工程，华宝斋富翰文化有限公司凭其在古籍线装书行业精良的制作工艺，被选定为“中华再造善本工程”的主要定点影印单位。至今华宝斋已圆满完成了善本一期工程，得到了国家文化部的一致好评，现善本二期也在忙碌的印刷制作过程中。此外，华宝斋仿制出版《富春山居图》《兰亭序》等名人手札，其中用手工宣纸仿真影印的 山水画长卷《富春山居图》获得上海大世界基尼斯部“大世界基尼斯之最”，此画卷全长11米，完全保留了原画的神韵，堪称一绝。2008年，华宝斋又推出以大连图书馆藏罗氏家刊本为基础，中国近代学术史稽古拓新、既开风气又最为老师之学术大师的罗雪堂先生生前已编辑了原貌影印的大型系列丛书《罗雪堂合集》，一代大师一生心血得以保存，这一系列的丛书大多为珍贵文学孤本，具有极高的学术价值和收藏价值。

华宝斋采用自己研制成功的独特的制版工艺和传统石印技术与现代科技相结合，在古籍宣纸上影印出全国第一张色彩艳丽、清晰之花卉、山水、人物画，酷似原作又胜似原作；影印的线装古籍

富阳古法造纸

酷似原书又胜似原书，如影印之《十竹斋书画谱》《营造法式》、名人手札等。为中华民族濒临失传的优秀作品得以及时抢救做出了巨大贡献，因之受到中央领导、专家学者与出版社的高度赞誉。

1997年初，华宝斋在风景如画的富春江畔投资2000多万元，兴建了中国古代造纸印刷文化村。该村占地20 000平方米，是具有1800年造纸历史的富阳市重点旅游参观与爱国主义教育为一体的文化村，全村采用仿宋建筑，青砖白墙筒瓦，江南园林式布局，古朴典雅。村内汇聚了自造纸术、印刷术发明以来的各种劳作工具，以造纸作坊、印刷作坊等形式向世人展示了中国古代四大发明中的两项：造纸术与印刷术。

中国古代造纸印刷文化村凭其独特的特点，先后被国家文化产业部评为“全国文化产业示范基地”，被杭州市被为“杭州市爱国主义教育基地”“杭州市青少年科普教育基地”，是第二批全国工业旅游示范点，2005年，被国家文化部评为“文化产业示范基地”。2003年，华宝斋通过ISO 9001—2000质量

管理体系认证，2004 年，“华宝斋”商标被评为浙江省著名商标，2005 年，被国家文化部评为“文化产业示范基地”，2008 年，被浙江省宣传部评为“浙江省文化产业示范点”，2011 年，为评为浙江名牌企业并获“浙江名牌服务”证书。2012 年，被列为首批浙江省重点文化企业，从 1999 年至今连续获得“杭州市文明刷印单位”“杭州市文明印刷示范单位”的基础上，2013 年又获得杭州市十大产业重点企业、浙江省文化产业发展“122”重点文化企业。2013 年，华宝斋新申请专利 38 项，组建了“华宝斋高仿真技术制作中心”。

现在大家跟我参观造纸印刷文化村。在这里我们仿佛通过时光隧道回到了千年前的文明古国。在着宋装的村人指引下，我们既可参观游览，也可实践操作，这不仅增添了大家游玩的乐趣，还丰富了知识，真正达到“寓知识于游玩之中”的文化旅游项目的宗旨，使那些“知其然而不知其所以然”的当代人，在游览过程中，一睹富阳土纸的制造和古籍印刷出版的全过程，在这里真真切切地看到了中国古代劳动人民的智慧和才干。

03 桐庐桐君山

景区概况→悬索桥→山门→桐君祠→桐君塔→百令钟→四望亭→药祖殿→富春画苑

[景区概况]

各位游客朋友，大家都知道“山不在高，有仙则名”这句话，桐君山就是这样一座仙山。桐君山为中医药鼻祖桐君采药结庐之地，位于分水江入富春江之口，与县城隔江相望。两水交汇，一峰突兀，后人按其形胜，以“浮玉山”“小金山”名之。清末梁启超赞之为“峨眉之一角”。桐君山高仅 60 多米，但它却是远近闻名的一座名山。桐君山从山脚通山顶有 300 余级石阶，曲折蜿蜒而上，登临眺望，则富春山光水色、云容雨意悉收眼底。山顶人文景观经 1980 年后陆续得以整修，既恢复了旧观，又平添许多新意、新趣。

[悬索桥]

各位游客朋友，现在我们已经来到了桐君山脚，下面的江就是分水江，从前桐庐县城到桐君山因隔着分水江，交通极为不便，如今有了这座彩虹般漂亮的悬索桥，真是天堑变通途，使桐君山的古风、古韵与县城的现代文明气息相溶并济，同时，又为桐庐增添了一道时尚而又亮丽的风景线。

[山门]

各位请看，现在我们已经到桐君山山门前了，这是 1982 年秋修建的一座四柱石坊，孟庆甲为之题写了“桐君山”3 字的坊额。1988 年初，在石坊附近又新置了一条青石雕龙，它长 3.5 米，高 0.5 米，雕刻精细，看它作垂首迎宾之姿。1990 年 5 月，在石坊前又新置一对石狮，它高 2 米，是台胞许捷、叶录久先生捐资 9000 元，委托温岭县工艺石雕厂雕成，赠送给桐君山风景区的。山门有石坊作门面，又有青龙、狮子守护，给人一种整肃威武的震慑力与吸引力。

［桐君祠］

各位朋友，现在我们已来到山顶，首先看到的是桐君祠，它始建于宋元丰中（1080—1083），经历多次迁址改建。1955 年底至次年，桐庐城关政府组织各界群众，上山栽树 1 万余株，并由县政府拨款对桐君山各种建筑、设施进行修葺。1959 年 10 月，辟为“桐庐县十年成就展览馆”，并于东、西两侧建翘檐式仿古建筑两幢。1979 年起，全面整修，将朽圮的东平王庙拆除，移桐君祠于原大雄宝殿处。今祠宇三楹，轩朗高敞，叶浅予题“桐君祠”楣额赫然在目，拾级入祠，桐君塑像居中而坐，四周的雕塑群都是华夏中医药大师的塑像，依次是扁鹊、张仲景、华佗、葛洪、孙思邈、王维一、李时珍、王清任。上悬“中药鼻祖”匾额，楹联为“大药几时成，漫拨炉中丹火；先生何处去，试问松下仙童。”由书法家孟庆甲重写。1985 年初，在祠内彩绘“汉药寻源图”长幅壁画。1987 年 7 月，中科院学问委员、名中医叶橘泉手书“中药鼻祖”横匾，悬于龛上。1989 年，由浙江美术学院 10 多位教授和老师设计雕塑的“历代名医群体全身塑像”取代壁画。群像组长 25 米，高 4.2 米，宽 1.4 米，并配以山崖、溪涧、仙鹤、茅庐、羚羊、梅花鹿、猢狲等背景，造型栩栩如生，成为华夏中药界朝圣之地。祠堂内有一方碑文，是南宋枢密院参知政事楼钥撰文的《桐庐县桐君祠记》，这篇文章应当时邑尉之请，为修葺一新的桐君祠勒石而作的碑记，距今已有 800 余年历史，全文不到 400 字，记叙了桐君的来历以及他隐姓埋名的行医济民的史迹，同时还描写了桐君山秀丽的风光。

［桐君塔］

各位朋友，出了桐君祠，我们看到的这座白塔就是桐君塔。它始建年月已无考。宋景定元年（1260）重修。六面七级，高 17.7 米，中实不可登。明代正德间，为雷火少坏，隆庆元年（1567）鼎新之。清雍正十一年（1733）、乾隆九年（1744），又两度被雷击。光绪初年，再遭雷击，致塔尖坠落。1981 年重修，并于塔周地面筑平台与护栏，由县人民政府立碑志其事。于是重现“塔影中流见，渔灯半夜沉”的景观，于青山绿水间平添诗情画意。

［百令钟］

各位朋友请看，在白塔的右边这口钟叫“百令钟”，有 4000 公斤重，是由四川桐君阁制药厂为寻访药祖而送来的，每到除夕之夜或者新年的第一天，此钟便会敲108下，意为去除人生的108种烦恼。每当钟声敲响之时，方圆百里都能听到，人们互相祝福：新年快乐，身体健康。由此“君山晨钟”，成为一处胜景。

［四望亭］

各位请看桐君塔南侧的那座亭叫四望亭。此亭于1982年重建，位于白塔南侧崖端，四顾景色，犹如凌云俯视，令人心旷神怡。四望是指：“东望白云深，西来天目远。南攀双台月，北溯钱江潮。”这里是远眺富春江与天目溪两江汇合的最佳位置，看脚下清流萦绕，四周层峦叠嶂，清澈的天目溪水流到此处与富春江汇合，黄绿分明，交汇处泛起了白沫，好似中间镶嵌着一条银带。这一景致一般在春末夏初时比较常见。再往前看，富春江开阔而深邃，唐朝诗人吴融曾写道：“天下有水亦有山，富春山水非人寰。长川不是春来绿，千峰倒影落其间。”诗中意境将此景此情表现得淋漓尽致。

［药祖殿］

各位朋友，请大家跟我往东走，前面的这幢双层宫式攒尖建筑物就是“药祖殿”，是1982年重建的。现在它的一楼设文物陈列室，二楼为“四方药局”，销售重庆桐君阁、北京同仁堂、杭州胡庆馀堂、杭州中药二厂等四家名药厂出品的中成药，并供应各种名贵药材，四大药厂联合在此设点销售，意指这里是中药文化的发源地，应弘扬国药文化，济世救民。在四方药局的门前是一对“龟鹤同春”铜像，鹤头龟身，栩栩如生，高1.999米，因铸造于1999年，故选此高度，重888公斤，龟体上有13块龟片，刻有13种不同书体的“寿”字，这是预祝各位健康长寿。此地窗明几净，朱栏回环，1981年6月起，辟有茶室，游人可在阁中品茗赏景。1983年2月起，阁内环形展布叶浅予创作、王王庸和姜宝林临摹的山水长卷国画《富春山居新图》，画长31米。

［富春画苑］

各位朋友，现在我们看到的这幢白墙黛瓦的建筑就是富春画苑，建于1985年。为仿宋庭式结构楼房，粉墙青瓦，冰花形木雕门窗，面积466余平方米。画苑分上下二层，内设画室、展览厅、起居室、厨房、餐厅等一应俱全，为国内外书画家提供书画艺术交流之场所。后来，当代画家叶浅予先生曾在此举行个人画展，生前也居住过此地，因此此处也叫叶浅予故居。它背靠桐君山，面临富春江，打开窗户便是景，是一处绝好的吟诗会友之地。叶老的老宅原来在桐庐镇上，后来在抗日战争期间被日本的飞机炸毁了，为了使他每年回故乡，有一个居住、创作、会客的地方，1985年，桐庐县政府、县旅游局特地建造这座小楼供他居住。叶老对他的新居非常喜欢，取名为“富春画苑”，横额上的“富春画苑”四字便是他亲手所写，在画苑的两侧有一对龙虎门，叶老将左侧题为“迎晖”，右侧题为“揖翠”。面对滔滔富春江，背朝嵯峨桐君山，这里的确是天然形胜之处。

画苑正面墙上挂有叶浅予先生的画像。叶浅予先生，1907年生于桐庐镇，是中国集漫画人物、舞蹈人物和山水画于一身的大画家，他早年的漫画《王先生》曾在解放前二三十年代名噪一时，在1929—1937年间的刊物上以长篇连载的漫画形式刊登，反映了半封建、半殖民地旧中国的小市民生活，在当时成为家喻户晓的滑稽人物，后来《王先生》还出版了专门的画册，并被拍摄成故事影片。叶老生前的作品很多，其中有一幅《富春山居新图》更是令人称绝。

说起这幅画，还得先介绍一下叶老画这幅画的起因。桐庐富春山水的美在历史上就一直为文人墨客所倾倒，历史上曾有1000多位诗人来过桐庐，留下了2000多首赞誉桐庐的诗，当然更有一些画家也为富春山水所迷恋。元代被称为“大痴道人”的黄公望便是其中一位。黄公望一生喜爱山水，游遍名山大川，当他来到富春江畔时，被这里的山水所吸引，便选择了富春江上风景最秀丽的一段，在江边有一处叫作庙山坞（现江南龙门湾的钓鱼岛）的幽谷中结庐作画，精心构思，画出了一幅长7米、宽30多厘米的《富春山居图》，被认为是我国绘画艺术中的瑰宝。就是这样一幅传世佳作，在历史上几经流转，到明万历年间，此画落到了江苏宜兴收藏家吴之炬手里，后又传其子吴洪裕，吴洪裕把此画比作王羲之的《兰亭序》，特建造了一座“富春轩”来珍藏此画。在吴洪裕临终前，双眼一直不肯闭上，家人展尽金银财宝，都没有效果，直至看到此画，并已投进火中燃着，才闭上眼睛，放心离去。在他闭上双眼之后，站在一旁的侄子赶忙从炉中抢出此画，但画已被毁成了二段，值得庆幸的是，虽然已是二段，但真迹还留在世上，卷首一段现珍藏在浙江省博物馆内，叫剩山图，卷尾一段在台湾的故宫博物院，叫无用师卷。2011年6月1日，分藏海峡两岸的《富春山居图》，历经360年风雨的劫难，终于在台北故宫博物院合璧展出。

清朝王修玉曾有诗云：“今日已无黄子久，谁人能画富春山？”带着这样一种惋惜之情，一直到20世纪，桐庐籍画家叶浅予决定在其有生之年填补这个遗憾，既是为了让富春山水为世人所知，同时也为了报答桐庐的养育之恩。他花了三年的时间，画成了一幅《富春山居新图》，这幅画长32米，宽0.95米，拓展了原画的内容，从杭州六和塔、钱塘江大桥开始，画富阳、画桐庐，一直画到富春江上游的梅城，打破了时空的限制，画出了春夏秋冬四季的景色，可谓揽富春山水、四季胜景于一卷。这幅画的临摹画卷曾经在山上的“江天极目阁”里展示过。现在这里看到的是叶老《富春山居新图》的摹本及从画作中截出的春、夏、秋、冬四画轴。1992年，文化部部长贺敬之上桐君山看到《富春山居新图》后，曾题词：“今日已无黄子久，还得朱笔画富春。”

1988年10月20日，在富春画苑曾举行叶浅予向故乡赠送书画仪式。这批书画是叶老多年收藏的珍品，计有历代名人字画73幅，其中有明代周之冕的《梅竹水仙》，清代郑板桥的书法以及齐白石、黄宾虹、徐悲鸿、张大千、潘天寿、傅抱石、吴作人等的真迹；有叶老自己各个时期的代表作画稿128幅；有宋代以来的美学论著，中外文画册、画谱、印谱、碑刻等787册，其中有的已是世上绝品。叶老说：“富春山水哺育了我，我把这些书画献给家乡人民，以抒发我对故乡之情。”“书画是人民的财富，应当留给人民。”当时县人民政府回赠他2万元以示敬意，而叶老则执意不受，旋即转赠给县文联作活动经费，现已将此款项设立了叶浅予文艺奖励基金。画苑的右后方是叶浅予先生的陵园。陵园平地上立有叶老的半身塑像，在塑像后面是当代画家黄茵子先生的悼念碑刻。

［结束语］

各位游客朋友，历史的星空，转瞬即逝。在其间有多少诗人、画家都曾以桐君为题材吟过诗作过画。如苏轼、陆游、徐舫都写有《桐君山诗》，在桐君山的摩崖石刻上还留有元代俞颐轩的五绝一首：“潇洒桐庐郡，江山景物妍。问君君不语，指木是何年。”这首石刻，生动地记录了700多年前诗人对于桐君山的真情实感。

04 桐庐严子陵钓台

景区概况→严子陵钓台牌坊、碑林→严先生祠堂→东台→西台→谢翱恸哭处→梦鼎亭

［景区概况］

各位游客朋友，大家好！欢迎大家来富春江严子陵钓台游览。严子陵钓台是浙江省重点文物保护单位、省级爱国主义教育基地，同时也是闻名于世的东南古迹之一。在全国10多处“钓台”古迹中，严子陵钓台名列第一位，历代文化名人李白、范仲淹、孟浩然、苏轼、陆游、李清照、朱熹、康有为、郁达夫、张大千、陈毅、郭沫若、巴金等都来过这里，并留下不少诗文佳作。据统计，从南北朝至清朝就有1000多位诗人、文学家来过此地，并留下2000多首诗文。所以，这条旅游线在以前也被称为浙西唐诗之路。1949年4月，毛泽东同志的七律《和柳亚子先生》中写道“莫道昆明池水浅，观鱼胜过富春江”，就是用严子陵隐居垂钓富春江畔这件事，来规劝柳亚子先生应留在北京

参加新中国成立时工作。严子陵钓台，坐落于“清丽奇绝，锦峰秀岭”的富春山山腰。这山的海拔高度为312米，逶迤35公里。山下的这段江面又名“七里泷”“七里滩”“七里濑”。大家请看，前面那郁郁葱葱的山峦中，一对奇峰屹立水涯。李白诗中曾描绘为“钓台碧云中，邈于苍山对”。右边的称为东台，左边的则称为西台，所以这一景叫做“双台垂钓”。

[严子陵钓台牌坊、碑林]

各位游客朋友，大家看这块石牌坊正面的“严子陵钓台”几个字，是由中国佛教协会主席、著名书法家赵朴初先生题写的。背面的“山高水长”是由浙江省书法协会主席、原西泠印社社长沙孟海先生题写的。我们先去欣赏钓台碑林，碑文都是现代名人郁达夫、巴金、谭启龙、陈立夫、朱玖莹、孙友等人的作品，很有文化品位的。大家请看，这是郁达夫的《钓台的春昼》碑，1931年3月郁达夫来游钓台时写的，那时的钓台“只寂寂的看不见一个人类”“歪斜的亭子”“纵横芜杂的草木”“祠堂是废垣残瓦”等，由这些语句可以想见当年的钓台是如此凋零衰败，而现在的钓台则是游人如织。

严子陵钓鱼台

[严先生祠堂]

各位朋友，现在我们来到了严先生祠堂。这祠堂在唐朝时原是严氏的家祠。北宋时著名文学家范仲淹为其修建，并绘像立碑祭祀严子陵，同时还著有《严先生祠堂记》。后来这祠堂屡毁屡修。现在的祠堂是1983年重建的，是范仲淹兴建祠堂之后第17次重建，也是历史上规模最大的一次重建。这尊塑像是1982年由浙江省美术学院雕塑系汤守仁教授雕塑而成。

严子陵，名光，浙江余姚人。他本姓“庄”，因为避汉明帝刘庄之讳，而改姓“严”。他博学多才，少有高名。年轻时与东汉光武帝刘秀是同窗好友。刘秀登基称帝后，严子陵便改名换姓，隐身不见了。刘秀很想念他，命画工绘像，派人四处寻访。后来在齐国，发现一人披羊裘，戴斗笠，很像子陵。于是备车备礼去接他，往返三次，才召其入京。据《后汉书》中的《严光传》记载，严子陵被召到京城洛阳之后，

不去朝拜光武帝，反而要光武帝来看他。后来被邀请和光武帝刘秀同床酣睡。严子陵睡相不好，将自己的脚放在皇帝的肚子上。第二天看星相的太史急奏：客星犯御座甚急！刘秀笑着说：这是因为我与老朋友同床睡觉的关系。后

来人们就称他为“客星”。刘秀当时封严子陵为谏议大夫，他不肯当，便来到这里躬耕垂钓。后世的人们对严子陵这种不事王侯的精神极为称赞，纷纷来这里凭吊。这里的“客星”碑，那边的“钓台”碑，都是按钓台原有的明朝弘治十年薛敬之题书的拓片重新镌刻的。

严先生祠堂中最有价值的碑文就是范仲淹的《严先生祠堂记》，大家请随我前去观看。范仲淹是北宋时期著名的政治家、文学家。宋仁宗景祐元年（1034年）因宫廷矛盾受到牵连，由右司谏被贬到睦州任知州。睦州后来改为严州，也就是现在的桐庐、分水、建德、寿昌、淳安、遂安六县。当时州治所在地是梅城，那年他已经46岁。范仲淹在睦州当官时间不长，却做了不少被后人称道的好事，其中之一就是新建“严先生祠堂”，并写了《严先生祠堂记》，该文可是一篇千古传诵的佳作。清代康熙年间被吴楚材、吴调侯编入《古文观止》后，流传更广，影响更大。《严先生祠堂记》中第一句话：“先生，光武之故人也。”就明确指出严子陵是光武帝的老友。结尾的“云山苍苍，江水泱泱。先生之风，山高水长。”千古名句，传诵至今。对面是明代人镌写的《重修严先生祠堂记》。这块是1983年的《重修严先生祠堂记》，记载了对严光的追忆和重修严先生祠堂的情况。

严子陵像

［十九泉亭前］

各位朋友，进入了听泉圆洞门，我们来到了“天下第十九泉”。这里面积虽然不大，但幽静、紧凑、中心突出。著名书法家沙孟海先生的题词，道出了景点名称，眼前这座石亭就是“天下第十九泉亭”。那高高耸立的石雕像是茶圣陆羽。陆羽与桐庐、与严子陵钓台这天下第十九泉有什么关系呢？茶圣陆羽于唐建中元年（公元780年）写成了我国第一部完整系统的茶叶专著《茶经》。他在《茶经》中写道：“西扬、武昌、庐江、晋陵好茗而不及桐庐。”当年又品评天下水的名次，桐庐严陵滩之水被评为第十九位，“天下第十九泉”由此得名。这里的水清洌甘甜，原泉亭临江而建，1984年修复后立于此。除陆羽塑像外，碑廊连接处及林间花木丛中还有20尊历代到严子陵钓台的文豪塑像，这些塑像皆由中国美术学院雕塑系教授设计制作，塑像的形态或立，或卧，或坐，或捋胡须，或手握卷书，或佩剑，神态各异，光彩照人。下面请大家随我去观看孟浩然、张继、杜牧、白居易等大文豪的石像吧！

［东台］

各位朋友，接下来我们去东、西两台游览，到东台需再登360级台阶，去西台需登130级台阶。东台为“严光垂钓台”，请大家随我先去看看东台亭。这个亭最早建于明正统元年（即1436年），由严州知府万观在东西台各建一亭，并刻石为额，东台亭曰：“不事王侯。”明末两亭都曾毁坏。清乾隆十九年（1754年），由罗氏兄弟复建，更改石额为“垂竿百尺”。“文革”时东台亭被毁。1980年又重建此亭，石额改为“七里滩光”。石柱楹联为“登钓台而望，神怡心旷。想先生之风，山高水长。”是著名书法家沙孟海先生所题。大家站在亭前一定会感到视野开阔，向东眺望，白云源重山插天，云烟迷蒙，俯瞰大江，波光粼粼，帆船点点，真是“两岸画山相对出，一脉秀水迤逦来。”从这小山径登山，上面有十余亩田，据记载是严光耕种的地方，称为“严陵田”。下面这块大石，平坦如砥，可坐几十人，因为古人曾在这里对弈，所以称它为棋盘石。下面这支依山而立的石笋，就是大家在山麓看到的那支如仕女的石笋。有人说他因崇拜严光的贤德，永世站在这里陪伴；也有人说它像严光的钓鱼竿，永远插在这里，到底像什么呢？请大家展开想象的翅膀去尽情猜想吧！

［西台］

各位朋友，现在我们来到了西台。大家一定感到耳目一新，感觉自己被青山碧水蓝天所环抱似的。这里可以看到江面游船、快艇往来穿梭，听到游客欢声笑语不绝于耳。这里还可远眺上游，山高水远，蜿蜒无尽，那就是人们赞誉的富春江小三峡。

［谢翱恸哭处］

各位朋友，西台还是爱国诗人、抗元英雄谢翱哭祭文天祥的地方。谢翱生于公元1249年，逝世于1295年。他原籍福建长溪，从小聪明好学，长大能诗善文。1276年7月，文天祥开府于南剑州（州府在今天的福建南平市），号召四方起兵保护宋朝。谢翱虽是富家子弟，文人儒生，但激于爱国义愤，倾家荡产，率数百名乡兵拿起刀枪，亲临前线，投奔文天祥，被任命为“资议参军”。当时，谢翱仅27岁。1277年由于元军大批南下，谢翱部队多次率兵英勇突围，但寡不敌众，文天祥不幸被俘。谢翱脱险后，一边暗中组织乡兵，等候时机，揭竿继续抗元，一边暗中组织会社，用诗歌继续进行抗元活动。听到文天祥在北京遇害的消息后，他悲痛到了极点，穿麻衣、着草鞋，长夜不眠地在外祭文天祥。他曾在姑苏夫差台、会稽越王台设台哭祭文天祥。至元二十七年（1290年）谢翱来到严子陵钓台，由严光第三十五世孙严侣等陪同，登上西台，在这里备酒哭祭文天祥。据史料记载，他野祭时，一面用竹如意击石，一面长歌当哭，“竹石俱碎，人也昏倒三次”。其歌名曰：“登西台恸哭记”，这块石碑就刻了此文，阴文的题字由南京女书法家肖娴女士书写。诸位现在看到的西台亭最早石额为“高尚其志”，后来改为“留鼎一丝”，亭子的一副楹联是选自清朝徐夜的诗句“生为信国流离客，死结严陵寂寞邻。”诗句高度概述了谢翱的一生。

［梦鼎亭］

各位游客朋友，看到这东台或西台都会产生一个疑问，钓台这么高，当初严子陵怎么能钓鱼呢？在山腰“梦鼎亭”内可见到一方石碑，这块碑文也许能解除大家这一疑问，请大家随我下山去看看。大家在亭内稍休息一下。1961年11月30日，郭沫若同志偕夫人乘快艇，溯富春江而上，来到桐庐，上午游览了桐君山，下午驱车来到了严子陵钓台。远眺苍翠青山连绵不断，一条银带环山而绕，称赞说，钓台的山光水色实在美呀！怪不得严先生要在此隐居垂钓。听了桐庐县委同志对东、西台的介绍后，郭老追问道：西台是不是谢翱伤心处？东台是不是严光垂钓处？答声刚落，郭老才思敏捷，触景生情挥笔写下了诗一首，就是亭内石碑上这首诗。这首诗唤起了广大游客的联想：1968年富春江电厂建成后，七里泷一带水位上升20多米，沧海桑田的变化，严光当初在滩头垂钓，在山顶耕种的情景，今天已不复存在了。据记载，过去这一带小沙滩多，严光常常在滩头上垂钓，其中最常钓鱼的地方叫“乌石滩”，现已被水淹没，但郭老这首诗却能启迪我们的遐想，增添游兴。

05 桐庐瑶琳仙境

景区概况→前厅→第一洞厅→第二洞厅→第三洞厅

［景区概况］

各位游客朋友，大家好！欢迎大家到瑶琳仙境来参观游览。瑶琳仙境是杭州至黄山这条国家级黄金旅游线上一颗璀璨的明珠。瑶琳距杭州90公里，千岛湖75公里，黄山275公里，最早发现于隋唐时期，清朝末年因洞口坍方而埋没，1979年被重新发现。整个景区分洞内、洞外两部分。洞内面积为28 000平方米，游览路线1640米，分为七个洞厅，前四厅为瑰丽多姿的自然景观，后三个厅是人工利用声、光、电等科技手段建成的“神仙世界”游乐宫。洞外面积达48万平方米，游览线路为5华里，有精湛的“三十六计”蜡像馆、大型山水盆景园——妙峰苑，整个游览时间约为2个半小时。

［前厅］

各位游客朋友，现在我们已来到仙境的前厅，面积为200平方米。大家看前面，两根擎天石柱构成了一扇精美的石门，我们称它为迎宾门。它们一根是由上往下长的钟乳石，另一根是由下往上长的石笋，在此形成了两根石柱，仿佛雄狮和大象在欢迎我们，这一景称为“狮象迎宾”。据传，跨过这道仙门就会立刻成仙，请各位赶快体验一下成仙的感觉。

［第一洞厅］

各位朋友，现在我们来到了第一洞厅。第一厅的面积为4400平方米，这一厅景石丰富，形态奇特，有“百景厅”之称。大家是否知道在这洞里怎么会有如此惟妙惟肖的洞景呢？据地质部门测定，在2.7亿年以前，瑶琳地区曾是一片浅海，经过喜马拉雅山等多次造山活动，形成了现在的地貌形态。而瑶琳又具有形成溶洞的三个必要条件：一是可溶解的岩石——石灰岩；二是可透水的裂缝，地质学上分别称为层理和节理断层；三是流动的水，这种含碳酸的水遇到坚硬的石灰岩，就如一把“利凿”一刻不休地雕琢着，把岩石变成现在如此美艳的丽石。据历史记载，早在宋朝，诗人柯约斋就把此洞比作仙境，清朝光绪十二年桐庐知县杨保彝把这个洞命名为“瑶琳仙境”。我们现在所站之处，清朝乾隆时期桐庐县志上就有记载，传说是神仙游乐之所。

请大家看看这里的景石，它们有的像仙人，有的像猪八戒，有的像鲤鱼在跳龙门。大家再看前面这方瀑布，我们称之为“银河飞瀑”，你们看瀑中还有闪闪发光的点点银星，它就是碳酸钙的结晶。这方石瀑高有7米，宽有13米，是目前国内溶洞中罕见的景石，真有点“飞流直下三千尺，疑是银河落九天”的壮观！那么它是怎么形成的呢？请大家往上看，在石瀑的上方洞壁上有一条很长的裂缝，从中有成片的水流出来，它们徐徐而下，水中的碳酸钙就沿着洞壁渐渐地沉淀下来，久而久之就形成现在这种石瀑景观。如雨季时你再来，会看到淙淙流水沿着石壁折皱缓缓流入水池，这就是片状水流形成的结果。

请大家转过身，看右上方的石壁上，初探瑶琳洞时，工作人员发现一枚犀牛的牙齿化石，据考证已有几十万年了，现保存在中国科学院。在开发瑶琳的过程中还发现了东汉时期的印纹陶片，五代、北宋的古币，元朝的青瓷碎片，还有2900年前西周时古人用火

桐庐瑶琳仙境

的遗迹等文物古迹。1979年初探瑶琳时曾捡到一枚铜镜，镜上刻有“方舟”二字，据考证这是元末诗人徐舫的字号，他是明代开国功臣刘基的好友，因元末战乱再加上仙境特有的吸引力，徐舫只身隐居在洞内，铜镜可能就是在那时掉落的，它距今已有600多年的历史了。徐舫著有《瑶琳咏集》和《沧江集》等著作，可惜现已失散，仅存五言诗一首。

各位游客朋友，下面我们沿着石阶慢慢往上走，去观赏“聚仙厅”美景。顾名思义，聚仙厅就是群仙聚会的地方。你们看，这上面还有二位聚会未归的老神仙呢！上面是神仙老婆婆，下面是神仙老公公，他们可能是洞内居住时间最长的一对神仙伴侣了。请大家再看前面的这支石笋，酷似天安门前的华表，它有7米高，是瑶琳洞中的佼佼者，称为“瀛洲华表”，是瑶琳的第二大标志。

下面我们通过单人狭道，去“琼楼玉宇”观赏。大家看！这上空有一只山鹰在盘旋，下面像是一位披甲戴盔的武士，还有兵器盾牌，你看它的形状平平的，很像古时候打仗用的盾吧，它在溶洞中称为石盾，由于地下水作水平运动直接从洞顶就形成了这样的景观。洞内还有多处不同形状的石盾，请大家沿途注意观看。

各位朋友请看，这一排排绚丽多姿的石帷垂天而挂，多像舞台上徐徐拉开的帷幕，台上高挂的两盏宫灯，是由麦状水流形成的钟乳石，舞台右侧的大柱是由洞顶上挂下来的钟乳石和洞底长上去的石笋衔接起来形成的石柱，这就是“广寒舞台”。不知各位有没有看过《少林小子》这部电影，三凤给三龙送鸡汤这场戏就是在这儿拍的，中央新闻电影制片厂拍摄的《初探瑶琳洞》，仙女们就是在这舞台上翩翩起舞的。

各位朋友请看，这里既像是美玉雕琢出来的树林，又像是由玉珊瑚堆积成的珊瑚林，有游客说，这像千里冰封、万里雪飘的北国风光。我们称它为“玉树琼林”。瑶琳洞开放初期，这一景石晶莹洁白的，但几十年来随着上千万游客进洞游览，随着洞内灯光的照射，景石的颜色渐渐变暗了，真是一大遗憾，如何防止或消除景石的这种变化，恳请广大游客能提供好办法。看，这里山中有山，洞中有洞，珠光闪闪，琳琅满目，是传说中仙家储藏珍珠宝贝的地方。你们看，这上面像是悬挂着一把古剑，它是从岩溶洞顶向下生长的石钟乳，它形成初期仅为较小的洞顶突起，而后逐渐增长，一般中部有空心管，这个景我们称为“珍宝宫”。

各位朋友请看，这座山上长满了灵芝，称为“灵芝仙山”。这是一头单峰骆驼，据说是王母娘娘派来运载灵芝草的。在这灵芝山前还有一只石狮子，但这只狮子好像在闭着双眼，是只爱打瞌睡的懒狮，这儿还有一只小小的青蛙也来这守卫这些灵芝草，一旦妖魔来偷盗，机灵的小青蛙就会一跃而起向狮子报警，这景称为“狮蛙护山”。

［第二洞厅］

大家请看那路口的山崖上，立着一位躬着身，背着手的老神仙，他在迎接我们进入第二洞厅呢！第二洞厅是群仙欣赏美妙音乐的地方，称为“仙乐厅”。那并排挂着的一组编磬共十八片，比北京天坛公园的编磬还多两片。它的声音高低分明，有的浑厚，有的清脆，能敲出非常动听的声音。瑶琳洞内不少石头能敲出好听的声音，有的像钟、有的像鼓、有的像琴，所以古书记载：“洞内石有钟鼓之声”。如果都敲起来，叮叮当当，洞里就像个音乐厅了。但为了保护景石，请大家先不要敲打。请大家看前面，那是神仙聚会的地方，先看对面的仙山上像坐着一尊高额长须的老寿星，莲花宝座上的很像“观音大士”。再请越过仙山往前看，那儿像有个披着袈裟的念经的老和尚，他正双手合十在为大家祈祷，保佑大家旅途顺利，阖家欢乐。

各位游客，现在我们已经到了第二洞厅，第二洞厅的面积是 2300 平方米，它的景色与第一洞厅有很大的不同。请看这一组景色，有山、有水、有洞、有石，多么像宁静优雅的富春江山水呀！你们看，那江边的石洞里，像有一个老人在钓鱼呢，有人说他是姜太公，也有人说他是严子陵，这片美丽的山水使人想起传说中的世外桃源，我们就把这景叫“桃花源”，而那对面的，就是“桃花源”中的“武陵村”，一会儿我们就到前面去看看。

再请大家抬头往上看，有一种比较少见的景石叫石球。由于它长得很慢，水从一个裂隙中滴出，慢慢滚动凝结成球状，有的形状像鸡蛋一样，所以我们把这种景观称为“石蛋”。这样的景观并不多见，请大家留心察看。

现在我们就到武陵村去看一看，但这中间要走一段曲折的路。这下面黑乎乎、乱七八糟的，是什么地方呢？有人把它叫作“打翻的龙王殿”。这是怎么回事？原来这桃花源武陵村的明媚风光，使东海龙王大为嫉妒，它老是兴风作浪，把大水涨到岸上，冲进武陵村来。于是，大家就联合起来，捣毁了龙王殿，吓得海螺逃上岸，海龟爬上了坡。于是大家造了一座镇海塔，把龙王镇住了。你看，龙王一动不动，束手无策地被锁在海里，他的脸、胡子、鼻子都被打塌了，一只眼睛也被打瞎了，正哭丧着脸呢！你再看看，那上面的侧面投影就更清楚了，那是龙王的头冠，那是鼻子，那是胡子，那边是龙王忠心耿耿的龙虾大臣。看，尖尖的头，一节节的壳，正尴尬地回头看着这倒霉的龙王。只有镇住兴风作浪的龙王，人们才能安居乐业，所以这儿叫作“打翻的龙王殿”。

镇住了龙王，世外桃源武陵村就更美了，一株大菩提树绿荫遮天，亭亭华盖遮蔽着整个村子。看那儿，像一条洁白的瀑布奔泻而下，这儿像一片茂密的树林。再看这儿简直是一垛丰收的谷堆，金光灿灿的稻谷闪烁发亮，为了防止老鼠偷吃，看谷堆上面还有一只猫在守护着呢！

［**第三洞厅**］

各位游客朋友，现在我们来到了第三洞厅游览。大家看洞厅门口有两棵很大的合欢树在欢迎大家呢！这个景致称为“灵山峡谷”。峻险的峡谷中在雨季可听到涓涓流水声。这里地势低，与前面第二洞厅共同形成驼峰形地势。现在我们已到第三洞厅了，它的面积是9700平方米，是整个溶洞中面积最大的一个厅。大家看！石笋层层相叠，高耸云天，给你一种“山外青山天外天”的感觉。那高高的云端中有一个洞，两扇洞门紧闭着，有人说它像《西游记》里牛魔王的洞府，孙悟空来向铁扇公主借芭蕉扇，结果吃了闭门羹。大家找找孙悟空在哪？看那洞门上面不就是孙悟空吗？他借不到芭蕉扇，正急得抓耳挠腮呢！再看那一带石笋多像是一些小猴子，那大概是孙悟空的毫毛变的吧！再请大家看前面的大石柱，它凌空矗立，把第三大厅牢牢顶住了，气势非常壮观，它是瑶琳仙境的第三大标志，名为“玉柱擎天”。这上面的雕琢可谓巧夺天工。

各位请随我换个角度来欣赏右侧这片石笋群，请看对面就是我们瑶琳仙境最精彩的部分：石笋层层叠叠，五彩缤纷，千姿百态，如诗、如画……难怪中国当代著名桐庐籍画家叶浅予先生，1981年回故乡桐庐，到瑶琳仙境参观时，也对这片迷人景色赞叹不绝，说这儿像敦煌的唐代大壁画，像是到了西方的“极乐世界”。在这极乐世界里，有仙鹤、大象、狮子、巨龙等。

各位请再看前面的“三十三重天”，实际上是洞中石笋密布、群集丛生而成的，共有石笋百余，形态千差万别，有丘状、棒状、柱状、笋状、灵芝状、蘑菇状、墩状等，如果根据石笋顶面的形态划分，有平的、尖的、圆的和凹的四种类型，这些巧夺天工的景观真让我们大饱眼福！

大家看，这儿有一块天然的大石壁，上面刻有宋代诗人柯约斋写的一首诗，这首诗这样写瑶琳仙境："仙境尘寰咫尺分，壶中别是一乾坤。风雷不识为云雨，星斗何曾见晓昏。仿佛梦疑蓬岛路，分明人在武陵村。桃花洞口门长掩，暴楚强秦任并吞。"诗是从清朝乾隆年间编写的桐庐县志上抄下来的，它有力地说明了宋朝就有不少人来这儿游览。这一方面说明瑶琳仙境的历史悠久，另一方面也说明自古以来，瑶琳仙境在人们的心目中确实是一个美丽的神话世界。

各位朋友，现在我们来到了"石景园"。请看这边的"海狮接水"，它是一种非常典型的石笋，下面大，上面小。而上方是一支石钟乳，它的造型刚好相反，它下面小，上面大，它们是岩洞中罕见的景观，称为"瑶琳玉峰"，这是瑶琳第四大也是最主要的标志性景观，所以瑶琳仙境的纪念品，都采用了这个造型。

各位游客朋友请看，这儿叫"送客廊"，那大大小小的群仙在为大家送行，请游客们再回头看一看这仙境的美丽景色吧，那祥云缥缈、仙雾腾腾的美好意境，让我们再一次尽情享受吧！游客们，天然的溶洞景观游览到此就要结束了，各位游客朋友也将离开仙境，重返人间了，谢谢大家对我工作的支持，祝大家旅途愉快，再见！

06 建德大慈岩

景区概况→索道→清音阁→天师殿→香亭山→天然立佛→绿水庵→天栈云渡→天门→地藏王大殿→云崖阁→摩崖石刻→梦樵亭→长谷溪流→曲径通灵

[景区概况]

各位游客朋友，欢迎大家到建德大慈岩景区来游览观光。大慈岩是富春江→新安江→千岛湖黄金水道旅游风景线上独特的山岳景观。大慈岩海拔586米，作为宗教圣地，开山于元大德年间（公元1297—1307年），距今已有700多年历史，因开山祖师的法号为"大慈"，故名大慈岩。因供奉地藏王菩萨并显灵一方而闻名于浙西一带，被称为"浙西小九华"，香客们又将它与衢州烂柯山、永康方岩并称为"浙西三座名山"。因山高坡陡，近年又架设了缆车，乘缆车观景，既可免登山之艰辛，又可尽情饱览沿途之山景。目前开放的游览面积为0.8平方千米，沿途经过清音阁、香亭、过悬廊、走栈道、观看高空飞车、欣赏天然立佛，最后到江南悬空寺（地藏王大殿）。整体以悬崖高位洞穴建筑、长谷溪流、全国最大的天然立佛和浓郁的佛教文化为景观特色，整个游程约为2个半小时。

江南悬空寺

［索道］

各位游客朋友，请大家跟我去乘坐缆车，全长640米，上下高差为200米，乘坐时间8分钟。请大家注意安全，不要吸烟，以免引发森林火灾。

［清音阁］

各位游客朋友，现在我们来到了清音阁。清音阁之名取自“非必丝与竹，山水有清音”之意，它的建筑风格与山西恒山悬空寺一脉相承，是名副其实的“悬空寺”，因地藏王大殿历史上就号称“江南悬空寺”，故清音阁只能称“大慈岩第二悬空寺”。大家看门联：“治世治身治心诸法无非三派，利国利民利家凡事莫此一宗”，其意就是要发扬中华民族传统文化和优良传统，劝人行善、积功德、做好人、利自己利民，才能共享大同之乐。进入阁内，大家看到供奉着三组塑像——儒、道、佛的创立者，他们是孔子、老子与释迦牟尼3位圣人。中国的传统文化就是儒道佛三教合流，并以儒家思想为正统。

各位朋友，请大家沿陡壁的延伸方向放眼看去，清音阁绝不是单一的阁楼，而是集楼、台、亭、阁、长廊、栈道、景门、景窗一系列园林古建筑群为一体的。虽展延100多米，但既不采取一个平面布置的手法，也不采取一条直线布排，而是采取倚山取势，盘岩婉转的方法，使建筑群显得十分典雅、雄伟。建筑与建筑之间，或进或出、或高或低、错落有致，真可谓是当今悬空园林建筑中的奇葩。站在这里往下看，确有悬空之感，这也是露天建筑排水的需要。当你向远方眺望，金衢盆地的田园风光尽收眼底，这就是悬空楼阁特有的魅力所在吧！

［天师殿］

各位游客朋友，现在我们看到的是大慈岩道教正殿天师殿。天师殿内供奉着道教祖师张道陵及弟子王长、赵升的神像。张天师是中国道教正一教创使人，当时称之为五斗米教。据记载：张道陵，字辅汉，本名张陵，得道后称张道陵，东汉沛国丰邑人（今山东丰县），是西汉留文成侯张良第九代孙，九岁就能读老子《道德经》，长大后身高9尺2寸。你看他庞眉广颡，绿睛朱顶，目有三角，垂手过膝，龙踞虎步，相貌甚是威严。据说他对天文地理无所不通，曾官拜重庆江洲令，后辞官归隐，携弟子王长入云锦山炼丹修道，据说三年丹成龙虎见，故改山名为龙虎山，也就是现在江西省贵溪县的龙虎山。张道陵在龙虎山修道30多年，广传弟子，为人治病，后在90岁高龄前往四川，常住鹤鸣山布道，123岁时得道飞升。据说张天师还得到太上老君所赠赐的20治功都印和降魔除妖的利剑，他能呼风唤雨，召集天神。还有他的符非常灵验，各种厉鬼恶魔遇上天师符咒语，都十分害怕。所以，以前上到帝王将相，下到黎民百姓，遇到魔鬼缠身，都请天师驱鬼治病，天师的印剑至今已传到了65代，是中国世袭两大家族之一，称之为“南张北孔”，南张，就是指张天师，江西龙虎山的上清宫，北孔，就是孔圣人，山东曲阜孔府。张天师身旁站的是他的两位得道弟子，持印定的是王长，持剑的是赵升。

［**香亭**］

各位游客朋友，现在我们去祭天台，还要走99个台阶，走完这99个台阶，你至少能活到99岁噢！这座四角石亭，巍然立于山巅之上，颇有气势，它叫“香亭”。而这座山也叫香亭山，香亭始建于元代，是古人在此向“悬空寺”内地藏王菩萨顶礼膜拜用的。如今“天然立佛”发现后，有人提出早在元代，当地人就已发现这天然立佛，建香亭，就是古人在此向天然立佛进香礼拜用的；也有人说，此天台是古人用来祈求风雨用的。当地也流传着“八仙造香亭”的传说：吕洞宾自从在洛阳施法术，捉弄了南海观音大士，使观音大士同卖草鞋后生韦驮结成了对面夫妻之后，总觉得这件事做得很对不起观音大士，心里想，有朝一日一定要向观音大士致歉，可吕洞宾生来自尊心很强，当面又低不下头来。因此此事一拖几百年，一直没有了结这桩心愿。一天吕洞宾碰上汉钟离，问他从哪来，汉钟离说是从江南悬空寺大慈岩来，一说起大慈岩，汉钟离赞不绝口，他说道：“吕兄，大慈岩真是福地也，古人云，莫道此山小似拳，胜过江浙名山川，我看一点也不假，只可惜，这么一块宝地，已被南海观音和地藏王捷足先登，我辈无福享受了。”说完汉钟离告别吕洞宾，踏着云头飘然而去。吕洞宾听了汉钟离的话后，心想，江南还有此等名山，我何不约众师兄一道去领略一番呢？于是，吕洞宾择了吉日，约了其他八仙一道踏上祥云，向大慈岩飞来，到了大慈岩上空，八仙们按下云头，果见大慈岩峭壁悬崖，奇花异草美不胜收。吕洞宾乘机说：“众师兄，我们既然来了，总不能空着手回去，观音大士和地藏王菩萨已登座殿，我们就在此为他们俩造座香亭吧，一来可供香客们小憩之用，顺便表表我们众师兄的心意，祝福他俩在这奇山怪石之间永享人间香火；二来也了却我的一桩心愿，表示我在洛阳捉弄观音大士的一点歉意，不知众师兄意下如何？”八仙齐声答道：“好的。”于是八仙们就在地藏王大殿的对面山顶，选好一块地盘，施展起各自法术，有的去河南背石柱、有的到福建背横梁、有的到江西运砖瓦、有的去安徽运盖板。来来去去、去去来来、一直忙到东方露白，一座精致的香亭已经造得差不多了，只差一块盖板未装好，这时大慈岩的钟声已经敲响，只见沙弥们纷纷走出寺门，开始做功课了，众仙怕和尚看到他们的行踪，忙驾起祥云离开了大慈岩。后来香亭顶的盖板就这么一直歪盖着了，而八仙造香亭的故事却一直流传至今。现在，我们站在香亭，俯瞰四周，游目驰怀，将大慈岩绚丽风景悉收眼底。

[**天然立佛**]

各位游客朋友，大慈岩是中生代侏罗纪火山碎屑岩组成，在地质构造运动中断裂而形成壁立千仞的垂直断崖，在1亿多年来的风化剥蚀等外力作用下，火山碎屑岩逐渐剥落构成大小不一、如蜂窝状的洞穴，在史前的运动中又造成山崩，沿溪流造成了岩险、石怪、坡陡和特有的长谷溪流的奇异山形地貌。特别是石怪，在大慈岩随处可以看到，在特定的角度会显现我们熟悉的人和物，再通过我们的想象，就会构成一些惟妙惟肖的石景。瞧，天然大佛就是一景，请大家往前看大慈岩主峰，从“天栈云渡”四个大字往左延伸，到突出位置，那里可清晰地展示大佛的鼻子，在鼻子下面，就是微微开启的嘴巴。从天栈云渡往左上方看，那凸出的岩体犹如大佛的眼睛，岩石上边有一条长长的岩缝，上面夹杂着草木，仿佛是大佛的眉毛。我们再整体看这座山体，一尊大佛的胸、腹、手、腿等一一展现，浑然构成“山是一尊佛，佛是一座山”的稀有自然景观。这尊天然石佛是1994年初由一位雕塑家在偶然拍照时发现的。发现后经省内外风景专家专题考察后，定名为大慈岩特大天然石佛。1995年10月，中国旅游地学研究会专家小组一行12人，实地考察了大慈岩景区，并对该天然石佛进行实地勘测与鉴定。这尊大佛总高度147米，头部高41.3米，肩宽60米，胸腹部呈凸肚式，并由岩、洞、草木和谐地组合成大佛的五官，神态端庄、慈祥，栩栩如生，是迄今为止我国发现的最大的天然立佛，也是大慈岩四大景观特色之一。

[**绿水庵**]

各位游客朋友，过了铁索桥，我们就来到了天香园景区，前方那座建筑物就是绿水庵。绿水庵又称观音殿，里面供奉着11尊观音圣像，请大家随我入内参观。说起观音，中国人最为熟悉。观音号“大慈大悲救苦救难”菩萨。据说佛教认为根据不同需要，显现各种化身。观音能化32种现身，其中能现女身只有四种。大约世人心中以慈眉善目、心肠软热的美艳女人的形象，更符合其慈爱的美德，这样，观音就都成为女的了。

[**天栈云渡**]

各位游客朋友，请大家看前面这

道景观——天栈云渡。这是根据天然裂隙、由人工开凿拓宽而成的别具一格的栈道。它全长 80 米，宽 2.5 米，向内凹进了 3 米。与别处栈道不同的是，它由隧道、栈道和长廊组合而成，既有交通的功能，又是一处景观。炎炎夏日，站在这里却凉风习习，暑气全消。春夏之晨，或雨过天晴，山谷中的水汽蒸发升腾形成云雾，加上峡谷气流，云雾升腾弥漫，慈岩时隐时现，迷离变幻，犹如仙境一般，所以命名为“天栈云渡”。

［天门］

各位朋友，佛教寺庙是有其特定的布局的，一般有山门、钟楼、鼓楼、天王殿、大雄宝殿、伽蓝殿、藏金楼等，并且按中轴线方式对称排列。但是，大慈岩的寺庙却与众不同。这里有三个特殊的地方。一是天门与主殿不在同一纵轴线上，这里的天门是斜开的；二是主殿不是供奉如来佛的，而只供奉地藏王菩萨，并且是半身地藏王；三是观音菩萨不进寺，她依绝壁站立在露天。当然，天门斜开是大慈寺特殊的地理位置所决定的。天门上有一副楹联：“心同佛定香烟直；目极天高海日升”，这两联的首字连读是“心目福慧”，它表示僧尼心目中依靠地藏，修到“福慧”二字。“福”是指佛寺兴旺发达，“慧”即指觉悟成佛。门前的两狮子是元朝遗物，看其形态头大、身小、尾短，口方、鼻阔、额凸、耳大而垂、眼突如球、头颈鬃毛浓密，旋卷如螺，约有 23 个之多，左边雄狮抱彩球，右边雌狮抱幼狮，处处体现神武威严、和谐完美，象征着统一宇宙、佛法无边、广积善缘、子嗣昌盛，是避邪、福寿、高贵、驱魔祥瑞之物。相传狮子与佛教在西汉时传入中国，《传灯录》中记载：“释迦牟尼生下时，一手指天、一手指地，作狮子吼云，天上地下唯我独尊”。佛又称之为“人中之狮”，与本土中国“人中之龙凤”有相同的意义。

［地藏王大殿］

各位游客朋友，现在我们看到的就是著名的江南悬空寺主建筑“地藏王大殿”。它是新安十景之一，景名“慈岩悬楼”，因建筑一半嵌于岩腹，一半凌空绝壁，与山西恒山悬空寺相似，故称“江南悬空寺”。据旧志记载，大慈岩为著名形胜之寺，傍岩建筑，岩高数十丈，四面玲珑，宛如民屋，内有石笋从地涌出。元大德年间，临安人莫子渊弃家居此，琢石为佛，号曰“大慈”。从地方志可以看出，山以寺名，寺以佛名。而佛、寺都是莫子渊所建。大家看，这是观音菩萨。高 8 米，端立在莲花宝座上，形态匀称，仪态大方。传说，在一次如来佛说法期间，观音菩萨和地藏王菩萨叽叽喳喳吵个不停。如来佛就提前结束讲经，把这两个菩萨留下，以判是非。原来，观音和地藏王在赴西天听经途中，路过东南方一座名山，山上灵石巍峨，奇花芬芳，两人都想到那里去广施慈悲，普渡众生。而两人一谈起来，却争论不休。如来佛听后，就说："这等好事，何须争论。你们两位可各施法前往，哪个先到，就由哪个主持，永享香火。"观音菩萨和地藏王菩萨一听，便一同叩拜如来，转身去了。那观音是脚踏祥云，腾云驾雾，从天上而去，而地藏王是隐入土中，借土遁法而去。当观音菩萨在即将到达大慈岩时，突然看到一个妇女拖儿带女，生活十分贫困。观音菩萨慈悲为怀，就一脚从自己的莲花宝座上踢了几颗莲子给她，并留下"空空一丘田，心齐好种莲，不可断藕种，苦尽便来甜"的偈语，仔细一琢磨，这还是一首藏头诗，连起来就是"空心不苦"，这是观世音告诉妇女种莲可以摆脱贫困。所以，大家也就不难想象观音菩萨的莲花台为什么会少了这块莲花瓣了。话说这一耽搁，慢了半拍，当观音菩萨正准备降下祥云时，地藏王菩萨已从地底下钻出头来，伸出半个身子往外一瞧，嘿，好运气，已到了石山当中，心里一阵高兴，乐得哈哈大笑，这一笑不要紧，可把整座山都给震动了。震得山上的石头直往下滚，大石头压小石头，滚得满山满坡全是石头。菩萨都以慈悲为怀，万一整个身子上来，大慈岩整座山就要塌了，所以，就赶紧坐稳了半个身子，而观音因为迟到了一步，又非常迷恋这块灵山佛地，只能立于绝壁之上了。后因这两位菩萨都是大慈大悲的，这座大山就被叫作"大慈岩"了。看，这就是地藏王菩萨，标准像是：比丘装束，结跏趺坐，右手持锡杖，表示爱护众生，也表示修戒精严；左手持如意珠宝，表示要满足众生之愿。意为"金锡震开地狱门，明珠照彻天堂路，尽度地狱众生"。而此处，右手呈此状，则表示赐于众生智慧之意。在佛经中，所谓地藏，就是"安忍不动犹如大地，静虑深密犹如秘藏"的意思。大慈岩因历代供奉地藏王，每年也在这个时间举办庙会，通宵达旦，热闹非凡。

［云崖阁］

各位游客朋友，现在我们看到的是云崖阁，它是江南悬空寺的一部分。因地处高位悬崖，常有白云缭绕，因此叫云崖阁。去崖阁因山势而建，内视却是个石窟，现阁内摆设着十八罗汉的塑像，故我们也称之为罗汉堂。请再看这块石碑，是《兰溪暴动大慈岩会议纪念地碑记》，这是为纪念第二次国内革命战争期间中国共产党浙西特委领导的兰溪大暴动60周年而立的。这次暴动就是在这里秘密策划的，所以大慈岩又是革命纪念地。

［摩崖石刻］

各位游客朋友，在大慈岩山岩绝壁上，我们可以看到许多摩崖石刻。有"皆大欢喜、磐谷、一拳、别有蓬莱、罗浮仙境"等六处。最著名的就是我们刚才看到的"天栈云渡"四字，它是著名书法家沙孟海先生所题，对面山峰上的“慈”字为赵朴初所题，“一拳”为寿昌县令李馀所题。说起这两个字，民间流传着当年李馀县长助民抗灾的动人故事。民国23年（1934年），寿昌大旱，素有洞天福地之称的寿昌，也出现了历史上罕见的饥荒。这可急坏了县长李馀。这一天中午，李县长从东乡赈灾捐款回府后饭还未到口，就见南乡有人来呈报檀村、里叶一带旱情惨重，要求县长赶快设法解救危难。没办法，县长只得带人来到檀村，到首富李富贵家，要他赈灾捐款救民。李富贵见县长上门，连忙叫人端上饭菜，也只不过是粗茶淡饭，饭后，李县长走到粮仓一看，余粮所剩无几。于是他吩咐属下督促富户继续赈灾，独自一人抄近路，过大慈岩另想办法，来到大慈岩，看见大慈岩到处挤满了前来求雨拜佛的人群，这时有人认出李馀来，祈求他拜佛求雨。李县长明知烧香拜佛无济于事，却不愿违背百姓的意愿，在和尚的陪同下跪下拜了三拜。忙完这一阵，已是午夜时分了，和尚就留县长宿夜。李县长一上床就进入了梦乡，只见一阵青烟飘过，烟雾里走出了济公活佛，说帮他抗旱救灾。说罢，抡起拳头，一拳砸在大慈岩上，只听得“轰”的一声，一块巨石向山下飞去，砸到李富贵家，李富贵家的粮仓倒了，露出了白花花的大米。“当”，李馀被晨钟惊醒，便起床出门，梦中之事历历在目，莫非李富贵家还有粮食藏着？回到县府，马上派人暗中调查，果然发现李富贵早已将粮食偷偷藏到别处去了。李县长马上派官员带人在李富贵身上开刀，把粮食分给各家各户，因此度过了历时三个月的饥荒。李馀在寿昌县任县长，自奉清廉，赈灾除害，兴修水利，政声卓著。离任时，行装简朴，乡民赠匾22块，户户燃香鸣炮，挥泪拜送，沿街商店门前均置一桌，上有清水一碗，明镜一面，寓李县长“清如水，明如镜”。望着这一切，李馀突然想起当年大慈岩做梦一事，为了感激济公梦中指点迷津，拯救百姓之恩，亲笔书写“一拳”两字，并出资托人刻在大慈岩这拳峰之上，借以铭志。

[梦樵亭]

各位游客朋友，请大家到这个亭子来歇息。这个亭子叫梦樵亭。现在我这亭子的来历给大家说说。据传，这亭子是古代一个勤劳俭朴的孝子所造。这位孝子家贫如洗，靠砍柴度日，并供养年迈的老母亲。一天天气闷热，使他感到十分疲倦。便在此石下休息，不知不觉睡着了。睡梦中，有一白发老翁告诉他：“五里坞有块平地，平地下有只箱子，内藏有金银财宝，开箱锁在你家板壁上，取之开箱可得。”孝子醒来后，十分恍惚。回家后，他将梦中情况告诉了老母亲。老母亲听后，从板壁后取出一把开山锄，告诉儿子：“老人指点，就是要勤劳锄地耕种，以求致富。五里坞内那块平地，正适宜耕作播种呢。”孝子按老母亲吩咐，第二天便背着开山锄去开垦种地了。第一年，种瓜得瓜，温饱问题解决了，第二年种豆得豆，家道开始殷实起来。第三年春天，他又去开荒地时，翻起一块石头，下面果真放着整整齐齐、金光闪闪的十八只金元宝。他回家后，把金元宝送给母亲，由老母亲安排。老母亲便叫他将六只金元宝交地方修桥铺路，其中这座渡仙桥和这个亭子就是他出资修建的；又叫他将六只金元宝送给孤寡老人，让他们安度晚年，还有六只金元宝留家供修房娶老婆添置家产所用，后人为了纪念这位孝子和他的母亲，就把亭子取名为“梦樵亭”并刻石纪念。

［长谷溪流］

各位游客朋友，站在渡仙桥上，大家请看这“长谷溪流”四字，是由上海著名书法家张诚之所题。因山高坡陡，山顶谷中有一玉华湖，水从湖中流出，或奔腾直泻成瀑布，或因大石挡道成溪流，有渗于乱石从中成泉水，或大或小，或急或缓，曲曲折折，形成这条长880多米的山水相映的秀丽景观。都说山得水而活，水得山而媚，山水相依，山水相存，使大慈岩充满仙灵之气。下面观瀑布台所看到的飞瀑，可以说是长谷溪流景观中最壮观的了，水量大时，它可以飞流直下三千尺，水量一般时，沿着绝壁垂下，水量较小时，它呈一绺绺水线，飘洒而下；绝壁上有“飞泓”二字，道出了长谷溪流的特色。

［曲径通灵］

各位游客朋友，踏向这悠悠古道，大家可一路欣赏到山水的灵秀之美，也可以体会到山上有佛寺，灵验无比，这就是石牌坊上曲径通灵“灵”字之含意。它由原上海博物馆馆长顾廷龙先生所题。古道边还有一些近代人的摩崖石刻，可引人入胜，带您进入山水完美结合的境界。大慈岩的游览结束了，我相信，大慈岩的自然景观和人文景观定会给各位留下美好的记忆。最后，祝大家心想事成，万事如意！

07 建德灵栖洞天

景区概况→灵泉洞→清风洞→霭云洞→灵栖石林

［景区概况］

各位游客朋友，欢迎大家到建德灵栖洞天景区来游览观光。灵栖洞天是以溶洞景观为主的自然风景区，它是由一个天然石灰岩溶洞群和灵栖石林组成的，以“水清、洞奇、风凉、气爽、石秀”为总体特征，被誉为神奇的“地下艺术宫殿”。灵栖洞天由灵泉、清风、霭云三洞和灵栖石林组成。洞景面积两万余平方米、三洞各具特色：灵泉洞以水见长、清风洞以风取胜、霭云洞则以云雾称奇。

灵栖洞天景区自1980年正式对外

开放以来，先后接待了《西游记》《封神榜》《梁山伯与祝英台》《碧水双魂》《春江花月夜》等影视剧组。目前，灵栖洞天景区不仅成为浙江省著名的观光游览胜地，而且已经成为集会议、度假、休闲、科普于一体的综合性风景名胜区。近几年来，它先后被评为“全国风景名胜区先进集体”“浙江省优秀景点”“浙江省卫生风景名胜区”等荣誉称号，成为杭州西湖至安徽黄山黄金旅游线上一颗璀璨的明珠。

［灵泉洞］

各位游客朋友，我们先登船游览灵泉洞。灵泉洞，是灵栖洞中位置最低、面积最小的溶洞，面积约 2300 平方米，为地下河道洞穴，洞内河道曲折幽深，石景琳琅满目，构成水石交映的奇异景观，被誉为“水石奇观”。

灵泉洞开放于 1980 年，但它却已有 1000 多年的游览历史了。据洞内的石刻记载，早在唐高宗永隆年间（630 年），就有人入洞探奇了，到了中唐时期，这儿已是名闻遐迩，游者如云了。其中有不少文人墨客来此吟诗作画。请大家看左面岩壁上的两句诗：“石上生灵笋，泉中落异花”。这是晚唐著名诗人李频咏灵栖洞的诗句。这两句诗的意思是指“洞中钟乳石琳琅满目，倒映在水中状如异花”，形象地比喻成为写溶洞景观的绝句。

各位朋友，现在我们乘轻舟游览的灵泉洞。灵泉从何而来呢？它实际上由地表水和大气降水补给而形成的地下暗河，全长 800 多米。因河道弯曲似蛇，故又分为“九曲五潭”。它宽 3~6 米，平均水深 1.2 米，每小时出水流量为 80~150 立方米，四季水流量变化不大，且泉水清洌。经鉴定，灵泉水质远高于国家规定的饮用水标准，含有大量对人体有益的矿物元素，是较好的天然饮用水。

各位朋友，来到这里，看河两旁断岩绝壁，船行其间，宛如已入峡谷，故游人每每及此，便联想起长江三峡。这景便称之为“灵栖小三峡”，请大家看上边的洞若观火顶和洞壁，它们光洁平整，就像经过能工巧匠凿打磨光一样。仔细观看，这里有形似跑道形状的共有四个层次，实际上这表明了地下河水位的四个高度。在溶洞中，水是塑造溶洞景观的建筑艺术大师。这形似跑道光洁的洞壁就是经千万年地下水的侵蚀冲刷而形成的。由此，大家可以想象大自然鬼斧神工的力量是多么巨大。

大家看到的这个天然湖泊称为“水晶宫”，它的面积有 600 多平方米，水面到洞顶最高处有 19 米。这个华丽宽敞的圆形洞顶，倒悬着琳琅满目、形状各异的石钟乳，是整个灵泉洞石钟乳最发达、形状最丰富的景点。请看，有的像珊瑚，有的像串珠，有的像莲花，有的像神龙探海。细看起来，上面还有神态不同的人物和飞禽走兽的形象。整个水晶宫的顶部，就像一组巨型的天然浮雕，玲珑剔透，倒映在水中更是情趣盎然。这里的四壁，有许多宋元题词。看，在这块最大的钟乳石上，元朝元文宗大德三年（1299 年）进士郑文杓率村民祈雨，写下近百字的题记。这段题记至今已有近 700 年了，但字迹仍清晰可认。大家看，这条栩栩如生的小龙，是中央电视台拍摄《西游记》电视系列剧时留下的道具，大家可在此拍照留念。

［**清风洞**］

各位游客朋友，现在大家将游览的这个洞，名叫“清风洞”。按地方志记载：“盛夏之日，风从口出，寒不可御。”故名“清风洞”，实际上，该洞具有“冬暖夏凉”的特性。在夏天，习习凉风从洞中吹出，使人清新凉爽，而在冬季，洞风又“温暖和煦”，受之若春风拂面，融融然……也许有人会问：清风从哪里来？原来，该洞除水平发育外，还垂直发育，由于洞顶与洞底高差达 80 多米，显著的高差使上下气温各不相同，加上洞顶有一进风口，使得内外空气产生急骤对流。而洞内气温又终年保持 14~17℃恒温，洞外气温随季节的变化而变化。因此，形成“冬出暖风，夏出凉风”的奇异景象。清风洞的游览面积约 6000 平方米，分 1 廊 6 厅 36 景，行程 400 余米。它虽然不大，但景观发育完整，颇为奇妙多姿。

各位朋友，这是清风洞的第一个大厅。请看，这洞厅中央的这根石柱，它高达 6.7 米，粗约一抱，垂直挺拔，表面还有精致的纹路节理，像南方那高大参天的棕榈树，所以叫“千尺棕榈”；在它的右边，这根石柱雄伟高大，顶端与洞厅相接，枝繁叶茂。它的下端遒劲有力，呈盘根错节状，整体构成一景，称“拔地石榕”；看，那边还有一座石雕宝塔，看上去约有九级，塔的腰檐和菩萨像清晰可见，我们叫它“玉塔凌云”。在它的两侧还生长着青翠高大的菩提树，宝塔、菩提、古榕和棕榈，共组成一幅“南国春早”的美丽风光，给人以生机勃勃、春意盎然的感觉。故此厅又叫“南国春早”厅。大家所看到的这张椅子，是拍电视剧《西游记》时留下的道具，这可是牛魔王和铁扇公主的宝座哦！

各位朋友请看，这个洞厅叫“巴蜀移来”厅，意思是这里的景致就像是从巴山蜀水移来一般。请看正前方，上面有巍峨的大山，好像刀削斧切一样，在群山中间，悬崖绝壁上面，有瀑布飞泻而下，水声喧哗，落入万丈峡谷，这就叫“巫山飞泉”。在长江三峡的巫峡一带，有十二峰并列在河岸，其中最著名的就是“巫山神女”，也就是“神女峰”。大家请看，“巫山神女”不是也端坐在这里吗？你看她仪态端庄大方，正向远方痴情眺望呢！当然，有许多游客把她叫作“净瓶观音”。看，她好像端坐在莲花宝座上，右手持着一个净水瓶，正慈善地注视着芸芸众生。在这里，还有许多珍奇的动物。看，在“巫山飞泉”旁，那里有一头抱着青竹的熊猫；那边，还有活蹦乱跳的猴子；而在观音下面，还有一根正在慢慢挪动的灵蛇呢！这一些动物，都活灵活现地生活在巴山蜀水的密林中。

各位朋友，这是清风洞最后一个大厅，称“吉祥如意”厅，灵栖洞的名字也是由此而来的。灵栖就是指仙灵栖息的地方，龙、凤、麒麟和千年龟是古代传说中的四灵，这四灵在这个大厅里都能找到。首先我们来找一下天上的龙和凤，大家可以顺着我手电筒照的地方，这就是一个硕大的龙头，头是朝下倒挂着的，这是它的两只龙角；炯炯有神的眼睛注视着凡间；嘴巴似乎有点微微张着；龙头的后边就是龙的身子，因为龙是在天上飞的，所以我们看到，身后还有一端是被云给遮掉了，后面的尾巴又从云里穿了出来，这就是我们这穿云破雾的龙；下面我们看看凤在哪，就在龙的旁边，跟龙来比起来凤显得比较秀气，请看这是凤凰的头，这是它的翅膀正凌空展翅呢！最后面当然是凤尾，这凤凰的尾巴和之前我们看到的神龙的尾巴是纠缠在一起的，这就是我们通常所说的龙凤呈祥，这可都是大自然的鬼斧神工，天然形成的。看完了天上，我们再来看地上的，大家看这就是千年神龟，功力深厚，但现在看它似乎非常吃力的样子，原来它的背上背着麒麟呢，看这只麒麟张牙咧嘴很凶的样子，而且它只有一只眼睛，叫“独角麒麟”，其实麒麟是善良的象征。四灵都让我们找到了，现在我们往那红色灯光照射的地方看，是不是非常像一棵巨大的千年灵芝？那就借花献佛把它送给大家了，祝愿大家以后身体健康，万事顺心。下面我们再来看看在灵芝旁边还有一棵大榕树，看它枝繁叶茂的样子就知道它虽已千年，但生命力还是非常旺盛的，我们再看枝桠上头，是不是好像有许多小鸟的头从树叉中间探出来，这一景我们称为“百鸟归巢”。这也是我们清风洞的最后一景，看完这我们就要出洞口了，要拍照的朋友抓紧时间，过了这村就没这店了，我们是不走回头路的。

［霭云洞］

各位游客朋友，现在我们来到了霭云洞。此洞云气袅袅，蔚为壮观。洞内精巧灵奇、百态千姿，为三洞之冠，共有七大厅 72 景、七厅中以“东海奇观”中的“洞穴海市”最为瑰丽奇绝；七十二景中景景不同，尤以定海神针和垂天罗两景最为著名。

据地方志记载：“天将雨则云气霭然。”意思是说：天将下雨的时候，这个洞口会不断冒出团团云气，密集地飘浮在悬崖上。事实上，这种美妙的自然景观，每到冬春季节都可以看到，所以，我们就叫这个洞为“霭云洞”。霭云的形成是有科学原理的。原来，该洞洞体宏大，洞内温度长年保持在 15.7℃

左右，相对湿度常年保持在96%~99%。由于洞内外温度、湿度之差异，每当严冬清晨，湿热空气从洞口喷薄而出，遇冷便凝结成雾珠，冉冉上升，形成高约10米的粗大气柱，状如蘑菇云，萦绕飘逸于洞口之上，在阳光的斜照下，蘑菇云朵中的小水珠，折光反射，变成五光十色的彩云，如一派仙雾腾空的动人景象，蔚为奇观。

各位朋友，霭云洞是灵栖三洞中最大的一个洞，总面积有7000多平方米，游览路线长约600米，共分五厅一廊，以宏伟壮观、气象万千为主要景观特色。

各位请看，这是霭云洞的第一大厅，叫"世外胜境"厅，那组形态各异的石笋，像不像正在过海的八仙呢？这里有倒骑的张果老，有腰挂葫芦的铁拐李，他们正施展各自的道法过海去参加王母娘娘的蟠桃会呢！看，那岩坡面上有两棵大树，一棵呈白色，另一棵呈黄色，都有粗壮的树身，阔大的叶子，很像菩提树，故称之为"黄白菩提"。在它旁边，还有两样奇物：一是凌空倒挂的大芭蕉，因为只有一片阔大的叶子，所以叫它"独叶芭蕉"；另外一个是托地而生的像磨盘那么大的灵芝，所以叫它"千年灵芝"。为了保证"千年灵芝"不被人采摘，这里还蹲着一只老虎在守护着呢！

［灵栖石林］

各位游客朋友，现在我们最后去游览灵栖石林。灵栖石林，面积约50 000平方米，它分布在灵栖洞群的对侧。远眺，石涛滚滚，石海茫茫；俯视，宛如一座座玲珑剔透的盆景；近观，怪石嶙峋，突兀奇姿，引人遐思，显示出刚健雄浑的自然之美。目前，可供游览的石林面积为6000平方米，这里奇石盘踞，怪石耸立，千姿百态的石景和惟妙惟肖象形巧石连成一片。有的如刀削斧劈，有的像奇兽异禽，有的似庭院假山，确有"远望似林，近看象形之感。古人用"开风吹我登驼峰，大山小山玉玲珑，赤霞日射紫玛瑙，白鹭夜滴青芙蓉"诗句来形容石林景观，真可谓是恰到好处。

各位请看，这片石林在造型结构上，高低参差、疏密有致、景组分明，构成了千奇百怪的各种景观。事实上，在这片石林中，可依形找到动物，鼠、牛、虎、兔、龙、蛇、马、羊、猴、鸡狗猪等十二生肖，故称"十二生肖园"。请大家发挥各自的想象力，找一找这十二种动物……在如此小的范围内，聚集着如此众多的动物，所以有人称石林为"天然动物的博物馆"。

08 淳安千岛湖

景区概况→梅峰观岛→龙山岛

［景区概况］

各位游客朋友，大家好！欢迎大家

到风景秀丽的千岛湖来游览观光！千岛湖是一个非常年轻的人工湖泊，是在1959年为了修建我国第一座自行设计自行建造的大型水利水电站——新安江水电站的时候形成的一个水库，1982年之前人们都称它为新安江水库，1982年之后才正式更名为千岛湖。千岛湖虽是一座年轻的人工湖，但它有着大海的壮美和湖泊的秀美。我们都说海纳百川，有容乃大，千岛湖拥有573平方千米的水域面积和178亿立方米的水库区容量。我们用杭州西湖来做一个比较吧！千岛湖的水容量相当于西湖水容量的3184倍，所以1963年郭沫若陪同当时的尼泊尔议长来游览千岛湖时曾写下了："西子三千个，群山已失高。峰峦成岛屿，平地卷波涛"的诗篇。

各位游客朋友，千岛湖有着大海的壮美，不仅仅是因为水域面积之大，还在于湖中那一千多座星罗棋布的岛屿。在千岛湖能称之为岛屿的必须符合下面两个条件：首先水位要达到108米的高程水位；其次露出湖面的陆地面积要在3.75亩以上。只有符合这两个标准，在千岛湖才能被称之为岛屿。我们这儿符合这两个标准的岛屿一共有1078个，如果把露出水面的土地都称作岛屿的话，那千岛湖得改名叫它万岛湖啦！

各位游客朋友，千岛湖还有迷人秀美！千岛湖曾穆青赞誉为"天下第一秀水"。大家坐在船上放眼望去，看到最

千岛湖

多的颜色是什么？那就是绿色。千岛湖是一个绿色的湖，森林覆盖率达93%，绿视率几乎是100%。绿色的岛，绿色的树，绿色的湖，凡你目力所及，都是郁郁葱葱的绿；而且千岛湖的绿色是那种沁人心脾、养人眼睛的翠绿，这儿简直就是一个绿的世界，山是绿的，水也是绿的，山的绿色是立体的，一座座高高低低错落有致的绿色的山就展现在您的眼前，水的绿色则是平面的，它宁静而安详地平铺在您的脚下。由于整个千岛湖都是绿色的，怕您把岛屿和湖水看混淆了，所以咱们的千岛湖又像是非常善解人意似的，在岛屿和湖面交界的地方又系上了一条金腰带，成就了千岛湖“千岛、秀水、金腰带”的景观特色。

各位游客朋友，千岛湖除了壮美和秀美之外，还有一种美，那就是凄美。为什么呢？因为千岛湖就是新安江水库，是一个年轻的人工湖。1959年，为了配合我国的第一个五年计划，在新安江的铜官硖口修建我国第一座自行设计自行建造的大型水电站而形成的一个大型水库。它的形成使我们淳安县和遂安县的两个县城49个乡镇、1377个村庄以及30万亩良田全部淹没在湖水下面。原淳安、遂安两县的29万居民全部迁移到安徽、江西和浙江本省各地。一下子使我们淳安县由原先的富裕县变成了浙西山区最贫困的县。这湖秀水，是我们的先辈们用背井离乡的巨大代价换来的！中国人都讲究落叶归根，而我们淳安人的根，就在这一湖秀水之下啊！

千岛湖山峦青翠，湖水澄碧，旅游资源非常丰富。湖周围群峰环拱，曲折崎岖。多姿多态的山峦和岛屿把整个湖区分隔成中心、东南、西北、西南、东北五个各具特色的景区，称为“五大湖区”。各湖区水域辽阔，岛屿众多，或以自然景色取胜，或以人文景观为主，或人文景观与自然景观相辅相成，相得益彰，主要景点有梅峰观岛、黄山尖、龙山岛、渔乐岛、月光岛、密山岛、桂花岛、天池等。

除湖区景点外，千岛湖周围的石景很多，最为壮观的要数地处东南方向的赋溪石林了。这片石林方圆数公里，全是迷宫式的喀斯特地貌，最有观赏价值的有蓝玉坪、玳瑁岭和西山坪三处。这三处石林各有各的特色，处处都有玲珑剔透、鬼斧神工的奇景，被广大游客誉为“华东第一石林”。目前千岛湖开放的景点主要集中在中心和东南两大湖区。下面我带领大家去中心湖区的梅峰观岛和龙山岛观光游览。

［梅峰观岛］

各位游客朋友，今天我们要去游览的一座岛，它临水而立，风姿绰约。这就是千岛湖中的梅峰岛。梅峰岛是生态环境旅游景点，距离千岛湖镇12公里，自然景观绝佳，登上海拔204米的观景台，您可以亲身体验“登上梅峰顶，一览众岛小”的感觉。

各位游客朋友，请大家随我一起去游览梅峰的美景。梅峰景点游有三种方式：第一种是徒步循着山路拾阶而行；第二种是坐着花轿悠悠而上；第三种是乘坐索道徐徐而达。梅峰索道是1999年12月对外营运的，由武汉三特索道公司投资建成，单程全长350米。坐在缆车里，随着缆车徐徐升高，您可以体会到在空中饱览千岛秀色，感受流动观景之乐趣。

各位朋友，现在我们来到了观松台。站在观松台，俯瞰有一龟形小岛，岛上芳草萋萋，绿意盎然，小岛中央生长着一株撑天巨伞般的马尾松，这就是具有“千岛湖一绝”之称的一棵松，只见它虬枝如龙，翠冠如伞，造型简洁别致，柔美而不失刚劲，每年梅雨季节，这棵松树的树干就会全部被浸淹在水中长达80余天，显示出了它顽强的生命力。前人曾有诗赞道：“金龟背负一青松，雪压水沁她从容。碧湖连天间山色，纵览千岛在梅峰。”在中国传统中，金龟和青松都象征长寿，在此祝愿各位健康长寿。

各位朋友，现在我们来到了“梅峰山门”。在此我向大家介绍一下“梅峰”之名由来。一说在千岛湖未形成之前，这座山峰周围环绕着五座小山丘，空中辐射图形似一朵盛开的梅花，故而得名；另一说，以前这座山峰上遍布着许多野生的柳叶蜡梅，故而得名。如今，作为旅游景点，梅峰现有人工栽种的各种梅树5000多株，红梅、绿梅、白梅、蜡梅等居多，每当梅花盛开之际，这里便成为千岛湖唯一的赏梅胜地。

跨过山门，大家可以看到左边有一块“星星石”，那是火山喷发形成的凝灰岩。当阳光强烈照射下，岩石上便会闪射出像星星一样的亮光。大家可以到前面石亭里面稍作休息。此石亭名为“带香归”，取古诗“要识梅花无尽藏，人人襟袖带香归”之意。此亭显示了精湛的工艺雕作，建筑材料大多是青石板、青石瓦，具有浓厚的徽派建筑特色。坐在亭内观景，平齐的黄色岛岸线把绿水与青山有机地衔接在一起，恰似一幅立体水彩画。梅开之际，坐在亭中赏梅，梅香沁人心脾，令人心旷神怡。

各位朋友，我们继续往前走。沿着松涛阵阵的“松风岭”，步步登高。现在来到了“闻涛”处。“有风涛声紧，无风用心引。心诚涛声至，闻涛一身轻。”不信，各位可以试试看，只要你用力大喊一声，山神会立即给您回音，并徐徐送来涛声。伴着耳边的松涛声，我们现在来到了“连理松”前。“连理松”是取白居易的《长恨歌》诗“在天愿作比翼鸟，在地愿为连理枝”的含义而命名的。

各位游客朋友，观景台到了。此处既可以鸟瞰千岛湖的群岛风光，纵览千岛秀色；又可以远眺隐约可见的东南湖区，体会“千岛碧水画中游”的意境。现在展现在大家眼前的是一片秀丽的湖水岛屿风光。在这片广阔的湖面上，约有300多个大小岛屿清晰可见。俯首眺望，只见众多岛屿，高低错落，山重水复，港湾盘陀；纵观全景，青山绿水，蓝天白云，静中有动，变幻多端，韵味无穷。对眼前这群岛屿有各种各样的想象说法，有的说这像一群蜂蝶在戏梅；有的说这似洪荒时代的巨大怪物在水中徜徉；也有的说这像璀璨的玑珠摆在碧玉盘中；还有的说这是天女撒下的绿色花朵在水中荡漾。在这片水域里，岛间的航道曲折多变，似隔似连，船行其中，有的地方似乎没有去路，稍以转折又觉得没有尽头，形成了别具一格的“水上迷宫”。面对这锦山秀水，请抓紧拿起你们的相机吧，把千岛湖最美的风光拍下来带回去留个纪念。

梅峰的周边，峰峦叠嶂，林木茂密，一年四季景色多变，春天山花烂漫，夏日绿荫蔽日，秋时野果满地，冬季踏雪寻梅。阴晴雨雪，形态各异，各有情趣。人们来到此地，不禁由衷赞叹：游遍湖中岛三千，不到梅峰亦枉然。

最后，请各位欣赏具有“梅”文化特色的一景“梅开五福”。这个项目的创意取自于民间典故，它由福、禄、寿、喜、财五福组成，是富贵、吉祥、如意的象征。借此景，祝大家五福临门、万事如意！

[**龙山岛**]

各位游客朋友，大家好！在美丽的千岛湖，有一座人文景观与自然景观交相辉映的岛屿，这就是我们将去游览的龙山岛。龙山自古被视为淳安钟灵毓秀、人文荟萃的象征。游览龙山岛，可以让您领略“一祠一塘一书院，海瑞朱熹三县魁”的历史文化底蕴，更让您感受“铜桥铁井小金山，石峡书院活龙山。登上钟楼望千岛，脚踩蛟龙赏美景”的意境。下面就让我们前去一睹为快吧！

各位朋友，我们的游船正在驶向龙山岛的一号码头，大家远远望去，其岛型犹如苍龙戏于水面，故而得名。又因南宋年间淳安籍状元方逢辰曾在龙山南麓结庐讲学，方逢辰号“蛟峰”，蛟为蛟龙，峰系山峰，为纪念方逢辰而命名的。因而自古以来，在百姓眼中，龙山不仅自然环境优美，更是淳安人杰地灵的象征。

各位朋友，眼前这幢建筑是“水天一色”观景楼。西泠印社书法家姚建航题写的匾额，挂在千岛湖的水与天之间，挂在真实与梦幻之间。题词出自唐初诗人王勃的《滕王阁序》：“落霞与孤鹜齐飞，秋水共长天一色”。淳安人把明朝政治家海瑞清正廉洁、心悬明镜、暗室不欺的人格喻为千岛湖清澈的湖水、明净的天空。“水天一色”是淳安人内心永恒的圣景。大家在此眺望千岛湖，把心沉浸在“水大一色”的清纯之中，自会有一番透彻的感悟。

各位朋友，现在我们来到了石峡书

院正门，只见横匾上书“石峡书院”四字，是由原《人民日报》社社长、将军出身的书法家、淳安籍人邵华泽先生题写。再看两侧楹联：“一门登两第，百里足三元”。还引出了这么一段故事：相传南宋淳安年间，淳安人方梦魁进京赶考，在542名进士中独占鳌头，被宋理宗御笔钦批为头名状元，赐名方逢辰。同年，方逢辰的弟弟方逢振也进士及第，再加上前几年方逢辰的同窗黄蜕点了二名榜眼，学友何梦桂得了三名探花，使宋理宗龙颜大悦，于是便亲笔书写了这副对联赐给石峡书院。从此书院名声大振，成了浙西著名的书院之一。

各位朋友，现在我们看到的这座石峡书院，古朴典雅、端庄秀丽，它是2000年6月破土动工，2001年6月28日重新建成的，书院一期投资200万元人民币，占地11 000平方米，主要建筑格局由一厅一堂一祠二两斋组成。以徽派建筑风格为主基调，力求秉承“修旧如旧，保持原貌”的宗旨，如屋檐和梁柱一应采用淳安民间旧祠堂中的屋料组装而成，从而古朴不失真实，典雅不失其韵味。

各位朋友，现在我们进入书院正厅内参观。首见横匾“一县三魁”，这是著名书法家刘江先生题写的。一县指的是淳安县，三魁就是我们前面提到的头名状元方逢辰，二名榜眼黄蜕和三名探花何梦桂。他们同为淳安赢得了荣誉，为后人所景仰，真如两侧楹联所颂赞的那样“广宇萤香承伟业，蟾宫折桂展宏图”。再看正厅二门横挂郭仲选先生写的“理学名家”横匾，以及上海文联著名作家杜宣先生题写的“石峡文明第，清溪理学家”，它都向我们叙述了一个与淳安有着深厚渊源的人物——朱熹。朱熹是南宋著名的理学家，被誉为继孔子之后的集大成者，朱熹一生曾在武夷山讲学四十余年，曾有学者称颂他“东周有孔丘，南宋有朱熹，中国古文化，泰山和武夷”。就是这么一位鼎鼎有名的大学者，也曾两次应宋代进士詹仪之的邀请，前来淳安讲学，一住就是三年，可见他对淳安这个“文献之邦”的重视。

各位朋友，现在我们来到了书院学堂，落座古时候学生上课的板凳，正前方是“乐育人才”的横联，下方左侧是道家学派创始人老子的画像，右侧是儒家学派创始人孔子的画像。此时此刻，就会使我们觉得在这清静的环境中读书，一定能造就出优秀的人才，正如县志记载的那样，自南宋淳祐元年至咸淳三十四年，十二次应试中，淳安县有308位进士及第，其中经石峡书院培养的就有74位。由此可见石峡书院的确是人才辈出之地。

各位朋友，现在我们来到了先贤祠。祠匾由杜宣题写，进入祠内只见三尊汉白玉雕像。正中的一尊便是状元方逢辰，他于南宋淳祐十年（1250年）30

岁时考中状元，后官至兵部侍郎（相当于现在的国防部副部长）。51岁时辞官从教，一直到71岁寿终正寝，在这20年的时间里，大部分是在石峡书院度过的。方逢辰作为一个状元，一个官吏，时刻以弘扬教育事业为己任，这在中国古代历史上是少见的。他还为儿童写了本书，名叫《名物蒙求》，内容包括天文地理、山川城邑、林木花草、农事时令等知识，包举百科，通俗易懂，相当于今天的《十万个为什么？》，成为儿童启蒙教育的一本好教材，并被明代的朱升收入《小四书》中。右边这一位是方逢辰的同窗好友黄蜕。左边的这位是位列第三名的探花何梦桂。

各位朋友，最后我们来参观一下书院的居仁斋和复礼斋。只见居仁斋内有两大特色引人留意：一是天井四角方方，顶部镂空，既便于采光，又考虑凉快；如逢雨天，雨水落入下部的四方天井之中，渗入阴沟，体现了“肥水不流外人田”的建筑构思。二是斋内古朴素雅，呈现徽派建筑特色，梁柱之上木雕技艺十分精湛，有“凤戏牡丹”等图案，耐人驻足品赏。

各位游客朋友，现在我们沿着“清官道”去海瑞祠。海瑞祠堪称龙山岛的精华所在。游览海瑞祠，有四大特色引人注目：一是祠堂建筑画栋雕梁，特别是木雕、砖雕、石雕（合称“三雕”）精妙绝伦，令人叹为观止；二是祠堂外面碑廊中的碑刻林立，尤其是海瑞亲笔手书“寿字碑”等碑刻，字体飘洒俊逸，内容蕴含丰富，让人驻足凝思；三是祠堂内的海瑞塑像、两侧的木雕壁画、廊柱的诗文楹联无不昭示着海瑞一生刚正不阿、凛然正气的风范，借古寓今，仍具现实意义；四是庭院中的园林小品，以“高风”“亮节”为主题，格调通透旷达，布局错落有致，花木疏密相间，让人流连忘返。

各位朋友，现在我们看到的就是海瑞祠，由望湖台、门楼、正厅、中堂和思贤院五部分组成。占地625平方米，建筑面积为547.1平方米，主建筑的高度是12米。整个建筑既保留淳安民居风格，又具有徽派建筑特色，外观画栋雕梁，飞檐翘角。尤其是站在望湖台前，近看海瑞祠的建筑风貌，远眺千岛湖镇的一城山色，美不胜收，赏心悦目。

各位朋友，首先我们来到海瑞祠的门楼前，门楼上的第一块匾额“海公祠”三字是无产阶级革命家陈云题写的，而第二块匾额“海公祠”三字则是著名书法家沙孟海先生题写的。大家请往里看去，最里面那块匾额上的“海瑞祠”三字是舒同老先生的亲笔手书。舒同是一位老红军，前中国书法家协会主席。

海瑞祠初建于明嘉靖四十一年（1562年），这一年正值海瑞在淳安仕职期满，老百姓为感念他的恩德，自发捐地集资而建造的。第二次修建是在明万历五年（1577 年），县令吴天洪将其移建到旧城对面南山之麓，恰好于县衙隔水相望，故有“海瑞祠堂正对县衙公堂”的说法，因而造成一种“登堂如见海先生”的意境。吴县令如此选址也许是想借此来警诫自己勉励后届，要以海瑞为榜样，为民造福。自海瑞祠建成后的四百年来，直至 1985 年 2 月 4 日第三次动工修建，它始终像竖立在淳安人民心坎上的一座丰碑，一面明镜，起到了缅怀先贤、砥砺后人的教育作用。

再看门柱的另一副楹联“当年白节悬霄汉，此日清风砌水滨”，也是对海瑞品德的一种赞美，正因为海瑞爱民如子，清正廉明，受到了人民的爱戴，于是就有了世代淳安百姓 一定要完成为海公建祠立碑的夙愿。

看完了门楼，请各位随我进正厅参观，进入祠堂，只见一方天井居中，将厅堂自然分成前后左右四块空间，从而使这座庭院合一的建筑显得井然有致。院落周围就是碑廊。大家的目光已经注意到了厅堂正中下对大门竖着的那块碑，对！那就是闻名遐迩的“去思碑”。让我们走进观赏。或许有的朋友要问：何谓“去思”？“去思”就是说海瑞离任，辞别我们而去了，但老百姓一直都在思念着他。说这块碑的历史，要追溯到明嘉靖四十年（1561 年），这一年海瑞正好在淳安的任职期满，在离任前往嘉兴的途中，淳安的父老乡亲纷纷前来夹道送行，百姓们还委托淳安进士徐廷绶为海瑞写了《去思碑论》，并竖碑题刻“去思碑”，以志怀念。明代的去思碑已经被淹没，现在各位看到的是重新竖立的去思碑，碑上的字是由中华全国新闻工作者协会主席邵华泽先生题写的，他也是淳安人。

下面让我们再来看一下碑前两旁的立柱上写着这样一副楹联：“忧世匡时，刚烈肝胆昭日月；依山傍水，巍峨祠宇壮湖天。”这副对联是由我国当代最著名的词学家、被誉为“一代词宗”的夏承焘老先生所撰。夏老对千岛湖的山水可谓情有独钟，他死后便葬在了千岛湖的羡山岛。楹联上联写的是“海瑞忧国忧民，匡扶正义，刚正不阿的品德如同日月一样光辉照耀。”下联则写出了“海瑞祠依山傍水，巍峨壮丽，与千岛湖的湖光山色相辉映，相得益彰。”

各位朋友，现在请跟我前往思贤院去瞻仰一下海瑞塑像。大家看，坐在中堂的就是海瑞像，只见他端坐正中，面色忧郁，表情凝重，两眼深邃，正视前方，神态端庄而刚毅。从外观形象的塑造中我们不难看出其内心忧国忧民、嫉恶如仇的精神状态。据记载，这尊水泥铜铸像，高九尺（约 3.8 米），重九千斤（约四吨半），其面貌特征的塑造是参照北京故宫博物院收藏的明代画像蓝本为参照而创作的。再看塑像上方的横匾，上书“光争日月”四个大字，由上海文联作家杜宣手书，它将海瑞光明磊落的崇高品质比喻成“像太阳一样灿烂，如明月一般皎洁”。匾语原文出自战国时期爱国诗人屈原《涉江》中的：“与天地兮比寿，与日月兮齐光。”

海瑞（1514—1587），字汝贤，号刚峰，明代广东琼山（今海南省海口市琼山县）人，他9岁入学，35岁时考中举人，后被派到福建南平县当教谕（相当于现在的教育局长）。嘉靖三十七年五月，即他44岁那年，升任浙江淳安知县，直到嘉靖四十一年六月离任调往嘉兴任通判，在淳安的时间正好是四年零二个月。

海瑞一生以两大特点出名：一是性格刚正不阿，敢于顶撞权贵，因此遭到三次罢官。第一次是因看不惯顶头上司浙江督御史鄢懋卿鱼肉乡民的行为，由嘉兴通判被贬为兴州判官。第二次是犯颜直谏明世宗，上疏奏章请求不理朝政迷信道教的明世宗退位，被关进监狱，

海瑞祠堂

直至穆宗即位才被释放。第三次是即将任新职时，因不满奸臣弄权，自己称病告退。海瑞第二大特点是廉洁。据史书记载：明万历十五年（1587年），海瑞在南京右都御史的任上病逝，享年74岁。海瑞没有儿子。他死时，同僚去他家吊唁，见到他家里只有葛布做的帏帐和破旧的竹箱，这样贫穷的生活当时连普通人也是难以忍受的。看到这种情景后，大家都流下了眼泪，凑钱来殡葬他。他出丧的那一天，老百姓罢市，他的殡仪队伍经过之处，沿途祭奠号哭的人们百里不绝。朝廷赠他为太子太一，谥号忠介公。

各位朋友，现在我们再来欣赏一下这堂屋中的木雕，据说均出自淳安本地的一位民间艺人王尧林先生之手。横梁体现了浓厚的徽派建筑风格，即肥梁，俗称冬瓜梁、枕头梁，上面的板画也十分引人注目，右侧有“貂蝉拜月”“甘露寺”“黄鹤楼”，中间有“三闯辕门”“空城计”，题材大多取自《三国演义》中的故事，颇具欣赏价值。

各位游客朋友，现在我们已经来到了钟楼前，首先我们来看一下它的外观，钟楼矗立在平地中央，楼分4层，高28.5米，建筑面积330平方米，底层塔基呈梅花状几何图形，中庭8米见方，四角对角线端依偎着四个4米见方的小正方形，象征“梅花呈五福”，寓意着“吉祥如意”。再看楼的主体是钢筋混泥

土结构，楼梯、门窗和栏杆用清一色的杂木装饰而成，体现了端庄隽秀与古朴典雅融为一体的风貌。

各位朋友，现在我们登楼参观，请大家看楼顶悬着的这只大铁钟，高 1.62 米，提环高 0.37 米，通高 1.99 米，下沿直径 1.24 米，周长 3.91 米，重约一吨。钟的提环为两首龙抓式，钟身周围有铭文、云纹与火焰纹等，纹饰非常精细。据钟上铭文记载，这口铁钟铸于南宋宝祐四年（1256 年），距今已有 1000 多年的历史了。但这只钟是现代仿制的钟，绝不是宋代的那只真钟。

各位朋友，现在我们站在钟楼登高览胜，往东可俯视桃源、梦菇、清心诸岛；向西可极目远眺安徽歙县古朴风貌；向南可窥探云蒙猴影；向北可瞭望屏风胜迹；再向西北方向，月光岛景致历历在目。当我们陶醉在这绚丽多姿的湖光山色之余，不禁赞叹：此景只应天上有，千岛美景胜瑶池。最后，我想对我们今天的龙山岛之行做出这样的一个总结：锦山秀水醉千岛，文献名邦活龙山。

09 金华双龙风景名胜区

景区概况→双龙洞→冰壶洞→黄大仙祖宫

［景区概况］

各位游客朋友，欢迎大家到金华双龙风景名胜区来旅游观光。双龙风景名胜区分为双龙洞、黄大仙、尖峰山、赤松山、大盘山和家园里六个景区，主要景点有双龙洞、冰壶洞、朝真洞、桃源洞、金华观和黄大仙祖宫等。其中双龙洞、冰壶洞和黄大仙是其核心景观。接下来我们就去领略一下这三处核心景观吧！

［双龙洞］

各位游客朋友，现在我们来到了双龙洞景区。双龙洞位于金华山南坡，距金华市区约 8 公里。双龙洞是国家重点风景名胜区、国家 4A 级风景旅游区和国家级森林公园。双龙洞由内洞、外洞及耳洞组成，洞口轩朗，两侧分悬的钟乳石酷似龙头，故名“双龙洞”。外洞宽敞，面积 1200 平方米，可容千人驻足。长年洞温为 15℃左右，冬暖夏凉。炎夏至此，令人有“上山汗如雨，入洞一身凉”之感。洞口西壁“双龙洞”三字，传为唐人手迹；东壁“洞天”二字，为宋代书法家吴琳的墨宝；“三十六洞天”五个大字，则是国民党元老、近代杰出书法家于右任的手笔。如果说双龙的内洞是“龙宫”的话，那么外洞仿佛似“龙厅”。其中西厅一挂“石瀑”，相传八仙之一的吕洞宾曾隐身于此。往前是“骆驼仰首”“石蛙窥穴”“雄狮迈步”“金鹞展翅”等景观。内外洞有巨大的屏石相隔，仅通水道，长 10 余米，宽 3 米多。内外洞的相隔与相通，形成了双龙洞最鲜明的特色。古诗云“洞

金华双龙洞

中有洞洞中泉，欲觅泉源卧小船”。如欲观赏，唯有平卧小舟，仰面擦崖逆水而入，“千尺横梁压水低，轻舟仰卧人回溪”，因为巨石横梁在上，不得稍有抬头，有惊而无险，妙趣横生，堪称游览方式之一绝，有“水石奇观”之誉。

据史料记载，双龙洞岩溶景观在西汉就有了。西汉元帝年间（前48年—前33年）刘仲卿大将遭诬贬后，曾隐居于洞中。唐代的柳宗元为之撰写了《刘仲卿隐金华洞》（双龙洞古称金华洞），从那时算起，双龙洞的历史已有2000多年了。

［冰壶洞］

各位游客朋友，出双龙洞，拾级而上，即至冰壶洞。冰壶洞洞口朝天，口小、肚大、身长，进洞如入壶中，故名冰壶洞。洞口石碑上刻有一代文豪郭沫若的诗。从洞口至洞底，深达120余米，有石阶260多级。出双龙洞登上铁梯约二三十步，即可听得洞中瀑布轰隆声，如巨雷回荡，就到了冰壶洞下瀑。再走上数十级石阶，则瀑声更大，突然见一瀑布悬空倾泻而下，从洞顶右侧石隙中飞喷而出，高达20多米，其势如万马奔腾。飞瀑落地，有似飞珠溅玉，流星飞舞，俄而渗入洞底，无影无踪，令人惊叹不已。沿石阶曲折而上临近飞瀑，顿觉凉风阵阵，雾气蒙蒙。宋朝学士金履祥有诗云：“洞外烟云肤寸台，洞中冰雪互寻飞。壶中日月凭谁记，水自飞蒙云自归。”冰壶洞因拥有这个全国最大溶洞瀑布而闻名。冰壶洞最佳的旅游季节是春秋两季。

冰壶洞瀑布

［黄大仙祖宫］

各位游客朋友，经过约半小时的盘山车程，现在我们来到了黄大仙景区。黄大仙祖宫是道教第三十六洞天所在地。景区内林木葱郁、空气清新、湖泊水碧如镜、溪泉潺潺流畅、气候凉爽宜人，动植物资源极为丰富，共有野生动植物9000余种，交通便利，是著名的旅游观光、避暑度假和修学朝圣的胜地。

各位朋友，为发掘金华山得天独厚

的道教文化资源，满足海内外3000万华人同胞朝圣先贤黄大仙的夙愿。1996年经浙江省人民政府批准，投资2000多万在金华山上修复了江南最大的道观——黄大仙祖宫。1996年（道历4693年）9月28，纪念黄大仙1668诞辰暨黄大仙祖宫开光大典隆重举行，几百名来自我国香港特别行政区、台湾地区以及美国、瑞典、加拿大的客人和万余群众、善信熙熙攘攘走过会仙桥，在《牧羊登仙》照壁和灵宫殿之间会成人山人海。这天的天气千祥云集，普降甘霖，10时18分开光通灵时刻，天突然绽开云雨，云中出浴瞬阳，分外妖娆。人们为之兴奋为之惊叹。

各位朋友，黄大仙祖宫坐落于居鹿田湖畔，披皇岭仙境，占地79 000多平方米，宫殿建筑群占地18 000平方米，海拔562.8米，进深716米，七进阶祖庭由19处宫楼、阁、台组成。宫境深邃，三拔头筹：一是道院大，占地79 999平方米；二是宫殿大，栖主神的赤松宫，三清宫都是占地1000平方米，屋高20米上下的重楼高阁；三是殿内陈设件和法器大，7.2米长的雕花香案，直径1.5米重3吨的铜钟，还有铜香炉，铁宝鼎，大木鼓都会让你大饱眼福。在黄大仙祖宫的赤松宫与灵宫殿之间有一个祭坛，直径18米，占地255平方米。当你站在祭坛阴阳界处自说或者你和朋友分别站在阴阳鱼眼处对喊都有强烈的回音和鸣，似空谷传声，人会发生聆

黄大仙祖宫

听天音的意象，遂命名为天音祭坛。黄大仙在东南亚一带华人中有着极大的影响，有侨仙之美誉。金华兰溪市北隅的黄溢村，便是大仙黄初平出生地，优美动人的神话传说给人遐想。

10 东阳横店影视城

景区概况→清明上河图→秦王宫→明清宫苑→广州街香港街→梦幻谷→大智禅寺→屏岩洞府

［景区概况］

各位游客朋友，欢迎到东阳横店影视城来参观游览！自1996年以来，横店集团累计投入30亿资金兴建横店影视城，现已建成广州街、香港街、明清宫苑、秦王宫、清明上河图、梦幻谷、大智禅寺等13个跨越几千年历史时空、汇聚南北地域特色的影视拍摄基地和两座超大型的现代化摄影棚。被美国（好莱坞）杂志称为"中国好莱坞"。横店影视城是国家5A级旅游景区、全球规模最大的影视基地、中国唯一的"国家级影视产业实验区"。

［清明上河图景区］

各位游客朋友，清明上河图景区是依据北宋画家张择端的《清明上河图》而建，占地800余亩，建筑面积近10万平方米。建有房屋120多幢，桥梁6座，码头9个，船只6艘，牌坊14座。景区分为外城、里城和宫城，城中有"汴河"蜿蜒，形成了城外有城，河内有河的独特格局。城内店铺林立，楼宇鳞次栉比，气派的樊楼，别致的水门，精美的绣阁、府第，展示出奢华的宋代京都文化和繁华喧闹的市井文化，真正是"一朝步入画中，仿佛梦回千年"。在这里拍摄完成了《飞天舞》《小李飞刀》《杨门女将》《绝代双娇》《少年黄飞鸿》《精武英雄》等200余部影视大片。

清明上河图（局部）

［秦王宫］

各位游客朋友，现在我们来到了秦王宫景区，它是1997年为拍摄历史巨片《荆轲刺秦王》而建，也是巨片《英雄》《无极》的拍摄地，景区占地面积40万平方米，建筑面积达11万多平方米。有雄伟壮观的各类宫殿27座，长2289米，高18米的巍巍城墙与王宫大殿交相辉映。主宫"四海归一殿"高达44.8米，纵深达600米，淋漓尽致地表现出秦始皇并吞六国，一统天下的磅礴气势。还有一条长120米，占地面积达 13 300 平方米，建筑面积 6000 平方米的“秦汉街”充分展示了秦汉时期的街肆风貌。黄尘古道，金戈铁马，燕赵建筑，秦汉文化，在秦王宫得以真实再现。在这里，拍摄完成了《荆轲刺秦王》《英雄》《无极》《寻秦记》《风云》《汉武大帝》《鸿门宴》等近百部影视大片。

[明清宫苑]

各位游客朋友，现在我们看到的是明清宫苑，它是按照北京紫禁城 1:1 的比例修建的，占地 100 万平方米，汇聚了京城宫殿、皇家园林、王府衙门、胡同民宅等四大建筑系列，真实地再现了北京故宫原貌及老北京民居。主体建筑有太和殿、乾清门广场、乾清宫、坤宁宫、漱芳斋、承天门、午门、养心殿、军机处、西陆六宫等。虽然是“克隆”，但气势却是一样的恢宏。高墙大院，一道城门接着一道，头顶着明晃晃的太阳，安步当车绝对是个挑战，城里有租四轮车，两个人踩一辆，还有遮阳伞。TVB 收视榜冠军《金枝欲孽》基本上就在这里拍摄的。《新还珠格格》《宫锁心玉》《天下无双》《皇宫宝贝》《天地英雄》《大明王朝》等片也在此拍摄。

[广州街香港街]

各位游客朋友，现在我们来到了广州、香港街影视拍摄基地。该基地建于 1996 年 8 月，是为配合谢晋导演拍摄历史巨片《鸦片战争》而兴建的，是横店影视城的发祥地。广州街占地 21 万多平方米，各式建筑达 160 余处，古街道纵横交错，珠江穿城而过，还原了一个 19 世纪的广州街市风情。整个景区按照历史原貌可分为三大区域：一是艺术地重建的“19 世纪南粤广州城市街景”；二是代表当时“珠江”及其“广州市内小河”的人工湖泊；三是重现当年珠江景色的“十三夷馆”和“天字码头”等景观。

香港街影视拍摄基地是横店影视城的主景区之一。整个布局利用荒野坡地优势设计，分布着 19 世纪香港的中心城区的主要街景：干诺道、毕打街、遮打街、皇后大道、皇后像广场、香港总督府、圣约翰教堂、维多利亚兵营、颠地洋行、汇丰银行、上海公馆、重庆 公馆、和翰园、迟府等。这里的 30 余座象征英国殖民统治的欧式建筑，构成了当时香港政治、经济、文化中心的“维多利亚城”。

广州街香港街

［梦幻谷］

各位游客朋友，现在我们来到了梦幻谷景区，它包括横店老街、江南水乡、梦文化村三大区域，占地22万平方米，是一个以火山爆发、暴雨山洪等自然现象及自然风貌展示为主，配以各种游乐设施和演艺活动等内容的大型夜间影视体验主题公园。横店老街有古朴的石板路，古旧的商铺，这是老横店的一个缩影，更是20世纪四五十年代江南小镇的真实再现；江南水乡集江浙水乡之精华而营造，生动地展示了清末民初时期江南水乡的民生百态和万种风情；梦文化村集最丰富的古老神秘自然奇观和惊险刺激的游乐项目为一体，带给您的是惊心动魄的强烈震撼和如梦如幻的新鲜体验。景区内数十处名目新奇的人造景观和自然景观，定会让身临其境、流连忘返。国内首家震撼体验性灾难表演"暴雨山洪"令人胆战心惊。全球最大火山实景演出《梦幻太极》为您打造的是一台赏心悦目、美不胜收的视觉盛宴。

［大智禅寺］

各位游客朋友，现在我们看到的是大智禅寺，始建于南梁年间（公元502—557年），距今已有1500多年的历史，1994年元月奠基修复，占地面积187 000平方米，建筑面积为20 000平方米，建有天王殿、大雄宝殿、药师殿、地藏殿、罗汉堂、玉佛殿、钟鼓楼等。修复后的大智禅寺古风重振，布局严谨，气势雄伟，巍峨壮观，是古朴幽深的佛国净土，又是翠枝如黛、环境优雅的游憩怡情胜地。在这里，有《书剑恩仇录》《南少林》《三言二拍》等多部影视剧走向屏幕。

［屏岩洞府］

各位游客朋友，现在我们看到的是屏岩洞府，素有"江南第一洞天"之称，为省级风景名胜区，占地面积近35万平方米，建筑面积为1530平方米，历来为道家修行之福地，沿着陡壁建有三清殿、玉帝、王母、黄大仙、胡公、四海龙王、八仙、土地、张天师等道家祠观。峭壁、幽洞、紫花、红叶是景区的四大特色。典型的丹霞地貌构成了陡直的屏岩，险峻的洞穴，成片的紫荆，茂密的森林，加之栈道、亭阁、天门、缆车等景观，风光旖旎而又自然天成。影视名片《呼啸苍穹》等就是在这里拍摄完成的。

11 浦江仙华山景区

各位游客朋友，欢迎大家到浦江仙华山风景名胜区来游览观光！仙华山位于浦江县城北2公里处，主峰少女峰，海拔720.8米，相传因轩辕少女元修在此修真得道升天而得名。该景区是以自然山水、儒家文化及宗教景观为特色，以观光览胜、休闲度假为主要功能的风景旅游区。仙华山景区自然环境宜人，植被覆盖率达88%以上，是一处难得的休闲避暑胜地。

人们对仙华山景观价值的认知始于初唐。据记载：唐贞观十五年（公元641年）印度高僧宝掌周游两浙后，至仙华山，对其奇秀幽绝之景色赞叹不已，写下“行尽支那四百洲，此地偏称道人游”之语，并结庐为庵，于此修行直至唐显庆二年（公元657年）。此后元明清代有名人慕名而来，或撰文纪游，或隐居林泉吟咏寄慨。宋方凤（1241~1322年）在此著有《仙华八景）。元末宋镰于元至正中（约1350年）辞翰林院国史编修之召，隐遁入仙华山龙门为道，赞仙华山奇形伟观：“实天地间秀绝之区也。”吕祖谦、谢翱、吴思齐、柳贯、吴莱、刘基等都曾到此，并留存的诗文题咏逾百篇，摩崖石刻4处，为仙华山增添了深厚的文化内涵。

各位游客朋友，现在我们来到了国家AAAA级旅游景区仙华山。据《浦江县志》记载：“仙华山为浙婺名山，浦邑第一胜景。”仙华山有五峰，如五指状耸峭屹立。从东往西有：玉柱峰、仙坛峰、玉尺峰、玉笋峰。它们拔地而起，相依为丛，四面悬崖峭壁，唯有北坡有一条小道盘旋而上，可达峰顶。崖峰上刻有字体刚正，笔锋有力的“第一仙峰”四个字。仙华山顶的日出，大石岗的夕阳，大地附近的松涛，半山凉亭的泉声，仙华水库的荡舟等都独具特色。

仙华山以奇、险、旷、幽称誉江南，有奇峰24座，大小景点120多处，山上奇峰皆灵秀动人，色彩斑斓，或突兀耸立，或直插云霄，时有云雾缭绕，缥缈若仙境。海拔600米的仙华山巅，石峰耸峭壁立，拔地而起。明朝开国重臣刘伯温有诗云：“仙华杰出最怪异，望之如云浮太空。”峰林仙华山由四部分构成：北为石峰林立、怪石纷呈的“仙华峰林”；南有明赵崇袍植梅数里的“梅坞香雪”；东为千岁宝掌和尚修行之地“宝掌幽谷”；西有山环水抱的“仙湖碧水”。最高峰少女峰，海拔720.8米，历来有江南“第一仙峰”之称，仙华山风景秀丽，文风鼎盛，山峰连绵不绝，仙华双峰对峙于南北，横看成岭，侧成峰，竹深泉清，山间峡谷深切，屏山环水，别具风韵。

仙华山少女峰为轩辕少女升天处，极险削，有蹬道铁链可供攀登。顶有坪台，晴光灿烂，主仙华八景之一的“华柱丹光”即此。登上峰顶，可观赏“虽未小天下，一览收吴越”的景色。北瞰群山起伏，梯田层层，锦铺翠叠，尽收眼底；南眺浦阳城廓，阡陌交通，江水村舍，迷离入望。仙坛峰，俗称二岩，海拔700米，多奇花野草，传为少女为民治病采药炼丹处。玉尺峰，海拔672米，又称中峰，此峰有扶云挟月之势，游人罕登，仙华八景之一的“中峰啸月”。玉圭峰海拔660米，与玉尺峰对峙，间距仅1米，建有石门，题有“天门”“广云路”“广神游”字样，是八景之一的“剑峡迟竟”。

仙华山巅旧时有庙，后改筑于山麓。传说来嘉泰元年（1201年），江南大旱，浦邑尤甚，知县来此祷雨有应，三年正月（1203年）宁宗敕赐庙额日“昭灵”。今之“昭灵宫”为1993年迁址重建。此处诸峰若拱若揖，浮云围绕，护侍晨夕，为“昭灵仙迹”。新昭灵宫东侧有一泓碧水映仙峰，传说凌晨可见少女梳头侧影，神奇美妙，故名“仙峰幻影”。

仙华山东有石宕、宝掌二峡谷，两旁峭壁万仞、石峰连云。谷底枕石漱流，清音嚗愿。谷中泉水清冽甘甜，时而怒泻如抛珠碎玉，时而夺地涌突，如沸如扬。由于流水侵蚀，谷两旁岩腹有许多石洞，虽不大，但干燥宜人。相传吕祖谦等人曾读书于山洞中。宝掌峡谷中段建有宝掌寺，传说宝掌和尚曾于此修行直至1072岁而终。由于苍崖夹谷，青溪长流，故谷中常云蒸霞蔚，山色空澄，时有紫气冉冉，神秘莫测。

仙华山主入口有一面积1.1平方千米的人工湖——仙湖，湖水清澈晶莹，周围群山环峙，层峦叠峰，岸线曲折，岖角长伸。湖中有二岛，林木葱茏，如翡翠散落于湖面。水中翠峰幻影，扑朔迷离，传说月夜可见仙女沐浴，神奇美妙。

12 永康方岩景区

景区概况→山门→百步峻→天门→千人坑→广慈寺→毛主席语录照壁→南岩→“天下粮仓”观景台→圆梦塔→民俗文化广场

［景区概况］

各位游客朋友，现在我们要去游览的是方岩风景名胜区。为何叫方岩呢？因它山高400米，方圆约3000平方米，平地突兀，四壁如削，峰顶与峰脚面积相差无几，气势雄伟，酷似擎天方柱，故名方岩。方岩是我国境内发育最充分、特征最鲜明的丹霞地貌区之一。方岩附近的山，形状或方或圆，都是绝壁陡起，孤峰独峙，势急峰危，峥嵘峻险；颜色或红或紫，色彩斑斓，气象万千。方岩山体气势磅礴、动辄数千甚至上万平方米的绝壁大石面，节里纵横，皴法皱叠，苍劲雄伟。方岩洞奇石怪，瀑美水秀，置身在如此丹霞峰林里，确有飘然欲仙之感。方岩风景名胜区总面积约

永康方岩

152.8平方公里，包括方岩、南岩、石鼓寮、五峰、灵岩、刘英烈士陵园、五指岩等景区。今天我们要去游览的是方岩与南岩景区。

［百步峻］

各位游客朋友请看！面前这段陡峭的石阶就称为“百步峻”。用“石蹬巍峨促膝行，行时不觉看时惊”这两句诗来形容这里非常贴切，它的意思是：台阶好陡啊！攀登台阶的时膝盖都快碰到台阶了，爬的时候一个劲地往上，没感觉到害怕，可回头往下看时，头晕目眩心发慌。大家再低头看看，我们所走的每一步台阶上都刻有一个名字，那是捐助者的名字，这百步峻的修筑材料都是那些为表达虔诚之心的善男信女们无偿捐助的。修桥、铺路都是积德、行善之举，前人修路后人行走，让我们衷心地感谢这些捐助者吧！这段陡坡名为“百步峻”，是不是真由一百步阶梯组成呢？有没有游客留心数过？其实，它并不是真的有一百步，百、千只是个虚数，形容多而已，像李白的《望庐山瀑布》中“飞流直下三千尺”，用千来形容瀑布之长，并非一定要有一千尺。

［天门］

各位游客朋友，现在大家看到的就是“天门”了，这意味着我们快到山顶了。天门两面各有一块岩石，两石对峙形成天然关隘，故名之。在南岩和方岩间的天桥没建之前，上方岩山顶必须经过此天门，可以说是“绝壁无他径，悬崖只一关”“一夫当关，万夫莫开”。飞桥和天门是方岩险峻的标志，在宣传资料上，或是天气预报的背景上大家看到的都是这个景致。这里较为陡峭，大家一定注意安全！

［千人坑］

各位朋友，请看这个亭子，亭中石碑上书着“千人坑”三个字。大家看到这样的字眼，心里大概在想：这是日寇或土匪在这里犯下的罪行！其实，这个“千人坑”和北宋末年的方腊起义有关。相传宋徽宗时，睦州（现在淳安）方腊起义，永康的陈十四率众响应，迅速攻占了永康县城，官兵狼狈逃窜，上了方岩山，关上天门，负隅顽抗。方岩山四壁如削，别无他路，义军一时半会儿攻不上来。后来，义军在当地群众的指点下，来到此处山脚，在这两山夹缝中爬树藤上来，当快要到达山顶时，不料被官兵发现。于是，官兵投石放箭，砍断树藤，义军便全部坠涧牺牲，后人为了纪念他们，就称这里为“千人坑”。

［广慈寺］

各位游客朋友，转过千人坑就来到了广慈寺。广慈寺建成于唐宣宗大中四年（850年），原名大悲寺，宋英宗治平二年（1065年）改为今名，现在看到的是1985年重建的。我们能看到右边寺院的墙上写着“南无阿弥陀佛”，相信大家对这几个字听得多也见得多，但有人知道它是什么意思吗？是南边没有阿弥陀佛吗？当然不是，“南无”是印度梵语的音译，也译作“那摩”，就是敬礼、皈依的意思，那为什么要向阿弥陀佛敬礼呢？阿弥陀佛是西方极乐世界的教主，又称为“接引佛”，人们轻念他的法号，就将接引人在死后去西方极乐世界。走上台阶，迎面看到殿中的弥勒佛，弥勒佛多是大腹便便、笑容满面的形象，大家都知道这样一副对联吧：“大肚能容，容天下难容之事；开口常笑，笑世间可笑之人。”与弥勒佛背对而坐的就是韦驮，韦驮是一个护法天神，在佛祖涅槃后，有罗刹鬼抢走佛牙舍利，韦驮奋起捉拿罗刹鬼，取回佛牙舍利，因此，一般寺院都把他供奉在弥勒佛的背面，释迦牟尼佛的对面。中殿是观音殿，这里供奉的是千手观音。观音原称观世音，因唐朝时避唐太宗李世民的讳，就称为观音。出中殿，上一个大斜坡，就到了大殿大雄宝殿。大雄是佛的德号，“大”就是包含万有的意思，“雄”就是摄伏群魔的意思。殿中供奉的就是释迦牟尼佛。释迦牟尼佛身边立着两个人，一个是他的大弟子伽叶，另一个是他的小弟子阿难。左右两厢是十八罗汉。佛前设供桌，供桌上的东西都是有含义的，因为佛门的一切设施、供养，处处都在提醒、教育信徒们。如佛前供一杯水，意为：水是干净的，代表我们的心要像水一样干净；水不起波浪，是平的，我们的心要像水一样清静、波澜不惊。佛前供花，供水果，开花结果，花就代表“因”，水果就代表“果”，万事有因才有果。所以，这些花不是供佛菩萨闻的，水果不是供给佛菩萨吃的，是让我们看到“花”“果”时，就想到因果报应，“希望得什么样的果报，就要修什么样的因”。“佛灯”代表智慧、光明，“香”代表戒定真香。

[毛主席语录照壁]

各位游客朋友，出了广慈寺，首先映入眼帘的是一块照壁，上书“为官一任，造福一方”八个大字。这是毛泽东主席的语录。1959年8月，毛泽东主席开完庐山会议返京途中路过金华，当时他召集各县县委书记座谈。他问永康县委书记马蕴生说：“你们永康什么最出名？”马书记脱口而出：“五指岩生姜。”毛主席博览群书，通晓古今，他摇摇头说：“不是什么五指岩生姜。你们那里不是有块方岩山吗？方岩山上有个胡公大帝，香火长盛不衰，最是出名的了。其实胡公不是佛，也不是神，而是人。他是北宋时期的一名清官，他为人民办了很多好事，人民纪念他罢了。为官一任，造福一方，很重要啊！”毛主席的话语重心长又意味深长啊！

[胡公祠]

各位游客朋友，现在我们来到了胡公祠。请看“胡公祠”三字是由原佛教协会会长、著名书法家赵朴初题写的。胡公，原名胡则，字子正，北宋初年人，963年出生于永康胡库，27岁时考中进士，后在宦海沉浮四十多年，经历了太宗、真宗、仁宗三个皇帝，先后出任过浔州、睦州、温州、福州、杭州、陈州等地的知州，工部、刑部侍郎，72岁退休，加封为兵部侍郎（正三品），相当于现在的国防部副部长。他当官为政期间，施仁政，宽刑狱，减赋税，除弊端。明道元年（1032年）江淮一带遭遇大旱，饿死了很多人，胡公向朝廷上书，请求免除江南各地“身丁钱”（相当于人头税），朝廷下了允许诏书，永久免除衢州、婺州两地的身丁钱。两州百姓感恩戴德，就在他年轻时读书过的广慈寺旁建祠纪念他。后来胡公被继任皇帝多次敕封，慢慢被神化为有求必应的胡公大帝了。

下面大家就随我去看一下两壁上画着的8幅画，以便更多更深地了解胡公。

第一幅是“惊梦怀子”。讲的是胡公的母亲应氏结婚几年后，一直没有怀孕。她十分着急，天天到观音洞进香。一天晚上，应氏梦见一个红脸大汉在观音的指示下投了自己的胎。据说这个红脸大汉就是钱王，所以胡公的脸也是红的。（大家知道钱王是谁吗？杭州的朋友一定都知道，杭州有钱王祠，钱王叫钱镠，是吴越国的开国国君，胡公出生时，浙江还是处于吴越国统治之下。在他十六岁时，吴越王钱俶才纳土归宋。）

第二幅是“程伯劝学”。当年胡公在方岩山顶和五峰书院求学，因为年少也会贪玩而不发奋读书。程伯常给他送吃的，也给他一些教导。一次，程伯打了一只七彩山鸡，送给了胡公，胡公要给他钱，程伯生气地说：“你以为我稀罕你几个钱啊，只要你好好读书，将来为我们穷人争口气，就比什么都强了。”胡公听后深有感触，从此读书更加勤奋努力。

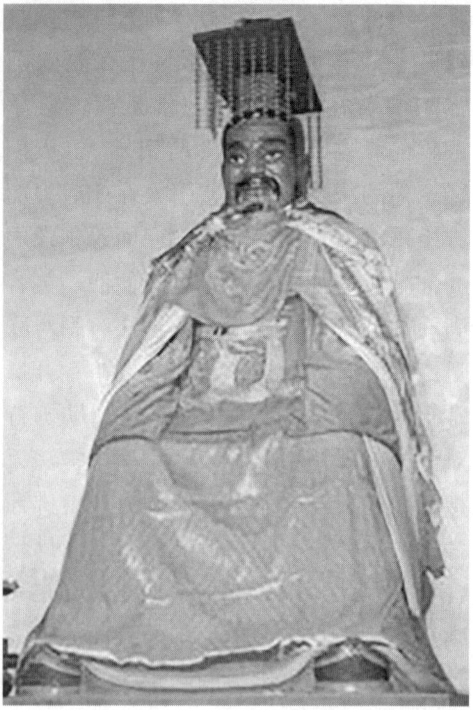

胡公大帝像　汪亚明摄

第三幅是“太宗赐名”。据说胡公是出生在厕所边的，所以他爷爷给他取名胡厕，以求贱名好养。“阿厕”这名字一直叫到27岁，当年他中了进士，宋太宗赵匡胤召见他，一看到这个名字，有点不悦，说：“一个进士怎么能用厕字为名呢？以后就叫胡则吧。”从此改名为胡则。

第四幅是“减租平值”。这是胡公在福建任上为民做的一件好事。按原先规定，租种土地的佃户应当交租，拥有土地的农民应当交税，但是在官田授与民耕后，朝廷却又要收租又要收税，租税高得惊人，占总收获五成以上，佃农辛辛苦苦一年却无所得，胡公深知百姓疾苦，上奏朝廷，仁宗最终同意削减1/3，宽限三年付清。

第五幅是“整治钱荒”。“钱荒”相当于现在银根收紧，就是市场流通没有足够的货币。那为什么会出现钱荒呢？一方面是商业的发展对货币的需求急剧增加；另一方面当时通用的货币主要是铜钱，而铜在当时是国家控制的物资，民间缺铜，销熔铜钱制铜器可以获利更多，还有贵族地主大量窖藏铜钱，造成市场上流通的铜钱越来越短缺。胡公一方面克服阻力，整顿采矿场，保障开矿者的生命安全，提高铜的产量，另一方面整顿铸币厂，当时江南最大的铸币厂永丰监，擅自改变铜钱铸造的用料比例，私吞大量官铜。胡公在查清他们的贪污行为后，又力排众议，暂不治罪于他们，让他们戴罪立功，以观后效。结果，那些官吏真的洗心革面，不再贪污，尽心尽职。在胡公的整治之下，货币市场焕然一新，北宋建国初年，全国铸钱不过六万贯，而那时四个铸币厂的铸钱量就猛增到一百万贯。

第六幅是“睦邻怀远”。北宋时，海外贸易发达。一次，一艘以马拉纳为首的满载货物的商船从麻逸（今菲律宾）来到中国，在中国海域遇到了风浪，只能把货物全抛入大海，风浪停歇后，他们在琼州靠岸，幸存下来的人，个个成了穷光蛋，寸步难行。他们向当地政府求助，官员都怕番人借钱有借无还，因此没人肯借。这时胡公刚好在琼州视察，了解情况后，便与琼州府商量借钱给他们。这件事确实是担了很大的风险，幸亏马拉纳十分守信，回国后就带来许多珠宝来感谢胡公，并以借一还十的高价还清了所借的钱，这幅画就是他还钱感谢的情景。

第七幅是“奏免丁钱”。讲的是胡公在任为官时所做的最后一件大好事，当年江淮地区连年干旱，民不聊生，百姓还要向朝廷缴纳身丁钱——其实就是变相的人头税，胡公当时任工部侍郎，他犯颜直谏，请求皇上免除江南百姓的身丁钱，后来皇帝打了个折扣，只免了衢州婺州的身丁钱，但对衢、婺百姓来说是很大的恩泽了，这幅画面是老百姓感谢胡公的情景。

最后一幅是“范公补笔”。胡公在1039年寿终正寝，葬于杭州龙井，龙井现在还有他的墓，龙井的“十八棵御茶树”就是他在龙井养老时种的。他的《墓志铭》是北宋政治家、文学家范仲淹为他写的，上面有这样的几句话：“进以功，退以寿，义可书，石不朽，百年之为兮千载后。”果真如范仲淹所言，在千百年后，人们还记着胡公的功绩。范仲淹是胡公的儿子胡楷的同窗，胡公任陈州知州的时候，范仲淹任通判，两人结为忘年之交。

胡公可谓是三朝元老了，他在任上的最后一个皇帝是宋仁宗。仁宗就是那个著名传说故事中狸猫换太子中的那个太子，大家一听，肯定就想到包公了吧？胡公比包公大 36 岁，包公在 29 岁考中进士后，十来年不愿出去当官，后来 39 岁才出任大理寺丞，那时胡公已经退休在杭州养老了。

[南岩景区]

各位游客朋友，游完方岩，过了天桥，就到了南岩景区。南岩又称胡公山，山上景点都跟胡公文化有关。我们脚下的这座天桥总投资 260 万，1998 年动工，2000 年 1 月建成，长 55.24 米，跨径 47.5 米，宽 5.99 米。天桥的建成，真是一桥飞架南北，天堑变通途。天桥不仅是一道风景也是一个很好的观景台，我们站在天桥上，就可以饱览丹霞奇观。方岩景区属于丹霞地貌，这些山体的岩石称为“红色砂砾岩”，它在中生代侏罗纪至新生代第三纪沉积形成。后来经历第三纪晚期的喜马拉雅造山运动，部分红色地层发生倾斜、褶曲、抬升，流水沿岩层垂直节理侵蚀，形成两壁直立的深沟，而流水侵蚀后的大小砂石有些被流水带走，有些不断堆积，在水流和风化的共同侵蚀作用下慢慢形成山峰，所以我们看到的山体岩石很有层次。而红色砂砾岩中有些层次组织较疏松，易受风化，又有一些石灰岩，易溶于水，因而形成大大小小的洞穴。

[“天下粮仓”观景台]

各位朋友，大家请看！那一座座山峰像不像一顶顶蒙古包，又像是一座座粮仓，我们称它们为“天下粮仓”，有这么大的粮仓在，永康人民就永远不愁吃穿了。在这个观景台上可以看到方岩、五峰的风光。大家可在此拍拍照哦。

天下粮仓　汪亚明摄

[圆梦塔]

各位游客朋友，现在我们看到的这座塔叫圆梦塔。据说，圆梦塔是为了完成胡公生前遗愿及帮助家乡人民圆难圆之梦而修建的。九层塔，每层圆一个梦，大家猜猜看，它们分别是什么梦呢？

第一层是平安，平安两字值千金哪，平平安安就是福。第二层是康寿，健康长寿。第三层是伉俪，就是求婚姻美满。结婚时，亲朋好友的祝愿都会说："祝早生贵子！"第四层就是求贵子。(孟子说：不孝有三，无后为大。这话大家都听说过，不孝有三，到底是哪三种情况呢？一味顺从，见父母有过错而不劝说，使他们陷入不义之中，这是第一种不孝；家境贫穷，父母年老，自己却不去当官吃俸禄来供养父母，这是第二种不孝；不娶妻生子，断绝后代，这是第三种不孝，也是最大的不孝。)第五层是求功名，成了家就该立业了，古人说人生有三喜：在洞房花烛夜后就想着金榜题名时了吧！第六层，求友情，古人说：在家靠父母，出门靠朋友，现在歌里唱千金难买是朋友，朋友多了路好走，朋友是人人都不可缺少的。第七层是鲲鹏展翅，"鲲鹏"一词出自《庄子·逍遥游》："北冥有鱼，其名为鲲。鲲之大，不知其几千里也。化而为鸟，其名为鹏。鹏之背，不知其几千里也。怒而飞，其翼若垂天之云。"比喻宏伟的志向，也可以说为大展宏图吧。第八层，是求财，把它放在第八层，也是和"发"谐音吧。也说明，钱财不是最重要的，首先得把下面平安，健康，家庭等的基础打扎实了才行。第九层，最后一层是成仙。呵呵，有道是有了千钱想万钱，做了皇帝想成仙，看来这最后一个真的只能是梦了。

[民俗文化广场]

各位游客朋友，过了圆梦塔，就是民俗文化广场。广场正中为"五蝠（福）朝寿图"。方岩一年365天，一天24小时，全是开放的，因为有些人喜欢晚上来，一是在寺庙边过夜，称为"靠山"，二是抢烧头香。但方岩什么时候最热闹呢？是在农历八九月，那时方岩有庙会。胡公的生日是农历八月十三，从八月初一到九月初九，各地都有"打罗汉"的队伍上方岩山，方岩山顶开阔地较少，自民俗文化广场建成后，队伍就在这里集合，进行各种文艺表演。"打罗汉"起源于祭拜胡公的活动，它是方岩庙会的主要形式。相传，胡公为官时倡导农民农闲时习武，练武不仅可以强身，还可以抵抗外敌入侵。永康的后人谨记遗训，后来就用"打罗汉"这一形式来祭拜胡公，并代代相传。以前的"打罗汉"是一种民间武术活动，以演练武艺为主，后来不断地加入新元素，渐渐形成了民间文艺大会演。如今的"打罗汉"可谓是精彩纷呈，主要表演形式有：罗汉、罗汉孙、叠罗汉、十八蝴蝶、三十六行、长脚鹿、九串珠、舞狮子、颠布龙、九狮图等。其中"九狮图"与"十八蝴蝶"最具有代表性，曾代表国家多次出国表演，并得到了国外观众的青睐。

各位游客朋友，方岩与南岩景区的游览就要结束了，现在请大家跟着我原路下山。真是上山容易下山难啊！请大家留心脚下台阶，注意安全！愿我们开开心心而来，高高兴兴而回。

13 武义牛头山国家森林公园

景区概况→九仙楼→老子青牛雕塑→丁丁碑→生生门→御碑亭→天师殿→天师井→九仙亭→聚仙台

[景区概况]

各位游客朋友，大家好，欢迎来到素有“江南九寨沟”美誉的牛头山国家森林公园！这座山之所以称作牛头山，是源于山的顶峰有两只很像牛角的山石。牛头山森林公园的地貌景观资源极具特色，这里有气势磅礴的牛头山、天师峰、擎天柱、天崩峡、地裂峡，气象万千的石门峡，逼真传神的石门迎宾、道士岩等。

牛头山景区大门　汪亚明摄

[九仙楼]

大家请看，在我们右手边这座古式建筑是九仙楼，它是按照五星标准建造的，主要为游客提供会议和用餐服务。大家都知道，民间传说中有八仙（铁拐李、汉钟离、张果老、蓝采和、何仙姑、吕洞宾、韩湘子、曹国舅），而这里怎么会多出来一位神仙呢？他又是谁呢？还是我来告诉大家吧！他就是武义当地的养生大师叶法善。叶法善是唐玄宗时期道士的代表人物，有摄养、占卜之术，曾为高宗李治、武则天、中宗李显、睿宗李旦、玄宗李隆基等五朝御医，先后有50年之久。叶法善大师虽为真实人物，但因其影响很大，所以从唐代中晚期开始，就被人们神化为道界尊神了。

[老子青牛雕塑]

大家请看这头青牛，它可不是一头普通的牛，而是道家始祖老子留在这里的坐骑。相传，这头青牛原是白马山炼丹石室的一名道童，因为偷吃了太白金星炼制了仙丹，用石子补缺充数，害的太白金星在王母娘娘的蟠桃会上出尽洋相。太白金星一怒之下，把他变成了青牛，送给老子当坐骑使唤。

[丁丁碑]

大家看到这块碑的名字，是不是觉得很奇怪？相传，当年担任处州太守的李邕，其文章和书法都非常有名，叶法善就请他为祖父叶国重撰写碑文。李邕没有答应。叶法善就在当夜施行道法，把李邕的魂摄来书写碑文。李邕的魂一口气写了1120个字，当写到落款时，道观响起了晨钟，又听到鸡啼，马上就要天亮了，大家都知道，魂是见不得光的，于是李邕的魂只得草草收笔，在“丁”字后面点了数点，便匆匆离开，这就是我们今天看到的样子了。这正是因为这个故事，人们称这块碑叫“追魂碑”和“丁丁碑”。

［生生门］

各位请看，这是生生门。“生生”一词，最早出现在《尚书》之中，其蕴意是阴阳和谐而万物繁衍不息。请大家辨认一下，这几尊塑像分别是谁？对了，这位就是我们刚才说的叶法善大师，这位是唐高宗李治，这位是一代女皇武则天，这位是唐中宗李显，这位是唐睿宗李旦，最后这位的唐玄宗李隆基。据史料记载，叶法善曾经是这五位皇帝的贴身御医，深得信任。

［御碑亭］

大家请看，这座亭子叫御碑亭，从名字中的“御”字大家就能判断出，这座亭子一定和皇帝有关。相传，在唐开元八年（721）正月二十七，忽然有几百只仙鹤，排成行列从北边飞来，飞到牛头山脚的全塘口村，在叶法善故居上空盘旋，连续三日。与此同时，五色彩云也从四面八方飘拢到而来，覆盖着叶法善的老家。之后不久，105岁高龄的叶法善在长安景龙观就羽化了。唐玄宗得知叶法善天师羽化升云，非常悲痛，第二天就颁布制书，追赠叶法善为一品官“越州都督”。唐玄宗和叶法善的情谊非常深厚，直到叶法善仙逝19年之后，依然深深怀念，在景龙观为叶天师立碑，亲自撰写碑文。碑文的标题比较长：《故金紫光禄大夫鸿胪卿越国公景龙观主赠越州都督叶尊师碑铭并序》，简称《叶尊师碑》。唐玄宗御笔碑文，对叶法善一生业绩作了全面介绍和评价，表达了他对帝师叶法善深切悼念之情，高度赞扬叶尊师的不朽功业。皇帝如此褒奖道教人物，这在中国道教史上独一无二的。

［天师殿］

各位朋友，我们现在所处的位置是天师殿。相传，叶法善大师乘鹤仙去后，人们难以忘怀，代代相传其功绩。后来，家乡人为了纪念他，就在他经常采药炼丹的牛头山蜡烛台之巅，建造了天师殿，供奉叶法善天师。蜡烛台也此被称为“天师峰”。现在大家所看到的天师殿，是后来重建过的，比原来更加宏伟壮观。

大家请看，正中间的这座神像就是叶法善天师。叶天师能保佑大家健康长寿，一生平安如意。他右手这边的两尊，一尊是财神，对于财神，大家都比较了解，它能给大家带来官运和财运；另一尊是山神，它是牛头山的护山之神。叶法善大师左手这边的两尊神像，一尊是福神，能保佑大家幸福安康、五福临门。知道“五福”是哪五福吗？第一福是“长寿”，第二福是“富贵”，第三福是“康宁”，第四福是“好德”，第五福是“善终”；另一尊是商神，大家可能就有点生疏了，它是有“治国良臣，兵家奇才，商人始祖”之誉的范蠡。

［天师井］

大家过来看一下这口井，它叫天师井。据传，东海龙王曾向叶法善大师求救，说是有个婆罗和尚要将海水卷到空中，劫取他守护多年的镇海之宝。叶法善大师随后赶赴东海，一道丹符飞去，海水即恢复了原状。龙王为了报恩，就在这里修了一口井，以供叶法善炼丹之用。奇怪的是，无论旱情多么严重，这眼井照样仙水盈盈，据说井水是与东海相通的。

［九仙亭］

大家请看，这是九仙亭。相传，这里是叶法善设宴八道菜款待八仙的地方。后人就把八仙当时落座的这种四方桌被称为“八仙桌”，把那八道菜，称为“逍遥楼八大碗”，凡遇年节、庆典、迎送、婚嫁喜宴，上客临门，有钱的人家多以“八大碗”款待为最高礼节。武义八仙桌坐八客、食八菜的风俗，一直沿传至今。那么，八仙喜欢吃的“八大碗”是哪八道菜？有哪位游客知道？还是我来告诉大家吧！它们是采荷宣莲、湘子熏肉、钟离落汤鸡、国舅山珍、洞宾鲫鱼、铁拐鸣蛙、仙姑野蔬、国老油豆腐。

［聚仙台］

大家请看溪边上的这些圆形石坑，圆中有洞，洞中有柱，形状各异，大小不一，当地村民称之为“竹竿头窝”，仿佛是神仙用力把空心竹竿插进石壁拔出后留下是圈痕。有哪位游客知道这些圆形石坑是怎样形成的？

第一种是冰臼说：冰臼群是冰川曾经存在的有力证据之一，冰臼是冰川的直接产物。两三百万年前，在巨厚冰层覆盖处于“封闭”和“半封闭”状态下，冰川融水沿着冰川裂隙向下流动时，由于冰层内有巨大压力，呈“圆柱体水钻”方式对基层的岩石及冰川漂砾进行强烈冲击、游动和研磨，最终形成深坑，这些坑极像我们南方舂米的石臼，因此称为冰臼。冰臼也是研究古气候、古人类生存环境变迁及人地关系演化的良好载体。这一奇特地质现象的发现与研究，不仅具有较高的科学价值，而且具有重要的现实意义。

第二种是火山喷发说：很久以前，这里发生了火山喷发，喷涌而出的炽热岩浆顺地势四散奔流，由于河道弯曲，河床高低不平，造成河道堵塞，使熔浆越来越多，火山熔岩越来越厚，堵塞到不能向下游流淌时，熔岩中的大量气体从边缘地带冒出来，气泡从大到小，随着气泡不断冒出，熔岩冷却，形成了这些圆形石臼。其实，这两种说法都只是人们猜想罢了，并未得到科学验证。请大家继续跟我往前走，小心脚下路滑！

14 衢州孔氏南宗家庙

各位游客朋友，欢迎大家到孔氏南宗家庙来游览观光！孔子家庙“普天下唯二焉”，一在山东曲阜，一在浙江衢州。宋建炎二年（1128年），孔子第48代裔孙、衍圣公孔端友，捧孔子夫妇楷木像随宋高宗率领部分孔氏族人南渡后，赐居衢州，后仿曲阜规制重建家庙于衢城菱湖，衢州遂成南孔圣地，孔氏家族遂分为南北两宗。南宗嫡裔至此扎根于衢州，繁衍生息八百多年，史称“东南阙里”。衢州孔庙于宋宝祐元年（1253年）始建，明正德十五年（1520年）迁于现址，历代多次修葺。1998年经过全面修缮，作为衢州市历史博物馆舍对外开放。整个建筑群坐北朝南，平面呈纵长形，以3条轴线布局：东轴线上有孔塾、崇圣门、崇圣祠、圣泽楼等

孔子像

建筑；中轴线上有孔庙大门、大成门、甬道、大成殿、东西庑等建筑；西轴线上有五支祠、袭封祠、六代公爵祠、思鲁阁等建筑，西轴线稍西为世袭博士署，即孔府奉祀官府。家庙历经各代的多次维修，但仍保留宋代的建筑形制和规模。衢州每年9月28日都将举行隆重的“南宗祭孔”活动，来自全球的儒学文化研究专家、教授以及孔子后人都会云集于此畅谈儒学文化。

各位请看，这是南宗孔庙主殿大成殿，为庙内最高建筑，是一座重檐歇山顶明代建筑，殿阁雄伟、气势不凡。双重飞檐中立有一块竖匾，上书“大成殿”三字，檐下挂着“生民来有”匾额，为清代雍正皇帝赐笔。殿内一块清代康熙皇帝撰写的“万世师表”原额，悬挂在正殿上方。大殿高23米，长和宽各9米。殿内正中是孔子坐像，两旁侍立着他的儿子伯鱼和孙子子思的塑像。

横梁上悬有十余块历代帝皇御书匾额。殿内共有木质圆柱12根，其中最大的圆柱周长1.8米，大人伸展双臂也难以抱全。

15 龙游石窟

各位游客朋友，欢迎大家到被当地人称之为“世界第九大奇迹”的龙游石窟来探险游览！龙游石窟位于浙江省西

部衢州市龙游县城衢江北岸3公里处的凤凰龙游石窟景色山麓，距衢州30公里。龙游石窟是我国古代最高水平的地下人工建筑群之一，也是世界地下空间开发利用的一大奇观。

在龙游县城不远处，有一个叫石岩背的小山村，坐北向南、背山面水，自古就有风水宝地之说。站在村前眺望远处，一条衢江环绕而过，视野开阔，颇有清灵飘逸的感觉。村边临江处有一座竹林禅寺，寺中香火袅袅，佛音阵阵。1992年6月9日，吴阿奶与其他三个村民动用四台抽水泵连续17个昼夜的抽水，终于为人类展现出又一个可以与UFO相提并论的世界之谜。在吴阿奶的带领下，进入了一个神秘的地下世界，宏伟壮观的气势，扑朔迷离的奇迹。令人惊叹叫绝，也让人百思不解。半天时间的寻秘却让人终身难忘。

这个在地底沉睡了上千年、举世罕见的浩大地下工程，自从被几个农民无意中发现后，至今仍像一个巨大的感叹号竖立在史学家、考古学家、建筑学家和游客的眼前。龙游石窟所在的童坛山，方圆不过数里，但山腹内竟藏着24个大小不一、布局精妙的人工洞窟。在被发现前，它们均被水淹土埋，加上洞口岩块崩塌，所以难见真容。当地政府如今已开发出其中的5个洞窟供游人参观。这些洞窟的形制、规模大体相当——洞厅面积小则数百平方米，大则逾千平方米，洞高在20~40米不等，洞

龙游石窟

口均呈矩形，洞壁陡峭，洞顶则呈圆弧形斜伸，洞中有2~5个粗大石柱撑顶，其横截面均为熨斗状，大者需5人合抱，洞顶、洞壁和石柱的表面无一例外地凿刻着细密的斜纹，状若虎斑。从洞口至洞底均有一条宽大石阶，石阶呈波流形；每个洞窟的底部均有一至两个凿挖而成的石池和人工斜坡。

大批专家和学者纷纷对石窟形成的年代及用途提出各种不同的推想和论证：采石场、墓穴群、藏兵站、储冰库、巨石文化、道家福地、造反的采矿人安身之处等等，众说纷纭。龙游石窟在发现之初曾被人认为是一个“废弃的采石场”，因而刚发现时并未引起轰动，默默无闻达长6年之久。直到1998年才引起社会各界的关注。如今人们发现，在衢江北岸，类似的石窟星罗棋布，附近2.88平方公里的地下至少有50个洞窟。在古代并不发达的科技水平下，完成如此浩大的地下工程实在让今天的人们匪夷所思，而窟中的重重谜团，更使得观者“入窟尽是探奇者，出窟全变猜

谜人”。

在众多的研究者中，浙江大学的褚良才博士在10多次实地考察并搜寻各方面的史料之后，提出：龙游石窟最早开凿于西汉宣帝“边郡皆筑仓”时，其功能是储备粮食、货物及战备物资，并经历代尤其是隋朝时就叫“北常平仓”，在那时就已被列入“古迹”。褚博士还发现了两个很有说服力的典型洞窟，一个是在童坛山上游不远处的簸箕洞（宋代有记载，称其“千古万年”），另一个是在下游不远处的石岩洞（洞口有3个，洞前有防水石堤）。但目前至少可以断定，龙游石窟是迄今所发现的世界上最大的古代地下人工建筑群。

笼罩龙游石窟的迷雾正在渐渐散去，一个具有巨大文物与考古价值的中国古代地下工作正展露在世人面前。令人欣慰的是，龙游石窟现已被有关方面采取相应的措施严格加以保护，并列入申报世界文化遗产的议事日程。毕竟，龙游石窟应该，而且完全可以成为人类古代文明的一大见证。

16 江山江郎山

各位游客朋友，欢迎大家到世界自然遗产地江郎山来游览观光！江郎山位于浙江省江山市西南部，仙霞山脉北麓，浙闽赣三省交界处，是老年晚期一座高位孤峰型丹霞地貌的杰出代表，主

江郎山三爿石

峰海拔819.1米。江郎山有三绝：“三爿石”“一线天”“郎峰天游”。

在江郎山三绝当中，最被世人推崇的自然奇观是“三爿石”。大家请看，这就是三爿石，300多米高并且裂为三片的丹霞孤峰耸立在海拔500米的山地之颠，是全球迄今已知最高大雄伟的直立红层孤峰和刀劈状的最深巷谷。堪称“全国丹霞第一奇峰”。江郎山相对高差300多米的三爿石，是一处令人肃然起敬的天然纪念碑、一个壮观的标志性景观、一部丹霞地貌的杰作。三爿石的最佳观景点是霞客亭。

各位游客朋友，大家请看，在亚峰和灵峰之间的深窄陡直峡谷就是一线天，长高各约300米，两壁平行，其间距在大部分区域里保持在3.5~5米，至顶部张开至25米左右，如刀削斧劈，给人以无与伦比的雄伟气势，被专家勘定为“中国一线天之最”

各位游客朋友，大家可沿着右壁的3500余级石阶，平均坡度达88度的郎峰拾级而上到达峰顶，这就是“郎峰天

游”。登上峰巅，凉风习习，俯瞰脚下，百里山川尽收眼底。

17 开化根宫佛国文化旅游区

景区概况→醉景园→根宫佛国→佛门祥光→集趣斋→云湖禅心→青梅园→醉根潭

［景区概况］

各位游客朋友，欢迎大家来根宫佛国文化旅游区游览观光！这个旅游区由衢州醉根艺品有限公司投资开发，工艺美术大师徐谷青先生精心设计创作的。这里山水灵秀、人文丰厚，景观独特，是让人震撼的世界唯一的根文化主题旅游区，现为国家AAAAA级旅游区。

徐谷青先生巧妙地以根雕艺术、盆景艺术、佛教文化与园林古建为载体，融华夏5000年璀璨的历史文化于奇根异木，构建了一幅恬静优雅、天人合一的画卷。这里是一处寻根探源的山水文化旅游胜地，有福门祥光、云湖禅心、集趣斋、天工博物馆、根雕佛国、醉根宝塔、历史文化长河等30个景点，陈列有世界上最大的根艺释迦牟尼佛造像和680米长的巨型根雕五百罗汉阵以及根艺文献资料、根艺名家名作、工艺流程和醉根文化展示等，是一部根艺美术的《四库全书》。旅游区占地面积3.03平方公里，资源体量巨大，类型丰富，涵盖地方景观、水域风光、遗址遗迹、建筑设施、人文活动、气候景观等六大主类，48个基本类型，休闲观赏价值极高。旅游区以根载道，以自然天趣承载人文意境，无论是外在独特的景观景物，还是蕴含丰厚的文化积淀，都给人以感观的愉悦和心灵的共鸣，而且景观资源独一无二，在国内外旅游旅游区中具有唯一性和独特性，是艺术之根、文化之根、民俗之根，具有极高的历史文化科学价值，知名旅游专家更是将根宫佛国文化旅游区称之为“今天的精品、明天的文物、后天的遗产”。

根雕艺术

［醉景园］

各位朋友，我们现在所处的位置是醉景园，这里有醉松亭、日月亭、回思廊、静心亭、乐禽园等景观建筑，陈列有以松柏类为主的盆景艺术作品1500余盆，造型博采众长，创意自然，有小桥流水、田舍人家的水旱盆景，有浓缩华山天险附石盆景，有的以石为盆，回归自然，有的三五成林，意境高远，大自然的千奇百怪，于方寸间一览无余，具有空中花园美誉。

［根宫佛国］

各位朋友，现在我们看到的就是根宫佛国。这是个以根雕艺术展现佛教文化的圣地，是由千年树神汇聚的艺术殿堂，建筑面积1.2万平方米，纵深有三座大殿，第一幢为双层结构，第二、第三幢均为单层结构。两边另有罗汉文化长廊依山而建，环绕其间，有未来佛殿、大雄宝殿、罗汉堂等，陈列有释迦牟尼、未来佛、四大菩萨、四大天王、五百罗汉等佛教文化系列巨型根雕作品一千余件。其中最大的根雕释迦牟尼佛，形体庞大，重达40余吨，根雕材料花巨资于中缅边境一路绕道跋涉而来，经醉根"点化"，巍然成佛！五百罗汉阵更是气势雄伟，长达680余米，整体布局浑厚古雅，堪称中华一绝、世界之最。根艺五百罗汉，是徐谷青大师经过十余年的精心准备，花巨资收集全国各地千年龙眼和荔枝木根桩创作，整体布局依照佛祖度五比丘、摩揭陀国弘扬佛法等几次重要法会为主线，风格独特，气势恢宏，既有佛的神秘，又与人生百态相映，在传统的雕刻技法中融汇了现代艺术的创新理念，使罗汉们情表于外，意韵其中，典雅且通俗，使根雕艺术和佛教文化珠联璧合，是世界上最大的一套根雕五百罗汉造像。

［佛门祥光］

大家请往这里看，这是由门雕塑、奇石、八卦图以及根文化雕塑、茶文化雕塑组成的一个雕塑群。门的雕塑是用玻璃钢仿铜制作，高11米，作品原型就是徐谷青大师的根艺精品《世纪门》。用根艺作品创作雕塑，是徐大师的首创，他打破了根艺作品室内陈列的常规，不仅开拓了根艺创作的空间，也把根艺提升到大美术行列。"门"包罗万象，是界定的标志，也是求知悟道法门。这些自然奇绝的艺术形象门雕塑，包含着哲理性的启迪，是带来福气、财气、运气的吉祥之门，也是迈向成功之门。使人回味、思索，在有形与无形之中，处处都是隐隐约约的"门"。

［集趣斋］

各位游客朋友，我们现在来到了集趣斋，这里陈列的是徐谷青年时期根艺代表作以及他的弟子们的获奖作品，这些作品风格独特、选材奇绝、创作精巧。这里是个神奇的世界，不仅给人以生命的复现，艺术的熏陶，也给人以哲理性思考，让人放飞心情，飞跃时空，阅读古今。题材广、立意深，渗透着强大的生命力，具有回归自然的天趣美和强烈的历史使命感。

［云湖禅心］

各位游客朋友，大家请看这个湖，形状像什么？像葫芦，它有汇聚福禄之吉祥寓意，传说由济公活佛的酒葫芦变化而来，这里景致宜人，飞瀑悦耳，四季云雾缭绕，有如蓬莱仙境，于幽静恬淡中平添几分高士隐仕的神秘！"一烟云湖涤璞玉，数声鸟语释禅心。醉坐石亭望世俗，心仪根苑密仙踪。”在这个诗情画意的浪漫之处，无数人留下了见证爱情的婚纱摄影。

［**青梅园**］

各位朋友请看，这是青梅园，园名取自徐谷青的“青”字和他老家梅岭的“梅”字，有枯梅老桩八百余盆，而且树龄苍老，造型奇秀，其间青藤附木、苔藓封枝、疏影横斜，更是一幅融汇千秋风骨的立体画卷，花盆为量身定制的精品紫砂，刻录梅花诗人张道洽的诗词佳句，赏梅品诗，相得益彰，渗透着开化历史文化气息的赏梅仙境。其中千年根龄的枯梅老桩盆景，渗透着开化的历史文化内涵，是立体的诗画，观景而怀古，情景交融，把开化历史名人、梅花诗人张道洽的诗词意境表现得淋漓尽致。

［**醉根潭**］

各位游客朋友，请看这是一座唐式建筑，是徐谷青大师创作场所。第一层为醉根精品馆，第二层为办公场所和陈列室，并有廊榭与青梅园隔湖相望，是徐谷青大师进行根艺美术创作和研究，以及接待好友和名人雅士谈艺论道之处，陈列有大师从艺以来珍藏的稀世珍品六十余件。

第三篇

食在浙西：杭州西郊 / 金华 / 衢州美食

各位游客朋友，在领略了浙西的湖光山色之后，我们再去体验一把浙西的美食吧！浙西的奇山异水和独特气候孕育出许多地道味美的食材，再经由浙西人民长期的生活实践，调制出一系列营养丰富、味道鲜美的浙西美食，其主要名品有：富阳的干炸响铃、五更料牛腩、孙权面筋；桐庐的酱肉方、桐江鳜鱼、油沸馒头夹臭豆腐；建德的严州干菜鸭、严州咸汤圆、油沸馃；淳安的千岛湖鱼头、千岛之吻、清蒸鳜鱼、椒盐野猪排、千岛玉鳖等；金华的蜜汁火腿、金华煲、金华酥饼；衢州的"三头一掌"、泥鳅钻豆腐、龙游发糕等。接下来大家就随我一起去品尝这些美食吧！

[干炸响铃]

干炸响铃是 1956 年浙江省认定的 36 种杭州名菜之一。因生产于富阳东坞山村，故又名东坞山豆腐皮，至今已有 1000 多年的历史，以上等黄豆、优质水源为原材料，经 18 道工艺精制而成，腐皮薄如蝉翼，油润光亮，软而韧，拉力大，落水不糊，被誉为"金衣"，是制作多种素食名菜的高档原料，也是干炸响铃专用主料，食时辅以甜面酱、花椒盐和葱白，其味更佳。干炸响铃，以其色泽黄亮、鲜香味美、脆如响铃而被推为杭州特色风味名菜之列，受到食者的欢迎。

说起这道名菜，坊间还流传着它与南宋抗金名将韩世忠的一则传说。据传，南宋名将韩世忠因坚决要求抗金，被解除了兵权。得知岳飞被秦桧等人以"莫须有"的罪名陷害后，他曾去质问秦桧，由此与权奸们结下怨仇。韩世忠见自己壮志难酬，干脆解甲归田，

干炸响铃

隐居在杭州飞来峰下，常骑着响铃毛驴，浪迹于西湖迷人的山水之间，逍遥自在，排解忧愤。一天，韩将军骑着响铃毛驴到一家酒店吃豆腐皮，碰巧豆腐皮正好用完。他便骑着响铃毛驴，赶到富阳泗乡取回豆腐皮。当厨师得知其为南宋抗金名将后，甚为感动，于是拿出看家本领做了这道菜，为表达对这位抗金名将的敬仰，加之他骑着毛驴去取豆腐皮，人们就将此菜定名为“干炸响铃”。

［官府浓汁菜］

官府浓汁菜是富阳龙山饭店“鼎鲜坊”的一道当家菜。此菜源自明代宫廷秘方调配，曾流落于民间，后经饮食鼻祖袁枚重新挖掘，重现民间富裕人家；它以富阳农家的雄性笨鸡笨鸭加 18 种名贵中药材沸煮，然后用特殊工艺去沫而成清汤，再与高山猪肘子经大火炮制而成的浓汤勾兑而成。口味鲜香绝伦，回味无穷。

［五更料牛腩］

这是曾流传于富阳民间富裕人家的一道小菜，原料采自于富阳乡间的一种乌牦牛，这种牛牛腩部位的肉质尤其精干坚挺。先用原牛牛肉炖制的汤水浸泡一天，捞出后再加入到混合了各种酱料和香料的特制调味汁水中，以“鼎鲜坊”专用紫砂小锅焖煮，期间需不停地更换香料品种共五次以透彻入味。酥烂的五更料牛腩汤料浓香扑鼻，肉质软嫩滑爽，滋味无比鲜美。

［香酥猪手］

这是道富阳农家美食。其原料采自富阳农家肥猪，经多种干质、水质调料和中草药腌渍后，以大火大油炸成，并最后覆盖官府配方的特殊香料，不仅保留猪手的高营养价值，而且内质厚实光滑，外皮酥脆芳香，是口味厚重，喜好香炸的食客之无上妙品。

［孙权面筋］

孙权面筋是龙门传统菜，是富阳龙门古镇的特色小吃，据说当年孙权得胜归来，用油面筋犒劳将士，于是这种象征胜利的食品也在古镇代代相传。

［桐庐酱肉方］

桐庐酱方肉由当地新鲜猪肉块加上葱姜蒜等精心烹饪而成。适合餐桌上四五个人分食，当然如果您愿意独享，最好配上一杯小酒。肉方肥而不腻，入口即化的口感一吃难忘。

［清蒸鲥鱼］

鲥鱼为鱼中珍品，春末夏初，从东海不远万里游到桐庐严子陵钓台一带水域产卵繁殖后代。因鲥鱼宁可“丧生”也不肯失鳞，故又名“爱鳞鱼”，苏东坡则称其为“惜鳞鱼”。鲥鱼宜清蒸，上面放置香菇、火腿片、大葱、生姜，色香味俱全。自富春江水电站建成后，水温和环境的改变，鲥鱼逐年减少，几乎难得回“娘家做产”了。

［分水棍子鱼］

棍子鱼是千岛湖的珍贵鱼类之一，该鱼身体细长，没有骨头，像棍子一样，故人称为棍子鱼。野生棍子鱼肉细嫩，无细鱼刺，生长在无污染无激素的自然环境。烹调时加入生姜、大蒜、黄酒、白糖、油等调料，油炸、清炖、红烧均可。

［鸡蛋饼］

人们熟悉的鸡蛋饼，是鸡蛋和面的烙饼、摊饼。对饼里包着一个囫囵的荷包蛋的饼，却为鲜有。在桐庐的小吃中有一种油炸饼，里面除有肉末、葱花外，饼入油不久，将它开个小口，打入一个整个的鸡蛋，封口再炸，熟后咬开。金黄色油饼，里面红、绿、白、黄相间，溢香诱人，桐庐籍画家叶浅予先生祝贺“富春画苑”落成时，就选了家乡这特色小吃款待各方亲朋，获得好评。

［油沸馒头夹臭豆腐］

油沸馒头夹臭豆腐，也是桐庐传统小吃之一。馒头用甜酒酿发酵。油里煎成金黄色，趁热剪开，中间抹上辣椒酱，再加一、两块油沸臭豆腐，香里带辣，让人留恋。

［严州干菜鸭］

严州干菜鸭是建德独有的地方特色名菜，创制于明朝。相传，明朝时严州来了位新任的知府，此人十分好吃，每年的初一、十五必到半道红的“宾乐园”馆子店品尝清蒸鸭，日子一久，自然有些腻味。“宾乐园”的钱老板由干菜肉联想到用干菜烧鸭，在清蒸鸭里放上些干菜，上笼回蒸，果然收到奇效，不但没有一丝鸭子的腻腥味，而且还伴有一股略带甜意的扑鼻清香，知府品尝后赞不绝口。经过反复试烧，滋味特佳。加上建德又为府治之地，水陆码头，过往客商慕名争相品尝，天长地久，严州干菜鸭便成了建德的地方风味名菜。

［严州咸汤圆］

相传，严州府龙山书院有一穷书生娶了个貌美聪慧的媳妇，人人夸他有福分。元宵那天书生勉强答应同窗到他家里吃汤圆的要求。书生家贫，无钱买糖，聪明的媳妇就用冬腌菜、豆腐丁做馅，做了与众不同的咸汤圆款待客人。大家尝了觉得此汤圆细绵滑口，咸鲜入味，可与宁波汤圆相媲美！严州咸汤圆就此流传至今。

［油沸馃］

建德名点。将上等面粉调成面糊，装入专用模子，下油锅炸，再放入配好的馅，馅有咸菜豆腐的，也有萝卜丝豆腐的，还有嫩南瓜丝的。放好馅后再用面糊封口，下油锅炸之焦黄色即可食用。现炸现吃，馃香皮酥脆，馅鲜嫩，喜食辣椒的再在油沸馃上面涂上一层辣酱，鲜香可口。

［千岛湖鱼头］

这是极具代表性的千岛湖美食。鱼头精选自千岛湖湖鱼，以淳牌有机鱼最为著名，纯天然野生放养，生长五年以上才能捕捞，鱼头个大肥美，新鲜黑亮，无腥味，富含17种氨基酸和微量元素，营养价值极高。千岛湖鱼头的烹调方法多种多样，可炖、可煮、可蒸，甚至还有一鱼两吃，特别是鱼头熬出来的汤，爽滑可口，油润滑嫩，配料丰富，清香四溢，炖鱼头的汤取自千岛湖的湖水，湖水能见度 7~9 米，能直接饮用，由此水炖汤，其鲜美程度可想而知。汤鲜肉滑，鱼香浓郁，新鲜味美，营养丰富，是到了千岛湖的必点菜肴之一。

［**“千岛之吻”**］

即千岛湖清水螺蛳，曾上过央视《舌尖上的中国》。千岛湖的文明起源“山越王国”的国宴就有多道烹制螺蛳的菜肴，其秘方在民间流传至今。至于为什么叫“千岛之吻”，则是因为在淳安千岛湖 82 万亩水面中，有 30 万亩是肥良田，特别适宜螺蛳的生长繁殖。这些螺蛳长年吸“吻”在千岛湖的岛屿周边，汲取千岛湖水下丰富的营养与灵气，因此千岛湖的螺蛳比其他地方的要更鲜、更有“筋道”，故而有此雅称。在挑选螺蛳时，要选青色、皮薄的，个头中等的。颜色越深说明越老，肉质不鲜嫩，个头太大的很可能里面有小螺蛳，也不好吃。清水螺蛳的做法是：将螺蛳河虾洗干净，沥干水分，水芹菜留几根打结焯水，其余的榨汁；炒锅烧热，投入姜、蒜、农家酱、干辣椒爆香，倒入螺蛳煸炒，加入料酒、水芹菜汁和适量的水烧沸，倒入河虾，煮 3~5 分钟至熟，撒入蒜叶出锅装盘后即可食用。鲜虾芹香螺蛳既保持了螺蛳的口味，又增加了野菜水芹菜的清香和千岛湖虾的鲜味，让螺蛳的口味更加的饱满和清新。

［**清蒸桂鱼**］

将桂鱼清蒸，是最能保持营养和鱼肉肉质清甜爽口的方式。这一盘看似清淡的菜，却有着香浓滋味。上次在千岛湖旅游时吃到的清蒸鳜鱼实在鲜美得让人念念不忘。蒸是中国菜特有的做法，将鱼稍加腌制，和姜葱在水蒸气的氤氲中发出香味，然后在的葱丝和红椒丝的装饰下，烹以少许豉油调味。最后，被泼以热油后盛装华丽登场。

［**农家豆腐煲**］

千岛湖人做豆腐的历史由来已久，千岛湖的豆腐享受了独特的水质，独特的器具，独特的土质所产的黄豆做出的豆腐独具特色，独具风味。千岛湖的豆腐品种多样，但总是以白豆腐为基础的，如：白豆腐、烘豆腐、油豆腐、霉豆腐、豆腐干等。而具有农家特色的豆腐煲，淡淡的豆腐中带有那么一丝甜味，却不像蜂蜜的那么甜，若有若无。

［**椒盐野猪排**］

千岛湖除了湖鲜很美味，还有很多山珍美食同样诱人，如椒盐野猪排就是千岛湖当地的山珍美味，味道一流、营养丰富，让人垂涎三尺。将野猪排骨洗净切成块放入盆内，调入辣酱油、味精、料酒、盐、白胡椒、白糖、香油上屉蒸熟，取出晾凉拌上干淀粉。炒锅上火加入花生油烧五成热，放入排骨炸成金黄色捞出，控出余油。再将红绿尖椒、葱、姜、蒜粒、味精、料酒、盐、白胡椒、白糖、香油兑成料汁。最后炒锅上火，加底油烧热，放入炸好的排骨，倒入料汁炒均匀，盛入盘内晾凉即可。

［蜜汁火腿］

金华名菜。将金华火腿用温水洗净，放在开水锅中烧开后加盖，改用小火煮 2 个小时左右，去其重咸味与骨，放置冷却；然后用刀分别切成大片，并将各片顺长向切成长条块；将莲子用温水泡软，上屉蒸至七成熟，取出；将火腿条（皮朝下）整齐地摆放在碗里，加入 1/3 冰糖和适量清水，用旺火蒸约 1 个小时，取出；将蒸过的莲子铺在火腿上面，加余下的冰糖，入屉，继续用旺火再蒸 1 个小时左右；最后，蒸至冰糖溶化，渗入火腿内部，莲子和肉质都已酥烂时，取出，翻扣在盘内，把蒸火腿的卤汁滗到锅里，架在火上，加糖和少量清水烧至糖化，水沸，用湿淀粉勾芡，撒上糖桂花，调拌均匀，浇在盘内的火腿上面即成。

［薄片火腿］

选择皮色黄亮、肉红似火，香气浓郁、咸淡相宜、形似竹叶，色、香、味、形“四绝”的正宗金华火腿为原料，取其精华部位——中腰峰的上段雄片肉制作。厨师运用娴熟精致的刀工技术，切成大小厚薄均等的薄片若干，整齐地排列成拱桥型。它是一道咸淡适口、滋味醇和、富有余香、造型漂亮的冷盘菜。

［金华煲］

金华传统名菜，全省独有的美味砂锅炖品，采用 20 余味名贵中药材及香料，精心调制而成。味道独特，滋补养生，价廉物美，吃了不上火，目前在江、浙、沪、湘、粤各省市都开有多家“金华煲庄”并极富盛名，生意红火。金华煲种类繁多，有蛇煲、龙凤煲、金银蹄、田螺煲、鸽子煲、鱼头煲、胴骨煲、排骨煲、老鸭煲、酸菜鱼煲、水参甲鱼煲、金华牛鞭煲、金华笨鸡煲、金华牛杂煲、金华狗肉煲、金华石蛙煲等。近年来以胴骨煲最为火爆。其做法是：精选原料：猪带肉后腿骨、农家千张、腊笋，选配调料：精盐、黄酒、生姜、胡椒粉、葱段后，将后腿骨改刀焯水，洗净。放入锅内，加调料炖熟，取大砂锅放入腊笋、千张，再将后腿骨连原汤，置于大砂锅中，烧开调料即可。其特点是：汤汁鲜美，营养补钙。

［金华酥饼］

产于金华市。其馅芯用干菜为主料，故又名干菜酥饼。系以上白面粉、净肥膘肉、雪里红咸干菜、芝麻、饴糖、食碱、精盐、菜子油等制成，产品两面金黄，形如蟹壳，外松里脆，落地即碎，手捏成粉，咸香可口，携带方便，经久耐贮，为旅游及馈赠佳品。近年更创制火腿酥饼新品种，产品均采用

金华酥饼

纸板筒密封包装。

金华酥饼历史悠久，相传唐代开国元勋之一的程咬金是金华酥饼的创始人。程咬金早年在金华以卖烧饼为生。有一次，烧饼做得太多了，一整天也没卖完，他便将饼保存起来，准备明天继续卖。可是，如果烧饼变坏，就不能卖了。于是，为了防止烧饼变坏，他将烧饼统统放在炉边上，想让火一个劲地烘烤着，烧饼一定坏不了。第二天，程咬金起床一看，烧饼里的肉油都给烤出来了，饼皮更加油润酥脆，全成了酥饼。这饼一上市，立刻吸引了不少人。大家见程咬金做的饼和以前大不一样，都争先恐后地品尝。程咬金很高兴，便扯着嗓子喊："快来买呀！又香又脆的酥饼！"这一叫，买的人更多了。人们争夸程咬金的手艺越来越高超了。有的烧饼铺主人还煞有介事地向程咬金请教"秘方"。程咬金哈哈大笑起来，说："我哪有什么'秘方'呀！只不过在炉边烤一夜而已。"随后程咬金将烧饼再加以改进，制出的酥饼圆若茶杯口，形似蟹壳，面带芝麻，两面金黄，加上干菜肉馅之香，更有特殊风味了。后来程咬金参加了隋末农民大起义，在瓦岗寨当上了寨主"混世魔王"，进而成了唐王朝开国元勋。他功成名就之后，仍忘不了早年的卖饼生涯，便极力推荐该小吃。"金华酥饼"也随首创者的名气而名扬四海。

[金华馒头]

金华馒头，又称金华大酵馒头。大酵馒头形制呈圆丘状，平底圆顶，底部直径约13厘米，顶高约6厘米，上印有红色图案，以标作坊字号。如用于庆典或馈赠，还裱以福禄寿喜字样，红艳欲滴，庄重大方。有的做成原只金华火腿形状的大型馒头，供祭祀、祝寿、迎亲等专用。金华的圆馒头，在传统习俗中有"团团圆圆、蒸蒸日上"的寓意。

金华馒头是以酒发酵的著名美食，其品质特点是：造型丰满，端庄美观，面团发酵极其充分，酵孔非常细腻，白细如雪，面有银光，皮薄如纸，吃口松爽滋润，富有咬劲，绝不粘牙，精美可口，极易消化。其膨胀弹性之强，常令初识者瞠目结舌。如将一只大酵馒头握入掌中，手一张，馒头立刻像海绵似的恢复其原貌。有位食品专家评述说："金华馒头发酵工艺独特，发酵程度极高，远胜西方面包，尤其是韧劲、弹性和滋润松糯的口感，为面包所望尘莫及。它是我国酿造工艺的明珠瑰宝，食中妙品！"

［永康肉麦饼］

肉麦饼是一种馅饼，外地称"永康食果"。永康农家在丰收喜庆季节向有制作肉麦饼作为佐餐的传统。相传北宋兵部侍郎胡则就很喜欢吃肉麦饼，回到故里，总要吃上几只。至今永康旅外人士兴致来时就会做点肉麦饼尝鲜；旅外人士回故里，家乡亲人也喜欢烤几个肉麦饼供亲人品尝。永康肉麦饼以制作简便，配料讲究，做工考究，价廉物美，别具风味而闻名。烤肉麦饼的锅大多采用浅而平的烤盘，这样烤熟的肉麦饼饼体饱满、皮黄带软，食之满口香脆。因价廉物美，经济实惠甚得人们所喜爱，凡是到过永康的人，总不免要品尝几个。

［三头一掌］

"三头一掌"即指兔头、鸭头、鱼头、鸭掌组成的食品，是衢州地方特色风味食品。起源于20世纪50年代一位大妈为补贴家用而制作"香辣兔头"。"三头一掌"中最具代表性的是兔头，其肉质细腻、疏松，具有高蛋白，低脂肪，低胆固醇，同时还有磷、钙、维生素及卵磷脂等有效成分，有利于皮肤黏膜的健康和代谢，故有"美容肉"之称。

关于衢州"三头一掌"的历史十分长远，要从鸭头兔头说起。20世纪50年代，衢州有一家冷冻厂，专杀鸭和兔，鸭毛、鸭肉各取所需，鸭头则无人问津。由于当时生活水平比较低，穷人就把鸭头或者兔头买回家烧着吃。不知哪一天，一位大妈为了补贴家用，在家门口摆了个"香辣兔头"摊，香辣兔头既便宜又好吃，一下子风行衢城。因为做兔头生意成本低，又能赚些钱。现在，"三头"不仅流行于街头巷尾的小吃店和大排档，而且也成了宾馆、酒店的特色菜或品牌菜。于是大街小巷吃鸭头、兔头的习惯慢慢由此而来。一直延续到九十年代初鸭头、兔头才真正火起来，不光让衢州人感到荣幸，更是传播到全国各地而名声大振。

［泥鳅钻豆腐］

衢州地方名菜。市面上的泥鳅有两个品种，一种叫棱鳅，就是一眼看上去泥鳅身上有二道棱，黑背白肚，这种泥鳅生长在污泥塘或稻田里，有泥腥味。还有一种叫肉鳅，灰背黄肚，肉感较强，做泥鳅钻豆腐要用这种泥鳅。采购时选小拇指那么大的规格，衢州人称作38根头，意思是38条泥鳅重一市斤。放在清水里养一天，水里滴几滴麻油，说是让它吐泥。豆腐要用老豆腐，厚约2寸，四边约3.5寸，冬天放在室外冻一夜，先在放在冰箱里，冻过的豆腐烧好后布满了密密麻麻的气孔。制作这道菜时，先将水烧热，豆腐和泥鳅同时下锅，放盐小火焖10分钟左右，出锅撒上葱花完成。据说，这道菜的来历与明朝大将军常遇春有关，故事太长就不说了。最奇妙的是菜端上桌后，只看到两块豆腐、几棵葱，公务员称菜名叫"一清二白”，其实泥鳅全钻到豆腐里去了。

［铜伞遮锦护］

衢州地方名菜。原料是衢州特产茅草芯，其实是一种生长在火点茅草堆里的一种菌菇，像一把小伞，菇上有一层绿色的铜锈，所以人称铜伞菇。锦护是三斤重以上的鲤鱼鱼鳞，也有人称作鱼衣。铜伞要选完整棕色的，规格大小依你想烧成什么样作决定。因为这道菜根据场景、用途、心情不同可以烧成十八个样式，叫做十八番。打麻将的人喜欢烧糊；小夫妻喜欢吃浓汤；而小孩子却宁愿吃干炸的。菌菇从啤酒盖那么大到香烟盒那么大都有，随你挑。鱼鳞一定要选三斤以上的衢州土种鲤鱼，金黄色的鳞，在活鱼身上剥刮下来，然后用清水漂洗，沥干待用。如果想给老娘和儿子吃，一般会采用熬汤式，就是将鱼鳞用小火熬一个时辰，会变成胶质状。盐水煮茅草菇，不放油，熟了以后盖在鱼胶上，再放腊肉片，切得薄一点，上气后 5 分钟就好了。如果请贵客，烧法是先将鱼鳞用辣椒酱先腌 10 分钟，放在葛粉里拌一下，一块一块用茶油煎，成形后像一只只小虾，煎黄就行了。相传这道菜的前身是川菜，清末由四川平昌人吴德潇传入衢州，当时他在衢县任知县。1900 年“衢州教案”中被城管中队杀死。他的老家有个风景点叫白衣水乡古镇，也有这道菜，但只有一种烧法，叫白衣锦鳞，一份要价 580 元，而且一天只烧三份，只有正科级以上官员才能享用得到。技法传男不传女，最高级别的厨师在大拇指上戴了一只硕大的雕龙金戒指，说是皇帝准赐的，也是掌门人的标志。

［红嘴绿鹦鹉］

衢州地方名菜。原料是衢州特产大叶菠菜。衢州北门外有一大片农田，叫黄泥塝，面积约 5000 多亩，现已变成衢州最繁华的市区了。以前这里属衢州农场和北门村所有，盛产当地的三种蔬菜，分别是大叶菠、落汤青和长须川葱（芹菜）。除了落汤青被兰溪人引种成功，菠菜和川葱只有这片田能生长。大叶菠菜的根是红色的，留半寸长，去掉老叶后，极像一只鹦鹉，红色的嘴，绿色的身子，大小也差不多。一盘菜用二棵菠菜，2 两火腿边。衢州出火腿，也叫金华火腿，以前衢州归金华行政管辖，火腿上市前要做一次整形手术，叫削边成型，削下的边角料就叫作火腿边，特别咸，特别油，没有处理好口味还发涩。但做红嘴绿鹦鹉时，这个边不是削下来的，而是用木匠的刨给刨下来的，有点像涮火锅的羊肉卷。制作时先把火腿边在水里涮一下，出油后捞出来，在葛粉芡里滚一下，然后下油锅过油，要快，这个环节很重要。然后摘除菠菜芯，把火腿边放进去，用沸水浇菠菜不能下锅煮，只能浇几遍，等到菠菜叶像鹦鹉羽毛、尾巴一样伏下去缩拢就算制作完成，水要用盐水，不要太浓。两只鹦鹉趴在白色的盘子里，两张红嘴凑在一起，真的很好看，当然也很好吃。

［不老神鸡］

衢州地方特色菜。传说，衢州人之所以长寿，除环境优美外，与民间流传着以中草药炖鸡食而疗疾健身分不开的。不老神鸡，源于古代药鸡，佐以国家卫生部公布的28味药食一体的中药材，经蒸、煮、卤等二十多道工序精制而成，产品具有健脾和胃、养颜益寿的功效。不老神鸡具有四大特点：中药调制、纯属天然，酥而不烂、老少皆宜，香透入骨、表里如一，口齿留香、余味无穷。

［太子神仙豆腐］

江山十大名菜之一，色、香、味俱全，且营养丰富。神仙豆腐内含丰富的葡萄甘露聚糖，多种氨基酸和微量元素。高蛋白、高纤维、低脂肪、低热量、低胆固醇。神仙豆腐可烧、炒、煮、爆、煨、氽、凉拌、卤等不同做法。煮不糊、炒不烂。入口细、软、嫩、脆、滑、爽。神仙草是是野生草本植物，绿色无公害植物，种植时只能使用有机肥，一旦用化肥或农药就会自然死亡。经行家研究，神仙草能治感冒、头痛、菌痢、肠炎、疔疮、跌打损伤，具有祛风清热、散痰消肿、止泻、美容、抗癌等功能。

［野生小杂鱼］

衢州地方特色菜。在钱江源头的开化，小杂鱼非常稀缺的，每天的产量就几斤。杂鱼妙就妙在一盘鱼混杂了近十种野生小鱼：黄刺、红汉、白汉、青条鲱、鲈鱼、鳜鱼、石斑鱼等等，一种鱼就是一种鲜，真是鲜掉你的舌头了！

［衢州麻饼］

衢州麻饼是浙江省衢州市传统的特色名点，皮薄馅多、馨香味素等特点外，配料中有花椒、食盐，成为纯甜、微麻、略咸的特殊风味，以“邵永丰麻饼”为代表。早在1929年南京博览会上，邵永丰（衢州麻饼）就荣获国家级“名品佳点”称号。皮料：面粉、麻油、饴糖、纯碱、撒粉、面麻等，芯料：白糖、橘饼、麻油、饴糖、核桃、花生、芝麻等。2000年邵永丰改制，19岁就进入邵永丰学手艺的徐成正买下了这个百年老字号，立志要让邵永丰走出衢州，走向全国。在上海、杭州等地参展时，邵永丰的饼都是供不应求的，许多当地市民都问平时能否吃上邵永丰的糕饼。据介绍，邵永丰麻饼之所以受到消费者的青睐，和它的加工工艺是分不开的。因此，邵永丰在加工工艺上一直保持传统特色，用炭炉烘烤，从原料到成品要经过100多道工艺，坚持现烤现卖，而在设备上却不断改良、更新，以前那种一个炭炉摆在大街上，炉灰满天飞的时代已一去不复返了，如今的炭炉更为卫生和环保。在市区的各个邵永丰经销点，市民又可以吃到现烤现卖的邵永丰麻饼了。另外，根据现代人的口味和健康新理念，邵永丰开发了许多新的品种，有传统的以糖为主馅的甜麻饼、甜月饼，也有无糖、低糖的麻饼和月饼，品种达20多个。除了现烤现卖的麻饼等，也有单个包装或盒装的，以适合不同层次、不同市场的需要。

［**龙游发糕**］

龙游发糕起始年代久远，因风味独特，制作精美，又是“福高”的谐音，象征吉利，因而成为节日礼品。龙游发糕制作工艺独特，配料考究，成品色泽洁白如玉、孔细似针、闻之鲜香扑鼻、食之甜而不腻、糯而不黏。

［**常山贡面**］

在衢州常山有一种面叫做贡面，又叫素面，是“白如银，细如丝”的面条，它的特点是细、软、长，碗里加点调料，清汤煮沸出锅就可以享用，味道让人回味无穷。

第四篇

购在浙西：杭州西郊/金华/衢州风物特产

各位游客朋友，浙西不仅有美景、美食，还有美不胜收的各色风物特产。这里有富阳的宣纸、东山豆腐皮；桐庐的雪水云绿茶、桐庐蜂蜜；建德的五加皮酒、三都柑橘；淳安的千岛湖鱼干、鸠坑毛尖茶；金华的金华火腿、金华酥饼、金华佛手、东阳木雕、武义宣莲；衢州的开化龙顶茶、白羽乌骨鸡、常山胡柚、龙游小辣椒等。下面就让我们走进浙西，去选购一些你中意的浙西特产吧！

[富阳纸]

富阳纸是浙江杭州的特色产品。富阳几乎生产所有类型的中国纸。富阳造纸业已有1900多年的历史。富阳是“谢公笺”创制人谢景初的故乡，也是我国手工纸的重点产区之一，闻名全国的“土纸之乡”。古书就记载“富阳一张纸，行销十八省”。富阳纸分竹纸和草纸两大类，因纸质细软，富有弹性而久享盛名。富阳纸品种繁多，现主要有用于书法作画的宣纸和以手工制作的“坑边纸”。

[富阳芦笋]

富阳是浙江省芦笋主产区，是全国著名的绿芦笋产区。由于其营养价值高，风味鲜美，芳香润口，能增进食欲，是一种防癌保建食品，在国际市场上很流行。“鹳山”牌绿芦笋，经中国果菜专家委员会审定，被评为“中国特色名品”，现已成为国内外市场的抢手货，远销日本、澳大利亚等国，畅销上海、北京、广州、香港等国内市场。

[龙羊白果（银杏）]

银杏是国家二级保护树种，人称“活化石”。银杏果实含有丰富营养，食之可镇咳、祛痰、解毒。1986年开始，富阳市把白果生产列为“星火计划”，在龙羊种植。龙羊白果有“银杏”“佛手”“梅核”三种。“银杏”是白果中的上品，颗粒大形状似杏；“佛手”，呈橄榄形，两端尖，颗粒较大；“梅核”形圆似梅子核，颗粒较上两种为小。

[东坞山豆腐皮]

东坞山豆腐皮是富阳的传统特产，

素有“金衣”之称，至今已有千年历史。1985年被评为浙江省优质名牌产品。其特点是外形美观，薄如蝉翼，油润白净，分量极轻，用它制作菜肴，久煮不煳，味道特别鲜美。

[雪水云绿茶]

产自桐庐山区，因生长在云雾缭绕的高山上，故称“雪水云绿”。以野生茶为主，产区群峰翠叠，云海缥缈，景色秀丽，林间茶丛点点，茶叶吸天地之精华，纳万物之灵气，清香飘溢。本品集传统技巧和现代名茶优秀工艺于一体，选料讲究，注重加工，看重特色，以采含苞未放的壮实全芽为原料，经八道工序，精工细作，才成佳茗。成品外形紧直略扁、色泽嫩绿、香气清高、滋味鲜醇、汤澈芽立，其品位之高，观赏之奇乃茶叶珍品。

明李日华撰《六研斋笔记》记述宋朝时它就作贡茶。“雪水云绿”属绿茶类针形名茶，因其原料的独特性，开创了全省乃至全国针形类名茶的历史。“雪水云绿”茶以“色、香、味、形”四美而见长，它形似莲芯，玉质透翠，挺而匀，深得消费者的青睐。在历届国际级、国家级、省级、市级名茶评比中均获金奖，是全省唯一连续获得中国农业博览会金奖的名茶。

[桐庐蜂蜜]

桐庐县是全国最大加工蜂产品基地，年产销总值超过3亿元，年出品蜂王浆800吨，占全国总量的40%。出口蜂胶200吨，占全国总量的40%；出口蜂蜡900吨，占全国总量的28%，并继续呈每年30%以上速度递增。桐庐蜂业集生产、加工、销售于一体，产业化程度较高，全县蜂群总数达7万群，50箱以上的饲养大户500余户，蜂产品加工企业7家，其中年产值亿元以上企业1家，其“耐确牌”蜂之语系列产品在保健品市场知名度高，并占有较高的份额。

[钟山豆腐干]

桐庐县钟山乡的特产。桐庐钟山豆腐干系列产品以优质大豆和高山泉水为主要原料，结合传统工艺精制而成，具有卫生，方便，味美之优点，是酬宾宴客，馈赠亲友的一种理想绿色休闲食品。

[建德五加皮]

早在200多年前的乾隆年间就开始生产了。此酒以上等粮食白酒浸泡以五加皮为主的23种舒筋活血的中药材酿制而成，有活血去湿、舒筋解疲、强肌健身之功效。曾行销江南，远销南洋，成为当年居家、旅行必备之物。1876年在南洋劝业会、新加坡、南洋商品赛会上荣获金奖。1915年参加巴拿马太平洋万国博览会，获银质奖。现在，五加皮以致中和牌五加皮为正宗。《中庸》中说：“致中和，天地位焉，万物育焉。”

[寿昌板栗]

板栗是建德市的主要林特产品之一，全市各乡镇均有种植。目前，全市有板栗林产6万亩，产量1300吨以上。重点产区为寿昌、姚村、新安江等乡镇，以寿昌板栗最为有名，粒大丰满，光泽红润，肉白香甜，品质最佳。板栗作为木本粮食，有丰富的营养，果实含有大量的碳水化合物、蛋白质和脂肪，其含量大体与大米、小麦相当，且粉质细腻、支链淀粉含量高。既可生吃，又可熟食、炒食。生吃，香甜爽脆，风干则甜度更高；熟食则可烧鸡、烧肉，味鲜香甜；糖炒栗子，则香甜糯绵，风味独特。

［三都柑橘］

是建德市三都镇的特产。建德三都柑橘皮薄光滑、色泽鲜艳、肉厚多汁、酸甜适中，吃了还想吃。三都地处富春江、新安江、兰江三江交汇处，境内山水环绕，风光旖旎，森林覆盖率高达86%，成功创建国家级生态乡镇，是理想的休闲度假观光旅游之地。柑橘是三都的拳头产业，种植面积2.8万亩，年产量6万吨。三都被评为杭州绿色柑橘之乡、中国优质柑橘之乡。注册“松密”牌柑橘先后获浙江省农博会金奖、浙江省十大柑橘名牌、杭州市优质农产品金奖等荣誉，产品远销俄罗斯、加拿大等地。

［建德草莓］

“浙江草莓在建德，建德草莓在杨村桥”。建德草莓主要集中在风景秀丽、水质优良的新安江畔，受新安江冬暖夏凉江水和山区特定的小气候影响，所种的草莓具有开花结果早、上市早、果实大、外观美、甜度高、污染少、果实鲜红、明丽悦目、柔嫩多汁、酸。甜适口、浓郁芬芳等特点。建德草莓能促进食欲、帮助消化，尤其对老人和幼儿特别有益。1998年，“新安江牌”草莓荣获浙江省优质农产品金奖。

［梅城黑桃蛋］

黑桃蛋又名灰包咸蛋、搓灰咸蛋、腌蛋、味蛋，因其外壳包搓一层黑黝黝的草木灰，状如一只只黑色的桃子，故而得名。黑桃蛋具有独特的风味，食之不腻，容易消化，并能增进食欲。它的蛋白如凝脂白玉，蛋黄似红橘流丹，松沙油润，营养丰富。梅城的黑桃蛋不同于别处，质地优良，且便于贮存携带，很有地方特色。在村子里，当地农民的做法是，他们将稻草灰过筛，加入泥、盐搅匀，和水拌至发黏。鸭蛋包上灰泥，置于缸内，并且用棉纸猪血封口。农忙时，许多人把它当做补品吃。

［千岛湖鱼］

千岛湖有机鱼是野生的，不是养殖的，在浩瀚的湖里自由驰骋，而且由于水质清澈，营养物质少，鱼儿们不得不为了吃或者避免被吃而奔波，因此运动量大，肉质自然细腻鲜嫩。千岛湖水色澄清晶莹，清澈见底，平均含沙量每立方米0.007千克，能见度达9~11米，属国家一级水体，不经任何处理即达饮用水标准。有点甜的农夫山泉就产于此，千岛湖的有机鱼天天在“农夫山泉”里游来游去，绝无半点泥腥味。千岛湖是中国最大的国家森林公园，这里有成千上万公顷的松林，每到春天，漫山遍野的松花粉纷纷散落，这滋阴壮阳的松花粉为千岛湖的有机鱼提供了天然的补品。因此，千岛湖的有机鱼除了味美，而且大补。千岛湖有机鱼从鱼苗投放到捕捞至少需要 7 年时间，有道是“慢工出细活”，经过这么长时间的孕育，味道自然鲜美。

［千岛湖鱼干］

千岛湖是淡水鱼的一个“大仓库”，94 种淡水鱼做的各式水产品丰富多彩。有鳜鱼、鳊鱼、鲢鱼、干鳅、石斑鱼、棍子鱼等等。千岛湖的各种大大小小的鱼经过暴晒或烘焙，制成各式鱼干，或咸或淡，有的长达一米，挂在土特产商店的货架上，甚是壮观，现在也有将鱼新鲜的经过处理，剁成一段一段封好，放上一年半载都很新鲜。鱼干可制作成美味佳肴，深得人们的喜爱。

［千岛玉叶］

千岛玉叶名茶原称千岛湖龙井。1982 年创制，1983 年 7 月浙江农业大学教授庄晚芳等茶叶专家到淳安考察，品尝了当时的千岛龙井茶后，根据千岛湖的景色和茶叶粗壮，有白毫的特点，亲笔提名“千岛玉叶”。月白新毫，翠绿如水，纤细幼嫩的千岛玉叶，获得了茶叶专家的一致好评。1986 年，荣获浙江省科学技术进步二等奖。1988 年，1989 年连续两年获浙江省农业厅颁发的全省一类名茶奖。1991 年，获浙江省名茶证书。千岛玉叶外形扁平挺直，绿翠露毫。芽壮显毫，翠绿嫩黄，香气清高，内质清香持久，汤色黄绿明亮，滋味醇厚鲜爽，叶底嫩绿成朵。

［鸠坑毛尖茶］

淳安县鸠坑乡的特产。鸠坑毛尖是淳安的历史名茶，其外形硕壮，紧结挺直；色泽翠绿，银毫显露；香气清高，隽永持久；滋味浓厚，鲜爽耐泡；汤色嫩黄，清澈明亮；叶底黄绿。鸠坑毛尖茶，产于浙江省淳安县鸠坑乡四季坪、万岁岭等地。与安徽省徽州茶区毗连，境内山岭连绵，峰峦挺拔，最高山峰海拔 1500 米左右 。鸠坑毛尖在清明前后采摘，鲜叶要求嫩、匀、净。特级一等毛尖的鲜叶标准为一芽一叶初展，名曰“笔尖”；特级二等鲜叶标准为一芽一叶至一芽二叶初展。成茶色泽绿翠，银毫披露，外形紧细，条直匀齐而秀美，雀舌芽叶硕壮，滋味醇厚、鲜爽，香气馥郁，清香扑鼻，汤色嫩绿明亮，叶底嫩黄成朵，富有水果香味，内含物质丰富。鸠坑毛尖茶在各种博览会上频繁亮相并荣获各种殊荣：2008 年，在“中绿杯”全国名优绿茶评比中荣获金奖第一名；2010 年，在台湾“第八届国际名茶评比”中，从 800 余份茶样中脱颖而出，荣获两项金奖。

［淳安木瓜］

主要产在浙皖交界一带的山区，现代医学研究证明，木瓜的果实含有黄酮类、维生素C和苹果酸、酒石酸等大量有机酸，还富含过氧氢酶、过氧化物酶等，有舒筋活络、和胃化湿的功能，它浸制的“虎骨木瓜酒”是医治风湿关节痛、腰腿酸痛、吐泻腹痛、四肢抽搐、水肿等疾病的良药。

［野生葛粉］

淳安的传统特产。它是从高山野生葛根中提取而成的纯天然的野生类淀粉，在明朝是就列为贡品了。葛粉的营养价值很高，还有一定的药用价值：可生津止渴、消炎解毒、防暑止泻、清热润肺。葛粉的食用很方便，只需在葛粉中加入适量的开水，拌匀，即可食用，吃起来润滑柔滑，清香芬频，是夏季的消暑佳品，更是老人、孕妇、儿童的理想食品。

［金华火腿］

浙江省盛产火腿的金华、东阳、义乌、浦江、兰溪、永康等地，旧时均属金华府，故统称金华火腿。以其肉色嫣红似火，故称。金华火腿创始于南宋，距今已有800多年历史。又因产地

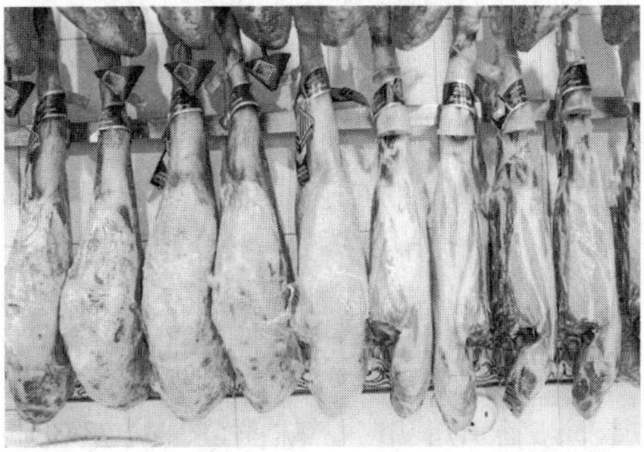

金华火腿

位于长江以南，又称南腿。原料采用金华地区的“两头乌”良种猪的腿部，经选料、鲜腿整修、上盐、叠置、翻腿、整形、漂洗、日晒、发酵、整修、落架、刷霉、分级等80余道工序。品种以东阳县上蒋村生产的特级金华蒋腿（旧称雪舫蒋腿，简称“蒋腿”）品质最佳。蒋村火腿皮薄脚细，腿心饱满，精肉多而细嫩，红似玫瑰，脂肪玉白，断面红白分明，咸淡适中，香味清醇，形如竹叶，皮色黄亮，被誉为金华火腿的极品。金华火腿按质量分为特级、一级、二级、三级四个等级，成品经检验合格，按品种于皮面上盖以“金华火腿”“特制金华蒋腿”“竹叶熏腿”等戳记。火腿的烹饪方法颇多，有蒸、煮、炖、煨、炒、焖、烧等数十种，一般以清炖及蒸食为宜。其营养价值甚高，含有蛋白质、脂肪、钙、磷、铁等成分，并含有18种氨基酸，其中缬氨酸、色氨酸、赖氨酸等8种氨基酸含量均较高。金华火腿具益肾、补脾、开胃、生津血、充精髓、健腰足之功效。对病后虚弱、妇女产后有滋补作用。用陈火腿骨煅灰，服之可治痢疾，消食积；外敷可治鼠类咬伤及小儿头癣等。

［金华寿生酒］

金华寿生酒，是传统金华酒中最优良的黄酒品种之一。此酒色泽金黄晶莹，香气分芳馥郁，酒体丰富适口，滋味鲜美醇爽，余味绵长诱人，确为风味独具的黄酒佳酿。传统的正宗产品，酒

液既有白曲酒的鲜和香，又具红曲酒的色和味，入口爽雅和谐，风味独特别致，沁人心脾。传统上酒度要求在16~17度，糖分和总酸均在0.4%~0.6%，属不甜型黄酒。寿生酒营养丰富，含有多种营养成分，主要为有机酸、氨基酸、酯类、糖分、糊精、甘油及较多的维生素和微量的高级醇等。民间历来有补养身体，延年益寿之誉，故名为“寿生酒”。

寿生酒在20世纪初就蜚声海内外，在南洋新加坡和巴拿马等地商品博览会上曾荣获金奖、金牌。抗战爆发后一度停产。1958年，金华市酒厂恢复了寿生酒生产。1963年，寿生酒在全国第二届评酒会上被评为“全国优质酒”。1988年，松鹤牌和锣鼓洞牌寿生酒双双荣获北京首届中国食品博览会金奖。严济慈、艾青乡情脉脉地品尝了家乡名酒后，欣然提笔为寿生酒题了品名和厂名。不久，寿生酒恢复了出口，誉播海外。

[金华佛手]

金华佛手，雅称金佛手，主要产地为金华县赤松卧羊山一带，品质优良，药用和观赏价值皆高。金佛手为盆栽或地栽，常青，果形如观音手指，或握或伸，千姿百态。成熟后，色泽金黄，令人爱不释手。其香气馥郁，沁人心脾，使人神清气爽，可谓形、色、香俱佳。

金佛手具有较高的药用价值，其根、茎、叶、花、果均可入药，辛、苦、甘、温、无毒，入肝、脾、胃三经，有理气化痰、止咳消胀、舒肝健脾和胃等多种药用功能。据史料记载，佛手的根可治男人下消、四肢酸软；花、果可泡茶，有消气作用；果可治胃病、呕吐、高血压、气管炎、哮喘等病症。据《归经》等载，佛手还具有治鼓胀发肿病、妇女白带病及醒酒作用，是配制佛手中成药的主要原料。

[东阳木雕]

东阳木雕中国民间雕刻艺术之一，因产于浙江东阳而得名，东阳木雕与青田石雕、黄杨木雕并称为“浙江三雕“。东阳木雕，是以平面浮雕为主的雕刻艺术，它的多层次浮雕、散点透视构图、保留平面的装饰形成了自己鲜明的特色。又因色泽清淡，保留原木天然纹理色泽，格调高雅，又称“白木雕”。自唐至今已有千余年的历史，是中华民族最优秀的民间工艺之一，被誉为“国之瑰宝”。2006年5月20日，东阳木雕经国务院批准列入第一批国家级非物质文化遗产名录。

被誉为中国木雕之乡的浙江东阳，有千余年的木雕历史，北京故宫及苏、杭、皖等地，都有精美的东阳木雕留世东阳木雕约始于唐而盛于明清，自宋代起已具有较高的工艺水平。据东阳《康熙新志》载，唐太和年间，东阳冯高楼村的冯宿、冯定两兄弟曾分任吏部尚书和工部尚书，其宅院“高楼画栏耀人目，其下步廊几半里”。陆氏墓与唐元和年间进士、宰相舒元舆的墓同在20世纪初

东阳木雕佛国

被盗，均有精雕的陪葬木俑出土，可见唐代太和年以前东阳木雕已发展到一定程度。现存宋代建隆二年所雕的善财童子和观音菩萨像造型古雅端庄，足以说明东阳木雕当时的水平与风格。

东阳木雕的著名艺人有杜云松、黄紫金、楼水明，人称“三杰”。他们是东阳木雕老一代艺人中的佼佼者。东阳木雕的传统风格主要有“雕花体”“古老体”，以后又产生了戏文化的“微体”画谱化的“画工体”。东阳木雕流派众多，以家族传承和师徒传承为主要传承方式，而今主要传承者有吴初伟、陆光正等人。

[武阳春雨茶]

武阳春雨茶产于金华武义县。武义地处浙中南，境内层峦叠翠，环境清幽，四季分明，热量充足，无霜期长，植茶条件优越。武阳春雨茶形似松针丝雨，色泽嫩绿稍黄，香气清高幽远，滋味甘醇鲜爽，其卓尔不群的品质，深受消费者的喜爱。武阳春雨茶是1994年由武义县农业局研制开发的名茶，问世以来屡获殊荣，1999年获全国农业行业最高奖——中国国际博览会中国名牌产品。2004年被列为“浙江省十大名茶”之一。目前已拥有生产基地6万余亩，年产量1000吨，并在杭州、北京、上海、南京、济南等大中城市开设了专卖店和直销点，同时远销至美国、韩国、日本和欧盟各国。

[兰溪金丝琥珀蜜枣]

兰溪金丝琥珀蜜枣距今已有400多年历史。以蜂蜜糖煎煮者为“蜂糖蜜枣”；以白糖煎制者为“白糖蜜枣”。制成的蜜枣又可分为“赛桃”“特大枣王”“顶面”“秃面”等16种。其中，“赛桃”枣果肥大，肉厚质细，为兰溪金丝琥珀蜜枣中的上品。具有润肺化痰、清热生津等功效。它既可以做品茶食又可以做蜜枣汤、果味汤，还可以做八宝饭、蜜枣糕、蜜枣泥饼等小吃。主要品种有京枣、面枣、濮枣、马枣、头枣等。配料一般为每百公斤大青枣加蜂蜜或白糖75~80公斤。

[武义宣莲]

宣莲产于原浙江宣平县，现属武义县柳城畲族镇（主要产地是武义的柳城、西联、大源、泽村等乡镇），故名。是浙江省的一种名贵特产，据《宣平县志》记载：莲子，一名藕实，向无种者，始种于清嘉庆年间（1796—1820），宣平莲子是清朝贡品，是中国三大名莲之一。在7—8月是荷花盛开的时间，具有极佳的观赏价值。莲子补中养神，止渴去热，厚肠胃，固精气，强筋骨，补虚损，利耳目，除寒湿，是一种纯天然高级营养保健品，历来为御膳房必备之物。莲子食用方便，既可制成莲子羹、莲子汤、八宝粥、糖水莲子，又可炖鸡、炖鸭等制作美味佳肴，是强身健体、养颜驻容、馈赠亲友的上等佳品。宣莲粒大肉厚，容易煮烂，具有养心、益肾、补脾、涩肠等功能，能治夜寝多梦、遗精、淋浊、久痢、虚泻、妇女崩漏带下等到疾病。

相传，清嘉庆年间，浦江有个祝老大，躲债到宣平西联乡壶源行政村下塘自然村，在山脚开出几丘稻田。第二年，田里长出一朵荷花，香气扑鼻，子实也香气沁人。从此，祝老大就以种莲为业。一晃十几年，祝老大背上十几斤莲子回故乡探亲，路过金华罗店歇宿，宿费不够，就抓几把莲子给店家。店家满心欢喜，珍藏起来。一天，一京城官亲路过罗店，店家拿出莲子煨鸡饷客。客人食之，问是何山珍海味。店家说是宣平莲子煨鸡。客人说，全国闻名者为湘莲，可也无此鲜香！店家奉献剩余莲子，官亲回京又奉献皇帝。皇帝赞赏宣莲，下诏官府每年进贡十二石。从此，宣莲身价百倍，一斤竟值一石谷。于是，各地竞相种莲，但色香味皆不及宣平莲子。如今，武义每年都举办一次宣莲节，为武义经济开发注入了新的生命力。

[**开化龙顶茶**]

开化龙顶茶产于浙江开化县齐溪乡白云山，它是浙、皖、赣三省七县交界的“中国绿茶金三角地区”。境内山如驼峰，水如玉龙。放眼四望，满目苍翠。此地“晴日遍地雾，阴雨满山云”，其绝佳的气候，孕育了白云深处那一丛丛的孤芳——开化龙顶。开化龙顶茶采于清明、谷雨间，选取长势旺盛健壮枝梢上的一芽一叶或一芽二叶初展为原料。其成品外形紧直苗秀，身披银毫，色泽绿翠，香气清高持久，并伴有幽兰清香，滋味浓醇鲜爽，汤色嫩绿清澈，叶底嫩匀成朵。具有“干茶色绿、汤水清绿、叶底鲜绿”的“三绿”特征，是钱江源头的绿色佳茗。开化龙顶茶自明朝崇祯年间就被列为贡品，每当清明前夕用快马飞舟送至京城，被皇帝、大臣们享用，深受宠爱。1985年，在浙江省名茶评比中，荣获食品工业协会颁发的名茶荣誉证书，同年被评为中国全国名茶之一。

[**白羽乌骨鸡**]

是衢州江山的特产。江山白羽乌骨鸡以“一白”（全身羽毛洁白）、“五乌”（乌喙、乌舌、乌趾、乌蹶、乌皮）为其主要特征，耳垂雀绿色，鸡冠及肉髯绛紫，煮熟后肉骨乌色不变。江山白羽乌骨鸡是我国珍贵鸡种之一，原产于浙江省浙江省江山市，属肉药兼用型品种，早在《华佗神医秘传》和李时珍的《本草纲目》就有药用价值的详细记载，被民间誉为“清补胜甲鱼，养伤赛白鸽”的优质产品。据当地出土文物《天鸡壶》考证，远在东晋年间（公元317年）就有养殖，至今已有1600余年历史。1980年开始逐渐向省内外推广，全省年饲养量达20万羽以上。

江山白羽乌骨鸡肉质鲜嫩，胶质多，营养丰富。据测定：每100克江山白羽乌骨鸡蛋白质干燥样品中，17种氨基酸的含量为96.31克，其中8种对人体必需的氨基酸含量特别高，其他9种氨基酸超过普通鸡。为气血、肝肾的良效滋补品，又是制作妇科良药乌鸡白凤丸、乌鸡妇康糖浆和乌鸡滋补酒的优质原料，对保持人体内的蛋白质平衡，满足代谢需要，增强肌体的抵抗力有着重要的作用。

［**常山胡柚**］

常山胡柚因产于常山县青石乡胡家村而得名。常山胡柚果实美观，呈梨形、圆球形或扁球形，色泽金黄。单果重300克左右，皮厚约0.6厘米。富含多种维生素和人体所必需的16种氨基酸以及磷、钾、铁、钙等元素，营养价值很高。其肉质饱满，脆嫩多汁，酸甜适度，甘中微苦，鲜爽可口。并具有清凉祛火、镇咳化痰、降低血糖、润喉醒酒、养颜益寿等诸多药理功效，是老少皆宜的集营养、美容、延年益寿于一身的纯天然保健食品。胡柚在自然室温下存放可保鲜至次年4—5月，贮藏后果实汁味更浓，品质尤佳。常山胡柚跻身于全国“名特优新”水果行列，在1986年和1989年，全国名特优柑橘评比中，两次被评为全国优质农产品；1991年，被农业部列为“绿色食品”；在第二届农业博览会上荣获金奖，第三届农业博览会上荣获名牌产品；2003年，常山县获常山胡柚原产地域产品保护。

［**龙游小辣椒**］

龙游小辣椒其形似铁钉，当长到一寸左右就开始采摘。加工时，先去蒂，再放到压榨机上连续轻榨三次，除掉苦辣汁，倒入大缸中，用盐水浸腌。腌渍7天，小辣椒由绿色变成黄色。再取出轻轻压榨，而后装入小水缸，用篾片帘子压紧压实，浸以酱油，颜色由淡黄色变为紫红。最后加入白糖、麻油等作料，调匀后食用。

［**三蛇酒**］

产于衢州，以乌梢蛇、大白花蛇、蝮蛇等三种蛇与名贵中药材及白酒为主要原料，经传统工艺精制而成。其成品天然淡黄色，清亮透明，饮之醇厚绵延，略含有柔和之药香，是理想的保健营养酒。常饮三蛇酒，能起到增强人体免疫机能、提高抗病能力、预防癌前病变之功效。

第五篇

娱在浙西：杭州西郊 / 金华 / 衢州旅游演艺

各位游客朋友，赏过美景、尝过美食、购过特产后，现在我们要去娱乐一下。那么，浙西有什么玩头呢？这里有现代旅游演艺节目《水之灵》，也有众多地方传统民俗表演项目：建德的《九姓渔民水上婚礼》、千岛湖的《巨网捕鱼》、金华斗牛、永康的《十八蝴蝶》以及地方戏金华的婺剧、金华道情等。下面就随我一起去欣赏浙西的娱乐项目吧！

[水之灵]

各位游客朋友，白天我们观赏了美景、品尝了美食，那么晚上我们去哪儿玩呢？近年来，为解决这个难题，淳安县政府联合杭州文广集团、杭州金海岸演艺集团、千岛湖旅游集团共同打造的一台水上旅游演艺项目《水之灵》。《水之灵》以千岛湖的水为主题，以风景如画的千岛湖为背景，糅合了中国武术、杂技、舞蹈等表演元素，结合国内顶尖的创意、舞美、3D及制作团队，采用目前国内唯一的水舞台，作为一个全封闭的剧院，人行幕中，犹如置身一片蓝色的海底世界，配合三面巨型屏幕的3D展示，千年千岛湖风情在眼前活色生香。整台演出通过展现淳安人杰地灵、荡气回肠的悠久历史，展望千岛湖欣欣向荣，充满希望的明天，让远道而来的

水之灵

您情系千岛湖，梦回水之灵。

序幕：水之缘。讲述的是千岛湖的起源，1959 年，新安江流到了千岛湖，形成了岛屿，我们流连忘返于造物主亲手打磨过的山水之间，顿感水的沧桑巨变，精彩飞扬。

第一幕：江河故道。一开场，便是新安江水滚滚而来，被喻为千峰之郡的淳安，溪流纵横，群山绵延。在浑厚的号子声和滔滔江水声中一群纤夫缓缓登场，商旅云集，几度兴衰，几度繁忙。裸眼 3D 的效果，将江水的汹涌展现得淋漓尽致。接着轻快的乐曲声传来，采茶女背着小箩筐踩着轻盈的脚步上台。一场意外开始了纤夫与采茶女的爱情故事，温柔婉转的双人舞和精彩群体表演，不仅讲述了两人的悲欢离合，还诉说着当时纤夫的汗水与辛酸。

第二幕：清溪雄风。精彩的武打场面和杂技表演，不仅引来了观众的阵阵掌声，还重现了 1120 年，方腊在睦州青溪县（今浙江淳安西北）起义时的场景。虽然最后被宋军镇压，方腊与其将领英勇就义，但是淳安人民威武、果敢、正直的力量和刚毅、无畏的精神从此被载入历史。

第三幕：新安胜景。新安山水让智者乐让仁者更乐。一段韵味十足的水袖舞，将这些佳作中的新安江如行云流水般展示给我们。明代的“三元”宰相的商辂，做官时为人正直，不畏权势，以至百年后一代青天海瑞到此当县令时，也不免感叹“贤相，何为做官真谛啊！”商辂和海瑞穿越时空的对话，更让我们敬佩这两位虽相隔数百年，却有着同一种精神，他们的精神也永远激励着今人。

第四幕：山河壮举。几声炮响，一群工人手拿大锤开始了工作。1959 年，新安江畔起宏图，纤夫的后代们成了大坝的建设者！这是一场国家特别行动，新安江拦坝蓄水，近 30 万淳安人要移民他乡。看到这一幕，背井离乡的痛让观看者热泪盈眶，而淳安人无私的精神，更是令人敬佩。演出通过 3D 效果还原了新安江拦坝蓄水后，数百村落瞬间沉落水底，连绵群山成为座座岛屿的景象，而如今这些村落还依然挺立在水底。这就是在那个特别的年代，淳安人抒写的史诗。

第五幕：水秀天下。新安江的波涛曾经汹涌澎湃，而今已消隐在这静美的湖水之中；千岛湖的粼粼碧波，正绽放着灵动之光；水和与她相伴的人们开始了新的世纪传奇。千岛湖的水卓越超凡，水是千岛湖的灵魂，她赋予淳安人柔韧、包容、大气、卓越的精神气质。“水秀天下”，天下逐秀水！一群年轻姑娘和小伙的欢歌笑语，一段活力十足的动感舞蹈和杂技表演，展现了新时代淳安活力四射的模样，淳安正在以他的速度不断前进着，发展着，以湖兴县，蝶变淳安！

尾声：我还会再来。“我还会再来，

相逢是一种缘，蓦然回首花千树，你情依旧，我心依然”，千岛湖是一幅画，她美到极致，《水之灵》是一首诗，她向游人们娓娓诉说着千岛湖的美丽故事！千岛湖是我们的家，无论我们走到哪里都会想念她，迷恋她。千岛湖人欢迎四海宾客！

［九姓渔民水上婚礼］

各位游客朋友，你可能看过不少婚俗礼仪。但今天我们要去看的九姓渔民水上婚礼却与众不同，精彩异常。说起“九姓渔民”，就不得不说一说他们的悲惨历史。

元朝末年，和朱元璋争夺天下的陈友谅被打败，他手下的陈、钱、许、叶、林、李、袁、孙、何这九姓被贬到富春江、新安江、兰江一带，官府命令：这九姓不得上岸居住，不得读书考试，不得与岸上人通婚，上岸还必须光脚不得穿鞋。久而久之，便形成了一个独特的水上渔民部落。数百年来，九姓渔民举家泛舟，生活在水上，其生活习俗与岸上人截然不同，其中，最具特色的就是“抛新娘”式水上婚礼。

“咚咚锵”—“呜哩哩”。循声远望，只见一条乌篷船披红挂彩远远驶来，向另一条彩船逐渐靠近。近处，船头上缀着一个大红双喜字，高高的桅杆上飘着一面旗帜，挂着一盏灯笼，旗帜和灯笼上都标有船主人的姓氏；船头上的一群人，穿着新衣，喜气洋洋而又忙忙碌碌。这便是马上就要举行婚礼的新郎方的接亲船，俗称男船。远处而来的一条与男船相似装扮的彩船，只是旗帜、灯笼上的姓氏与男船不同。这是新娘方的送亲船，俗称女船。

当送亲的船过来以后，两边船上的水手抵住船身，不让两船帮碰撞（因为碰撞，就意味着小两口在以后的日子里要磕磕碰碰的，不吉利）。等船停稳后，在司仪的主持下，两位端灯姐姐（伴娘）从船舱里扶出一位罩着红盖头的新娘来，帮忙的人就开始一件一件地帮着抬嫁妆，比如被子、枕头、木箱、利市桶、梳妆台等生活用品。然后，帮忙的人从女船中端出喜盆，新娘在“命令”声中坐入盆中。男方的利市嬷嬷给新娘唱歌，说规矩，同时，她的手里还拿着一杆秤，要把每一件嫁妆都称一下，边称还要边唱：“称一斤来进千金，称两斤来进万金”，还有什么“五子登科”“六六大顺”“八面威风”等等。当然，这些都是象征性地称一下的。最后，这还要用这杆秤挑新娘头上的红盖头。嫁妆称好了，再由女方的利市嬷嬷给新娘喂离娘饭、唱离娘歌，教导新娘到婆家后的规矩。让新娘吃完离娘饭，听完离娘歌以后，坐在渔盆里，由四个壮汉抬起来，绕着船的桅杆转三圈，表示对娘家的眷恋之请，也表示不忘父母的养育之恩。然后再传给前来迎亲的男方船上的四个壮汉。然后由男方的四个壮汉抬着新娘，围着男方船上的桅杆转三圈，这表示落地生根。

过船后的新娘，走出喜盆与新郎在船头牵手拜过天地、拜过父母、再互相交拜。憨厚老实的新郎轻轻揭去新娘头上的红盖头，稍后新娘被扶入船舱，新郎被伴娘拒之于船舱外。在众人的吆喝声中，新郎勇敢地攀上篷顶，从遮阳避雨的船篷上小心翼翼地爬过去，从船后入舱与新娘相会。此时，锣鼓鞭炮声顷刻大作，男船、女船上的人和走出船舱的新人，同时向岸上的观礼人群撒柏籽、花生、红枣和糖果，以示对亲邻的感谢。当夜幕降临时，这对新人即下到一只小船上，劈开水波去到一个幽静的去处，欢度他们的新婚之夜，翌晨返回大船。

“九姓渔民水上婚礼”这一独特风俗，已被当作一种特异的历史文化资源发掘出来，成为新安江上特有的民俗旅游资源，这一民俗现象还被改编成歌舞、摄影等艺术形式，为新安江的青山绿水增添了迷人的色彩。改编的舞蹈节目在第四届杭州音舞节上夺得了二等奖，一部20集的电视剧也将很快与您见面。“九姓渔民水上婚礼”实景音乐情景剧已被列为省非物质文化遗产。渔家儿女相识、求婚、出嫁、鹊桥拜、进洞房……系列演出，让观众大呼“高大上”。

[**巨网捕鱼**]

各位游客朋友，大家都知道一个道理，那就是要吃鱼就得先得捕鱼。他们靠水吃水，于是练就了一身捕鱼的绝活——就是传说中的巨网捕鱼。如今，这巨网捕鱼还成了我们千岛湖旅游的金名片，供游客们感受观赏。那么大家猜猜看，这一网下去，最多能捕获多少斤鱼呢——32万公斤！大家肯定想知道巨网捕鱼，靠的是什么？告诉大家吧，秘诀只有四个字：“拦、刺、赶、张”。我们先来说说“拦”，拦就是拦网，渔民们先在渔场两头，约3公里的地方分别设一道巨大的拦网，这个网相当于42个足球场那么大，俗称“封锁线”。当然在拦网前有个十分重要的环节就是要侦查鱼情。渔老大们可厉害了，他们凭着自己多年的经验，看水面上的波纹，水里小泡的多少，闻闻鱼腥味，听听水下发出的声音，就可以知道鱼有多少，是什么鱼了。如果听到哗哗的打水声，您猜是什么鱼？对，是鲤鱼，因为鲤鱼游水时，尾巴的摆动幅度大；而如果听到啪啪啪的声音，说明这群鱼喜欢跳出水面，那肯定就是白鲢鱼了。找到鱼群聚集区，下好拦网后，就要开始第二、第三步，就是“刺和赶”。渔民们会选择鱼儿容易逃跑的水域，设立畚斗网，也就是“埋伏圈”，目的是为了让鱼儿进得去出不来。之后，他们各自坐一条装满渔网的小划船，在封锁线内，间隔有序地投下三层丝网，大家可别小瞧这丝网啦！它勒到鱼鳞，鱼儿会感到刺痛，就会拼命地逃跑，这样就乖乖地窜进了渔民们设置的埋伏圈。最后一步“张”，就是拉网了，巨网捕鱼中最激动人心的时刻终于来了。当渔老大一声令下，“起网咯”，响彻湖面的号子声，渔民们整齐划一的动作，渔网渐收渐小，受了惊的鱼儿“噼里啪啦”地跃出水面，伴着水花飞溅，鱼儿有的高跳，有的飞跃，有的转身……像玉珠落盘一样，场面相当壮观，再加上朋友们您的欢呼声，那真的是“群鱼狂舞、人欢鱼跃”啊！

［**金华道情**］

金华道情是民间一种说白加唱的叙事曲艺，因多说唱地方新闻故事，故俗称“唱新闻”。流传于金华、义乌、浦江、东阳、武义、兰溪及衢州市的各县（市）。“艺人一台戏，演文演武我自己”，传统道情由一人用方言说唱，唱词口语化，谴责邪恶，劝人为善。用渔鼓和简板伴奏，曲调只一个基本调，但演唱者根据内容和情绪，有多种唱腔，有平调、悲调、哭调等。说唱与演奏配合紧密，抑扬顿挫，富有感染力。近年来金华道情内容上注重与现实生活相结合，运用方言和普通话两种语言演唱，并引进了传统婺剧音乐，着重加强道情的表演力和音乐性，使这种古老的说唱艺术焕发了勃勃生机。

［**婺剧**］

婺剧，俗称“金华戏”，金华古称婺州，1949 年改称金华。婺剧流行于金华、衢州、丽水等地及江西东北部。2008 年 6 月 7 日，婺剧经国务院批准列入第二批国家级非物质文化遗产名录。

婺剧源于明朝中叶，迄今已有 400 多年历史。它是高腔、昆腔、乱弹、徽戏、滩簧、时调六种声腔的合班，唱法采用真假嗓相结合，韵味独特。音乐大锣大鼓，雄壮豪放。婺剧不但保留了丰富的脸谱图案和古老的傩舞遗存，而且拥有变脸、要珠等绝活特技。表演时文戏武做、武戏文做，形成了夸张粗犷、生动明快的风格。婺剧经典剧目有《黄金印》《断桥》《西施泪》《僧尼会》等，著名演员有江和义、郑兰香、吴光煜等。

1956 年元旦，浙江婺剧团建立后，即着手抢救、发掘婺剧传统遗产。曾收集、记录了 800 多个大小剧目和 3000 余首唱腔、曲牌，整理了婺剧独有的传统脸谱和服装图样，使大量珍贵传统艺术资料得到了保存。同时创作、改编、整理演出了《黄金印》《送米记》《三请梨花》《雪里梅》《断桥》《僧尼会》等许多优秀剧目。1962 年，应邀进京演出时，周恩来、朱德、陈毅等党和国家领导人亲临剧场观看，并亲切接见全体演职员。后来，毛泽东、刘少奇、叶剑英、李先念、董必武、贺龙等党和国家领导人先后观看了该团演出。1982 年，浙江婺剧团经过改编演出的《西施泪》由长春电影制片厂拍成电影，并被该厂第五届“小百花”奖评选为最佳戏曲片奖。1985 年改编上演的《白蛇前传》更是别开生面，耳目一新，受到国内外专家的赞誉。近年来，剧团曾先后参加第一届中国艺术节、纪念徽班进京二百周年和全国地方戏曲交流演出，新编大型婺剧《昆仑女》参加第六届中国艺术节荣获优秀剧目奖，新编大型婺剧《梦断婺江》在第九届中国戏剧节上荣获优秀剧目奖。这多次赴日本、新加坡、罗马尼亚、美国、法国、奥地利及北京、上海、香港等全国20多个省市演出，受到各地观众的热烈欢迎。许多优秀婺剧剧目被制成音带、唱片、VCD，远销全国各地并被诸多观众珍藏。

［**金华斗牛**］

金华斗牛是一种魅力独特的民间游乐活动，相传为孙权所创，旨在尚武强身。到东晋时发展为庆贺丰收、祈求平安的传统斗牛节，至今已有1700多年的历史。婺城区雅畈镇铜山是金华斗牛的创始地。人们一般在春秋农闲之际，选择周山环抱的水田为场地，牛与牛四角相接、奋力争斗，场面惊险、阵势壮观。金华斗牛除了戏牛取乐外，更在于以斗牛的方式，展示农耕民族爱牛、敬牛、拜牛的情感。金华斗牛相比于西班牙的人与牛斗少了些冷酷和残忍，多了些和谐欢乐，被誉为“东方文明斗牛”。中华人民共和国成立后，斗牛活动曾一度停止，自1992年以来，“金华斗牛”于每年重阳节隆重开角。

［**永康十八蝴蝶**］

永康境内有方岩山，是浙江著名民俗活动“方岩庙会”生发与活动地。“方岩庙会”起源于当地百姓对胡则的民间信仰。每年农历八月十三（胡则生日）至重阳节期间，方岩都要举行盛大庙会，永康各地乡民各自组织“罗汉队”和“蚌壳舞”等民间文艺表演队，上方岩朝拜“胡公”。1946年秋，永康城东7华里的高镇村村民王春山等人，从“蚌壳舞”得到启发，制作“蝴蝶”道具，编排舞蹈队形，参与方岩庙会，于是就诞生了从“蚌壳舞”转化成主题动作相似的“大飞”“小飞”等美丽而别具一格的《十八蝴蝶》。

《十八蝴蝶》以“三性”闻名省内外：艺术性，它通过服装、道具和音乐舞蹈以及美丽少女的美妙身段、舒展飘逸的舞姿和悠扬婉转的音乐，成为具有典型的江南女子民间舞蹈特色的代表性节目；娱乐性，适应于庙会娱神活动的演出，它可以在舞台、广场、风景区，甚至街头巷尾表演，一经演出，就会吸引附近的村民或游人争相观看；参与性，由于动作不难，且形象生动优美，故而永康本地农村甚至附近县城乡，只要有兴趣都可组织演出，村民热情高涨，争相参与。

《十八蝴蝶》寓意人与人、人与自然的和谐，歌颂真善美，较好地体现了江南文化的秀丽之美，广受群众欢迎。20世纪50年代曾两次参加浙江省民间舞蹈会演。1992年参加文化部在沈阳举办的第二届国际秧歌节和天津国际友好城市艺术节的“全国民间舞蹈大赛”，分获全部六项大奖和三项大奖。继后，参加文化部在泉州、昆明、上海、杭州等地举办的演出，屡获殊荣，并获文化部第二届“群星奖”银奖和“浙江省精神文明作品奖”。1997 年受文化部指派，赴法国参加第 25 届桑特国际民间艺术节等五个国际艺术节，引起轰动，为国争光，受到浙江省文化厅的表彰。前几年还在中央电视台的《星光大道》中作为“家乡美”节目表演过。

［**浦江迎会**］

“浦江迎会”俗称“抬阁”，是一种以桌子为舞台，以传统戏剧人物造型为主体，根据会桌上不同的故事情节取会名的民间表演形式。相传是为纪念胡公大帝而作，始于宋代而盛于清代，20 世纪 80 年代后得到弘扬传承，近年发展的大型会桌《蟠桃盛会》有“中国第一会桌”之称。浦江迎会分人会、纸会、人纸合会 3 种，每台迎会队由会桌、抬杠、会栅、抬会人及站会的小演员五部分组成。迎会时以火铳开道，仪仗队为先导，会桌和什锦班紧跟其后，气势十分雄壮。浦江迎会是游动的戏剧，是静止的杂技雕塑，具有“华夏一绝”之誉。

［**磐安赶茶场**］

磐安茶场庙是我国现存最早的茶叶交易场所，位于玉山镇马塘村，是当地茶农为感激东晋道士许逊助其种茶销茶而兴建的。茶农们尊许逊为茶神，四季朝拜，形成了以茶叶交易为中心的重要聚会——“赶茶场”活动。每年春社（农历正月十四日）、秋社（农历十月十六日），茶农云集茶场庙，祭祀茶神，并在茶场内开展迎龙虎大旗、民间艺术踩街、迎龙灯、演大戏等丰富多彩的民俗活动，同时举行农贸物资交流会。“赶茶场”历史悠久，内容丰富，具有见证江南茶乡民俗、生产、生活、文化等方面传统内涵的独特价值。

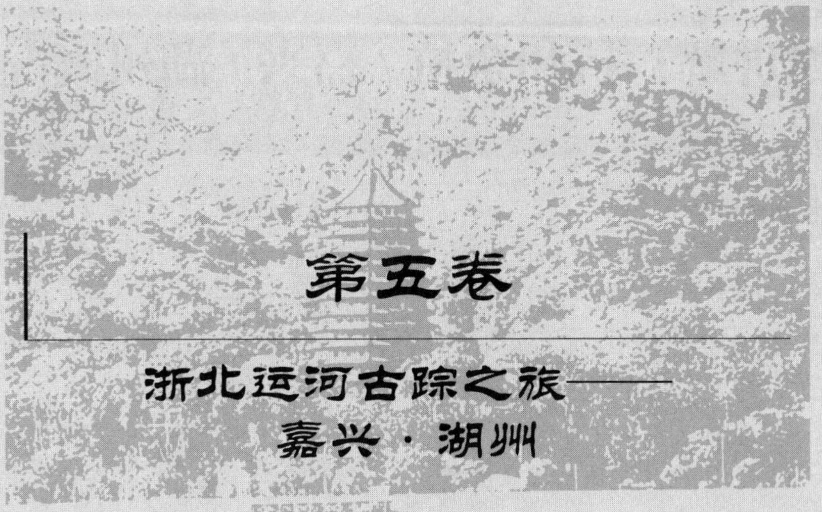

第五卷

浙北运河古踪之旅——嘉兴·湖州

第一篇

沿途讲解：杭州余杭／嘉兴／湖州概况

［杭州余杭区］

各位游客朋友，现在我们已经来到杭州市郊的余杭区。余杭地处浙江省北部，位于杭嘉湖平原和京杭大运河的南端，是“中华文明曙光”——良渚文化的发祥地。余杭之名与夏禹有关。明万历《余杭县志》载：“少康封无余於越，以主禹祀，因曰余杭。”清嘉庆《余杭县志》载：“禹航者，夏禹东去，舍舟登陆，因以为名。”余杭即“禹杭（航）”之讹。2001 年，余杭撤市设区。余杭历史上是著名的鱼米之乡、丝绸之府，以农业发达著称。改革开放以来，余杭区经济出现重大调整，工业经济已成为国民经济的主体，多次进入全国经济百强县的行列，为浙江省十强县（市、区）。

余杭历史悠久，名人辈出。早在四五千年前的良渚文化时期，余杭大地上更是孕育出了辉煌的物质文明和精神文化，作为“中华文明的曙光”，良渚文化遗址群已成为证明中华五千年文明史最具规模和水平的代表。余杭人才辈出，传说时代的大禹曾在这里降服了肆虐的水魔，留下了令后人景仰的遗迹；三国名将凌统，宋代科学家沈括，南宋数学家杨辉名垂青史；近代更是出现了民主革命家、思想家和国学大师章炳麟（号太炎）这样的伟人。

余杭山水如画，钟灵毓秀，自然人文景观极为丰富。有“茶圣”陆羽、大诗人苏东坡、金石书画家吴昌硕等名家留下的踪迹，有江南三大探梅胜地之一的超山、佛教圣地径山、东明山森林公园、黄鹤山天都城、山沟沟、双溪竹海等风景，有良渚文化博物馆、杨乃武与小白菜奇案遗迹、塘西古镇等人文景观。余杭美食也非常多，有径山茶、塘西琵琶、鸬鸟蜜梨和三家村藕粉等。

位于余杭区良渚镇的良渚文化遗址距今已有 5300~4500 年，遗址总面积约 34 平方千米。文化遗址最大特色是出土的大量玉器，包含有璧、琮、钺、璜、冠形器、三叉形玉器、玉镯、玉管、玉珠、玉坠、柱形玉器、锥形玉器、玉带及环等；陶器特别是黑陶也也相当有特点。良渚文化遗址是新石器时代晚期人类聚居的地方，也是长江下游良渚文化的代表性遗址。2008年良渚博物院正式对外开放，其前身是1994年开馆的良渚文化博物馆，良渚博物院的建筑设计出自英国设计师戴卫·奇普菲尔德之手，外观粗犷、大气，灰白色墙面没有任何装饰，显得简洁而流畅，与周围悠悠小河青青草坪的美丽洲公园相映成趣。博物院占地面积40 000平方米，建筑面积10 000平方米，内设3个常规展厅、1个临时展厅。

位于在余杭区长乐镇的径山寺始建于唐，南宋时梵宇规模宏大，香火鼎盛，为禅宗五山之首。后寺毁坏，仅存明初所建钟楼，楼内悬重约10吨的明永乐大铜钟一口，又有宋铁佛等，1989年楼遭焚毁，同年重修。山上又立宋孝宗御书“径山兴圣万寿禅寺”大碑一通，周围尚有不少摩崖题记。径山与日本佛教关系密切，为日本临济宗之源，其“茶宴”仪式被日僧传播到日本后，逐渐演变成日本“茶道”。

［**嘉兴市**］

各位游客朋友，现在我们来到了浙北运河古踪之旅的第一站——嘉兴市。嘉兴地处杭嘉湖平原，地势低平，平均海拔3.7米，有“六田一水三分地”之称。平原被纵横交错的塘浦河渠所分割，湖塘众多，河道纵横，水网密集，田、地、水交错分布。由于嘉兴地处北亚热带南缘，属东亚季风区，四季分明，日照充分，雨量充沛，气候温和湿润，非常适合水稻种植和桑蚕养殖，著名嘉兴籍作家茅盾的作品《春蚕》中就生动地描述了江南人家养蚕的情景。故而嘉兴形成旱地栽桑、水田种粮、湖荡养鱼的立体地形结构，是典型的江南水乡风貌。

嘉兴历史悠久，文化灿烂，是中国江南文化的发源地。早在六七千年前，先民们就在此孕育了长江下游太湖流域早期新石器文化的代表——马家浜文化，这是中华民族古老文明的源头之一。春秋时，此地名“长水”，吴越两国在此风云角逐。战国时，划入楚境。两汉时煮海为盐，屯田为粮。吴黄龙三年（231年）吴大帝孙权以为祥瑞，改由拳为禾兴，赤乌五年（242年）改称“嘉兴”。两晋、南北朝时嘉兴得到进一步开发。隋朝开凿江南运河，即杭州经嘉兴到镇江的大运河，给嘉兴带来灌溉舟楫之利。五代十国时期，吴越国在嘉兴设置开元府，为嘉兴首次设州府级政权。后晋高祖天福五年（940年），因吴越广陵王钱元瑾之奏请，在嘉兴设置秀州。北宋改秀州为嘉禾郡，南宋宁宗庆元元年（1195年）升郡为府，后改嘉兴郡。清朝初期，清政府进行了赋税改革和整顿，并多次对杭州湾沿岸海塘进行修筑，嘉兴社会经济不断好转，市镇更加繁荣。嘉兴名人辈出，历史上曾涌现出元代大画家吴镇，清代诗人朱彝尊、伟大的爱国主义者“七君子”之一沈钧儒、国学大师王国维、中国现代文学巨匠茅盾、当代著名金石书画家钱君匋、中国漫画宗师丰子恺、著名漫画家张乐平、著名诗人徐志摩、翻译家朱生豪、武侠小说大师金庸等大批名家大师。

嘉兴现辖南湖、秀洲两个区，平湖、海宁、桐乡3个县级市，嘉善、海盐2个县。全市总面积3915平方公里，人口约455万。由于嘉兴是浙江省接轨上海的前沿阵地，近年来以基础设施凸显区位优势、以园区建设构筑开放平台、以制度创新改善投资软环境、以结构优化建设先进制造业基地，着力打造长三角的“金南翼”。特别是，积极推进基础设施、产业、要素等建设，与以上海为龙头的长三角城市增加融合，不断将区位优势转化为功能优势、潜在优势转化为现实优势。嘉兴成功引进了浙江清华长三角研究院、中科院嘉兴应用技术研究与转化中心等一批国内外大院名校，大大增强了人才会聚的内在动力。“增强自主创新能力，建设创新型城市”是嘉兴发展的一个重要方向。

大家知道，嘉兴地处浙北平原。这里没有一望无垠的草原，也没有成群的牛羊，但嘉兴桐乡市濮院镇却成了全国最大的羊毛衫集散中心，这里70%的企业经营着羊毛衫，这里70%的劳动力以羊毛衫为业，这里70%的城乡居民收入来源于并羊毛衫。从1979年濮院镇第一家由个人集资创办的羊毛衫厂——中华羊毛衫厂成立，到2000年，濮院被中国纺织工业协会和中国毛纺织行业协会评为“中国羊毛衫名镇”，濮院已经跻身全国千强镇的行列。而秀洲洪合与桐乡濮院镇仅一河之隔，两大羊毛衫市场优势互补，遥相呼应。如今，洪合镇的羊毛衫产品不仅销往全国各地，还远销30多个国家和地区。

嘉兴海宁的皮革产业是中国皮革产业龙头。不到海宁，不知道海宁皮革业的发展速度如此之快：平均1.3秒钟，诞生一件皮衣；平均48秒钟，制成一只牛皮革沙发套。海宁中国皮革城在孕育海宁知名品牌的同时，也引进和嫁接了诸多世界知名品牌，并造就了自身的品牌效应。海宁已经成为了名副其实的中国皮都。

嘉兴的土特产众多，如市区的南湖菱、五芳斋粽子，郊区的生姜、雪菜、风桥桃，嘉善的蘑菇、汾湖蟹，平湖的西瓜、元青豆、糟蛋，海宁的斜桥榨菜、上河青甘蔗，海盐的黄皮，桐乡的杭白菊等闻名遐迩。有人把嘉兴本地的三大土特产“粽子、南湖菱、文虎（火）酱鸭”比喻为粽子裹得紧，有黏性，象征着牢固的凝聚力；南湖菱，团团圆圆，肉质饱满，象征着和谐而充满生机；文虎酱鸭，不紧不慢，稳扎稳打，可持续发展。

嘉兴的旅游资源较为丰富，环境优美，是中国优秀旅游城市和国家园林城市，目前全市拥有国家5A级旅游景区2个，即南湖景区和乌镇景区，国家4A景区8个。大家现在看外面，这就是著名的京杭大运河，运河穿城而过。江南运河嘉兴段，北起嘉兴秀洲区王江泾长虹桥，南到桐乡崇福镇，流经秀洲区、南湖区、桐乡市，全长81.22公里。运河水进入嘉兴市区后，在经过杉青闸端平桥后分流，北面一支为大运河主流，南面一支则称秀水。主流流经北丽桥、外月河至西丽桥下与流经南湖、壕河、西南湖在支流秀水汇合，将整个嘉兴市区团团围绕。“红船绿城，秀水绕禾城”这是我们嘉兴城市的一大特色，也是嘉兴旅游资源的一大特色。

［**湖州市**］

各位游客朋友，现在我们到达了历史悠久、山水清远的湖州。湖州市位于浙江北部，东邻嘉兴、南接杭州，并处在太湖南岸，东苕溪与西苕溪的汇合处，是环太湖地区唯一因湖而得名的城市。湖州已有2300多年历史，始建于战国，有优美的自然景观和众多历史人文景观，自古以来有丝绸之府、鱼米之乡、文化之邦的美誉，也享有南太湖明珠的美称。湖州人口多为江浙民系，使用吴语。湖州有太湖、南浔古镇、莫干山、天荒坪电站、嘉业堂藏书楼、百间楼、张石铭旧居、飞英塔等许多著名的自然和人文旅游旅游景点，还有三大自然保护区：龙王山自然保护区、尹家边扬子鳄保护区、长兴灰岩保护区。

湖商是继徽商、晋商之后，在近代中国涌现的、具有地域特征的商人群体。与潮州帮、宁波帮同时涌现，影响了近代中国政治与经济。南浔镇的丝商在清末崛起，形成以“四象、八牛、七十二条金狗”为代表的中国近代最大的丝商团体。以南浔丝商为代表的湖州商界接触到西方思潮，并加入了推翻清皇朝的革命运动之中。孙中山先生的革命经费大部都由以张静江为主的湖州丝商捐赠的，而南浔的丝商成为支持民国财政支柱的江浙财团的中坚力量，是蒋介石在财政上的主要支持力量。第一届西湖博览会是张静江在任浙江省政府主席时举办的，张家是南浔的丝商世家。

湖州是全国著名的蚕乡，也是世界丝绸文明的发祥地之一。1851年，英国举办首届世界博览会——万国工业博览会，商人徐荣村寄送的产于湖州南浔辑里村的“荣记湖丝”，一举获得维多利亚女王亲自颁发的金银大奖，成为中国第一个获得国际大奖的民族工业品牌。

湖州市善琏镇，是湖笔的发源地和主要产地，素有“笔都”之称。湖笔用料考究，工艺精细，品种繁多。湖笔，又称“湖颖”。颖是指笔锋尖端一段整齐透亮的部分，笔工们称为“黑子”，这是湖笔最大的特点。这种笔蘸黑后，笔锋仍是尖形，把它铺开，内外之毛整齐而无短长。这一带的山羊，每只平均只出三两笔料毛，有锋颖的也只有六钱。一支湖笔，笔头上的每一根具有锋颖的毛都是在无数粗细、长短、软硬、曲直、圆扁的羊毛中挑选出来，具有尖圆齐健，毫细出锋，毛纯耐用的优点。

第二篇 景区导览：嘉兴市/湖州市美景

01 南湖旅游区

景区概况→会景园→湖心岛→清晖堂→乾隆御碑亭→烟雨楼→南湖革命纪念馆→南湖红船→小瀛洲→览秀园→月河街

[景区概况]

各位游客朋友，欢迎大家到国家5A级红色旅游景区——南湖来参访观光！南湖位于嘉兴城东南，分东西两湖。东西两湖形似鸳鸯交颈，因此又名鸳鸯湖。南湖总面积120万平方米，其中水域面积53.4万平方米，水深2~5米。南湖旅游区由南湖景区、南湖革命纪念馆、月河历史街区三大部分组成。南湖是浙江三大名湖之一，亦有“秀水福地”之称。景区内坐落着会景园、湖心岛、烟雨楼、小瀛洲、壕股塔、览秀园等景点。1921年，中国共产党第一次全国代表大会在南湖的一艘画舫上完成最后的议程，庄严宣告中国共产党成立，从此南湖成了全国人民向往的革命圣地。月河历史街区位于南湖西北，是嘉兴市区现存最完整、规模最大、最能反映江南水乡城市居住特色和文化特色的区域之一。街区内随处可见的小桥流水、枕水老宅、商贾店铺、百年老店展现了繁华的水乡古城风貌。七一广场位于南湖南畔，广场主体建筑南湖革命纪念馆新馆以声、光、电等多媒体高科技展示手段，生动形象地再现了马克思主义在中国的传播、中国共产党的诞生等历史背景。纪念馆主楼南侧为水景广场，设有以喷泉、激光表演、水幕电影为主要内容的音乐喷泉。

[会景园]

各位游客朋友，现在我们来到了会景园，这是南湖景区的主入口，使南湖风景的最佳汇集之点。会景园总面积为3.36万平方米。景区三面环水，园内汇集了醉仙楼（根据金庸先生武侠小说《射雕英雄传》中一场景而建），红菱廊、望湖楼台、烟雨桥、湖风溪月（钓鱼台）、水榭长廊的等景点，并配置了入口广场、渡口、游船码头、接待中心等景区服务设施，是一个集望湖赏景、旅游休闲于一体的江南古典园林。

［湖心岛］

各位游客朋友，南湖在地质学上是一个潟湖，由各河渠在此汇流而成。以前南湖并没有岛屿，明朝嘉靖二十七年（1548年），嘉兴知府赵瀛征民夫修浚城河，运土填于南湖之中，堆成了前面这座的湖心小岛，并于第二年移建烟雨楼于岛上，形成了独特的景观。抗战前，这里每到清明（南湖水会）、荷诞（荷花生日和观莲节）、七夕、中秋，湖上游船如织，歌舞不绝，是一幅绮丽曼妙的江南胜景。嘉兴南湖的盛名，很大程度上是由于南湖游船的精巧和种类繁多。以前"鸳鸯湖上，游船鳞比"。游船有丝网船、精舫、网船、公渡船等。游船上一般都有船娘，30年代《初夏的嘉兴南湖船娘》一文写道："嘉兴南湖船娘，向来是一般骚人墨客所歌咏赞赏的，于是艳者所播，遐迩咸闻。凡来游嘉兴者，无不欲先一睹南湖船娘之风采。因此，这山水名胜也增添不少颜色。"

［清晖堂］

各位游客朋友，我们现在已来到湖心岛，这是一个占地10 000平方米、以烟雨楼为主体的小洲，面积不大，但亭台楼阁布置得十分精巧，堪称园林杰作。清晖堂是清同治四年（1865年）赞颂乾隆帝南巡所建，作为一座门厅，左右各有配间，南厢房称"菱香水榭"，原来是文人雅士聚会的地方，他们在这里品名茶，赏湖景，看菱花，楼景湖景、茶香菱香，悠然如神仙，所以题门匾"小蓬莱"。你们看墙上的"烟雨楼"三个大字是清顺治年间书法家冀应龙的手迹，笔力遒劲、古朴。

［乾隆御碑亭］

各位朋友请看，这是乾隆的御碑亭，御碑高188厘米，宽80厘米，厚25厘米。乾隆一生六下江南，八次到过南湖。第二次南巡（1757年）游南湖时，留下"烟态依稀如雨态，滮湖消息递西湖。自宜春夏秋冬景，何必渔樵耕牧图。"这样诗句。他把烟雨楼比作蓬莱仙岛，把南湖比作杭州西湖，觉得天然美景足以畅怀，根本不需要什么"渔樵耕牧图"了。乾隆前两次来南湖都是阴雨天，湖上烟雾迷茫，未能眺望远景，引以为憾，因此他在诗中表露了盼望于晴天游览南湖的心情。果然，他第三次到南湖时，天气放晴，大家请看背面的诗："未年丑岁两经行，烟雨都逢副感名。欲讶今番出新样，自过江后总开晴。柳丝宰地折腰舞，梅朵烘春笑口迎。更上高楼聊极目，水村近远望分明。"这次重游适逢天气晴好，于是乾隆诗兴大发，挥毫写下了这首诗篇。乾隆驻跸南湖期间共写了14首诗，可见他对南湖怀有特殊的感情。后来还在承德避暑山庄仿造了一座烟雨楼，以了却自己心愿。

［烟雨楼］

各位游客朋友，现在我们来到了著名的烟雨楼前，楼以唐朝诗人杜牧《江南春绝句》中“千里莺啼绿映红，山村水郭酒旗风；南朝四百八十寺，多少楼台烟雨中。”的“烟雨”而得名。各位请看，前檐“烟雨楼”三字笔力苍劲，这是中共“一大”代表董必武题写的。烟雨楼原为广陵王钱元镣在湖滨所筑登眺之所，明朝嘉靖二十八年（1549 年），随着湖心岛的建成，烟雨楼也随之移建于岛上，从此烟雨楼便在湖中了。现在我们看到的烟雨楼是 1918 年重建的，现在我们登上烟雨楼去眺望南湖风光。你们看，南湖细雨霏霏，碧湖、青菱、绿水、红船，景物笼罩在烟雨之中，真可谓是烟雨满楼。登上烟雨楼，如置琼楼玉宇之中，身入蓬莱仙境。假若晴天游湖则也别有情趣，湖面水气升腾，有烟雾满湖之感。而荡舟湖中则如雾中行船，飘然欲仙。

南湖烟雨楼

［南湖革命纪念馆］

各位游客朋友，我们面前的这座流线型的建筑就是南湖革命纪念馆新馆，它是为纪念中国共产党第一次全国代表大会在嘉兴南湖闭幕而建造的。1959 年 10 月建成立南湖革命纪念馆，属于近现代纪念性专题纪念馆，隶属嘉兴市南湖风景名胜区管理委员会。1985 年，邓小平同志亲笔题写了馆名。1990 年又建造“南湖革命纪念馆”新馆。从空中俯视南湖革命纪念馆，整座建筑犹如一个硕大的党徽。纪念馆顶部矗立一个外方内圆的标志，行家称其为丰功坊，它象征天圆地方的恢宏世界，隐喻中国共产党的丰功伟绩如天地日月永垂于世。

纪念馆馆址原来设在南湖湖心岛上，借用湖心岛古建筑作为举办党史展览的场所。1991 年 6 月，由嘉兴人民捐资建造的南湖革命纪念馆馆舍在南湖东岸落成并对外开放，馆舍占地面积 3800 平方米，建筑面积 1980 平方米，主体建筑为中国共产党党徽造型，馆内设置基本陈列《开天辟地大事变——中国共产党第一次全国代表大会史料陈列》。为更好地保护、利用南湖的政治资源，2005 年 10 月，南湖革命纪念馆扩建项目获得中央有关部门批准。新馆选址在南湖南岸，于 2007 年 3 月 5 日开工建设，占地面积 27 300 平方米，总建筑面积 19 633 平方米，是原馆舍面积的 10 倍，由“一主两副”三幢建筑组成，呈

“工”字形平面造型，建筑风格庄重大气。新馆于2011年建党九十周年之际正式对外开放。

［南湖红船］

各位游客朋友，我们面前停泊的就是中共“一大”会址之一南湖红船。这艘纪念船长16米，宽3米，船头平阔，是典型的江南丝网画舫船。画舫内放置着一张八仙桌、六把椅子、四只凳子和两只茶几，桌上摆着茶具。当年“一大”会议就在船里闭幕的。并庄严宣告中国共产党诞生。在船舱正面还有“龙船祥云阳宝日，凤载梁树阴场月”的楹联和“湖光彩月”横匾。“革命声传画舫中，诞生共党庆工农。重来正值清明节，烟雨迷蒙访旧踪。”纪念船东面这“访踪亭”中的诗碑是一大代表董必武题写的。1959年，嘉兴市在筹建南湖革命纪念馆时，根据“一大”代表回忆仿制了这艘丝网船，并经董老审定。1964年，董必武同志视察南湖，再次仔细察看了纪念船，认为画舫仿造很成功，于是欣然题写了这首光辉诗篇。

南湖革命纪念馆

［小瀛洲］

各位游客朋友，刚才我们游览了湖心岛，现在我们来到小瀛洲继续游览，小瀛洲又叫小烟雨楼，和湖滨公园一起面积共有160 000平方米。公园建于1959年，1977年建造了九曲桥，使小岛与湖滨连在一起。湖滨为园林，中间有小亭点缀。岛上建有清光绪年间为纪念仓颉而建造的仓圣祠。传说汉字是黄帝手下的一位大臣仓颉所创造的。清朝光绪年间，嘉兴有一个群众团体叫惜字会，会员对仓颉更是虔诚至极。于是大家募资在这里建起了这座仓圣祠以示纪念，其实汉字不可能由一个人独创，仓颉是古代整理汉字的一个代表人物。

［揽秀园］

各位游客朋友，现在我们来到了揽秀园。此园之名出于《浙江通志》“秀水东会沪渎，西控语溪，襟带具区，独揽其秀”之语。揽秀园北园西侧以中轴线对称，四进庭院式风格，东侧为自由开放式园林布局。正门为仿古门楼，坐北朝南，门楼上“揽秀园”三字，古朴苍劲，为文物研究家、书法家汪济英亲笔手书。跨越石阶大门为迎客厅，中间为过道，出迎客厅，沿石径往前便是“同乐院”。墙门东、西、南三面回廊，内嵌有三堂名人碑刻。向西为“停云馆”“清仪阁”刻石。停云馆刻石系明代书画大家文徵明鸠工将历代书画名家之作刻于石上，现存碑刻16块。“清仪阁”刻石是清代著名书法家、金石鉴赏家张廷济请人镌刻的历代名家金石书法，现存碑刻15块。向东为“小灵鹫山馆图咏”砖刻。小灵鹫山馆位于嘉兴新塍问松桥东，为清代孙家桢所建，现尚存碑刻25块。北面是“听松馆”，走过小桥平台即为“八仙厅”，为五开间抬梁式，硬山顶，厅内不定期陈列嘉兴籍古今书画名家和各地书画家之佳作及奇石、根雕、盆景花卉等展品。揽秀园为嘉兴一处有名的人文景观，全园共有碑廊270米，镶嵌历代大小碑刻100块。它以独特的碑刻文物，蕴含了历史、文化、艺术等深厚的内涵，再融进浓郁的江南水乡风情，透出迷人的江南风光。

［月河街］

各位游客朋友，现在我们来到了月河历史街区。月河是运河的一条支流，因“其水弯曲抱城如月”而得名，明清以来月河一带已形成繁华街市。街区内，传统的民居依水造势，古街深巷迂回曲折、纵横交错；小河、古桥、狭弄、旧民居、廊棚等还原并展现了浓厚的水乡古城风情，众多百年老字号透射出旧时嘉兴“江南府城”的繁华。

月河街区以平行的“三河三街”为基本格局，京杭大运河、外月河、里月河基本平行又在北丽桥附近相汇，其空间布局极具特色；中基路（历史上称中街）、坛弄、秀水兜街是最为繁华的商贸地带。现在的月河历史街区总占地面积为9万平方米，建筑面积8.8万平方米，总投资约4亿元。街区内汇聚了嘉禾水驿、端午民俗文化体验馆、粽子文化博物馆、玉穗丰米行等特色景点，引入了皮影戏馆、评弹书场、花鸟市场、古玩市场等休闲场所，是嘉兴市区现存规模最大、布局最完整、最能反映江南水乡城市特色的的历史街区。大家可以自由活动。

02 乌镇

景区概况→乌镇东栅：逢源双桥→财神堂→江南百床馆→宏源泰染坊→茅盾故居→修真观→戏台→翰林第→乌镇西栅：草木本色染坊→叙昌酱园→亦昌冶坊→昭明书院→三寸金莲馆

各位游客朋友，欢迎大家到著名历史文化名镇、国家5A级旅游景区——乌镇来游览观光。乌镇地处浙江北端，与江苏省相邻，曾经是两省三府七县交界之处。南宋嘉定年间，以车溪（市河）为界，分为乌青二镇，河西为乌镇，河东为青镇，新中国成立后，河西的乌镇划归桐乡，统称乌镇。

关于“乌镇”一词的来历，还有一段典故，据说在唐宪宗元和年间，浙江刺史李琦妄想割据称王，举兵叛乱，朝廷命乌赞将军率兵讨伐。乌将军武艺高强，英勇善战，打得叛军节节败退。在车溪河畔时，李琦突然挂牌休战。正当乌将军就地扎营伺机再战时，李琦却于

水乡乌镇

当日深夜偷袭营地。乌将军仓促应战，最后连人带马跌入李琦在桥墩设下的陷阱，被叛军乱箭射死。虽说仗是打输了，但乌赞将军正直、忠诚、爱国的表现让老百姓十分钦佩，为了纪念他，大家就以他的姓氏为名，把镇名改为“乌镇”。

乌镇十字形的内河水系将全镇划分为东南西北四个区块，当地人分别称之为“东栅、南栅、西栅、北栅”。2001年，东栅景区正式对外开放，以其原汁原味的水乡风貌和深厚的文化底蕴，一跃成为中国著名的古镇旅游胜地。2003西栅景区启动开发，人和环境、自然、建筑更为和谐。东、西栅景区最大的区别在于，东栅是“观光型”景区，而西栅则是前所未有的“观光加休闲体验型”景区，完美地融合了观光与度假功能，成为一块远离尘嚣的安谧绿洲。接下来就请大家跟我一起寻访乌镇的历史名胜吧！

［逢源双桥］

各位游客朋友，我们现在来到了乌镇东栅景区。大家请看，这座颇具江南水乡特色的水上廊桥，便是乌镇有名的“逢源双桥”。取此名是因为这座桥曾经是乌镇内河与外河的分界线，有左右源头汇合之意。

［财神堂］

各位游客朋友，现在大家看到的这座古老建筑是财神堂。乌镇历来有接五路财神的习俗，东南西北中各有一位，而这一位财神是东路文财神比干的化身，比干是商朝的一位丞相，他为官正直，对君王忠心不二，直到后来把自己的心都掏给了商纣王，当时的百姓很敬重比干，特别是一些商人，他们认为做生意就应诚心诚意，像比干一样，所以把比干奉为财神，每天到这儿来的人很多，香火也很旺。

[江南百床馆]

各位游客朋友，大家现在看到的就是乌镇的江南百床馆，这里荟萃了民间各种式样的居室用床。其中有百床馆之冠之称的，当数这张清代的拔步千功床。据说当时如果按一名工匠一天做一工算的话，得花去工匠整整三年时间才能完成此床，所以称它为千工床。而“拔步”，就是说床前有阶梯，上床要先抬腿。千工床从外到里共分四进，第一进是换鞋的一条走廊。第二进是衣帽间，第三进最关键，一边是用来放金银珠宝等贵重首饰，而另一边放置的是一个马桶箱，让解手的地方离得越近也就越方便。最后一进是睡觉用的床了。整张床的格局就像是个完整的卧室。

[宏源泰染坊]

各位游客朋友，我们现在参观的是宏源泰染坊，也就是蓝印花布作坊。走进这扇古老的木门，仿佛时间已倒流百年。在这里您可以看到各种蓝印花布的展示。大家随我往里走，这儿是一个大天井，是用来晾晒布匹的地方。高高的竹架上，一匹匹染好的花布自云天飘然而下，伴着微风轻轻摆动。如此美妙的境界，使许多艺术家在此找到了灵感，2002 年黄磊在拍摄《似水年华》连续剧时，很多镜头就是从这个晒场找到的。

我们可以到屋里参观上浆的过程，这是非常重要的一道工序，将润湿的白棉布铺在桌上，然后用事先刻好的花版盖着棉布，均匀地刷上调和好的石灰粉和黄豆粉。因为石灰粉可以防染——上石灰的地方是染不上颜色的；而黄豆粉很黏，可以把石灰牢牢地固定在布上。晾干上浆布后自然是要染色了。染缸下用暗火烧着的砻糠会发出一点焦味。这样做可以让染缸始终保持一定的温度，使浸染的布料色泽亮丽持久。在染缸中央有一根高耸的空心毛竹，它就是用来排出刺鼻烟味的一根烟囱。一般蓝印花布要经过反复浸染七八次才能成品。

[茅盾故居]

各位游客朋友，现在请大家随我参观全国重点文物保护单位茅盾故居。大门上“茅盾故居”匾额为陈云同志所题。故居坐北朝南，是一幢四开间两进深的走马楼式民居。头进四楼四底临观前街，有木门吊窗，式样古朴。楼下四间，除东边留一条进出通道外，隔成了两间，东间设家塾，西间做膳堂，楼上统做卧室。1896 年 7 月 4 日，茅盾就出生在这里。楼房后面还有三间平房，那是 1934 年茅盾用稿费建造的，并亲自设计的略带日本风格的平房。茅盾以后几次回乡，就住在这儿写作。

[修真观]

各位游客朋友，走出这条悠长的老街后，下一个景点就是修真观了。自古以来，江南有三大道观：苏州玄妙观、濮院翔云观和乌镇修真观。修真观最早建于北宋咸平元年（998年），道士张洞明在此结庐修真得道，所以取名修真观。当初建成时，人们曾看到有一青鸾在观上空飞来飞去，都觉得这是一种好兆头，一时间修真观名声大振。

［翰林第］

各位游客朋友请看，紧挨着修真观的便是夏同善翰林第了，我们当地称之为肖家厅。那么既然是肖家厅又怎么会变成夏同善的翰林第呢？原来肖家厅是夏同善继母的娘家，夏同善的生母在他5岁时就过世了，他的父亲续娶了乌镇肖家的小姐肖氏，夏同善事之如生母。在他15岁时，因家道中落，其父欲弃儒经商。夏同善随继母长住在肖家，他舅舅肖仪斌藏书颇丰，夏同善又酷爱读书，每日手不释卷而懒于酒酱铺的事务。肖老太公非但不责怪，反而认为孺子可教，把他送入塾馆请老师授教。由此夏同善学问大进，科举连连告捷，在25岁时考取进士，次年被钦点为翰林，夏同善为报答肖家对他的养育及栽培之恩，就把翰林第的匾额挂在了肖家厅。

［江源当］

各位游客朋友，下面我们将要参观老字号典当行“江源当”，它是乌镇首富徐东号的第九代孙徐涣藻所设，建于清光绪年间（1875—1908年）。1939年5月，日军侵华，当铺延烧数日，除铺面、柜房外，其他库房全被焚毁。今天我们看到的只是当铺的一部分建筑。现在大家随我进去，看这又高又长的栏柜，高1.8米，煞是气派。大家或许觉得这未免太高了。其实不然，在古代有些当铺的柜台更高，最高的达2米。如此的造法是为了居高临下地面对顾客，以显示高人一等的气势。

我们再到柜房看看，这有一块特别的木牌，被称之为望牌，其实就相当于我们现在的日历表。望牌一、三两行采用了《千字文》中的18个字，这些字是可以移动的，为什么要用18个字呢？旧时典当物品最长的限期就是18个月，每个字代表一个月，物品存放了1个月后对应的字移过一格，移到18格后，此物未能赎回，店主即可售出。走过柜房，我们进入的是一间小小的首饰房。首饰房里有一楼梯，边上是一个既深又黑的暗房，是旧时避难应急之用，它靠首饰房特别近，以便于贵重物品的转移。

各位游客朋友，乌镇东栅之行我们就游览到这里了。接下来我带大家去西栅参观。西栅景区毗邻古老的京杭大运河河畔，占地三平方公里，由12个碧水环绕的岛屿和72座形态各异的古石桥组成。

［草木本色染坊］

各位游客朋友，现在我们来到草木本色染坊，整个工坊占地2500平方米，地面是青砖铺就的，上面竖立着密密麻麻的高竿，规模相当庞大。这里除了制作蓝印花布外，还有独特的彩烤工艺流程，而且当时的彩烤色彩也十分丰富，都是从当地的草木原料中提取出来的，像茶叶啊，桑树皮啊，杭白菊啊，都是提取色素的原料。红茶可以染成浅红色，绿茶可以染成浅绿色，杭白菊可以染成浅黄色，桑树皮可以染成浅褐色。

[叙昌酱园]

各位游客朋友，大家可能都知道，中国是酱油生产最早的国家，距今已经有两千多年的历史了，而叙昌酱园是乌镇有历史记载以来最早的酱园，它是乌镇人陶叙昌于清咸丰九年创立的。酱园前店后坊，自产自销，现在我们看到的就是它晒酱的地方。大晴天的时候，工人们就把斗笠取下，露出盖着蚕丝棉的酱缸，让里面的豆瓣酱尽情地吸收阳光。这层蚕丝棉可以防灰防蚊虫，另外透气性好，让豆瓣酱可以在烈日下更好的呼吸发酵。晒的时间大概要3~4个月，直到变成黑褐色为止。

[亦昌冶坊]

各位游客朋友，现在我们来到了亦昌冶坊，也是前店后坊。大家现在看到的这口锅被称为“天下第一锅”。明代嘉靖年间，湖州铁匠沈济带着一身熟练的冶炼技术来到乌镇开了个小作坊，当时它是浙西唯一的一家冶铁作坊，因此生意兴隆，发展很快。这口大铁锅就是同治五年家族生意最鼎盛的时候做出来的，既展示了自家冶炼的高超技能，也展现了他家的经济实力。大家随我来，此处屋子有“石脚屋”之称，主要是为了防止冶炼过程中四处飞溅的火花引燃木料，酿成火灾。这面墙上描绘了冶炼铁锅的所有制作步骤，其中最耗时间，也最难的一步就是给炉子升温，因为要铁水熔化，温度一定要达到1400℃以上才行。我们身边这个就是给炉子鼓风的风箱，大家可以参观一下。

[昭明书院]

各位游客朋友，现在我们来到了昭明书院，南朝梁昭明太子萧统曾在此地读书，故得名昭明书院。萧统编辑整理的《昭明文选》是我国第一部诗歌散文选集。在很长一段时间里，《昭明文选》和《古文观止》《唐宋八大家文钞》都是古代读书人案头必备的文学读本，影响深远。前方庭院中有四眼水池，四周古木参天，正门入口有明朝万历年间建立的一座石牌坊，上题“六朝遗胜”，龙凤板上有“梁昭明太子同沈尚书读书处”的字样。“文革”期间，被有心人涂上了石灰，才得以幸存。书院的后面是茅盾文学奖获奖作家及作品展览馆。乌镇是文学巨匠茅盾的故乡，自第五届开始，乌镇成为茅盾文学奖的永久颁奖地。

昭明书院

［三寸金莲馆］

各位游客朋友，现在我们看到的是三寸金莲馆。这个三寸金莲馆用大量珍贵的实物和图片给大家讲述中国历史上的缠足文化，如此系统全面的介绍，在世界上也是第一家。大家可以参观一下，这里有几个单个的鞋子，叫作订婚鞋。因为当时男婚女嫁都是靠媒婆做媒的，媒婆会把女孩子的绣花鞋其中一只拿到男方家给女孩做媒，而男方的父母就看着这鞋子来选媳妇。一方面看大小，另一方面是看鞋的做工。这边有四个地区的鞋，中原地区的脚型是最漂亮的，像湖南湖北这一带，而且那里做的鞋大多是坡跟鞋，做成坡跟后看上去会更小些。这边有两双镇馆之宝，是出土文物。这里故意放着一大一小两双，做一个对比。这双是北宋年间的，到现在已经有1000多年的历史。当时还没有广泛流行缠脚，鞋子蛮大的，相当于现在的39码。旁边这双是明朝的鞋子，是从乌镇近郊出土的一双三寸金莲鞋。明朝是缠脚最鼎盛的时期，那个时候如果女孩子不缠脚是嫁不出去的。好，西栅景区我们就游览到这里。

各位游客朋友，乌镇有繁荣的过去、美好的今天和辉煌的未来。大家以后有空的话，请多来乌镇做客，说不定在您的仔细游览之中还会有意外的收获。

03 西塘古镇

景区概况→张正根雕艺术馆、西街→江南瓦当陈列馆→烧香港、圣堂→倪天增祖居→五福桥→廊棚→石皮弄

［景区概况］

各位游客朋友，大家好。欢迎各位到水乡古镇西塘来做客。西塘古镇是江南六大古镇之一，位于苏浙沪三地交界处的浙江省嘉善县。中国首批历史文化名镇，国家5A级旅游景区。

西塘历史悠久，是古代吴越文化的发祥地之一。元代初具规模，明清相当繁荣。这些明清建筑在经历了许多风风雨雨之后大多仍保存完好，依然是街衢依河而建，民居临水而筑，大有“小河穿市过，人家尽枕河”的味道。西塘有三多——桥多、弄多、廊棚多，在古镇至今仍保存有古桥27座，长廊2000多米，弄堂是一大特色，其中百米以上的有5条，幽幽长长的弄堂仿佛是一条时空隧道把我们带入了几百年前的明清时

西塘古镇

期。游人到此，不仅可以领略到小桥流水、错落有致的明清古建筑，还可以置身期间，亲身感受古朴、安逸、原汁原味的水乡风情。

[张正根雕艺术馆、西街]

各位游客朋友，现在我们来到了张正根雕艺术馆。这是一座典型的民国建筑，距今已有百年左右的历史，融合了中国古代建筑和西方欧式建筑的各自特点，为砖木结构，里面陈列的是著名根艺美术大师张正的几百件根雕作品。大家请看，这是一张龙椅，名为“过把瘾”，专为游客准备的龙椅，让各位可以过把瘾。整张椅子为龙眼根和杜鹃根自然巧妙组合而成，与之配套的踏脚为全天然的杜鹃根。根魂是一件天然的作品，它是来自与福建闵候地区的一个龙眼树的树根，此根因为长于悬崖之上，岩石阻碍根系往下发展，所以整个根平摊开来，很大也很平整，其根部截面形似中国地图，而根面上的图案则众说纷纭，有说百兽图、罗汉图。天然的作品就是要给你一个想象的空间，你感受它像什么，就是什么，这也正是根雕的魅力所在。

大家现在所在的西街是西塘清朝末年、民国初年最繁华的街道之一，共有500多米长，集中了西塘一些老字号的店铺，至今，我们从斑驳陆离的墙壁和褪色的木门板上还依稀看出这里曾有的繁华。

[江南瓦当陈列馆]

各位团友，这儿是江南瓦当陈列馆。中国瓦当文化源远流长，“秦砖汉瓦”闻名于世，但由于砖瓦之类极易破碎，所以年代久远的瓦制品大多传世不多。因而更显得瓦当的珍贵。早在秦汉时期，当地的制窑业就已相当发达，更早有“千窑”之称。连闻名遐迩的“明货金砖”皆在那里烧制。相传当年秦始皇为了抵抗匈奴广招天下兵马，特向江南一官员下了一道口头圣旨，但当地官员年老失聪误把召千军万马听为“造千砖万瓦”，遂大兴土木，至此嘉善一带制窑业发达。这个馆内有花边滴水、筷笼、步鸡、砖雕、古砖、陶俑六大类300多个品种。其中有极富美好愿望的传统瓦当，有带宗教色彩的寺庙瓦当，有表明一定历史时期的政治图案瓦当。它以深邃而广博的文化蕴含，带给人们无穷无尽的思考与遐想。

[烧香港、圣堂]

我们面前这条河名叫“烧香港”，这条街名叫“烧香街”，顾名思义，在这条街上以前有很多的庙宇。有东岳庙、福源宫、武庙、圣堂等，现在我们就去看看圣堂。圣堂始建于明万历三年（1575年），是供奉关羽的地方，在西塘人的眼里，圣堂既是一座关帝庙，又是一座财神庙，旧时的西塘每逢正月初五，镇上的人们必定去圣堂烧香祭拜，圣堂两旁也商贩云集，各色风味小吃，年画、玩具琳琅满目，热闹非凡。

[倪天增祖居]

各位请看，这是西塘一户较具代表

性的民居建筑——倪宅，从门面的开间及里边的格局可以看出这是书香世家，它是已故上海市副市长倪天增的祖居。倪宅原为五进，现只开通了前二进，正厅为承庆堂，为倪氏祖居的堂名，前厅和两旁分别设有厨房、膳房、账房、琴房等，楼上则设有闺房、卧室等为明清时期西塘殷实家庭的真实写照，从这里你可以感受到西塘普通家庭所折射出的浓厚的文化氛围，楼上陈列展示他的生平介绍及部分遗物、图片资料，以表达对这位人民公仆的敬仰与怀念。

［五福桥］

各位游客朋友，大家看这座桥，它有个非常好听的名字叫“五福桥”，它建于明正德年间，修于清光绪二十七年（1901年）。从这桥上走过的人会带上五种福气，这五种福气分别是：长寿、康宁、富贵、德行、善终。希望大家也把这五种福气带回去。

［廊棚］

各位游客朋友，请您看一下河边，挂着灯笼的这一长排就称作为“廊棚”，这是我们西塘的标志性建筑。所谓廊棚，其实就是带屋顶的街。西塘的廊棚是众多江南水乡中保存最完好的最具规模的建筑，有的临河，有的居中，有的在沿河一侧还设有靠背长凳，供人歇息。廊棚的顶有“一落水”“二落水”，也有过街楼形成的廊棚。廊棚里侧是商店和民宅，行人来往无雨淋日晒之苦。西塘以前主要的交通工具就是船。沿河的地方必然地形成了一条繁荣的商业街，各个店家的老板为了方便自家的贸易不受天气的影响，刮风下雨照常可以做生意，于是就在造房子的时候特意造出这么一个廊棚。其他居民也觉得这种做法既方便了自己又方便了他人，于是纷纷效仿，久而久之西塘的长廊就形成了。

西塘廊棚

［石皮弄］

各位游客朋友，游览到这儿，已经见识了西塘“桥多、廊棚多”的特色。现在，我就带大家去看一下我们西塘的弄堂。您现在所看的这条“石皮弄”就是最有代表性的一条弄了。它全长68米，由216块石板铺成，最窄的地方0.8米，最宽也不过1.2米。因为石板很薄，下有一条很长的下水管道，所以石板就像“皮”一样的覆盖在上面，故此得名“石皮弄”。

04 九龙山滨海旅游区

景区概况→天妃宫炮台→南湾炮台→九龙山滨海旅游区

[景区概况]

各位游客朋友，欢迎大家到平湖乍浦九龙山滨海旅游区来观光。平湖地处杭嘉湖平原的东南、杭州湾的北岸。距上海、杭州各90公里。这里是江南有名的“鱼米之乡”，一直有“金子湖”的美誉。平湖有辽阔的海域、秀丽的山川、诗画般的田园、有众多的名胜古迹和纯朴的民风，相信大家会不虚此行。九龙山位于乍浦东南，有九个山峰由西向东逶迤而来，宛如蛟龙入海，因而得名。

[天妃宫炮台]

各位游客朋友，现在我们来到了天妃宫炮台。这座炮台位于乍浦镇海塘老街南端的苦竹山麓，因附近有天妃娘娘宫而得名。天妃宫炮台修建于清康熙五十六年（1717年），后经多次毁坏，修建，现存之炮台为同治十三年（1874年）所建，距今已有120多年的历史。现有铁炮三尊（一大二小）和“四合土”筑的扇形炮台一组四间。中间那尊大炮身上镌有“江南制造总局光绪甲申年造”字样。天妃宫炮台是我国近代史上反侵略斗争的军事遗迹，于1989年被列为省级重点文物保护单位。

[南湾炮台]

各位游客朋友，我们现在看到的是南湾炮台。南湾炮台始建于清光绪二十年（1894年），坐北朝南，依山面海，居高临下，气势雄伟。现存的这尊大炮是机械装置铁制后膛火炮，是1888年仿照德国的“埃玛司脱朗”式铸造的。炮身长435厘米，口径21厘米，重约16.7吨；炮身上铸有“江南制造总局光绪戊子年造”铭文，其直射距离达7000码。这门大炮在抗击外来侵略战争中曾起过重要作用，历经一百多年，仍保存完好。

[九龙山滨海旅游区]

各位游客朋友，现在我们到九龙山东片去游览。东片是九龙山风景区的核心。1998年10月经浙江省人民政府批准，在这里建立了省级旅游度假区——九龙山滨海旅游区。这是一处集山、海、岛屿、沙滩为一体的省级旅游度假区。区内有国家级森林公园、海滨浴场、金海洋城海滨度假村、外蒲山岛等。龙山国家森林公园，近看山上松木苍郁，飞鸟自在；远望碧波长空，渔帆点点，海天寥廓。东沙湾为浙江唯一的大陆架海滨浴场，沙质洁净、坚硬，每年盛夏，沪、杭、嘉、苏各地游客纷纷涌来，最多时一天接待2万多游泳者，故有“南方北戴河”之称。愿下海游泳的朋友游得尽兴，祝大家玩得快乐！

05 南北湖

景区概况→鲍堤→馨谷亭→小宛桥→白鸳洲→明星亭→载青别墅→谭仙石城→云岫庵

［景区概况］

各位团友，欢迎大家到南北湖景区来游览观光。南北湖位于杭州湾北岸的海盐县境内，南北湖风景区属典型的海洋性气候，冬夏季风交替明显、日照充足、降水充沛、气候比较温和。因为景区内西北部山多，能够挡住冬季寒流的侵袭，东南部临海，夏季有海风调节气温，故形成冬暖夏凉的小气候。橘子是南北湖第一大特产，被称为浙北的橘乡，所产橘子占到嘉兴地区的 80% 以上。南北湖产橘的历史已经有 700 多年，景区内橘子品种最好的数黄沙坞的橘子，味甜汁鲜。除了橘子，满山的“猫头笋”鲜嫩肥厚，而且一年四季都有笋。

［鲍堤］

各位团友，南北湖风景区的总面积约 45 平方公里，面前两片宽阔的湖面就是南北湖，湖中那条长堤叫鲍堤，将其分为南湖和北湖，现在靠近我们的是北湖。南北湖平均水深 1.5 米左右，湖水来自周围山上的 72 条泉瀑溪涧。南北湖和西湖一样，同属于潟湖。南北湖形成以后，曾被叫作“永安湖”、“澉水湖”等。南北湖风景区有两大特色，一是它是全国唯一融山、海、湖于一体的风景区，因为这一点，已经被载入了吉尼斯纪录，不仅独步江南，而且是绝无仅有的。二是南北湖景区以其娴雅和野趣，保留了江南一片真山水。许多人爱把西湖比作浓妆艳抹的窈窕淑

海盐南北湖

女，那么南北湖就是一位未施粉黛的纯真村姑。南北湖景区可以用一句话概括：“山为屏风海为镜，湖光秀色自天成”。我们现已站在鲍堤上，相传这是清朝乾隆年间海盐县令鲍鸣凤带领群众在疏浚永安湖时，用淤泥修筑而成的，故称鲍公堤，堤上绿树成荫，风光醉人。

［馨谷亭］

各位团友请看，鲍堤上共有两亭两桥，现在我们看到的是一座朱栏飞檐的凉亭，取名“馨谷亭”。亭柱上镌刻的对联是：“扶弱抗豪赢得揶揄传众口，无财仗义只将公益作生涯。”此亭是为纪念当地居民朱馨谷而建。朱馨谷是南北湖孙湾村一个平民百姓，他为人正义，好打不平，一生为乡里做了许多好事，成为当地一个传奇人物。朱馨谷还热心于公益事业，经常外出募捐，把募集来的钱用于公益事业，并张榜公布收支账目。家乡父老为了纪念这个普通平民不平凡的一生，把他生前募捐建造的蔡家山凉亭，命名为“馨谷亭”。

[**小宛桥**]

各位团友，现在我们走上的这座小拱桥，叫小宛桥，是为纪念明末清初一代名妓董小宛而建的。相传，董小宛老家在海盐通元镇，因为父亲早逝，家道贫穷，小宛才被迫卖身为妓，流落南京，成为秦淮河一带名妓。以后又迁居苏州，与柳如是、李香君、顾横波合称明末四大名妓。崇祯十五年，董小宛成为冒襄之妾。明朝覆灭后，董小宛随冒襄避乱来到南北湖，扫落花，埋香冢，为南北湖增添了一层浪漫的色彩。

[**白鹭洲**]

各位团友，下面我们乘渡船到北湖中的小岛白鹭洲上去游览观光。为什么叫“白鹭洲”呢？因为每当夏尽秋来的时候，就有成群结队的白鹭在岛上盘旋，构成了南北湖一道独特的风景线，因而得名为“白鹭洲”。白鹭洲的总面积是8000平方米，是疏浚南北湖时，用淤泥堆积而成的。我们现在看到的这个带状内湖，它有个美丽的名字叫“月露池”，意思是明月泻下的一泓仙水。南北湖湖中有岛、岛内有湖，游客把它亲切地称为“小三潭印月”。走过典雅的长形走廊，我们看到一块石碑，上有同济大学教授陈从周所题的“澉湖秋月”，附近还有“一壶天地”“诗亭”等景观。历代文人雅士如许相卿、黄宗羲、查慎行等曾来此赏游。

[**明星亭**]

各位团友，我们身边这座四角飞檐、红柱黄瓦的小亭叫“明星亭”。亭影倒映在清清的湖水中，好像是一位娇美的女子在湖边亭亭玉立。亭柱上刻着一副篆体字楹联：“看此湖美不胜收，也好比得昔西子；忆先人诗曾有话，本来说是小杭州。”这亭子是为纪念1932年上海明星影片公司在南北湖拍摄由1930年代著名女演员胡蝶主演的电影《盐潮》建造的。

[**载青别墅**]

各位团友，现在我们去参观载青别墅。载青别墅是“金九避难处”。金九为韩国的开国元勋，生于1876年，他的一生极不平凡，在国内曾三次被捕入狱，受尽酷刑，度过近10年的铁窗生涯。1919年，金九随韩国爱国志士来到中国上海，组织临时政府，金九在后期担任临时政府主席。1932年4月29日，他在上海组织、策划了震惊中外的“虹口爆炸”案。事后金九转移到南北湖的这座载青别墅中，时间长达半年之久。载青别墅始建于1916年，是南北湖近代史上的第一幢别墅，方志上称它是“式参中西，式颇精致，开湖上别业之先”。别墅门厅正中是刘枫题写的“金九避难处”匾额，前面安放着韩国人士赠送的金九铜像，展厅内展示着载青别墅主人朱佳蕊和褚辅成帮助金九来南北湖避难经过、金九革命生涯的照片以及一些有关金九的书籍和金九当年用过的旧物。

[**谭仙石城**]

各位团友，我们现在来到谭仙岭石

城，南北长 72.4 米，东西宽 41.3 米，高 5.5 米，周长约 1 公里，有“江南第一小城”之美称。谭仙岭地处海盐、海宁两县交界处，历史上曾是海盐通往海宁、杭州的古驿道及驿站，历来是兵家必争之地。明嘉靖年间，抗倭劲旅戚家军曾驻防谭仙岭，并在谭仙岭及其附近遍设案堠，置烽火台，派兵驻守。明朝末年，黄宗羲带领军队抗清，从浙东渡海北上，也曾经在谭仙岭驻军。鸦片战争期间，清政府为抵御侵略，于道光二十四年（1844 年）命巡抚刘韵珂在谭仙岭要隘处修筑石城，内设炮台两座，官厅 5 间，营房 10 间。

［云岫庵］

各位团友，现在我们来到了云岫庵。云岫庵位于鹰窠顶山腰，海拔 150 米，庵名出自东晋陶渊明《归去来兮辞》中的诗句：“云无心以出岫，鸟倦飞而知还。”云岫庵始建于北宋建隆年间（960—962 年），庵建成后供奉观音菩萨。民间传说，观世音菩萨的道场在普陀，因香火旺盛，日夜难以安宁，故听从龙女献计，于晚上跨海来此休息，后走漏消息，善男信女闻风而至，故云岫庵有“夜普陀”之称。云岫庵南侧的鹰窠顶是观赏“日月并升”之地，如有幸，可以在这里看到太阳和月亮同时从东方冉冉升起的“东南第一奇景”。

各位团友，南北湖还有西涧草堂、黄源藏书楼等许多景点，大家可在自由活动时间里前去参观游览。

06 海宁盐官景区

景区概况→海宁潮→海神庙→宰相府第风情街→花居雅舍→陈阁老宅→金庸书院→王国维故居

［景区概况］

各位游客朋友，欢迎来到“观潮胜地，千年古城”海宁盐官观潮游览。这里是中国唯一的潮乡。因为濒临钱塘江有水利之便，自古就是繁华之地。在西汉时期，为了有力地管理盐务，在这里设置专门的官员——盐官，后来将官名当作地名，将此地命名为“盐官”。它不仅是观赏天下奇观海宁潮的最佳地点，还是一个充满了皇家气息的、拥有辉煌历史的文化风景区。

［海宁潮］

各位游客朋友，首先我将带大家去观赏一下著名的海宁潮。海宁潮，又称钱江潮，是世界一大自然奇观，每当江潮来临，数米高的潮水涌入喇叭型的杭州湾，汹涌澎湃，势不可阻，形成一线横江的奇观；潮头过处，惊涛拍岸，令人惊心动魄，叹为观止。海宁潮是在月亮、太阳的引力和地球自转产生的离心力作用下形成的。“早潮才落晚潮来，一月周流六十回”。海宁潮一日两次，白天称潮，夜间称汐，中间间隔 12 小时，农历初一、十五子午潮，半月循环一周，潮头最高时达 3.5 米，潮差可达 8~9 米，尤以每月农历初一至初五，十五

钱江潮

至二十为大，故一年有120个观潮佳日，“海宁天天可观潮，月月有大潮”。这里有“一潮三看赏四景，令人荡气回肠。”之说，表现在八堡“碰头潮”，双龙相扑，天崩地裂；盐官“一线潮”白练横江，涛山喷雪；老盐仓“回头潮”蛟龙脱锁，怒吼回首；而观赏半夜潮更是月影银涛，十万奇军。每年的农历八月十八，是流传千年的传统观潮节。每年此日，海内外数十万宾客云集观潮胜地海宁盐官来观潮。

［**海神庙**］

各位请看，这是海神庙。其实海神庙是一座规制宏丽的皇宫，俗称庙宫，始建于清雍正八年（1730年）三月，是依照北京太和殿形制修建的，故有“银銮殿”之称，现为国家重点文保单位。

现在我们看到的是海神庙的山门。山门为三楹单檐，硬山顶建筑，两侧砖雕精细优美，跨过山门的高门槛，我们真正走进了这座宫殿建筑，走过一段石板路，便是仪门了。大家可能注意到，海神庙中有许多汉白玉用料，汉白玉石料规格高，只有皇宫皇室及文庙可用，其他地方一般不能用，但海神庙却是个例外。大家看，这殿前廊柱、台阶和四周栏杆上雕有珍禽灵兽、我们上台阶来到了一座用24根巨大的汉白玉廊柱撑起有两重翘角飞檐的宫殿。这24根柱子每根重3.7吨，是专门从北京房山开采运来。请大家抬头看，上面有三块匾额，海神庙共有清朝四个皇帝题的匾额五块，可惜原物均已被毁，我们现在看到的是仿原物制成的。这上面的三块匾额分别为乾隆、道光、同治题写，在我们大殿内有一块是雍正帝赐的匾。请大家随我进大殿，大殿通面阔29.2米，进深19.7米，大殿是海神庙保存得较为完整的建筑。大殿正上方挂着雍正赐的匾“福宁昭泰”，正中供奉的主神是“浙海之神”。左右配神分别是当年修筑海塘有功的吴越王钱镠和民间传说的潮神伍子胥。再看顶部花纹，共有五彩团龙、团凤图案81个。庙中怎么会有龙、凤图案呢？这又是海神庙的不同寻常之处了。

现在请随我往后走，我们去看一下御碑亭。这块御碑为父子碑，是当时的原物，为汉白玉石质。碑额浮雕飞龙朱雀、双龙抢珠，碑身及碑座四周刻飞龙、如意、万字及海水图案，精美绝伦。碑身阳面为雍正皇帝口述的《浙江海神庙碑文》，讲述建海神庙的原因。阴面为乾隆皇帝口述的《阅海塘记》，记述了海塘的修筑。大家再仔细看这碑额，阳面的浮雕为三龙腾跃，阴面却为双龙抢球。因为乾隆是雍正的儿子，不仅碑文要刻在阴面，就是龙也要少一条。

［宰相府第风情街］

各位游客朋友，现在我们来到的是位于盐官东北部的宰相府第风情街。街区有四大节点：城楼、吊桥、点将台、武库等构成城楼节点；廓桥、一笑楼、品茗小憩等构成茶楼节点；陈阁老宅、杨兵部宅和郑晓沧故居等构成人文节点；城隍庙及两侧传统商业建筑等构成邑庙节点。街区融名人故居、官僚豪宅、城隍古庙、传统商铺、民俗文化于一体，古风悠悠，风情独特。街区全长600余米，是央视版《鹿鼎记》的实景拍摄地之一。

［陈阁老宅］

各位游客朋友，现在我们来到了陈阁老宅。盐官陈家是个望族，有“一门三阁老，六部五尚书”之称，明清两代共出了32位进士，官至宰相的就有3人，大小官吏出了300多位，可见陈家从明代起已声震朝野。至清代，陈氏家族可谓遍布整个盐官城，所以陈家在海宁有“陈半城”之称。

大家请看这座“陈阁老宅”，是雍正年间的“文渊阁大学士”陈元龙相国（又称阁老）的宅第。占地4719平方米，建筑面积2800余平方米。整个宅第坐南朝北，沉稳高大，有大臣风度。大家看这门槛特别高，有鲁班尺“三尺三寸”。你们一定要问了，这么高的门槛怎么跨呀？特别是当时那些太太们又是长裙，又是小脚。因为当时只有两种人可以走正门，一种是和陈元龙官职相同的或更高的人；另一种是陈家操办婚丧喜事时，有请帖的客人。用人会把门槛全部拿下，轿子抬进来；除此以外的人就只能走边门了。此宅收藏有100多位书法家的碑刻，这是此宅一宝；还有一块九龙匾，是雍正所赐，此乃二宝；“双清草堂”后有一棵罗汉松，高达12米，身围3米，枝虬叶苍，长势十分茂盛，树龄已600余年，是此宅三宝。

各位朋友，我们现在看到的这间屋子叫筠香馆，是陈元龙的书房，主人陈元龙偏爱竹子，曾自题：“水能性淡为吾友，竹解心虚是我师。”所以称为筠香馆，筠为竹子的意思。走过石桥，我们一起步入双清草堂。这里原来是陈元龙休息、娱乐的场所。“双清”得名于草堂前庭大罗汉松两棵，虬龙天姿，气势甚盛。庭院的右下角那棵“罗汉松”，它可以说是老宅唯一的见证人。老宅有近400年的历史，而这棵松树已有600多岁了，是老宅中的一宝。双清草堂这块匾隐藏着一个传说，据说这块匾额上四个字原是乾隆所题，大家有没有听过“乾隆是海宁陈阁老的儿子”这一传说，“双清”用盐官的土话说和父母“双亲”是谐音，让人产生了更多的遐想。

各位朋友，我们现在来到陈家的正厅，堂名“爱日堂”，是康熙皇帝所赐。

康熙四十年南巡，陈元龙就陪在他的身侧，途中陈元龙收到家中的一封书信，信上说他父亲病重。于是他连忙向康熙帝告假，康熙帝得知他告假的原因是因为父亲得病，认为他是一个很有孝心的人，又得知陈家正厅正在改建，于是赐匾“爱日堂”。据说这个厅堂可以摆放100个席位，逢宴席时只有陈家最有出息的子孙才有资格坐在这里，因此陈家把这里称为“百席厅”。

各位朋友，接下来我们一起上楼参观陈家第二件宝贝九龙匾，展现在各位眼前的是一块稀世国宝——九龙匾。这块九龙匾是雍正元年十一月十五日，雍正皇帝登基之年把这块匾额赐给这位一品诰命查氏夫人的。查氏夫人是陈元龙的堂嫂，也就是著名武侠小说家金庸先生（原名查良镛）的先祖。那么雍正皇帝为什么要把这块匾额赐给查氏夫人呢？是为了褒奖夫人教子有方，三个儿子由她一手拉扯大，教育成人，为国家输送了人才。这三个儿子都有上匾，他们分别是：第一个儿子，江西建昌府知府陈世倌，相当于现在南昌市市长；第二个儿子，翰林院侍讲学士陈世倌，翰林院是专门给皇帝起草文件，讲经说文或编修国史的，侍讲是给皇帝讲学的一个官职；第三个儿子，翰林院检讨陈世侃，检讨是书籍校对方面的官职。匾额正中的四个大字“躬劳著训”也是雍正皇帝所题，大意是赞扬这位夫人亲身操劳，作出了好榜样。这块九龙匾长3米，宽1米，是用楠木雕刻而成，九条龙雕刻细腻，形态各异，栩栩如生。九龙匾已有近300年的历史，陈家共有皇帝所赐匾额8块，此匾为仅存的一块。

各位朋友，我们现在来到的是陈家家史展，记录了陈家的家族历史。陈家在书法、戏曲、诗词、围棋、藏书等方面都有成就卓越的人，在陈家字画展里有第三件宝贝。这些石刻是陈元龙的伯祖父陈献所藏，他酷好临帖，收集了历代100多位著名大书法家的真迹，如王羲之、王献之、褚遂良、文天祥等，为了长期保存好，请来石匠，刻在这些太湖石上。共集刻400多块石刻，经历战火纷飞的年代后，现还收集整理到将近200多块，已经相当不简单。

［金庸书院］

各位游客朋友，想必大家都知道，海宁是金庸的故乡，其处女作《书剑恩仇录》提到的乾隆身世之谜在海宁盐官，而他的封笔之作《鹿鼎记》又曾在盐官拍摄，所以选择在此建起了金庸书院。书院占地面积为4300平方米，建筑面积为1957.36平方米，投资1100余万元。其建筑布局参照清朝最负盛名的经学家阮元在盐官创办的安澜书院，建筑群层层叠进，体现了“礼乐相成”的思想。书院主体部分有讲学、祭祀、藏书三大功能，还设计了金庸书局，为游客提供读书和购书的场所。接下来就让我们沿着设计者的思路，感受一下浓厚的人文文化和书乡文化。

进入书院正门就能看到中心建筑——讲堂，是金庸先生回故乡、传播学术思想的基地。讲堂两侧分别为东水阁和西水阁，建在书院之中，主要为聆听讲学，亦可作游憩之用。讲堂背面是由香港插图画家董培新作的八尺整幅壁画：“乾隆与陈家洛观潮图”。接下来我们来到的是书院藏书楼。金庸先生原名查良镛，查家几百年来名人辈出，领尽风骚，清朝皇帝康熙称之为：“唐宋以来巨族，江南有数人家。”也有人说，海宁查氏是一面镜子，折射出大族的世系文化。

［王国维故居］

各位游客朋友，现在我们将去国学大师王国维的故居进行参观，它也是国家重点文保单位。王国维 1877 年出生于盐官镇双仁巷，是一位享有国际声誉的学者，我国近代的国学大师，也是著名的史学家、文学家、哲学家和考古学家。王国维 15 岁考中秀才，被誉为“海宁四才子”之首，两次东渡日本，早年从事戏曲和词曲研究，1903 年起从事中国古代史料考证，致力于金文、甲骨文、汉晋简牍等的考释，是国际新兴学科“甲骨文”“敦煌学”的奠基人之一，也是著名的清华“四大导师”之一。

这座王国维故居是他青少年度过的地方。这是一座木结构庭院式建筑，坐北朝南，粉墙黛瓦，古朴庄重。它共分两进，总面积有 592 平方米。进大门，穿过前庭，第一进是平房，里有一幅“苍松万年春”图，配联为“发前人所未能发，言腐儒所不敢言”，是郭沫若先生对王国维的高度评价。第二进为楼房，楼上为王国维的卧房、王国维父母亲的卧房及王国维的书房，楼下有三个展厅，分别为王国维生平家史图片展、国内外专家对王国维的评论及王国维的学术成就展。

07 丰子恺故居

各位游客朋友，欢迎大家到丰子恺故居来参观游览。丰子恺故居们于桐乡县石门镇，故居名叫“缘缘堂”。为什么叫缘缘堂呢？因为 1926 年丰子恺在上海请恩师弘一法师为住所取名，弘一法师让他写一些字团成纸团抓阄，两次都抓到“缘”字，因而取名“缘缘堂”。1933 年春，丰子恺亲自设计的颇具民族特色的宅院缘缘堂建成。缘缘堂雅洁幽静，被称为“一件艺术品”，丰子恺在一直在这里创作和生活。1938 年 1 月，缘缘堂被侵华日军焚毁。2 月，流亡在江西萍乡的丰子恺得悉消息后，奋笔疾书《还我缘缘堂》《告缘缘堂在天之灵》《辞缘缘堂》等文章，怒斥日军的残暴行径。抗日战争胜利后，丰子恺曾回故乡凭吊缘缘堂遗址。1975 年清明，丰子恺又重游石门，再一次专程凭吊缘缘堂遗址。

1984年，桐乡县人民政府在原址上按原貌重建了缘缘堂。丰子恺生前挚友、新加坡佛教总会副主席广洽法师为重建故居慨然捐资。重建后的缘缘堂保持原貌，仍为砖木结构，延续原来高大、轩敞、明爽的特色，结构、布置乃至栽培的花木悉依原貌。青砖黑瓦，朱栏粉墙，具有深沉朴素之美。整个建筑由三楼三底的楼房和楼前小院及后院组成，总面积为510平方米。从东边墙门进院，两大门百孔千洞，斑斑焦痕，这是从抗日炮火中抢救出来的原缘缘堂留下的唯一遗物，也是日军侵华罪行的铁证。小院正中花坛里栽着丰子恺喜爱的牵牛花，右边墙角处种有芭蕉数株。红绿相衬，恬静和谐。

丰子恺作品

缘缘堂正厅在院中面南，门楣上悬挂着叶圣陶书的“丰子恺故居”匾。厅中“缘缘堂”堂额按马一浮原迹复制。堂额下挂一幅红梅中堂，是著名画家唐云仿吴昌硕画意之作。中堂两旁悬挂两副对联，内联是“欲为诸法本，心如工画师”。此联原为弘一法师录书《大方广佛华严经》句，现仿制改成板联。外联是“暂止飞鸟将数子，频来语燕定新巢。”是丰子恺录书杜甫《堂成》诗句。正厅内的陈设基本复原，除匾联中堂外，还挂有当代多位书画家所赠书画作品。正厅西室原为书房，现摆放丰子恺半身铜像。东室陈列丰子恺字画，及当代书画家的多幅作品。大家随我上楼，楼上三间分别以板壁隔成前后两室。东西两间前楼原为卧室，现均为陈列室，陈列着丰子恺各个时期的照片和他的一些作品与遗物。中间前楼原为丰子恺的卧室兼画室，基本按原样布置，体现原来“单纯明快、朴素大方”的风格。所有床、台、橱、椅等均为上海日月楼旧居中的丰子恺遗物，书桌上放有丰子恺生前用过的文房四宝及《辞海》等书籍。书橱中陈列有他的著作和译作，此外还展出一些丰子恺的手稿、照片、信札、印章等。1933年至1937年间，丰子恺往返沪杭等地，大部分时间住在缘缘堂，专事著译，完成近20部作品，这是他创作生涯的黄金时代。现故居中共有丰氏遗物500余件，遗作180幅，赵朴初、李可染、唐云、钱君陶赠的字画多件。楼后有三间平屋，为接待室和服务部，专售与丰子恺有关的图书和旅游纪念品。1985年以来，缘缘堂成为旅游热点，国内外各种报刊都以大量篇幅介绍丰子恺故居以及丰子恺卓越的艺术成就和俭朴淡泊的高尚情操。

08 徐志摩故居

各位游客朋友，大家好！现在我要带大家去游览的景点是徐志摩故居。徐志摩在浙江海宁的故居有两处，一处为老宅，一处为新居。老宅已拆除，现在所说的徐志摩故居指的是建于1926年的居所，是徐志摩与陆小曼婚后短暂居住地，为海宁市重点文物保护单位。故居内有徐志摩家世、生平及思想和文学活动陈列，展示诗人短暂而绚丽多彩的一生。

各位请看，这幢中西合璧的洋房，建筑面积600平方米，共两进，称为正楼和副楼。正楼前后两侧各有厢房，正楼与副楼间有天井相隔。副楼有露台，登台可眺望东西两山。故居台门上方有诗人表弟金庸的手书"诗人徐志摩故居"，正门后有砖雕"东海安雅"四字，应是徐氏郡望与宗祖之意。

大家请看，这是正厅东厢房，是徐志摩文学活动图片资料介绍，玻璃橱柜中展示诗人各个时期出版的著作与研究书籍。徐志摩一生中追求的是单纯信仰，体现在作品中有他的诗作《雪花的快乐》和散文《落叶》等。胡适曾说徐志摩的单纯信仰包括三个。一个是爱，一个是自由，一个是美。在徐志摩的思想中还有一种朴素的平民思想。徐志摩在文学上的成就有两方面：社会和个人的。他发起成立了"新月社"，集中了当时文坛上的一部分精英，还曾接管《晨报副刊》，创建新栏目，并筹建新月书店，出版文学杂志，给当时的文学界注入了新鲜力量。他出版个人诗集四本，散文集四本，一批优秀诗作，如《再别康桥》等一直传颂至今。

大家请看，这是西厢房，陈列着徐志摩的家世和生平资料，黑白照片居多。徐志摩1897年1月15日出生于海宁县硖石镇，11岁就读于开智学堂，15岁进入杭州府中，之后曾在上海浸馆会学院等三所高等学府求学过。1918年北京大学毕业后出洋留美，后又赴英留

徐志摩书房

学，先后在美国克拉克大学、哥伦比亚大学、英国伦敦大学、剑桥大学深造，获得硕士学位，归国后，先后在北京大学、中央大学、光华大学等十余所高等院校授课。

各位朋友，现在我们来到了故居二楼，大家先去看一下徐志摩的书房。书房在二楼东厢房，房内南墙有《诗人徐志摩造像》镜框，东墙上有百岁老人章克标所书“眉轩”二字横幅镜框，题曰“已卯中秋章克标百岁不老”。室内陈设有唱机、英文打字机及西式家具。“眉轩”对面为徐志摩和陆小曼的蜜月新房，墙上悬挂着翻印两人新婚照的镜框。陆小曼一袭白色婚纱居前，诗人西装革履居后。房内全是西式家具，床是铜制的，所有家具都漆成粉红色。西厢房一为徐母卧室，陈设全用中式木制家具，唯西墙壁炉突兀入眼，颇感异样。徐母卧室对面是徐志摩前妻张幼仪卧室。徐志摩与张幼仪离婚之后，张被徐志摩父亲认作女儿，故特辟此室。室内全用中式家具，梳妆台、书桌、太妃躺椅、雕花木床，一应俱全，甚至还配有在当时视为奢侈品的电风扇。诗人所处的时代是新旧交替的时代，他的家庭也是一个封建工商业向新兴资产阶级演进的家庭。新居的住房与陈设正体现了他家所处的历史特征。

09 湖州飞英公园

景区概况→韵海楼→墨妙亭→飞英塔→牌楼→六客堂

[景区概况]

各位游客朋友，欢迎大家到湖州飞英公园来游览观光！大家有没有听说过这句话：“到北京，不登长城非好汉，来湖州，不登飞英塔真遗憾。”在湖州众多的文物古迹中，飞英塔作为湖州的标志性建筑成了游客必到之地。飞英塔位于湖州城内塔下街飞英公园内，秀丽挺拔，雄踞浙北，以它独一无二的建筑结构、精湛的雕刻艺术和意蕴丰富的佛教文化，被誉为中国古塔的一朵奇葩。1988 年被国务院列为全国重点文物保护单位。

据载，唐朝咸通年间（860—874 年），有一位名叫云皎的僧人，到长安游历时，遇到僧伽，并“授以舍利七粒及阿育王饲虎面像”。云皎回到湖州后，为了保存佛教的这两件珍宝，于唐中和四年（884 年）开始建造佛塔，历时 10

年。到了北宋开宝年间（968—976年），传说塔顶突然出现神光，于是又建造了一座木塔将石塔罩住，以佛家语“舍利飞轮、英光普现”而取塔名为“飞英塔”。由于飞英塔附近一带都是比较低矮的建筑物，而塔很高，直插云天，那时又没有避雷设施，所以到了南宋绍兴八年（1138年），塔因遭雷击而毁，幸“舍利无恙”，而重建木塔。元、明、清三代也曾多次修缮。但后因年久失修，长期漏损，塔顶突然于1929年倒塌，内塔被砸毁。此后又经历了半个多世纪的风雨侵蚀，飞英塔已是残破不堪，岌岌可危。直到1982年，国家拨款数百万，对飞英塔进行了复原大修，于1986年底竣工，历时五年。1996年当地政府修建了飞英公园，占地近30 000平方米，耗资达3400万元。在这公园中，除了飞英塔外，还汇集了湖州城历代遗留下来的珍贵古迹。现在大家就请随我进园内参观。

[韵海楼]

各位朋友，我们眼前的这座建筑看起来很普通，但它已有1200多年的历史。唐大历七年（772年），我国著名的书法家颜真卿就任湖州刺史，当时他正在编撰一部巨著，名为“韵海镜源”。那是一部文字音韵方面的字典，内容十分丰富，篇幅也非常大。颜真卿到湖州上任之前已经编写了500卷，由于修编汇总的工作量极大，因此专门建造了这座楼用于存卷汇编。他还请来了50多位江东名士，帮助翻阅群籍，修订成册，最后定稿3600卷。这些名士中有一位叫陆羽，他因编写世界上第一部《茶经》而被世人誉为茶圣。《韵海镜源》编成后，于唐大历十二年（777年），献给了朝廷。这座楼也因为修编这部书而得名，取名韵海楼。

[墨妙亭]

各位朋友，现在我们来到的这个亭，叫墨妙亭。墨妙亭就是存放墨宝碑刻的亭子。中华书局1936年版的《辞海》中有“墨妙亭”的条目，就专指湖州的墨妙亭。这座墨妙亭始建于北宋熙宁五年（1072年），已有900多年的历史，比太仓墨妙亭早200多年，创建人是当时的湖州知事，名叫孙觉。孙觉感慨湖州人杰地灵，历代名人荟萃，留下许多珍贵的墨宝，决心把这些墨宝集中起来，以彪炳文化之邦的鼎盛。当时亭内收集了湖州境内自汉朝以来最珍贵的碑刻共30多块。

[飞英塔]

各位朋友，现在我们看到的这座宝塔就是飞英塔，请大家先看飞英塔的外塔，7层8面，高55米，在每个塔檐上都装饰着垂兽。塔身采用的是砖木混砌结构，也称楼阁式塔。大家请抬头看，外塔的内部构造非常奇特，4层以下是中空，每层都有挑出的平座连通塔身外，上设栏杆游廊，层层都有塔檐，内设盘旋直达顶层的扶梯，使游人在登高过程中，内可饱览石塔精华，外可俯瞰

飞英塔

湖城风光。若逢天高云淡，登高远眺，北面可见烟波浩渺的太湖，南面与道场山上的多宝塔遥遥相望。上面3层都有楼面，6层底架设有十字交叉的千斤梁，承受27米高的塔心柱。外塔斗拱用材规格甚多，亦为一大特色，其中2层内平座下斗拱采用“上昂偷心造”，实为现存木结构古建筑中所鲜见。像这种斗拱建筑一般常见于庙亭，而古塔建筑只见记载，尚未有实例，所以我们可以自豪地说，飞英塔填补了我国古塔斗拱建筑史上的空白。

现在我们再来欣赏塔中精品。呈现在我们眼前的这座石塔就是被传为藏有佛舍利子的舍利石塔，可能朋友们会问，这座石塔怎么会如此残破不堪呢？刚才我已经向各位介绍过了，在1929年，由于飞英塔年久失修，外塔塔顶倒塌，石塔被砸毁，虽然在1982年国家拨款进行了修复，但是文物修复有一个原则，那就是“修旧如旧”，能复原就复原，不可以重新再造一座，否则也就不是文物了，因此飞英塔的修复实行的是“外塔复原，内塔加固”。现在残存的石塔高15米，5层8面，是南宋真迹。石塔各层腰檐、平座、斗拱等建筑构件型制规整，雕刻精细，都符合宋代《营造法式》制度。其中石刻斗拱，采用偷心造，形式非常古老。塔身的转角雕刻成梭形轮状的倚柱，覆盖式的柱础。这种做法除宁波保国寺大殿外，已很少见到。

各位请看，须弥座的最下层雕刻的是云，云的上面是海，海里有巡海的夜叉。请仔细观察海有没有边沿，没有。因为佛语说：“苦海无边，回头是岸。”这就是须弥山，佛经上说，此山最大。佛、菩萨、罗汉等都居住在须弥山，让我们找一下，须弥山上洞穴禅窟里，到底有多少位高僧。找到了吗？其实这是一幅非常有名的《云山佛海图》。我们再来看须弥座的束腰，束腰上雕刻着狮子群像，传说释迦牟尼出生时，一手指天，一手指地，作狮子吼，佛家就把狮子喻为佛的神威。这八石狮造型生动，呼之欲出，更有难得一见的“母狮仰卧逗幼狮”，尤为妙趣横生。每一组石狮都由两头狮子组成，一雄一雌，一头是中国狮.另一头是印度狮，说明中国的佛教是从印度传入的。须弥座上方雕的是“海石榴化生图案”，每面均有两个化生童子隐匿其中，还有虎、鹿、猴等动物都藏于枝叶之间，时隐时现，妙趣横生，反映当时的唐王朝风调雨顺、国泰民安的繁荣景象。整座须弥座构图严谨，线条圆润、流畅，体现了唐代湖州石刻匠人的高超技艺。整座石塔不仅雕刻精美，而且还是一件宗教艺术的精品。你们看，整座石塔各个层面都有佛龛，佛龛内都雕有大幅佛传故事。那么这整座石塔到底有多少佛像呢？1048尊佛像，反映了《妙法莲华经》的精髓。

各位朋友，古往今来，许多文人名士对飞英塔的赞赏题咏不绝。宋代大文豪苏东坡在湖州任太守时，曾两次登上飞英塔，留下了“忽登最高塔，眼界穷大千。卞峰照城郭，震泽浮云天”的赞叹。这首诗也证明飞英塔当时已可登塔，且高可望见太湖，规模非凡。

[**牌楼**]

各位朋友请看，这幢牌楼上有“飞英塔”三字的出处，正面是“舍利飞轮”，背后是“英光普现”，这是佛家语。各取两句中的一个字就有了“飞英塔”的名称。在四根石柱上，分别是两副对联，我们看外面一副：“自觉觉他觉性圆满即是佛，客观观物观行结合成上人。”上联指明了大乘佛教修行的三个果位，即自觉是“罗汉”一级，自觉觉他是“菩萨”一级，自觉觉他觉性圆满是最高级的“佛”，意思是智慧和功行都达到最高、最圆满的境地；下联点明了作为一个人在处事方面要客观、不以自己的主观行事，并且做到看到的、想到的、说到的和做到的一致。那么就能成为人上人。

[**六客堂**]

各位朋友，这幢建筑叫“六客堂”，这里曾经有六位贵客相聚过，第一位就是大文豪苏东坡；第二位叫张先、湖州人，人称“张三影”，也是位大文人，他的名作“十咏图”是现存最珍贵的书画国宝之一；第三位叫陈舜俞，也是湖州人，是位得中状元后却弃官隐居的怪才；第四位叫杨绘，四川人，是当时杭州府的知州；第五位叫李常，江西人，是当时湖州府的知州；第六位叫刘述，湖州人，任江州府知州。故事发生在北宋熙宁七年（1074）九月，杭州知州杨绘奉旨回京，将升为翰林学士，而苏东坡则由杭州通判提升为知州。人生得意须尽欢，于是他们约了正在杭州的张先、隐居嘉兴的陈舜俞和在苏州休息的刘述，一起赶到湖州，与老朋友李常聚会。就在这里畅饮庆蛮，赋诗填词，歌妓弹唱，意犹未尽。这六人在《宋史》中都有列传，是大名人，有好事不在杭州聚会，却跑到湖州来凑热闹，可见当时湖州的景色不亚于杭州。所以后来清朝的诗人李煊有首诗写道：“怪道当年苏学士，杭州不住住湖州。”不久以后，苏东坡还真的到湖州来当官了。原来这屋子叫碧澜堂，因为这六个人一来就出了名，后人就把它改名为“六客堂”。

10 太湖旅游度假区

景区概况→太湖帆影→太湖明珠→小梅山→渔人码头→游艇俱乐部→奥特莱斯→郁金香主题公园→邱城小镇→极限运动赛场→太湖大堤→斜拉索桥→长田漾湿地

[景区概况]

各位游客朋友，大家好，欢迎来到太湖旅游度假区。太湖是中国五大淡水湖之一，位于浙江北部和江苏南部的交界处。古称震泽、又称五湖。太湖北临无锡，东邻苏州，西接宜兴，南濒湖州，所以湖州的太湖，也叫南太湖。俗话说上有天堂，下有苏杭，天堂中央就是我们的湖州风光，论湖州最美风光还数南太湖。太湖水域面积2400平方千米，相当于400个西湖。湖州市拥有64千米长的湖岸线，300平方千米的太湖水域，南太湖湖水清澈，水面极度开阔舒缓，堪与大海的辽阔相媲美。太湖是一座浅水湖，平均水深只有2.5米，最深处也只不过5米，且背靠弁山，雨水将山上的泥沙冲刷到了湖底，每当下雨过后湖底泥沙翻上来搅浑太湖水，因此我们看到的太湖就不是非常的清澈，并不是水质的问题，而是一个自然的现象。

[太湖帆影]

大家往这边看，太湖上停泊着8艘老帆船，这些古老的帆船是20世纪90年代的渔民捕鱼使用的，现在作为背景供游客摄影留念。“太湖三万六千顷，点点渔船波光粼。湖天一色浩渺间，泛舟一叶穿帆影。”每当天气好的时候，帆船都会张起自己的白帆，形成了一道独特的风景线。各位请看，我们前面的一条黑色的带状物，是生态修复带，全长11公里，下面打桩，上面装有照明系统，夜景非常美丽。每年9月前后，太湖就会刮东南风和东北风，蓝藻就会漂过来，生态修复带可以有效地防止蓝藻扩散，方便打捞。生态修复带还可以减缓湖浪，能让游客在岸边游玩更加安全。

[太湖明珠]

各位朋友请看，这座指环形的建筑物是太湖明珠，也是湖州的标志性建筑。太湖明珠全称中国太湖喜来登温泉度假酒店，斥资15亿打造，由世界知名建筑大师马岩松先生设计，太湖明珠是按照七星级的标准建造的。太湖明珠有以下几大亮点：第一是国内首家水上白金超五星酒店，可以同时容纳1500人就餐；船可以在指环形中间穿梭自如，这一建筑风格与迪拜七星级帆船酒店有异曲同工之妙。第二是它的整体结构，太湖明珠高101.2米，宽116米，

太湖明珠

地上 23 层，地下 2 层，最顶上的 3 层是观景平台，中间 20 层是主体部分，321 间客房每间的设计风格都不同，有田园风、现代风、欧式风等，每间房间的卫生间都是朝着太湖设置的，让您在沐浴的时候，可以观望太湖的夜景。地下 2 层是酒店大堂，把酒店大堂设在水下，这一设计风格在国内是唯一的，在世界范围内也是为数不多。太湖明珠的指环形设计外观在国内也是首创，这一设计不仅美丽，中间镂空，还可以减少风阻。第三是太湖明珠外围都是玻璃，整座酒店由玻璃围成，每一块玻璃都是定做的，安装技术也不一样，因此对施工技术要求很高。第四是我们的旋转电梯，太湖明珠共有 24~28 部旋转电梯，每上一层换 4~5 部，旋转而上，让您 360 度全方位地享受太湖的美景。第五太湖明珠的热氟温泉，它来自我们眼前的弁山山脉，弁山脚下的温泉资源非常丰富，每日涌量可达 2000 吨，温度高达 40℃，而且含十几种对人体有益的矿物质。

［小梅山］

各位游客朋友请看，太湖明珠后面那座山叫小梅山，是登山远眺太湖的最佳地，海拔 77 米。小梅山也是一个酒店集聚群，最出名的便是哥伦波太湖城堡。整个饭店是西班牙建筑风格，透露出浓郁的地中海风情。除了小梅山，还有小梅桥、小梅村、小梅港。为什么都以小梅命名呢？有这么一个传奇故事。太湖这里曾是一个村庄，村里有一户员外，员外家后花园有一块龙状的石头，可是员外只是把它当做污水桶来使用。小梅是员外家的用人，她每天都会清理这块石头。这块石头非常感谢小梅，有一天它居然开口说话了，对小梅说，当我眼睛发红的时候，就是我回归东海之时，这里将会是一片汪洋，到时候我会给你两把筷子，你就分发给村民逃生。过了几年，这边真的爆发了洪灾，小梅就把筷子全部分给了村民，自己却牺牲了。乡亲们为了纪念她，就以小梅命名此山。

［**渔人码头**］

各位朋友都知道，渔人码头的概念最早来自美国旧金山，那里原是渔民捕鱼的港口，后来失去码头的功效后成为了一个特色休闲码头。南太湖的渔人码头最早的时候是太湖渔民的聚集地，长期停泊着一百多条渔船，久而久之形成了码头，后来游客增多，渔民们打造了餐饮船，形成了一条独特的湖鲜街。但是餐饮船污染了水质，而且还有安全隐患，于是湖州政府改造湖鲜街，让原先的餐饮船搬到了陆地，形成了现在的渔人码头。渔人码头，总投资近4亿元，总建筑面积达2万多平方米。建筑群采用折线式手法布局，使每幢建筑物都能享受180度的太湖景观，将太湖水文化渗透到规划设计当中。沿湖搭建的亲水平台为市民和游客提供了大型的休息度假空间。

［**邱城小镇**］

各位游客朋友，沿湖我们经过了游艇俱乐部、奥特莱斯、郁金香主题公园，现在我们来到了邱城小镇。江南水乡的建筑风格，是以亲水、休闲、古韵为主要特色。为什么取名为邱城小镇呢？大家来我们太湖度假区的时候应该会经过一座城门，在城门附近有一座邱城山，邱城遗址就在附近。邱城遗址总面积约3万平方米，属于新石器时代，是省级文物保护单位，分上、中、下三个文化层。下层是距今7000多年的马家浜文化，生产工具主要是石器，还有较多的凿、椎、针等骨质工具。中层是距今5000多年的崧泽文化，石器主要是扁平穿孔万斧和长条形石磅为主。上层是城墙门。1957年发现了一些有印文陶，原始青瓷，红陶等。邱城遗址依次叠压的三个文化层，好像是一部埋在地下的历史书，虽然没有一个文字，但是它的所含实物，忠实地记载着这个地区的历史，具有重要的科学研究价值。

［**太湖大堤**］

各位游客朋友，现在我们脚下就是太湖大堤，大堤西起长兴父子岭村，东至江苏吴江市七都镇，全长64.6公里，堤高7米，顶宽7米。这条大堤是湖州人民共同建筑的水上长城，它直接保护着沿堤8个镇人口的生命安全。太湖南岸历来有岸无堤，常遭水患。发大水时，这里一片汪洋，村庄、水田、桑地、工厂、学校都被淹没在水中，人民叫苦不迭。为了根治水患，党中央、国务院于1991年作出综合治理太湖的决策。以此为契机，湖州市从1991年开始，组织了31万军民，投资3亿多人民币，修筑环湖大堤。那时候，太湖岸边人山人海，车推肩挑，红旗招展，几十里长的工地一字排开，场面十分壮观。经过三年奋战，至1993年底，结束了太湖有岸无堤的历史。

［斜拉索桥］

各位游客朋友，我们现在所看到的这座桥是一座单臂斜拉索大桥——黄龙洞大桥，连接滨湖大道。滨湖大道是南太湖开发建设的重要标志，全长50.8公里，投资近21亿，西起长兴县夹浦镇，途径长兴县、太湖旅游度假区、吴兴区、东至江浙两省省界胡楼村，是观赏太湖美景的绝佳之地，也是浙江省第一条环太湖的景观大道。

11 南浔古镇

景区概况→小莲庄→嘉业堂藏书楼→张石铭旧宅→求恕里→辑里湖丝馆→百间楼→张静江故居→广惠宫→刘氏梯号

［景区概况］

各位游客朋友，欢迎大家到国家AAAAA级旅游景区南浔古镇来游览观光！南浔古镇位于浙江省湖州市，它是南宋就形成的一个村落，1252年正式建镇，距今已有700多年的历史了，素有“丝绸之府、鱼米之乡”的美誉。全镇总人口51万，面积716平方公里，是中国历史文化名镇。常言道：游遍江南九十九，不如南浔走一走。

南浔古镇曾是一个巨富之镇，金庸的名著《鹿鼎记》里就有“头发梳得光，吃蛋吃个黄，鱼虾喝点汤”的民谣。到了清末民初，江南民间曾有“湖州一个城，不及南浔半个镇”的说法，有号称“四象、八牛、七十二只金黄狗”之称的豪门、财主。听到这里可能我们有些朋友就要问了，为什么要把有钱人称为象、牛、金狗这些动物呢？有这么一种说法，资产过千万两白银的称为象，过百万的称为牛，其他在五十万两左右的就叫作金狗。

有钱人是最有能力赶时髦的，洋务运动把晚清的流行趋势带向了全盘西化。一时间，西方建筑、西餐、西方人的生活方式等一大批的洋玩意儿就在丝商的贸易中不断进入了上流社会的生活当中。南浔可以说就是当时全盘西化的典范。嘉业藏书楼、小莲庄中的小姐楼、刘氏梯号中的红房子、张石铭故居中的豪华舞厅、进口的刻花水晶玻璃、进口的吊灯等无处不体现出明显的西化痕迹。

南浔人灵地杰，自古就有崇文重教的优良传统，文化底蕴深厚。从宋至清共出41名进士。从明朝万历到民国初年，是南浔古镇最为繁荣的时期。从南宋开始南浔就有了“耕桑之富，甲于浙右”之称。明朝以后，南浔产的“缉里

南浔古镇

丝”由于丝质优良、缫丝工艺先进而名扬天下。连杭州、嘉兴、湖州、苏州等地产的生丝都要冠上缉里之名。清朝乾隆、嘉庆年间，缉里丝除了畅销江南大地以外，已经通过宁波、广州外销到日本及欧美。鸦片战争过后，上海被辟为通商口岸，蚕丝对外贸易激增。1847年，上海出口的生丝中，缉里丝竟占到了63%。1915年，南浔辑里丝获巴拿马国际博览会金奖。

著名报告文学作家、诗人徐迟对故乡南浔的赞美一共用了5个水晶晶：水晶晶的小镇，水晶晶的倒影，映出个水晶晶的世界！这是我的水晶晶的家乡！到水晶晶南浔来，一定能使您净化了心灵，陶冶了情操，增加了知识，扩大了眼界。

[小莲庄]

各位游客朋友，现在走进的是南浔“四象”之首富刘镛的私家园林“小莲庄”，它始建于1885年，完工于1924年，历经刘家祖孙三代人四十年的时间。主要由义庄、园林、家庙三部分组成，共占地27亩，其中园林中有近10亩的荷花池，楼亭阁榭，依水成景，错落有致，犹如“凝固的音乐”。

小莲庄里共有三宝：碑刻长廊、御赐牌坊与九龙金匾。我们先来看第一宝，长廊墙上共有45方碑刻，由《紫藤花馆藏帖》与《梅花仙馆藏真》两部分组成。《紫藤花馆藏帖》曾流传日本，被珍藏在肥州孔圣庙中，日本诗人熊坂秀赞曰：“纸满龙蛇，引霏烟雾，中华文化之盛，不亦可见乎！”为中日文化交流做出了贡献。值得一提的是一幅“宰相刘罗锅”——刘墉的书法，真迹上款盖有清朝乾隆皇帝“御赐仙舫”印章，刻工细致。

当然也有许多游客都不解地问过，这些墨宝在“文革”时是如何保存下来，那是因为曾经这里有一位机智的老人，在动乱的年代，在它们的上面涂上了厚厚的泥土，贴上大字报，才幸免于难。碑刻长廊旁边有四面厅，叫“净香诗窟”，是主人接待文人雅士专门吟诗作对的地方。上海同济大学古建筑园林学家陈从周称之为“有性格的建筑”“有品位的艺术”“海内孤本”。大家请看，藻井一具像“升状”，另一具像“斗状”，故而又名“升斗厅”。该斗有三大特色：造型上中间一个“寿”字，四周皆为蝙蝠，组成吉祥图——“福拜寿”；声学上有“共鸣”现象；寓意衡量人的才能“八斗之才”。外面是歇山顶，刻有八仙、蝙蝠倒挂（寓“福到了”）等吉祥图案。

西式建筑叫“东升阁”，又称“小姐楼”，是一座中西合璧的建筑。这一面是中国塔式建筑。另一面是西洋风格建筑。封建社会的时候，一般大户人家的女子们是不能随便抛头露面的，所以这楼也就是她们当时观赏小莲庄景色的地方，名副其实的“小姐楼”，既可看到太阳东升，又可看到小莲庄的全景。东升阁一边有扇亭，像一把展开的折扇，小姐楼和扇亭相配非常贴切，有“小姐执扇扑流萤”的诗意。

下面我们要去欣赏小莲庄的精华部分——御赐牌坊，共有两座。一座是“积善牌坊”，共分成五屋，第一层上面有圣旨二字，第二层为“乐善好施”四个大字，主要是因为光绪三年，河南、江西等地发生水灾，刘镛出资30万两白银用来赈灾，于是皇帝赐建了牌坊。第三层是一出戏，取材于民间的状元及第，第四层记载刘家做好事的史实，刘镛希望后代也能积善行德，所以在右边留下一块无字碑。私家园林不能随便雕龙刻凤，所以主人用右手边的孔雀，左手边的麒麟代替，取意为龙凤呈祥。牌坊的后面刻的是刘家官位与官职，刘镛是二品官，祖父与父亲为三品官，刘家人官职最大的是小碑上刻着的刘镛的长子刘安澜，官居一品工部郎中，但是英年早逝，他的夫人刘邱氏却安分守寡，终身不改嫁，皇上又下旨“钦旌节孝”，故建贞节牌坊。两座牌坊都集浮雕、镂雕、透雕、圆雕四大雕刻于一体。

下面我们去参观“刘氏家庙”。请各位朋友猜猜看，这个做什么用的？对了，叫“旗杆座”，插旗用的。祭祖的时候，一边旗上写着国泰民安，一边旗上写着风调雨顺。这对狮子非常有特色，雄的面目严肃，雌的和蔼可亲，怀抱一只幼狮。其寓意是刘氏家训的“严父慈母”，教子有方。这里曾是《夜半歌声》《太平天国》《绍兴师爷》《钱塘人家》《湖州会馆》等多部影视剧的外景拍摄地，被影视界誉为“天然的摄影棚”。

各位朋友，下面我们到小莲庄的第二部分义庄去参观。义庄现为“叔蘋奖学金展览馆”。叔蘋奖学金是由顾乾麟先生创设的，是我国历史最长（1939年起）、受奖学生最多、设置学校最广的奖学金。最著名的一位就是为馆题字的国家领导人钱其琛，他是第六期奖学金得主。看两边都是中央、省市领导会见顾先生的照片及题词。顾先生是一个孝子，父母多病，父亲临终的时候留下一句遗训“得诸社会，还诸社会”，所以顾乾麟创办了以父亲名字命名的叔蘋奖学金。顾先生的处世格言是：“以孝奉亲，以诚待人，以信为本，以忍处世”。顾先生多才多艺，曾同梅兰芳、俞振飞同台演出。1988年美国圣罗士学院授予顾先生“名誉文学博士”。现在，我们来看墙上这一幅图画，它藏着两个人的名字，画中的麒麟取一个“麟”字，

“三”代表八卦中的“乾”卦，麒麟回顾，取一个“顾”字，连起来就是顾乾麟。旁边图中的太阳和月亮是日月“明”，中间一幅世界地图取一个“世”，把太阳和月亮的光辉永远留在世界上取“刘”字，合起来就是“刘世明”，整幅图就是他们夫妇的同心照，构图新颖奇特。

各位朋友，接下来我们到第三部分——园林去参观。这是芭蕉厅，是刘家人读书习字的地方，“窗里灯光，窗外芭蕉，此时无限情”。旁边植有百年丹桂，身价已达6万元人民币，它恰到好处地营造了诗的氛围：“红了樱桃，绿了芭蕉，流光容易把人抛。”这个地方是“退休小榭”，退休意思是“退而修身养性”，建筑成“凹”字形远看似一画舫，造型别具一格，寄托主人“人生在世不称意，明朝散发弄扁舟”，逃避世俗的喧嚣，寄情于江湖之意。

这里有曲廊与小榭相连，廊中连圆亭、桥亭，廊引人游，有步移景换之妙。在此，一边品茗，一边赏荷，真是再惬意不过了。看，这个铁皮亭非常有诗意。下雨天，雨打铁皮，滴滴答答，雨声清脆，故称“听雨亭”，含“留得残荷听雨声”之诗意。藻井有“五福拜寿”图。围墙有漏窗——松鹤延年，这窗把内外两园沟通起来，使视野开阔，做到景中有景，园中有园。

现在我们到内园去观赏。内园以假山为主，山脚有一“掩醉轩”，主人饮酒，在此掩饰醉态，故名。从另一角度看，反映出园主有教养，文化品位高，进来出去皆文质彬彬。这是太湖石，造型像一只老鹰探首，窥测方向，展翅欲飞的样子，故称“鹰巢石”，符合好太湖石“瘦”“皱”“漏”“透”的四个标准。山顶上的亭叫“放鹤亭”。整个内园非常富有诗意，东边青松滴翠，西边红枫流丹，取“霜叶红于二月花”的意境。上山有三重崎岖小道，盘旋曲折，悬崖间有小桥飞架、流水潺潺。山下有池，翠山倒映池中，清澈如画。内园设计非常雅致精巧，像一个放大了的山水盆景。符合虽由人作、宛如天成的中国传统园林文化的理念。

各位朋友请看，这棵是百年紫藤，开花期为四月底五月初，紫色藤蔓长30多米，缠绕五曲桥，一直到对岸。藤花盛开时，满园飘香，据说刘家小姐在此荡秋千，有“香惹秋千索”的画意。现在大家看到的这个门楼才是小莲庄的正门，因为江南水乡主要靠水上交通，这条河道跟运河相通，当年船子可以直接从这边上河埠头靠岸。从正门进入小莲庄，门额有“小莲庄”三字，是郑孝胥所题，笔力雄劲。为什么叫小莲庄呢？因为湖州赵孟頫有莲花庄，因此这里称“小莲庄”。内园还有许多名贵花木。这棵是百年的琼花，又名“聚八仙”；这棵是百年木瓜树，可提炼为木瓜洗面奶、木瓜酒、木瓜唇膏，还可作中药以抗风湿。

[嘉业堂藏书楼]

各位游客朋友，现在我们来到了我国著名私家藏书楼——嘉业堂藏书楼前。嘉业堂藏书楼是刘镛的长孙刘承干所建，他继承祖上的大笔遗产却不善于经营，只喜欢藏书、读书、印书，在上海收购大量藏书以后，于1924年在小莲庄旁边建了嘉业堂藏书楼，占地20亩，花费银子12万两。藏书楼属砖木结构，是中西合璧的二层楼房，成"回"字形，共有52间房子。

刘承干是一个成功的藏书家和刻书家，花时20年收集，花银30万两，得书60万卷，其古籍有两大类：宋元明清刻本，有号称四本镇库之宝的《史记》《汉书》《后汉书》《三国志》；有1200种地方志（海内珍藏秘籍有62种）。据说珍宝岛、中印边界划分（麦克马洪防线）等都是从藏书楼地方志中找到极为珍贵的第一手资料，为维护祖国神圣领土完整做出了宝贵的贡献，鲁迅先生赞扬他为保存我国古籍文化做出了贡献。可惜的就是主人不善经商，刘家于1933年家道中落，为了维持书楼，卖掉五万册书，就如他自己说的"自我得之，自我失之"。到1951年，主人就主动把书楼捐献给了国家，当时由浙江图书馆来接收，现在此处是属于浙江图书馆的一个分支机构。

现在我们到楼里面去欣赏它的内部结构。这边"宋四史斋"匾额为一代宗师吴昌硕所书。宋四史斋，分别是《史记》《前汉》《后汉》《三国志》，这些雕刻版都是用红梨木作材料，所以到现在还保存得相当完好。这里的清代家具厚重、华丽，上面挂的装饰画屏为大理石，像一幅幅写意画，均为自然形成，而非人工雕饰。

各位可以留意一下，整个藏书楼的门窗上面都是由"嘉业堂藏书楼"六个字组成，像当今广告一样，连铁栏杆上都有"嘉业"两字，楼上也有"希古"两字。这里柱子的功能合二为一，既作柱子用，又可作下水道，有防潮功能。这种设计在当时是何等的时髦。这两块碑刻是刘承干收藏的，为明代书画家、姑苏四大才子之一文徵明71岁时所写，一块叫"二桥记"，另一块叫"辞金记"，字体为篆体。一行一楷，苍润秀雅，是史料与书法价值兼备的艺术珍品。

各位朋友，你们知道嘉业藏书楼的名字是如何来的吗？下面我们去正厅找这个答案。这里就是正厅嘉业厅了，之所以取名嘉业藏书楼，就是因为正中悬挂的这块九龙金扁"钦若嘉业"，嘉业是指美好的事业，对刘承干来说他的美好事业就藏书、建书楼了。这块九龙金扁是由宣统皇帝赐给刘承干的，因为刘承干捐了大笔钱为光绪皇陵种植树木，可惜的是上面没有时间的落款，因为赐这道匾的时候已经是民国二年了，宣统当然不甘心用民国年号了，所以就没有留下时间，上面的字也是由皇帝的老师陆润庠题的。中间一套家具为红木家具珍品——紫檀木家具，书室为了防潮所以地砖下面离地很高，到梅雨季也很干燥。

各位请看，这是“诗萃室”，是刘承干和其继父刘安澜编写《国朝诗萃》的地方，旁边有当时42巨册（88卷）《永乐大典》，是圆明园遭八国联军劫后之幸存物，嘉业堂收藏残卷占全国残存总卷的12%，史学家认为这是一个很了不起的数字。

各位朋友，现在随我到园林部分去欣赏。园林中间一汪水池，四周正方形环以小溪，起护楼河的作用，意为“内圆外方”，四周不围墙，可把远方的景借过来，是“借景”造园艺术，视野开阔，既利取水，又可防火灭火，可谓独具匠心，一举三得。池的四周堆砌玲珑石，石头中有十二生肖造型，太湖石的特点是漏、皱、透、瘦，经过80多年风雨的侵蚀，现在象形的就不多了。园中有3个亭，成犄角之势，三足鼎立，古称“天得一而清”“地得一而宁”，整个庭园布局天地相交。天为乾，地为坤，乾清坤宁，三足鼎立，刘先生希冀藏书楼稳如泰山代代相传。说来也奇怪，此楼已经度过了历次劫难：一是抗战时期，刘承干把印出来的书送给一日本友人，两人结下深厚的友谊，日本友人非常珍爱嘉业堂藏书楼就嘱咐其妻舅（统治南浔这一带的司令官）保护好藏书楼，所以未被烧掉。二是解放军南下，周恩来百忙中写信给陈毅保护好藏书楼，陈司令派一个连驻守保护藏书楼。三是“文革”时，楼里的对联、书籍都放起来保存，倾巢之下留下光卵，真是万幸。

走过园中小桥，这里有一块太湖石为啸石，啸石二字是由清代著名的学者阮元题的。这块石头是南浔三块奇石之一，当年主人花巨资购买而来，主要是上面有一个小孔，如果吹得好的话，像老虎发出的声音，因此得名为啸石，大家不妨上去试一下，来个“一鸣惊人”！据说这啸石花500两银子购得，“文革”中林彪在杭州建行宫，准备将此石移至杭州，后因林彪叛逃，此石才和藏书楼相伴至今。

［张石铭旧宅］

各位游客朋友，现在我们来到的景点是号称江南第一巨宅的张石铭旧宅。建筑面积有6137平方米，建于1899年，楼上楼下共有房间244间，风格奇特，结构恢宏，工艺精湛。但历经战乱人祸，张石铭旧宅一度被某公司作为仓库，也一度被某工厂所占用，直至1989年3月被列为市级文物保护单位。现已经修缮，正式对外开放，为省级文物保护单位。

张石铭旧宅大厅叫懿德堂，是由通州张謇所题。通州就是现在的南通，张謇是甲午科状元，是一位实业家、教育家。“懿”是对妇女的尊称，张石铭的父亲很早就过逝了，家里都是他的母亲操持，所以取了这样一个名字，可以看出他对母亲是非常尊敬。张石铭和张静江都是南浔俗称“四象”之一张颂贤的孙子。其父张宝庆，是张颂贤的长子。张石铭是张宝庆的独生子，故为张恒和的长子长孙。分家后，建懿德堂，又称南恒和。张石铭是清光绪二十年（1894年）举人，酷爱收藏古籍、金石碑刻和玩赏奇石，为南浔清末民初四大藏书家之一。祖上世代经商，他本人在江、浙、沪等地开办盐务、典当、酱园，经营码头、房地产和投资银行、钱庄等，是很殷实的财主，也是中国早期对外贸易的商人之一。这种地位和经历，造就了张石铭故宅中西两种文化和建筑风格的相安共存。

各位朋友，大厅平时是不开放的，只有婚丧庆典和迎接贵宾才开放，如果是接待一般的好友，就到边上的花厅。花厅上面有一块匾是康有为题的“以适其志”因为人生贵得适其志，这也是主人的追求。主人张石铭是举人，当年参加过“公车上书”，但戊戌变法失败后就对做官心灰意冷，后来就干脆罢官做生意了。下面的六块板屏是明代书法家董其昌的真迹，写的是“竹林七贤”的刘伶酒德颂，是抨击封建礼教的。边上的那口钟，是德国的西门子品牌，100多年了，上了发条还走的比较准。钟的对面有屏风，用吉祥的话说，就是时时平安。主人把书房取名为择是居，墙上挂了一些吴昌硕的石鼓文。值得一提的是脚下的地砖，100多年前从法国进口，还保存得比较完好，且色泽鲜艳，耐磨防滑。这个张宅啊，还有接待女眷的内厅，这在江南六个古镇当中是唯一的一个。一进来就可以看到家具比刚才大厅简朴得多，这些家具一个比较小，而且边上的扶手没有。规矩是站有站相，坐有坐相，对女人要求比较严，且女性没地位，在这里就可以体现出来了。

各位朋友，现在我们去看看张家以前吃饭的地方——芭蕉厅。为何会取这个名字呢？因为两侧漏明廊窗为木刻芭蕉叶状，玲珑剔透，栩栩如生，故称“芭蕉厅”。楼窗镶嵌菱形蓝色玻璃刻花，花式为四时花卉果品，晶莹高雅，均为素品，因为张的母亲信佛吃素，这种玻璃花属当时中西文化结合之贵重工艺装饰品。再跟我到后面看一下，这个大厅是一个设有化妆间、更衣室的豪华舞厅，是江南的第一个私家舞厅，中间是乐队现场演奏的地方，小房间是化妆间，中间这两根克林斯铁柱是起到支撑的作用。两边还有壁炉，下面的地砖是法国乡村油画地砖，是印象派画家画的法国乡村油画。

各位朋友，我们走出来回过头可以看到一幢西洋楼，融合了各种风格，阳台是法国路易时期风格，下面有罗马柱，这些红砖、铁栏杆、百叶窗、玻璃全部是百年前从国外进口的，虽然是西式的，但也有中西合璧的建筑，边上很高的围墙叫封火墙，为了不露富，所以用高高的墙把它挡起来。这两棵树是广玉兰，已有200多年树龄，叶大茂密，引来鸟雀婉啼，煞是动听。但叶子和树杆都不一样，据说是一棵雌的、一棵雄的。这一切，反映了本世纪南浔这个江南古镇与外界的联系，也反映了当时开放的程度。走过西洋楼，我们接下去参观一下后花园，这个后花园是1998年刚修复的，以前这里也是房子，当时被毁掉了，站在这里望进去里面就是刚才的西洋楼，外面是中式的，如果没有进去过的话，根本想不到里面还会有西洋楼。两边的碑刻都是那个时候张石铭收藏的，从东晋到清朝十多位书法家的手笔，有王羲之、王献之、颜真卿、米芾、文徵明、韩愈等，各位有兴趣的话可以观赏一下。

［求恕里］

各位游客以，现在我们来到的是求恕里，这是嘉业堂藏书楼主人刘承干在1930年所建的别墅。求恕的意思是自己做事要多为人家想想，反映主人追求心态宽恕的境界。其实刘承干一生淡泊名利，不求仕进，即使到了晚年家道没落也坦然自得，故以“求恕居士”自居。他在上海的储书之所名“求恕斋”，南浔别墅称“求恕里”。1920年刘承干建嘉业堂藏书楼时，为了适应藏书楼管理的需要，扩建求恕里，用作他管理藏书楼和家属回南浔小住的地方。

求恕里属于典型中西合璧建筑，整个结构是以门房、甬道、西洋门楼、卷门、庭院和独立的楼厅相结合。进门便是一条长甬道，具有上海里弄的风格，在中间有一座西洋门楼，上面有“鹧溪小隐”四个字，说明求恕里是在刘家小莲庄鹧鸪溪旁边，是主人小住的别墅。在西洋门楼的上面有几个金蟾的动物，据说这是刘家做生丝的商标。在西洋门楼两旁的厅里，现在摆放的是一个摄影展——刘旭沧作品摄影展。刘旭沧原名刘承东，中国近代著名摄影艺术家，曾担任上海摄影协会主席，他是刘承干的九弟，两人相差32岁。一个长衫马褂，以收藏古董成名；一个西装革履，钻研摄影成名。兄弟俩各有所成，被人戏称是刘家的“中西合璧”。刘旭沧的作品是以人体摄影、静物摄影、风景摄影为主。在求恕里他的作品展有两个展厅。一个是以静物为主，有他在当时拍摄的西湖、黄山、黄土高坡等风景照片以及一些花卉、水果摆设的静物作品；另一个展厅都是他当时拍摄的人物人体作品等，各位在这里能看到当时30年代的电影明星阮玲玉、陈云裳等的照片。他的许多作品入选英、法、美等25个国家，曾获54项大奖。在这里还有许多当时的奖章，但可惜的是他毕生所拍摄的19万张作品在文革期间被毁；而他也在文革中自杀，享年54岁。由于家乡人民没有忘记这位摄影大师，所以在求恕里开辟了展览馆，来纪念他在摄影界留下的辉煌业绩。

求恕里的甬道尽头是花园别墅。园

内有花草树木及太湖石作为点缀，主建筑就是一幢中西合璧的堂楼。正门采用的是石库门式墙门，进门是砖雕门楼，上面是“光辉贻后”，是主人希望后人能继承祖业，发扬光大的意思。天井上面全部用有花纹铁窗架，还用进口的白铁皮做成雨蓬。楼下是客厅，里面有吴昌硕题的“爽挹近辉”几个大字。中堂是一幅李白的对酒当歌图，还有赵之谦的对联“猛志逸四海，奇麟迈五龙”。二楼是卧室，打开朝南的窗，既可观园内的景色，又可以远望小莲庄和藏书楼。在上面是一个密室阁楼，这里还有一个故事：刘承干知道日本人有收藏书的习惯，只是喜欢全书不喜欢残书。在日军侵华的时期，为了保护藏书，对于无法转移的书籍抽走首尾两册，共装了115袋，藏在密室阁楼上。所以当日军占领南浔后，多次派人去藏书楼查看，看到残缺不全，所以没有下手。一直到了1951年刘承干把藏书楼捐给浙江图书馆后，工作人员在清理藏书的时候，发现少了许多书，然后专程派人到上海向刘承干查询，这才拿出这115麻袋的书籍。

［**辑里湖丝馆**］

各位游客朋友，辑里湖丝，又名“辑里丝”，因产于南浔镇辑里村而得名。辑里湖丝的原产地距浙江北部湖州南浔有七里之遥（今属湖州市南浔区横街乡），因而被唤作“七里村”，七里丝因此而得名。七里丝的名称直到清康熙乙丑年（公元1685年）前后仍保持着原名。直至雍正初年（公元1723年）之后，古书上才有了“辑里湖丝，擅名江浙也”的记载。由此可推断，“七里”被雅化为“辑里”的时期，当为康熙后期（公元1685—1722年），因“七”与“辑”发音相近，而“辑”又有缫织之意。据史料记载，清康熙时织造的九件皇袍，就是指名选取辑里丝作经线制成的。辑里湖丝馆是中西合璧式建筑，占地950平方米。历史上为南浔商会，由南浔商会会长梅履中等人于1926年发起建造，解放后一直是南浔镇政府所在地，1998年10月镇政府搬迁，作为南浔史馆。2010年上半年改建为南浔辑里湖丝馆。该馆共分五个展厅，通过大量详实的历史资料和实物实景，配以多媒体声光影像技术，全面展示了南浔与世博的历史渊源和南浔文化。

［**百间楼**］

各位游客朋友，现在我们看到的是南浔古镇有名的百间楼。相传是明代董份为女眷家仆而建的居屋，刚建时约有楼房百间，故名百间楼。董份的祖先是梅林人，明初迁居南浔。明嘉靖四十一年（1562年）董份任吏部侍郎、工部尚书，继升礼部尚书兼翰林学士，后被弹劾罢官回家。明穆宗即位（1567年），召董份还朝，但他不愿再去做官。万历二十三年（1595年）董份病故。以此推算考证，百间楼大约在董份退归故里时所建，距今已有四百多年历史。但因历

南浔古镇百间楼

经战乱，百间楼的老宅损坏很大。后几经整修，我们现在看到的百间楼既保持明代建筑风格，又具有清代建筑遗韵，可称江南罕见的沿河民居建筑楼群之一。百间楼的特色是依河立楼，并顺河道蜿蜒，有石桥相连。两岸长街沿河而设，沿街房屋一色黑瓦覆盖，底层均有披檐，檐下的柱廊沿河，轻巧而通透极了。另外有跨街建屋成骑楼式的，有侧山墙落地下开卷门等。有的大宅达三至四进。各楼之间有一道道高耸的封火山墙，一道道拱形的过街卷洞门，一道道木柱廊檐，一道道河埠踏级石阶，与映在河水中的倒影，连同桨声、渔歌，构成了一幅幅浓郁的江南水乡特色的立体画卷。

［张静江故居］

各位游客朋友，现在我们来到了张静江故居。故居位于南浔镇东大街，又名尊德堂，是张静江祖父张颂贤（又名竹斋）于清光绪二十四年（1898 年）所建。张静江年轻时，其父以银 10 万两为他捐得二品候补道衔，1902 年他被荐为一级参赞，随法国公使出国。赴欧途中，结识孙中山，向孙中山提供白银作为反清革命活动经费。孙中山与张静江初遇时即称他为奇人，后来称他为革命圣人，曾题《丹心侠骨》相赠。“二次革命”失败后，张静江又前往东京、巴黎，曾支持孙中山改建国民党为中华革命党，并被任命为财政部长。1914 年，蒋介石加入中华革命党时，张为监誓人。袁世凯死后，张回国开办上海证券物品交易所，与蒋介石交往甚密。他先后任过国民党中央执行委员、中央常务委员会主席、代理中央执行委员会主席、浙江省政府主席等职。

各位现在我们已步入正厅，眼前就是孙中山先生的一副对联“满堂花醉三千客，一剑霜寒四十州”，对联表达了孙中山先生当时想早日统一全国的心愿，中堂的这幅“岁寒四友”是一幅手指画，是张静江办第一届西博会时上海美院的院长谢公展用手指所画增予张静江的，还有值得一提的就是两边的抱柱联“世上几百年旧家无非积德，天下第一件好事还是读书”。这是张家教育子孙后代的家训，人生最重要的两件事，一是积德做善事，二是读书。

看完正厅，大家随我进二厅，可以看到张家的世系表，前面有说到张家是四象中儿子最多的一家，到了第九代张家是女儿多了。张静江生有十个女儿和二个儿子，他娶过两位夫人，上面的这张照片就是他们在上海静安区美丽园所拍的全家福。下面这张是在南浔本家的合家欢，一看就是大家族人好多。张静江 1930 年退出政界，之后开始研究佛学，1945 年，近视恶化，双目失明，晚年是靠着念佛经，收听收音机度过的。1950 年，在美国纽约，74 岁的张静江与世长辞！

我们大家看一下中堂的这副对联是于右任的草书，他的字是国家文物禁止出口的。“百练此身成铁汉，三缄其口学金人。”就是告诫张静江不要在蒋介石面前倚老卖老，少讲话多多锻炼身体，成为一个真正的硬汉子。大家随我进里面，会看到孙中山先生的两张照片，他跟夫人的合影全国也只有十一张，所以也是难得一见。张静江认识孙中山是一次很偶然的机会，两人坐了同一艘船去法国，张静江得知后便托人留给孙中山五个英文字母 A、B、C、D、E。A 表示 10000，到 E 表示 50000，是说如果孙中山在革命经费上有任何困难，随时随地都可以找他，孙中山在东京创立同盟会的时候就取了中间的 C 字，不出三天就收到了张静江的 30 000 法郎，于是亲笔写下了下方这个委任状，委任张静江为本部参议。张静江跟孙中山一起在海宁观潮的时候，大家可以看到照片上只有他们两个人是手拿帽子，而且张是站着的，手扶着栏杆，为了尊重孙中山，他说“在他面前是绝对不能坐的”，两人关系亲如兄弟。在这里，我们还能看到孙中山先生的遗嘱，这个扭扭曲曲的张字，就是张静江的签名，因为心情悲痛，所以连名字都没有写完，只写了这个张，而“革命尚未成功，同志仍须努力”这句名言，就是出自这份遗嘱。孙中山病逝以后，张静江就扶持年轻有为的蒋介石，无论政治上还是经济方面都帮助过蒋介石，可是到了 1930 年蒋介石就和张静江彻底决裂了。张静江是非常憎恨日本人的，这里就是日本人在山东制造了济南惨案，曾题下“毋忘奇耻”。落款“张人杰”，“人杰”是他的官名，官场上是用这个名字的，提醒世人永远不要忘记这段耻辱。

各位朋友请看，这是张静江的法国通运公司的两本账册，从中可以看出他的经营活动。他在国外经营古董、丝绸、茶叶，他给孙中山的革命经费也都是法郎。他还跟上海的张啸霖合办了国内第一家汽车股份有限公司“江南汽车股份有限公司”，这个公司现在还在，就是南京公交公司的前身。他还创办了第一届西湖博览会，这个西博会，跟现在的可不一样，他是仿造美国费城万国博览会，跟现在的招商引资会很像。张静江非常有远见，他觉得一个国家必须有了电才可以发展，所以他办了很多电力工业学校，普及电方面的知识，这边的两个电报线路图上就可以找到南浔，南浔是浙江省第一个通电报的镇。这样大的护照不知道有没有见过，其实这上面的农矿部就是我们现在的工商局，所以，护照就是现在的营业执照，更夸张的就是，张静江跟这个巨人的合影，他的身高将近2.5米，当年是在上海大世界门口卖票的，在上海的知名度很高，所以就像现在请明星做广告，懂得宣传和包装。

各位游客朋友，张静江的一生有功也有过，孙中山称他为民国奇人，而张家人则叫他败家子，所以大家如果想更深入了解，可以去买《张静江传》看，里面很翔实地记录了他的一生经历。张静江故居在“文革”期间曾卖给某公司作仓库。1993年至1994年，南浔镇房管所花210万元重新买回，并分期将故居逐步修葺一新。

[广惠宫]

各位游客朋友，现在大家看到的广惠宫，是南浔镇知名的道观，始建于北宋英宗治平年间，占地面积约1000平方米左右，迄今已有上千年的历史。殿内祀奉道教最高神“三清”神像，始称广惠宫。后因元末农民起义领袖张士诚曾在此修粮仓，占广惠宫为行宫，俗称张王庙，也曾称三清殿。广惠宫历经沧桑，曾三毁三建。2003年，南浔古镇保护性开发工程加快了步伐，将重建广惠宫列入规划，并着手动工兴建按历史资料及道教格局，基本恢复广惠宫原貌。如今在广惠宫内将看到初建广惠宫时供奉的祠山大帝神像，曾作为镇山门之神的王灵官神像以及道教代表黄大仙神像等。

[刘氏梯号]

各位游客朋友，现在我们来到了刘氏梯号，主人是南浔“四象”之首刘镛的第三个儿子刘梯青的私家住宅。刘梯青原名刘安生，号梯青是梯字辈，故取名为刘氏梯号。老百姓却称为红房子，原因是它里面的西式建筑都是用红砖砌成的。整个建筑是中西合璧，雕刻居多，房子线条简洁、高敞、布局通畅，是典型的江南豪宅。一进为崇德堂，二进为“抱悫庵”，说明主人忠厚诚信、正直、可靠。红房子分为南、中、北三部分组成，中部建筑为传统儒家思想理念的厅、堂、楼、厢为主体，南北建筑融入西欧罗马式建筑，其中北部欧式建筑尤为壮观。

现在我们看整个楼梯的风格是西式的，特别是花卉雕刻采用欧式风格。抬头看是西式的石膏吊顶，还有两旁的壁炉又是西式的。两个壁炉的中间有两扇移门，下装有滑轮前后可以移动，两扇门拉开使得整个厅堂比较宽敞，关上就变成三个包厢。整个厅堂富有浓郁的民国风情，融入了西式建筑形成了一厅两式。还有大家脚踩的地砖是百年前的马赛克地砖，至今还保存很完整。现在我们就来看看刘家西式建筑最为壮观的一面，回头大家看，全是当年的红砖和西式铁栏杆、罗马石柱。为什么刘家有那么多西式进口的建筑材料呢？因为主人刘梯青是一个实业家，他曾与西洋人合资在南方经营橡胶园，还经营祖传的钱庄典当。他在上海、杭州等地有不少房地产，据民国十七年四月份出刊的《上海总商会会员录》，排在当时最具规模的16家房地产中，他与刘承干、刘湖涵皆榜上有名，且名列前茅。

刘梯青还与宠赞臣等人集资28万两，于1927年在余杭塘栖创建崇裕丝厂（解放后，称杭州新华丝厂，属国有大型企业）。其产品主要销入欧美及东南亚地区，在国际上享有盛誉。而且在慈善公益方面，刘梯青与刘承干等人于1909年发起保婴会，帮贫苦人家养育婴儿，同年又与刘承干、刘湖涵一起继承父亲遗命，创建刘氏义庄扶助族人。大家再来看一下这红楼的两侧都是高大的马头墙，为何主人把这么美丽、漂亮的西式建筑建在最里面呢？主要原因是封建社会，防止老百姓骂他崇洋媚外，这马头墙主要起到了掩饰老百姓视线的作用。

12 莫干山

景区概况→剑池→旭光台→武陵村→怪石角→芦花荡→荫山街→荫山洞、华厅→毛泽东下榻处→莫干湖

[景区概况]

各位游客朋友，欢迎大家来莫干山观光游览。莫干山是天目山余脉，位于湖州市德清县西部，东南距杭州60公里，东北距上海200公里，距苏州145公里，是江浙沪最近的名山。春秋末年，吴王阖闾派干将、莫邪在此铸成举世无双的雌雄双剑而得名。莫干山是全国四大避暑胜地之一，众多的历史名人，既为莫干山赢得了巨大的名人效应，更为莫干山留下了难以计数的诗文、石刻、事迹以及式样各异、形状美观的名人别墅。其核心景区占地2.95平方千米，以荫山为中心，包括塔山、中

华山、金家山、屋脊头、炮台山等区域。莫干山风景秀丽多姿，以绿荫如海的修竹、清澈不竭的山泉、星罗棋布的别墅、四季各异的迷人风光称秀于江南，享有“江南第一山”之美誉。

莫干山的名字源于莫邪、干将的传说。相传大约在春秋后期，诸侯争霸，战争频繁，各国诸侯竞相招罗能工巧匠铸剑。吴王阖闾听说莫邪、干将夫妇是铸剑高手，便令他们在三个月内造出两把举世无双的盖世宝剑。转眼三个月期限就快到了，可是炉中的铁水沸腾，总是不肯凝聚。莫邪焦急万分，问干将有何法能使铁水凝聚。干将说先师欧冶子铸剑是把女人投入炉中炼成的。莫邪二话没说，剪下自己的头发、指甲后纵身投入炉中。顿时，只见炉中射出红光万道，雌雄双剑已横卧炉底。雌剑取名莫邪，雄剑取名干将。据说此地就是莫邪、干将铸剑的地方，莫干山就是由他俩的名字组合而成的。

莫干山的自然景观以竹、云、泉“三胜”和清、静、绿、凉“四优”蜚声海内外。“竹”，是莫干山“三胜”之冠，以其品种之多、品位之高、覆盖面积之大列于全国之首、世界之最。走近莫干山，只见修竹满山、绿荫环径，风吹影舞，芳香四溢，宛如置身世外。有诗云：“竹径数十里，供我半月看。”“云”也极具特色，因时而异、变幻万千，动若浮波、静若堆絮，站在云海上餐雾饮露、枕云席絮，令人有遗世独立之感。“泉”也是一胜，飞瀑流泉多达百余道，可谓峰峰有水、步步皆泉。“绿”第一大优点。树绿、竹绿、草绿、山绿，如绿色的海洋，满目皆翠。全山绿化覆盖率高达92%。“清”是第二大优点。若漫步于竹林或憩息于林荫，或眺望于亭台，处处清新悦人、神舒肤爽。“凉”是第三大优点。因莫干山地处一定高度，绿化覆盖率高，且多流泉及储水量大的修竹，因此夏季气温较低，七、八两月平均温度仅24.1度，早晚尤为凉爽，最宜避暑。“静”是第四大优点。谷幽境绝，宛如世外桃源。走出久被噪音围困的圈子，莫干山能给你一个静谧的天地。

莫干山不仅有秀丽的自然景观，而且有人文与建筑景观。历史上许多文人墨客与莫干山结下过不解之缘，晋代的郭文，宋朝诗人毛滂、程九万，明朝理学家王阳明等都游过莫干山，并留下不少诗篇。19世纪末20世纪初，美、英、法、德、俄等国传教士纷纷到山上建筑别墅。现在山上已有200多幢风格各异、造型美观的别墅。有中国古典式、中国现代式、西欧田园式、欧洲中世纪城堡式等，被誉为“世界建筑博物馆”。解放前，蒋介石、汪精卫、宋美龄等国民党要员曾到山上避暑。解放后，党和国家领导人毛泽东、朱德、董必武、陈云、陈毅、刘伯承、胡耀邦、朱镕基都来过莫干山视察、休养。越南胡志明主席以及许多外宾慕名上山休憩观光。莫干山是名副其实的国家重点风景名胜区，游览莫干山一定会让你乘兴而来，满意而归。

［剑池］

各位游客朋友，现在我们去游览莫干山的第一名胜——剑池。我们先来观赏一下“莫干山一奇”，请大家仔细看前面这棵树。先看它的根部，地上没什么泥土，可以说是从石缝中钻出来的，再抬头看它的树枝，由主干上来，分为两个枝头，到了中间却相互交错在一起，所以它有个很好听的名字“连理枝”。“在天愿作比翼鸟，在地愿为连理枝”。好，现在我们转过身来看这块心形石，那边是连理枝，这边为永结同心石，相互辉映。

现在我们已站在剑池的入口处，此处景点主要有四叠飞瀑、干将和莫邪雕塑、磨剑石、试剑石、观瀑亭、摩崖石刻等。眼前便是干将、莫邪的雕塑，高约 3 米。莫邪、干将做炼剑状。大家有没有想过为什么叫“莫干”山，而不叫“干莫”山呢？照以前男尊女卑的观念，干将是丈夫，莫邪是妻子，按习惯应是干将放在前。这是有原因的：一是因为莫邪铸剑的时候牺牲过自己；二是因为莫干山的开山老祖是莫邪的父亲莫元，干将是上门女婿。所以，莫干山并非夫妻姓氏的倒装，而是翁婿姓氏的先后排列。

再来看我们站的这座桥，叫“阜溪桥”，又称“飞虹桥”。桥石柱上刻的是陈毅元帅的诗句，一边是“夹道万竿成绿海，百寻涧底望高楼”，另一边是“飞瀑剑池涤俗虑，塔山远景足高歌”。再转过来看磨剑石，那块黑褐色的巨石就是当年的磨剑石，石上用篆体刻着“周吴干将莫邪夫妇磨剑处”11 个大字。往阜溪桥向前右侧小路上前进十余米处有一试剑石，该石有两条断痕，一深一浅。因为当年剑铸成了，干将满心欢喜，但一想到妻子的死又十分悲痛，因此他常登上悬崖挥剑解闷。一次，他挥起双剑向一块巨石劈去，只听“嚓”一声，巨石裂开两条口子，剑锋丝毫没有损伤。干将细看巨石，只见一条剑痕像切豆腐，既光又深，另一条却浅得多，干将悟得这是雄剑力大、雌剑力小的缘故，于是把雌剑献给了吴王，把雄剑藏了起来。

各位游客朋友，经过观瀑桥，跨过虎口，现在我们看到了剑池飞瀑，这是莫干山的一大景观，它瀑流四叠，变化多姿。阜溪桥上有两股溪水汇合，一股来自中华山，另一股来自芦花荡，两股溪水合流后，水势增大，顺山势直下，形成飞流，直冲阜溪桥，这是第一叠。冲出桥下，猛跌落二三丈，形成瀑布，注入剑池之中，这是第二叠。瀑布注入剑池后，稍一停蓄，水势益壮，于是凌空直泻剑潭，为第三叠。剑潭而下，则束水入溪，形成一股短瀑，为第四叠。大家看第三叠飞瀑由两股构成，一股称干将瀑，高 20 余米，直扑深潭，气势

莫干山剑池

雄壮。另一股为莫邪瀑，纤细秀美，水声潺潺，仿佛在奏着一曲悠扬的江南民谣。上面那一块数丈高的巨崖，像一只握紧的大拳头，所以叫如拳崖，是由大自然鬼斧神工造化而成的。我们顺山路往上走，前面这口池，就是当年莫邪、干将夫妻铸剑的淬火池，那峭壁上“剑池”两字是周庆云的手迹，题于1926年，周庆云是湖州南浔的富户，年轻时继父业经营蚕丝，后转营盐业，曾任苏浙沪盐公所总经理，浙江省咨议局会议、两浙盐业协会会长。1913年，他在杭州开设“天章丝织厂”，后来在湖州、嘉兴开办丝厂，晚年酷爱山水，1920年到莫干山游览避暑，有感于莫干山的竹泉优美，留下大量题刻和诗文，并修建了“六月息园”“遽庐”别墅，足迹遍及整个莫干山区。

各位游客朋友，观赏好瀑布后，我们再来看看摩崖石刻，这是剑池的一道人文风景，从中可以了解石刻作者的豪情壮志和对莫干山景物充满挚爱的情怀。莫干山有34处摩崖石刻，大多数集中在剑池和灵鹊桥周围。规模最大的摩崖石刻就在灵鹊桥旁，称为甲寿岩，面积约333平方米，镌刻白曾然《甲寿岩记》金文，约400字，字大半尺，是白曾然祝周庆云60大寿所书。现在请各位观赏，拍照留念。

［旭光台］

各位游客朋友，现在我们去观赏旭光台。旭光台坐落在馒头山顶，是观日出的理想之地。大家看这个四角飞翘、红柱绿顶的亭叫“旭光亭”。这里朝迎旭日，晚送霞光，如果黎明前来，能观赏到日出的壮观。此亭耸立于山脊，视野开阔，又配有望远镜，是观赏莫干山全景的地方。你们看，那是荫山街、芦花荡和剑池；那是庾村至莫干山顶十八盘公路，那些镶嵌在绿阴丛中的金黄色建筑大多是别墅；大家再看那边有座天池寺，寺旁有棵大银杏树，要五个人围抱，已有1000多年的历史，是浙江第二大树。

［武陵村］

各位游客朋友，现在我们去武陵村

参观。武陵村地处金家山屋脊头。与别的建筑群相距甚远。自成一个天地。武陵村的名称也因此而来。陶渊写了《桃花源记》，设想了一个没有剥削、没有压迫的世外桃源。文中说有个捕鱼为生的武陵人，曾到过世外桃源。现在我们在武陵村一号楼“松月庐”，因其庭前种有松树。阳台呈半月形而得名。蒋介石和宋美龄曾在此居住过。蒋介石生前曾多次来到莫干山，有记载的至少有三次，第一次为1931年春天，这年春天蒋欲登上民国大总统宝座，然而遇到地位显赫、资历颇深的国民党元老胡汉民的反对，在军事上，第一次反共“围剿”又惨遭失败，一连串的挫折，使他一筹莫展。当年4月13日，满脸愁云的蒋介石从奉化祭祖返回杭州，“旋赴莫干山见黄郛”。黄郛生于浙江上虞，1907年，在日本振武学校与蒋介石相识，与蒋介石有共同的政治目的。黄郛自1928年到莫干山，在山上建造了白云山馆，还与“党国元老”张静江等人集资修建了莫干山讲经堂（今称黄庙），黄郛还为莫干山做了不少好事，他致力兴办实业，振兴教育。1933年前后，他兴办了私立学校，创立了莫干农村改进会，举办了莫干蚕种场等公益事业。1936年去世，葬在山下莫干镇。蒋介石第二次上莫干山是1937年清明节后，刚在杭州结束了与周恩来国共合作谈判的蒋介石与宋美龄一起，到莫干镇凭吊黄郛。第三次上莫干山是1948年，这时蒋家王朝已处于风雨飘摇之中，随着国共和谈破裂，军事上国民党节节败退；在经济上，财政赤字已达900万亿元。由于滥发钞票，造成物价上涨，民怨沸腾。他上莫干山召开秘密会议，研究“币制改革”，以挽救摇摇欲坠的统治。这次上山时间为7月下旬，新经济政策会议是在7月29日晚上和第二天上午开的，与会人员30日下午便下山回宁，蒋留待第二日下山。8月初在上海发布币制改革总统令，8月20日开始执行，40天后，招致经济大崩溃。蒋介石与宋美龄当年住的房间还保持原样，并配以图片说明，大家可上去参观。

［怪石角］

各位游客朋友，现在我们到了怪石角景区，这里与其他景区相比，别有一番风味。大家看这里青草悠悠，万木森森，好一派森林景观，故有森林公园之称。现在我们到了怪石角的第一个景点，叫“南蛇再生”。大家看，这块大石中间裂开，裂缝中一棵大藤生出，藤的生物学名叫“南蛇藤”。你们看像不像盘绕的蛇？相传南海曾一条大蟒蛇兴风作浪，后被仙石镇压于此处，让其慢慢修炼，悔过自新。悔过一点，仙石便裂开一点，直到南蛇彻底醒悟，仙石便自动裂开，南蛇便得以重生，所以此处便叫“南蛇再生”。

现在大家继续游览，这里怪石嶙峋，就是怪石角了。看那块石头，像不像要飞起来，却又被什么东西紧紧拉住了。前面这块石头，想象一下，像什么？我看还是最像“猿人头”，大家再看一下，像北京类人猿吧？这真是大自然的杰作。现在我们到了望月亭，顾名思义，这里是欣赏月亮的好地方。月夜，登上亭子，举杯望月，迎面山风轻拂，松涛隐隐入耳，令人开怀。不少作家、诗人在此找到了创作灵感，大家不妨去试试看。

［芦花荡］

各位游客朋友，现在大家随我去芦花荡。大家请看，这个圆洞门就是芦花荡公园的大门，门额上有“芦花荡”三个字，是我国著名书法家费新我用左手题的。门两旁立着两棵龙爪槐，好像两名卫士，为芦花荡守门。在圆门左边还有一棵被日本人称为“神木”的杨桐，日本人用它来拜祭祖先。

我们进门沿石阶往上走，看看“陈毅元帅诗碑亭”。各位请看，这就是“陈毅元帅诗碑亭”，碑上刻有陈毅元帅写的“莫干好”诗全文。1952 年 7 月，陈毅元帅来莫于山看望病友，在芦花荡饭店 88 号楼住了半个月，把对莫干山优美环境的切身体验写成了七首“莫干好”。把莫干山“三胜四优”的特色描绘得淋漓尽致。山上还有碑廊，刻有许多历代名家诗人赞美莫干山的诗文和传说典故，大家可以上去自由欣赏。

［荫山街］

各位游客朋友，现在随我去荫山街游览。荫山海拔约 600 余米，怀抱剑池瀑布、荫山洞、华厅、天桥，上连芦花荡、观日台。荫山街恰似一条银色的带子，把远远近近的名胜紧紧揽在一起。荫山的竹径是有名的，杭州云栖一公里长的竹径“一径万竿绿”使许多游客赞叹，然而，若与莫干山曲折绵延十几公里长的竹径相比，就显得规模太小了。看，荫山街到了，有商店、影院、银行、邮局等，大家可以自由购物，这可是莫干山最繁华的地方。

［荫山洞、华厅］

各位游客朋友，从荫山街南段顺石阶下行百余步，便可到达荫山洞。前面有一石桥横架溪上，这桥叫荫山桥，溪水流出桥下，略一停蓄，水势稍壮，猛跌三四尺，形成一股短瀑。我们再往前走几步，经过一座小巧玲珑的红桥，便到了荫山洞。大家随我一起进洞去看看，洞不大，仅可容五六人。洞底一泓清水，汩汩有声，走进洞中，大家是否觉得凉意袭人。从洞内外望，近处是小桥、流水、翠竹、红亭，景物安排参差有致，远处是柳杉、金钱松、柏树等乔木为主的常绿林，层次分明，别有风致。过了小红亭，我们又来到了一长形水池旁，周围栏杆围绕，池中假山耸峙，乍看像个游泳池。也许有人会问怎么会在这里建这么一个池？原来这个池是那边华厅主人的后花园。我们不妨去华厅看看，华厅原名花厅，建于 1934 年，是南洋烟草公司一位姓潘的先生给他母亲盖的念经佛堂。大家可以先看一下房子的建筑，是一座精致小巧的二层楼，琉璃屋顶，四周走廊上围绕着朱红栏杆，四面落地长窗，屋梁、门窗上绘有各色花卉图案。整幢房子采用的是中国古典式建筑，现在室内设有竹类陈列馆。大家可进去参观或在此品一品香清味醇的莫干黄芽。朱镕基、宋平等国家领导人曾在此休憩。

［**毛泽东下榻处**］

各位游客朋友，现在我们去毛泽东下榻处——皇后饭店。1954 年 3 月，毛泽东主席在杭州主持制定第一部宪法期间，由省公安厅厅长王芳等陪同上山，并写下了一首诗——“翻身复入七人房，回首峰峦入莽苍，四十八盘才走过，风驰又已到钱塘”。我们可以上去参观一下当年毛主席住过的房间。

［**莫干湖**］

各位游客朋友，现在我带大家去位于莫干山南麓的莫干湖游览。莫干湖是个人工湖泊，原名对河口水库，建于 60 年代初。莫干湖在正常水位时，面积 3.7 平方千米，小于杭州西湖，最高水位时，湖面可扩大到 5.84 平方千米，略大于西湖。莫干湖青山环抱，景色秀丽。现在我们已登上高达 58 米的大坝，只见一湖秀水，碧波粼粼，白云青山，倒映水中，似乎湖中别有天地。在湖的北面那块伸向湖中的小山，名曰美女峰。美女峰山上松竹交翠，与晶莹的湖水相互映照，山眉水眼，十分动人。大家可乘游船去湖中游览享受一番。

13 天荒坪

各位游客朋友，欢迎大家到安吉天荒坪电站来参观游览！天荒坪电站是亚洲第一、世界第二的抽水蓄能电站。电站雄伟壮观，堪称世纪之作，是“九五”期间我国重点建设项目，工程总投资近 100 亿元人民币，总装机容量是 180 万千瓦，它的建成将大大提高华东电网的调峰能力，提高电网的安全经济运行水平。

抽水蓄能电站是蓄存电能的银行。为什么这样说呢？大家都知道，电不像其他物品一样可以储存，发电机一旦运行发电后，电就会在整个电网内不停地游走，以供应电网内的用户用电。电在电网内游走，会损耗电能。如果电网内没有用户用电，电能就会白白地浪费掉。相反，电网中用户越多，用电量越大，电能的利用率就会达到最高，而电耗就会降到最小。现在，白天、黑夜用电量相差很大，这样就会出现白天用电高峰供不应求，而到夜间用电低谷时，又供过于求的情况。这就是说，在晚间，有很多电能在电网内白白地消耗掉了。为解决这个矛盾，抽水蓄能电站就应运而生了。一般来说，抽水蓄能电站都有上、下两座蓄水库。夜晚，蓄能电站利用多余的电能把下水库的水抽到上水库，以水能形式储存起来；白天，用上水库的水来带动发电机发电，把水能转变为电能送入电网。这样，就像银行存钱一样，将电储存起来。

天荒坪是从我国50多个预选站址中最后选定的最理想的一个站址。首先是因为电站接近华东电网负荷中心，它距上海直线距离160公里，距杭州57公里，距南京280公里，区位比较理想；其次是因为上、下水库之间水平距离近，约为1000米，两库底天然高差约600米，输水道平均长度1428米。上、下水库平均水头为570米。输水道长度与平均水头比仅为2.5，其地形条件之优越为国内外已建蓄能电站所罕见；第三是下库位于太湖流域西苕溪支流大溪口，常年平均径流量为2450万立方米，可满足初期蓄水和补充蒸发损失等需要；第四是水库淹没损失甚微，无迁移人口，上库盆利用天然洼地，工程量小；第五是天荒坪整座山体基岩坚硬，构造简单，地质条件好。

工程主机及关键辅助设备利用“世行”外资国际招标引进，主体工程于1992年6月18日正式开工建设，2000年竣工，工期为8年，由国家能源投资公司，上海、江苏、浙江、安徽、华东电力集团公司集资兴建，华东电力集团公司为业主代表，天荒坪抽水蓄能电站工程建设公司为建设单位，华东勘测设计研究院为设计单位。电站建成后，可以承担360万千瓦调峰、填谷任务，具有启动快、爬坡能力强、运行安全可靠等优点。

各位游客朋友，现在我们到电站的心脏位置——主厂房去参观。在天荒坪抽水蓄能电站上、下水库间的巍巍大山中，凿有长达17公里的洞室群，构成

安吉天荒坪水库

了电站地下厂房区。各位请看，这是主、副厂房洞，主变洞、母线道，尾水闸门的交通、通信、排水洞室等，结构扑朔迷离。这儿就是主厂房了，大家请看，主厂房长200米，宽21米，高48米，呈现在我们眼前的6台发电机功率均为30万千瓦，总装机容量是180万千瓦，相当于3个新安江水电站。目前，电厂已有两台机组投入商业运行，为华东电网增添了一支生力军。

各位游客朋友，现在我们已到了天荒坪抽水蓄能电站的上水库。上水库坐落在海拔908米的天荒坪上。据说天荒坪本来叫天皇坪，因为地势开阔，气候宜人，玉皇大帝常常在此游玩而得名，上水库也因此称作天皇湖。大家看，我们对面的那座山头叫搁天岭，海拔有970多米，整个上水库就是利用天荒坪与搁天岭山峰间的洼地挖填而成，呈梨形，也像一个巨大的运动场，库盆采用沥青混凝土护面防渗，防渗要求很高。现在大家可以自由游览拍照。

各位游客朋友，现在请下车随我去参观下水库。这就是美丽宁静的龙潭湖——天荒坪抽水蓄能站的下水库，它是横截山溪而成。库形长曲，两岸悬崖峭壁，峡谷幽深，流域面积24.2平方公里。下库库容是877万立方米，坝顶长230米，宽8米，坝高95米。大家看我们的右前方，有一座漂亮的白色建筑物，那就是天荒坪抽水蓄能电站的头脑所在——主控室，天荒坪抽水蓄能电站是一个由卫星监测、微电脑程控的现代化高科技产物。主控室也就承担着整个电站的中心指挥任务。

各位游客朋友，天荒坪之行要结束了，我想大家在今天的游览中，看到了自然界的幽雅宁静与现代化高科技巧妙融合的胜景，这一定会给大家留下深刻的印象吧？

14 安吉大竹海

各位游客朋友，我们的汽车正在前往大竹海的途中，下面我先来介绍一下大竹海的概况。中国大竹海是以安吉县天荒坪镇五鹤村为中心的一片面积达666.7万平方米、单纯密林毛竹为主的林地。这里出过“中国毛竹之王”，周径达0.54米，高度约12.8米，重约62公斤。中国大竹海地势东南高、西北低，三面环山，中间凹陷，西北开口，呈东南向西北倾斜的“畚箕形”狭长盆地地形。大竹海景区内原始生态环境保持良好，空气清新，水质洁净，无特别污染，小气候特征显著，冬暖夏凉。

各位游客朋友请看，这入口处的冷泉名叫五女泉。五女泉的泉水是从潭池中间的泉眼里涌出来的地下水，富含矿物质，冬暖夏凉，甘甜爽口。传说是五个仙女在大旱的时候为了拯救整片竹林而挖的。五女泉的下游分别有“解恙泉”“孝子泉”“情缘泉”及“问子泉”。

五女泉的北面是影视拍摄基地，在此曾拍摄过《卧虎藏龙》《像雾像雨又像风》等影片。

各位朋友请看，这是1998年建成的高17米的观竹楼，登上楼顶，但见四周大片竹林青翠欲滴，西南面为天荒坪抽水蓄能电站，东南面为芙蓉谷，北面是零星的村庄。站在楼顶，微风拂过，成片的竹子随风摇曳，碧浪翻腾，宛如置身于茫茫碧海之中。与此同时，大竹海内季季景色也不尽相同。春雨后，竹林里到处是生机勃勃的春笋，“箨落长竿削玉开，君看母笋是龙材。更容一夜抽千尺，别却池园数寸泥。”夏季竹林营造了一片清凉世界，“一林绿初满，日在其隙中。虽无临其媚，时鼓瑶涧风”。秋风瑟瑟，尤物凋零，独浩瀚的竹海在阳光的照射下，仍呈现出“箭杆万顷拂彩云，峡谷披青泛碧波”的繁盛。而每当雪后，雪拥翠筱，又是一片银色世界。

各位游客朋友，在大竹海的北面有一名叫“官财坑”的峡谷，峡谷长不足几公里，落差达四五百米，整个峡谷都较狭窄，最宽处不过二三十米，最窄处仅数米。狭窄的峡谷内布满奇形怪状的岩石。同时，峡谷内的瀑布和跌水分布非常密集，整个瀑布群掩映在竹林与棕叶林之中，只露一线天。落差大小不一，最大的落差有十余米。瀑

安吉大竹海

布从陡峭的岩石上奔泻而下，状如白练，瀑布的下方都形成了大小不一的水潭。

15 长兴金钉子远古世界

各位游客朋友，今天我们前去参观的是长兴金钉子远古世界景区。在阿根廷举行的国际地质科学联合会确定，我国浙江长兴煤山剖面为古生界、中生界地层断代界线的标志——“金钉子”。中国地质大学的殷鸿福院士解释说，“金钉子”是世界地质遗迹，在地质学上是一个代名词。地层的年代分为前古生界、古生界、中生界和新生界。每个界又分为多个系。系与系之间的全球标准就俗称为“金钉子”。显然，“金钉子”不止一个，但却有大小之分、主次之分。二叠系是古生界最末一个系，三叠系是中生界最早一个系。所以，浙江煤山的“金钉子”既是二叠系与三叠系界线的标志，又是中生界与古生界之间的标志，被认为是地质历史上三个最大的断代“金钉子”之一。“为什么叫金钉子不叫银钉子？”“金钉子”是国际地层委员会的命名，金子贵重表示重要，钉子钉下后固定不动，表示是一个永久的标志。

金钉子远古世界景区主要有仿古地层形象大门、声光电高科技为一体的金钉子地质博物馆，包括宇宙地球厅、生物进化厅、金钉子厅，世界上最具动感的4D特效影院、地震火灾逃生体验馆、CS彩弹射击中心，是集休闲、趣味、拟真体验和科普科考于一体的多功能、全方位的旅游景区。接下来我带大家去参观金钉子地质博物馆。

我们先来参观第一个厅——宇宙地球厅，正前方可以看到一幅宇宙诞生的图片，关于宇宙是如何形成的，我们目前只能按照绝大多数科学家的一种普遍认同的观点来解释，那就是创世大爆炸，爆炸后，物质在万有引力的作用下，相互吸引、碰撞、凝聚，这样就形成了原始的星系、星云。这里是一些组成地球物质的元素，大家往下看，脚底橱窗有两块晶体，方解石晶簇和萤石晶簇。地球上的岩石大致可分为三类：熔岩，沉积岩和变质岩，在大家前方的板块展示的是三大岩石的转换。各位请看，在我们脚下可以看到一块岩石标本，叫长兴灰岩，是做灰水泥的原材料，这里有一个地震体验仪，主要是模拟地震时的振幅（上下左右前后）。现在看到的是一块鹦鹉螺化石，它是生活在地球上5亿年前的古老生物。

现在我们来到了生物进化厅。这里展示生物的起源、爆发、进化的各个重要阶段及其标志性的代表化石。大家看这个生命进化的螺旋图，地球出现到人类社会出现的历史是46亿年，科学家把这段历史分为两个大的阶段：隐形时代和显生时代。5.4亿年前开始显生时代，显生时代又被划分为三个阶段：古生代、中生代和新生代。古生代主要以海洋无脊椎软体生物为主，这块以长兴煤山命名的“煤山扁体鱼”的化石，就是在我们博物馆后面的山上发现的。中生代叫做恐龙时代，这里有两具恐龙化石，第一具叫许氏禄丰龙，后面一具叫甘氏四川龙。还有恐龙蛋化石，它的时代是白垩纪，证明了白垩纪其实就是恐龙灭绝的时期。恐龙在中生代末期遭受了一次大灾难，从地球上消失了，接下来登上地球舞台的则是我们的新生代物种，以胎生哺乳类为主。

各位请看，这是长兴旅游资源长廊。长兴有“四古奇观”，第一古当然是是金钉子，在这里可以看到红色的线就是金钉子分界线。第二古是银杏树，被称为“活化石”。第三古就是出现比恐龙还要早的扬子鳄，所以也有“活化石”之称。第四古是茶文化，这是水口顾渚茶文化景区，当年茶圣陆羽写《茶经》的时候就在顾渚考察，所以顾渚山成了茶文化的发祥地。

现在大家跟随我来金钉子厅。在大家面前的是景区的地形沙盘。整个保护区呈现6个自然剖面——A、B、C、D、E、Z剖面，这六个剖面是世界科学家到这来考察命名的，科学家在研究的时候，是想从这六个剖面当中寻找出一块最标准、最权威的一个断代点断代层型，由于D剖面的岩层出入比较完整，隐藏的化石比其他剖面丰富，就在D剖面上标出红色的界线，它就是大“金钉子”的点位，它是划分古生和中生的一条地层界线。除了看到这大的金钉子之外，边上还可以看到一个小金钉子，就是斜边的这条红线。所以同一个D剖面上同时拥有了一大一小两枚金钉子，这在全世界都是独一无二的。

各位请看，这个地图上面标注了全世界重要的金钉子，全世界共有三个：一个在我们长兴，一个在加拿大，一个在意大利。加拿大这个大金钉子是划分最早的两个时期形成的两个岩层，划分古生界和新元古界的一个岩层分界线。中国长兴是作为中间这枚，是第二枚。意大利的是距离我们现在最近的两个时期形成的一个岩层，划分中生界和新生界的一个标准界线。科学家经过46年的研究，到2001年之后，一手资料整理成册，提交给了最高机构——国际地质科学联合委员会，经过复审之后，在2001年3月长兴金钉子终于被评为全世界最高级别三大金钉子之一，至此长兴煤山金钉子的国际地位正式确立。“小金钉子”是2005年9月确立的。

第三篇

食在浙北：嘉兴 / 湖州 / 美食

各位游客朋友，浙北地处杭嘉湖平原，河湖港汊，沃野千里，自古就是鱼米之乡，有取之不尽、用之不竭食材。主要美食有嘉兴的五芳斋粽子、文虎酱鸭、乌镇姑嫂饼，湖州的诸老大粽子、丁莲芳千张包子、雪饺等。接下来我们就去品尝一番吧！

［五芳斋粽子］

粽子在一定程度上已经成为嘉兴的一种象征，被誉为饮食文化的代表，对外交流的使者。嘉兴粽子以五芳斋最为著名。为什么叫“五芳”呢？据清乾隆年间《古禾杂谈》一书记载：嘉兴粽子，昔日有白水粽、红枣粽、赤豆粽、豆板粽和碱水粽，俗称五芳。五芳斋粽子问世于1921年，当时以弹棉花为业的浙江兰溪人张锦泉先生来嘉兴经营生意，在春夏季弹棉花生意清淡之时，便设摊儿卖粽子，后在嘉兴当时最热闹的张家弄口，开了首家五芳斋粽子店，经营火腿鸡肉粽、重油夹沙粽。数年后，嘉兴人冯昌年、朱庆堂两人在附近也开设了合记和庆记两家五芳斋。竞争激烈，促使粽子选料日益考究，配制方案日趋完善，口味日趋精美，嘉兴张家弄五芳斋由此声名鹊起，远播大江南北。

张家弄是老嘉兴的闹市口，店铺多，戏馆子也多。五芳斋的创始人很懂得掌握生意火候，每逢戏一散场，店家就把粽子锅盖打开，浓郁的香味四处飘散，直钻鼻孔，行人不由自主地踏进店门品尝一番。老一辈嘉兴人回忆说，那时候粽子是用桑柴烧的，柴香合着粽香，那香味真馋人，整条街上都能闻到。1956年公私合营当中，几家五芳斋合在一起，成立新的嘉兴五芳斋粽子店。他们拿出各自的粽子经，互相切磋，融合创新，称雄市场。

五芳斋粽子选料十分讲究，采用上等白糯米制作，粽叶则选用徽州伏箬，质地柔韧，叶片修长宽大，肉馅则用后腿瘦肉，甜馅则用上等赤豆“大红袍”，通过配料、调味、包扎、蒸煮等多道工序精制而成，以糯而不烂、肥而不腻、肉嫩味香、咸甜适中而著称。现在，五芳斋粽子已经享有“粽子大王”的美誉，有肉粽、豆沙、蛋黄、板栗、莲蓉、蜜枣、排骨等多种口味。因其滋味鲜美、携带方便备受广大旅游者厚爱，有“东方快餐”之称。产品远销日本、东南亚等地。

[文虎酱鸭]

文虎酱鸭是嘉兴的一道地方特产，烹煮手艺独特，工艺先进、用料考究、口味上乘，以其“色泽褐红、味道鲜美、油而不腻、酥而不烂”的特色畅销全国各地，深受广大消费者的喜爱。记得曾经在其广告牌上看到过阎明复先生的题词——浙江第一鸭。这里有个笑话，老百姓说为何是浙江第一呢？有人解释：全球第一鸭是唐老鸭，中国第一鸭是北京烤鸭，所以这文虎酱鸭只好屈居省内第一。如此说来，文虎酱鸭是：一般一般，全球第三。

文虎酱鸭

[糟蛋]

糟蛋产于嘉兴平湖，为其传统美食之珍品。古时已是贡品，历史悠久，平湖糟蛋大小均匀，糟用上等糯米发酵制成，有浸米、蒸饭、配药、酿酒、消毒、洗蛋等一整套工序。每年从清明前后开始，经过黄梅和三伏，到中秋上市。因经过五个多月的糟渍，醇类、糖类、有机酸等物质渗入蛋内，使蛋黄、蛋白逐渐固成胶冻状，蛋壳脱落，蛋膜不破，蛋色晶莹细嫩，醇香可口，余味悠久。食用时用筷或小刀挑破蛋膜，即可入口，不必烧煮，十分方便。其香浓味美，咸甜适中，老少咸宜，故每年慕名而来着不计其数。

[三珍斋酱卤制品]

“三珍斋”始创于1848年，诞生于乌镇。近170年前，“三珍斋”是这座古镇上的三珍斋酱鸡店，专门加工、销售江浙沪一带特有的传统酱卤肉禽制品，有酱鸡、酱鸭、叫花鸡、烧鸡、八宝鸭、腊鸭、盐水鸡、盐水鸭、醉鸡等十多个品种，是当地一大特产，其卤味或色泽红亮或色如玉白、风味独特、肉嫩味美、卤汁馨香、形态优美且营养丰富。据《乌程县志》等记载，早在清初，乌镇的五香酱鸡已“骨亦有味”。“三珍斋”自创加工技术，制作的酱鸡、酱鸭有“盛夏不馊，严寒不冻”的美名，独领肉食美味之风骚，而今随着科技的发展和包装手段的进步，更胜以往多矣。

[乌镇姑嫂饼]

姑嫂饼是乌镇的传统名点，姑嫂饼的形状酷似棋子饼，所用配料是面粉、白糖、芝麻、猪油等，但其味比酥糖果可口，具有油而不腻、酥而不散、既香又糯、甜中带咸的特点 。大家一听这名字，肯定以为是姑嫂商量着一块做出来的，其实恰恰相反，民间传说它是姑嫂斗气斗出来的。据说一百多年前，乌镇有一家天顺糕饼店，祖上留下制作酥糖的好手艺，但立有传男不传女的家规。不知到了第几代，他家生有一儿一女，儿子已经讨了媳妇，女儿尚未出嫁，这手艺当然是儿子儿媳继承，日子久了，女儿不免心生妒忌。有一天，嫂嫂配好了料，暂时离开了一下，女儿便将一包盐撒进粉里，等着第二天看嫂嫂的笑话。哪想到，第二天顾客大赞椒盐的味道实在是太好了。这儿子儿媳丈二和尚摸不着头脑，那女儿本就内疚，见弄巧成拙，提起的心也放下，扑通跪到父母面前说出了真相，请求家人的原谅。父母兄嫂不仅原谅她，大家一合计，改了配方，用模子定型，并取了意味深长的新名字——姑嫂饼。后来这小酥饼不仅誉满乌镇，美名还传到了外乡，天顺糕饼店的生意更加兴隆了。

［桐乡辣酱］

桐乡辣酱选用当地出产的肉厚、籽少、辣味重的鲜红丁头辣椒，加入甜面酱、菜油或麻油等酿制成。成品有瓶装500克、350克（精装）、250克、200克4种规格与金属软管60克小包装。具生产历史迄今已达300余年。清乾隆年间最盛，被列为进京贡品，故一度改名为“进京辣酱”，闻名于京杭沿线。

［诸老大粽子］

湖州传统名点。“诸老大”始创于1887年（光绪13年），已有百余年历史，享誉海内外。创始人诸老大原名诸光潮，家境贫寒，在茶食店当学徒，由于勤奋好学，技艺娴熟，成为茶食行业青年师傅中的佼佼者。后来独立门户，一无资金二无店面，从小贩叫卖开始，一步一个脚印地发展。那时江南水乡一带的粽子品种简单，仅赤豆粽、红枣粽、咸粽等，他大胆地把咸粽改进成“肉粽”，使品种更新换代，又成功地首创了“猪油洗沙甜粽”，使甜粽和肉粽成为“诸老大粽子”的两大特色。他反复钻研制粽技术和经营业务，首创了秀丽枕式粽子，外形别致美观，能多煮多装多卖，还便于嵌馅心，提高粽子质量。同时在包装上印了“诸老大”三字的红底黑字招牌纸，因选料讲究，制艺精良，后来知名度越来越大。金庸先生曾经在《鹿鼎记》中提到过湖州粽味道鲜美。

［丁莲芳千张包子］

湖州风味小吃，已有百年历史。它以用料讲究、烹调有术、味道鲜美而闻名。所用的千张和丝粉都是特制的，千张薄而韧，包得密不透气，香浓汁鲜；丝粉白而粗，久煮不糊，柔软入味。馅心所用原料为去筋腿肉、蝶片笋衣、炒熟芝麻，再加海味开洋和丁贝，边煮边卖，是一道颇具特色的风味小吃。

据载，清光绪四年（1878年），湖

州菜贩丁莲芳以鲜猪肉、千张为原料，裹成长枕形千张包子，配细丝粉，名曰千张包子丝粉头，肩挑叫卖。后听取顾客意见，在肉馅中添进笋衣、开洋，并改为5厘米见方的三角形包子，细丝粉改用以绿豆为原料的粗丝粉，切成4~5厘米，使外形、馅料和辅料等方面均有别于家常色彩而独具一格。光绪八年（1882年），在湖州黄沙路（今红旗路）爱山街口设店经营。后又听取顾客意见，不断创新改进，成为湖州名点。

［**雪饺**］

湖州传统名糕点，产于湖州市菱湖镇，已有三百余年历史。雪饺因“白如雪，形如饺”而得名。雪饺口感松脆，甜度适中，不粘牙，风味独特。“雪饺”是个形象化的名称，所谓的“雪”，是一种炒熟了的籼米磨成粉，再加入绵白糖，其色如雪而味甜。饺坯是把面粉用猪油擦成酥，天冷时猪油极易凝固，要与面粉擦匀，捏成坯，裹入豆沙，做成“饺”，再用猪油汆熟，捞起来后趁热拌上“雪”，就成了“雪饺”。当然，制作雪饺的工艺说说容易做做难，以个头饱满不退皮，上口酥松易化不粘牙者为佳。食用雪饺的旺季在春节前后。在此期间，菱湖人外出探亲访友，多馈赠雪饺。菱湖当地的雪饺才为正宗，只此一地有此一物。

［**橘红糕**］

湖州市名点，用江南的糯米制成，造型玲珑，剔透如玉，糯滑可口，甜韧适中，玫瑰橘香，口味甚浓，具有糯而不黏，甜而不腻，老少皆宜之特点，深受公众喜爱。橘红糕是一种白色的、像软糖一样的食品，主要原料是上等优质全纯的糯米。把米洗净后，放在蒸笼里炊熟，冷却后再加进白糖和适量的香料，然后放在石臼里用木锤或石锤捣烂，团成米团放在案板上，用手工搓揉成长方或四方形的糯米软糕，再用利刃把糕切成大小均匀的一小块一小块，外面撒上蒸熟的糯米粉或面粉即成。

［**烂糊鳝丝**］

湖州传统菜品。采用活鳝鱼、虾仁、鸡肉、火腿烹制而成。先将活鳝鱼放入沸水锅汆至鱼身盘曲、嘴咧开，捞入冷水盆中；用竹片划去骨和内脏，将鱼划成三条，再切成4~5公分长的丝段，洗净沥干；青椒切成丝，在沸水中焯过；取炒锅置旺火上，投入熟猪油、放入鳝丝煸炒，加绍酒、酱油、白糖、肉汤等调料煮沸，再加味精，用淡淀粉勾芡，起锅装盘，在鳝糊中心揿一个凹潭，撒上胡椒粉、淋上麻油，将配料分类堆放在凹潭周围，中间上蒜泥，再淋上烧沸的猪油，立即上桌。以“重油蒜辣，柔软鲜嫩”而著称。

［**张一品酱羊肉**］

湖州传统菜品。清末时德清县张和松用特产湖羊为料创制而成，因店取一品当朝之意名“张一品”，已有100多年的历史。主要作料为带皮湖羊肉。将湖羊肉剔去腿骨，分档斩成方块，放入沸水锅内汆过，洗去血沫；把肉块放入锅内，加酱油、绍酒、姜块、红曲、茴香、精盐、白糖、辣椒粉等调料，置旺火上煮沸，翻动数次，使肉着色均匀；盖上羊网油，放上竹箅子，用重物压实，加盖密封，置旺火上煮沸后，改用文火焖至肉酥即成。内质鲜嫩，色泽红润，酥而不烂，油而不腻，汁浓味醇，香气四溢。富含蛋白质，为冬令滋补佳品。

第四篇

购在浙北：嘉兴 / 湖州 / 风物特产

各位游客朋友，浙北既有传统特产，如桐乡蓝印花布、杭白菊、硖石灯彩、湖笔、顾渚紫笋茶、安吉白菜、南湖菱等；也有改革开放后发展起来的现代特产，如海宁、桐乡的皮革制品、桐乡濮院的羊毛衫系列产品等，都已成为浙北响当当的国际品牌，也是南来北往游客必选甚至是追捧的特色产品。接一下来大家就随我去过一过购物瘾吧！

[海宁皮革]

海宁被誉为"中国皮革之都"。海宁皮革是浙江省首批21个块状经济向现代化产业集群转型升级示范区之一，是浙江区域名牌，海宁皮革也被列为省级工业设计示范基地和浙江省产业集群区域国际品牌试点产业。经过多年的产业培育，"海宁皮革"以产业集群为基础，以专业市场和公共服务平台为突破口，形成了较为完整的产业链，是全国皮革及其制品的重要生产基地和集散中心。海宁中国皮革城已经成为浙江北部乃至华东地区最有影响力的旅游购物品牌。

[桐乡濮院羊毛衫]

桐乡濮院因毛针织产业发展而获得"中国羊毛衫名镇""中国毛衫第一市"等荣誉称号。濮院羊毛衫市场始建于1988年。30多年来，濮院毛衫市场规模不断壮大、市场品位不断提升。据不完全统计濮院羊毛衫批发市场占据整个中国羊毛衫销量的70%。濮院羊毛衫市场包含了世贸大厦、国际贸易中心、中央商城、老市场、国际童装城、国际毛衫品牌交易中心、毛衫交易区等。

[桐乡蓝印花布]

桐乡蓝印花布是历史悠久的汉族传统手工艺品，至清代，杭嘉湖一带，凡有集镇必有染坊。桐乡蓝印花布在浙江负有盛名，与当地盛产棉花及棉布有关，桐乡崇福镇曾有染店一条弄，开设染店作坊10余家。桐乡蓝印花布采用天然蓝靛染料，颜色蓝白相间，图案秀丽，具有浓郁的江南地方特色，早年属于普及性、实用性的民间产品。1979年

乌镇宏源泰染坊花布

桐乡生产的蓝印花布开始出口外销，保存了省内唯一完整的传统工艺制作流程。近年来，发展印制了一些艺术性图案，如“百子图”“清明上河图”等，加强了观赏性、收藏性。桐乡蓝印花布不但当地百姓喜爱，也深受国内港、澳、台同胞和外国友人青睐。桐乡蓝印花布因普及性广，它的制作工艺、材料及文字资料保存较为齐全。随着改革开放的发展，这项具有浓厚江南民间艺术风格的传统手工艺在传统制作的基础上，不断改进，向实用性、装饰性、收藏性发展，成为地域特色浓郁的传统手工艺品。

［硖石灯彩］

硖石灯彩主要流传于海宁市硖石镇。早在唐僖宗乾符年间（874—879年），硖石灯彩即已誉满江南。硖石灯彩工艺独特，其制作主要以拗、扎、结、裱、刻、画、针、糊“八字技法”见长，尤以针刺花纹精巧细美取胜，制作精巧，细腻秀丽，玲珑剔透，经千百年的锤炼，成为融声、光、电、建筑、书、篆、画等多种艺术于一体的汉族传统手工艺品。硖石灯彩是浙江著名的汉族民间工艺美术，又是海宁三大文化（灯文化、潮文化、名人文化）之一，以针刺工艺独树一帜，堪称“江南一绝”，誉满海内外。

［南湖菱］

南湖菱是嘉兴著名的特产。一般来说菱都有角，故称“菱角”，然而嘉兴的南湖菱却是圆角的，也叫元宝菱、馄饨菱、和尚菱等。其皮色翠绿，两端圆滑，并以皮薄、肉嫩、汁多、甜脆、清香而胜于其他品种。南湖菱既是水果，又可当菜。当水果要选色翠而鲜嫩，尤其是刚出水时口味更佳。当菜选色黄褐之老菱，将它剥壳炒煮，撒上葱丝，青白分明，色味俱佳。用菱烧肉或烧菱饭，清香扑鼻，肉糯可口，别有风味。

［桐乡杭白菊］

桐乡的自然条件优越，适宜菊花生长，境内野菊遍地分布，有青蒿、黄蒿两类近10个品种。杭白菊源于野生菊花，在生育特性、形态特征和品质方面具有相对稳定性，是久负盛名的菊中珍品。每年的深秋、初冬时节，桐乡农村到处清香四溢。所产白菊花，花瓣洁白如玉，花蕊灿如黄金，色香高雅，味甘性凉，药食同源，为菊中珍品。

白菊花既然产于桐乡，为何称其为“杭白菊”呢？据传，民国初年，桐乡的白菊就被当时一位安徽茶商汪裕泰（汪裕泰在上海南京路开有“汪裕泰第四茶号”的店铺）转手销往南洋各国，誉满海内外。而桐乡本地的菊商朱金伦也因此受益匪浅。朱金伦从农民手里把晒干的菊花收购进来，经过精心处理、加工和包装，并按茶商汪裕泰的要求，贴上商标和产品说明，然后通过茶商转卖给南洋商人梁老板。徽帮茶商汪裕泰是个精明的老板，他熟谙商界竞争之道，为了防止南洋商人甩掉他这个中间商，就吩咐朱金伦，在所有桐乡出去的白菊花封包上，都贴上“杭州西湖金轮茶庄出品”的字样。后来，精明的梁老板果然使出“过河拆桥”的伎俩，他撇开汪老板直接来杭州寻找“西湖金轮茶庄”，当然，他是找不到的。但从此桐乡的白菊花就冠上了“杭白菊”的名称了，一直沿用至今。

［湖笔］

湖笔，与徽墨、宣纸、端砚并称为“文房四宝”，是中华文明悠久灿烂的重要象征。湖笔之乡在善琏镇。当地有笔祖蒙恬庙。相传秦始皇的大将蒙恬“用枯木为管，鹿毛为柱，羊毛为被（外衣）”，发明了毛笔。2006 年，湖笔制作技艺入选国家非物质文化遗产名录。

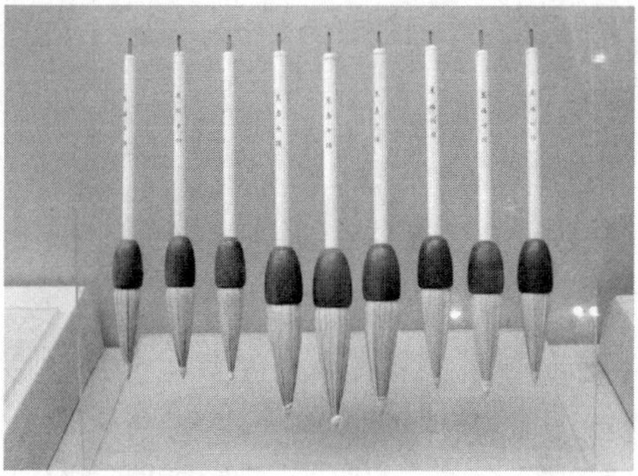

湖笔

湖笔的蜚声四海，当始于元。钱选的画、赵孟頫的字、冯应科的笔被并称为吴兴三绝。随着赵字的雄踞海内、朝野交誉，赵孟頫手中那枝握笔终日、日书万字而不败的冯应科“妙笔”，深入人心。有元一代，湖州制笔能工迭出，冯应科、沈日新、温生、杨显均、陆颖等十余人留名史卷，“湖笔”之名就此奠定。

湖笔的产地在湖州南浔区善琏镇。湖笔选料讲究，工艺精细，品种繁多，粗的有碗口大，细的如绣花针，具有尖、齐、圆、健四大特点。20 世纪 90 年代，浙江湖州、杭州等地的湖笔生产厂、笔庄及个体湖笔作坊有 60 余家，从业人员约 1 万余人，年产湖笔 700 万支以上。湖州王一品斋笔庄，杭州邵芝岩笔庄、湖州善琏湖笔厂是浙江省生产湖笔的骨干企业。随着旅游事业的发展，越来越多的国际友人和旅游者，尤其是日本书画界人士，慕名来到湖州，参观访问王一品斋笔庄。1982 年春，日本著名书画家青山衫雨率江南文化考察团参观王一品斋笔庄，对制笔技艺产生极大兴趣，他用王一品所制笔，即席挥毫，留下珍贵墨宝。1983 年，邓颖超副委员长访问日本，曾带数百套湖笔作礼品赠送给日本朋友。1979—1987 年，善琏湖笔厂的双羊牌湖笔获得浙江省优质产品、轻工业部优质产品称号，1988 年获轻工业部优秀出口产品银质奖。1994 年，湖州王一品斋笔庄在北京举办的第五届亚大博览会上天宫牌白元锋笔、博古策笔分别获金兰奖和银奖。杭州邵芝岩笔庄的芝诗图牌毛笔也在同一博览会上获金奖。

[顾渚紫笋茶]

顾渚紫笋茶为中国传统名茶，产于长兴县顾渚山。顾渚山坐落于长兴西北，东滨太湖，三面山峦连绵，云雾弥漫，气候温和，土质肥沃，雨量充沛，山下清泉长流，为生产紫笋茶创造了最理想的生态环境。顾渚紫笋茶芽叶细嫩，叶芽相抱，紧裹如笋，色泽翠绿被毫。冲泡后，茶汤色泽如茵，其味甘醇鲜美，有兰花之幽香。1979 年，顾渚紫笋茶在浙江省名茶评议会上被列为一类名茶。1986 年，在全国花茶、乌龙茶优质产品评选会上被评为全国名茶。

[安吉白茶]

安吉白茶属于浙江省十大名茶中的一种，产自浙江省安吉县，这里山川隽秀，绿水长流，是中国著名的竹子之乡。安吉白茶，为浙江名茶的后起之秀，是用绿茶加工工艺制成，属绿茶类，其白色，是因为其加工原料采自一种嫩叶全为白色的茶树。动植物的白化历来罕见并作灵物瑞兆看待。佛教中有白雀与白猿听经的故事，白蛇、白龟成为神话故事主角。白茶的名字最早出现在唐朝陆羽的《茶经》有记载：“永嘉县东三百里有白茶山。北宋庆历（1041—1048 年）年间：“白叶茶，芽叶如纸，民间大重，以为茶瑞。”安吉最早于 1930 年在孝丰镇的马铃冈发现野生白茶树数十棵，“枝头所抽之嫩叶色白如玉，焙后微黄，为当地金光寺庙产”，后不知所终。安吉白茶树为茶树的变种，极为稀有。春季发出的嫩叶纯白，在“春老”时变为白绿相间的花叶，至夏才呈全绿色。如此珍奇的茶树品种，孕育出品质超群绝伦、卓而不群的安吉白茶，使中国的茶类百花园更为多姿多彩。

[太湖银鱼]

太湖银鱼是淡水鱼，长 7~10 厘米，体长略圆，细嫩透明，色泽如银，因而得名。产于长江口的体形略大，俗称“面丈鱼”“面条鱼”。太湖银鱼，历史悠久，据《太湖备考》记载，吴越春秋时期，太湖盛世产银鱼。宋人有“春后银鱼霜下鲈”的名句，将银鱼与鲈鱼并列为鱼中珍品。清康熙年间，银鱼被列为贡品，与白虾、白水鱼并称“太湖三宝”。太湖银鱼形如玉簪，细嫩透明，色泽如银，故名银鱼，肉密无刺且滋味鲜美，素有鱼类皇后的誉称。银鱼一年四季皆产，烹熟后呈白色，小者只若牙签粗细，大者可堪比小指。

[**湖州百合**]

产于湖州市，以市郊太湖沿岸的太湖乡最多，素以“太湖百合”著称。所种的“卷丹”良种，具有个大、鳞茎肥厚的特点，被誉为“百合之王”。其食用部分每百克含蛋白质 4 克，糖 29 克，脂肪 0.5 克，热量 132 千卡。百合以鳞茎繁殖，于白露前后深土下种，次年大暑至立秋期间收获。家庭食用可贮藏于瓦坛中，坛口盖沙于干草，倒置于地上，随吃随取。

[**长兴白果**]

白果又称银杏，是长兴特产之一。长兴白果，质地细腻，营养丰富，早在宋代就被列为贡品。品种主要有梅核和佛手两种。白果药用价值很高，它主要体现在医药、农药和兽药三个方面。明代李时珍曾曰：“入肺经、益脾气、定喘咳、缩小便。”清代张璐璐的《本经逢源》中载白果有降痰、清毒、杀虫之功能，可治疗“疮疥疽瘤、乳痈溃烂、牙齿虫龋、小儿腹泻、赤白带下、慢性淋浊、遗精遗尿等症”。明代江苏、四川等地曾出现了用白果炮制的中成药，用于临床。

第五篇

娱在浙北：嘉兴/湖州/旅游演艺

各位游客朋友，浙北虽然没有像《宋城千古情》和《印象西湖》那样的大型旅游演艺项目，但浙北却有地域文化特色鲜明的众多旅游民俗表演节目，如乌镇评书、湖州琴书、乌镇和西塘的民俗表演、嘉善田歌、海宁皮影戏、海盐滚灯等，而特别引人注目的是近年来声名鹊起的乌镇戏剧节吸引了全世界的眼球！接下来我们就去浙北领略一番吧！

［乌镇戏剧节］

乌镇戏剧节由陈向宏、黄磊等共同发起，文化乌镇股份有限公司主办。由陈向宏任主席、黄磊任总监制、赖声川任常任主席、孟京辉任导演。乌镇戏剧节由特邀剧目、青年竞演、古镇嘉年华、小镇对话等单元组成，以拥有1300年历史的乌镇为舞台，共邀全球戏剧爱好者和生活梦想家来到美丽的乌镇体验心灵的狂欢。

乌镇戏剧节最大特色是演出场所的多元性与专业性。在步行可及的范围内，有七个大小不一、功能不同、却同样美丽精彩的室内剧场，还有一个大型户外剧场，以及许多可供演出的户外广场，形成了全国乃至世界戏剧节中罕见的表演空间群体，为戏剧节演出增添魅力。由著名建筑师姚仁喜先生主持设计的乌镇大剧院已成为乌镇最具特色的文化地标，已被广泛称誉为全国最美之大剧院。由大会主席陈向宏及艺术总监赖声川主持改建的5座古典小剧场，各具特色，每一个都有着个性和历史语言，全方位的展现古镇与艺术结合的无限魅力。

第一届乌镇戏剧节于2013年5月9日开幕，至今已举办了第五届。赖声川的舞台剧史诗《如梦之梦》作为首届乌镇戏剧节开幕大戏。在第二届戏剧节上，韩国美丑剧团携《墙壁中的精灵》首次来华，女演员一人饰演三十几个角色，讲述关于内战、爱情、亲情以及人际间最微妙的关系，挑战演员的极限表演功力。第三戏剧节邀请世界八大国家级名团齐聚乌镇，多部国际剧目首度访华，囊括了来自法国、德国、巴西、瑞士、意大利、荷兰、波兰、立陶宛、俄罗斯等12个国家和地区的20台顶尖剧目共73场演出。第四届戏剧节在乌镇西栅景区内举办，为期十天，上演了来自13个国家和地区的22台剧目，总共近80场。第五届戏剧节上，来自12个国家和地区的24部特邀剧目分为五个系列："经典系列""女性系列""影像系列""肢体系列""新声线系列"，呈现了百场精彩的戏剧演出。

美国戏剧教育家丽莎·泰勒·勒诺曾赞誉："世界上没有任何一个戏剧节可以像乌镇戏剧节一样，结合自身独一无二的自然与人文环境，不遗余力的推动东、西方文化的交流。"

［湖州琴书］

湖州琴书，俗名"胡琴书"，简称"琴书"。是湖州滩簧的重要分支，因此也可称作"湖滩"。湖州琴书与湖剧同属湖州滩簧，两者密不可分。艺人常常是"搭班做小戏，分档唱琴书"，而又各具特色。湖州琴书是以二胡为主要伴奏，用湖州方言音韵演唱的坐唱曲艺。演唱形式有单档、双档之分，也有三档表演的。单档自拉自唱；双档时上手操琴，下手敲板，一人主唱，一人配唱。三档或多几个人，可组成一个小戏班。根据戏文内容的人物，穿上戏曲服装和化妆后，手拿道具登台表演。曲目有开篇和正书两类，主要曲调有"本滩调"和"烧香调"，可演唱各种大型书目，如《庵堂相会》《玉蜻蜓》等。

［乌镇评书］

乌镇评书一般在乌镇西大街的西栅书场，毗邻古老的京杭大运河。西栅书场西窗外有参天古树绿阴蔽天，东门廊沿口书有"书"字的幡幌，前方为一个丈二见方的"三阶书台"，一张"半桌"居中而置，两把木质交椅分别是说书先生的"上档"和"下档"的坐椅，一把"三弦"、一把"琵琶"搁于桌上、"半桌"上一块"静拍"、一块"汗巾"、一把"纸扇"均是说书先生的"家当"。数百年来，乌镇居民素有欣赏苏州评弹、江苏评话、湖州滩簧、桐乡劝书等民间曲艺的娱乐。名其为"听书"，还爱听"连台书"。特别是许多上了年纪的"书迷"至今还会煞有介事地哼上或者说上几句蒋月泉的《宝玉夜探》、张鉴庭的《战长沙》、汪雄飞的《三国》等，什么徐丽仙的徐派、蒋月仙的蒋派，他们都是如数家珍。然而，随着现代文娱样式的多元化，这些行书较慢的民间曲艺渐渐淡出了人们的视线。而现在这些民俗形式的书场逐渐成为乌镇特色的民俗旅游项目。

［乌镇民俗表演］

拳船。重现旧时民间在船上练拳脚功夫的场景，不仅为抵御湖匪，同时又可起到强身健体的作用。进入乌镇东栅景区大门不久就会看到河边停着一艘船，宽阔平坦的船头甲板上几个身穿表演服装的师傅敲锣打鼓，把大刀大戟舞得虎虎生威。不知道的还以为只是景区的一个景点，就像旧时街头卖艺的杂耍，只是吸引游客目光，增加景区的看点。看了岸边的告示牌才知道，这表演还有个名字叫“拳船”，而且还有点背景跟渊源。乌镇河网密布，水系发达，毗邻京杭大运河，且与太湖水系相通，是有名的水上贸易区，因经济发达常引得太湖水贼前来进犯。旧时乌镇行政上处于两省三府七县交接之处，各处政府都不愿意管理这个烂摊子，每每水贼来袭，居民都苦不堪言。乌镇居民除了自发在镇上四条主要河道修建水栅外，还经常邀请外地有名的拳师来乌镇教习当地居民武艺，以求自保，这就是“拳船”的由来。

乌镇高竿船。高杆船又名标杆船，俗称“蚕花船”，是乌镇一带种桑养蚕地区用来祈求“蚕茧”丰收使用的船，艺人可以在杆顶上表演，是一种汉族传统民俗文化活动。此活动始于清乾隆年间，每年清明时节，为祈“蚕花廿四分”，乡民都会合股凑份组成“高竿”表演船，“高竿”上表演的各种高难动作：竿梢倒立、双手脱竿、独卧竿身、凌空旋转……都是模仿蚕宝宝吐丝的形态，寄予了人们希望蚕茧丰收的美好愿望。据考证，大概在明清的时候，乌镇、洲泉两个边缘小镇，男人基本上都会爬高杆。到了解放前后，特别是到了文化大革命期间，高杆表演才彻底停止。直到90年代，又重新得到恢复，但是爬得上去的艺人更是少之又少。

桐乡花鼓戏。桐乡花鼓戏是由外地传入，用桐乡乡音同调歌之的汉族民间小戏剧种，又名挑香担，属滩簧小戏，因其题材来源于农村生活，剧情简洁明快，曲调活泼流畅，又是用当地方言演唱，具有浓郁的地方特色，深受人民群众的喜爱。桐乡花鼓戏使用的乐器有二胡、板胡、月琴、三弦、鼓板等，主奏乐器是圆筒子的蟒蛇皮二胡。传统剧目有《还披风》《庵堂相会》《卖草囤》《秋香送茶》《红玉》《乌镇北栅头》《陆雅臣卖妻》《尼姑庵里卖草药》《磨豆腐》等，大多是以当地居民津津乐道的传闻旧事为原型改编的。尽管演唱用的是方言，但唱腔委婉，表演生动，当地人和游客常驻足观赏，沉醉于传统文化的美妙境界。

水上社戏。自第十二届中国·乌镇香市之后，“水上社戏”这一民间演艺形式被完整的保留，并再度被利用作为景区常规游玩项目。“水上社戏”，亦称“社戏”“草台戏”，与抗战时期的“街头剧”“活报剧”有同工异曲之处。乌镇的社戏是应江南水乡特色和农村港湾众多而诞生，往往在沿河开阔处搭一简陋木板铺就戏台，一面临水，一侧向岸，戏台上盖有稻草，两侧挂有围光灯、汽油灯。演员及琴师均是当地百姓担任，剧日为老百姓喜闻乐见的跳蚕花杆、特色舞蹈、戏曲和民间说唱等杂剧。不仅保留了传统草台戏的原汁原味，更新添了符合现代人品位需求的现代歌舞等表演，游客还可以参与其中，既可以与草台戏的演职人员进行才艺PK，又可以尽兴自由表演。演出时，戏台前后、船上陆地可同时观看。

［西塘民俗表演］

祭灶。“二十三，糖瓜粘”，指的就是民间腊月二十三开始的祭灶活动。说起祭灶，这是一项民间影响很大，流传极为广泛的活动，我国的春节也是从祭灶揭开序幕的。灶王爷历来是年节敬奉中最受欢迎的一尊，人们用酒糟、饴糖、粘糕“贿赂”灶神，祈求平和安康，在祭灶时，或许你还会听到老奶奶们在叮嘱灶王：上天说好话，不好的可别说。在西塘古镇的“倪天增祖居”的老宅，游人可以亲自体验并参与祭灶仪式。

送财神。在民间传说中，正月初五是财神的生日，过了年初一，接下来最重要的活动就是接财神、纳财气了。在财神生日到来之前，各家各户都会置办酒席，为财神贺辰。年初一至初五，西塘古镇里还将有“送财神”的队伍走街串巷，为西塘的百姓以及远道而来的客人送上祝福。

耍龙灯。也叫“舞龙”“龙灯舞”，在古代人们常常以舞龙来祈求风调雨顺，五谷丰登，是我国独具特色的民间娱乐活动。从春节到元宵灯节，我国城乡广大地区都有耍龙灯的习俗，经过千百年的沿袭、发展，耍龙灯已成为一种形式活泼、表现优美且带有浪漫色彩的民间舞蹈。龙灯的耍法有很多种，九节以内的侧重于花样技巧，如蛟龙漫游、龙头钻档子、头尾齐钻、龙摆尾和蛇蜕皮等动作。十一节、十三节的龙，则侧重于动作表演，金龙追逐宝珠，飞腾跳跃，时而飞冲云端，时而入海破浪，将是西塘如约上演的戏码。

［嘉善田歌］

嘉善县是田歌的发源地之一，早在宋代文献中就有记载，清代中后期最为盛行。它是人们在田间劳作时即兴所唱的歌曲，内容多反映农民的社会生活、生产劳动和思想感情。曲调自由，随劳动时间和节奏的变化而变化，有滴落声、落秧歌、急急歌、羊骚头等。不同的田歌曲调有其不同的演唱方式和场合，如独唱、对唱、齐唱、联唱等。唱法为真嗓直音的原生态唱法，个性鲜明。十二月花名体的《五姑娘》是嘉善田歌的代表作。一批艺术家在利用或保留传统田歌旋律的基础上，创作了反映现代农村生活和新农民思想感情的作品，以具有时代生命力的新田歌延展了现代农村风情。

［海宁皮影戏］

皮影戏又称羊皮戏，是一种将羊皮制作成活动剪纸，由艺人用竹签棒将它紧贴在白色影幕上操纵，背后透以灯光，以这些剪纸人物的活动来表演故事的民间艺术。海宁皮影源于南宋，是江南皮影的典型代表。皮影戏影人造型别致，制作精美，重彩绘，少雕镂，单线平涂，有水乡剪纸朴素鲜明的风格；唱腔优美，受昆腔和江南丝竹渲染，既高亢激昂，又优美抒情；皮影戏表演极富变化，擅演《西游记》等神话剧和《水浒》等武打戏。海宁皮影戏的传统剧目极为丰富，正本戏有70多个，折子戏有160多个。“一双巧手调动千军万马，两根竹竿表尽喜怒哀乐”，海宁皮影戏曾经营造出无比热闹的气氛，如今却后继乏人。继2006年列入国家级非遗名录后，2011年底，海宁皮影戏作为中国皮影戏的重要组成部分，入选世界人类非物质文化遗产名录。

[长兴百叶龙]

长兴百叶龙发源并流传于长兴县林城镇一带，至今已有160多年的历史。百叶龙的主要特点是整条龙既是龙身又是荷花，表演时荷花在瞬间突变成龙。通过湖水荡漾、荷叶摆动、荷花盛开、彩蝶扑飞、荷花变龙、蛟龙嬉戏、龙变荷花等动作和情节，完成一个完美的舞蹈过程，展现江南水乡的绝美意境。百叶龙造型轻巧精致、动作轻灵典雅，队形唯美活泼，表演方式划分为舞台舞、行街舞、广场舞等不同形式。静则荷塘月色，流光溢彩；动则蛟龙腾空，气势磅礴，给人以美不胜收的艺术享受。2009年，长兴百叶龙应邀参加“首都国庆60周年联欢晚会”表演，成为“腾飞中国”环节中的一抹亮色。

[海盐滚灯]

滚灯源于海盐，是一种带有杂技性、竞技性的民间舞蹈，体现了海盐先民在长期与海患抗争的过程中所形成的特有的尚武精神。常在民间灯会和节庆时上街表演，至今已有800多年的历史。滚灯用半厘米厚的毛竹片编成，分大、中、小三种，大的内有小球，并有红、黑之分。红心为文灯，自重20斤；黑心为武灯，最重达60余斤。传统滚灯套路丰富而规范，有张飞跨马、苏秦背剑等9套27个动作。表演时，演员身着武士装束，用滚、掷、耍、翻滚、造型等技巧性动作，把灯笼挥舞翻滚犹如旋转的火轮，气势磅礴，酣畅淋漓，展现出一种江南民间舞蹈少有的阳刚之美。

后　记

在今年的酷暑里，我终于审完了这部难产的《畅游美丽浙江导游词》书稿的最后一页。说其“难产”，是因为这部书稿已经拖了两年多了，由于种种原因未能在合同期内交稿，但旅游教育出版社不仅没有责怪我们，反而让我不要着急、慢慢写，今天终于偿还了这个文字债，在长长地舒了口气的同时，还得真诚地向旅游教育出版社的同仁说声：“对不起！”

这部《畅游美丽浙江导游词》是旅游出版教育社规划的“畅游美丽中国”系列丛书中的一部，2016 年我和出版社签订了合同，并组织班子准备编写。但在开始动手编写时就碰到了一个不小的难题：浙江省的旅游景观那么多，用一个怎样的框架才能将其囊括进去呢？为此，我参考了此前已经出版的《畅游美丽吉林》等的体例与样式，但考虑到各省的旅游资源分布情况不尽相同，无法照抄照搬。于是我就以浙江省旅游资源分布的特点，紧扣“诗画浙江”的旅游品牌宣传口号，以杭州西湖为中心，向东、南、西、北四个方向延伸，构建起五大旅游线路，展示出“诗画浙江”的五幅美丽画卷。有了这个大的框架后，我再将每一条旅游线路中融进沿途讲解、景区导览、特色美食、风物特产和旅游演艺五大部分内容，并以导游的视角让游客朋友畅游其间，沉醉于浙江的美景、美食、美物和各色演艺之中。

解决了第一个难题之后，第二个难题又接踵而至，那就是浙江省景区景点那么多，该如何选择？思来想去也很难有一个精确的选择标准，最后只能大致确定一个原则：浙江省的世界遗产项目和国家 AAAAA 级旅游景区必须全部入选，AAAA 及以下的旅游景区主要选取品质较高的自然景观和地方文化特色鲜明的人文景观。由于浙江的古村镇资源特别丰富，所以有些相当有名的古村镇也没有入选，有的只是在概况中提及。由于旅游景区介绍的篇幅一般较长，所在编排目录时也一一列出，以便读者查阅，而其他部分的细目因篇幅很小就不在目录中列出了，在此特别提一下。

本书编撰中的第三个难题是景观图片的来源问题，起初我们用了大量自拍或从网上下载的图片，但自拍的图片大都不符合出版社的要求，网上下载的图片也会有版权问题，最后在出版的建议下到微图网上购买，由出版社支付下载费用。所以本书中的大部分照片都是从微图网上购买的，但也不有少景区景点在微图网上找不到，所以 有的用自拍的图片，找不到自拍的就只好不配图片了。为了控制印制成本，原则上每个景区的图片一般控制 1~3 张，目前全书选用的图片共 140 多张。

在解决了三个难题之后，本书稿终于完成并将付梓了。在出版之际有必要介绍一下本书的分工情况。本书由浙江长征职业技术学院二级教授汪亚明任主编，在拟定全书框架、写出样稿后，还编写了第二卷文字稿，修改了全书的所有文稿，有的几乎是重写，并从微图网上选出全书怕用的全部图片。此外，浙江旅游职业学院副教授徐慧慧编撰了第一卷的初稿；浙江旅游职业学院教授刘建明编撰了第三卷的初稿；浙江旅游职业学院教授魏一媚编撰了第四卷的初稿；浙江旅游职业学院教师高飞编撰了第五卷的初稿。最后由汪亚明审阅、修改定稿。

最后，我要真诚感谢旅游教育出版社的编辑同仁，是你们的精心谋划与耐心指导，使我们在几度纠结后最终完成了书稿；当然，我也要诚挚感谢本书的编写同仁，正是大家的诚心、耐心和慧心才使本书能以这样一种独特的风姿与读者见面，也真诚希望得到业界专家的批评指正！

汪亚明

2019 年 8 月 15 日于杭州